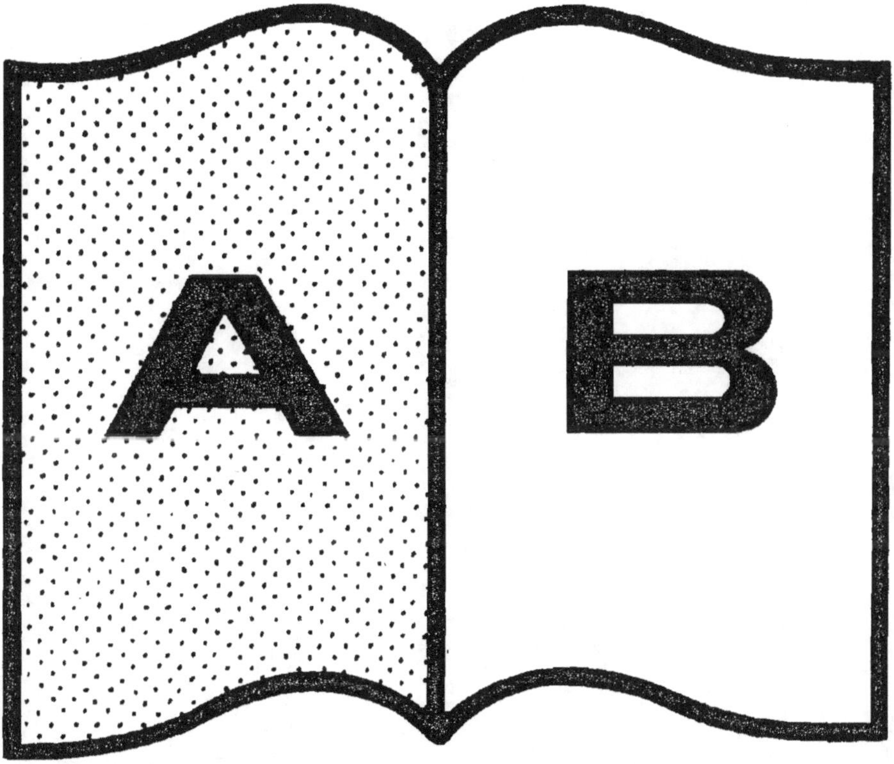

Contraste insuffisant

NF Z 43-120-14

7745

JUGEMENS
DES
SAVANS
SUR LES
PRINCIPAUX OUVRAGES
DES
AUTEURS.
PAR
ADRIEN BAILLET,

Revûs, corrigés & augmentés par M. DE LA MONNOYE
de l'Académie Françoise.

TOME TROISIEME.

A PARIS.

Chés
{
CHARLES MOETTE, ruë de la Bouclerie, près le Pont S. Michel.
CHARLES LE CLERC, Quai des Augustins.
PIERRE MORISSET, ruë Saint Jacques.
PIERRE PRAULT, Quai de Gêvres.
JACQUES CHARDON Imp. Libraire, ruë du Petit-Pont.
}

M. DCCXXII.
Avec Approbations & Privilége du Roi.

JUGEMENS
DES PRINCIPAUX
TRADUCTEURS.

AVERTISSEMENT.

Uoique les Traductions appartiennent proprement aux titres des matiéres de leurs Originaux, j'ai crû néanmoins pouvoir en faire un Recueil à part ; puisque les Traducteurs font aujourd'hui une espéce de Profession & un corps séparé dans la République des Lettres, comme les Critiques, les Poëtes, &c.

Aussi n'ai-je pas prétendu dans ce Recueil entrer en discussion des matiéres traitées dans ces Originaux ; mais mon dessein est de parler simplement & succinctement des bonnes & des mauvaises qualités des Traducteurs ; c'est-à-dire, de ceux qui se sont fait une étude & une occupation particuliére de traduire les Auteurs.

2. Je ne parlerai pas ici des versions différentes de l'Ecriture-Sainte, faites en plusieurs sortes de Langues, parce que j'ai crû qu'il seroit plus à propos de les remettre à la tête des Interpretes de la Bible qui feront la première partie du Recueil des Théologiens.

3. Je ne dirai presque rien des versions faites en Grec, parce

Tome III.   A

que outre qu'il s'en trouve très-peu, elles sont aussi fort peu d'usage, & ne servent presque plus que d'amusement à la curiosité des particuliers, sur tout celles dont les Originaux sont en Latin. Ainsi on ne trouvera ici proprement que des versions Latines & des Françoises, & un fort petit nombre d'Italiennes & d'Espagnoles.

4. Je ne parlerai pas non plus de ceux qui ont fait des Paraphrases, ni même de ceux qui n'ont traduit que des Fragmens, sans s'attacher aux regles de la Traduction. Je ne dirai rien de *Cicéron*, quoiqu'il nous reste beaucoup d'endroits des Anciens de sa Traduction, mais d'une Traduction libre & qui marque l'Orateur & le Paraphraste. Je ne dirai rien de saint *Hilaire*, parce qu'en traduisant *Origène* il ne s'est attaché ni à la lettre ni à la suite de son Auteur. Et j'en userai de même à l'égard des autres qui ont pris de pareilles libertés.

5. Au reste je crois qu'il est assés inutile d'avertir le Public que je suis redevable à M. *Huet* plus qu'aux autres Critiques de la plupart des choses que je dirai des Traducteurs Latins, puisque je ne manquerai pas de le nommer par tout selon la regle que je me suis prescrite dans ce Recueil.

S. JEROME Pere & Docteur de l'Eglise, mort en 420.

779 IL n'y a personne parmi les Anciens dont il nous est resté quelque chose, qui fesoit plus exercé à traduire que saint Jérôme: car outre ce qu'il a fait sur l'Ecriture-Sainte, nous avons encore de sa Traduction *Le Traité de Didyme sur le S. Esprit*, *la Chronique d'Eusebe*, *le Recueil qu'a fait cet Auteur sur les lieux de la Terre-sainte*, quelques *Homelies d'Origène*, *les trois Epîtres Pascales de Théophile d'Alexandrie*, & *une lettre de saint Epiphane à Jean de Jerusalem* dont on veut bien lui attribuer la Version Latine.

On tombe d'accord qu'il peut être le plus saint des Traducteurs, mais il n'en est pas le plus exact. Il s'est donné souvent plus de liberté que n'en peut souffrir la loi de la Traduction. Et c'est ce que Rufin son adversaire n'a point manqué de remarquer.

Ce n'est pas qu'il ne sût très-bien quelles sont les obligations d'un Traducteur, mais il ne croyoit pas devoir s'y assujettir.

Il avoit assés bien montré dans la lettre qu'il a écrite touchant la meilleure maniere de traduire (1) que la fidelité d'un Interprete ne

---

1 S. Hieronym. Epistol. 101. ad Pammachium de optimo gener. interpret.

TRADUCTEURS LATINS.

consiste pas à rendre mot pour mot les paroles de l'Auteur qu'on traduit, mais à en rendre exactement tout le sens. Il soûtenoit même qu'il en avoit usé de la sorte en traduisant les Livres Grecs, hors ceux de l'Ecriture-sainte, dont les paroles ont leur ordre & leur mystére, & dont on ne peut changer les termes, ni alterer les expressions sans corrompre ou sans affoiblir la pensée du S. Esprit.

S. Jerôme.

Mais en disant qu'il avoit imité Ciceron, & en citant ce que cet Orateur alleguoit pour autoriser sa méthode dans la Traduction qu'il avoit faite de quelques ouvrages de Platon, de Xénophon, de Demosthène & d'Æschine, il faisoit assés connoître qu'il donnoit un peu trop d'étenduë à sa maxime.

Il prétendoit même justifier la liberté qu'il prenoit de retrancher, ou de changer ce qu'il jugeoit à propos dans ses Auteurs, par l'exemple de saint Hilaire, disant (1) qu'ils avoient retranché tous deux ce qu'ils avoient cru pouvoir être nuisible dans Origène, & qu'ils s'étoient contentés de traduire ce qu'ils y avoient trouvé d'utile. Mais cette raison paroît moins satisfaisante pour lui que pour saint Hilaire qui ne faisoit point l'office de Traducteur (2).

Il repousse avec plus d'avantage & de succès les reproches qu'on vouloit lui faire de l'emploi de divers méchans mots Latins dont il s'étoit servi, parce, dit-il, que la matiere les demande, pour exprimer le sens de l'Auteur avec plus de justesse & de netteté (3).

Monsieur Huet veut qu'on attribuë à la grandeur & à la diversité des occupations de ce Saint, les diverses licences qu'il a prises, & les fautes mêmes qui lui sont échappées autant par le défaut de connoissance, que par inadvertance.

Il ajoute qu'il avoit presque toujours l'esprit partagé & distrait par différentes choses tout à la fois, parce qu'il arrivoit souvent qu'en un même tems il écrivoit, en dictant autre chose à son copiste, & en donnant dans le même moment des instructions & des commissions diverses. Mais qu'il n'y a rien de plus achevé, ni qui fasse mieux connoître sa grande capacité & son exactitude, la force de son génie, & la solidité de son jugement, que ce qu'il a fait au milieu de son loisir.

Pour ce qui est de la Chronique Latine de S. Jerôme, elle est

---

1 S. Hieronym. Epistol. 61. cap. 2.
2 Fr. Sixt. Senens. Bibl. Sanct. lib. 4.
3 S. Hieronym. lib. 1. comm. in Epistol. ad Galat. cap. 1.
4 P. Dan. Huet lib. 1. de optim. gen. in-

terpret. pag. 70. 71. item pag. 63. & seqq. pag. 68. 69.
Idem lib. 2. de clar. Interpretib. pag. 151. num. 8.

A ij

moins une Traduction qu'une augmentation de celle d'Eusebe, & nous en parlerons en son lieu.

* NB. Il se trouve des Traducteurs Anciens rapportés par Baillet, qui n'ont traduit que quelques parties ou fragmens de *Peres*, *d'Historiens*, ou *d'Auteurs Grecs*, qui depuis ont été traduits plus exactement dans les ouvrages complets des mêmes Auteurs ; c'est pourquoi nous n'en avons pas marqué ici les éditions. *

RUFIN *Prêtre d'Aquilée, mort peu de tems avant S. Jerôme ou en 410. selon Possevin.*

780. IL a traduit du Grec en Latin la plupart des ouvrages de *Joseph*, savoir les vingt Livres des Antiquités Judaïques ; les sept Livres de la guerre des Juifs contre les Romains, & les deux Livres contre Apion. Il a traduit encore les dix Livres de l'Histoire Ecclésiastique d'*Eusebe* qu'il a reduits à neuf, & il y a ajouté deux autres Livres latins de sa façon ; divers ouvrages d'*Origène* & entre autres les quatre Livres *Periarchon* ou des Principes ; l'Apologie pour Origène qu'*Eusebe* publia sous le nom de saint Pamphile son ami ; un Livre des opinions de *Sixte* Philosophe Pithagoricien & Païen qu'il vouloit faire passer pour le Pape S. Sixte II. ; quelque chose de saint *Basile* le Grand & de saint *Gregoire* de Nazianze, & quelques Vies de Saints. On lui donne aussi la version des *Recognitions* qui ont couru dans l'Eglise sous le nom de S. Clement de Rome.

Si on en croit Cassien & Gennade (1), Rufin étoit un Ecrivain d'importance parmi les Docteurs Ecclésiastiques de son tems. Ce dernier dit qu'il avoit l'esprit tout-à-fait beau, & beaucoup de délicatesse pour tourner le Grec en Latin, & que par ses Traductions il avoit enrichi le pays Latin de la plus grande partie des Bibliothéques d'Auteurs Grecs.

C'est dommage que ces Auteurs n'ont eu plus d'autorité pour se faire croire à la postérité, & qu'ils n'ont pu communiquer aux siécles suivans la bonne opinion qu'ils avoient de Rufin.

Scaliger le fils témoigne (2) que Rufin n'étoit pas un fort habile homme, & que quoiqu'il se mêlât de parler Grec, il n'entendoit pourtant pas le Grec qu'il lisoit. Cependant il n'en étoit pas moins

---

1 J. Cassian. lib. 7. de Incarnation. c. 27. Gennad. de Vir. illustr. cap. 17. & ex eo Honorius Augustod. &c.

2 Posterior. Scaligeran. pag. 208.

présomptueux & il s'étoit formé une haute idée de son propre mérite. Il s'étoit mis sur le pied de faire des leçons de Maître à saint Jerôme, ou plutôt il s'étoit fait son Censeur, sans s'appercevoir qu'il avoit infiniment plus de besoin de leçons & de corrections que ce Saint, qui étoit tout autrement capable que lui. Et il étoit d'autant plus à plaindre que faisant le clairvoyant dans les fautes des autres, il étoit aveuglé des siennes.

Ayant entrepris de censurer les Ecrits de saint Jerôme, il l'attaqua particuliérement sur les libertés dont il avoit usé dans ses Traductions, & il s'en fit un fondement pour pouvoir lui insulter impunément.

Mais par cette conduite barbare, il donna sur lui-même beaucoup de prise à son adversaire, qui lui marqua ses chasses, & qui l'épargna d'autant moins, qu'il lui fournissoit plus de matiére de recrimination.

Monsieur Huet dit (1) qu'il n'y a pas une de ses Traductions où l'on puisse dire qu'il a fait regner le bon sens & la raison ; qu'il les a presque toutes remplies d'impertinences qui tiennent beaucoup de la folie ; & qu'il s'est imaginé pouvoir suppléer au défaut des choses solides, par un amas confus de paroles inutiles, & par un babil insuportable. Il ajoute qu'il est tombé sur des exemplaires très-corrompus & remplis de fautes, & qu'il n'avoit point assés de jugement, ni assés de ce sel de critique, qui sert à faire le discernement du vrai d'avec le faux & du bon d'avec le mauvais.

Casaubon écrivant contre Baronius dit de la Traduction de *Joseph* en particulier presque toutes les mêmes choses que nous venons de citer de Monsieur Huet (2). Et Monsieur Gallois estime aussi que c'est la plus méchante de toutes ses versions.

Encore y a-t-il dans les autres, dit-il, un certain air de l'éloquence, qui récompense en quelque maniére les défauts qui s'y trouvent : mais celle des Antiquités Judaïques est si barbare & si obscure, qu'on n'y reconnoît rien de Rufin que la liberté que ce Traducteur s'est donnée de faire dire à Joseph des choses ausquelles il n'a jamais pensé (3).

La Traduction d'*Eusebe* n'est guéres moins mauvaise en sa maniére. Il s'y est signalé par ses infidelités, & par la hardiesse qu'il a prise de retrancher, d'ajouter & de paraphraser à sa fantaisie. Il y a

---

1 P. D. Huet. de optim. gener. interpretand. pag. 69.
Item de clar. Interpret. lib. 2. pag. 151.
2 Is. Casaubon. Apparat. ad Exercitat. annal. Bar. section. ultim.
3 P. Gall. Journal des Sav. du 10. Janv. 1667.

Rufin. inseré des narrations & des discours entiers qui ne sont point dans le texte d'Eusebe ; il a renversé l'ordre des chapitres dans le sixiéme Livre ; il a omis la moitié du huitiéme & a passé presque tout le dixiéme entier ; outre qu'il y a dans le reste un très-grand nombre d'endroits qu'il n'a point entendus, & qu'il a corrompus, comme on le peut voir dans les Remarques que M. Valois en a faites (1).

Vossius dit que cet Ouvrage de Rufin loin de mériter le nom de véritable Traduction, ne peut pas même raisonnablement passer pour une médiocre Paraphrase : mais que c'est un ouvrage qui est propre à Rufin comme à son Auteur, & qu'il a copié ou abandonné Eusebe quand il l'a jugé à propos (2).

d'Origène. Pour ce qui est de la Version qu'il a faite de quelques ouvrages d'*Origène*, Monsieur Daillé écrit (3) qu'il s'y est comporté avec une audace ou plutôt avec une impudence & une effronterie incroyable. En effet il n'eut pas plutôt publié la Traduction des Livres des Principes ou *Periarchon* qu'on découvrit la mauvaise foi, dont il usoit envers Dieu, aussi-bien qu'à l'égard des hommes.

Cet ouvrage attira contre lui l'indignation de saint Jerôme & des personnes les plus éclairées parmi les Catholiques, beaucoup plus que les autres Ecrits ou les Traductions dans lesquelles il s'étoit nettement declaré Origéniste. Car voyant que les erreurs d'Origène qu'il vouloit insinuer adroitement dans le monde y étoient trop grossiérement exprimées, & qu'elles rebutoient les esprits les moins intelligens, & choquoient les oreilles les moins délicates, il s'avisa de se servir du droit nouveau qu'il croyoit avoir acquis sur ses Originaux en qualité de Traducteur, & il changea dans sa Version ce qui lui avoit paru trop cru & trop simple, pour pouvoir mieux surprendre le monde. Mais saint Jerôme ne tarda guéres à découvrir toutes ses fourbes & ses impostures, en conferant le Grec de l'Auteur avec le Latin du Traducteur (4), & ce fut en vain que Rufin ôta son nom à la Préface qu'il mit à la tête de cette Version pour tâcher de se dérober à ceux qui le connoissoient d'ailleurs. Sur quoi l'on peut voir le Cardinal Baronius (5) & le Pere Possevin (6).

---

1. Henricus Valef. in Prologom. ad Hist. Eccles. Euseb.
Item in Observation. passim.
2. G. J. Vossius de Histor. Latin. lib. 2. cap. 11. pag. 208. 209.
3. Joan. Dallæus lib. 2. de Script. supposit. S. Dion. & S. Ignat.
4. S. Hieronym. Apolog. 1. advers. Rufin. Idem in Dialog. advers. Pelagium.
5. Baron. ad ann. 102. num. b. ubi de Clem. Rom. Scr.
Item ad ann. 397. &c. fusè.
6. Possevin. tom. 2. Apparat. sacr. pag. 360.

TRADUCTEURS LATINS.

A l'égard de ce qu'il a traduit de saint *Gregoire de Nazianze*, Nannius (1) & le sieur Borremans après lui (2), disent qu'il y a trop fait le scrupuleux; qu'ayant voulu exprimer des mots par des mots, il a prétendu accommoder son Original à sa Traduction au lieu de rendre sa Traduction conforme à son Original; que ce ne sont fort souvent que des paroles, & qu'on a de la peine à trouver le sens de saint Gregoire.

S. Gregoire.

La Traduction qu'il a faite de diverses Vies, & d'autres narrations historiques des Solitaires, tirées d'Evagre & de quelques autres Auteurs, a été moins sujette à la censure, parce qu'on a toujours eu de la peine à démêler ce qu'il avoit composé de son chef, d'avec ce qu'il a traduit des autres. Quand saint Jerôme l'accuse d'avoir forgé à plaisir des noms imaginaires de Solitaires, qui n'ont jamais été dans le monde, & de n'avoir quasi rapporté que des Origénistes, cela regarde moins ce dont il a été le Traducteur, que ce dont il a été l'Auteur (3): quoiqu'il soit assés difficile de bien prouver cette accusation (4) dont nous pourons parler ailleurs plus à propos.

Vies des Saints.

* *Tyrannii seu Torannii Ruffini Ecclesiastica Historiæ, Lib. II. cum Notis Grynæi* in-fol. *Basil.* 1570. — *De Vitis Patrum Lib. III. cum Notis Rosvveydii* in-fol. *Lugd.* 1617. *

1 Petr. Nann. lib. 1. Symmict. seu Miscell. cap. 3.
2 Anton. Botremans. var. Lection. cap. 10. pag. 112.
3 S. Hieronym. Epistol. ad Ctesiphont. advers. Pelagian. cap. 2.
4 Heribert. Rosweid. Prolegomen. ad vit. Patr. Erem. Proleg. 4. num. 10. pag. 23. 24.
Item Præf. ad lib. 2. de Vit. PP. p. 424. & 447.

PÆANIUS le Sophiste, *vivant sur la fin du cinquième siècle.*

781. Nous avons de lui une Traduction Grecque de l'Histoire d'*Eutrope*, que François Sylburge a fait imprimer. Mais Monsieur Huet dit (1) que ce Traducteur a fait connoître par cet Ouvrage qu'il savoit assés mal & l'Histoire & la Langue Grecque, & qu'il étoit un homme d'assés mauvaise foi pour ajouter & retrancher à son Auteur tout ce que sa fantaisie lui dictoit.

* *Metaphrasis ad Eutropium Gr. & Lat.* in-8°. *Francofurti* 1590. *

1 P. D. Huet, de clar. Interpret. pag. 133.

TRADUCTEURS LATINS.

BOECE, mort en 524. *Anicius Manlius Severinus Boëthius.*

782. Boëce avoit traduit divers Ouvrages des Anciens, comme de *Pithagore* sur la Musique, de *Platon*, d'*Aristote*, d'*Euclide*, de *Nicomaque* sur l'Arithmétique, d'*Archimede*, & de *Ptolemée* (1) sur l'Astronomie ; & ses Traductions, au jugement même du Roy Theodoric, étoient si fideles & si élegantes qu'elles valoient les originaux (2).

* *Anicii Manlii Severini Boëtii Lib. IV. de differentiis topicis* in-8°. *Aug. Vindelicor.* 1603. — *Porphyrius de quinque vocibus, latine ex interpretatione Boëtii, cum Ammonii Commentario* in-fol. *Paris.* 1543. — *Epitome in Arithmeticam Boëtii* in-fol. *Paris.* 1503. — *Archimedes de Numero arenæ Boëtii Interp.* in-4°. *Paris.* 1557. — *Introductio in Arithmeticam Boëtii cum Comm. Jod. Clichtovæi* in-fol. *Paris.* 1503. — *Opera omnia* in-fol. *Basil.* 1570.*

1 ¶ On ne dit en François que *Ptolomée.*
2 Cassiodor. lib. 1. Epist. 45.

Ant. Godeau Hist. de l'Eglise 6. siécle livre 1. sect. 62. l'an 526.

---

783. EPIPHANE (1) le Scholastique, qui a traduit fort mal Socrate, Sozomène & Théodoret. Nous en parlerons parmi les Ecrivains de l'Histoire Ecclésiastique.

1 ¶ Vivant à la fin du cinquiéme siécle, & peut-être encore au commencement du sixiéme.

¶ Vers 520. 784. CHALCIDIUS, Traducteur de Platon, à ce qu'on prétend. Voyés parmi les Interpretes de ce Philosophe.
* *Versu. & Comm. in Tymæum Platonis, cum Notis Meursii* in-4°. *Lugd. Bat.* 1617.*

¶ Vers 570. 785. JULIEN, qu'on dit avoir été Préfet du Prétoire, & que l'on fait Auteur de la Version des Novelles de *Justinien.* Voyés au Recueil de ceux qui ont écrit du Droit Civil.

THEOPHILE

THEOPHILE, Antecesseur, c'est-à-dire, *Maistre en Droit*.

786 CE qu'il a fait sur les Instituts de *Justinien*, est plutôt une Paraphrase qu'une simple Version. Nous en parlerons au Recueil des Jurisconsultes. ¶ Vers l'an 1000.

* *Theophili Instit. Lib. IV. cum Interpretatione Caroli Annibal Fabroti Gr. Lat.* in-4°. *Paris.* 1638. *

---

787 EUSTATHIUS, qu'on dit avoir traduit quelques Ouvrages de saint Basile. Voyés-le au Recueil des Peres de l'Eglise au Titre de ce Pere. On dit qu'il est assés fidéle, mais qu'il n'a point fait assés de choix de ses mots. ¶ Vers 430.

---

788 PELAGE, Diacre de l'Eglise Romaine, qui a traduit des Vies des Peres des Deserts. Voyés au Recueil des Historiens Ecclésiastiques, parmi ceux qui ont écrit des Martyrologes & des Vies des Saints. ¶ Vers

---

CASSIODORE *mort après l'an* 562.

789 IL a fait aussi quelques Traductions, au sentiment de quelques-uns, mais il n'avoit pas une connoissance de la Langue Grecque assés étenduë, ni assés exacte.

Et d'ailleurs il y a beaucoup d'apparence que ceux qui l'ont fait Traducteur, se sont mépris, croyant peut-être que la Traduction de l'*Histoire Tripartite*, étoit de lui, au lieu qu'il n'en a été que le Conseiller, & que c'est Epiphane le Scholastique qui l'a faite à sa priére.

DENYS LE PETIT, de Scythie, ABBE' ROMAIN, vivant encore en 540.

790 CET Auteur qui éclatoit parmi tous ceux de son siécle, tant pour la connoissance des deux Langues, que pour celle de la Chronologie, a traduit 1. Les *Canons* qui font aujour-

d'hui la seconde Collection, & dont nous parlerons au Recueil des Canonistes. 2. Une Epitre Synodique de S. *Cyrille*, & du Concile d'Alexandrie contre Nestorius. 3. Une de S. *Protere*, Evêque d'Alexandrie, au Pape S. Leon sur la Pasque. 4. Le Livre ou les deux Homelies de S. *Gregoire de Nysse* sur la création de l'homme. 5. On le fait aussi Auteur de la Version Latine que nous avons de la vie de saint *Pachome* Abbé. 6. Et du discours de saint *Proclus* Patriarche de Constantinople, qui est un Panegyrique de la sainte Vierge contre Nestorius. Il a fait sans doute plusieurs autres Traductions, parce qu'il aimoit ce genre d'écrire, mais il y a apparence qu'elles n'ont point encore été découvertes.

Monsieur Huet dit (1) qu'il explique le sens de ses Auteurs avec diligence, qu'il s'attache aux mots avec beaucoup de fidélité; qu'il a autant de politesse dans son style que son siécle pouvoit lui en accorder, & qu'il lui manquoit assés peu de choses pour pouvoir être le modéle d'un Traducteur achevé. Il ajoute que s'il s'est quelquefois détourné de son chemin en traduisant les Canons des Apôtres, il en faut rejetter la faute sur les exemplaires dont il s'est servi, & qui étoient différens de ceux qu'on a trouvés depuis son tems.

1 P. D. Huet de clar. Interpretib. lib. 2. pag. 152. 153.

LE PAPE ZACHARIE, *mort en* 752.

791   Zacharie a traduit en Grec les Dialogues de S. *Gregoire* le Grand, mais il n'a point eu assés d'égard à la *Ponctuation* de son texte original, qui est pourtant d'une très-grande conséquence pour bien prendre le sens de son Auteur.

P. D. Huet ut supra loc. cit. pag. 133.

ANIANUS & MUTIUS *Traducteurs de S. Chryfoſtome*, vers le huitiéme ſiécle (1).

792 LE premier nous a donné une Traduction Latine des Commentaires de ſaint Chryſoſtome ſur ſaint Matthieu. Monſieur Huet dit qu'il ne fait aucune difficulté de le mettre au rang des plus excellens Traducteurs, parce qu'il a une ſimplicité ſans affectation & ſans baſſeſſe, qui a d'ailleurs ſes ornemens naturels, & la netteté que demande ce genre d'écrire. Il prétend qu'il a été ſi fidéle à repréſenter le ſens de ſon Auteur, & ſi exact & ſi religieux, pour ainſi dire, à en exprimer les paroles, que ſaint Chryſoſtome lui-même n'en auroit pas pris un autre, s'il avoit eu à choiſir un Interprete.

Ce ſavant Critique n'a pas une ſi bonne opinion de *Mutius* le Scholaſtique, qui a traduit des Homélies du même Saint ſur l'Epitre de ſaint Paul aux Hebreux. Il dit qu'il a remarqué dans cette Traduction quelque choſe de trop forcé (2), & qui n'exprime pas aſſés préciſément la penſée de ſon Auteur, mais que hors cela il pourroit être mis au nombre des excellens Traducteurs (3).

¶ 1 De Savans Hommes ont pris cet Anianus pour ce Pélagien que S. Jérome appelle Annianus & qui étant ſon contemporain ſeroit plus ancien de 300. ans qu'on ne le ſuppoſe ici. Mutianus mal nommé Mutius, vivoit, ſelon ces mêmes Savans, vers le milieu du ſixième ſiécle. ¶

2. ¶ Ce n'eſt pas de cela que M. Huet reprend ce Traducteur, mais d'ajouter à ſon Auteur des choſes abſolument étrangéres, & qui ne ſont pas dans l'Original, *Subditítia quædam*. ¶

3 P. Dan. Huet lib. 2. de claris Interpretib. pag. 153. 154.

ANASTASE, Nonce du Pape auprés de l'Empereur de Conſtantinople, mort en 666. ſelon quelques-uns, dit l'*Aprocriſiaire* à cauſe de ſa Commiſſion.

793 IL a traduit quelque choſe de ce qu'on attribuë à ſaint *Hippolyte*: mais avec trop de ſervitude & de ſcrupule. Nous en parlerons parmi les Interpretes de la Bible. Il a fait encore d'autres Traductions, où l'on remarque le même aſſujetiſſement.

ISIDORUS MERCATOR, *vivant au commencement du neuviéme siécle.*

794 SES Traductions passent pour des Paraphrases ou plutôt pour des fourures (1) : mais nous en parlerons plus à propos au Recueil des Canonistes.

1 ¶ Il veut dire des piéces supposées.

ANASTASE le Bibliothéquaire, *mort vers l'an* 886.

795 CEt Auteur a fait un assés grand nombre de Traductions, dont on peut voir la meilleure partie dans le premier Tome de la Dissertation Historique du Pere Labbe sur les Ecrivains Ecclésiastiques. Le Pere Combefis dit (1) que son style est rude, & à demi-barbare pour le plus souvent, mais néanmoins que ses Versions sont utiles, parce qu'il entendoit fort bien la phrase de ces Grecs du moyen âge, c'est-à dire, de son tems, & un peu plus anciens que lui ; & qu'estant plus habile qu'il n'étoit éloquent, il nous a éclairci ou dissipé la plupart de ces obscurités qui sont si fréquentes dans ces Auteurs. Le Pere Labbe est aussi du sentiment de ce Jacobin pour la rudesse & la barbarie du discours d'Anastase (2). Monsieur Huet témoigne qu'il y a bien des endroits où cet Auteur n'a pas laissé de fort bien remplir les devoirs d'un bon Traducteur, quoique, comme il l'a déclaré lui-même, il ne se soit pas assujetti à suivre ses Auteurs mot à mot, & qu'il ait eu plus d'égard à leurs pensées qu'à leurs expressions. (3)

* *Anastasii Bibliothecarii Historia Ecclesiastica Gr. & Lat. Car. Ann. Fabroti* in-fol. *Paris.* 1649. *

1 Franc. Combefis recensit. Auctor. Concionat. pag. 9.
2 Phil. Labb. Diss. de Script. Ecclef. tom 1. pag. 63.
3 P. Dan. Huet lib. 2. de clar. Interpretib. pag. 154.

JEAN SCOT ERIGENE, c'est-à-dire d'*Irlande*, sous Charles le Chauve.

796   LA Traduction qu'il a faite des œuvres de saint *Denys*, est estimée de Monsieur Huet. Nous parlerons ailleurs de cet Auteur.

JEAN DE CHAMPAGNE, dit *Campanus*, vivant au commencement du onziéme siécle.

797   IL traduisit *Euclide*, non pas sur le Grec Original, mais sur la Version Arabe, qui étoit déja fort mauvaise. Ainsi on ne doit pas être surpris que celle de Campanus soit si pitoyable. Maurolycus dit (1) qu'on y trouve les termes d'Euclide tous corrompus; mais comme écrit Clavius (2), il étoit très-difficile qu'il pût éviter cet inconvenient, & qu'il pût comprendre le sens de son Auteur, après que les Arabes qu'il a suivis, avoient renversé l'ordre & la méthode d'Euclide, & qu'ils y avoient fait des changemens en une infinité d'endroits. C'est aussi la remarque qu'ont fait Vossius (3) & Monsieur Huet (4).

* *Euclidis data, interpret. cum Comm. Campani.* in-fol. *Venet.* 1482. — *Elementa ejusd. Campani* in-fol. *Basil.* 1546.

1 Franc. Maurolyc. præfat. Cosmograph. ad Bemb.
2 Christophorus Clavius præfat. in Euclidis Comment.
3 G. J. Voss. de scientiis Mathemat. cap. 16. §. 7. pag. 62.
4 P. D. Huet de claris Interpretib. 2. lib. pag. 140.

ADELARD, Anglois, Moine de *Bathe au Comté de Somerset*, vivant en 1130.

798   ON doit faire le même jugement de la Version Latine que cet Auteur a donnée du même *Euclide*, puis qu'elle a été faite sur des exemplaires Arabes aussi corrompus, quoy qu'il fût d'ailleurs plus habile que Campanus. Mais le mal étoit inévitable, & il n'y pouvoit avoir de remède que dans le recouvrement de l'original Grec qu'on n'avoit point encore découvert alors, non plus

que ceux d'*Ariſtote*, de *Galien*, de *Ptolomée*, &c.

On ne liſoit alors que les Verſions Arabes de ces Auteurs, & quoy qu'elles fuſſent très-mal faites, elles tenoient lieu d'Original. Les Verſions Latines en étoient encore pires, puis que ceux qui les avoient faites, ne ſavoient pas beaucoup mieux l'Arabe, que les Arabes qui avoient traduit l'Original, ne ſavoient le Grec.

* *Adelardi Bathonienſis, Quæſtiones Naturales & Quæſtiones Phi-loſophorum* in-4°. *

MAXIME PLANUDES, Moine de *Conſtantinople*, *Traducteur Grec, vivant en* 1370. *ou plutôt vers* 1420.

799 IL y a peu de Grecs naturels qui ſe ſoient tant appliqués à traduire des Livres Latins en leur Langue, que ce Planudes. On a de lui la Verſion Grecque 1. des Diſtiques qu'on a fait courir dans le monde ſous le nom de *Caton*, 2. des Métamorphoſes d'*Ovide*, & des Epitres des Héroïnes du même Poëte, 3. des Commentaires de *Macrobe* ſur le *Songe de Scipion*, & des *Saturnales* du même Auteur, 4. de quelques Livres de ſaint *Auguſtin*, 5. du Livre de *Boëce* de la Conſolation de la Philoſophie, 6. de divers autres Auteurs Latins, dont les traductions que Planudes a faites ne ſont pas encore toutes imprimées, & quelques-uns croyent que les Commentaires Grecs de *Ceſar* ſont plutôt de lui que de Gaza.

Mais Monſieur Huet dit (1) que Planudes s'eſt comporté dans la plupart de ſes traductions avec beaucoup de negligence. Souvent il n'entend pas ſes Auteurs, ou s'il entre quelquefois dans leur penſée, il la quitte volontairement pour ſuivre la ſienne. D'ailleurs ſon ſtyle eſt trop diffus, & n'eſt point aſſés pur. On ne trouve point tant de Diſgreſſions dans la traduction de *Ceſar* que dans les autres, on y trouve même plus de pureté & plus d'agrémens : ce qui a fait juger à quelques-uns qu'elle n'eſt pas de lui.

1. P. D. Huet de claris Interpret. lib. 2. pag. 134. 135.

DEMETRIUS CYDONIUS, c'est-à-dire, *de la Canée en Candie*, mort au quatorziéme siécle, Grec non Schismatique.

800   IL s'est appliqué particuliérement à traduire de Latin en Grec. Mais la plupart de ses Versions sont encore en Manuscrits. On a de sa Traduction quelque chose de saint *Augustin*; un Ouvrage d'un nommé *Richard* Dominicain de Florence, contenant une Réfutation de l'Alcoran, & quelque chose de saint *Thomas*. Monsieur Huet dit qu'il est serré, exact, châtié, & même élegant dans son style.

1 De claris Interpretib. ibidem 134.

LEONARD ARETIN ou D'ARREZZO en *Italie*, mort en 1440. (1).

801   ANdronique de Thessalonique qui égaloit, & qui surpassoit même Gaza dans la connoissance de la Langue Grecque au jugement de plusieurs, avoit une opinion si avantageuse de ce Leonard, & il le jugeoit si heureux dans ses Traductions de Grec en Latin, qu'il le faisoit passer pour l'unique en fidelité & en exactitude, auprès de tous les autres Traducteurs, qu'il ne consideroit que comme des Paraphrastes par rapport à lui.

C'est ce que nous apprenons de Vossius (2) & du sieur Konigh (3). Paul Jove loüe la Version qu'il a faite des Morales d'*Aristote* pour sa fidelité & sa bonté (4).

Mais Camerarius ne nous donne pas une grande idée de sa Traduction de *Xenophon*, dont le style est fort médiocre, dit-il, & la composition & la forme encore plus rude. Néantmoins il estime qu'il a tellement exprimé les pensées de son Auteur, qu'il est aisé de l'entendre & de le reconnoître dans cette Traduction (5). Il ajoute que toutes les autres Versions de l'Aretin ne sont pas plus parfaites que celle-ci, & qu'il ne sait quelle a été son intention, quand il a voulu

1 ¶ En 1443.
2 G. J. Voss. de Hist. Latin. lib. 3. cap. 5. pag. 557.
3 G. Math. Konig. Bibl. Vet. & Nov. pag. 55.
4 Paul. Jov. elog. 9.
5 Joach. Camerar. Epist. an. 1546. ad Joan. Tarnov. præmiss. edition. Xenoph. Hist. & ex eo Martin. Hanck. part. 2. de Scriptor. Rer. Roman. cap. 45. num. 9. p. 340.

cacher le nom de ses Auteurs, & qu'il semble avoir voulu débiter ses Traductions pour des compositions originales.

Erasme (1) lui souhaitoit plus de pureté dans son style, & plus de force même, quoiqu'il le jugeât d'ailleurs assés Ciceronien (2).

* *Polybii Historiæ latinè ex Versione Leon. Aretini* in-fol. *Paris.* 1512.

1 Erasm. Dial. Ciceronian. V. supra au Recueil des Critiques.

2 P. Dan. Huet de clar. Interpretib. pag. 163.

LE CARDINAL BESSARION de *Trebizonde* mort en 1473. (1).

802 Monsieur Huet nous le propose comme un modéle des bons Traducteurs, il dit qu'il avoit une industrie tout-à-fait admirable pour bien tourner le Grec, & que si on l'eût imité dans la suite des tems, sans se donner plus de liberté qu'il n'en a pris, on n'auroit point vû tant de gens trompés par l'infidelité des Traducteurs, & qu'on n'auroit point eu tant de mal à reprimer les licences qui s'étoient glissées, quand il a été question de remettre en vigueur les régles de la Traduction. (2)

On peut voir dans Gesner & Simler les Ouvrages qu'il a traduits de *Platon*, d'*Aristote*, de *Théophraste*, &c. (3)

1 ¶ Il mourût à Ravenne le 18. Novembre 1472. dans sa 77. année. ∫
2 P. D. Huet de clar. Interpret. lib. 2. pag. 179. 180.
3 Biblioth. Gesner. per Simlerum &c.

MATTHIAS PALMERIUS de *Florence* (1) vers l'an 1448.

803 Il a voulu traduire le Livre qui traite de l'Histoire & de la Version des Septante qu'on a supposé à *Aristeas* qui avoit veritablement écrit sur ce sujet & dont l'ouvrage s'est perdu. Mais l'Auteur & le Traducteur de celui dont nous parlons ne sont pas de grande autorité. Ainsi la Version de Palmerius étant fort mauvaise

1 ¶ Ce n'est pas de Florence qu'étoit le Traducteur d'Aristeas, c'est de Vicence. Le Palmerius de Florence avoit nom Mathieu. Ils étoient contemporains. Il y a encore eu, à peu près dans le même tems, un troisième Palmerius nommé Mathias comme celui de Vicence, & qu'on a pris, par cette raison pour le Traducteur d'Aristeas. Mais en cela on s'est trompé. Cet autre Mathias étoit de Pise, & nous n'avons de lui qu'une continuation de la Chronique de Matthæus Palmerius depuis 1449. jusqu'à 1481. ∫.

ne

ne nous feduira pas, & ne nous fera point prendre le livre du faux
Aristée pour un bel ouvrage.

* *Aristeas de Septuaginta duobus sanctæ Scripturæ Interpretibus Historia Gr. Lat.* in-8°. *Oxonii.* 1692.

LAPUS de BIRAGUE de Castiglione, *Florentin* vers l'an 1440.

804. IL a traduit les Antiquités Romaines de *Denys d'Halicarnasse*, & plusieurs des vies de *Plutarque*. Mais Vossius a remarqué qu'il n'a ni fidelité, ni bonne latinité dans ses Traductions (1), & Monsieur Huet ajoute (2) qu'il n'avoit aucun talent pour cet exercice, qu'il n'y a rien que de rude & de grossier dans tout ce qu'il a fait, & qu'ayant voulu s'attacher servilement aux termes de ses Auteurs, il n'en a pas pu attraper la pensée, & leur a fait perdre toutes leurs graces.

1 G. J. Voss. de Hist. Lat. lib. 3. cap. 10.   2 P. D. Huet de clar. Interpret. lib. 2.
p. 807. & G.M. Konig. Bibl. Vet. & Nov.   pag. 164.

P. CANDIDUS DECEMBER, Professeur à *Milan*
vers l'an 1460. (1).

805. C'Est un assés méchant Traducteur aussi-bien que Lapus; son *Appien* ne vaut rien, c'est ce qui porta Sigismond Gelenius à faire une nouvelle Version de cet Historien, comme il fit aussi de Denys d'Halicarnasse pour servir de correctif à celle de Lapus (2).

Paul Jove dit (3) que Candide étoit beaucoup plus heureux dans ses autres compositions, & qu'il faut attribuer au défaut de ses exemplaires une partie du malheur qu'il a eu dans ses Traductions, quoique ce ne soit point sans fondement qu'on l'accuse de trop de liberté & d'intemperance dans la plupart de ses Ecrits. Cela n'a point empêché Laur. Valla de l'appeller Grammairien d'une critique très-exacte.

* *Appiani Alexandrini Historia ex Versione Pantal. Candidi* in-fol. *Venetiis* 1494. *

1 ¶ Il mourut en 1477. §   584.
2 Voss. Hist. Lat. lib. 3. cap. 7. pag. 583.   2 Paul. Jov. elog. 15.

NICOLAS PEROT (1), Archevêque de Siponto vers l'an 1460.

306 NOus avons déja parlé de lui comme d'un habile homme en Grec & en Latin. Cafaubon dit (2) que fi on confidére le fiécle où il vivoit, il avoit une induftrie toute extraordinaire pour bien tourner le Grec fur tout quand il poffedoit bien la penfée de fon Auteur, de forte qu'il étoit difficile de s'appercevoir que c'étoit une Traduction, tant fon Latin étoit naturel & aifé, tant il reffembloit à des productions originales & indépendantes.

Floridus Sabinus (3) dit qu'il n'y a rien de plus poli que fa Traduction de *Polybe*, & c'eft auffi dans cette penfée que Paul Jove dit (4) qu'on accufoit Perot de l'avoir dérobée à quelque ancien Traducteur, tant on la trouvoit bien faite, & au-deffus de la portée de cet Auteur, à ce qu'on croyoit. Il témoigne qu'on n'avoit point trouvé d'autre expédient pour fauver l'honneur de ceux qui avoient traduit *Thucydide*, *Diodore* de Sicile, *Plutarque*, & *Appien*, dont les Verfions quoique travaillées par des Auteurs autant & plus célébres que Perot, étoient pourtant infiniment au-deffous de celle de *Polybe*, foit pour la fidélité, foit pour la douceur & la pureté du Latin, & pour la politeffe du difcours.

Cafaubon cherchant la raifon qui a pû attirer tant d'éloges à Perot pour cette Verfion des cinq premiers Livres de *Polybe*, trouve que c'eft parce qu'il n'y avoit perfonne de fon tems en Italie qui fût plus de Grec que lui, & que dans le refte des humanités, il ne fe rencontroit perfonne qui fut effectivement au-deffus de lui. Mais il dit que dans le fond, à parler férieufement, Perot n'étoit rien moins qu'un bon & fidéle Interprete, & qu'il lui manquoit prefque toutes chofes pour pouvoir dire avec quelque verité que c'étoit un Traducteur accompli.

---

1 ¶ Voyés Art. 303.
2 Ifaac Cafaubon. Præfat. in Polybii edit.
3 Franc. Florid. Sabin. apol. L. L. p. 111.
4 Paul. Jov. elog. 18.
5 Cafaub. ut fupra loc. laudat.

P. Dan. Huet. de clar. Interp. lib. 2. pag. 165. 166.
G. Mat. Konig. Biblioth. vet. & nov. pag. 611.
G. J. Voff. de Hift. Latin. lib. 3. cap. 7. pag. 589. 590.

A peine savoit-il superficiellement quelques-uns des principes de la langue Grecque. Il croyoit comme la plupart de ceux de son tems qu'il suffisoit d'en avoir une légere teinture, & qu'avec les premiers élemens de cette Langue, on pouvoit passer pour habile, & qu'on étoit capable de traduire. Outre le peu de connoissance qu'il avoit du Grec, il étoit encore dans une assés grande ignorance de l'Histoire. Il ne faut donc pas s'étonner, continuë Casaubon, si Perot avec son beau Latin n'a pas même entendu une page de Polybe comme il faut. Et si on est curieux de savoir comment il a pu faire pour donner quelque liaison & quelque couleur à son discours, on peut consulter Tite-Live dont il a copié plusieurs passages qu'il croyoit apparemment prises de Polybe. Et c'est aussi la raison pour laquelle Perrot a fait dire à Polybe beaucoup de choses ausquelles il n'a jamais songé.

* *Polybii Historia Gr. Lat. cum interpretatione Perotti* in-fol. *Hagenoæ.* 1539.

LAURENT VALLA (1) *Senateur Romain* mort en 1457.

307 IL a traduit *Herodote* & *Thucydide*, mais dans l'une & l'autre de ces deux Versions il a fort mal pratiqué les leçons d'elegance, qu'il a tant enseignées aux autres dans des Livres qu'il en a composés exprès. Car on peut dire qu'il n'y a rien de moins élegant, & il y est devenu presque tout Barbare.

D'ailleurs il n'avoit qu'une teinture fort légere de la Langue Grecque, & il avoit travaillé à ces Traductions dans la plus grande négligence du monde, sans application au sens de ses Auteurs, & parmi de grandes distractions, sans se soucier de garder la fidélité que les Traducteurs doivent à leurs Originaux & à leurs Lecteurs.

* *Herodoti Historia cum L. Valla Interpretatione.* in-fol. *Venet.* 1494. — *Thucididis Historia cum ejusd. Interpretatione.* in-fol. *Gr. & Lat. Ap. Henr. Steph.* 1564.

1 ¶ Voyés Art. 304.
2 P. D. Huet de clar. Interpret. lib. 2. pag. 163.

DE QUELQUES TRADUCTEURS d'Avicenne, & entre les autres.

808   D'*André* ALPAGUS, d'*Arnaud* de VILLENEUVE, de *Jacques* MANTIN, de *Jean* des CINQ-ARBRES, & de *Jean* (1) de CARMONE. Mais nous les remettons au Recueil des Médecins.

1 ¶ Il faloit dire *Gérard*.

THEODORE GAZA de Theſſalonique mort en 1478. (1).

809   Gaze eſt un des plus célébres Traducteurs d'entre ceux qui ont eu quelque réputation. On a de lui deux ſortes de Verſions, premiérement de Latin en Grec, puis de Grec en Latin.

Eraſme dit (2) que perſonne n'a été plus heureux que lui ſoit dans les Traductions Grecques, ſoit dans les Latines.

A l'égard des Grecques, Joſeph Scaliger eſtimoit que quelques bonnes qu'elles paruſſent, on auroit pu les rendre néanmoins encore meilleures, & qu'il y auroit même des choſes à changer. Mais Caſaubon ou plutôt Monſieur Huet dit (3) que bien que ce jugement de Scaliger paroiſſe aſſés équitable, on ne laiſſeroit pas aujourd'hui de ſe contenter de pareils Traducteurs, & qu'il ſeroit fort difficile d'en trouver parmi ceux qui ſe mêlent de tourner le Latin en Grec, qui euſſent autant de fidélité, de netteté, & de beauté que Gaza.

Paul Jove parlant de la Traduction qu'il a faite du Livre de *Ciceron*, ſur la vieilleſſe ſous le Titre de Caton l'ancien, dit (4) qu'il s'en eſt acquitté avec tant de ſuccès, que les plus habiles d'entre les Critiques y ont toujours admiré le bonheur avec lequel il a ſu exprimer la majeſté de l'éloquence de cet Orateur, & entrer dans ſes penſées avec la même élevation que lui, en gardant religieuſement la fidélité dans les expreſſions, ſans s'écarter de la pureté du ſtyle qui lui étoit ordinaire.

1 ¶ Voyés Art. 306.
2 Eraſm. Dialog. Ciceronian. pag. 160.
3 P. D. Huet de clar. Interp. p. 134. 135.
4 Paul Jov. elog. 26.

TRADUCTEURS LATINS.

Mais ses Traductions Latines lui ont fait encore beaucoup plus d'honneur. Il avoit si bien appris la Langue, qu'il n'y avoit pas un Grec, de tous ceux qui s'étoient retirés en Italie, qui approchât de lui pour la bonne Latinité, & le même P. Jove dit qu'il étoit difficile de dire s'il étoit plus habile à tourner le Latin en sa Langue maternelle, ou le Grec en cette Langue étrangere qu'il possedoit avec tant de certitude (1), & dans une si grande perfection. Scaliger dit nettement (2) que c'est un des meilleurs Traducteurs de Grec en Latin que nous ayons. Erasme étoit (3) dans le même sentiment, & Paul Jove semble avoir encore voulu encherir sur cette bonne opinion, lors qu'il a prétendu élever Gaza au-dessus d'Argyropyle.

On n'a jamais fait difficulté de le préferer pour toutes choses au Trapezontin, c'est-à-dire, à Georges de Trebizonde, (4) quoiqu'en ait voulu dire Politien. Mais comme en matiére de Traduction Argyropyle étoit un tout autre homme que le Trapezontin, Casaubon dit que sans blesser le respect qui est du au mérite d'Erasme & de Paul Jove, on peut hardiment mettre Argyropyle en paralelle avec Gaza. Il avouë que celui-ci avoit beaucoup plus d'érudition & de suffisance qu'Argyropyle, & que par une invention aussi utile qu'elle étoit hardie, il a forgé & mis en usage des termes nouveaux pour exprimer des choses inconnuës aux Latins jusqu'alors, & pour enrichir par ce moyen la Langue Romaine (5). Mais il prétend que le style de ses Traductions n'est pas toujours fort bon Latin, qu'il est quelquefois embarassé, qu'il affecte de grands mots & qu'il est enflé & figuré, qualités fort peu nécessaires à un bon Traducteur: au lieu qu'Argyropyle est plus serré & même plus châtié. Il est vrai qu'on le trouve fort maigre & fort décharné en comparaison de Gaza, & qu'il a de vieux mots & des phrases qui ne sont pas tout-à-fait du bel usage: mais en récompense il n'a point tant d'inutilités, point tant de superfluités. Gaza a plus d'éloquence qu'Argyropyle, & il s'explique plus à l'aise: mais d'un autre côté il est moins exact & moins fidéle que lui.

Ce sentiment de Casaubon & de Monsieur Huet n'est pas entiérement conforme à celui qu'en avoit eu P. Nannius autrefois. Car il

---

1 ¶ Il se seroit mieux exprimé s'il avoit dit *dans laquelle il étoit si sûr, & qu'il possedoit dans une*, &c. §
2 Posterior. Scaligeran. pag. 90.
3 Erasm. ut supra loc. citat.
4 Ger J. Voss. lib. 4. Institut. Rhetoric. cap. 3.
5 Casaub. ap. P. D. Huet de clar. Int. lib. 2. pag. 180, 181.

Gaza. croyoit (1) que Gaza avoit gardé la fidélité à ses Auteurs pour l'exposition de leurs pensées, & qu'il en avoit exprimé le caractére & le génie avec tant de bonheur, qu'on trouvoit dans son Latin toute la majesté & la délicatesse des Grecs, & qu'on y remarquoit leurs inclinations comme s'ils avoient écrit eux-mêmes en Latin.

Les principales Traductions que Gaza a faites de Grec en Latin sont celles 1. de l'Histoire des animaux d'*Aristote*, 2. des Problemes qu'on a sous le nom de ce Philosophe, 3. de l'Histoire des Plantes de *Theophraste*, 4. & des Aphorismes d'*Hippocrate* (2), comme l'a remarqué Monsieur Bullart après Paul Jove, Scaliger & plusieurs autres Critiques.

P. Pantin & le sieur Borremans disent (3) que dans sa Traduction de l'Histoire des Animaux d'*Aristote* il a tellement étendu & agrandi les limites du langage Romain, qu'il a fait juger au Public qu'il qu'il avoit peu d'égaux en ce genre d'écrire, mais qu'il n'avoit assurément personne au-dessus de lui. Néanmoins Scaliger n'a point laissé d'y trouver quelques fautes quoiqu'en petit nombre (4), ce qui ne l'a point empêché de dire que Gaza étoit un de ces trois grands personnages du quinziéme siécle ausquels il portoit envie comme nous l'avons marqué ailleurs.

Mais ce Critique estime extraordinairement la Version qu'il a faite de *Théophraste* (5), & il témoigne que c'est principalement par cet ouvrage qu'il a fait paroître ce dont il étoit capable. Il ajoute qu'il a bien vû qu'il faloit traduire Théophraste avec le secours de Pline, & c'est sans doute ce qui a donné lieu à Paul Jove de l'appeller dans son Traité des Poissons (6) un religieux observateur des mots de Pline, & un très-diligent imitateur de ce Naturaliste.

* *Theophrastus ex versione Theodori Gazæ* in-fol. Argentor. 1534.
— *Ejusd. Gazæ in Libr. Aristot. de Natura partium & generatione animalium Notæ* in-8°. Venet. 1504. — *Expositio Lat. Lib. VII. Aphorism. Hippocratis* in-fol. Papia. 1512.

---

1 Petr. Nannius in Horat. art. Poët. & ap. Huet ut supra.
2 Is Bullart Academ. des Sciences livre 4. pag. 274.
3 Ant. Borremans Variar. Lect. pag. 69.
4 Scal. in primis Scalig. pag. 102, 103.
5 Idem in posteriorib. Scalig. pag. 90.
6 Paul Jov. de Piscib. lib. 1. cap. 4.

FRANCOIS PHILELPHE (1) de *Tolentino, Italien*, mort en 1481.

810 IL a traduit 1. la Cyropédie de *Xenophon*, 2. la Rhétorique d'*Aristote*, 3. quelques Vies de *Plutarque*, 4. divers Traités d'*Hippocrate*, 5. *Appien* (2) *Alexandrin*, 6. quelques Harangues de *Lysias*.

Paul Jove dit (3) que ces Versions ne sont pas fort approuvées des Grecs, c'est-à-dire, de ceux qui savoient toutes les finesses de cette Langue, mais qu'elles ne laissent pas d'être lûes par les Latins; c'est-à-dire, par ceux qui ne savent point d'autre Langue.

P. Nannius & Monsieur Huet (4) disent que pour avoir été trop scrupuleux à l'égard des mots, il a souvent perdu la pensée & le caractére de ses Auteurs; que voyant la beauté du discours de Xenophon, il avoit entrepris de l'exprimer mot à mot, s'étant imaginé vainement pouvoir faire passer les graces d'une Langue à l'autre par cet assujetissement. En quoi il fut non seulement trompé, mais il manqua encore à la fidélité qu'il devoit à son Auteur. Ce qui étoit plus étrange en un Grec, dit Nannius, qui vouloit dire sans doute que Philephe avoit vécu à Constantinople & qu'il avoit été gendre & disciple de Chrysoloras (5).

1 ¶ Voyés Art. 307.
2 ¶ Petrus Candidus December dès le milieu du quinziéme siécle avoit traduit Appien de Grec en Latin. Philelphe ennemi juré de ce Traducteur entreprit de donner une version meilleure de beaucoup. Il commença en 1465. à la promettre, le prétexte du retardement fut l'attente d'un manuscrit dont il avoit besoin. Enfin le 20. Fevrier 1470. écrivant à un de ses amis, il lui manda qu'ayant reçu depuis peu le manuscrit il n'avoit pas différé d'un seul moment à traduire, qu'il y en avoit déja deux livres de faits, & qu'il espéroit achever dans le mois de Mai prochain. La propre veille de ce mois il écrit à François d'Arezzo que le travail est fort avancé, & qu'il ne manquera pas, sitôt qu'il sera fini, de le lui envoyer. Cependant on ne voit pas que dans tout le reste de ses Lettres qui vont jusqu'au 24. Juillet 1473. il en fasse aucune mention il n'en a point parlé ailleurs non plus quoiqu'il ait vécu 11. ans depuis, & ce qu'il y a de sur, c'est que cette traduction, quoique rapportée dans le catalogue de ses œuvres, n'a jamais paru ni imprimée ni manuscrite.
3 P. Jovius in elog. vir. illust.
4 P. Nann. comm. in Horat. de art. poët. P. D. Huet de clar. Interpretib. lib. 2. pag. 164.
5 ¶ De Jean Chrysoloras fils d'Emmanuel.

RODOLPHE AGRICOLA de *Groningue en Frise*, mort en 1485.

811 COmme il étoit de l'excellente école de Gaza, il ne pouvoit manquer d'en avoir pris les teintures. C'est pourquoi on ne doit point s'étonner qu'il parle si bien Latin dans ses

Traductions, qu'il ait le style poli & fleuri, plein & coulant, & qu'il soit étendu dans ses discours. Mais il n'a pourtant pas pu atteindre à la gloire d'être exact, & il n'a point encore été assés heureux selon Monsieur Huet, pour rencontrer le génie & le caractére de ses Auteurs (1).

Nannius & Borremans prétendent (2) qu'il y a si bien réussi dans la Version de l'*Axioque*, que quoique ce ne soit pas véritablement un ouvrage de Platon, il semble qu'il mérite aujourd'hui de l'être par adoption.

Mais pour ce qui est de la Traduction des Progymnasmes ou préludes d'*Aphthone* qui court sous le nom d'Agricola, il n'y a aucune apparence qu'elle soit de lui, dit François Escobar (3), parce qu'elle est en fort mauvais Latin (4) & qu'elle approche si peu du sens de l'Auteur, qu'il est visible que celui qui l'a faite ne savoit pas le Grec.

* *Aphthonii Sophistæ Progymnasmata à Rud. Agricola latinitate donata cum scholiis R. Lotichii in-12°. Amstelod. 1657.* *

1 P. D. Huet de clar. Interpret. pag. 173.
2 Petr. Nannius lib. 1. Symmict. cap. 3. Ant. Borremans Variar. Lection. cap. 11. pag. 113.
3 ¶ *Plerisque locis parum Latina*, dit Fr. Escobarius. §
4 Francisc. Scobarius Præf. ad Aphthon. edit.

CHRISTOPHE PERSONA, *Romain* mort en 1486.

812   C'Est un très-mauvais Traducteur, Vossius dit qu'il a tourné *Agathias* d'une maniére tout-à-fait pitoyable, & qu'il l'a entiérement gâté, n'ayant aucune des qualités nécessaires à un homme qui veut se mêler de traduire.

1 G. J. Vossius de arte historica cap. 18. pag. 94.

Le TRAPEZONTIN ou GEORGE de TREBIZONDE mort en 1486.

813   LEs principales d'entre les Traductions de George de Trebizonde sont celles

1. *Des Commentaires de Saint Cyrille d'Alexandrie sur l'Evangile de Saint Jean.*

2. *Du*

TRADUCTEURS LATINS.

Le Trapézontin.

2. *Du Tréſor du même Saint contenant quatorze Livres ſur la Sainte Trinité.*

3. *De pluſieurs Homélies de ſaint Chryſoſtome ſur ſaint Mathieu.*

4. *De la Vie de Moyſe, ou du Traité de la Vie parfaite par S. Grégoire de Nyſſe.*

5. *Des Livres de ſaint Baſile le Grand contre Eunomius.*

6. *Des quatorze Livres d'Euſebe de Ceſarée touchant la préparation Evangélique.*

7. *De l'Hiſtoire des SS. Barlaam & Joſaphat, qui paroît parmi les œuvres de Saint Jean de Damas.*

8. *De la Rhétorique d'Ariſtote.*

9. *Des Livres de Platon touchant les Loix.*

10. *De l'Almageſte de Ptolomée en treize Livres*: ſans parler de divers autres Traductions des Livres d'Ariſtote & de pluſieurs Peres de l'Egliſe qui n'ont jamais vû le jour.

Cet Auteur auroit eu plus d'éclat s'il avoit vécu en un autre tems que Gaza. Celui-ci le couvroit de ſon ombre malgré qu'il en eût. Tout le monde convient qu'il étoit beaucoup au-deſſous de lui & particuliérement pour les deux Langues. Il n'y avoit peut-être que le Trapezontin qui parût en douter, & on ne le put convaincre du contraire, juſqu'à ce qu'il eût vû la Verſion que fit Gaza de l'Hiſtoire des Animaux d'*Ariſtote* & qui le mit au deſeſpoir (1), voyant qu'elle effaçoit la ſienne : quoique juſqu'alors elle lui eût acquis (2) quelque réputation (3).

Mais il ſe brouilla encore davantage avec le Regiomontanus, c'eſt-à-dire, Jean Muller de Konigſberg, à cauſe de la liberté que celui-ci avoit priſe de lui marquer un grand nombre de fautes qu'il avoit

---

1 ¶ Quoique Théodore Gaza en traduiſant l'Hiſtoire des animaux d'Ariſtote eut profité de la Traduction que George de Trebizonde en avoit faite auparavant, il ne laiſſa pas de ſe vanter dans la Préface qu'il n'avoit été aidé dans ſon travail par qui que ce ſoit, & que ſon deſſein n'avoit pas été d'entrer en lice avec les autres Interpretes, rien n'étant plus aiſé que de les vaincre. Voſſius qui avoit lu ce détail dans le 90. chapitre des *Miſcellanea* de Politien, a préſumé que ces paroles de Gaza piquèrent George extrèmement, ſur quoi Baillet enchériſſant a pris occaſion de dire que la Traduction de Gaza, mit George de Trebizonde au déſeſpoir, Politien cependant n'a pas dit un mot de ce reſſentiment de George, mais tout au contraire qu'on ne pouvoit ſans indignation voir que Gaza qui dans ſa Traduction avoit ſuivi George pas à pas ne lui eût preſque rendu que des injures & du mépris pour reconnoiſſance.

2 ¶ Cette Traduction n'ayant pas été imprimée n'a pu avoir grand cours, Gaza & Politien, à peu près contemporains, ne l'ont vuë que manuſcrite. On ne ſache pas que perſonne l'ait vuë depuis, ni que le manuſcrit en ait été conſervé.

3 Politian. Miſcellaneor. cap. 90.

Voſſ. de Hiſt. Lat. lib. 3. cap. 8. pag. 599. 600.

Idem tract. de ſcient. Mathem. c. 16. §. 11. pag. 63.

Le Trapézontin. faites dans la Traduction de la grande Construction ou Syntaxe de *Ptolomée*, qu'on appelle Almageste : & il en couta la vie à Regio-montanus, que les enfans du Trapezontin sacrifiérent aux Manes de leur Pere, selon le bruit commun de ces tems-là.

On ne sauroit néantmoins raisonnablement refuser à George la gloire d'avoir sû quelque chose, & Paul Jove écrit (1) qu'on l'avoit pris dans les commencemens pour un habile homme, & pour un heureux Traducteur, même quand on vit ce qu'il avoit traduit d'*Aristote*, d'*Eusebe*, d'*Hermogene*, &c.

Mais il y avoit certainement beaucoup de préjugé dans cette opinion. Car le Cardinal du Perron disoit nettement (2) qu'il étoit fort mauvais Traducteur : & Monsieur Daillé semble témoigner que l'infidélité étoit le principal de ses défauts (3).

Monsieur Huet dit (4) qu'outre cela, il s'est laissé aller à son intemperance, sans pouvoir retenir son babil, & sans se renfermer dans les termes de ses Auteurs. Ce qui est moins supportable dans les Ecrits de Physique & de Théologie, comme sont ceux qu'il a traduits, où les ornemens affectés passent pour des inutilités puériles.

Le même Critique ajoute que la Traduction que le Trapezontin a faite d'*Eusebe* est plutôt un amas de piéces & de lambeaux, qu'une véritable Version.

Les autres Savans en portent presque tous le même jugement. Ils conviennent tous (5) qu'il a mutilé & estropié le texte d'Eusebe sans scrupule, qu'il en a perverti le sens, & renversé les phrases, qu'il en a passé plusieurs chapitres entiers de côté & d'autre, & qu'il a abandonné tout le quinziéme Livre sans y toucher. De sorte qu'il ne seroit pas possible à Eusebe lui-même de se retrouver & de s'y reconnoître s'il revenoit au monde. Le P. Viger (6) qui outre ces défauts en a remarqué encore d'autres, dit que Simon Gryné avoit voulu y remedier, mais qu'en guérissant Eusebe de plusieurs plaies que notre Trapezontin lui avoit faites, il lui en avoit causé d'autres.

A l'égard de la Version de l'Histoire de *Barlaam & Josaphat*, l'Abbé de Billy dit que sans en voir l'Original il l'avoit toujours ju-

1 Paul Jove elog. 25.
Raph. Volaterr. comment. Urban. lib. 2.
2 Perronian. pag. 322.
3 Joan. Dallæus not. in terpol. Perronian. pagin. ead.
4 P. D. Huet de clar. Interpretib. lib. 2. pag. 180.
5 Leo Allatius Diatrib. de Georgiis pag. 375. in fol.

Lil. Greg. Gyrald. de Histor. Poëtarum. Dialog. 9.
Item Dialog. 1. de Poët. sui temp.
Petr. Halloïx Soc. J. vit. S. Polycarp. cap. 8. inter Oriental. ill.
6 Franc. Viger. Soc. J. præfat. in suam Eusebii versionem.
Item apud eumd. Allatium de Georgiis.

gée grossiére & fort mal faite ; mais que l'ayant depuis conferée avec le Grec, il l'avoit trouvée si défectueuse, si barbare, & si infidéle, qu'il avoit peine à croire qu'elle fut du Trapezontin (1). La conjecture d'un si judicieux Critique a été confirmée depuis par le P. Rosweyde, qui dit (2) que cette Version se trouve dans des Manuscrits beaucoup plus anciens que notre Traducteur, & que Vincent de Beauvais s'en est servi dans son Miroir historial.

Le P. Schott, ou plutôt François Escobar dit (3) de celle qu'il a faite de la Rhétorique d'*Aristote*, qu'elle n'est nullement exacte, & qu'il ne savoit pas assés bien le Latin pour bien traduire.

Néanmoins les autres Critiques (4) croyent que c'étoit moins par ignorance que par une trop grande précipitation qu'il s'acquittoit si mal des devoirs d'un bon Traducteur, mais ils reviennent tous à dire que cette précipitation l'entretenoit dans une ignorance coupable, parce qu'il ne se donnoit pas le loisir d'étudier les Langues & les Auteurs qu'il entreprenoit de traduire.

Les Versions qu'il a faites des Commentaires de saint *Cyrille* sur saint Jean, & de ses Livres sur la Trinité, ne sont pas meilleures que les autres. Bonaventure Vulcanius dit que le Trapezontin ne s'étoit pas contenté de confondre & de renverser l'ordre de saint Cyrille dans celle des Livres de la Trinité (5) ; mais qu'il l'avoit même corrompu en beaucoup d'endroits ; qu'il lui étoit arrivé (6) un grand nombre d'omissions ; qu'il y avoit beaucoup d'additions de sa teste ; & qu'il avoit tourné plusieurs passages au hazard & à l'aveugle (7).

Enfin le Cardinal Bessarion dans ses Livres contre le Calomniateur ; c'est-à-dire, contre George de Trebizonde (8) assure qu'il n'y a presque point d'endroit dans la Traduction des Livres de *Platon* sur les Loix qui soit exemt de fautes. Il ne fait point difficulté de dire qu'il y en a autant que de mots, & il remarque particuliérement celles qui sont les plus grossieres & les plus puériles dans les endroits de son Auteur les plus aisés à traduire, pour faire voir de quelle importance sont celles des passages difficiles.

1 Jacob. Billius in edit. oper. Joan. Damasceni.
2 Heribert. Rosweyd. lib. 1. de vit. PP. in Not.
3 A. S. Peregr. Biblioth. Hisp. edition. in 4. pag. 333.
4 Fr. Viger. ut supra.
Item Jac. Bill. ut supra.
5 ¶. C'est-à-dire dans sa Traduction des Livres de la Trinité. ¶
6 ¶ Pour dire : *qu'il y avoit fait un grand nombre d'omissions.* ¶
7 Bonavent. Vulcan. præfat. in Version. Thesaur. S. Cyrill.
Idem in annotat. ad eumdem Cyrill.
8 Bessario Card. Nic. lib. 5. adversf. Calumniat. Platon. Item apud Allatium Diatrib. sup. laudat. pag. 376.

Ainsi quoiqu'en ait dit un Auteur moderne (1) je ne puis croire que quand George de Trebizonde auroit sû l'art de se contenir dans les bornes de la profession de Grammairien qui renferme celle de Traducteur, il eût pû acquerir de la gloire, à moins qu'il n'eut donné des bornes plus étroites à sa mauvaise humeur, & plus d'étenduë à son érudition.

Nous parlerons ailleurs de la disgrace où Bessarion, & les autres Grecs de l'Italie, le firent tomber pour avoir voulu faire le Philosophe, & s'être mêlé de critiquer Platon afin de relever le merite d'Aristote.

1 L. Maimbourg Hist. du Schisme des Grecs, liv. 5. pag. 543. edit. in 4.

JEAN ARGYROPYLE, de *Constantinople*.

814 Nous avons déja parlé des Traductions de cet homme, ci-dessus, lors que nous en faisions le Parallele avec Théodore Gaza, qu'on peut voir pour ne nous point obliger à la répetition. Nous ajouterons seulement que Paul Jove paroît n'avoir pas assés connu le mérite d'Argyropyle, ou qu'il avoit le jugement corrompu, quand il l'a voulu rabaisser. Il avoue à la vérité qu'Argyropyle avoit traduit d'une maniére si noble (1) la Physique & la Morale d'*Aristote*, que Gaza pour mieux marquer l'estime qu'il en faisoit, & l'approbation qu'il vouloit bien lui donner, brûla ce qu'il avoit fait sur le même sujet, pour ne point nuire à la réputation du meilleur de ses amis, en tâchant de donner quelque chose de mieux fait : Mais il ajoute en même tems, que comme Gaza étoit le plus modeste des Grecs de son tems, il en avoit usé de la sorte pour ceder à l'ambition d'Argyropyle, qu'il voyoit rempli de lui-même, enflé de vanité, & n'oubliant rien pour arriver à une haute fortune (2).

Monsieur de Thou dit qu'il a tourné *Aristote* avec plus de fidélité que d'elegance & d'ornement (3). Et c'est aussi la pensée de Monsieur Huet, comme nous l'avons vû plus haut (4).

1 ¶ *Aristotelis naturalia atque moralia generose transtulit* dit Paul Jove. Ce *generose* ne signifie pas d'une maniére noble, celle d'Argyropyle étant simple, foible, & séche. Le sens est que cet Auteur tout Grec qu'il étoit a eu le courage d'entreprendre une traduction Latine aussi difficile que celle-là. Je le crois mort quelques 20. années avant Politien vers l'an 1474. ¶

2 Paul. Jov. elog. 27.

3 Jac. Aug. Thuan. Hist. suor. temp. ubi de Joach. Perion.

4 P. D. Huet de clar. Interpr. p. 180. 181.

Quoiqu'il foit fec, & prefque fans charnure, on n'a point laiſſé d'eſtimer ſon exactitude, & il y a lieu de s'étonner que Nannius, & le ſieur Borremans après lui, nous ayent voulu retirer de cette bonne opinion. Ils diſent (1) qu'Argyropyle a meſuré ſes mots ſur les mots de ſon Auteur d'une maniére ſi ſervile, qu'il a perverti entiérement la penſée d'Ariſtote, & qu'il en a uſé comme un Peintre ignorant, qui au lieu de diſpoſer, & d'ajuſter les habits ſur les membres de leurs perſonnages, contournent & font plier les membres pour les ajuſter aux habits; que ſes diſcours ne ſont que des ſons en l'air, qui n'ont point de ſens; que ce mal ne vient pas moins de ſon ignorance, que d'une folle démangeaiſon qu'il avoit d'écrire. Car quand il ne peut pas prendre la penſée & le ſens de ſon Auteur, ajoûtent-ils, il a recours à un circuit de paroles, qui ne diſent rien, & qui forment un pur galimatias, comme ſi ſon Lecteur pouvoit entendre par ce moyen ce qu'il n'a pas entendu lui-même, étant aſſés conſtant que ſi les mots ſervent à compoſer la penſée d'un Auteur, ils ne tirent pas moins leur force, & leur ſignification de cette même penſée.

1 Petr. Nann. lib. 1. cap. 3. Symmict. ſeu Miſcell. Idem Comm. in de Arte Poët. Horat.

Anton. Borremanſ. variar. Lection. cap. 11. pag. 112.

AMBROISE CAMALDULE (1), Général de ſon Ordre, *mort en* 1490. (2).

815 IL a traduit *Diogène Laërce*, le Théophraſte d'*Enée de Gaze*, les Livres de ſaint *Denys* ſur la Hiérarchie celeſte, & divers Ouvrages de ſaint *Athanaſe*, de ſaint *Baſile*, de ſaint *Chryſoſtome*, de ſaint *Ephrem*, & de ſaint *Jean Climaque*.

Paul Jove dit (3) que ſi dans ſes Verſions il n'eſt point arrivé au comble de l'éloquence Romaine, il le faut attribuer aux médita-

1 ¶ De la famille des Traverſari de Ravenne, né à Portico bourg de la Romagne au deſſus de Forli près de l'Appennin.

2 ¶ Ambroiſe ayant été le 40. Général de ſon Ordre ne peut être mort en 1490. puiſque Pierre Dauphin qui le 10. Décembre 1480. fut élu le 45. Général de cet Ambroiſe dans une de ſes Lettres, c'eſt la 49. du troiſième livre, l'appelle ſon prédéceſſeur. Mais ce qui eſt plus poſi- tif Ange Florentin Religieux Camaldule dans ſon troiſième & dernier Livre *Hiſtoriarum Camaldulenſium* dit qu'Ambroiſe, agé de 22. ans 14. jours, entra dans l'Ordre le 8. Octobre 1400. & y mourut le 21. Octobre 1439. âgé de 61. ans 27. jours. Par où l'on voit que Bellarmin, dont Baillet a ſuivi le calcul, s'eſt équivoqué de 51. ans.

3 Paul. Jov. elog. num. 11. Et Epitom. Geſner. per Simler.

tions continuelles sur les vérités de l'Evangile, qui ne permettoient pas qu'il s'amusât à polir son langage ; que ce n'étoient ni les forces, ni les facultés qui lui manquoient, mais seulement le courage & la volonté.

Il ajoute néantmoins qu'il avoit traduit le Traité de saint Denys de la Hiérarchie celeste avec une éloquence & une pureté toute particuliére ; mais que sa Version du Diogène Laërce n'a rien de ces deux belles qualités, & qu'il s'en faut beaucoup qu'elle soit limée & châtiée comme l'autre (1).

Monsieur Huet dit en général que son style tient beaucoup de la rudesse & des austerités de son Institut, qu'il a peu de politesse, & qu'assés souvent il sort de la matiere, & de la pensée de son Auteur (2).

1 G. M. Konig. Biblioth. Vet. & Nov. pag. 32.

2 P. D. Huet de clar. Interpretib. lib. 2. pag. 164.

HERMOLAUS BARBARUS Sénateur (1)
de Venise, mort en 1493.

§ 16 CEt Auteur, quoi qu'assés habile d'ailleurs, ne passe point pour un modéle fort excellent en matiere de Traduction.

Les Critiques (2) ont remarqué qu'il ne s'appliquoit qu'à exprimer le sens de son Auteur, sans se mettre fort en peine des paroles & des expressions. Monsieur Huet fait dire à Casaubon qu'il se donnoit un air d'élegance & de liberté qui sembloit faire croire que c'étoient plutôt des discours originaux, que des Traductions, tant il écrivoit naturellement (3). Mais cette qualité qui auroit été bonne pour un autre genre d'écrire, l'empêchoit d'être bon Traducteur.

Vossius témoigne (4) que la Version qu'il a faite de *Themistius* n'est pas fidéle, parce qu'il a voulu y faire trop l'élegant & le poli. Celle qu'il nous a donnée de *Dioscoride* n'est pas beaucoup meilleure. Mais qui plus est, on prétend qu'il ne savoit pas assés de Grec pour bien traduire ; & André Schott (5) dit qu'il ne faut que voir sa

¶ 1 Il n'étoit pas Sénateur de Venise, mais de maison de Sénateur. §
2 Petr. Nannius lib. 1. cap. 3. Symmict. Anton. Borremans variar. Lection. cap. 1. pag. 113.

3 P. D. Huet de clar. Interpr. lib. 2. pag. 166.
4 G. J. Vossius de Philosophia cap. 3. §. 1. pag. 8.
5 A. S. Peregrin. Bibl. Hispan. tom. 2. pag. 333.

Traduction de la Rhétorique d'*Ariſtote* pour s'en convaincre (1).
 * *Herm. Barbari Lib.* v. *in Dioſcoriden* in-fol. *Venet.* 1516.—*Themiſtii in Ariſtotelis poſteriora, Phyſica, de anima,* &c. *latinè per Hermol. Barbarum* in-fol. *Venet.* 1559. *

¶ 1 André Schott ne rapporte pas cela comme ſon propre ſentiment, mais comme celui de François Eſcobar. ¶

POLITIEN (Ange Baſſ.) *du Mont Pulcien, mort en* 1494 (1).

817 Nous avons de ce célèbre Auteur deux Traductions importantes, la première de l'Hiſtoire d'Hérodien, la ſeconde des Idyles de *Moſchus* (2). Paul Jove prétend qu'il a arraché la palme à tous les autres Traducteurs (3), & Monſieur Huet tombe d'accord qu'il y en a peu effectivement qu'on lui puiſſe comparer en ce genre d'écrire, ſur tout dans ſon ſiécle, dont il ſembloit être le premier pour les Lettres (4).

Tout le monde ſemble convenir (5), que la Traduction d'Hérodien ne cede rien à ſon Original en pluſieurs endroits, pour la délicateſſe & la beauté du ſtyle ; de ſorte que s'il avoit été poſſible de ſupprimer ou de dérober à la vuë des hommes le Grec d'Hérodien, il n'auroit pas été difficile à Politien de faire paſſer cette Verſion pour une piéce originale des mieux faites. Eraſme même qui avoit le goût aſſés fin pour ces ſortes d'Ouvrages, eſtime que le Traducteur a ſouvent ſurpaſſé ſon Auteur (6), & que c'eſt un ouvrier accompli pour la Traduction. Et (7) quelques-uns ſemblent avoir douté s'il ne l'emportoit pas en toutes choſes ſur Hérodien ; & ſi celui-ci ne pouroit point paſſer pour une copie de l'autre, moyennant une diſpenſe d'âge.

Les envieux de Politien convaincus comme les autres de la beauté de cette Traduction, jugerent qu'il étoit dangereux pour leur réputation d'entreprendre de la rabaiſſer, & ils prirent un autre parti,

---

1 ¶ Voyés Article 305. ¶
2 ¶ Politien n'a traduit de Moſchus que l'Idyle ſeule de l'Amour fugitif. ¶
3 Paul. Jov. elog. 38.
4 P. Dan. Huet de claris Interpr. lib. 2. pag. 164. 165.
5 Henr. Stephan. G. J. Voſſ. Iſ. Caſaub. P. D. Huet, &c.
6 In Dial. Cicer. & apud Huet. loc. cit.
7 Degoreus Whear apud Georgium Matt. Konigium, in Biblioth. Vet. & Nov. pag. 392.

Politien. s'avisant de publier qu'il l'avoit dérobée à Gregoire de Tipherne (1). Mais quoique Politien fut reconnu dès-lors pour un grand Plagiaire, comme nous le verrons ailleurs, le Public n'eut point d'oreilles pour cette médisance, & il n'est presque pas croyable, dit Paul Jove (2), qu'un homme aussi fécond & aussi capable d'écrire qu'étoit Politien, eut voulu employer des moyens si peu honnêtes, & si incertains, pour s'établir dans l'esprit des hommes.

Cependant quelque politesse & quelque agrément qu'ait cette Version, elle n'a pû passer à la rigueur pour une bonne Version. Casaubon n'étoit pas content de cette pompe de mots & de cette beauté étudiée (3), il eut souhaité quelque chose de plus châtié & de plus exact; en un mot il auroit voulu un Traducteur, & non pas un Orateur. D'ailleurs il prétendoit que Politien y avoit fait beaucoup de fautes. En quoi il ne faisoit que suivre son beau-pere Henry Estienne, qui (4) avoit averti le Public que Politien n'avoit point eu assés de scrupule, qu'il s'étoit donné tant de liberté & de licence, que souvent on a de la peine à comprendre le sens d'Hérodien, & qu'ayant été plus curieux d'élegance que de fidélité, il s'est trompé en beaucoup d'endroits. Mais tout le monde n'a pas également bien goûté cette censure. Jean Henry Boecler entreprit vers le milieu de notre siécle la défense de Politien (5) contre ce Critique, & par un retour d'accusation il voulut faire voir qu'Henry Estienne lui-même étoit un mauvais Traducteur.

Pour ce qui est de la Version que Politien a faite des Idyles de *Moschus*, Borremans après Nannius (6) nous la propose comme un modéle parfait de la Traduction la plus juste: parce que non seulement il a rendu mot pour mot, mais encore pensée pour pensée, & Vers pour Vers.

---

1 ¶ J'ai fait voir page 26. de l'Indice expurgatoire du Menagiana que s'il y avoit eu quelque traduction d'Hérodien plus ancienne que celle de Politien, ce n'étoit pas à Grégoire de Tiferne, mais à un autre Italien son contemporain nommé Ognibnono natif de Lunigo près de Vicence, en Latin *Omnibonus Picentinus*, qu'il la faloit attribuer. Sur quoi j'ai indiqué un endroit du 2. Livre de la Rome triomphante de Blondus, où se trouve un morceau de cette traduction lequel prouve clairement que Politien s'en est aidé. §

2 Paul Jov. in elog. ut supra.

Item Vossius de Histor. Latin: lib. 3. cap. 8. pag. 628.

3 Is. Casaub. apud P. D. Huet ut sup.
¶ Monsieur Huet a fait dire tout ce qu'il a voulu à Casaubon qui ne devoit pas être ici allegué. §

4 Henricus Steph. in Præfat. edit. Herodian.

5 Theod. Janson ab Almeloween de vit. Stephanor. pag. 92. & 93.

6 Petr. Nannius lib. 1. Symmict. cap. 3. Et Anton. Borremans. variar. Lection. cap. 11. pag. 113.

GEORGE

GEORGE MERULA d'*Alexandrie de la Paille en Lombardie*, mort en 1494. (1) *selon quelques-uns.*

818   IL est fort estimé d'Erasme, qui dit (2) qu'il est magnifique & élégant dans ses Traductions du Grec, & qu'il est comparable à plusieurs des Anciens.

Il étoit plaisant de vouloir nous faire croire que c'étoit (3) de *Dion* qu'il avoit traduit les Vies de Nerva, Trajan, & Adrien, au lieu que ce n'est que de *Xiphilin* (4).

1 ¶ Il mourut l'an 1494. six mois avant Politien son antagoniste.
2 Erasm. Dialog. Ciceronian. pag. 161.
3 ¶ Paul Jove & bien d'autres l'ont cru ; sur la foi de Merula qui lui même le croyoit aussi.
4 Paulus Benius de Histor. lib. 3. p. 185.

DONAT ACCIAIOLI *de Florence*, mort en 1463. (1) selon quelques-uns.

819   PAul Jove dit (2), que cet homme tourna en Latin quelques Vies de *Plutarque* le plus élégamment du monde, mais qu'ayant été occupé au maniment des affaires publiques de l'Etat, il n'eut ni assés de loisir, ni assés de vie, pour cultiver les talens qu'il avoit pour les belles Lettres.

1 ¶ Il avoit à l'Article 316. mis la mort de Donat Acciaioli en 1495. il la met à celui-ci en 1465. Il n'a pas mieux rencontré cette seconde fois que la premiere. Donat Acciaioli mourut l'an 1478. Voyez le Discours intitulé *Origine della famiglia delli Acciaioli*, imprimé in 4. à Florence 1588. à la suite de l'Histoire *della Casa Ubaldini*.
2 Paul. Jov. elog. 16.

MARSILE FICIN, *de Florence*, mort en 1499.

820   CE Platonicien s'est beaucoup appliqué à traduire. On a de sa façon 1. Un *Platon* latin tout entier. 2. Un Livre de *Xenocrate* le Platonicien sur la mort. 3. Quelques Opuscules attribués à *Speusippe*, à *Alcinous*, & à *Pythagore*. 4. Les Traités de saint *Denys* touchant la Théologie mystique, & les noms divins. 5. Les œuvres de *Plotin*. 6. Le Théophraste, ou le Dialogue de

l'Immortalité de l'Ame & de la Resurrection de la Chair par *Enée de Gaze* Platonicien & Chrestien, après Ambroise Camaldule.

Les Critiques disent que Ficin est un réligieux & fidéle Traducteur, qu'il ne s'écarte jamais de la phrase de ses Auteurs, qu'il s'attache scrupuleusement à leurs mots, qu'il en exprime même la pensée, mais qu'il n'en a point pris le caractére ni le génie. C'est le sentiment de Nannius en un endroit (1).

Mais Monsieur Huet fait dire à Casaubon que ce n'est pas le sien, parce qu'il a remarqué (2) que Ficin a entiérement negligé les mots de ses Auteurs, qu'il ne s'est pas soucié de les suivre à la lettre; que quelquefois il étend trop leurs pensées, & quelquefois aussi qu'il les resserre trop; & que cela paroît particuliérement dans sa Traduction du prétendu *Trismegiste*. Et Nannius lui-même paroît n'avoir pas été entiérement uniforme dans son opinion, puis qu'il écrit ailleurs (3) que par la Traduction de Ficin on voit assés bien ce que l'Auteur a dit, mais qu'on ne voit pas comment il l'a dit: qu'il n'a point sû exprimer ni le mouvement des passions, ni la grace des figures, ni la force, ni la beauté, ni les agrémens, ni la dignité, ni l'élegance, ni les plaisanteries, ni les subtilités de ses Auteurs. Et que quoi qu'on s'apperçoive assés, par exemple dans sa Version de Platon de ce que ce Philosophe a voulu dire: néanmoins si Platon pouvoit revenir au monde pour la lire, il ne lui seroit presque pas possible de s'y reconnoître lui-même. Car on ne trouve point dans le Latin cette force héroïque, cette sublimité, cette élevation du grand style, & cette heureuse abondance de l'Original Grec.

* *Platonis Opera Gr. Lat. cum Versione & Comment. Marsi. Ficini* in-fol. *Francofurti* 1602. — *Plotini Opera Philosophica Lib.* LIV. *Gr. & Lat.* in-fol. *Basil.* 1580. *

1 Petr. Nan. Comm. in Art. Poët. Horat. & apud Huet.
2 P. D. Huet de clar. Interpr. lib. 2. pag. 166. 167.
3 Nann. lib. 1. Symmyct. seu Miscell. cap. 3 & ex eo Ant. Borremans variar. Lect. cap. xi. pag. 113.

JEROME DONAT de *Venise*, vers la fin du quinziéme siécle (1).

821 IL a traduit le livre de l'entendement fait par le Philosophe *Alexandre d'Aphrodise*. Cette Version est pure & juste au jugement de Paul Jove (2), & Reusner disoit qu'il n'auroit fait

¶ 2 Voyés Art. 318.
2 Paul. Jov. elog. 56.

aucune difficulté de comparer ce Donat aux Anciens pour la majesté du style (1).

* *Alex. Aphrodisæi de Philosophia de Ente Hier. Donat.* in-4°. *Rostoch.* 1618. *

1 Apud G. Matth. Konigium Biblioth. V. & N. voce Donatus.

LE VOLATERRAN ou RAPHAEL de VOLTERRE mort en 1506. (1).

822. Et homme nonobstant sa réputation n'étoit pas fort habile en quoi que ce fût, mais il étoit pitoyable en Traduction, parce qu'il ne savoit pas le Grec, de sorte que ce sont des galimathias perpetuels dans lesquels on ne laisse pas d'appercevoir de l'ostentation & une sotte parade d'érudition.

On reconnoît l'habileté des Ecrivains même dans leurs fautes; mais celles de Volaterran sont si puériles qu'on le prendroit volontiers pour un de ces enfans qui parlent ordinairement sans savoir ce qu'ils veulent dire. C'est pourquoi Paul Jove s'est fait siffler des habiles Critiques, quand il a dit que notre Volaterran avoit traduit *Procope* avec plus de sincérité que d'éclat & de magnificence.

1 ¶ Voyés Article 322.
Ger. Joan. Voss. de Hist. Lat. lib. 3. cap. 11. pag. 672.
Petr. Dan. Huet. de clar. Interpr. lib. 2.
pag. 166.
Bibliograph. anon. cur. Philolog. hist.
Florid. Sabinus in Apolog. adv. calumn.
L. L. Paul Jou. in Elog. Vir. illustr.

GERARD de CARMONE, ou *Jean GERARD de Carmona* Medécin *Espagnol* du seizième siécle (1).

823. Il faisoit son étude principale de traduire des Auteurs Arabes. On a entre les autres son *Avicenne*, mais d'un style tout-à-fait rude & barbare. Outre cela il étoit tombé sur des exemplaires fort corrompus, & comme il ne savoit ni la Medécine qu'Avicenne professoit, ni la langue Grecque de laquelle les Arabes avoient fait leurs Traductions en leur Langue, il a fait des

1 ¶ Il ne s'appelloit que Gérard & vivoit sur la fin du quatorzième siécle. plusieurs années avant que George de Parbach mort, selon Gassendi l'an 1461. réfutât ses Théories des Planètes.

fautes grossiéres & en grand nombre. Il mérite néanmoins quelques louanges pour la fidélité & l'exactitude avec laquelle il a tourné les endroits qu'il a bien entendus.

* *Gerard. Cremonensis Avicennæ lib. Canonis & cantica, ex arab ;* in-fol. *Venetiis* 1553. *

† P. D. Huet. de clar. Interpretib. lib. 2. pag. 140.

BARTHELEMY ZAMBERT, *Venitien* vers l'an 1510.

824 CEt homme voyant combien la Version Latine d'*Euclide* [in-fol. *Basle* 1546.] tirée de l'Arabe étoit défectueuse, entreprit d'en faire une sur le texte Grec. Mais comme il n'entendoit pas les Mathématiques, il ne put corriger les fautes de son exemplaire. Il les suivit toutes, & y en ajouta beaucoup des siennes. Il renversa même la plupart des termes d'Euclide, comme Vossius le rapporte de Maurolycus, & des autres Mathématiciens (1).

1 ¶ Il faloit : *comme le rapporte Vossius après Maurolycus & les autres Mathématiciens.* Autrement il semblera que Vossius dise que Maurolycus & les autres Mathématiciens ont aussi renversé la plupart des termes d'Euclide.

G. J. Voss. de scient. Mathemat. pag. 16. item pag. 64.

OTTOMARUS LUSCINIUS, de *Strasbourg* vers l'an 1520.

825 CE Traducteur est trop enflé dans son style, & trop étendu dans sa phrase, au jugement de Monsieur Huet, qui ajoute qu'il n'observe pas même les ponctuations & les distinctions de ses Auteurs, ce qui met beaucoup de confusion dans le sens ; mais qu'on peut dire néanmoins qu'il est serré & concis en comparaison de Symon Gryné.

Il a traduit deux centuries d'*Epigrammes* des Anciens Grecs, des lieux communs ou extraits faits par *Stobée* en Vers, quelques oraisons d'*Isocrate*, quelques opuscules des Morales des *Plutarque*.

P. D. Huet. de clar. Interpr. lib. 2. p. 169.

THOMAS LINACER, Anglois mort en 1524.

826 Linacer avec Hugue *Latimer* & *Grocin* avoit formé en Angleterre une espéce de Triumvirat pour traduire *Aristote* par une communication mutuelle de leurs lumiéres, & de leurs écrits : mais ces deux derniers associés ayant manqué par divers empêchemens, toute la fatigue (1), & toute la gloire de ce travail en demeurerent à Linacer comme nous l'apprend Paul Jove (2).

Il a encore traduit divers Ouvrages de *Galien* dans un style fort pur & assés élegant au jugement des Critiques (3), sans parler de la Version du Traité de *Proclus* sur la Sphére.

Monsieur Huet dit que (4) personne n'a fait voir dans les Traductions ni une plus grande netteté de style, ni plus d'exactitude, ni plus de cette bienséance & de cette justesse que les gens de bon goût cherchent dans le discours. Linacer savoit des mieux de son siécle les régles de la Traduction, & il ne s'en est écarté que fort rarement.

1 ¶ Quelle fatigue & quelle gloire peut-il lui en être revenu, puisqu'en 64. ans qu'il a vécu, il n'a, non plus que Latimer & Grocin, traduit quoi que ce soit d'Aristote ? §

2 Paul. Jovius elog. 63.
3 G. Math. Konig. Biblioth. Vet. & Nov. pag. 474.
4 P. D. Huet. de clar. Interpr. pag. 172.

NICOLAS LEONICENE de Vicenze mort en 1524.
[âgé de 96. ans.]

827 PAul Jove croit (1) qu'il est le premier Traducteur de *Galien* [*in-fol.* à Venise 1508.]. Ses Versions furent jugées assés considérables pour lui attirer des envieux & des ennemis, mais il repoussa leurs accusations par une Apologie, & il justifia bien les endroits qu'ils prétendoient être mal traduits. Monsieur Huet dit (2) que son style n'est pas fort poli, ni fort splendide, mais qu'il ne laisse pas d'être clair & qu'il répond fort bien à celui de son original Grec.

1 Paul Jov. elog. 70.
Jos. Siml. Epit. Gesn. Bibl. fol. 136. p. a.

2 P. D. Huet. de clar. Interpr. lib. 2. pag. 166.

E iij

NICOLAS LEONIC dit *Thomæus auſſi Italien*, mort peu de tems après Leonicene (1).

828   IL a traduit quelques opuſcules Philoſophiques de *Proclus* de Lycie, de *Marc* d'Epheſe, quelque choſe de la Phyſique d'*Ariſtote*, quelque choſe de *Galien*, & un Traité de *Ptolomée* ſur les Etoiles fixes. Monſieur Huet dit (2) que c'eſt un Traducteur exact & châtié, qu'il a le ſtyle plein, & qu'il s'eſt tellement conformé au génie de ſes Auteurs, qu'il eſt entré entiérement dans leurs penſées.

Nous parlerons encore de *Leonic* parmi les Philoſophes, & de *Leonicene* parmi les Médecins.

1 ¶ Il mourut l'an 1531.   Huetius de clar. Interpr. l. 2. p. 166.

GEORGE VALLA de *Plaiſance*, vers l'an 1528. (1).

829   IL paſſoit pour un homme des plus doctes de ſon ſiécle, mais c'étoit en toute autre choſe que dans la Traduction. Il a fort mal réuſſi particuliérement dans les deux Livres du regime de vivre, &c. attribués à *Pſellus* dont nous parlerons ailleurs. Monſieur Huet dit que non ſeulement il n'eſt pas ſouvent d'accord avec ſon texte Grec, mais qu'il renverſe & gâte les choſes même qu'il a aſſés bien entenduës.

* *De tuenda ſanitate per victum Georgii Vallæ* in - 8°. *Argentina* 1506. *

1 ¶ Mort l'an 1499. ou l'an 1500. Voyés   1 Huetius de clar. Interpr. l. 2. pag. 166.
l'Art. 334.

BILIBALD PIRCKEIMER de *Nuremberg* mort en 1530.

830   IL étoit ſi curieux d'obſerver la meſure & la cadence qu'il croyoit trouver dans ſes Auteurs, qu'il faiſoit quelquefois tort à leur penſée & à la verité ſans ſcrupule.

P. D. Huet. ut ſup. pag. 168.

THOMAS MORUS Chancelier d'Angleterre mort en 1535.

831   Quoiqu'il ait traduit très-peu de choses, il ne laisse pas de meriter son rang parmi les meilleurs Traducteurs. Son style est simple, mais il est limé & naturel; il n'est point enflé, il n'est point gâté par aucune affectation, il est maître de sa phrase & de celle de son Auteur, & il répond si bien au Grec, que qui voit la copie voit en même tems l'original. C'est le sentiment de Monsieur Huet (1) auquel on peut ajouter celui de Jean Benedict ou Benoist Professeur de Saumur, qui dit (2) que Thomas Morus s'est si heureusement acquitté des devoirs d'un bon Traducteur en ce qu'il a traduit de *Lucien*, qu'on ne pouvoit mieux faire à son avis, & que comme il avoit admirablement conservé toute la force & la beauté des pensées de son Auteur dans sa Version, où il avoit en même tems gardé toute la pureté de la Langue Latine, il avoit crû le devoir choisir pour le modéle des Versions de *Lucien* qu'il entreprenoit de corriger. Morus a traduit encore quelques Epigrammes Grecques qui ont passé dans l'esprit de plusieurs pour des Epigrammes Latines originales tant elles étoient bien traduites.

* *Th. Mori Epigrammata latinè* in-8°. *Lond.* 1638. *

1 Petr. Dan. Huet ut sup. pag. 177.
2 Joan. Benedictus præfat. ad Lect. edit. Lucian. oper.

ERASME (*Didier*) mort en 1536. (1).

832   Il semble que Monsieur Huet ait voulu nous representer Erasme comme un modéle des plus achevés pour la Traduction. Il dit que personne n'a plus heureusement rempli toutes les obligations d'un Traducteur; qu'il cherche avec subtilité & avec pénétration la pensée de son Auteur, & qu'il la met ensuite dans son jour avec beaucoup de netteté; que tout y est sain, entier, & sincére; que tout y est sec sans être aride; que tout y est concis & serré sans être à l'étroit & sans être estropié; que tout y est plein sans regorger & sans enfler; que tout y est simple & comme

* 1 Voyés Article 647.

Erasme. abandonné sans être negligé. Il tourne son discours selon la diversité des choses qu'il traduit, & il se gouverne selon sa matiére.

Il n'est pourtant pas si scrupuleux dans toutes ses autres Versions que dans celle du *Nouveau Testament* dans lequel selon le même Monsieur Huet il a religieusement observé jusqu'aux moindres lettres, & aux virgules du texte. Cet Auteur ajoute qu'il a pratiqué dans cette Version importante sa grande maxime qui étoit d'affecter une fidéle & savante simplicité dans les choses sacrées & Théologiques; étant persuadé qu'en matiére de Théologie, le changement ou le simple détour d'une petite syllabe, d'une seule lettre ou quelquefois même d'une simple virgule peut donner lieu à de grosses héresies. Nous parlerons plus au long de cette Version du Nouveau Testament au recueil des Interpretes de la Bible.

Mais pour ce qui est des autres Traductions qu'il a faites, il semble avoir quelquefois relâché quelque chose de cette rigoureuse exactitude. En quoi le même Critique dit qu'il a fait paroître tant d'industrie & de jugement, qu'il s'en faut peu qu'il ne lui donne le premier rang au-dessus de tous les Traducteurs, parce qu'effectivement il semble regner dans cet Art.

Cela n'empêche pas qu'il n'y ait pû faire quelques fautes; mais s'il y a des taches elles ne paroissent presque pas, dit-il, & elles sont couvertes & presque effacées par le grand nombre des beaux endroits qui y éclatent.

Entre les Versions qu'il a faites outre celle du Nouveau Testament, nous avons dans le premier tome celles de *Galien* sur l'étude des bonnes Lettres, celle de l'Hécube & de l'Iphigénie d'*Euripide* & celle de divers Opuscules qui sont trop longs à specifier. Dans le quatriéme tome, celles des huit Livres des Apophthegmes de *Plutarque* (2), & des autres; celle de l'oraison d'*Isocrate* touchant le gouvernement de l'Etat, celle de l'Hiéron ou du Tiran du Rhéteur *Xenophon*. Dans le huitiéme tome celle de plusieurs Homélies de saint *Chrysostome*, celles de quelques Epitres & de quelques Traités de saint *Athanase*, d'un fragment d'*Origène*, de divers Ouvrages de saint *Basile*, &c.

P. D. Huet. de optim. genere Interpr. lib. pag. 22. idem de claris Interpretib. lib. 2. pag. 174.

2 ¶ Erasme dans ses huit Livres d'Apophthegmes est plutôt historien libre, & collecteur que traducteur. S.

JEAN

JEAN RUELLE, Médecin de *Soissons*, puis Chanoine de Notre-Dame de *Paris*, mort en 1537. (1).

823
bis
C'Etoit un des premiers hommes de son siécle, il approchoit de Budé pour l'érudition, & au jugement de plusieurs il le passoit pour la pureté du Latin & la netteté du style. Paul Jove dit (2) qu'il en a donné des preuves sensibles dans sa Version de *Dioscoride* qu'il prétend être fort exacte & fort châtiée. Et il ajoute ailleurs (3) qu'elle est écrite avec tant de politesse & une si grande pureté, qu'il obscurcit entiérement la gloire qu'Hermolaus Barbarus & Marcellus Virgilius avoient acquise dans un pareil travail.

Ces belles qualités jointes à la sévérité scrupuleuse qu'il témoignoit pour ne rien changer, ni rien affoiblir de la pensée de son Auteur, l'ont fait appeller l'Aigle des Traducteurs par Budé. Erasme a reconnu & loué dans Ruelle cette fidélité inviolable pour son Auteur, & (4) quoi qu'il prétende qu'il l'a préférée au style Ciceronien, il ne l'en a point jugé plus blamable.

Néanmoins Monsieur Huet (5) a cru avec raison qu'on ne pouvoit pas justifier Ruelle de la liberté qu'il a prise d'inserer dans le texte, des explications aux endroits les plus obscurs & les plus embarassés : parce que c'est faire l'office de Scholiaste & de Commentateur plutôt que celui de Traducteur.

Mais ces défauts paroîtront peut-être peu de chose en comparaison de ceux qui lui ont été reprochés par un de ses écoliers Espagnols. Ce Censeur s'appelloit André de Laguna, & il écrivit un Livre de Remarques contre la Version de *Dioscoride* dans laquelle il prétendoit que son Maître avoit fait plus de sept cens fautes, & D. Nicolas Antoine s'est imaginé (6) que c'est par respect que Laguna a mieux aimé rejetter la faute sur le méchant exemplaire qui a servi à la Traduction que sur son Maître pour qui il avoit toujours conservé beaucoup d'estime.

On a encore quelques autres Versions qu'il a faites de quelques Ouvrages touchant la composition des médicamens attribués à

---

1 ¶ Voyés Article 340.
2 Paul Jov. elog. 93.
3 Idem elog. 126.
4 Erasm. Dialog. Ciceronian. pag. 171. dit. Batav.

5 P. D. Huet. de clar. Interpr. pag. 156.
6 Nicol. Anton. Biblioth. Hispan. tom. 1. pag. 60.
Scævol. Sammarth. elogior. lib. 1. pag. 8.

Tome III. E

d'anciens Medécins nommés *Actuarius*, *Scribonius Largus*, &c.

* *Ped. Dioscoridis* VI. *Libri latinè per Ruellium cum Iconibus cumque ann. variorum* in-fol. *Francofurti* 1545. *

GUILLAUME BUDE' *Parisien*, Maître des Requêtes & Conseiller d'Etat mort en 1540.

824 *bis* SEs principales Traductions sont celles qu'il a faites de quelques Opuscules des Morales de *Plutarques* comme, 1. de la tranquilité de l'ame, 2. de la fortune des Romains & d'Alexandre le Grand, 3. des sentimens des Philosophes. Louis le Roi dit (1) qu'elles furent si estimées qu'on auroit eu de la peine à l'en croire Auteur, s'il n'eut donné dans la suite d'autres preuves plus considérables de son génie & de sa capacité. En effet ces Traductions étoient son premier essay & le commencement de ses travaux.

Mais Nannius & Borremans prétendent (2) qu'il ne s'y est appliqué qu'à exprimer le sens de son Auteur, sans se mettre si fort en peine de le suivre mot pour mot. Et Monsieur Huet dit (3) que pour avoir affecté le grand style, & y avoir voulu faire paroître une partie de son érudition, il a passé pour un Paraphraste, plutôt que pour un véritable Traducteur.

1 Lud. Regius de Vit. Bud. pag. 225. collect. Batef.
2 Petr. Nannius Symmict. lib. 1. cap. 3. Ant. Borremansius var. Lect. cap. XI. pag. 113.
3 P. D. Huet, de clar. Interpr. pag. 156. lib. 2.

GERMAIN BRICE, d'*Auxerre* mort vers 1540. (1).

825 *bis* ERasme dit (2) qu'il est heureux dans les Traductions qu'il a faites du Grec en Latin, & selon Paul Jove (3) il y a beaucoup de pureté dans son style. C'est aussi le sentiment de Monsieur de Sainte Marthe (4). On a de lui les Livres de saint *Chrysostome* sur le Sacerdoce, & les huit premières homélies du même *Saint* sur l'Epitre de saint Paul aux Romains.

1 ¶ Voyés Article 344.
2 Erasm. Dialog. Ciceron. p. 171. 172.
3 Paul. Jov. elog. 140.
4 Scævol. Sammarth. elog. lib. 1. pag. 82.

SIMON GRYNE', Professeur à *Basle* mort en 1541. (1).

826
bis
ANdré de Laguna (2) le reprend d'infidélité dans ses Traductions, & Monsieur Huet dit (3) que c'est un grand babillard, & qu'il a plus l'air d'un Paraphraste que d'un Traducteur.

Ses principales versions sont de quelques vies de *Plutarque* & de quelques-uns de ses Opuscules de Morale, de divers Ouvrages d'*Aristote*, & des Homelies de saint *Chrysostome* sur la premiére aux Corinthiens, savoir, depuis la vingtiéme jusqu'à la quarante-quatriéme.

1 ¶ Voyés Article 346.
2 Nicol. Ant. Biblioth. Hisp. t. 1 p. 60.
3 P. D. Huet. de clar. Interpret. lib. 2. pag. 169.

JEAN BERNARDIN FELICIEN de *Venise* vers l'an 1545.

827
bis
CEt homme a fait un grand nombre de Versions. Il a traduit entre autres la Chaîne d'or d'*Oecumenius*, c'està-dire, son Commentaire sur les Actes des Apôtres & sur les Epitres canoniques ; divers Traités de *Galien*, de *Paul d'Ægine* & de quelques autres anciens *Médécins* : les Livres d'*Aristote* sur la Morale avec les Commentaires de ses Scholiastes *Eustrate*, *Aspase*, & & *Michel d'Ephese* ; les dix Livres de l'Histoire des Animaux du même *Aristote* ; les Commentaires d'*Alexandre d'Aphrodisée* sur le premier de ses Analytiques, le Traité de *Porphyre* de l'abstinence de la chair des Animaux.

Monsieur Huet dit qu'il a le style abondant jusqu'à regorger ; qu'il ne sait ce que c'est que de se resserer, mais qu'il n'a pû parvenir à cette clarté & à cette netteté que demande indispensablement l'étenduë du discours.

P. D. Huet. de clar. Interp. l. 2. p. 166. Voss. de scient. Mat. Gesn. epitom. &c.

FRANCOIS OUATE-BLE', ou *Gaste-bled*, dit VATABLE de *Gamaches en Picardie*, mort en 1547. (1).

828 bis   Quoique ce célébre personnage ait beaucoup plus paru dans le monde par un autre endroit, que celui par lequel nous le representons ici, il ne laisse pas de tenir un rang assés considérable parmi les Traducteurs. Il a tourné du Grec en Latin la petite Physique d'*Aristote* [in-fol. *à Paris* 1531.] & quelques autres Traités, avant que de s'appliquer tout de bon à la Langue Sainte.

Monsieur Huet dit qu'il est exact, & que l'amour qu'il avoit pour la verité la rendu peu curieux de pratiquer les elegances du discours & la netteté du style. Il ajoute qu'il est quelquefois un peu obscur, mais il n'est pas fort à louer d'avoir entrepris d'éclaircir de sa tête les endroits difficiles & embarassés de ses Auteurs, en inferant des gloses dans le Texte de ses Originaux. C'est aussi ce que nous avons remarqué plus haut de Jean Ruelle.

1.¶ Le 16. de Mars.   P. D. Huet. de clar. Interpr. l. 2. pag. 156.

JUSTE VULTEJUS, de Hesse (1).

829 bis   IL a traduit *Elien* de l'Histoire diverse, *Heraclide* ou celui qui est l'Auteur de l'ancienne description des Républiques, *Polyen* des Stratagêmes, quelques Livres de *Dion*, & quelques Epitres Grecques. Monsieur Huet dit que sa Latinité est élégante & nette, & qu'il auroit pu passer pour un bon Traducteur, s'il n'eut point donné tant de liberté à son style, & s'il se fut attaché davantage à suivre le texte Grec qu'il tournoit.

* *Æliani de varia Historia : & Rerumpub. Descriptiones ex Heraclide* in-fol. *Basil.* 1548. — *Polyæni Stratagematum Lib.* VIII. *ibidem* 1550. *Epistola Græca ab Aldo Venet. excusa.* *

1 ¶ Il mourut l'an 1575. agé de 56. ans.   De claris Interpr. pag. 169. lib. 2.

SIGISMOND GELENIUS, *de Boheme*, mort en 1554.

830
bis
Les principales de ses Traductions sont celles des Antiquités Romaines de *Denys d'Halicarnasse* [in-18°. *Lugd.* 1557.] & de celles des Juifs par *Joseph* [in-18°. IV. *vol. Lugd.* 1555.] Nous avons vû ci-devant qu'il avoit entrepris ces sortes de travaux pour ôter des mains du Public de méchantes Traductions qu'on avoit faites de ces Auteurs auparavant lui ; car il avoit fort bonne opinion des siennes.

Cependant Monsieur Gallois estime avec beaucoup de raison que (1) sa Traduction des Antiquités Judaïques de Joseph ne fait pas grand honneur à l'Original. Et Monsieur Huet dit que quelque élegant & quelque disert qu'il ait voulu paroitre, il a tout gâté par la hardiesse qu'il a euë de joindre plusieurs periodes ensemble dans ses Auteurs, ou d'en separer une en plusieurs : outre qu'il a ajusté à sa fantaisie une infinité d'endroits qu'il n'a point entendus (2).

* Il a traduit encore de l'Appien Alexandrin les XII. Livres de son Histoire Romaine imprimée à Lion *in*-18°. 1576. *

1 Journal. des Savans du X. Janv. 1667.
2 P. D. Huet. de clar. Interpr. lib. 2. pag. 163.

PLATON DE TIVOLI, ou *Tiburtin*.

831
bis
Il a traduit la Géométrie de *Théodose de Tripoli*, mais comme il n'avoit point d'autre Original pour y travailler que la Version Arabe, il ne pouvoit manquer de rendre la sienne fort mauvaise. En effet Jean Pena la trouva si pitoyable, qu'il se crût obligé pour l'interêt du Public d'en faire une meilleure (1) comme le témoigne Vossius.

Ce Platon nous a donné encore une Traduction des cent-cinquante chapitres ou sentimens *d'Almansor* touchant les Constellations, sur le texte Arabe.

1 G. J. Vossius de Scientiis Mathemat. cap. 15. §. 6. pag. 58.

F iij

JEAN LOUIS STREBÆUS de *Rheims*, mort vers l'an 1550.

832 bis Et homme se distinguoit particuliérement parmi le grand nombre des Traducteurs de son siécle, par la grande connoissance qu'il avoit des deux Langues Grecque & Latine, & par les bonnes qualités qui sont nécessaires à ceux qui se mêlent de traduire.

 Ainsi il ne faut pas s'étonner si la Version qu'il a faite des Morales, des Oeconomiques & des Politiques d'*Aristote* avec tant de fidélité & de pureté a découragé Joachim Périon qui étoit entré dans la même carriére.

 * *Lib.* VIII. *Politicorum Aristotelis ex versione Joan. Perionii* in-8°. *Lugd.* 1556. *

Scævol. Sammarth. elog. lib. 1. pag. 21.   G. M. Konig. Bib. vet. & nov. pag. 78r.
P. D. Huet. de clar. Interpr. lib. 1. p. 158.

SEBASTIEN MUNSTER, Professeur à *Basle*, mort en 1552.

833 Outre sa Version de l'Ecriture Sainte sur l'Hébreu, dont nous parlerons ailleurs, on a de lui diverses autres Traductions, comme celle de la Grammaire du R. *Moyse Kimhi*; de la plupart des Ouvrages du R. *Elie Levite*, sur tout de ceux qui regardent la Grammaire de la Langue Sainte; d'un Commentaire du R. *Aben-Ezra* sur le Décalogue; des cinq Livres Hébreux de l'Histoire des Juifs qu'il croyoit faussement être du célébre *Joseph*; de l'Abregé des Histoires de Joseph par le faux *Gorionide*, c'est-à-dire, cet Imposteur grossier du douziéme siécle qui s'étoit donné le nom de *Joseph fils de Gorion* : de la Logique du R. *Simeon*; & de divers autres Traités de *Rabins anonymes*.

 On ne peut pas ôter à Munster la gloire d'avoir bien sû l'Hebreu, il s'est même attaché à rendre mot pour mot ses Auteurs : mais selon Monsieur Huet (1), il s'est trop assujeti à sa Latinité (2), & pour avoir voulu donner à la stérilité du langage Hébreu trop d'abondance, trop d'étenduë & trop d'ornemens dans sa maniére de tra-

P. D. Huet. de clar. Interpr. lib. 2. pag. 142.
2 ¶ Je crois qu'il faut lire *à la Latinité*.

duire, il n'a point eu assés de ce scrupule que doivent avoir de fidéles Traducteurs. Il y a néanmoins un milieu à tenir entre la secheresse d'un Original, & la profusion d'une copie, & c'est un des points les plus difficiles de la Traduction.

JEAN-BAPTISTE DE MESMES (1), ou MEMMIUS.

834 bis   C'Est le premier Traducteur d'*Apollonius* de Perge dont nous avons les Coniques. Mais il n'a rien rien fait qui vaille, parce qu'il n'entendoit pas les Mathématiques, & comme outre ce défaut essentiel, il travailla sur un exemplaire Grec plein de fautes, & qu'il n'avoit point assés de discernement, ni assés de connoissance de la Langue pour les appercevoir, on ne trouve presque par tout que des fautes ou des puérilités, ou du galimathias.

2 ¶ Il ne paroit pas différent de celui que La Croix du Maine page 257. de sa Bibliothéque appelle Jean Pierre de Mesmes qu'on croyoit fils naturel de Jean Jaques de Mesmes, si connu par son mérite, & par ses dignités.
Franc. Maurolyc. præfat. in Cosmographiam suam.
G. J. Vossius de Scient. Mathemat. cap. 16. §. 1. pag. 55.

PIERRE GILLES d'*Alby*, mort en 1555.

835   IL avoit une pénétration d'esprit toute particuliére pour découvrir les choses les plus cachées de la Nature, & il savoit l'Antiquité à fond. Mais il étoit trop hardi dans ses Traductions; car il ne faisoit point scrupule de retrancher, d'ajouter, de farcir, & en un mot, de renverser les sens & les phrases de ses Auteurs. Il s'est néanmoins montré plus sage & plus réservé dans les Versions qu'il a faites des matiéres Théologiques qu'il a traitées avec la conscience & la fidélité qu'un honnête homme doit à sa Religion (1) Les principales de ses Traductions sont celles des Commentaires de *Théodoret* sur les petits Prophétes, & celle des seize Livres d'*Elien* de l'Histoire des Animaux.

1 P. D. Huet. de clar. Interpretib. lib. 2. pag. 157.

ORONCE FINE', de *Briançon en Dauphiné*, mort en 1555.

836   Quelque habileté qu'on ait voulu lui donner dans les Mathématiques, on n'a jamais osé mettre son *Euclide* au rang des bonnes Traductions [imprimé *in-*4°. à Paris 1544.] parce que, comme Voſſius l'a remarqué après les autres, Oronce n'a eu aucun égard au Manuſcrit Grec, & qu'il a mieux aimé traduire la Verſion Arabe, aux fautes de laquelle il ajouté les ſiennes.

G. J. Voſſ. de Scient. Mathem. pag. 65.

PIERRE NANNIUS d'*Alcmar en Hollande*, mort en 1557.

837   IL a traduit entre autres, quelques Epitres de *Demoſthène*, de *Syneſius*, & d'*Apollonius*; l'Oraiſon de *Demoſthène* ſur l'Immunité; les vies de Caton & de Phocion par *Plutarque*; le Traité d'*Athenagoras* ſur la Reſurrection des morts; quatre Homélies de ſaint *Baſile*, trois de ſaint *Jean Chryſoſtome*; & preſque tous les Ouvrages de ſaint *Athanaſe*.

Valere André le loue de ſa diligence & de ſon exactitude dans ſes Traductions (1) Monſieur Huet témoigne auſſi qu'il eſt fort fidéle à rendre les penſées de ſes Auteurs, & qu'il a merveilleuſement bien exprimé leur caractére, & fort approché du Naturel (2).

Néanmoins Monſieur Hermant (3) écrit qu'il a tellement renverſé le ſens de ſaint Athanaſe en pluſieurs endroits, qu'au lieu de nous faire entendre ce qui eſt obſcur dans le Grec, il a fait tomber en diverſes fautes les Auteurs qui ont ſuivi ſa Verſion, & que ceux-ci en ont enſuite trompé pluſieurs autres par l'autorité qu'ils avoient acquiſe.

1 Valer. Andr. Deſſel. Biblioth. Belg. Item Iſaac Bullart Academ. des Arts & des Sciences, livre 4. pag. 196.
2 P. Dan. Huet. de claris Interpretibus,

lib. 1. pag. 174.
3 Godefr. Hermant préface de la vie de ſaint Athanaſe.

FRANÇOIS DE ESCOBAR, ou ESCOVAR, *Espagnol de Valence*, vers 1557.

838   LE Pere André Schott, & Dom Nicolas Antoine témoignent que cet homme parloit & écrivoit élegamment. Il a tourné *Aphthone* (1) beaucoup plus heureusement que trois ou quatre Traducteurs mal-habiles, qui avoient entrepris la même chose avant lui. Il avoit aussi commencé la Version de la Rhétorique d'*Aristote*, parce qu'il n'approuvoit pas les Traductions qu'en avoient faites George de Trebizonde & Hermolaus Barbarus, dont le premier ne savoit pas assés le Latin, & le second pas assés le Grec.

  * *Aphthonii Soph. Progymnasmata Accurante Franc. de Escobar* in-8°. *Barcin.* 1611. *

1 ¶ Voyés touchant Aphthone & ses divers Traducteurs Jean Albert Fabrice page 449. & 450. de la 2. partie du quatriéme Livre de sa Bibliothéque-Grecque. §

A. S. Peregrin. Biblioth. Hisp. tom. 2. pag. 333.
Nicol. Anton. tom. 1. Biblioth. Hisp.

JEAN CHEEKE ou CHECQUE, *Anglois de Cambridge*, mort en 1557.

839   ON a de sa Traduction quelques-uns des Opuscules des Morales de *Plutarque* : quelques Oraisons de *Demosthène*, une partie de l'Histoire de *Joseph*, les Tactiques de l'Empereur *Leon*, quelques Ouvrages de saint *Chrysostome*.

Mais il a montré par tout combien il avoit peu de conscience. Monsieur Huet dit (1) qu'il s'est donné la liberté d'extravaguer selon son bon plaisir, sans s'arrêter à son Grec.

Il paroît assés de pureté & de brillant dans sa maniére d'écrire, mais quelle merveille, quand on ne songe qu'à plaire à son Lecteur & à l'éblouir ? Possevin écrit aussi qu'il a été fort infidéle, & malicieux, même dans la Traduction des Tactiques, ou de la Milice de l'Empereur Leon (2).

1 P. D. Huet de clar. Interpret. l. 2. p. 177.
2 Anton. Possevin. Bibl. select. lib. 5. cap. 7. pag. 193. 194. 195. fusissimè.

Idem in Apparat. sacr. tom. 2. pag. 164. 17.

Tome III.   G

JEAN DE LANGHE ou LANGUS de Siléfie. (1).

840   IL a traduit les œuvres de faint *Juftin le Martyr* [*in-fol*. Paris 1615.] trois Livres des Sentences de faint *Gregoire de Nazianze*, & toute l'Hiftoire Eccléfiaftique de *Nicephore de Callifte*: [*in-fol*. Paris 1630. en 2. vol.]. Sylburge fait beaucoup d'éloges de la tendreffe de confcience avec laquelle il a manié le faint Juftin fans ofer y rien changer (2). Et Monfieur Huet dit pour toutes fes Verfions en général, qu'il a fu joindre une fidélité fort rare avec une éloquence qui n'eft pas moindre, & une politeffe de ftyle qui le fait remarquer. (3).

1 ¶ Mort vers 1556.
2 Frederic. Sylburg. in not. ad Clem. Alexandr. edit.
3 P. D. Huet. de clar. Interpret. lib. 2. pag. 169.

JEAN PENA ou PENIA, *François de Nation* mort en 1558.

841   IL a reparé les fautes de beaucoup de mauvais Traducteurs qui avoient voulu tourner divers Ouvrages des anciens Mathématiciens avant lui. On a de lui le *Theodofe de Tripoli*, dont nous avons parlé plus haut, au fujet de Platon de Tivoli, & diverfes chofes d'*Euclide* qu'on n'avoit point encore veuës jufqu'alors (1) Monfieur Huet dit (2) que Pena n'a pas grands attraits, ni beaucoup d'ornemens dans fon ftyle. Mais comme les matieres de Mathématique n'en demandent aucun, il a eu grande raifon de les retrancher dans fes verfions, & de fe contenter d'eftre exact & fidéle. Et quand il a crû pouvoir fe départir des devoirs d'un fcrupuleux Traducteur, foit pour achever & remplir divers endroits mutilés & défectueux, foit pour expliquer ceux qui eftoient trop obfcurs, il a eu affés de bonne foi pour en avertir fon Lecteur.

Mais il auroit efté à fouhaiter qu'il eût fait quelque chofe de plus, & qu'il eût diftingué, foit par des caracteres différens, foit par des crochets, ou par quelque autre invention de fon induftrie, ce qu'il a

1 G. J. Voff. de Scient. Mathemat. cap. 15. §. 6. pag. 58.
Jac. Aug. Thuan. Hift. fui temp. lib. 21.
2 P. D. Huet. de clar. Interp. lib. 2. p. 157.

ajouté du sien pour les éclaircissemens de son texte, afin de n'y tromper personne.

ROMULUS AMASÆUS, mort en 1558. ET POMPILIUS AMASÆUS son fils, *Italiens.*

842 Monsieur Huet dit (1) que si on ne voyoit point les Originaux qu'ils ont traduits tous deux, on trouveroit leurs Traductions élegantes & polies. Mais que quand on vient à les conferer avec les Originaux, ceux-ci trahissent les autres, & découvrent toutes leurs infidelités.

On trouve entre autres que *Romulus* s'est donné la peine d'étendre ce qui lui paroissoit un peu concis, de racourcir ce qui lui paroissoit diffus, d'éclaircir du sien ce qui lui paroissoit obscur ; & qu'il a affecté par tout de passer pour disert & elegant.

Son fils *Pompilius* a trouvé un expedient beaucoup plus court pour se tirer des endroits obscurs, c'est à dire, de tout ce qu'il n'entendoit pas. Car il les a tous passés sans scrupule, & il s'est contenté d'avertir le Lecteur qu'il peut aller chercher dans les versions des autres tous les endroits de ses Auteurs qu'il n'a point traduits dans la sienne. Mais il auroit encore esté plus court pour lui de ne rien traduire du tout, & plus sage de ne s'en point mêler, puis qu'il ne savoit point le Grec, quoi qu'il fût Professeur en cette Langue à Boulogne (2).

Romulus a traduit, *Pausanias* [2. vol. *in-*18° à Lion 1559.] & les sept livres que *Xenophon* a faits de l'expédition du jeune Cyrus. Mais je n'ai point pû trouver d'autres Traductions de Pompilius, que celle de deux Fragmens du sixiéme livre de l'histoire de *Polybe*, dans laquelle Casaubon dit qu'il a fait paroître neanmoins une plus grande connoissance de la Langue Grecque que ny Perot ny Musculus, qui avoient travaillé sur le même Auteur.

1 P. D. Huet. de clar. Interp. lib. 2. pag. 167.
2 J. Ant. Bumald. Minerv. Bonon. pag. 207.
Iterum pag. 202.
Jac. August. Thuan. Hist. lib. 21.
G. M. Konig. Biblioth. Vet. & Nov. pag. 32.

JEAN HAHNPOL ou HAGENBUT *Medecin Allemand*, dit ordin. JANUS CORNARIUS, mort en 1558.

843   Il s'est particulierement appliqué à traduire les anciens Medecins, & quelques Peres de l'Eglise, & entre autres *Hipocrate* tout entier ; une bonne partie des œuvres de *Galien* avec la correction des Traductions des autres Traités, vingt livres de la *Vie Rustique* de divers Auteurs Grecs, attribués à un *Constantin Cesar* (1), les Physiognomoniques du Sophiste *Adamantius*, les quatre livres (2) de la Medecine d'*Aëtius d'Amide*, les sept livres de la Medecine de *Paul d'Egine* ; cinq livres de *Dioscoride* sur la même matiere (3), & ses deux livres des Bêtes venimeuses, *Anatolius* de la Vie Rustique (4), les quatre livres d'*Artemidore* (5) sur l'interprétation des Songes, & les quatre autres (6) sur les Augures & la Chiromancie.

Il a traduit encore les Ouvrages de saint *Basile le Grand*, les Epîtres de ce Pere, & de saint *Gregoire de Nazianze*, les œuvres de saint *Epiphane*, les Livres du Sacerdoce de saint *Chrysostome*,

---

1 C'est Porphyrogenete plutôt que Pogonat.

¶ Baillet pouvoit ajouter que c'est Cassianus Bassus qui ayant rédigé en vingt livres cette collection des Géoponiques l'a dédiée à Constantin Porphyrogenete, jeune Empereur studieux qui pour sa commodité faisoit réduire en un corps divers extraits des Auteurs qui traitoient une même matiére. ¶

2 ¶ Il faloit dire les 16. y en ayant autant d'imprimés de sa Version, à Bâle *in-fol.* 1542.

3 ¶ Dioscoride & pour la matiére & pour la forme diffère extrémement de Paul d'Egine. Celui-ci traite des alimens, des maladies, & des remédes avec méthode, ensorte que ses sept livres font une espèce de cours abrégé de Médecine. Dioscoride n'ayant en vûë que les remédes, entre dans le détail de tout ce qui peut les fournir, herbes, arbres, racines, fleurs, fruits, sucs, liqueurs, métaux, mineraux, animaux, employant à cette description les cinq livres qu'il a par cette raison intitulés περὶ ὕλης ἰατρικῆς.

4 ¶ Anatolius étant un des Ecrivains compris dans le corps des Géoponiques, ne devoit pas être spécifié comme traduit séparément.

5 ¶ Nous avons cinq livres d'Artémidore sur l'interprétation des Songes savoir 4. des événemens bons ou mauvais qu'on en peut attendre suivant les régles de l'art ; & ce sont ces quatre livres que Suidas a comptés, sans faire mention du cinquième, qui n'étoit peut-être pas détaché du quatrième dans son exemplaire, comme il l'est dans les nôtres. Artémidore rapporte dans ce cinquième livre des exemples de divers Songes suivis des effets que, selon l'explication qu'il en donne, ils devoient produire. C'est donc les cinq & non pas les quatre livres d'Artémidore qu'il faloit dire, Cornarius ayant traduit le cinquième de même que les quatre précédens.

6 ¶ Suidas dit bien qu'Artémidore avoit écrit οἰωνοσκοπικὰ des Augures, & Χειροσκοπικὰ de la Chiromancie, mais il ne marque point que ces traités fussent divisés en livres. Ces traités d'ailleurs n'existent point. Ainsi c'est une chimère de dire que Cornarius les ait traduits.

TRADUCTEURS LATINS.

diverses Epigrammes de l'*Anthologie* des Grecs, &c.

Cornarius.

Toutes ces Traductions (1) ne sont pas d'un prix égal. On dit qu'une des plus estimées est celle d'*Hippocrate*. Melchior Adam écrit que c'estoit une entreprise haute & difficile, & personne n'avoit encore esté heureux jusqu'alors dans l'essai qu'on avoit fait de traduire quelques-uns de ces Ouvrages (2). Cornare écrit lui-même qu'il fut quinze ans à cette Traduction.

Monsieur Huet dit qu'il est sec & maigre, & qu'il ne fait point parade d'élegance (3). Mais que le plus important de ses defauts est de n'avoir pas sû assés de Grec, d'avoir mal écrit en Latin, & enfin, de n'avoir point eu assés d'exactitude, ni assés de discernement. Monsieur Rigaut témoigne (4) que la Version qu'il a faite d'*Artemidore* ne vaut rien, & qu'elle est toute pleine de fautes. Il n'a pourtant pas laissé de la publier dans son édition.

Mais les plus zelés d'entre ses Censeurs ont été sans doute André de Laguna Medecin Espagnol, & Leonard Fuchs Medecin Allemand. Le premier a fait un Traité ou une Epître Apologetique à notre Cornare, pour luy faire voir le grand nombre & l'énormité des fautes qu'il a faites dans ses versions, dont il apporte deux causes principales; la première, l'ignorance où il étoit des deux Langues Grecque & Latine; la seconde, le peu de connoissance qu'il avoit de la Medecine (5).

L'autre Censeur qui professoit la Medecine à Tubingue, luy fit de son côté un grand procès sur les Versions qu'il avoit faites des anciens Medecins. Cornare le trouva fort mauvais, & faisant une sotte allusion sur le nom de *Fuchs*, qui veut dire un Renard en Allemand, il voulut se vanger par un livre qu'il écrivit contre luy sous le titre du *Renard écorché*, Fuchs le sentit un peu trop vivement, & voulant luy rendre injures pour injures, il publia le *Cornare furieux*, qui pour ne point avoir le dernier, donna de quoy *saler & secher le Renard écorché* (6). Le Public fut très mal édifié de tant de sottises sanglantes sur des points qui pouvoient passer pour bagatelles, & qui n'étoient pas bien éclaircis alors (7).

---

1 ¶ Une qui ne devoit pas être oubliée, & qui est sans doute des plus considérables, c'est la traduction entiére de tous les Ouvrages de Platon, imprimée l'an 1561. à Bâle, trois ans après la mort de Cornarius.
2 Melch. Adam de Vit. Germanic. Medic. pag. 88.
3 P. D. Huet. de clar. Interpretib. lib. 2. pag. 170.
4 Nicol. Rigalt. Præfat. in Artemidor. edit.
5 Nicol. Anton. Biblioth. Hispan. tom. 1. pag. 60.
6 Jo. Ant. Vanderlind. de Script. Medic.
7 Bernard. Dessennius Cronemburg. Medic. Colonienf. lib. 1. de Composit. Medicam. apud Melch. Adam pag. 88. 89.

G iij

JEAN CHRISTOPHORSON *Catholique Anglois, mort en* 1558.

844. Nous avons de lui diverses Traductions des Historiens Ecclesiastiques, savoir d'*Eusebe*, de *Socrate*, de *Sozomene*, & de *Theodoret*. [in-fol. *à Genev.* 1611.] Elles sont toutes presque de la même nature, c'est à dire, assés défectueuses.

Monsieur Valois dit qu'en comparaison de Rufin & de Musculus qui avoient entrepris, l'un Eusebe, & l'autre tous ces Historiens avant lui, il pourroit passer pour un homme diligent & docte même ; qu'il a quelque cadence mesurée & quelque élegance dans son style, & je ne sai quoi de Cicéronien (1).

Mais cela n'est point capable de nous le faire prendre pour un bon Traducteur. Son style-même n'est pas pur ; il est rempli de Barbarismes, il est trop long, & composé de divers lambeaux fort mal cousus, il brouille & pervertit les periodes en voulant les remplir de mots & d'expressions qui incommodent d'ailleurs le sens de ses Auteurs. Il s'est mêlé de vouloir expliquer même par des gloses divers endroits du texte qui lui paroissoient obscurs. Il coupe & tranche le sens à sa mode, en joignant ce qui est separé dans ses Originaux, & désunissant ce qui y est joint ; de sorte que la distinction de ses Chapitres n'a point de rapport avec celle du Grec.

Monsieur Valois ajoute qu'il entendoit assés bien les points de Théologie, mais qu'il ne savoit pas la critique, & n'avoit qu'une teinture fort legere des Antiquités Romaines. C'est ce qui l'a fait manquer dans la plupart des noms des Charges civiles & militaires, & qui l'a souvent empêché de prendre le véritable sens de ses Auteurs.

Jean Courtier (2) avoit remarqué des premiers cette liberté que Christophorson s'étoit donnée d'ajouter & de retrancher contre la foi des Manuscrits qu'il avoit, & des Imprimés qui avoient précédé son édition, sans en alleguer aucune raison, & quoiqu'il semble estimer sa Version d'Eusebe plus que celles qui avoient paru auparavant, néanmoins il a bien jugé dès le commencement qu'elle tromperoit les espérances avantageuses que le Public en avoit conçûës.

---

1 Henric. Valef. Præfat. ad Euseb. edition. item Præfat. ad Socrat. & Sozomen. edit. item in not. ad Euseb. Hist. pag. 286. col. 2. 6.

2 Joan. Curterius Epistol. ad Cardinal. Rupifucald. præfix. edit. sui Euseb. & Valef. epist. dedic. Euseb.

Le P. Halloix Jésuite (1) en a fait le même jugement & Hottinger Protestant (2) dit que peu de gens ont goûté ses Versions, parce qu'il s'attache trop à son propre sens, & ne suit souvent que ses lumiéres, c'est-à-dire, son imagination & que cela paroît particuliérement dans les additions & les retranchemens qu'il a faits contre la fidélité qui est dûë à un Original.

Enfin Monsieur Huet a remarqué aussi la plupart des défauts de ce Traducteur que Monsieur Valois & les autres critiques viennent de nous faire connoître (3). C'est pourquoi on ne doit point s'étonner si ceux qui ont pris Christophorson pour leur guide dans leurs Ecrits & qui ont suivi ses Versions sont tombés si souvent & si grossiérement dans diverses fautes, comme il est arrivé à Baronius entre les autres.

1 Petr. Halloixius in Vit. PP. Eccles. orient. ad vit. S. Hegesippi cap. 3.
2 Jo. Henr. Hottinger. Bibliothecarii lib.
2. cap. 5. pag. 315.
3 P. D. Huet. de clar. Interpretib. lib. 2. pag. 177. 178.

JOACHIM de PERIONE (1) Benedictin de *Cormery*, mort en 1559.

845 Il a fait un grand nombre de Traductions, comme 1. des dix Livres des Morales d'*Aristote* à Nicomaque, 2. des huit Livres de ses Politiques ou de sa République, des Institutions de *Porphyre*, avec les catégories d'*Aristote*, de l'Interprétation ou *Perihermenie* (2), les Prédicamens, les deux sortes d'Analytiques, les Topiques, & les *Elenques* ou convictions. Il a encore traduit les huit Livres de la Physique du même *Aristote*, les trois de l'Ame, les quatre du Ciel, les deux de la génération, & de la corruption, la petite Physique, les quatre Livres de la Météorologie du même Philosophe. L'Axioque attribué à *Platon*, les Commentaires sur Job qui se trouvent parmi les Livres d'*Origène*; les œuvres de saint *Denys l'Hiérarchique*; l'Hexaemeron de saint *Basile le Grand*, & les Ouvrages de saint *Justin le Martyr*.

Il a fait aussi un Traité de la meilleure maniere de traduire les ouvrages des Anciens, & de les imiter en les tournant d'une langue en une autre & particuliérement les Auteurs Grecs & Latins.

Mais ou il ne savoit pas lui-même les regles de cet Art qu'il vouloit

1 ¶ Joachim Périon. Art. 702.
2 ¶ Il a cru ou semble du moins avoir cru que *Périhermenie* étoit un nominatif synonyme d'*interprétation*. ₰

Perione, donner aux autres, ou il les a fort mal pratiquées. Car outre que selon Scaliger (1) il sçavoit fort imparfaitement le Grec, & qu'il n'entendoit pas beaucoup mieux le Latin, il a cru mal à propos qu'il faloit suivre son génie dans la Traduction, sans se rendre si fort esclave de celui de son Auteur.

Cette méchante maxime que l'on voit pratiquée dans toutes ses Versions lui a fait perdre la qualité de bon Traducteur, & lui a attiré beaucoup de justes reproches & d'accusations de la part de ses adversaires, dont les principaux étoient Nicolas de Grouchy, Jean Strebée, & Guillaume Guerenté. Et ce fut en vain que Perione allegua dans ses défenses l'exemple & l'autorité de Ciceron, sous pretexte que cet Orateur avoit autrefois écrit (2) qu'il étoit fâcheux de s'assujettir au goût d'un autre, & que sans faire tant de scrupule pour l'emploi & l'expression des mots des Auteurs qu'il traduisoit en sa langue, il avoit tourné en Latin quelques Oraisons d'Æschine & de Demosthène plutôt en Orateur qu'en Traducteur.

En effet tout le monde a remarqué que Perione avoit affecté une élegance Cicéronienne dans ses Versions.

Monsieur de Thou écrit (3) que ne pouvant souffrir la Version d'Aristote faite par Argyropyle dans la derniére simplicité & dans la plus grande secheresse du monde, il crut que tout le monde en devoit être aussi rebuté que lui, & que pour y remedier il ne pourroit mieux faire que d'en entreprendre une nouvelle Traduction. Mais comme il y eut plus d'égard à l'élegance du style qu'à la vérité, il passa dans une extrémité opposée à celle d'Argyropyle, & qui étoit d'autant plus déraisonnable qu'elle s'écartoit davantage de l'Original que celle d'Argyropyle.

Les autres Critiques n'en ont pas jugé plus favorablement (4). L'Abbé de Billy (5) dit qu'il y a plus d'élegance & plus de Latinité que de solidité & de vérité; mais que pour faire un bon usage de cette facilité qu'il avoit de s'exprimer en des termes Cicéroniens, il lui auroit falu plus de connoissance de la Langue Grecque, & plus d'exactitude pour mieux remplir les devoirs d'un bon Traducteur.

C'est pourquoi Casaubon ou plutôt Monsieur Huet a raison de dire que cette affectation du style Cicéronien lui a été funeste, &

---

1 Prim. Scaligeran. pag. 110.
2 P. D. Huet. de opt. genere Interpret. lib. 1. pag. 48.
3 Jac. August. Thuan. Histor. sui temp. ad fin. anni 1559. item edition. Parisi. in 8.º lib. 16. pag. 760.
4 G. Math. Konig. Bibliot. Vet. & Nov. pag. 620.
5 Ap. Ant. Possevin Apparat sacr. tom. 1. pag. 809. item pag. 184.

TRADUCTEURS LATINS.

qu'il étoit d'autant plus à plaindre, qu'il faisoit consister tout le mérite de ses Traductions dans cette pompe ridicule de paroles, & dans cette *volubilité* & ce flux de discours, qui a peu de rapport avec ses Originaux, & surtout avec le style d'Aristote (1).

1 P. D. Huet. lib. 2. de clar. Interpret. pag. 158.

JULES CÆSAR SCALIGER mort en 1559.

846 ON a de sa Traduction le Livre d'*Hippocrate* des Insomnies (1), & l'Histoire des Animaux écrite par *Aristote*, que Monsieur de Maussac a publiée. Il paroît qu'il n'a point voulu se rendre esclave des mots de ses Auteurs, afin de mieux s'attacher à leur sens. Mais Goupyle (2) & Monsieur Huet (3) après lui ont jugé que cette liberté est dangereuse, & si Scaliger n'en a point abusé, elle est du moins de mauvais exemple pour les autres.

* *Jul. Cæs. Scaliger. Comment. in Hippocratis Librum de Insomniis* in-8°. Genev. 1561. Giessæ 1610. — *In Historiam Aristotelis Animalium Comment.* in-fol. Tolosæ 1619. *

1 ¶ Il a reconnu, comme je l'ai déja remarqué sur l'Article 362. qu'au lieu des *Insomnies*, il faloit lire des *Songes*.
2 ¶ Son nom s'écrivoit *Goupil*.
3 Huet. de clar. Interpretib. lib. 2. p. 158.

PHILIPP. SCHWARTZERD, dit, MELANCHTHON,
de Brett au Palatinat, mort en 1560.

847 S'Il eût sû se contenir dans la modération avec laquelle un Traducteur doit traiter son Auteur, & s'il se fût rendu tout-à-fait le Maître de son style, il se seroit trouvé bien des gens de Lettres qui auroient préféré la lecture de ses Traductions à celle de leurs Originaux mêmes. (1) On a de sa Traduction diverses Oraisons de *Demosthène*, & quelque chose des Morales de *Plutarque*.

1 P. D. Huet. de clar. Interpret. lib. 2. pag. 170.

Tome III. H

ANDRÉ de LAGUNA. *Espagnol de Segovie*, mort en 1560.

848 ON peut considérer cet homme non seulement comme un Traducteur, mais encore comme un Censeur des Traductions des autres : car il a fait des traités contre les Traductions de Jean *Rueile* Médecin de Soissons son Maître, contre celles de Jean *Cornare* Médecin Allemand, & un pour éxaminer toutes les versions qui s'étoient faites de *Galien* jusqu'à son tems.

Il a traduit entre autres ouvrages des Anciens 1. le livre de la Physionomie d'*Aristote*, 2 celui du monde attribué au même Philosophe, 3 celui des Plantes que plusieurs lui ont supposé, 4 celui des Vertus qu'on a voulu faire passer sous le nom du même Philosophe, 5 deux Dialogues de *Lucien*, 6 le livre de l'histoire Philosophique attribué à *Galien*, 7 les huit derniers livres de l'Agriculture du pretendu *Denys Cassius d'Utique*, c'est-à-dire ceux qui depuis le douze traitent de la nature des Animaux, 8 une relation Italienne de quelques prodiges qu'on disoit être arrivés à Constantinople en 1542. 9 enfin il a mis en Espagnol *Dioscoride* & les quatre Catilinaires de *Ciceron* dont nous parlerons ailleurs.

Dom Nicolas Antoine dit (1) que ses Versions en général sont estimées de ceux qui savent le Grec. D'autres prétendent que la trop bonne opinion qu'il avoit de lui même jointe à la passion qu'il avoit de censurer les autres l'ont fait souvent tomber, quoique par précipitation plutôt que par ignorance.

Monsieur Huet dit (2) qu'il ne s'est attaché qu'au sens & à la pensée de ses Auteurs, qu'il a negligé tout le reste, & qu'ainsi ce sont les pensées des Auteurs revêtuës des paroles du Traducteur, qui s'est donné la liberté de les orner à sa mode.

1. Nicol. Anton. Biblioth. Hispan. tom. 2. pag. 60. 61. 62.
2 P. D. Huet. de clar. Interpretib. lib. 2. pag. 178.

WOLPHGANG MUSCULUS de *Dieuze ou Duse en Lorraine*, mort en 1563. (1)

849 CEt homme s'avisa de se faire Traducteur après avoir fait auparavant plusieurs autres métiers, & peu de tems après avoir écorché les principes de la langue Grecque.

1. ¶ On ne dit que Dieuze.

TRADUCTEURS LATINS.

Il a traduit les Commentaires de saint *Chryſoſtome* ſur pluſieurs Epitres de saint Paul, le ſecond tome des ouvrages de saint *Baſile*, pluſieurs Lettres, & autres traités de saint *Cyrille* d'Alexandrie, quelques ouvrages attribués à saint *Athanaſe*, à *Theodore* de Tyr &c. l'hiſtoire Eccléſiaſtique d'*Euſebe*, celle de *Socrate*, de *Sozomene*, de *Theodore* le Lecteur, & d'*Evagre*, & quelque choſe de *Polybe*.

Caſaubon dit (1) que Muſculus étoit bon homme, mais qu'il ne ſavoit pas le Grec, & qu'il n'avoit pas même une grande proviſion de Latin. Il étoit d'aſſés bonne foi dans ſes Traductions ſelon lui, mais il avoit une ſimplicité plus que d'enfant. Il ne ſavoit le plus ſouvent comment exprimer & ce qu'il entendoit & ce qu'il n'entendoit pas; & il n'avoit pas aſſés de malice pour rien paſſer exprès, ni pour rien ſubſtituer d'étranger dans le texte de ſes Auteurs.

Monſieur Huet écrit que (2) comme il n'avoit aucune de ces connoiſſances qui compoſent l'homme ſavant, il ne faut pas s'étonner s'il a fait tant de fautes. Jean Courtier écrivant au Cardinal de la Rochefoucaud dit (3) qu'il n'a pas même eu aſſés d'eſprit pour appercevoir le moindre petit défaut de ſes éxemplaires Grecs, qui d'ailleurs étoient fort défectueux, & qu'outre ces fautes étrangeres il en a encore ajouté une infinité des ſiennes, ſoit par ignorance, ſoit même à deſſein de favoriſer les nouvelles opinions de ſa Secte.

Monſieur Valois dans ſes Notes ſur Euſébe témoigne que ce Muſculus étoit un eſprit de fort petite étenduë (4) & dans ſes préfaces ſur les hiſtoriens Eccléſiaſtiques, il dit (5) que quoi qu'il ſoit clair & court, & qu'il ſoit même quelquefois plus heureux que Chriſtophorſon, neanmoins ſes verſions ont été mépriſées & rejettées des Savans, à cauſe de la quantité innombrable de fautes qu'il y a faites.

1 Iſaac. Caſaub. Præfat. ad Polybii edition.
2 P. D. Huet. de clar. Medic. lib. 2. pag. 169.
3 Joan. Curterius epiſt. ad Cardin. Rupifucald. præfix. edition. ſui Euſeb.
4 Henr. Valeſ. in Not. ad Euſeb. Hiſt. Eccl. lib. 2. cap. 13.
5 Idem in Præf. edit. Euſeb. & Socrat. &c.
6 Melch. Adam. vit. Theol. German. &c.

ADRIEN TOURNE-BOEUF, dit Turnèbe d'*Andelis en Normandie*, mort en 1565. (1)

850 IL a traduit aſſés peu de choſes. On a de ſa façon le petit Traité de *Théophraſte* ſur le feu, celui de *Plutarque* ſur le premier froid, de la production de l'Ame dans le Timée de *Platon*,

1 ¶ Voyés Art. 19.

les Livres de *Philon Juif* sur la Vie de Moïse, &c.

*Monsieur Huet dit (1) qu'il ne lui manquoit rien de tout ce qui fait la gloire d'un Traducteur accompli, parce qu'il savoit les deux Langues en perfection, & qu'il écrivoit avec justesse & avec exactitude. Son style est serré, concis, & sans inutilités. Il ne s'écarte jamais de son Auteur, & son discours est toujours dans une grande netteté accompagnée d'agrémens & de beautés naturelles.

1 Huet. de clar. Interpret. lib. 2. pag. 158. 159.

CONRAD GESNER de *Zurich* mort en 1565.

851 LE Public a un assés grand nombre de ses Traductions; entre autres celles 1 de l'exposition morale d'un *Grec inconnu* sur les Travaux & les Egaremens d'Ulysse, c'est-à-dire, sur l'Odyssée d'Homere; 2. d'un ample Commentaire de *Porphyre* sur l'antre des Nymphes dont il est parlé au treize de l'Odyssée, 3 de quelque chose de *Proclus* de Lycie Philosophe Platonicien surnommé *Diadoque* parce qu'il étoit le successeur du Philosophe Syrien, 4 d'un Abregé des Syllogismes par un *Grec inconnu*, 5 du Livre des Problemes attribués à *Cassius* ou *Gessius* Médecin Philosophe, 6 du Livre des Allegories d'Homere par *Héraclide du Pont* (1) avec le discours de *Dion* sur Homere, 7 des questions de *Porphyre* sur Homere, du Traité de *Paul le Silentiaire* sur les bains, 9 de deux Traités attribués à *Platon*, l'un de la justice & l'autre de la vertu qui se peut enseigner par des préceptes, 10 des lieux communs ou extraits de Jean *Stobée*, 11. du Dialogue de l'exil de l'amitié fait en Vers iambes par *Cyrus Theodorus Prodromus*, 12. de la Ruche (2) ou de la Melisse, c'est-à-dire, des lieux communs de Morale recueillis par le Moine *Antoine*, (il n'a traduit qu'une partie de cet Ouvrage & Jean RIBITTE a fait l'autre); de l'Ouvrage de *Tatien* contre les Grecs, c'est-à-dire, les Gentils, &c.

Monsieur Huet (3) dit que Gesner a pris trop de licence dans toutes ses Traductions, & qu'il a passé les bornes de la juste médiocrité.

1 ¶ Héraclide de *Pont*. Ménage chapitre dix de l'Anti-Baillet.

2 ¶ Gesner qui le premier a traduit & publié les Sentences recueillies par le Moine Antoine a cru avec assés de vraisemblance que Μέλισσα étoit le titre du Recueil. Jean Albert Fabrice croit que c'est le surnom d'Antoine. On peut sans risque suivre l'une ou l'autre opinion, mais il ne se trouvera pas que Μέλισσα ait jamais signifié ruche & moins encore l'herbe nommée Melisse.

3 P. D. Huet. de clar. Interpret. lib. 2. pag. 169.

CONRAD CLAUSER Suiſſe du Canton de *Zurich* vers le même tems.

852   IL a traduit le Traité de la nature des Dieux des Gentils attribué au Philoſophe *Cornut*, des Commentaires ſur les Epitres de ſaint Paul par un *Auteur* qu'il ne connoiſſoit pas, l'Hiſtoire des Turcs par *Chalcondyle*, les Commentaires de *Procope* de *Gaze* ſur les premiers Livres de l'ancien Teſtament, & quelques Ouvrages de ſaint *Denys*.

Monſieur Huet en fait le même jugement que de Geſner.

JEAN GENE'S de SEPULVEDA *Eſpagnol* mort en 1571. (1)

853   IL s'eſt appliqué particuliérement à traduire les œuvres d'*Ariſtote* pour lequel il avoit un penchant tout ſingulier. On a de lui 1. les quatre Livres des Meteores de ce Philoſophe, 2. les deux Livres de la génération & de la corruption, 3 les Traités de la petite Phyſique, 4 le petit Livre du monde dont on ne connoît pas l'Auteur, 5. les huit livres des Politiques d'*Ariſtote*, 6. & les Commentaires d'*Alexandre d'Aphrodiſée* ſur les douze livres d'Ariſtote de la premiére Philoſophie.

Son ſtyle tient beaucoup plus du Philoſophe que du Rhétoricien. En quoi il n'a point voulu ſuivre ni Alcyone parmi les Anciens, ni Perione parmi les modernes, dit D. Nic. Antoine (2). Néanmoins Monſieur Huet prétend (3) qu'il ne s'eſt pas ſoucié d'être fort éxact ni fort fidéle, & qu'ainſi il ne peut avoir ſon rang parmi les excellens Traducteurs.

Ces défauts paroiſſent particuliérement dans ce qu'il a fait ſur la Metaphyſique d'Ariſtote : car ſa Traduction des Livres de Politique eſt fort eſtimée. Monſieur Naudé diſoit (4) que plus on aura d'eſprit, plus on en fera de cas, & Daniel Heinſius l'a preferée à toutes les autres, pour la mettre dans l'édition qu'il en fit.

---

1 ¶ Il mourut l'an 1572. dans ſa quatre-vingt-deuxiéme année.
2 Nicol. Ant. Biblioth. Hiſpan. tom. 3. pag. 533. Alphon. Garſias Matamor. de Academ. & Vir. ill. Hiſpan.
3 P. Dan. Huet. de clar. Interpret. lib. 2. pag. 178.
4 Gabr. Naudæus in Bibliograph. Politic. Ap. Nic. Ant. pag. 533. ut ſupra.

DENYS LAMBIN *de Montreuil sur mer en Picardie* mort en 1572.

854 Nous avons de lui diverses Traductions comme celles des Politiques & des Morales d'*Aristote*, de quelques Oraisons de *Demosthène* & *Eschine*, & de diverses autres piéces de l'Antiquité Grecque. Monsieur de sainte Marthe dit qu'il a fait paroître sa capacité & l'habitude qu'il avoit dans la lecture des bons Auteurs par ses Traductions (1).

En effet il a beaucoup mieux réussi que Perione, & que Strebée même. Il a aussi plus d'abondance & plus d'étenduë que Turnèbe dans son style. Mais cette qualité ne le met pas au-dessus de lui ; au contraire le trop grand soin qu'il a pris de polir son discours, & de rendre ses périodes justes & quarrées, lui a fait perdre beaucoup de cette éxactitude qui est si necessaire à un Traducteur.

1 Scævol. Sammarthan. lib. 2. elogior. lib. 2. pag. 56. 2 P. D. Huet. de clar. Interpret. lib. 2. pag. 159.

ANDRE' MASIUS ou du MAS de *Bruxelles* mort en 1573.

855 Il a traduit du Syriaque le Livre de *Moïse Bar-cepha* touchant le Paradis, la Liturgie attribuée à saint *Basile*, deux Professions de Foi de *Moïse Mardene* Patriarche des Jacobites à Antioche, deux Lettres des *Nestoriens*. Il a toujours eu un soin tout particulier de s'attacher à la lettre & aux mots de ses Originaux, & il en est loué par Monsieur Huet.

Ce Masius étoit un fort habile homme, & nous en parlerons plus amplement parmi les Interprétes de la Bible.

1 Valer. Andr. Dessel. Bibliot. Belg.
2 P. D. Huet. de clar. Interpret. lib. 2. pag. 144. 145.

JOSEPH STRUTHIUS vers l'an 1573.
ET JOSEPH TECTANDER vers 1584. tous deux Polonois.

856 ILs ont traduit l'un & l'autre quelques Ouvrages de *Galien* tant de veritables que de fuppofés. Monfieur Huet dit que *Struthius* n'eft nullement éxact & qu'il parle très-mal: Que *Tectander* a quelque chofe de moins rude & de moins barbare dans fon ftyle, & qu'il a recherché des fleurs pour orner fon difcours, mais qu'il ne s'eft point fort foucié de prendre l'efprit de fon Auteur.

P. D. Huet. de clar. Interpret. lib. 2. pag. 141.

JEAN le MERCIER, d'*Ufez en Languedoc*, mort en 1573. (1)

857 IL a tourné du Grec en Latin l'*Orus Apollon* d'Égypte, & l'*Harmenopule*. Ses autres Traductions font faites fur l'Hébreu pour la plûpart, & comme elles font prefque toutes de l'Ecriture fainte, nous en parlerons ailleurs. Monfieur Colomiez dit que la verfion d'*Harmenopulus* eft tres-fidéle (2). Monfieur Huet témoigne auffi qu'il n'a point mal réuffi dans celle d'Orus Apollon (3).

Il étoit pourtant meilleur pour l'Hébreu que pour le Grec, & quoi que dans les deux verfions il ait fait paroître beaucoup d'éxactitude & de beauté dans fa Latinité, fans la rendre incommode ni affectée, néanmoins on peut dire qu'il s'écarte quelquefois de fon Auteur, & qu'il eft moins ferré & moins avare de mots, que dans ce qu'il a fait fur l'Hébreu. Ce qui eft une marque qu'il entendoit beaucoup mieux cette Langue que la Grecque.

1 ¶ Voyés Article 378. & 733.
2 Paul. Colom. Gall. Oriental. pag. 47.
3 P. D. Huet. de Clar. Interpret. p. 157. lib. 2.

JULES PAUL CRASSO Médecin de *Padoüe* mort vers l'an 1574.

858 IL a traduit divers ouvrages de plusieurs anciens Médecins Grecs comme d'*Aretæus* de Cappadoce, de *Rufus* d'Ephese, de *Palladius*, de *Théophile* ou *Ptolomée*, de *Galien* & d'*Hippocrate*, dont on peut voir la liste dans Vanderlinden.

Reinesius dit (1) que la version qu'il a faite des huit livres d'Aretæus n'est pas éxacte, parce qu'il n'a travaillé que sur des éxemplaires fort corrompus, qui l'ont empêché souvent d'entrer dans la pensée de son Auteur. Monsieur Huet prétend (2) que s'il a fait la faute d'ajoûter & de retrancher quelque chose à ses Originaux, elle luy est pardonnable, parce qu'il est d'ailleurs assés fidéle & assés élegant, & qu'il represente la pensée de ses Auteurs avec beaucoup de netteté & d'ordre.

1 Thomas Reinesius apud G. M. Konig. Biblioth. vet. & nov. pag. 55.
2 P. D. Huet. de clar. Interpret. lib. 2. pag. 267.

JEAN GUINTHER ou WINTHER Médecin d'*Andernach*, mort en 1574.

859 ON a un grand nombre des Ouvrages de *Galien* de sa Traduction, les douze livres de la Médecine d'*Alexandre* de Tralles, les Commentaires d'*Oribasius* sur les Aphorismes d'Hippocrate, les sept livres de Médecine de *Paul d'Ægine*, & le Traité de la Diéte par *Polybus* Disciple & successeur d'Hippocrate.

Son style est fort rude & fort sec, au jugement de Monsieur Huet (1) Neanmoins ses Versions ne laisseroient pas d'avoir leur utilité, sans un grand nombre de taches & d'expressions barbares, dont il a gâté son discours, & sans cette dureté inflexible (2), qui l'a empêché de s'accommoder à ses Originaux.

1 P. D. Huet. de clar. Interpretibus lib. 2. pag. 169.
2 ¶ Il y a dans le Latin *duriorem orationem* qu'il faloit rendre par *dureté de style*.

HERMANN

HERMANN CRUSER Médecin & Avocat de *Campen dans Over-Issel*, mort en 1574.

860. IL a traduit seize Livres de *Galien* qui font quatre Traités différens sur le Pouls, les Vies & les Morales du *Plutarque*. Valere André dit que sa Version de Plutarque dispute le prix avec celle de Guillaume Xylandre (1). Il s'est trouvé même plusieurs Critiques, qui lui ont donné le dessus de cet Allemand pour la fidélité & l'éxactitude. Mais il s'en est vû d'autres d'un sentiment bien contraire.

Monsieur Huet témoigne (2) qu'il a fait beaucoup de fausses démarches, pour n'avoir pas bien suivi ses Auteurs, & n'avoir pas assés bien entendu le Grec.

On a eu encore beaucoup de raison de condamner en lui la témerité qu'il a euë de changer l'ordre des Vies de Plutarque; & il a donné lieu de croire qu'il n'aura pas eu plus de conscience dans l'emploi des pensées & des expressions de cet Auteur.

1 Valer. Andr. Dessel. Biblioth. Belg. pag. 379.

2 P. D. Huet. de clar. Interpret. lib. 2. pag. 174.

JOACHIM CAMERARIUS de *Papemberg* (1), mort en 1574.

861. CE grand homme employa une bonne partie de sa Vie & de ses talens à traduire les Auteurs Grecs. On a de lui diverses Versions Latines d'*Herodote* (2), de *Demosthène*, de *Xenophon*, d'*Euclide*, d'*Homere*, de *Théocrite*, de *Sophocle*, de *Lucien*, de l'Histoire Ecclésiastique de *Théodoret*, de *Nicephore*, de saint *Gregoire de Nysse*, d'*Aristide*, de *Libanius*, de *Galien*, de *Dion Chrysostome*, de *Ptolomée* l'Astronome, d'*Hephæstion* de Thebes, de *Vestius* ou *Vettius Valens*, & de plusieurs autres, dont quelques-uns sont anonymes.

1 ¶ De Bamberg.

2 ¶ Camerarius n'a rien absolument traduit d'Herodote, rien de Théocrite, rien de Vettius Valens, car ce n'est pas de sa Version qu'est le fragment Latin qu'il nous a donné de cet Astrologue. Ce qu'il a traduit d'Homére, de Xénophon, de Démosthène, de Lucien, de Galien, de Dion Chrysostome, d'Aristide, de Gregoire de Nysse, tout cela rassemblé ne feroit pas un juste in-douze.

Les sentimens des Savans n'ont jamais été partagés sur le mérite de ses Traductions, non plus que sur celui de ses autres Ouvrages, où il n'a point inseré de Luthéranisme (1).

Il étoit le premier Grec de l'Allemagne, & il possedoit la bonne Latinité : & outre ces deux qualités d'un bon Traducteur de l'une de ces deux Langues en l'autre, il en avoit encore une qui n'est pas moins nécessaire, qui est la connoissance des matiéres qui sont traitées par les Auteurs qu'on traduit.

Monsieur Huet (2) témoigne que son style est pur & châtié, qu'il y a plaisir de le confronter avec le Grec qu'il traduit, pour voir sa sincérité, & la fidélité qu'il a gardée à ses Auteurs, & dont il ne s'est jamais départi, si ce n'est peut-être lors qu'il a cru devoir ajouter quelques mots pour servir d'éclaircissemens aux endroits les plus obscurs; mais cela est fort rare, & de peu de conséquence.

1 Melch. Adam. de Vit. Germ. Phil. Conr. Gesner. & alii.

2 P. D. Huet. de claris Interpret. lib. 2. pag. 170.

ADRIEN de JONGHE, dit JUNIUS de *Horn en Nort Hollande*, mort en 1575.

862 Il a traduit cinq Décades des Problemes des Banquets ou Symposiaques de *Plutarque*, les Questions de Médecine de *Cassius* ancien Philosophe & Médecin, les Hommes Illustres d'*Hesychius*, & les Vies des Sophistes par *Eunapius*.

Mais quoique Junius fut habile d'ailleurs dans les Humanités, il n'a point rendu grand service au Public par ses Traductions, lesquelles ne valent rien pour la plupart. Car souvent il prend le sens d'un Auteur de travers, & y donne une fausse application, & dans la seule Version du petit Livre d'Eunapius, il se trouve un millier de fautes.

P. D. Huet. de claris Interpretib. lib. 2. pag. 174.

GUILLAUME XYLANDER, d'*Ausbourg*,
mort en 1575. (1)

863 IL y a eu fort peu de Traducteurs dans son siécle qui ait plus travaillé que lui. Nous avons de sa Version les Vies & les Morales entieres de *Plutarque*, la Géographie de *Strabon*, l'histoire de *Dion*, les Annales de *Cedrene*, l'Arithmetique de *Diophante*. On dit aussi qu'il a traduit le *Stephanus* des Villes, & des autres lieux (mais il se contenta de promettre cette derniere Version):sans parler de *Polybe*, & des six premiers livres d'*Euclide*, qu'il tourna en Allemand aussi-bien que le Nouveau Testament.

Monsieur Huet pretend (2) qu'il avoit une grande connoissance non seulement de l'une & l'autre Langue, mais encore de toutes les belles Humanités, de la Philosophie, & des Mathematiques, & qu'il a employé tous ses talens à traduire, ajoûtant qu'on a tout sujet d'admirer qu'il en ait pû tant faire en si peu d'années de sa vie, n'ayant pas atteint l'âge de quarante ans (3) lorsqu'il fut surpris de la mort. Mais il a remarqué en même temps que Xilander ne s'est point attaché aux mots, & à la suite de ses Auteurs, & qu'il n'a point eu d'égard à leur ponctuation.

Les autres Critiques ont encore trouvé dans ses Traductions un défaut fort considerable, qui est celui de l'exactitude. Nous en avons rapporté la raison au Recueil des Critiques, où nous avons vû que d'un côté il étoit trop pressé par la misere & l'indigence, & de l'autre, qu'il étoit persecuté par les Imprimeurs qui le faisoient subsister: de sorte que ni les uns ni les autres ne lui donnoient pas le loisir de revoir, ou de songer long-temps à ce qu'il faisoit (4).

---

1 ¶ Voyés Article 384.
2 P. D. Huet. de clar. Interpret. lib. 2. pag. 171.
3 ¶ Melchior Adam & après lui Monsieur Huet dans l'endroit que Baillet cite ne donnent que 44. ans commencés à Xylander; Monsieur de Thou qui dans une première édition lui en avoit donné 45. dans une posterieure ne lui en a donné que 40.
4 Thuan. in Hist. & alii, & vid. in Crit. Melch. Adam de vit. Germ. Philosoph.

GUILLAUME CANTER, d'*Utrecht*, mort en 1575.

864 IL a tourné du Grec en Latin les trois tomes des Oraisons d'*Aristide*, un quatriéme tome d'Oraisons de divers Auteurs comme de *Gorgias*, de *Thucydide*, de *Lesbonax*, d'*Andocide*, d'*Herode* l'Athenien, d'*Antisthene*, de *Lysias*, de *Dinarque*, d'*Alcidamante*; La Cassandre ou l'Alexandre de *Lycophron*; des Fragmens de la Morale des Pythagoriciens tirés de *Stobée*; deux livres des Recueils du même *Stobée*; les deux livres de la Rhétorique d'*Aristide* dont nous venons de parler (1); quelques Opuscules de *Synesius*; & les Tragédies d'*Euripide* en vers Latins (2). Quelques-uns disent qu'il en avoit fait autant d'*Eschyle*, & de *Sophocle*.

Monsieur Huet témoigne (3) que Canter est un Traducteur assés exact, qu'il a eu raison de nous vanter dans sa préface la fidelité avec laquelle il a manié Aristide, sans se donner d'autre licence que celle que cet Orateur a prise, & sans sortir des bornes que son Auteur avoit prescrites lui-même à son abondance & à son étenduë. Cet assujetissement paroît encore bien davantage dans la Version d'Euripide, puis qu'il l'a suivi mot à mot comme on a coutume de traduire les Poëtes. Et sans l'obscurité recherchée, & les difficultés étudiées par lesquelles Lycophron a voulu se distinguer des autres Ecrivains, on peut dire que le Traducteur auroit égalé son Original.

1¶ Cette Version des deux livres de la Rhétorique d'Aristide n'a pas été imprimée.
2 ¶ En prose Latine.
3 P. D. Huet. de clar. Interpret. lib. 2.

pag. 174. 175.
Melch. Ad. de Vit. Philosoph. German. pag. 272. ad 288.

FREDERIC COMMANDIN, d'*Urbin en Italie*, mort en 1575.

865 LEs Versions des Livres d'*Euclide*, des Coniques d'*Apollonius* de Perge, du Planisphere de *Ptolomée*, du Traité de la grandeur & de la distance du Soleil & de la Lune par *Aristarque de Samos*, & de quelques autres Ouvrages des anciens Mathématiciens sont les fruits de ses études: Et à peine avoit-il achevé celle de *Pappus* d'Alexandrie, lors qu'il lui falut mourir, comme l'écrit Monsieur de Thou (1).

1 Jac. Aug. Thuan. lib. 61. Histor. ad ann. 1675.

Toutes ſes Traductions ſont aſſés eſtimées, non ſeulement parce qu'il ſavoit bien les deux Langues, mais encore parce qu'il eſtoit habile dans les Mathématiques. Monſieur Huet dit (1) qu'il eſt fidele dans les mots de ſes Auteurs, mais qu'il l'eſt encore tout autrement dans les penſées, qu'il a de la clarté & de la netteté, & qu'il a même quelquefois de la politeſſe & des beautés, quand la ſechereſſe de ces matieres a pû le ſouffrir. Voſſius écrit (2) que ſa Traduction des Coniques d'Apollonius eſt beaucoup meilleure que celle de Jean Baptiſte Memmius, mais qu'elle n'eſt pourtant pas exemte de fautes. Il témoigne auſſi ailleurs que ſon Euclide eſt plus fidele & plus éxact que celui de Monſieur de Foix de Candale, & que les fautes qu'on y trouve, viennent pour la plupart des endroits corrompus de ſon éxemplaire Grec (3).

* *Elementa Euclidis Frederic. Commandini* in-fol. *Piſauri* 1572.

1 Petr. Dan. Huet. de clar. Interpret. lib. 2. pag. 168.
3 G. J. V. in addend. ad Tract. de Scient. Mathemat. pag. 95.
4 Idem de ſcient. Mashemat. cap. 16. §. 15. pag. 68.

JULIUS POGIANUS (1)

866 S'Eſt appliqué à l'élégance du ſtyle plutôt qu'à la fidelité dans ce qu'il a traduit de ſaint *Chryſoſtome*, ſelon la remarque d'Aubert le Mire (2).

1 ¶ Mort le 5. Novembre 568. dans ſa quarante-ſeptiéme année.
2 In Elog. Belgic. Jo. Livin. pag. 135.

L. ANNIBAL CRUCEIUS (Della Croce) *Milanois*, mort l'an 1577.

866 bis IL a traduit du Grec en Latin les huit livres du Roman de Clitophon & Lucippe, compoſé par *Achille Statius* (1), avec tant de bonheur, au ſentiment de Ghilini (2), que ſa Traduction va preſque de pair avec ſon Original. Il ajoûte que c'eſt une

1 ¶ Suidas dit Στάτιος mais Photius & les manuſcrits ont Τάτιο: L'ancienne Verſion Françoiſe qui eſt de Belleforeſt dit Achille Stace. On ne dit plus aujourd'hui qu'Achille Tace. J'ai fait voir page 133. du tom. 1. du Ménagiana que cet Auteur étoit plus ancien qu'Héliodore.
2 Gerol. Chilini theatr. d'Huom. Letter. tom. 2. pag. 20.

piéce rare, exquife, & fort éxacte ; mais cet Auteur eft accoutumé à loüer les Ouvrages mediocres, & les Auteurs de moindre merite comme les premiers.

* *De Clitophontis & Leucippes Amoribus lib.* VIII. *Gr. Lat. ex recenf Salmafii* in-12° *Lug. Bat.* 1640. *

LOUIS LE ROY, dit REGIUS *Normand, de Coutance* mort en 1578. (1)

867. IL a peu traduit de Grec en Latin (2), quoiqu'au jugement de Scaliger il fut très-bien verfé dans la Langue Grecque, &. qu'il écrivît aufli fort poliment en Latin. (3) C'eft pourquoi nous n'en parlerons qu'au Receüil des Traducteurs François.

1 ¶ Scévole de Sainte Marthe dit tout au long que ce fut en 1579.

2 ¶ Il n'y a rien traduit du tout.
3 Prim. Scaligeran. pag. 128.

JEAN SERRANUS, ou de SERRE (1), Miniftre ou Profeffeur à *Laufanne*, vers l'an 1580.

868. IL y a peut-être peu de Traductions plus difproportionnées à leurs Originaux, que celles que cet homme a faites des œuvres de *Platon*. Il n'y a rien de plus pompeux & de plus magnifique que le ftyle de ce Philofophe, & il n'y a prefque rien de plus plat & de plus fimple que le Latin de Serranus. Il a cru qu'il fuffifoit d'exprimer la penfée de fon Auteur, fans fe foucier de la maniere de cette expreffion, & il nous a voulu donner bonne opinion de fa fidélité, & de fa netteté pour nous dédommager du refte. Cependant Henri Eftienne, au rapport de fon gendre Cafaubon (2) trouvoit dans cette Verfion beaucoup d'endroits contraires à cette

1 ¶ Il fignoit *de Serres*. Spon pag. 119. du tom. 1. de fon Hift. de Genève, rapporte que Jean de Serres, après avoir fait fon Hiftoire de France, s'étant retiré à Genève, y mourut fur la fin du mois de Mai 1598 le même jour que fa femme, & que leurs corps furent mis dans le même tombeau. Le R. P. le Long pag. 950. de fa Biblioth. Hiftorique de la France a recueilli beaucoup de particularités curieufes touchant Jean de Serres, parmi lefquelles il m'a témoigné qu'il ne manqueroit pas de corriger dans une nouvelle édition, l'endroit où il le prend pour l'Auteur d'une mauvaife petite Rémontrance au Roi contre la République de Bodin, ayant depuis reconnu que ce libelle imprimé chés Fédéric Morel à Paris *in*-8. 1579. étoit, non pas de Jean de Serres, mais d'un nommé Michel de la Serre.

2 P. D. Huet. de clar. Interpr. pag. 172.

fidélité & à cette netteté. Il en avertit même Serranus, quoi qu'inutilement, puis qu'il ne put se resoudre d'y rien corriger, soit qu'il fût rebuté par la difficulté & le travail qu'il y avoit à retoucher tant d'endroits, soit qu'il eût un peu de complaisance pour ses productions.

* *Platonis Opera omnia ex nova interpretatione Jo. Serrani cum H. Stephani Græcis emendation. Gr. & Lat.* in-fol. III. vol. *Parif.* 1578. *Typ. Henr. Steph.* *

ERASME OSWALD de SCHRECKENFUSCH
de *Merckenstein* en *Autriche*, mort en 1579.

869. IL a fait diverses Traductions de l'Hébreu, du Chaldaïque, & du Grec même en Latin. Elles sont la plupart ou de l'Ecriture Sainte, ou des Mathématiques. Entre celles de ce dernier genre, on a le Livre de la Sphére du R. *Abraham Caii*, & l'Aritmétique du R. *Elie Misrach*.

Il étoit habile homme, mais il ne s'est pas cru obligé de rendre les mots de ses Auteurs par compte, ni de representer la force ou le caractére de leurs Ecrits, s'étant contenté de suivre leur pensée d'assés loin.

P. Dan. Huet. ut supra pag. 144. lib. 2.

NATALE CONTI, dit NATALIS COMES, ou de COMITIBUS,
& par nous, NOEL LE COMTE *Venitien*, vers l'an 1580. (1)

870. C'Est lui qui nous a donné la premiére Traduction Latine que nous ayons euë des quinze Livres des Dipnosophistes d'*Athenée*. Monsieur Huet dit (2) que s'il n'a été aveuglé de présomption & d'amour propre, il a dû voir qu'il n'étoit nullement capable de traduire, & qu'il avoit tort d'avoir entrepris l'exécution d'une chose qui passoit ses forces. Car outre qu'il ne s'est soucié ni des

---

1. ¶ Je présume qu'il mourut l'an 1582. sur ce que dans sa Mythologie imprimée à Francfort *in*-8. l'an 1584. on voit immédiatement à la suite de la table des Auteurs une lettre du 3. Décembre 1581. par laquelle il remercie Sylburge, Obsopée, & Wéchel; du soin qu'ils avoient pris de donner une édition plus correcte de son Ouvrage.

2 Petr. Dan. Huet. de clar. Interpr. lib. 2. pag. 167.

mots, ni du caractére de son Auteur, il n'est pas même souvent heureux à rencontrer son sens.

JEROSME WOLPHIUS (1) d'*Oeting en Bavierre*, mort 1580.

871   C'Est un des plus grands & des plus laborieux Traducteurs que l'Allemagne eût en ce siécle. Car il a mis en Latin *Demosthène* entier, *Isocrate* entier, *Suidas*, *Zonaras*, *Nicetas Choniate*, *Nicephore Gregoras*, *Laonic Chalcondyle*, les Commentaires d'un certain Rhéteur nommé *Ulpien* sur les Oraisons de Demosthène, & d'autres Commentaires Grecs sur Ptolomée (2).

Si on en croit Melchior Adam, & quelques autres Allemands, il n'y a eu personne jusqu'alors qui ait rendu meilleur service au Public que lui en ce genre d'écrire. Ils disent (3) que la Version de Demosthène est fort accomplie, qu'elle a tous ses agrémens, & beaucoup de proportion avec son Original. Quand Wolphius, ajoutent ces Messieurs, n'auroit point fait d'autres Traductions, le Public auroit dû se contenter de celle-là sans rien éxiger de lui davantage pour conserver sa mémoire. Cet Ouvrage lui attira la médisance de quelques envieux, & entre autres d'un certain Professeur Royal de Paris, nommé Strazel: mais il en sut triompher avec assés de facilité.

Ces Critiques ne disent guères moins de bien de la Traduction d'Isocrate, & ils ont publié hautement l'obligation singuliére qu'ils avoient à Wolphius de leur avoir communiqué toutes les richesses des plus excellens Orateurs de la Grece, & de les avoir rendus familiers dans les Ecoles d'Allemagne, où le Grec avoit été presque entiérement inconnu jusqu'alors.

Monsieur Huet témoigne aussi qu'il faisoit beaucoup de cas de toutes ses Traductions (4), à cause qu'il avoit une connoissance assés exquise des deux Langues, & qu'il avoit assuré le Public dans une de ses Préfaces (5) qu'il avoit traité ses Originaux avec le plus grand respect & la plus grande reserve du monde, sans y avoir jamais presque rien ajouté ni retranché, & sans y avoir fait le moindre changement; & que ne s'étant pas contenté de peser & mesurer les pensées de ses Auteurs, il avoit tâché d'en compter même tous les mots

---

1 ¶ On écrit plutôt Wolfius.
2 ¶ Sur les quatre livres de Ptolomée des Jugemens Astrologiques, en Grec τετρά-
βιβλος οῦ ή ἐξις μαθηματική.
3 Melch. Adam. vit. Philosoph. German.

pag. 306.
4 P. D. Huet. de clar. Interpretib. lib. 2. pag. 169. 170.
5 Hieron. Wolph. in Præfat. ad Isocrat.

&

& de les repréſenter autant que la Langue Latine le lui avoit pu permettre.

Nonobſtant cette éxactitude, Henry Eſtienne ne laiſſa pas de trouver dans la plupart de ſes Traductions beaucoup de choſes à reprendre. C'eſt ce qui a fait dire à Caſaubon, que l'art de traduire eſt peut-être le plus difficile de tous les Arts, voyant qu'un homme auſſi capable qu'étoit Wolfius, qui avoit l'eſprit bon, pénétrant & ſolide ; qui étoit fort inſtruit de toutes les belles connoiſſances ; qui étoit aſſés bien pourvû des ſecours qu'on juge néceſſaires à un Traducteur, & qui s'étoit fait une ſi grande habitude de traduire, ayant paſſé la meilleure partie de ſa vie à cet exercice, ne l'a point encore pu porter à ſa perfection.

Il conclud de là que ce qui a manqué à Wofius ne ſe rencontrera en aucun des hommes, & que Dieu par ſa Providence ſemble n'avoir pas voulu que les penſées d'un même Auteur paſſant d'une Langue dans une autre, ſe reſſemblaſſent entiérement, non plus que les eſprits, les humeurs, & les viſages des hommes.

GUILLAUME POSTEL, de Barenton en Normandie, mort en 1581. ou 1582. (1).

872 Il a traduit pluſieurs Ouvrages des Langues Orientales, & quelques-uns auſſi du Grec en Latin. Ceux du premier genre portent les noms de *Zohar*, de *Symeon* le Juſte, de *Behir*, du Patriarche *Abraham*, & d'autres Auteurs, ou ſuppoſés, ou de fort petite autorité.

Mais entre les Ouvrages des Grecs, je ne connois de ſa Traduction qu'un Traité attribué à ſaint *Juſtin* le Martyr, contenant le renverſement des dogmes d'Ariſtote.

M. Huet témoigne (2) que ſa maniére de traduire eſt aſſés bonne, qu'il eſt fidéle, & qu'il a le ſtyle ſerré, qu'il y fait paroître une partie de ſon érudition & de ſon génie ; mais qu'il eſt en même tems trop intereſſé pour ſes Auteurs, qu'il s'y attache trop, & qu'il s'embarraſſe pour peu de choſes.

1 ¶ Il mourut le 6. Septembre 1581.   2 P. D. Huet. de clar. Interpret. lib. 2. pag. 142.

L'ABBE' DE BILLY (Jacques) *de Guife en Picardie* mort en 1581.

873 NOus avons de fa Traduction les œuvres de faint *Jean Damafcene*, de faint *Ifidore* (1) de Damiette, ce qui nous eft refté du Grec de faint *Irenée*, diverfes piéces de faint *Chryfoftome*, & de faint *Bafile*: mais la plus confidérable de toutes fes Verfions, eft celle de faint *Gregoire de Nazianze*.

Poffevin dit qu'il tient le premier rang au-deffus de tous ceux qui ont traduit les Peres, & il l'appelle un Traducteur très-éxact & très-fincére (2). Monfieur de Sainte-Marthe prétend qu'il s'eft comporté dans toutes fes Traductions avec autant de fidélité que d'habileté (3).

Monfieur Huet témoigne qu'il eft fi fur, & fi jufte qu'il renferme ordinairement la penfée de fes Auteurs en autant de mots qu'ils en ont employé, & dans les mêmes expreffions; qu'il donne quelquefois carriére à fon ftyle, mais qu'il a toujours foin de le retenir prefque en même tems, & de le renfermer dans fes limites (4).

Genebrard & Chatard écrivent au Pape Gregoire XIII. (5). que dans tout ce fiécle fi fécond en habiles gens, il auroit été impoffible de trouver un homme capable de réuffir à traduire faint *Gregoire de Nazianze* comme ce favant Abbé, parce qu'il faloit pour s'en acquitter dignement autant de force & d'éloquence, autant de lecture & d'érudition, autant d'expérience & de facilité qu'en avoit de Billy.

Et pour ce qui regarde la Traduction des Vers de ce Saint, comme il y a une certaine hardieffe & une certaine élevation dans la Poéfie qui ne fe peut rendre en profe avec tant d'adreffe qu'il ne fe perde toujours beaucoup de la grace & fouvent même de la force des expreffions & des penfées: cette confidération a porté notre Abbé à traduire en Vers Latins avec un travail extrême tous ces Vers Grecs. En quoi il eft d'autant plus à eftimer, au jugement d'un Ecrivain de Port Royal (6), qu'il a eu à vaincre une double

---

1 ¶ C'eft-à-dire des trois premiers livres des Epitres de faint Ifidore de Damiète, le quatrième ayant été donné depuis par Conrad Rittershufius, & le cinquième par le P. André Schott.

2 Anton. Poffevin. Apparat. Sacr. tom. 1. in S. Bafilio pag. 189. item voce Jacobus pag. 780.

3 Scævol. Sammarthan. Elogior. lib. 3. pag. 76.

4 P. D. Huet. de clar. Interpretibus lib. 2. pag. 160.

5 In Epift. dedicat. oper. S. Greg. Naz. edit. Parif.

6 ¶ Ifaac le Maitre.
Préface de la Traduct. Franc. du Poëme de faint Profper contre les ingrats.

contrainte tant de la part de la Traduction, que de celle des Vers.

PIERRE GALESINIUS de *Milan*.

874 Il a traduit divers Ouvrages de saint *Gregoire de Nysse*; la Vie de sainte Barbe attribuée à un Ecrivain de *Damas* & à *Arsene*: quelque chose de *Théodoret*, & d'autres Auteurs Grecs. Monsieur Huet dit (1) que c'est un grand parleur, qu'il est trop diffus, qu'il n'est point assés châtié, & qu'il n'a point manié les Peres de l'Eglise aussi dignement qu'ils le meritoient.

1. P. D. Huet. de clar. Interpret. lib. 2. pag. 170.

GENTIEN HERVET d'*Orleans* Chanoine de *Reims* mort en 1584. (1)

875 Cet Auteur a fait un trés grand nombre de Traductions de Grec en Latin. Nous avons entre les autres celles de quelque opuscule de *Plutarque*; de l'Antigone de *Sophocle*; de quelques sermons de saint *Basile*; d'un Dialogue de *Zacharie* le Scholiastique; des huit livres des *Basiliques* (2) ou Constitutions Imperiales des Empereurs de Constantinople; des Canons des *Apôtres*; des Conciles generaux & particuliers; des lettres & ordonnances Canoniques de saint *Denys* d'Alexandrie, de saint *Pierre* d'Alexandrie, de saint *Gregoire* Thaumaturge de Neocesarée, de saint *Athanase*, de

1. ¶ Il mourut le 12. Septembre 1594. agé de 85. ans.
2. ¶ Quoique Ménage ait ici compté beaucoup de fautes, je n'y en trouve à proprement parler, que deux, la premiere d'avoir cru qu'il n'y avoit que huit livres de Basiliques, y en ayant eu originairement 60. dont à cause de dix-neuf perdus, il n'en reste que quarante-un. La seconde, d'avoir interprété *Basiliques par Constitutions Imperiales des Empereurs de Constantinople*, comme si ces livres n'avoient contenu que les Ordonnances de ces Empereurs, au lieu qu'ils contenoient le corps entier du droit Romain, savoir le Digeste, le Code, les Novelles avec quelques constitutions des Empereurs successeurs de Justinien, le tout en Grec, sous le titre de *Basiliques* du mot βασιλεὺς signifiant alors Empereur, parce que c'étoit le droit Imperial, l'Empereur Léon le Philosophe l'ayant publié, & voulant qu'il fût observé dans toute l'étenduë de son Empire. Si Baillet en parlant des Traductions de Gentien Hervet, au lieu de dire *des huit livres des Basiliques*, eût dit *de huit livres des Basiliques*, il n'y auroit point eu de faute à lui imputer, Gentien Hervet ayant cru de bonne foi avoir traduit huit de ces livres, quoiqu'en cela il se soit mépris, les uns ayant prétendu qu'il n'en avoit traduit que sept, les autres que six, sur quoi on peut voir Fabrot dans sa Préface des Basiliques.

K ij

saint *Basile*, de saint *Amphiloque*, de *Timothée*, de *Theophile*, de *Gennadius* & de plusieurs autres celebres Prelats & autres Auteurs de l'Eglise Grecque, avec le Nomocanon de *Photius*, & les Commentaires de *Balsamon*; diverses vies des Saints par *Metaphraste*.

Nous avons encore ses versions de *Sextus Empiricus* celebre Pirrhonien; de *Jean* le Grammairien dit *Philopone* sur les trois livres de l'ame par Aristote; des Questions d'*Alexandre* d'Aphrodisée sur l'ame; de la paraphrase de *Théodore Metochite* sur la Physique d'Aristote; des ouvrages de *Clement d'Alexandrie*; de divers ouvrages de saint *Chrysostome*; de *Théodoret*, & de quelques autres Auteurs Grecs tant Ecclésiastiques que profanes.

Monsieur Huet dit que Gentien Hervet a sû acquerir de la gloire par ses Traductions (1), qu'il s'exprime avec assés de facilité & d'abondance, que sa phrase n'est point plate, & qu'il n'a point ignoré l'art de donner de la couleur (2) à la pensée de ses Auteurs. Néanmoins Sylburge (3) l'accuse de beaucoup de negligence, & de peu d'application dans sa Traduction de Clement Alexandrin.

1 P. D. Huet. de clar. Interpr. pag. 160.
2 ¶ *In colore quoque referendo non inconcinnus*, signifie qu'il savoit conserver aux Auteurs l'air de leur style dans ses traductions Donner de la couleur aux pensées, signifieroit les farder ce qui seroit vicieux.
3 Frederic. Sylburg. not. ad Clem. Alex.

FRANCOIS DE LA TORRE ou TURRIEN
Jesuite *Espagnol* mort en 1584.

876   IL a traduit les cent Chapitres de saint *Diadoque* de Photice touchant la perfection spirituelle; les cent cinquante chapitres de saint *Nil* touchant l'oraison; les huit livres des *Constitutions* appellées *Apostoliques*, avec les *Canons Apostoliques* jusqu'au nombre de quatre-vingt cinq, c'est-à-dire ceux qui sont rejettés avec ceux qui sont reçûs; les quatre-vingt *Canons* prétendus du Concile de *Nicée*, tournés de l'Arabe avec les réponses du Pape *Nicolas* I. aux consultations des Bulgares; l'exposition Théologique de *Jean* le Sage dit *Cyparissiote* en dix Decades; le livre de *Photius* Patriarche de Constantinople touchant les deux volontés en Jesus Christ; les opuscules de *Théodore Abucara* Evêque de Carie; la demonstration de l'avénement du Fils de Dieu, par saint *Basile de Seleucie*; la dispute de saint *Maxime* le Martyr contre Pyrrhus Patriarche de Constantinople Monothelite, & treize des opuscules du même Saint contre

De *Cyparisse Ville en Arcadie.

les Monothelites, & les Acephales; les trois livres de *Leonce de Byzance* contre les Eutychiens & les Nestoriens &c; les livres de saint *Jean* de *Damas* contre les Acephales, les Monothelites & les Nestoriens; quatre opuscules de saint *Nicephore* Patriarche de Constantinople contre les Iconomaques; trois disputes de *Théodore* d'Hagiapoli sur la Divinité; un essai sur l'Incarnation par *Theodore* de Rhaïthu; un traité de *Serapion* Evêque de Tmuis contre les Manichéens; un livre de l'Abbé Anastase contre les Juifs; une lettre de saint *Denys d'Alexandrie* contre Paul de Samosatee; la dispute de *Zacharie* de Metelin contre les Manichéens; & trois livres de *Tite* Evêque de Bostre contre les mêmes Manichéens.

On dit qu'il en a encore traduit d'autres, mais il y apparence que ces ouvrages sont demeurés en Manuscrits jusqu'à present.

Dom Nicolas Antoine se plaint (1) de ce que Monsieur Huet ne lui a point fait l'honneur de parler de lui dans son second livre des célébres Interprétes. En effet cette omission peut nous donner un mauvais préjugé pour le merite des Traductions de Turrien, qui passe d'ailleurs pour un Traducteur plus laborieux qu'éxact, quoi qu'on ne puisse pas nier qu'il n'ait utilement servi l'Eglise en ce point.

1 Nic. Ant. Biblioth. Hisp. tom. 1. pag. 373.

MARC ANTOINE de MURET, *Limousin*, mort en 1555.

877 IL pouvoit se contenter du rang du premier Orateur de son siécle : mais il a crû qu'il pouroit encore sans *imcompatibilité* posseder la qualité de Poëte, de Critique, & celle de Traducteur. Il a fait assés peu de Versions. On a de son travail le premier & le second Livre de la Rhétorique d'*Aristote*, le septiéme Livre des *Topiques*, avec les Commentaires d'*Alexandre d'Aphrodisée*, le cinquiéme Livre de la Morale d'*Aristote*, &c.

Monsieur Huet témoigne(1) qu'il est plus conscientieux & plus scrupuleux que Lambin, & qu'il approche assés de l'éxactitude de Turnèbe, tout Orateur qu'il étoit. Il dit qu'il n'a pas moins de pureté que d'élegance, qu'il est châtié & poli; qu'il ne se contente pas d'exprimer la pensée de son Auteur, mais qu'il en imite même le caractére & les maniéres autant qu'il lui est possible, & que la matiére

1 Huet. de clar. Interpret. lib. 2. pag. 159.

le peut souffrir. Que s'il eut travaillé davantage en ce genre d'écrire, il auroit pu devenir unique ; mais qu'on peut mesurer la gloire qu'il a acquise dans la Traduction sur le nombre de celles qu'il a faites.

PIERRE VICTORIUS de *Florence*, mort en 1585.

878 IL a traduit les Politiques d'*Aristote*, le premier Livre de son Art Poëtique & quelques autres Ouvrages. Monsieur Huet dit qu'il a tant de facilité pour s'accommoder à son Auteur qu'il fait si bien le tourner, qu'il le change, qu'il le repasse, & le recuit d'une telle maniére qu'on le prendroit presque pour un autre que lui-même : tant il paroît s'être dépouillé de sa propre nature, tant il paroît dépaysé en parlant un langage étranger.

P. D. Huet. ut sup. pag. 167.

RODOLPHUS GUALTERUS, *Suisse*, mort en 1586.

879 ON a de sa Traduction, l'Onomasticon de *Julius Pollux*, quatre Apologies & quatre Discours de *Jean Cantacuzene* Empereur de Constantinople contre le Mahométisme : dix Sermons de *Theodoret* sur la Providence. Il a encore tourné de l'Alleman en Latin près de trente quatre Livres de *Zuingle*, avec une Apologie pour cet Hérésiarque ; outre la confession de l'Eglise de Zurich (Zuinglienne) contre Luther.

Je ne sai pas le jugement qu'on fait de ces derniéres Versions, mais les autres ne sont pas fort estimées, entre autres celles de Pollux est fort peu heureuse au jugement des Critiques, & comme il l'a reconnu lui-même.

Joachin Kühnius præfat. ad not. Pollucis seorf. edit.

Paul. Colomes. Biblioth. choisie pag. 105. 106.

LAURENT HUMFRED, *Anglois*, mort en 1589.

880 ON a de sa Version les trois Dialogues d'*Origène* contre les Marcionites. C'est un Traducteur un peu trop licencieux & qui ne sauroit demeurer dans les bornes que lui prescrivent ses Auteurs. Cependant il s'est voulu ériger en Maître, & il a prétendu prescrire aux autres les regles de la Traduction, qu'il ne savoit pas lui-même, ou qu'il vouloit bien fouler aux pieds, & dans cette grande liberté de style qu'il s'étoit donnée, il n'y avoit rien de naturel.

Dan. Huet. de clar. Interpr. lib. 2. pag. 178.

Th. Hyd. in cat. Ox. Bodl. Ant. Possevin. & alii Critic.

GONSALVE MARIN PONCE-de-LEON *de Seville*.

881 ON a de sa Traduction les œuvres de *Théophane*, Archevêque de Nicée, & le Phisiologue de saint *Epiphane*. Dom Nicolas Antoine témoigne (1) qu'il excelloit particuliérement dans la connoissance de la Langue Grecque, & Monsieur Huet est d'avis (2) qu'on le mette au rang des plus habiles Traducteurs, parce qu'il n'a rien de vicieux dans son discours, qu'il est éxact dans dans son style, & qu'il sait fort bien s'accommoder à ses Auteurs.

1 Nicol. Anton. Biblioth. Hispan. tom. 1. pag. 426.

P. D. Huet. de clar. Interpret. lib. 2. pag. 178.

NICOLAS ALAMANNI ou ALEMAN, *Romain*.

882 Quelques-uns ont estimé que ce Traducteur approchoit assés de la gloire de Politien pour sa Version des Anecdotes, c'est-à-dire, de l'Histoire secrette de *Procope*. Mais il paroît n'avoir pas moins étudié ses défauts que ses bonnes qualités, car il a pris les mêmes libertés, & il fait quelquefois le Paraphraste aussibien que Politien. Alamanni dit lui-même que sa Traduction est conforme à l'Original Grec pour les pensées, mais que pour les

maniéres & les expressions, il a cru devoir s'accommoder au génie de la Langue Latine : que cette méthode de traduire a été jugée la meilleure par saint Jerôme & par toute l'Antiquité, qu'elle a été pratiquée par les plus excellens Traducteurs, & que c'est particuliérement dans la Version des Historiens qu'elle est necessaire. D'ailleurs, que le style de Procope exigeoit cela de lui, parce qu'il tient beaucoup de celui des Sophistes, qu'il est plein d'afféteries, de fard, & de beautés trop recherchées. Ce qui est fort éloigné du caractére de la Langue Latine qui a de la gravité & de la majesté par tout & particuliérement dans l'Histoire.

Joh. Henr. Boecler. pro Polit. adverf. H. Stephan.
Et Anton. Borremans variar. Lect. p. 123.

Vid. & Jan. Nic. Erythr. Pinacoth. vir. illust. part. 1.

JEAN LEWENCLAI ou LEUNCLAVIUS, *Gentilhomme* de *Vvestphalie*, mort en 1593. (1).

883 IL est un des plus célébres Traducteurs que l'Allemagne ait jamais portés. Il nous a donné la Version de *Xenophon* retouchée par trois fois ; celle de *Zosime* des Annales de *Constantin Manasses*; de celles de *Michel Glycas*; de l'abregé des soixante livres des *Basiliques*; divers Ouvrages de saint *Gregoire de Nazianze*. Il a traduit aussi de l'Alleman en Latin les Annales des *Sultans Ottomans*, lesquelles avoient été tournées de l'Original Turc en Allemand par Jean Spiegel. Leunclavius a encore corrigé les Versions de *Dion* par Xylander, & de *Chalcondyle* par Clauser.

Monsieur Huet parle très-avantageusement de notre Traducteur. Il dit qu'il s'est rendu admirable dans l'art de traduire, & que personne ne s'y est exercé avec plus de capacité que lui: qu'il sait si bien tourner les phrases & les pensées de ses Auteurs qu'il n'y retranche rien & ne les estropie pas; que son Latin répond souvent au Grec mot pour mot, qu'il garde la même construction & le même arrangement qu'il trouve dans l'Original, ensorte qu'on retrouve son Auteur tout entier dans une autre Langue. Outre cela on remarque dans Leunclavius une grande politesse, beaucoup de netteté, une pureté incorruptible dans son Latin, & cet air naturel qui est si rare dans les autres Traductions.

z ¶ Voyés Art. 409.

Ainsi

TRADUCTEURS LATINS.

Ainſi il n'eſt pas aiſé de trouver quelqu'un qu'on puiſſe lui préférer en ce genre d'écrire (1). Mais on peut dire que s'il a ſurpaſſé les autres dans ſes Traductions, il s'eſt ſurpaſſé lui-même dans l'Oeconomique ou la Ménagerie de *Xenophon*.

Néanmoins Leunclavius eut un gros demêlé avec Henri Eſtienne touchant la Verſion de Xenophon, & celui-ci publia divers cahiers pour en découvrir les fautes. Leunclavius de ſon côté ſe plaignit de la mauvaiſe foi d'Henri Eſtienne à ſon égard, l'accuſant de lui avoir retenu malicieuſement non ſeulement la Traduction de Xenophon, mais encore celle de Zozime, qu'il lui avoit envoyée (2). Mais il ſera plus à propos de parler de ce différent au Traité des Plagiaires.

Il s'eſt trouvé encore quelques autres Cenſeurs des Verſions de Leunclavius (3), mais cela n'a preſque rien diminué de ſa prémiere réputation.

---

1 P. D. Huet. de clar. Interpr. lib. 2. pag. 372.
2 Melch. Adam de vit. German. Philoſ.
pag. 380.
3 Thomas Smith ad Zozim. edit. 1679. Londin. Sheldon.

M. de FOIX de CANDALE (François), mort en 1594.
dit en Latin *Franciſcus Fluſſas Candalla.*

884. SEs principales Traductions ſont celles d'*Euclide*, du prétendu *Triſmegiſte*, &c. Il fit celle d'Euclide par compaſſion qu'il eut du Public, qu'il voyoit indignement abuſé par la Verſion vicieuſe qu'on avoit faite de ce Géometre ſur l'Arabe. Voſſius dit que (1) quoi qu'on lui en ſoit très-obligé, & particuliérement pour le ſeizième livre qu'il y a ajouté ; il nous auroit pourtant fait encore plus de plaiſir, s'il n'avoit point uſé de tant de liberté ; & s'il n'eut point ſubſtitué ſes propres demonſtrations à celles de ſon Auteur en quelques endroits.

Mais ſi c'eſt un défaut d'en avoir uſé de la ſorte, on peut dire ſelon Monſieur Huet (2) que loin de faire le moindre tort à la réputation où il eſt d'un des meilleurs Traducteurs de ſon ſiécle, cette liberté a été jugée digne de louange en ce que ſans ſe contenter d'une ſimple Traduction, il s'eſt appliqué à démontrer plus exacte-

---

1 G. J. Voſſius de ſcient. Mathemat cap. 16. §. 25. pag. 68. & in adden. pag. 437.
2 P. D. Huet. de clar. Interpr. lib. 2. pag. 260.

Tome I.I. L.

ment les propositions d'Euclide. Que pour voir s'il savoit parfaitement l'Art de traduire, on peut jetter les yeux sur son Trismegiste dont la Traduction est à l'épreuve de tous les Zoïles.

PIERRE MARTINEZ de *Morenze*, dit P. Martinius Morentinus, mort à la Rochelle en 1594. (1).

885 IL ne passe pas pour un Traducteur fort éxact, parce qu'il a donné trop de licence à son style. Je ne sai pas précisément ce qu'il a traduit de Grec en Latin hors le *Misopogon* & quelques lettres de *Julien l'Apostat*. Car quoique Monsieur Huet l'ait mis au rang des Espagnols dans son second livre, néanmoins les Bibliothécaires de ces pays-là ne nous apprirent rien de ces Traductions; & Dom Nicolas Antoine ne l'a point voulu reconnoître, soit parce qu'il étoit Huguenot, soit parce qu'il n'étoit que de la Basse Navarre, c'est-à-dire, sujet du Roi de France. Monsieur Colomiez nous renvoye au Catalogue de la Bibliothéque Bodlejane pour y voir la liste de tous ses Ouvrages, mais il n'y paroît pas de Traductions, outre que toute cette liste ne consiste qu'en deux Traités.

1 ¶ Il devoit, comme ci-dessus Art. 735. dire *vers* 1594. d'autant plus que Colomiés dans l'endroit marqué dit: *obiit senex Rupelle circa annum* 1594.

Draud. Bibl. class. tom. 2.
Ind. Expurg. Ant. Sotomayor.
Huet. de clar. Interpret.
Colom. Gall. orient. &c.

FRANCOIS BENCE, Jésuite *Italien*, mort en 1594.

886 LE Vittorio de Rossis dit (1) qu'il a traduit la Rhétorique d'*Aristote* avec tant d'érudition, d'élégance, & de pureté, qu'il seroit difficile de rien trouver de plus achevé sur cet Ouvrage.

1 ¶ Quoique Nicius Erythræus dans l'endroit que Baillet cite se soit expliqué d'une maniére qui peut donner lieu à l'équivoque il est néanmoins d'ailleurs si certain que c'est, non pas Bencius, mais Muret qui a traduit les deux premiers livres de la Rhétorique d'Aristote, qu'on ne sauroit appliquer uniquement qu'à Muret ce qu'a dit Erythræus de cette traduction. Baillet en parle ici comme d'une Traduction de la Rhétorique entiére d'Aristote, en quoi il n'a pas rendu fidèlement le texte d'Erythræus, qui soit dans l'Eloge de Muret, soit dans celui de Bencius a toujours dit positivement *Aristotelis de Rhetorica*, ou *Rhetoricorum libros duos*. Muret effectivement n'en a traduit que ces deux livres, & ce qui devoit bien empêcher Baillet de s'y tromper, c'est que, comme Erythræus même l'a remarqué dans l'Eloge de Bencius disciple de Muret, ce fut à ce cher disciple que Muret les dédia. Baillet par toutes ces raisons pouvoit

Monfieur Huet ne parle pas de lui, & il n'étoit pas obligé d'en parler. Mais pourquoi l'Alegambe & le Sotwel ont-ils omis cet Ouvrage?

rayer Bencius du nombre des Traducteurs, & n'être nullement fupprit qu'Alégambe & Sotwel n'aient point compté parmi les ouvrages de Bencius une Verfion qu'il n'a pas faite.
2 Jan. Nic. Erythr. Pinacoth. part. 1. p. 12. in Elogio Muretti.

MICHEL NEANDER, Silefien, mort en 1595.

887 NOus avons de fa Traduction des Vers moraux ou des fragmens attribués à *Pythagore*, à *Phocylide* & à *Théognis*; des Parænefes ou des exhortations fous le nom de faint *Nil* Evêque & Martyr; les Poëfies de *Coluthe* de Lycople; le Poëme de *Tryphiodore*, Egyptien, fur le fac de Troye; les Paralipomenes d'Homere par *Quinte* ou *Cointe* de Smyrne, dit le *Calabrois*.

Il avoit encore traduit entiérement *Pindare*, *Théocrite*, *Apollonius* de Rhode, *Lycophron* & d'autres Auteurs. Mais ces derniéres Verfions n'ont peut-être (1) pas encore vû le jour.

Monfieur Huet le compare à Melanchthon pour la Traduction; mais il dit que quoique Neander l'imitât dans le ftyle diffus, & les grands difcours, il ne parloit pourtant pas fi bien que lui (2).

1 ¶ Il pouvoit fupprimer le *peut-être*. §
2 P. D. Huet. de clar. Interpret. lib. 2. pag. 170.

ANUTIUS FOESIUS Médecin de *Metz*, mort en 1596.

888 IL a traduit toutes les œuvres d'*Hippocrate*, avec les Scholies de *Palladius* [à Francfort *in-fol.* grec & latin 1603.] fur le traité des fractures, dont on attribuë pourtant la verfion à un Médecin du même pays nommé de faint Albin. Foëfius a traduit encore les commentaires de *Galien* fur le fecond livre d'Hippocrate touchant les maladies vulgaires.

Monfieur Huet dit qu'il eft fans contredit le moins mauvais de tous les Traducteurs d'Hippocrate, & qu'il tient à peu de chofe qu'on ne le puiffe compter parmi les meilleurs d'entre ceux qui fe font mêlés de traduire (1).

1 P. Dan. Huet. de clar. Interpretib. lib. 2. pag. 161.

L ij

Monsieur Gallois le louë aussi pour avoir bien corrigé le texte Grec d'Hippocrate (1).

2 Journal des Sav. du 22. Février 1666.

GILBERT GENEBRARD *Auvergnac*, mort en 1597.

889 **O**Utre ce qu'il a traduit de l'Ecriture sainte dont nous parlerons ailleurs, il a tourné 1. d'Hebreu en Latin le *Seder Olam Rabba* qui est la grande Chronologie des Hebreux, avec le *Seder Olam Zuta*, qui est la petite ; le traité d'*Eldad Danius* touchant les Juifs renfermés, & leur empire en Ethiopie ; le Symbole de foi des Juifs par le R. *Moïse l'Egyptien*, avec divers autres restes de leur liturgie ; divers opuscules de *Rabins* qu'il fit imprimer tous ensemble *in folio* à Paris 1575. Un Traité de la Poësie, c'est-à-dire, de la mesure & des quantités des Hebreux par le Rabin *David Kimhi*, ou plutot par R. *David Jechia* : les commentaires sur le Cantique des Cantiques par trois Rabins, savoir, *Salomon Jarchi*, *Abraham Aben-Ezra* & un *Anonyme* ; divers extraits ou fragmens de *Moïse fils de Maimon*, d'*Elie Levite*, de *Jacob fils de Salomon*.

2. Entre les Traductions qu'il a faites du Grec en Latin, nous avons celles de quelques *Liturgies*, d'un *Menologe*, ou Calandrier de toute l'année, des titres des cens vingt-deux Chapitres de l'*Euchologe*, du traité de *Zacharie de Metelin* contre les Philosophes qui font le monde éternel, de la Philocalie qui porte le nom d'*Origene* en vingt-sept Chapitres, d'un petit Dialogue de l'essence invisible de Dieu attribué conjointement à saint *Basile* & à saint *Gregoire de Nazianze*, comme la Philocalie d'un traité d'un *Grec Anonyme* sur la Procession du saint Esprit, de l'écrit de *Simeon de Thessalonique* sur les sept Mysteres de l'Eglise. Il a traduit aussi quelque chose de *Cabasilas*, du Patriarche *Jeremie*, & il témoigne avoir corrigé diverses versions Latines de plusieurs ouvrages d'*Origene* sur les Manuscrits Grecs de la Bibliotheque du Roi

Monsieur de Sainte Marthe écrit que ses versions tant de l'Hebreu, que du Grec sont éxactes (1), & Monsieur Huet témoigne qu'il a tourné les Rabins (2) assés heureusement. Il ajoûte en un autre en-

1 Scævol. Sammarthan. elogior. lib. 4. pag. 144. & iterùm pag. 160.
2 P. D. Huet. de clar. Interpret. lib. 2.

droit qu'il y a apporté de la fidelité, mais qu'il ne devoit pas negliger les diſtinctions de la phraſe Hebraïque, ni ſe mêler d'étendre & d'amplifier une Langue qui eſt courte & conciſe de ſa nature.

D'ailleurs il s'eſt trop attaché à ſon Latin, quoiqu'il ne parle pas avec aſſés de pureté, & qu'il ne ſoit pas difficile de faire quelque choſe de plus net & de plus poli.

Genebrard a fait encore des Traductions en notre Langue dont nous parlerons dans la ſuite.

JACQUES DALECHAMP ou de la CHAMP
de Caën en Normandie, médecin à Lyon. (1)

890 ON dit qu'il employa trente ans à ſa Traduction d'*Athenée*. Mais Caſaubon écrit (2) que s'étant contenté d'en exprimer le ſens, il n'a point été fort ſcrupuleux pour les mots. Il a neanmoins ſi bien ſu ſe conformer à ſon Auteur, que ce défaut ne paroit pas fort conſidérable, quand on veut confronter ſa verſion avec l'original, & ſi les viſites journaliéres qu'il lui faloit rendre à ſes malades lui euſſent donné plus de loiſir, il n'y a point de doute qu'étant auſſi laborieux & auſſi curieux de bien faire qu'il étoit, il n'eût fait quelque choſe de plus exact & de plus achevé.

1 ¶ Voyés Article 421.   P. D. Huet. de clar. Interpr. lib. 2. pag.
2 Iſ. Caſaub. Præf. ad animadverſ. in 161.
Athenæum.

BENOIST ARIAS MONTANO,
mort en 1598.

891 IL a traduit l'Itineraire de *Benjamin* de l'Hebreu en Latin; mais nous en parlerons plus commodément parmi les Géographes, & nous remettrons auſſi au Recueil des Interpretes de la Bible ce qu'il a traduit de l'Ecriture Sainte.

HENRI ESTIENNE, mort en 1598.

892 IL nous a donné diverses Traductions, comme des Odes d'*Anacreon*, des Epigrammes choisies de l'*Anthologie*, d'un Recueil de Sentences des *Poëtes* & des *Philosophes* Grecs, des Sentences des *Poëtes Comiques* séparément, une partie des Oraisons des Grecs recueillies ensemble, des Extraits historiques de *Memnon*, de *Ctesias*, & d'*Agatharchide*, de quelques Opuscules de saint *Justin* le Martyr, & de diverses petites pieces de *Denys Alexandrin le Periegete*, de *Dicearque*, & d'un grand nombre d'autres Auteurs Grecs, & dans sa jeunesse il avoit traduit *Pindare*.

Il a procuré encore quelques éditions Grecques Latines d'Auteurs dont il auroit peut-être bien voulu passer pour le Traducteur, parce qu'il a supprimé les noms de ceux qui les ont traduits.

Mais on peut dire qu'il s'est encore plus appliqué à corriger les Versions des autres, qu'à en faire de nouvelles. Il a revû & critiqué celles d'*Herodote*, de *Thucydide*, de *Xenophon*, d'*Appien*, de *Maxime de Tyr*, &c.

Henri Estienne passe dans l'esprit de bien des Gens pour un Traducteur infidele, négligent, & qui s'est donné trop de liberté plutôt par la bonne opinion qu'il avoit de lui-même, que par ignorance, quoiqu'il ne sût pas si bien le Latin que le Grec. C'avoit été aussi le sentiment de Scaliger (2) dès ce temps-là. Cependant on a fait dire à Casaubon son gendre qu'il n'y a rien de plus achevé que ses Versions, dont il témoigne que le nombre est assés petit; qu'il peut passer pour le modele d'un véritable Traducteur; qu'il est scrupuleux à rendre les mots de ses Auteurs; qu'il est exact à exprimer leurs pensées; qu'il est heureux à marquer leurs caracteres; qu'il a de la netteté & de la politesse, & qu'il se seroit étendu davantage sur ses excellentes qualités, s'il ne l'eut point touché de si près (3).

Johan. Henr. Boecler. defens. Polit. advers. H. Steph.
2 Prim. Scaligeran. pag. 55.
3 P. D. Huet. de clar. Interpr. lib. 2. p. 160.

PIERRE DE FONSECA Jesuite *Portugais*, mort en 1599.

893   Possevin témoigne qu'il a si bien traduit les Methaphysiques d'*Aristote*, qu'on n'a pas besoin de commentaire pour entendre le texte & la pensée de ce Philosophe (1). Suarez témoigne aussi (2) que cette Traduction est élegante & fort nette, & il a été suivi dans ce sentiment par Alegambe (3), & par Dom Nicolas Antoine (4).

On dit que c'est ce Fonseca qui est l'inventeur de la *Science moyenne* dans ses Commentaires sur cette Methaphysique, comme on le poura voir ailleurs.

1 Ant. Possevin. Biblioth. select. lib. 12. cap. 29. tract. 4. pag. 75.
2 Franc. Suarez in Indice 1. ad Metaphysic. cap. 7.
3 Ph. Alegamb. Biblioth. Soc. Jes. Script.
4 Nicol. Anton. Bibl. Hispan. tom. 2.

HORACE TURSELLIN Jesuite *Romain*, mort en 1599.

894   Il a traduit en Latin les Lettres de saint *François Xavier*, & celles de quelques autres *Missionaires*.

La Latinité en est belle & polie, & cette premiére Traduction est si estimée, sur tout parmi ceux de la Société, qu'ils le font lire à leurs Ecoliers, & l'enseignent publiquement dans quelques-uns de leurs Colleges de ce Royaume, comme un Auteur Classique du bon siécle.

ANTOINE RICCOBON, *de Rovigo au Polesin*, mort en 1599.

895   Monsieur Huet dit (1) qu'il n'a point trop mal tourné la Rhétorique d'*Aristote* [in-8°. *à Venise* 1560.], que son style est châtié, & de bonne Latinité, qu'il est même concis & assés éxact dans ses expressions, mais qu'il n'a pas été assés heureux pour trouver le sens de son Auteur.

* *Ant. Riccoboni, de usu Rhetoricæ Aristotelis* in-8° *Francofurti* 1595 *

1 P. D. Huet. de clar. Interpr. lib. 2. p. 179.

Monsieur de CHANTECLER , Maître des Requestes sous Henri III. & Henri IV. (Charles) dit *Cantoclarus* ,

ET PIERRE CUNÆUS, *Professeur de l'Université de Leyde*, mort en 1638.

896   Monsieur de Chantecler est loué par Casaubon (1), & par les meilleurs Critiques de son siécle , pour sa grande érudition , & pour avoir honoré toutes ses belles connoissances d'une honêteté & d'une probité toute singuliere.

Il a traduit entre autres Ouvrages d'Auteurs Grecs , celui de l'Empereur *Julien* sur les Cesars , & les Extraits des Ambassades recueillis des anciens Historiens Grecs , par les ordres & par les soins de l'Empereur *Constantin Porphyrogenete*.

Pierre *Cunæus* de *Flessingues* homme versé dans les deux Langues Grecque & Latine , donna une autre Version de l'Ouvrage de *Julien* dont nous avons parlé , disant qu'il avoit trouvé celle de *Chantecler* fort défectueuse.

Cependant le Pere Petau dans son édition des œuvres de Julien , qui parut dix ans après la Version de Cunæus , au lieu de traduire les Cesars , comme il avoit fait le reste , y mit la Version de Chantecler la preferant à celle de Cunæus.

Monsieur Spanheim s'est imaginé que ce Pere n'avoit eu égard qu'au Pays & à la Religion du Traducteur dans ce choix , il ajoûte que l'une n'est pas plus achevée que l'autre ; qu'il y a des endroits où tantôt l'un & tantôt l'autre a mieux rencontré , mais qu'en d'autres ils se sont trompés tous deux , ce qui est arrivé fort souvent. En quoi il pretend même que Cunæus , comme étant le dernier Traducteur , est d'autant moins excusable , qu'il s'étoit proposé d'encherir sur le premier ; qu'il avoit pris à tâche d'en corriger les defauts ; qu'il écrivoit le dernier ; & qu'il avoit la vanité de croire qu'*il avoit assés fait* , comme il l'a témoigné lui-même , & qu'il avoit si bien réüssi , qu'il ne s'étoit jamais écarté du sens de l'Auteur : mais qu'il a bien voulu se tromper lui-même.

1 Isaac. Casaub. commentar. in Sueton.   2 Préface des Cés. Jul. l'Ap. pag. 43.

VINCENT

VINCENT OBSOPÆUS, *de Franconie* (1).

897 IL a traduit près d'un tiers des ouvrages de *Lucien*, mais d'une maniere pitoyable, au jugement de Jean Benoist, qui prétend (2) qu'il a corrompu la plupart des endroits de cet Auteur, qu'il est rarement entré dans sa pensée, & qu'il a obscurci par son grand babil, & la superfluité de ses paroles, ce qu'il avoit un peu mieux entendu que le reste.

1 ¶ Mort l'an 1538. ou 39.
2 Joan. Benedictus Præfat. edition. Lucian. 1619.

Monsieur GROULART, (Claude) Premier Président au Parlement de *Rouen*.

898 MOnsieur Huet approuve la maniére dont ce Magistrat s'y est pris pour traduire *Lysias*, parce qu'elle sied bien à son Original, & qu'elle est tout-à-fait propre pour exprimer un Orateur, & faire passer ses beautés d'une Langue en une autre.

P. D. Huet. de clar. Interpret. lib. 2. pag. 161.

JOSEPH SCALIGER, ou Monsieur de L'ESCALE d'*Agen*, mort en 1609.

899 IL considéroit l'éxercice de la Traduction comme une occupation fort au-dessous de son Altesse, & nous n'avons de lui, ce me semble, que deux Versions, l'une en prose des *Proverbes Arabes* qu'il fit à la priere de Casaubon en très-peu de tems, & avec assés de succès. Elle parut en 1614. (1).

L'autre en Vers Iambes de la *Cassandre*, ou de l'*Alexandre* de *Lycophron*. Il semble que Casaubon n'en ait pas voulu dire de mal (2), mais au jugement des autres Critiques elle est si pitoyable, qu'on croit qu'il a voulu se moquer de son Auteur. Le sieur Bor-

1 V. ce que nous en avons dit au Recueil des Critiques.
2 Is. Casaub. in Epist. edit. Græv. alicubi.

richius (1) dit qu'il y eſt ſi obſcur, & qu'il y a fait paroître une af‑
fectation pour les vieux mots, laquelle eſt ſi déſagréable, ſi dégou‑
tante, & dans un ſtyle qui approche ſi fort du Burleſque, qu'il pa‑
roît qu'il l'a faite exprès pour montrer qu'on peut être auſſi obſcur
en Latin qu'en Grec, & qu'en ce point il ne vouloit point ceder à
Lycophron.

C'eſt auſſi la penſée de Monſieur de Fileſac, qui ajoute que Sca‑
liger ſemble avoir voulu ſe divertir tout ſeul, & donner en ſe
jouant la gêne aux Grammairiens & aux Critiques médiocres (2).

1 Ol. Borrichius de Poët. num. 75. p. 32.
2 Joan. Fileſac. ſelector. lib. 2. cap. 9. pag. 372.

GERARD VOSSIUS le *Catholique*, dit *Voskens*,
Prevôt de *Tongres*, mort en 1609.

900   IL ſavoit parfaitement le Grec, à ce que prétendent le Vit‑
torio de Roſſis & Valere André (1 & 2), qui ajoute que
cette belle connoiſſance le mit fort avant dans les bonnes graces des
Cardinaux Sirlet & Carafe.

Il a traduit un grand nombre d'Ouvrages des Peres, dont il avoit
tiré les Manuſcrits des Bibliothéques d'Italie, comme de ſaint *Chry‑
ſoſtome*, de ſaint *Epiphane*, de ſaint *Hippolyte*, de *Théodoret*, de *Jean
de Jeruſalem*, &c. tous ceux de ſaint *Ephrem*, & de ſaint *Gregoire
Thaumaturge*.

1 Jan. Nic. Erythr. Pinacoth. part. 2.   2 Valer. Andr. Deſſel. Biblioth. Belg.
pag. 116.   pag. 285. 286.

OBERT DE GIFFEN, ou HUB. GIPHANIUS,
de *Bure* au Duché de *Gueldres*, mort en 1609. (1).

901   MOnſieur Huet dit qu'il a conſumé toute ſon induſtrie à
tourner *Homere*, & que ſa Traduction (2) auroit pû
ſervir de modéle pour bien traduire les Poëtes, s'il avoit eu autant

1 ¶ Monſieur de Thou mieux informé a mis la mort de Gifanius en 1604. Swertius à la vérité & Valére André la mettent au 16. Juillet 1609. mais comment, dit Bayle, ſi cela étoit, Scaliger mort le 21. Janvier de la même année auroit-il pu dans le Scali‑ gerana ſecunda parler de la mort de Gifa‑ nius arrivée quelque ſix mois après ? ¶
2 ¶ Cette traduction eſt originairement celle du nommé Andræas Divus de Capo d'Iſtria retouchée par Gifanius. ¶

de pureté de style qu'il a fait paroître de fidélité. (1)

1 P. D. Huet. de clar. Interpret. lib. 2. pag. 170.

ISAAC CASAUBON, du *Dauphiné*, mort en 1614. (1)

902 ON a de sa Traduction *Diogene Laërce* (2), *Enée le Tactique*, les Caractéres de *Théophraste*, une Lettre de saint *Grégoire de Nysse* à Eustathie, l'Histoire de *Polybe*, &c. Il a aussi corrigé les Versions des autres, comme celle de Xylander sur *Strabon*, de Dalechamp sur *Athenée*, & il avoit même envie d'écrire de la maniére de bien traduire. Ceux qui savent jusqu'à quel point il possedoit toutes les richesses de la Langue Grecque peuvent juger de l'excellence de ses Traductions. Monsieur de Thou, & le P. Fronton du Duc étoient de ceux qui en connoissoient parfaitement le prix, comme le rapporte Monsieur Huet dans les Entretiens qu'il leur a fait faire sur ce sujet (3). Ces deux grands hommes étoient si contens de la méthode que Casaubon avoit tenuë dans sa Version de Polybe, qu'ils croyoient que la posterité auroit de la peine à juger si c'est Casaubon qui est le Traducteur de Polybe, ou si c'est Polybe qui a traduit Casaubon.

Le sieur de Borremans dit que Casaubon est presque arrivé à la gloire de Politien par son art de traduire, mais qu'il s'est donné un peu trop de liberté, & que pour exprimer le sens de ses Auteurs, il se sert quelquefois de quelques espéces de paraphase (4). D'autres Critiques ont jugé que Casaubon n'avoit pas toujours autant de facilité pour exprimer la pensée d'un Auteur Grec, que pour la concevoir, & qu'il étoit mieux entendu dans l'Hellenisme que dans la Latinité (5).

Monsieur Valois n'a point laissé de trouver des fautes assés considérables dans cette belle Version de Polybe, & il en rapporte quelques-unes dans la préface qu'il a faite à son édition des Extraits de Constantin Porphyrogenete. (6)

1 ¶ Voyés Article 457.
2 ¶ Casaubon a fait des notes sur Diogène Laërce, mais il ne l'a point traduit. Voyés Ménage chapitre 63. de l'Anti-Baillet.
3 P. D. Huet. de optim. gen. Interp. lib. 2. pag. 8.

4 Anton. Borrem. Variar. Lection. cap. xi. pag. 122.
5 Franc. Vavass. & alii etiamnum superstites Critici.
6 Henric. Vales. præfat. in Collectan. Const. Porphyrogen.

GABRIEL DE PETRA de Pizimentz, Professeur à *Lausanne* vers l'an 1615. (1).

903 C'Est à lui qu'on doit la Traduction Latine que nous avons du Sublime de *Longin*. Monsieur Despreaux dit (2), que bien qu'elle soit infiniment au-dessus de celles qui ont paru en cette Langue, elle n'est pas néanmoins fort achevée : car outre que souvent il parle Grec en Latin, il y a plusieurs endroits où l'on peut dire qu'il n'a pas fort bien entendu son Auteur. C'est aussi le sentiment de Mr le Févre de Saumur (3).

1 ¶ Tannegui le Févre dans la préface du Longin qu'il fit imprimer en 1663 à Saumur in-8. après avoir dit que Muret, & Dudithius avoient inutilement promis une version de cet Auteur, ajoute que trois autres ne tardérent pas beaucoup à l'entreprendre *Sed mox*, ce sont ses termes, *Gabriel à Petra, Pizimentius, & Paganus illam aggressi sunt.* Baillet, faute d'avoir connu l'édition de Longin, donnée in-4. à Boulogne l'an 1644. avec une triple version, l'une de Petra prétendue retouchée, l'autre de Dominique *Pizimentius*, & la troisiéme de *Paganus*, a lu conjointement ces deux noms *Gabriel de Petra Pizimentius*, & de deux hommes n'en faisant qu'un, a cru qu'apparemment *Pizimentius* marquoit le Payis de Gabriel de Petra, qu'il a nommé là-dessus *Gabriel de Petra de Pizimentz*.

2 Le Sieur Despreaux préface sur la Traduction Françoise de Longin.

3 Tanaquill. Faber, Prolegom. ad Longin. edition.

BONAVENTURE VULCANIUS, ou SCHMIDT, de *Bruges*, mort en 1615. (1).

904 IL a traduit un grand nombre d'anciens Auteurs Grecs, & entre les autres les huit livres d'*Arrien* sur les Expéditions d'Alexandre ; les cinq livres d'*Agathias* de la vie de Justinien; les Thêmes de *Constantin porphyrogenete* pour les Troupes Militaires d'Orient ; les deux livres de la Primauté du Pape, par *Nil Evêque de Thessalonique*, & son Traité du Purgatoire; les questions Physiques & les Epitres de Théophilacte *Simocatte* ; les questions de Médecine de *Cassius*; le Traité du Monde, attribué par quelques-uns à *Aristote* ; les douze Dialogues de saint *Cyrille* de l'Adoration en esprit & en verité, & son Traité contre les Anthropomorphites : les Odes & les Epigrammes de *Callimaque* ; les Idyles de *Moschus* & de *Bion* ; les Epitres d'Emmanuel *Chrysoloras*, avec son Traité de la comparaison de l'an-

1 ¶ Voyés Article 448.

cienne avec la nouvelle Rome; saint *Cyrille*, de la Trinité, &c.

Monsieur Huet dit (1) qu'il ne s'est pas beaucoup tourmenté pour s'assujettir à rendre ses Auteurs mot pour mot, que néanmoins il est court & pressé, que cela n'empêche pas qu'il n'ait encore la diction splendide & élégante. De sorte que quand on lit ses Traductions, on a de la peine à croire qu'on en puisse faire de meilleures sachant d'ailleurs qu'il avoit une longue experience dans ce métier, & qu'il y avoit passé la meilleure partie de sa vie.

P. D. Huet. de clar. Interpret. lib. 2. pag. 175.

DAVID HOESCHELIUS, *d'Ausbourg*
mort en 1616. selon d'autres, en 1617. (1).

905 IL a procuré beaucoup d'éditions d'Auteurs Grecs, il a fait aussi beaucoup de notes, & de diverses Leçons : mais je ne sai pas s'il a beaucoup traduit. Je ne connois de lui que la Version des *Jeroglyphes* de l'*Hor-Apollon* (2), celle de six Homelies de saint *Chrysostome* contre les Juifs, dont on n'a imprimé que la premiere, celle de la vie de saint Antoine par saint *Athanase*, &c.

Monsieur Huet dit (3) qu'il y a peu de Traducteurs à qui il le doive ceder, & que s'il ne s'étoit pas donné la liberté de remplir quelquefois du sien la pensée de son Auteur, il n'auroit point manqué d'effacer les autres, sur tout par cette exactitude & cette diligence qui paroît dans ses expressions, & dans la réprésentation des mots de ses Originaux.

Cependant Scaliger ne croyoit pas qu'Hoeschelius fut grand Grec, mais il reconnoissoit néanmoins en lui beaucoup d'exactitude & de bonne volonté (4).

1 ¶ C'est en 1617. comme ci-dessus Article 210. & 470.
2 ¶ Cette Version des Hiéroglyphiques d'Hor-Apollon est celle de Bernardinus Trebatius revûë par Hoeschelius.
3 P. D. Huet. de clar. Interpret. lib. 2. pag. 127.
4 Posterior. Scaligeran. pag. 112.

FREDERIC MOREL, Doyen des Professeurs Royaux à Paris.(1)

906   Et homme a fait diverses Traductions en Grec, en Latin, & en François, de divers Auteurs Ecclésiastiques & profanes, dont il est difficile de faire la liste. Il a traduit quelques Ouvrages attribués à *Origéne*, & à quelques autres Auteurs de ces premiers siécles, quelques-uns de *Philon* Juif, de *Synesius* de Ptolemaïde, d'un nommé *Théophile*, qu'il a pris pour celui d'Alexandrie, de S. *Gregoire de Nysse*, de S. *Cyrille de Jerusalem*. Il a tourné encore l'ouvrage des six jours, composé en vers Iambes par *George Pisides*, le Poëme Iliaque d'un *Grec Anonyme*, une Oraison funebre de l'Empereur Constantin le Jeune; le Traité d'*Hierocle* touchant la Providence & le Destin, les Oraisons, les Déclamations, & les Dissertations du Sophiste *Libanius*, le Parasite ou le Traité des Banquets, du même Auteur, sa Legation vers *Julien l'Apostat*, un Traité des Urines d'un ancien Philosophe Médecin, l'ouvrage de *Cyrus Theodorus Prodromus* sur la Sagesse, les ouvrages Géographiques de *Marcien d'Heraclée*, c'est à dire, la Periegese qu'il fit en vers, & le Periple qu'il fit en prose, un Recueil de *Proverbes* Grecs, quelques Lettres de *Gennadius Scolarius*.

Il traduisit en Grec les Epigrammes choisies de *Martial*, un Office de la *Vierge*, &c. & en François les neuf & diziéme livres que *Cyriaque Strozze* composa en Grec pour servir d'addition aux huit livres de la Politique d'Aristote, &c.

Monsieur Huet nous donne une grande idée de toutes les Traductions de Morel. Il dit (2) que personne n'a fait cet exercice plus excellemment que lui, qu'il est sincere par tout, qu'il est sans ambition, sans fard, & sans enflure. Neanmoins Monsieur Pearsons l'accuse (3) entre autres choses d'avoir fait un assés grand nombre de fautes dans la Version d'Hierocle, mais il tâche en même temps de l'excuser sur ce qu'il n'avoit pas vû Photius.

1 ¶ Mort le 27. Juin 1630. agé de 78. ans.
2 P. D. Huet. de clar. Intepret. lib. 2. pag. 161.
¶ 3 Joan. Pearson. Prolegom. ad Hierocl. de Provid. & Fato pag. 48.

FERRARIUS BENEDICTIN (1).

907 LA Traduction qu'il a faite des Commentaires d'*Origéne* sur saint Jean, est beaucoup meilleure que celle qu'avoit donnée auparavant Joachim de Perionne Religieux du même Ordre. Cependant dit Mr. Gallois (2), quoi-que Ferrarius ait été d'ailleurs très-fidelle, il n'a pas laissé de retrancher quantité de passages pour cacher les erreurs d'Origéne, & en un seul endroit il a ôté plus de deux pages de suite. Ce Commentaire contenoit, selon Rufin, trente-deux Traités; & comme le Manuscrit sur lequel Ferrarius a fait sa Traduction, étoit aussi divisé en trente-deux parties, quelques-uns ont crû qu'il n'en pouvoit manquer que peu de choses. Mais cette division étoit fausse, & c'étoit sans doute un artifice du Copiste, qui pour faire voir qu'il ne manquoit rien dans son Manuscrit, & par ce moyen le mieux vendre, l'a partagé en autant de Traités qu'il en devoit contenir, s'il eust été entier. Mais on pourra parler plus amplement de ce fait au Traité des Imposteurs.

1 ¶ Ambrosius Ferrarius Bénédictin de la Congrégation du Mont Cassin.   2 Journ. des Sav. du 11. Juillet 1668.

JOSIAS LE MERCIER, sieur des Bordes, &c. *fils de Jean.*

908 LA Traduction qu'il a faite des Lettres Grecques d'*Aristænete*, est d'une élégance & d'une douceur inimitable, au jugement de Scioppius

¶ Voyés Article 463.   Gasp. Sciopp. de Art. Critic. pag. 18.

LE P. FRONTON *du Duc*, Jésuite, mort en 1623.

909 ON peut dire que ce Pere s'est plus appliqué à corriger les Versions des autres, qu'à en faire de nouvelles, & il a fait connoître par cette conduite qu'il étoit plus curieux de la gloire des autres que de la sienne propre. On a pourtant quelques Versions de sa façon parmi les œuvres de saint *Chrysostome*, de saint *Basile*, de saint *Gregoire de Nazianze*, de saint *Gregoire de Nysse*, de

Zonare, & de *Balsamon* sur les Canons, de *Nicephore Calliste*, & dans les éditions Grecques-Latines des *Conciles*.

Monsieur Huet fait dire à Casaubon que le Pere Fronton avoit usé de beaucoup de diligence, & avoit apporté une grande fidélité dans ce qu'il a traduit de saint Chrysostome, & le Public a jugé qu'il n'a pas été moins exact dans les autres.

P. D. Huet. de optim. gen. interpret. lib. 1. pag. 13. 2. Alegamb. Biblioth. Societ. Jes.

JACQUES PONTANUS, Jésuite de *Brugg ou Pruck* en Bohème, mort en 1626.

910 SEs principales Traductions sont celles de l'Histoire de *Jean Cantacuzene*, de *Théophylacte Simocatte*, de *George Phranze*, des Regles de la vie Chrétienne de *Philippe le Solitaire*, les quatre Livres de la Vie de JESUS-CHRIST par *Nicolas Cabasilas*, avec un discours du même Auteur contre les usuriers, des instructions spirituelles ou des deux cens quatre-vingt-onze chapitres d'Exhortations par *Jean Evêque de Scarpanto* ou *Carpathos*, des disputes de *Michel Glycas*, des Commentaires de saint *Cyrille d'Alexandrie* sur les petits Prophetes, de divers Traités de *Simeon de Thessalonique*, de vingt-trois Oraisons du jeune *Simeon*, de l'Eloge de saint Basile, de saint Gregoire de Nazianze & de saint Chrysostome par *Philothée*, Patriarche de Constantinople, d'une lettre de *George de Trebizonde* à l'Empereur Jean Paléologue, &c. [Tous *in*-4°. à Ingolstad en 1603. 4. 5. 6. 7.]

Nous avons remarqué ailleurs que le style de ce Pere est assés pur & d'assés bonne Latinité (1). Mais les Critiques sont partagés sur le jugement qu'on doit faire de ses Traductions ; car il est blâmé par les uns & loué par les autres d'avoir pris un peu plus de liberté que les Traducteurs scrupuleux n'ont coutume d'en prendre & d'avoir retranché dans quelques-uns de ses Auteurs & surtout dans George Phranze diverses digressions qui lui ont paru assés inutiles.

1. In Critic. ex Alegamb. &c.

ANDRE'

ANDRÉ SCHOTT, Jésuite d'*Anvers*, mort en 1629.

911 IL a traduit la Bibliothéque de *Photius*, la Chrestomathie de *Proclus*, les Lettres de saint *Isidore de Damiette*, les discours de saint *Cyrille d'Alexandrie* sur la Pasque (mais cette Version ne fut pas imprimée) diverses Lettres des *Missionnaires* du Japon & de la Chine, mais de l'Original Italien, & il a encore tourné du Grec la plupart des Adages & Proverbes Grecs tirés de *Zenobe* ou *Zenodote*, de *Diogenien*, de *Suidas* & des autres.

Il faut reconnoître de bonne foi que la gloire que ce célèbre Ecrivain a acquise dans la République des Lettres lui vient d'ailleurs que de ses Traductions. Il a declaré lui-même (1) que dans sa Version de la Bibliothéque de Photius il s'est plus attaché au sens de son Auteur qu'à ses propres paroles, & qu'il ne s'est pas soucié de le traduire mot à mot. Monsieur Pearson prétend (2) qu'une des raisons qui l'ont empêché d'être fort éxact dans cette Version, est l'ignorance de certaines sçiences qui sont traitées dans les Auteurs dont Photius rapporte les Abregés ; que par exemple il a mal traduit Hierocles dans cette Bibliothéque, parce qu'il n'entendoit pas la Philosophie Platonicienne, &c.

1 Andr. Schott. in Prolegom. ad Phot. edit.   2 Joh. Pearf. in Prolegom. ad Hierocl. editio.

Le PERE MATHIEU RADER, Jésuite *Allemand de Tirol*, mort en 1634.

912 CE Pere s'est beaucoup appliqué à traduire, il nous a donné les œuvres de saint *Jean Climaque*, la Chronique d'*Alexandrie*, l'Histoire des Manichéens de *Pierre de Sicile*, les actes du huitiéme *Concile* Oecuménique, & un grand nombre de Vies des Saints. Il avoit une connoissance assés grande de l'une & de l'autre Langue, néanmoins il se trouve un grand nombre de fautes dans quelques-unes de ses Versions, mais on a remarqué qu'il y a plus de la faute de ses exemplaires Manuscrits peu corrects, que de la sienne, comme il paroit sur tout dans celle de Saint Jean Climaque & des Vies des Saints.

Tome III.

JULIUS PACIUS de BERIGA *de Vicenze en Lombardie*, mort en 1635.

913   IL a traduit une partie des Ouvrages d'*Ariſtote*, & entre les autres, ſon Organe, ſa Phyſique, les Livres du Ciel, & ceux de l'Ame. Monſieur Huet dit qu'il a ſu la véritable maniére de traduire & qu'il l'a pratiquée même, qu'il gouverne ſon ſtyle ſelon le caractére de ſon Auteur, que ſes mots ſont preſque tous meſurés, & qu'il n'abandonne jamais ſon guide.

Et s'il eſt quelquefois obligé de ſe départir de cette éxacte égalité, ſoit à cauſe de la difficulté d'exprimer les choſes en Latin, ſoit à cauſe de l'obſcurité qui ſe rencontre dans ces connoiſſances abſtraites, il a eu ſoin de marquer en caractére différent ce qu'il a crû devoir y ajouter pour ſervir d'éclairciſſement, afin de ne point abuſer de la bonne foi de ſon Lecteur. C'eſt ce qui lui a fait meriter le rang des meilleurs Traducteurs.

1 P. D. Huet. de clar. Interpr. lib. 2. pag. 173.

CLAUDE DAUSQUEY de ſaint *Omer*, Chanoine de *Tournay*, mort vers 1636, ou 1637.

914   ON a de ſa Traduction quarante Homelies de ſaint *Baſile* de Seleucie, mais le P. Combefis témoigne que cet homme ne ſavoit ni aſſés de Grec ni aſſés de Théologie pour bien traduire les Peres Grecs.

Franc. Combef. recenſ. Auct. Bibl. concion. pag. 25.

RICHARD de MOUNTAGU ou MONTAIGU, Evêque Proteſtant *Anglois*, mort en 1641.

915   IL a traduit deux cens quatorze Lettres de ſaint *Baſile* le Grand, & toutes celles du Patriarche *Photius*. Il y a apporté plus de fidélité que d'ornement & de pureté, & le Pere Vavaſſeur lui trouve des ſoleciſmes dans cette derniére Traduction.

Franc. Vavaſſ. de Epigramm. cap. 22. pag. 303.

Monsieur GROTIUS (Hugues) *de Delpht, en Hollande* mort en 1646. (1).

916 CE n'est pas deshonorer ce célébre Auteur de le compter aussi parmi les Traducteurs. Car il a traduit l'Histoire des Gots de *Procope*, les bons mots & les belles pensées des Poëtes qui sont dans le Recueil de *Stobée*, des Extraits de diverses Tragédies & Comédies Grecques en Vers Latins, une Tragédie d'*Euripide* dite la Phénicienne (2).

Le Bibliographe Anonyme (3) prétend qu'il est arrivé à Grotius ce qu'on n'a presque jamais remarqué dans aucun des Savans ; c'est de voir qu'il ait pû également tourner toutes choses du Grec en Latin, soit en Prose, soit en Vers avec un succès qu'il appelle incroyable. Il dit qu'il en a donné des preuves particuliérement dans certaines Idylles Grecques & dans le Stobée. Il ajoute en un autre endroit que ce qu'il a traduit de Procope est tourné avec un bonheur tout extraordinaire, & Monsieur Colomiez témoigne aussi que cette seule Version de l'Histoire des Gots & des Vandales suffit pour le faire mettre au rang des grands Traducteurs (4).

1 ⸿ Voyés Article 504.
2 Les Phéniciennes Φοίνισσαι.
3 Bibliograph. cur. Hist. Philolog. pag. 54. 55. item ibid. pag. 88.
4 Paul Colom. Biblioth. Chois. p. 185, 187.

Le P. VIGER (François) Jésuite de *Rouen*, mort en 1647.

917 IL a traduit les Livres d'*Eusebe* de la Préparation Evangelique, [en 1618. *in-folio*] mais non pas ceux de la Démonstration comme quelques-uns ont dit. Au reste cette Traduction est très-pure & dans un style fort châtié au jugement du P. Labbe.

Ph. Labb. Dissert. de Script. Eccles. tom. 1. in Eusebio.

Le P. CORDIER (Balthasar) Jésuite d'*Anvers*, mort en 1650.

918 Nous avons de sa Traduction diverses chaînes ou Recueils de Commentaires des Peres & des anciens Auteurs sur l'Ecriture sainte, les œuvres de saint *Denys*, avec les Scholies des S. *Maxime*, & la Paraphrase de *Pachymere*, les quatre Livres de *Jean Philopone* sur la Création, les Instructions Ascétiques de saint *Dorothée*, les dix-neuf Homelies de saint *Cyrille d'Alexandrie* sur le Prophéte Jéremie, & d'autres ouvrages de Grecs modernes & de moyen âge. Alegambe dit qu'il avoit une connoissance fort particuliére de la Langue Grecque, & qu'il étoit prompt, habile, & heureux à traduire.

Aleg. & Sotwel. Bibl. Soc. Jes. script.

Monsieur RIGAUT (Nicolas) mort en 1652.

919 Il n'a point fait beaucoup de Traductions. On a de lui ce qu'a fait *Onosandre* sur l'art militaire, l'invention d'*Vrbique*, *Julien l'Apostat* (1) & quelque chose des Auteurs Grecs sur la chasse (2). Nous avons vû au Recueil des Critiques le jugement peu favorable qu'en a porté Monsieur Huet.

1 ¶ C'est-à-dire l'interprétation des fragmens de deux Epitres de Julien, savoir de la cinquante-huitiéme & de la cinquante-neuviéme dans l'édition du P. Petau.

2 ¶ Il en est le Collecteur, mais non pas le Traducteur. Ce Recueil dont le titre est Ἱερακοσόφιον, &c. fut imprimé à Paris in-4. l'an 1612.

Le P. SIRMOND (Jacques) Jésuite *de Rion en Auvergne*, mort en 1652. (1).

920 Il n'a presque rien traduit outre quelques ouvrages de *Théodoret*, & le Testament de saint *Gregoire de Nazianze*, & nous avons raporté aux Critiques le jugement qu'en a fait Monsieur Huet.

¶ Voyés Article 241.

Le P. PETAU (Denys) Jésuite d'*Orleans*, mort en 1653. (1).

921 ON a de lui des Versions Latines de divers Ouvrages de S. *Epiphane*, de *Synesius*, de *Themistius*, de *Julien l'Apostat*, l'Abregé historique de *Nicephore*, Patriarche de Constantinople. Il a tourné aussi en Grec quelques Traités de *Ciceron*, pour exercer son style.

Monsieur Huet a fait prédire à Casaubon (2) que le P. Petau devoit être un jour un grand homme pour la Traduction comme pour tout le reste, & Monsieur Nicole lui a aussi rendu témoignage (3) comme à un des plus habiles & des plus heureux Traducteurs Latins du siécle, qui possedoit l'une & l'autre Langue en perfection. Cependant Monsieur Spanheim (4) n'a point laissé de trouver assés d'endroits dans quelques-unes de ses Traductions, où il fait voir que ce Pere n'a pas toujours rencontré heureusement.

1 ¶ Voyés Article 513.
2 P. D. Huet. de clar. Interpr. lib. 1. pag. 162.
3 Nic. Lett. à un ami sur la traduction Françoise des Ascétiques de S. B.
4 Ezech. Spanh. préface sur les Cés. de Julien pag. 43.

DANIEL HEINSIUS *de Gand*, mort en 1653. (1).

922 IL a traduit en Latin une Paraphrase sur les Morales d'Aristote, qu'il attribuë à *Andronique de Rhode*, quarante Dissertations de *Maxime de Tyr* Platonicien, les Ouvrages de *Théophraste* (2), la Poëtique d'*Aristote*, un Recueil d'Epigrammes Grecques, &c. Il a corrigé encore la Version des œuvres de saint *Clement Alexandrin*, &c.

La plupart de ses Traductions se sentent un peu de sa jeunesse & particuliérement celle d'Andronique & de Maxime de Tyr, qu'il publia à vingt-sept ans. Il y est trop diffus, trop fleuri, & trop abondant, & il auroit fait sans doute autrement, s'il eût attendu plus tard pour y travailler (3).

1 ¶ En 1655. comme ci-dessus Article 229. & 517.
2 ¶ Il n'a fait qu'en revoir les Versions.
3 P. D. Huet. de clar. Interpret. lib. 2. pag. 175.

N iij

LUC HOLSTEIN ou HOLSTENIUS de *Hambourg*, Catholique, *mort en* 1661.

923 IL avoit assés bien réüssi dans la Traduction de trois Traités du Philosophe *Porphyre* qui furent publiés à Rome en 1630. Il a fait long-tems depuis quelques autres Traductions, mais il negligea d'y mettre la dernière main & de les publier. C'est pourquoi celles qui ont paru après sa mort sont remplies de fautes comme celles du Livre de *Theodote d'Ancyre* contre Nestorius, &c.

Journal des Savans du 26. Août 1675.

LEON ALLACCI ou ALLATIUS *de Chio*, Isle de l'Archipel contre l'Asie, mort en 1670.

924 CEt Auteur a fait plusieurs versions de divers Auteurs Grecs tant Ecclésiastiques que profanes, comme par exemple d'une chaîne de commentaires des SS. Peres, sur le livre du Prophéte Jeremie, de l'exposition de saint *Jean Chrysostome* sur le même Prophéte, de huit homelies d'*Origene* sur le même; avec quelque question de saint *Maxime* le Confesseur sur le même sujet; d'*Eustathius* Archevêque d'Antioche sur l'ouvrage des six jours dit l'Hexaméron, la dissertation du même *Auteur* sur l'Engastrimythe ou la Pythonisse avec une Homelie d'*Origene* sur le même sujet, du monument de *Ptolomée* III. Roi d'Egypte; de la Paraphrase de *Procle*, surnommé le *Diadoque* (pour la raison que nous avons marquée plus haut) sur les quatre livres de *Ptolomée* touchant les constellations, des vingt déclamations du Sophiste *Himerius*, des sept spectacles ou merveilles du monde de *Philon de Byzance*, de quelques Déclamations du Sophiste *Adrien*, de la description des côtes du Pont-Euxin, ou du Periple d'*Arrien*, de quelques narrations du Sophiste *Libanius*, du traité des choses incroyables par *Heraclite*, de l'Archæologie de *Jean d'Antioche*; des Lettres de *Socrate*, d'*Antisthene*, d'*Aristippe*, de *Simon*, de *Xenophon*, d'*Æschine*, de *Platon*, de *Phædre* & de quelques autres disciples & sectateurs de Socrate, du traité du Philosophe *Salluste* sur les Dieux & le monde. De quelque ouvrage du Philosophe *Porphyre*, d'un recueil de divers Extraits de Sophistes & de Rheteurs Grecs con-

me d'*Heraclite*, de *Libanius*, de *Nicephore Bafilace*, de *Severe Alexandrie*, d'*Adrien* de Tyr qui eſt le même que ci-deſſus, d'*Iſaac Porphyrogenete*, de *Theodore* de *Cynople* &c. des figures de Rhétorique du Sophiſte *Tibere*, d'*Herodien*, de *Lesbonacte*, de *Romain*, de *Michel Apoſtolius* &c. des Tropes Poëtiques de *George Chærobosque*; de *George Pachymere* & de quelques Anonymes ſur quelques parties de la Rhétorique ; de l'hiſtoire Byzantine de *George Acropolite*, de l'abregé Chronographique de *Joel*, de l'hiſtoire de la guerre de Conſtantinople par *Jean Cananus*, de pluſieurs Ouvrages de divers Ecrivains de la Gréce orthodoxe, ſavoir de *Nicephore Blemmide*, de *Jean Veccus* Patriarche de Conſtantinople, d'un nommé *Pierre*, de *George Pachymere*, d'*Eſaïe* de Cypre, de *Jean Argyropile*, de *Gregoire* Patriarche de Conſtantinople, de *Georges de Trebizonde*, de *Jean de Pluſiade*, du Moine *Hilarion*, de *Nicetas* de Byzance, dit le *Philoſophe*, de *Conſtantin* de Metelin ou plutôt de Melitene, de *George Metochite*, de *Maxime Chryſobergue* & de pluſieurs autres qui ont écrit ſur les differents de l'Egliſe Grecque avec la Latine. Il a encore traduit les traités de *Theodore de Gaze* touchant l'origine des Turcs, de *Jean Canabut* ſur l'Iſle de Samandrachi ou Samothrace, & les Dieux Troyens; les lieux de la Paleſtine de *Jean Phocas*, la Syrie & la ville ſainte d'*Epiphane*, la Jeruſalem de *Perdiccas* d'Epheſe, avec un *Anonyme* des lieux du voiſinage de Jeruſalem ; *Eugéſippe* ou *Eugvſippe* de la diſtance des lieux de la Terre ſainte ; la vie de l'Empereur Baſile le Macedonien par *Conſtantin Porphyrogenete*, l'hiſtoire du ſiege de Theſſalonique ſous l'Empereur Leon par *Jean Cameniate*, & celle d'un autre ſiége de la même Ville ſous le Turc Amurate par *Jean le Lecteur*, le Banquet des dix Vierges par ſaint *Methodius* Evêque & Martyr, le traité d'*Euſtrate* de Conſtantinople touchant les ames ſeparées, & peut-être encore quelques autres ouvrages des Grecs modernes dont je n'ai point de connoiſſance. La plûpart de ces verſions ſont aſſés eſtimées du Public, neanmoins elle ne ſont pas d'une éxactitude achevée, & ce laborieux Ecrivain ne ſe donnoit gueres le loiſir de les polir.

Monſieur VALOIS l'aîné, (Henri) mort en 1676.

925 IL a traduit ces fameux Extraits ſur les vertus & les vices que l'Empereur Conſtantin Porphyrogenete fit faire de *Polybe*, de *Diodore de Sicile*, de *Nicolas de Damas*, d'*Appien* d'*Alexandrie*, de *Dion Caſſius*, & de *Jean Antioche* : mais il s'eſt encore plus ſignalé par les belles Traductions des Hiſtoriens Eccléſiaſtiques *Eusebe*, S)-

crate, Sozomene, Theodoret, Evagre & ce qu'on nous a conservé de Philostorge de *Theodore le Lecteur* &c. [en 3. vol. *Par. fol.* 1659. 68. 73.].

Il étoit un des grands Grecs du Royaume, & il étoit très-bien versé dans l'Histoire de l'Eglise & de l'Empire, & dans toutes les matiéres qui sont touchées par ces Auteurs. C'est pourquoi il a parfaitement répondu aux ordres & à l'attente du Clergé de France, qui lui avoit donné, comme au plus capable du siécle, la commission glorieuse de traduire ces Historiens, au défaut de Mr. de Montchal Archevêque de Toulouse. Et on peut assurer que non seulement il a effacé & anéanti toutes les Traductions qui se sont faites de ces Auteurs avant lui, mais aussi qu'il y a trés-peu de Traducteurs qu'on puisse mettre au dessus, ou même à l'égal de lui. Néanmoins il se trouve des endroits dans quelques-unes de ces Versions, où ce savant homme, au jugement des Critiques d'aujourd'hui, auroit eu besoin de ses deux yeux.

LE P. COMBEFIS (Jacobin) mort en 1679. (1)

926   Parmi ce grand nombre de Piéces d'Auteurs Grecs Ecclésiastiques, tant anciens, que de moyen âge, dont il a procuré les éditions, il y en a très-peu qu'il n'ait traduites en Latin; ainsi on en peut voir la liste dans la seconde partie de nos Critiques, sans nous obliger à la répétition. Toutes ces Traductions n'ont rien de fort singulier pour l'élocution, ni rien d'extraordinaire pour la pureté. On a même trouvé à dire qu'il se soit servi quelquefois de ces libertés que prennent ordinairement ceux qui n'entendent pas assés bien la pensée de leur Auteur, & qui veulent s'expliquer par periphrase. Mais ceux qui l'ont accusé de peu d'éxactitude, ne peuvent pas nier qu'il n'ait taché d'être fidele; & ils ne peuvent lui refuser la gloire d'avoir été très-laborieux & très-bienfaisant pour le Public.

¶ Voyés Article 546.

Le P. DE POUSSINE, ou POSSIN, (Pierre) Jesuite, *de Narbonne*. (1)

927   Nous avons marqué ailleurs la plus grande partie de ses Traductions, & on peut voir la liste des autres dans la Bibliothéque de Sotwel. Les principales sont celles de quelques Au-

1 ¶ Voyés Article 553.

teurs de l'Histoire Byzantine, & de quelques Commentateurs de l'Ecriture. Mais elles sont faites pour la plûpart avec un peu trop de liberté, & il a fait connoître qu'il ne vouloit point s'assujettir trop scrupuleusement aux termes du texte Grec. En quoi il n'a pas néanmoins été desapprouvé de tout le monde ; car Monsieur Gallois dit que l'obscurité de l'Histoire de *Pachymere*, entre les autres, demandoit que pour en faire une Traduction raisonnable, il ne prît pas moins de soin de la rendre intelligible, que de la rendre Latine : ce qui ne se pouvoit faire sans donner un peu d'étenduë aux pensées de cet Auteur. On peut dire la même chose de *Nicephore de Bryenne*, d'*Anne Comnene*. [Voyés les livres de la Byzantine, tome 2.]

Journal. du 6. Decembre 1666.

DES TRADUCTEURS
FRANCOIS.

COmme notre Langue n'a reçû sa perfection que fort tard, & même assés avant dans notre siécle, il paroît assés inutile de parler ici de cette multitude presque infinie de Traducteurs qui ont tâché de rendre service à leur patrie dans les siécles précédens. C'est pourquoi nous ne rapporterons qu'un très-petit nombre de ceux qui se sont distingués des autres, soit par leur capacité soit par la pureté & la beauté du discours, selon la portée & l'usage de leur tems.

NICOLAS (1) ORESME, ou d'ORESMIEUX (2).
Precepteur du Roy Charles V.

928 ORESme n'est pas le premier de nos Traducteurs, puisque près d'un siécle avant lui, *Jean de Meun*, dit *Clopinel*, qui passoit pour un bel esprit à la Cour de Philippe le Bel, avoit fait cinq ou six Traductions en notre Langue. Mais comme elles sont de-

1 ¶ On disoit en ce tems-là *Nicole* pour *Nicolas*.

2 ¶ On n'a jamais dit que Nicole Oresme. Il mourut Evêque de Lisieux en 1382.

Oresme. meurées manuscrites jusqu'à present, le Public n'en a point sû dire sa pensée. D'ailleurs comme Oresme a effacé tous ceux d'avant lui, on l'a consideré comme le chef de nos anciens Traducteurs, ayant été effectivement le premier qui ait tourné, ou fait semblant de tourner des Auteurs Grecs en notre Langue.

On a de lui, outre sa Version de la Bible dont nous parlerons ailleurs, des Traductions de la Politique & de la Morale d'*Aristote*, de ses livres du Ciel, & de ceux du Monde, qu'on lui a attribués, du livre de *Petrarque* sur les Remédes de l'une & de l'autre fortune, &c.

Il passoit pour le plus habile homme de son siécle, & on ne pouvoit rien ajoûter à l'opinion avantageuse que le Roy son disciple avoit conceuë de lui. Mr Sorel semble dire qu'il étoit très-capable de trouver & d'exprimer le sens veritable & naturel des Auteurs qu'il traduisoit, (1) & qu'il est juste de l'excuser pour le langage, puis qu'il étoit sans doute le meilleur de son siécle.

Cependant Oresme ne savoit pas le Grec ; & au lieu d'aller à la source, il se trouva obligé de puiser dans des ruisseaux & des égouts tous corrompus. Ainsi n'ayant traduit Aristote que sur d'autres Traductions défectueuses, il en a retenu les fautes, & les a augmentées des siennes, comme l'a remarqué Monsieur Huet (2), qui ajoûte néanmoins que si on veut avoir égard au tems auquel il a vêcu, on aura encore lieu de s'étonner qu'il ait été si clairvoyant au milieu des tenebres & de la barbarie de ces siécles, & qu'il ait été si reglé & si moderé dans ses Traductions.

Et Monsieur Naudé dit (3) que bien qu'il n'ait pas toujours pris le sens de son Auteur, neanmoins il n'a point laissé de renfermer quantité de choses rares & excellentes dans les deux Versions des Politiques & des Morales du Philosophe. Il ajoûte que ces deux Ouvrages se trouvent très-difficilement, & qu'ils sont fort estimés & fort recherchés des curieux, parce qu'ils n'ont pas été imprimés depuis le commencement du seiziéme siécle (4), qu'on les mit en caractéres Gothiques ou Lombards.

---

1 Charles Sorel. Biblioth. Franc. des Traduct. pag. 218.
2 Petr. D. Huet. de clar. Interpret. lib. 2. pag. 184.
3 Gabriel Naud. Bibliograph. Politic. pag. 39.
4 ¶ Naudé ne comptoit pas juste. Du Verdier pag. 925 de sa Bibliothéque pouvoit lui apprendre qu'Antoine Vérard avoit dès l'an 1486. imprimé les *Politiques* d'Aristote, & l'an 1488. les *Ethiques* du même Philosophe, traduits l'un & l'autre par Nicole Oresme. *b*

CLAUDE DE SEYSSEL, *Evêque de Marseille;* puis Archevêque de Turin sous Louis XII. & François I. (1)

929 IL a traduit en notre Langue *Thucydide*, *Xenophon*, *Appien*, *Justin*, une partie de *Diodore* de Sicile, quelque chose de *Seneque*, & l'Histoire Ecclésiastique d'*Eusebe*.

On reconnoît dans ses Traductions que notre Langue commençoit un peu à se démêler de son temps, & à prendre quelque ordre & quelque arrangement.

Un de nos Critiques semble avoir assés mal rencontré (2) lors qu'il a dit qu'on doit juger de la fidelité de ses Traductions par la réputation de la doctrine, qui lui fit avoir les plus belles Charges de la Robe les premieres Dignités de l'Eglise, & les plus glorieux Emplois du Royaume. Car il n'a fait sa Traduction Françoise de Thucydide que sur le Latin de Laurent Valle, & selon toutes les apparences ; il a fait les autres sur des copies encore plus méchantes.

Ainsi loin de les rectifier, il a multiplié leurs fautes, & il a rendu ses Auteurs plus obscurs & plus malades qu'ils n'étoient auparavant, de sorte qu'on ne peut point retirer beaucoup d'utilité de son travail, selon Mr Huet (3), & les plus judicieux d'entre les Savans.

1 ¶ Mort le 31. Mai 1520. Voyés ce qu'en dit Chasseneuz dans son Catalogue de la Gloire du monde, part. 10. consider. 4. & 7.
2 Ch. Sorel. Bibl. Fr. des Trad. pag. 219.
3 P. D. Huet. de clar. Interpr. lib. 2. pag. 184.

Le sieur DES ESSARS (Nicolas d'Herberay), *sous François I. & Henri II.* (1).

930 DE la-Croix-du-Maine dit que c'étoit le Gentilhomme (2) le plus estimé de son tems pour bien parler François. Il avoit même quelque talent pour écrire, & il n'en auroit point abusé, s'il se fut contenté de traduire des livres qui meritoient cette peine, comme *Joseph*, dans lequel il a neanmoins beaucoup plus mal réüssi que dans ce qu'il a traduit de Volumes d'*Amadis*, qui ne laissent pas de se faire lire encore aujourd'hui, tout grotesque & tout barbare

1 ¶ Mort l'an 1558.
2 Franc. de la Cr. du M. Biblioth. Franc. pag. 346.

qu'en soit le style. Et ceux qui sont amoureux de ces sortes de lectures, prétendent qu'il y a dans ces livres un tout assés heureux qui vient du Traducteur.

Néanmoins on peut dire que dans le tems même où le vieux style étoit à la mode, il n'a jamais été universellement approuvé. Un Auteur François (1) dans du Verdier (2) dit qu'encore que dans les commencemens on considerât des Essars comme *la regle du beau langage*, *neanmoins il n'avoit jamais beaucoup rongé de laurier au Parnasse* (3) , *& qu'il n'avoit pas long-tems sué sous le harnois, & dans le travail des Lettres humaines.* Que son parler paroissoit un peu affecté, & que pour quelques liaisons douces & agréables qui se rencontrent dans son style, il s'en trouve plusieurs qui sont rudes, disjointes, & choquantes; que c'est un Auteur de peu de jugement, & qui avoit encore moins de savoir. Qu'outre cela il prenoit plaisir de presenter au peuple des mots nouveaux étrangers, dont le son étoit encore plus rude & plus desagréable aux oreilles, que le son d'une cloche cassée ; que c'est pour cela que le peuple n'en a point fait de cas, & qu'il a laissé ensevelir ces sortes de mots avec le corps de des Essars leur Patron & leur Auteur.

Outre les huit premiers livres d'Amadis, & la Guerre des Juifs de Joseph, il a encore traduit l'Horloge des Princes de *Guevare*, deux autres Romans, &c. qu'on peut voir dans les Bibliothecaires du pays.

On peut faire le même jugement de GABRIEL CHAPPUIS, & de tous les autres Traducteurs de Romans de ces tems-là, & dont on auroit pû perdre la memoire sans se faire grand tort.

1 ¶ Abel Mathieu de Chartres dans son Devis de la langue Françoise, in 8. à Paris 1559. & depuis en 1572.
2 Ant. du Verdier Biblioth. Franc. p. 915. 916.

3 ☞ Il y a dans Abel Mathieu, & dans du Verdier, *rongé le laurier*, & c'est comme il faut lire, l'Auteur ayant eu en vûë le *laurum momordit* de Juvenal 7. Sat. 19.

ANTOINE DU PINET, sieur de Noroy, vers l'an 1570. (1).

932   Quelques-uns ont estimé ses Traductions pour leur fidélité, & particuliérement celles de l'Histoire naturelle de *Pline* (2), & d'André *Matthiole* sur Dioscoride. Il a encore traduit

1 ☞ Ou plutost vers l'an 1580.
2 ¶ Voyés touchant cette Traduction de

Pline par du Pinet, les Entretiens de Voiture & de Costar pag. 188.

quelque chose de moins important de *Levvinus Lemnius* (1), d'*Antoine de Guevare* (2). Il a même traduit l'Apocalypse (3), pour tâcher de rendre service au parti des Huguenots dont il suivoit la Secte.

1 ¶ Il designe les quatre livres *de occultis naturæ miraculis* que la Croix du Maine dit avoir été imprimés l'an 1567. à Lyon traduits par Antoine du Pinet, en quoi je crains qu'il n'y ait erreur, tant parce que le même la Croix du Maine dit qu'ils furent imprimés à Paris la même année traduits par Jaques Gohory, que parce que du Verdier, qui demeuroit à Lyon, ne rapporte point dans la liste qu'il donne des œuvres d'Antoine du Pinet, la traduction dont il s'agit, n'en reconnoissant point d'autre que celle de Jaques Gohory, imprimée à Paris non pas selon lui en 1567. mais en 1574.

2 ¶ Le troisième livre de ses Lettres dorées.

3 ¶ Ce n'est pas une simple Version de l'Apocalypse, c'en est une explication en plusieurs sermons. ¶

QUELQUES TRADUCTEURS
de Grec en François.

932 bis LEs moins mauvais d'entre ceux qui ont pris la peine de voir les Originaux Grecs de ce qu'ils ont traduit, sont

1. ESTIENNE DOLET, dont nous avons parlé ailleurs (1).

Il a traduit deux Dialogues de *Platon*, savoir l'*Axioque* (qui n'est pourtant pas de lui) & l'*Hipparque*. Il avoit même achevé de traduire le Platon presque tout entier, & il l'auroit imprimé lui-même, s'il n'eut été prévenu par son supplice l'an 1545. Il s'étoit appliqué long-tems à cultiver notre Langue.

2. ESTIENNE DE LA BOETIE, Conseiller de Bourdeaux, qui étoit un des beaux esprits de son tems, & dont Monsieur de Sainte Marthe (2), & Monsieur de Thou (3) disent beaucoup de bien.

Il a traduit du Grec en François la Ménagerie de *Xenophon*; les Regles du Mariage de *Plutarque*, avec une Lettre de consolation de ce Philosophe à sa femme. Il mourut fort jeune l'an 1563.

Nous parlerons ailleurs du fameux *Anthénotique* ou *Contre un* (4), touchant la servitude volontaire qu'il fit à dix huit ans.

3. GEOFFROY THORY (5), de *Bourges*, dit le *Maistre du Pot Cassé*, Imprimeur de Paris, dont nous avons parlé, vivant sous François I.

1 ¶ Voyés les notes sur l'Article 26.
2 ¶ Scævola Sammarth. Elog. lib. 2.
3 ¶ Thuan. Histor. lib. 35. in fin.
4 ¶ Il en parle dans ses *Ami*, & plus au long dans ses *Enfans célébres* chap. 41.
5 ¶ Voyés Article 20.

Il a traduit du Grec en François les Iéroglyphes d'*Hor-Apollon* (1), le Tableau de *Cebès*, trente Dialogues de *Lucien*, & des Traités de Morale de *Plutarque*.

4. PIERRE BELON, qui fut tué l'an 1564. & dont nous aurons lieu de parler dans la suite de ce Recueil, & dans le Traité des Plagiaires, a traduit du Grec en François (2) les œuvres de *Dioscoride*, & le Livre des Plantes de *Théophraste*.

5. JACQUES DE VINTEMILLE, Conseiller de Dijon (3), vivant en 1570. a traduit du Grec la Cyropédie de *Xenophon*, & l'Histoire d'*Herodien*. Comme les belles Lettres étoient alors dans un état florissant, ses Traductions furent examinées de près par divers Critiques, & elles furent trouvées fort défectueuses. Néanmoins l'amour de sa propre réputation lui fit entreprendre de se justifier par un Ecrit qu'il appella, *Remontrance aux Censeurs de la Langue Françoise*.

6. JACQUES GREVIN, Médecin de Clermont en Beauvaisis, loué par Mr de Thou, estimé de tous les habiles Gens de son tems, & mort en 1570. a traduit du Grec en François les œuvres de *Nicandre*, ancien Poëte & Médecin Grec (4), & les Preceptes de *Plutarque* sur la manière de se gouverner dans le Mariage (5). Il a fait encore diverses autres Traductions, mais du Latin en François.

7. L'ABBE' DE BILLY, de Guise en Picardie, qui mourut en 1581. a fait aussi diverses Traductions du Grec en notre Langue, mais nous avons parlé de lui parmi les Traducteurs Latins.

8. Le sieur de ROSOY (Claude Vitart) fit la Traduction d'*Aricn* sur les expeditions d'Alexandre le Grand. On dit qu'il s'en acquitta assés bien par rapport à ce qu'on avoit fait auparavant, mais il s'est trouvé envelopé dans le malheureux sort des mauvais Traducteurs François, par ceux qui sont venus depuis lui.

---

1 ¶ Il ne traduisoit que d'après le Latin, comme lui-même en demeuroit d'accord.

2 ¶ Ces prétenduës versions n'ont point vu le jour. Belon que Scévole de Sainte Marthe appelle *hominem vix mediocriter literatum* n'étoit pas capable de les faire sur le Grec.

3 ¶ Il mourut l'an 1582. Sa vie écrite en François par lui-même, & en Latin par Philibert de la Mare Conseiller au même Parlement est entre les mains des héritiers de ce dernier, mort à Dijon l'an 1687.

4 ¶ Je prendrai ici l'occasion de rapporter une lettre par laquelle j'ai tâché autrefois de prouver à un savant homme de mes amis que Nicandre qu'il croyoit Poëte ensemble & Médecin, n'étoit que Poëte A. M. B. D. E. P. R. E. M. le 7. Avril 1710. Il vous aura sans doute paru, Monsieur, que j'ai exclu un peu bien légèrement Nicandre du nombre des Médecins. Pline, me dirés vous, &c.

5 ¶ Comme on ne doutera pas que Grevin n'ait traduit en prose cet opuscule de Plutarque, & qu'on n'est pas obligé de savoir que la traduction de Nicandre est en vers François, il étoit, ce me semble, à propos d'avertir de cette différence le Lecteur.

LOUIS LE ROY, dit *Regius*, de *Coutances en Normandie*, mort en 1578. (1).

933   Et homme s'eſt fort diſtingué parmi les autres par la rare connoiſſance qu'il avoit de la Langue Grecque : il en a reçu même un témoignage fort avantageux de Scaliger (2). Il n'étoit pas moins habile dans les belles Sciences que dans les Langues.

C'eſt ce qui a rendu ſes Traductions plus eſtimables que la plupart de celles des autres, non ſeulement pour l'intelligence des Auteurs, pour la fidélité & pour l'éxactitude, mais encore pour le tour de la phraſe, & pour la pureté même du ſtyle. Mais c'étoit toujours du ſtyle du milieu du ſeizième ſiécle, quoiqu'il ſe fût appliqué particuliérement à cultiver & à embellir la Langue du Pays, comme nous l'apprend Monſieur de Sainte-Marthe, après s'être perfectionné dans la Grecque & la Latine (3). Les Etrangers même excités ſans doute par le rapport de la renommée, ont crû qu'ils pouvoient publier le mérite de ſes Traductions Françoiſes, dont ils avoient oui parler avantageuſement. Et Paul Jove les a louées à la fin de ſes Eloges (4).

Il a traduit divers Ouvrages de *Platon*, comme le Phédon, le Timée, le Sympoſe ou le Banquet, & ſa Politique, c'eſt-à-dire, les dix Livres de la République ou de la Juſtice; la Politique d'*Ariſtote*; ſes Livres de Morales, & ceux de l'Ame, & celui qui concerne les changemens, la ruine, & la conſervation des Etats: pluſieurs Oraiſons de *Demoſthène* & d'*Iſocrate*; quelque choſe de *Xenophon*; quelques Traités de *Théophraſte*, d'*Hipocrate*, & de *Théodoret* Evêque de Cyr (5).

---

1 ¶ Mort en 1579.
2 Prim. Scaligeran. pag. 128.
3 Scævol. Sammarth. Elog. lib. 3. p. 73.
4 Paul. Jov. Elog. Epilog. ad Calc. pag. 302.

¶ Paul Jove n'a point loué les traductions Françoiſes de Louis le Roi, & n'a pu même les louer, tant parce qu'il n'en avoit encore paru aucune lors qu'il a fini ſes eloges, que parce que ne ſachant pas le François, quand elles auroient été toutes imprimées, il ne les auroit pas entenduës. Lors donc qu'après avoir fait l'eloge de deux Poëtes Latins, Macrinus, & Borbonius, eſtimés alors en France, il ajoute qu'on n'eſtimoit pas moins la proſe de Louis le Roi que leurs vers, *quorum honoribus*, ce ſont ſes termes, *Regius pedeſtri oratione adæquatur*, il eſt viſible que c'eſt uniquement ſa proſe Latine qu'il a eu en vuë. Auſſi eſt-ce par rapport à cette expreſſion de Paul Jove que Sainte-Marthe a dit dans l'eloge de Louis le Roi que *Latinis aliquot epiſtolis, & Budæi vita mundiſſime ſcripta, pedeſtris facundiæ laudem non vano iudicio adeptus eſt.* ¶

5 De la Cr. du Maine, du Verdier, &c, Biblioth. Franc.

132   TRADUCTEURS FRANÇOIS.

Comme le Roy se croyoit un des plus éloquens Personnages du tems pour le François, aussi-bien que pour le Latin, qu'on ne lui contestoit point, il en conçut une vanité qui le rendit insupportable à ceux qui ne prétendoient pas lui ceder en notre Langue, & qui ne pouvoient souffrir les nouveautés qu'il tâchoit d'y introduire. Il témoignoit un grand mépris pour toutes sortes d'Ecrivains, & pour ceux qui passoient pour beaux Esprits à la Cour, & dans Paris. Et comme il avoit le style fort, il crût pouvoir s'en servir contre tous indifféremment. Mais ayant attaqué Joachim du Bellay, celui-ci le paya pour tous les autres, & le rendit l'objet de la raillerie, & du mépris des Courtisans, par des Vers piquans qu'il fit contre lui (1).

1 ¶ Du Bellai les supprima dans la suite ayant même bien voulu traduire en François tous les vers tant Grecs que Latins cités dans le Symposé de Platon, traduit & commencé par Louis le Roi avec lequel il s'étoit reconcilié
Sc. Sammarth. ubi supra.

GENTIEN HERVET, d'*Orleans*, Chanoine de *Reims* mort en 1584. (1)

934   IL s'est assés mal acquité de ses Traductions Françoises. C'est ce qu'il est aisé de voir dans celles de la Cité de Dieu de saint *Augustin*, des Catecheses de saint *Cyrille* de Jerusalem, & d'autres Ouvrages de quelques Peres, comme de saint *Jerôme*, &c.

1 ¶ Voyés ci-dessus Article 875.

JACQUES AMIOT, Evêque d'*Auxerre*, Grand Aumônier de France, mort en 1591. (1)

935   CE célébre Traducteur a tourné en notre Langue le Roman Grec de Daphnis & de Chloé, écrit par *Longus*, celui de Theagene & de Chariclée, appellé l'Histoire Ethiopique d'*Heliodore*, [in-8° 1625.] sept livres de *Diodore de Sicile*, [in folio 1554.] & plusieurs Tragedies Grecques.

Mais le principal de ses Ouvrages, & celui qui lui a acquis le plus de réputation, est la Version des Vies & des Morales de *Plutarque*. [in-8° en 12 volumes à *Paris* chés *Vascosan* 1565.]

1 ¶ Il mourut un Samedi 6. Février 1593. dans sa 79. année.

TRADUCTEURS FRANCOIS. 113

Monsieur de Sainte-Marthe dit (1), que comme la beauté d'une Amiot. Langue n'est pas un des moindres ornemens de l'Etat où elle est en usage, on ne doit pas disconvenir qu'Amiot n'ait rendu à ses Rois & à sa Patrie un service immortel, ayant taché de porter leur Langue au plus haut point de pureté dont elle sembloit être capable. Il ajoûte qu'il n'a gueres moins acquis de gloire par cette voie, que s'il avoit conquis de nouvelles Provinces par l'épée, & étendu les limites du Royaume.

Le Pere Vavasseur écrit (2) qu'il a introduit dans notre Langue une telle fertilité & une telle abondance, qu'il ne s'est jamais trouvé réduit à l'indigence, quand il lui a falu exprimer & développer toutes les richesses d'un Auteur aussi rempli que l'est Plutarque.

Monsieur Huet témoigne (3) qu'il a passé de fort loin la diligence & l'industrie de tous ceux qui l'avoient devancé dans ce genre d'écrire & qu'il y a apporté tant d'esprit & tant de bonnes dispositions, tant de subtilité, & tant de politesse, qu'on peut dire qu'il a été le premier qui ait montré jusqu'où peuvent aller les forces & l'étenduë de notre Langue. Il ajoûte que quant à la Traduction de Plutarque, il a fait entrer tant d'agrémens & de beautés dans son style; & ce qui est beaucoup plus important, qu'il a été si religieux & si exact dans la fidelité qu'il a gardée à son Auteur, qu'il peut hardiment laisser parler les envieux, & mépriser les cris & les plaintes de ceux qui l'accusent d'avoir laissé croître quantité de mauvaises herbes dans une si belle moisson.

Herman Cruserius, qui a traduit le Plutarque en Latin depuis Xylander, assure (4) qu'il s'est servi trés-utilement de la Traduction Françoise d'Amiot, pour éclaircir beaucoup de difficultés, & que personne ne peut si heureusement traduire en Latin qu'il a fait en François. Et les Critiques mêmes ont reconnu que c'est par le secours d'Amiot que Cruserius a remporté le prix sur Xylander.

Monsieur de Vaugelas dit (5) que quoiqu'il soit arrivé de très-grands changemens dans le langage depuis le tems de ce Traducteur, il ne laisse pas d'être encore dans une grande réputation, depuis tant d'années. ,, Quelle obligation, dit-il, ne lui a point notre Langue, n'y

---

1 Scævol. Sammarthan. elog. lib. 4. pag. 119.
2 Franc. Vavass. de Ludicr. diction. pag. 457.
3 P. D. Huet. de clar. Interpret. lib. 2. pag. 184.
4 Ant. du Verdier Biblioth. Franc.

Isaac Bullart acad. lib. 2. pag. 166.
Valer. Andr. Bibl. Belg. in Herm. Cruser.
Franc. Swert in A'ben Belg
Jac. Aug. Thuan. Histor. sui temp. lib. 59.
5 Cl. Faur de Vauge as pref. sur les remarq. de la Langue Franç.

Tome III.

114   TRADUCTEURS FRANÇOIS.

Amiot
„ ayant jamais eu personne qui en ait mieux sû le genie & le caractere
„ que lui, ni qui ait usé de mots & de phrases si naturellement Fran-
„ çoises, sans aucun mélange des façons de parler des Provinces,
„ qui corrompent tous les jours la pureté du vrai langage François?
„ Tous ses magazins & tous ses tresors sont dans les œuvres de ce
„ grand homme. Et encore aujourd'hui nous n'avons gueres de
„ façons de parler nobles & magnifiques qu'il ne nous ait laissées; &
„ quoique nous ayons retranché la moitié de ses mots & de ses phra-
„ ses, nous ne laissons pas de trouver dans l'autre moitié presque tou-
„ tes les richesses dont nous nous vantons. Aussi semble-t-il disputer
„ le prix de l'éloquence historique avec son Auteur, & faire douter
„ à ceux qui savent parfaitement la Langue Grecque & la Françoise,
„ s'il a accrû ou diminué l'honneur de Plutarque en le traduisant.

Monsieur Godeau reconnoit que son style se sent effectivement du vieux tems, mais il ajoute qu'il ne laisse pas toutefois d'être beau (1), & qu'en plusieurs endroits il a toute la pureté qu'on peut desirer. Qu'à dire le vrai, les Maîtres en la Langue Grecque y remarquent beaucoup de fautes qui regardent l'intelligence de l'Auteur, mais qu'ils avouent qu'à tout prendre c'est un ouvrage qui est digne de louange.

Amiot s'est fait deux sortes d'Adversaires par ce travail. Les premiers jugeoient que cet Ouvrage étoit trop bien fait pour lui, & vouloient qu'il l'eust dérobé à quelqu'un, comme nous le dirons au Recueil des Plagiaires. Laurent Bouchel, célébre Avocat du Parlement, avoit assuré Monsieur Patin le Pere (2) que notre Auteur avoit traduit les Vies de Plutarque sur une vieille Version Italienne de la Bibliothéque du Roi, & qu'elle étoit cause des fautes qu'il avoit faites. Mais le sieur de Brantome (3) témoigne que ce sont ses envieux qui ont publié que sa Version étoit d'un autre, & qu'on lui faisoit injustice en ce point.

Les autres Adversaires de notre Traducteur ne lui ont point envié son Ouvrage, mais ils s'en sont faits les Censeurs. Il ne s'en est pas trouvé un, qui n'ait avoué qu'il parloit des mieux de son tems, mais plusieurs l'accusoient de ne pas bien tourner ses periodes (4), de les faire souvent trop longues, de ne pas bien user des Articles & des particules du discours, & de n'être pas éxact dans sa construction.

1 Ant. God. Hist. de l'Egl. fin du 2. siécle.
2 Paul. Colomesii opuscul. pag. 125.
3 Dans Colomiez Biblioth. choisie pag. 42.

4 Charl. Sorel Biblioth. Franc. Trais des Traduct. pag. 220. 221.

D'autres vouloient lui faire perdre fa réputation pour une infinité Amiot. de vieux mots dont ils prétendoient qu'il auroit pû fe garantir ; & d'autres ont fait voir que fes periodes font fi longues & fi obfcures qu'elles recommencent fouvent par de nouveaux membres, lors qu'on croit qu'elles vont finir (1); & contiennent quelquesfois deux ou trois matiéres différentes qui devroient être féparées. C'eſt ce qui a donné lieu à Monfieur Sorel (2) de comparer Amiot à des Architectes peu experts, qui ayant fait un corps de logis où il manque une chambre ou un cabinet, les bâtiſſent auprès fans garder ni la regularité ni la fymmetrie.

Les autres ont attaqué fa bonne foi, ou plutôt fon éxactitude, & Mr de Thou n'a point fait difficulté de dire (3) qu'Amiot avoit traduit Plutarque avec plus d'élegance que de fidélité.

Les autres enfin nous ont voulu faire douter de fa capacité, & ont tâché de nous perfuader qu'il n'avoit pas une connoiſſance fort parfaite de la Langue Grecque, & que c'eſt ce qui l'a fait tomber dans un grand nombre de fautes contre le fens & la penfée de fon Auteur.

Monfieur Pelliſſon écrit (4) que le fieur de Meziriac, qui étoit le plus favant homme de Lettres de la premiére volée de l'Académie Françoiſe, fit fur ce fujet un Difcours qui fut lû dans l'Aſſemblée de cette nouvelle Académie le dixiéme Decembre 1635. intitulé *de la Traduction* (5). Que dans cet Ouvrage, Meziriac après avoir loué l'eſprit, le travail & le ſtyle d'Amiot en fa verſion de Plutarque, & avec aſſés d'ingénuité, comme il paroît, prétendoit montrer qu'en divers paſſages qu'il avoit remarqués jufqu'au nombre de deux mille, ce grand Traducteur a fait des fautes très-groſſiéres de diverſes fortes, dont il donne pluſieurs exemples.

Quoiqu'il en foit des fautes d'Amiot, continuë Mr Pelliſſon, cela doit moins rebuter qu'encourager ceux qui s'adonnent à traduire. Car fi d'un côté c'eſt une chofe déplorable qu'un auſſi excellent homme qu'Amiot après tout le tems & toute la peine que chacun fait qu'il employa à cet Ouvrage, n'ait pû s'empêcher de faillir en deux mille endroits: c'eſt de l'autre une grande confolation que malgré ces deux mille fautes, dans un plus grand nombre de lieux où il a heureufement rencontré, il n'ait pas laiſſé de s'acquerir une réputation immortelle.

1 Gall. Journ. des Sav. du 25. Avril. 1671.
2 Sorel connoiſſ. des bons livres trait. de l'Hiſtoire.
3 Jac. Aug. Thuan. lib. 10. Hiſt. fui temp.
4 Paul Pelliſſ. Font. Relat. hiſtoriq. de l'Academ. pag. 104. 105.
5 ¶ On le trouve imprimé à la fin du 2. tome du Menagiana de 1715. ¶

Amiot. Les Critiques ont toujours fait tant de cas de cette célébre Traduction, qu'ils ont crû en devoir éxaminer jusqu'aux Préfaces. Le Cardinal du Perron dit (1) que celle que ce Traducteur a faite sur les Vies de son Auteur est excellente, qu'il y a mis tous ses efforts, & qu'elle est toute de son chef: mais que la Préface sur les Opuscules de Morale n'est pas si bonne.

Les Libraires de Paris voyant que nonobstant les remarques de tant de Censeurs, le Public ne laissoit pas de s'obstiner à conserver toute son estime pour cet Ouvrage d'Amiot, crûrent lui rendre un grand service, & faire quelque chose en même tems de fort avantageux pour leur interêt, en faisant une nouvelle édition de cette Traduction. C'est ce qu'ils exécutérent en 1645. après en avoir fait ôter tous les vieux mots qui pouvoient choquer les personnes délicates de ces tems-là, s'étant imaginés que cela pouroit en rendre la lecture plus agréable. Mais on prétend que cette industrie n'étoit pas trop de saison, & que par ces retranchemens on lui a ôté une partie de sa force & de sa naïveté (2).

Au reste Amiot n'avoit point commencé d'établir sa réputation par cette Version de Plutarque. Il avoit déja fait son essai long-tems auparavant par la Traduction du Roman historique d'*Héliodore*. On dit (3) qu'il donna à ce premier Ouvrage toutes les beautés dont notre Langue étoit capable sous François premier, à qui il la presenta, & qui en fit tant d'estime que si on veut s'en rapporter au recit (4) de quelques Historiens, ce Prince l'en recompensa peu de tems avant sa mort de l'Abbaye de Bellosane vacante par le décès de Vatable.

Quoiqu'il en soit de cette prétenduë récompense, il est constant que cette Version ne la méritoit pas, & qu'elle étoit fort défectueuse parce qu'Amiot n'avoit eu que des éxemplaires très-peu corrects. Mais étant allé du Concile de Trente à Rome, & ayant trouvé un Manuscrit fort beau & assés entier dans la Bibliothéque du Vatican,

---

1 Perronian pag. 7.
2 Ch. Sorel. Biblioth. Franc. pag. 220.
3 Isaac Bullart. Academ. des Arts & des Sciences livre 2. pag. 166.
4 ¶ Ce récit est absolument faux. On sait que vers le milieu du mois de Mars de l'année qu'avant Paque on comptoit en France 1547.. François I. tomba malade. Comme ce fut le seiziéme de ce mois-là, que Vatable Abbé de Bellosane mourut, le Roi n'étoit guére en état ni de recevoir des mains d'Amiot la traduction d'un Roman, ni de donner au Traducteur une Abbaye à peine vacante. Cette traduction constamment ne fut connuë que sous le Régne d'Henri II. n'ayant été imprimée pour la premiére fois qu'en 1549. & personne jusqu'ici n'en ayant pu déterer une plus ancienne édition.

il refit une nouvelle Verſion qu'il rendit auſſi accomplie en ſa maniére, que l'autre étoit imparfaite.

GILBERT GENEBRARD, d'Auvergne, mort en 1597.

936   CEt Auteur a fait quelques Traductions Françoiſes auſſi bien que des Latines. La principale eſt peut-être celle des Antiquités Judaïques de *Joſeph* qui eſt très-heureuſe & très-docte ſi on en croit la Croix-du-Maine (1), & qui vaut beaucoup mieux ſans doute que celle de des Eſſars, celle de François Bourgoin, celle de Jean le Frere de Laval, celle de Jean-François de Belleforeſt (2), & des autres qui ont traduit le même Auteur avant lui.

Mais Monſieur Huet aſſure (3) que Genebrard eſt encore moins châtié & moins pur dans ſes Traductions Françoiſes que dans ſes Latines, & qu'il ne ſe ſoucie pas fort d'exprimer les termes de ſes Auteurs, pourvû qu'il en prenne le ſens à peu près.

1 Fr. de la Croix du Maine Bibl. Franc. pag. 126.
2 ¶ On n'a jamais appellé Belleforeſt autrement que François Belleforeſt. Il n'étoit pas capable de donner une traduction de Joſeph, même d'après le Latin. Bourgoin ni le Frére ne méritoient pas non plus d'être ici nommés.
3 P. D. Huet. de clar. Interpret. p. 185.

HENRI ESTIENNE, mort en 1598.

937   ON pretend qu'il a été plus fidelle dans ſes Traductions Françoiſes que dans ſes Latines (1), qu'il a ſuivi le Grec de plus près, qu'il ne s'eſt point donné la liberté d'y changer, d'y ajoûter ou d'y retrancher, comme il avoit fait dans les autres.

Nous avons de ſa Traduction en notre Langue, les Harangues des *Hiſtoriens Grecs*, deux Oraiſons d'*Iſocrate*, quatre Oraiſons de *Dion Chryſoſtome*, trois Traités de *Plutarque*, deux Oraiſons de *Syneſius*, divers Dialogues de *Lucien* &c.

1 La Cr. du M. Bibl. Franc. pag. 163. 164.

BLAISE de VIGENERE mort en 1599. *de S. Pourçain en Bourbonnois.*

938 Nous avons de lui plusieurs Traductions en notre Langue dont les principales sont celles, des Commentaires de *Cesar* [in-fol. *Paris*. 1589] de la premiére décade de *Tite-Live*, de la Germanie de *Tacite*, de l'histoire de Pologne de *Jean Herburt de Fulstein*, de l'histoire des Turcs de *Chalcondyle*, des Images ou Tableaux de *Plate peinture* de *Philostrate*, de divers Dialogues, & petits Traités de *Platon*, de *Ciceron* de *Lucien* &c.

Le Public a crû faire justice à Vigenere de lui donner le second rang après Amiot parmi les illustres Traducteurs François. En effet on a toujours jugé que s'il a été surmonté en quelque chose par ce Traducteur, il a en recompense passé de fort loin tous les autres, qui s'étoient mêlés de traduire jusqu'alors; & que s'il a eu un superieur, il n'en a point eu d'autres qui lui fussent égaux jusqu'à la réforme de notre Langue.

Il s'est trouvé même un Ecrivain de ces derniers tems qui prétend que Vigenere doit être plus recherché qu'Amiot même (1) pour la pureté & pour la beauté du style. Simon Goulart dit au contraire (2) que pour lui il donneroit volontiers le prix à Amiot; qu'il reconnoit en Vigenere beaucoup d'adresse & des traits bien choisis, mais que l'autre a je ne sai quoi qui se maintient mieux, ce lui semble.

Guillaume Sossius (3) rapporté par Mr Colomiez (4) dit qu'Amiot a été le premier qui ait enseigné à parler nettement & purement en notre Langue, & qui ait sû donner des nerfs au discours : mais que Vigenere y a ajouté du corps, de la charnure, & des ornemens : & que l'un & l'autre n'ont point manqué de hardiesse pour inventer des mots nouveaux ; pour ajuster & redonner de la couleur à ceux qui étoient déja vieux & passés ; pour en faire de composés de plusieurs simples, & pour ne point admettre aisément ceux qui venoient des Pays étrangers, sans les faire passer par leur éxamen.

Monsieur Dacier témoigne que pour l'encourager à la Traduction Françoise d'Horace on lui proposa l'éxemple non pas d'Amiot mais

---

1 L'Aut. Anonym. de la science de l'hist. chap. 23. pag. 123.
2 Sim. Goul. Huguen. de Senl. sur la 2 semaine de du Bartas pag. 498.

3 Guil. Soss. in vit. Henr. IV. Gall. R. pag. 141. edit. 1622.
4 Paul. Colom. Gall. Oriental. pag. 92.

de Vigenere & de Meziriac, qui se sont acquis beaucoup de gloire, dit-il, par les belles Traductions & les beaux commentaires qu'ils nous ont donnés en notre Langue (1). Et il ajoute qu'il n'avoit garde de tirer aucune conséquence avantageuse pour lui de l'éxemple de ces grands hommes.

Cependant Mr Huet n'en a point jugé si avantageusement, car supposant qu'il avoit d'ailleurs beaucoup d'éloquence & de fidelité même (2), il dit qu'il étoit destitué de la connoissance des Langues, & que celui est un obstacle pour l'empêcher de prendre son rang parmi les meilleurs Traducteurs.

Mr Furetiere n'a point laissé de le mettre au nombre des bons Traducteurs, mais il l'a rangé sur les derniers bancs avec Baudoin, tant à cause de ses vieux mots, que parce que son style ne paroit pas assés concis, & assés serré pour des Traductions (3).

Mais si Vigenere n'est qu'un Traducteur médiocre, il a dequoi se faire valoir d'ailleurs, puisque dans l'esprit des gens de Lettres il a passé pour un assés savant critique (4).

* Les Decades de Tite-Live mises en langue Françoise par Blaize de Vigenere, avec annotations & figures *in-fol.* 2 vol. à Paris 1583 *

1 And. Dacier préfac. sur Horace.
2 P. D. Huet. de clar. Interpr. lib. 2. pag. 185.
3 Ant. Furetiere Nouvell. Allegor. du R. d'Eloq. pag. 87.
4 Thom. Dempster in Rosin. Antiquit. Rom. Elench. Auctor.

¶ Dempster dans sa Table alphabétique des Auteurs mise au-devant des Antiquités Romaines de Rosin a dit *Vignerius, criticus eruditissimus*, mais ce *Vignerius* n'est pas Blaise de Vigénère, c'est Nicolas Vignier, honoré comme on voit d'un éloge qui ne lui convient guére mieux qu'à Vigénère. ♭

CLAUDE FAUCHET, premier Président en la cour des Monnoies. (1)

939 IL a traduit en notre Langue les œuvres de *Tacite*, qui furent imprimées sous son nom en diverses formes ; mais les cinq premiers livres sont de la Traduction d'*Estienne de la Planche.*

Celle de Fauchet est docte, & d'un travail infini, au jugement du sieur de la Croix-du-Maine (2). Mr Huet dit (3) qu'il avoit apporté à cet ouvrage beaucoup plus de bonnes dispositions d'esprit & d'étude, que plusieurs de ceux qui l'avoient précédé ; & que ceux qui

1 ¶ Il mourut l'an 1603. suivant le P. le Long pag. 30. de sa Bibl. Histor. de France.
2 Fr. de la Croix du Maine Biblioth. Franc. pag. 157.
3 P. D. Huet. de clar. Interpr. 1. p. 184. Sorel des Traductions Franc. pag. 214.

alleguent que son abondance & son style diffus ne conviennent nullement à Tacite, ne prennent pas garde que notre Langue ne peut pas s'accommoder de cette secheresse & de cette breveté qui se trouve dans cet Auteur.

Le sieur RENOUARD (Nicolas).

940 A Traduit les Metamorphoses d'*Ovide*, dans lesquelles on reconnoit qu'il a voulu se garantir des infections (1) de Nerveze & de Des-Escuteaux. Son style est exemt de ces Metaphores grossiéres & ridicules, dont plusieurs Ecrivains sembloient faire leurs delices de son tems. Mais outre que son langage n'a ni pureté ni beauté, il n'a presque rien (2) de cette érudition, qui nous fait encore regarder de bon œil les Versions de Vigenere, d'Amiot, & des autres, dans lesquelles il se trouve autre chose que des mots.

1 ¶ *Des infections* pour des ridicules affectations.
2 ¶ Ces mots *il n'a presque rien*, font de la peine, parce que reguliérement cet *il* se rapporte à *langage*, & que l'*érudition du langage* est un galimatias. L'érudition essentielle à une bonne traduction Françoise des Métamorphoses d'Ovide consiste à représenter avec beaucoup d'éxactitude tout ensemble & de netteté le véritable sens du Poëte. Vouloir rendre à la lettre par exemple certaines épithétes, qui pour être entenduës demanderoient un Commentaire, ce seroit une pédanterie.
Ch. Sorel. Biblioth. Franc des Traductions, pag. 258.

Le sieur CHALVET (Matthieu) dit *Calventius*, Président de Toulouse, & Conseiller d'Etat, mort en 1607.

941 M Onsieur de Sainte-Marthe dit qu'il a fait éclater son industrie, sa fidelité, & son application dans sa Traduction de *Seneque* (1). Mr Huet témoigne pourtant qu'il ne s'est pas beaucoup soucié de s'assujettir à son Auteur, & de le rendre mot pour mot : & qu'au lieu qu'il n'y a rien de plus sec & de plus concis que Seneque, on ne trouve presque rien de plus étendu & de plus ample que cette Version.

Mais ce grand homme avoit une infinité d'autres qualités excellentes, qui le rendoient beaucoup plus considérable.

1 Scævol. Sammarthan. Elog. lib. 5. P. D. Huet. de clar. Interpr. lib. 2. p.185. pag. 150.

Monsieur DU VAIR (Guillaume) *Garde des Sceaux, & premier Président au Parlement de Provence, mort en 1621.*

942 IL a fort peu traduit, mais il s'est distingué de tous les autres par l'élévation & la dignité de son style ; & on peut dire qu'après Malherbe, notre Langue n'avoit point alors de meilleur Ecrivain. Il a eu même quelque avantage sur lui pour la Traduction. Car sans se soucier des goûts differens de la Cour & du Peuple de ces tems-là, il s'est attaché à suivre religieusement son Auteur, & à se resserrer dans ses bornes, sans se donner les libertés que Malherbe a prises. Et cet assujettissement n'a rien de bas ni de forcé dans son style.

Il a traduit quelques Oraisons de *Demosthène*, d'*Eschine*, & de *Ciceron*, & le Manuel d'*Epictete*.

* Dans le Recueil de ses œuvres *in-fol.* à Paris. 1619. *

1 Ch. Sorel Bibl. Franc. du progr. de la L. Fr. pag. 258.
Petr. Dan. Huet. de clar. Interpretibus lib. 2. pag. 186.

Monsieur COEFFETEAU (Nicolas) *de Jacobin devenu Evêque de Dardanie, nommé aux Evêchés de Lombez, de Saintes, & de Marseille, mort en 1622. (1).*

943 MOnsieur de Vaugelas dit (2) qu'il conservoit encore de son tems le rang glorieux qu'il s'étoit acquis par sa Traduction de *Florus*, quoiqu'il y eût quelques mots & quelques façons de parler qui fleurissoient alors, & qui depuis étoient tombées comme les feuilles des arbres. Le Pere Vavasseur témoigne aussi (3) qu'il avoit apporté beaucoup de choix dans ses façons de parler, & qu'il avoit même de l'éclat & de la pompe.

1 *Il mourut le 21. Avril 1623. âgé de 49 ans.
2 Cl. F. de Vaugelas Préf. des Remarq.
Tome III.
sur la L. Fr.
3 Fr. Vavass. de Ludicr. Diction. p. 457.

Mais cette Version a été depuis entierement effacée par celle de Monsieur Frere unique du Roi ; & Monsieur le Vayer a fait voir dans cet ouvrgae de Coëffeteau une infinité d'endroits mal traduits(1 & 2).

1 Fr. de la Mothe le Vayer sur le Florus de la Traduct. de Monsieur.

2 ¶ Cette Version attribuée à Monsieur, frére unique du feu Roi Louis XIV. est uelle que l'Abbé le Vayer, fils du fameux la Mothe le Vayer dédia en 1656. au Duc d'Anjou, déclarant qu'il la donnoit au Public sur les Versions que ce jeune Prince en avoit faites. Elle a cependant passé pour être de l'Abbé le Vayer, qui de plus y avoit fait d'exactes & de judicieuses remarques où il relevoit souvent les méprises de Coëffeteau.

Monsieur DE MALHERBE, (François)

Gentilhomme Normand, mort en 1628.

944 QUoi que ce célébre Auteur s'adonnât particulierement à la Poësie, il ne laissa point de se rendre severe Examinateur de la prose Françoise. Sa principale occupation étoit d'exercer sa Critique sur le langage François, en quoi il servoit de Maître à plusieurs Ecrivains, qui observoient religieusement ses préceptes & ses exemples.

Il avoit si bonne opinion de lui même, que comme ses amis le prierent un jour de faire une Grammaire en notre Langue, il leur répondit (1) ,, Qu'il n'étoit pas necessaire qu'il prît cette peine, qu'on n'avoit qu'à lire sa Traduction du trente troisiéme livre de *Tite Live*, & que c'étoit de cette maniere qu'il faloit écrire. [Mr du Ryer l'a inserée dans son Tite Live.]

Neanmoins tout le monde n'étoit pas de cet avis, la bonne Demoiselle de Gournay disoit que ce livre ne lui paroissoit qu'*un bouillon d'eau claire*, voulant dire que son style lui paroissoit trop simple & trop dénué d'ornemens. Elle lui en vouloit d'ailleurs, à cause qu'il se mêloit de retrancher plusieurs mots, & qu'il ne se servoit point de Métaphores, & des autres figures qu'elle aimoit. Mais quoi qu'elle ait pû dire de cette Traduction, Mr Sorel témoigne qu'on y trouve un parfait modele de la narration (2). On y remarque le bon usage des Pronoms & des Conjonctions, & de ce qu'on appelle les Particules Françoises ; on y voit quelle mesure doit avoir la periode, pour n'être ni trop longue ni trop courte. Ce qu'on y trouve à redire, sont des

1 Ch. Sorel Biblioth. Franc. du progr. de la L. Franc. pag. 259. 260. 2 Idem, ibidem.

des termes populaires & des façons de parler qui ont paru basses dés Malherbe.
le tems qu'elles ont été écrites (1).

On a fait presque le même jugement de sa Traduction de *Seneque*, où il se trouve quelque chose qui n'est plus entiérement de notre usage. Quelques-uns y ont trouvé même trop de liberté & de hardiesse ; c'est pourtant ce qui semble avoir donné occasion à Monsieur Godeau de relever le merite de cette Version. ,, Nos oreilles, dit-il (2), sont
,, aujourd'hui si delicates, & les plus puissantes verités font si peu
,, d'impression sur les esprits, quand on ne les dit pas de bonne grace,
,, que jamais ancien Auteur n'eût si-tôt lassé ses Lecteurs que Seneque,
,, si Malherbe n'eut hardiment renversé ses periodes, s'il n'eût chan-
,, gé ses liaisons pour faire la suite meilleure, s'il n'eût retranché les
,, mots qui paroissent superflus ; s'il n'eût ajoûté ceux qui étoient ne-
,, cessaires pour l'éclaircissement du sens ; s'il n'eût expliqué par cir-
,, conlocution des choses qui ne sont plus en usage parmi nous ; &
,, s'il n'eût adouci quelques figures, dont la hardiesse eût indubita-
,, blement offensé les Lecteurs. Un autre que lui ne se fût jamais
,, servi avec tant de jugement & de retenuë de ces libertés absolu-
,, ment necessaires pour bien traduire. Car s'il les prend dans les pas-
,, sages, où sans elles il seroit indubitablement obscur, il s'attache
,, ailleurs avec une fidelité si scupuleuse à sa pensée, & à la forme de
,, son style, que si Seneque revenoit au monde, il compteroit sans
,, doute parmi les plus illustres bienfaits dont il parle dans ses livres,
,, celui qu'il a reçu de Malherbe en une si excellente & si agréable
,, Version.

Monsieur Huet ne parle point des Traductions de Malherbe aussi avantageusement que Monsieur Godeau. Il dit (3) que la passion qu'il avoit de plaire aux Courtisans lui a fait renverser l'ordre de son Auteur qu'il n'en a suivi ni les ponctuations, ni les mots, & qu'il ne s'y est étudié qu'à purifier & à polir notre Langue.

* Les Traductions de Malherbe sont imprimées avec ses Poësies & ses Lettres *in* 4°. Paris 1630. & 1631.

1 Franc. Vavass. de Ludicr. Diction. pag. 457.
2 Anton. Godeau, Discours sur les œu-
vers de Malherbe.
3 P. Dan. Huet. de clar. Interpret. lib. 2. pag. 186.

Monſieur DE MEZIRIAC (Claude Gaſpar Bachet) de l'Académie, mort vers l'an 1637. ou 1638. (1).

945 IL étoit des meilleurs Traducteurs de ſon tems, comme le témoigne Mr Pelliſſon (2), & nous avons vû que dans la Traduction de *Plutarque* il corrigeoit deux mille fautes d'Amiot.

Il a traduit encore les Epitres d'*Ovide*, [*in-*8°. à Bourg en Breſſe 1626. & à la Haye en 1716. 2. vol.] & il y a ajouté des Commentaires fort ſavans au jugement du même Critique. Et Mr Colomiez dit (3) que ces Commentaires ſur Ovide font voir qu'il n'accuſe pas Amiot ſans fondement. C'eſt ce qu'on verroit encore mieux, ſi ſes enfans avoient donné ſa Traduction.

Meziriac a traduit auſſi *Diophante* avec des Commentaires fort eſtimés, dont nous avons parlé parmi les Critiques [Art. 496.]

1 ¶ Il mourut le 26. Février 1638.
2 P. Pelliſſ. Relat. hiſtor. des Acad. pag. 261. 263.
3 P. Colom. Opuſcul. pag. 42. 43.

Les Sieurs COULOMBY, FARET, MOLIERE, & de BREVAL (1).

946 MOnſieur Sorel dit (2) que tous ces Traducteurs furent mis au nombre de ceux qui écrivoient poliment, & qu'ils furent les premiers, qui, ſuivant les maximes de Malherbe, garderent une grande pureté dans leur ſtyle. Coulomby a traduit le *Juſtin*, Faret l'*Eutrope*, le Marquis de Breval le *Tacite*, & Moliere le Livre de *Guevare* touchant le mépris de la Cour.

1 ¶ François de Cauvigni, ſieur de Colomby mort en 1648. eſt nommé de Colomby dans l'Hiſtoire de l'Académie Françoiſe, mais il ſignoit Coulomby. Lui & Nicolas Faret étoient de l'Académie. Le Marquis de Breval Traducteur de Corneille Tacite s'appelloit Achille de Harlai de Chamvalon. Moliére Traducteur du *Menosprecio de corte* de Guévare eſt moins connu par cette Verſion, que par ſon Roman de Polyxéne qu'on ne lit pourtant plus il y a longtems non plus que ſes autres Ouvrages, qui conſiſtent, non pas, comme dit Moréri, en diverſes piéces de théâtre ; car il n'en a fait aucune, mais uniquement dans le livre intitulé *la Semaine amoureuſe*, & en quelques Lettres qui ſe trouvent dans des Recueils imprimés au commencement du ſiécle dernier. Il eſt je penſe le plus ancien des quatre Traducteurs ici nommés. On ne le confondra pas avec le fameux Moliére ſi célébre par ſes Comédies, mais il faut ſe garder de le confondre avec le Moliére Auteur d'un Dictionnaire François Hiſtorique. ¶

2 Ch. Sorel. Bibl. Franc. Trait. du progrès de la Langue, pag. 261. 262.

Mais comme notre Langue n'étoit pas encore arrivée pour lors à son période, & qu'elle a souffert de nouveaux changemens depuis le tems de ces Messieurs, leurs écrits ont souffert une grande diminution de prix & d'estime ; à laquelle le peu d'éxactitude & de fidélité qui se rencontre dans leurs Versions (1), n'ont pas peu contribué.

<small>3 Le mérite de ces Versions n'est pas égal. Sorel ne dit rien de leur peu d'éxactitude, & Baillet qui ne les avoit point luës en parle ici au hazard.</small>

Monsieur DE VAUGELAS (Claude Faure) *Baron de Peroges*, fils du Président Antoine Faure (1), mort en 1649.

947   Comme nous avons déja parlé ailleurs de son mérite en général, nous nous contenterons de dire ici ce qui regarde précisément sa Traduction de *Quinte-Curce* [*in*-4°. Paris 1659.]

Mr Pellisson nous apprend (2) qu'il avoit été trente ans sur cette Traduction, la changeant & la corrigeant sans cesse. On dit même qu'après avoir vû quelques Traductions de Mr d'Ablancourt, il en gouta tellement le style, un peu moins étendu que le sien, qu'il recommença tout son travail. Chaque periode de cette derniére sorte étoit traduite à la marge fort souvent en cinq ou six maniéres différentes, toutes presque fort bonnes, & c'étoit ordinairement celle qu'il avoit mise la premiere qu'on estimoit le plus (3).

Il n'étoit presque jamais content de ce qu'il faisoit, le scrupule & l'éxactitude excessive le portoient perpetuellement à changer de système & de méthode ; à défaire & à refaire ses phrases ; & à les multiplier, sans pouvoir se fixer, ni se déterminer précisément à aucune : & cette sévérité scrupuleuse l'entretenoit toujours dans ses irrésolutions & dans ses difficultés.

Comme il ne vouloit rien produire qui ne fût fort achevé, il donna lieu de dire à bien des gens, que tandis qu'il s'occupperoit à polir la derniére partie de son ouvrage ; notre Langue venant à changer, l'obligeroit à retoucher les commencemens, & Mr

<small>1 ¶ Voyés Article 751.   pag. 319. 320.
2 P. Pelliss. Relat. hist. de l'Acad. Franc.   3 Préface de la Trad. Fr. de Q. Curf.</small>

Sorel remarque que cela lui est arrivé (1).

Mr du Ryer dit (2) que comme il n'y a guéres de Versions en notre Langue plus éxactement faite que celle-là, il n'y en a guére aussi de plus correctement imprimée, après les soins de Messieurs Chapelain & Conrart ses amis, qui ont fait le choix de celle qu'il ont jugée la meilleure.

C'est ce qui a fait dire à Mr de Balzac (3) que l'Alexandre, de Quinte-Curce est invincible, & que celui de Vaugelas est inimitable ; au P. Bouhours (4), que cette Traduction est un modele sur lequel on peut se former sûrement ; & à Mr Godeau (5) que cette copie est aussi belle que l'Original ; qu'elle fut long-tems attenduë comme un chef d'œuvre, ce qui d'ordinaire nuit beaucoup aux meilleurs Ouvrages : mais qu'elle a toutefois surpassé l'espérance que l'on en avoit conçûë, & qu'elle fera vivre éternellement la mémoire de son Auteur, qui étoit encore plus digne d'être honoré pour sa vertu, que pour son esprit & pour son éloquence.

Après tant de jugemens avantageux rendus en faveur de cette Version (6), il paroit assés inutile d'écouter celui d'un Hollandois, qui dit (7), que quelque élegante qu'elle puisse être, elle ne vaut pas la peine, & le tems qu'on y a employé.

1 Ch. Sorel Biblioth. Fr.
2 P. du Ryer préface sur Vaugelas.
3 Balz. dans Pelliss. comme ci-dessus.
4 Ent. 2. d'Ar. & d'Eug p. 161.ed. in 12.
5 Ant. God. Histoi. de l'Eglis. fin du premier siécle.
6 ¶ Messieurs de l'Académie, depuis leur Dictionnaire réimprimé, emploient le tems de leurs conférences à examiner cette version, dans laquelle comme ils ne manqueront pas de remarquer plusieurs défauts, presque tous causés par les changemens arrivés dans le langage depuis 70. ans, les Remarques de ces Messieurs pourront bien de même s'ils les publient, ne pas manquer après un pareil nombre d'années, d'éprouver le même sort. ¶
7 Ant. Borr. var. Lect. c. 11. pag. 109.

Mr BAUDOIN (Jean) de l'Académie, mort en 1650.

948 Le chef-d'œuvre de Baudoin est la Traduction de l'Histoire des Guerres Civiles de France, faite de l'Italien d'*Henri Catherin d'Avila* [2. vol. *in-fol.* à Paris 1644.] Le Cardinal de Richelieu en fut si satisfait, qu'il lui promit une ample recompense, dont néanmoins il se trouva frustré par la mort de ce Ministre.

Baudoin a fait encore plusieurs autres Versions de moindre conséquence, mais qui ne sont pas tout-à-fait à méprifer, comme celles de *Suetone* [*in-*4°. Paris 1621.] *Tacite*, *Lucien*, *Sallufte*, [Sallufte *in-*4°. Paris 1629.] *Dion Caſſius*, *Eſope* (1), des Epitres de l'Abbé *Suger*, de l'Iconologie de *Riga* (2), des Eſſais du Chancelier *Bacon*, de la Jéruſalem du *Taſſe*, de l'Hiſtoire des Yncas du Perou par le jeune *Garſilaſſe de la Vega*, de l'Arcadie de la Comteſſe de Pembrock par le Chevalier de *Sidney*, &c.

Dans tous ces Ouvrages ſon ſtyle eſt facile, naturel, & François, au ſentiment de Mr Pelliſſon (3), qui ajoute que ſi en pluſieurs endroits il n'a pas porté les choſes à leur derniére perfection, il s'en faut prendre à ſa fortune, qui ne lui permettoit pas d'employer à ſes Ecrits tout le tems & tout le ſoin qu'ils demandoient.

Monſieur Sorel dit (4) que comme il ne travailloit que pour ſoulager ſon indigence; & comme il étoit vivement preſſé par les Libraires, qui d'ailleurs le payoient aſſés mal, il s'exemtoit le plus qu'il pouvoit de la peine de lire ſes Originaux, & ſe contentoit de changer dans les anciennes Traductions ce qui ne lui ſembloit plus à la mode, & d'en renverſer les periodes pour avoir plûtot fait. Et il n'eut guéres moins de précipitation dans celles des Auteurs modernes qu'il fit de lui-même.

Le ſoin qu'il prit de bannir les vieux mots de ſes Traductions n'a point empêché Mr Furetiere de le mettre au rang des vieux Traducteurs (5), dont le langage étoit paſſé & hors de bon uſage.

Un Auteur anonyme (6) nous a dépeint Baudoin avec du Ryer ſur le point de déloger du Parnaſſe pour leurs mauvaiſes Traductions, mais il ajoute que d'Avila offrit à notre Baudoin ſa protection durant les troubles de la reforme du Parnaſſe, & que pour les bons ſervices qu'il lui avoit rendus il lui fit eſperer ſa grace auprès d'Apollon & des Muſes, & la remiſſion des fautes qu'il avoit faites ailleurs (7).

1 ¶ Nicolas Chorier pag. 40. & 41. de la vie qu'il a écrite en Latin de Pierre de Boiſſat dit que Baudoin s'étoit approprié cette Verſion des fables d'Eſope faite en 15. jours par P. de Boiſſat, & de plus un Roman du même intitulé l'Hiſtoire Negrepontique. Mais Chorier ne doit être cru ni ſur l'un ni ſur l'autre de ces articles.

2 ¶ Riga & Ripa ſont deux. Céſar Ripa eſt un Italien, auteur du livre intitulé *Iconologia* traduit en François par Baudoin. Pierre de Riga, Clerc de l'Egliſe de Reims vivoit au douzième ſiécle. Il a mis en vers Elégiaques Léonis l'Ancien & le Nouveau Teſtament. *Aurora* eſt le titre du Poëme.

3 P. Peliſſ. Relat. hiſtoriq. de l'Academ. Fr. pag. 223. 224.

4 Ch. Sorel. Bibl. Franc. trait. des Trad. pag. item 223. 224.

5 Furet. Nouvell. allegor. des troubl. du R. d'Eloq. pag. 87.

6 ¶ Son nom eſt Gabriel Gueret Avocat au Parlement, mort l'an 1688.

7 Le Parnaſſ. reform. pag. 11. 12. 13.

Monsieur du RYER (Pierre) de l'Académie. (1)

949 Monsieur Sorel pretend (2) que le Public a été fort content de toutes les Traductions de Monsieur du Ryer, & qu'il a passé pour un de nos meilleurs Traducteurs.

Nous avons de lui l'histoire d'*Herodote*, celle de *Tite-Live*, celle de *Polybe* ; presque toutes les œuvres de *Ciceron* ; celles de *Seneque*, c'est à-dire, ce que Malherbe avoit laissé à traduire ; trois volumes de l'histoire de Monsieur de *Thou* ; l'histoire des guerres des Pays-bas de *Strada* ; & les supplemens de Quinte-Curce par *Freinshemius* ; les Metamorphoses d'*Ovide* &c. [ce dernier à été imprimé à Bruxelles François & Latin *in fol.* 1677. avec figures.]

Mais quoiqu'on ait pû dire à l'avantage de toutes ces Traductions, on ne pretend pas aujourdh'uy qu'elles soient dans une parfaite pureté de la langue, ni travaillées avec une fidelité achevée. La moins mauvaise au jugement de plusieurs est celle des œuvres de Ciceron, quoi qu'il y ait passé plusieurs endroits qu'il n'a point entendus, sur tout dans les Oraisons ; & que pour se tirer d'affaire & pour empêcher le vuide, il y ait mis à la place de petits galimathias propres à éblouir & à embarasser les jeunes gens.

Les autres Versions qu'il a faites des anciens Auteurs ne sont que de vieilles Traductions qu'il a raccomodées à sa fantaisie & surtout celle d'Herodote, de Polybe, d'Ovide, de Tite-Live & de Seneque, sans s'être voulu donner la peine de voir les Originaux. Sur quoi on peut voir une plaisanterie assés agreable qu'a faite l'Auteur du Parnasse reformé (3).

Le P. l'Escalopier (4) se plaint souvent des fautes qu'il a faites dans tout son Ciceron (5). D'autres ont remarqué qu'il n'a point été plus heureux dans la Traduction de Mr de Thou (6). Aussi a-t-on jugé que l'érudition & la connoissance qu'il avoit des Langues n'étoient pas de grande étenduë ; & qu'étant aux gages des Imprimeurs qui le faisoient subsister, ils ne lui donnoient pas assés de loisir pour pouvoir faire quelque chose de limé & d'achevé (7).

1 ¶ Mort l'an 1656.
2 Charl. Sorel Biblioth. Franc. des Trad. pag. 215.
3 Parnass. Reform. pag. 11. 12. 13.
4 Petr. Escaloper. commentar. ad lib. Cicer. de Natur. Deor.
5 ¶ Surtout dans les trois livres de la Nature des Dieux, dont nous attendons sur la fin de cette année 1720. une élégante & fidèle traduction par Mr l'Abbé Thoulier.
6 Ant. Teyssier elog. Thuan in Kivio.
7 Richelet Dictionn. de la L. Franc. pag. 110.

* Herodote

* Herodote *in-fol.* à Paris 1658. — Tite-Live 2. vol. *in-fol.* à Paris 1653. — Polybe *in-fol.* à Paris 1655. — Histoire de Mr de Thou 3 vol. *in-fol.* à Paris 1659. — Oeuvres de Ciceron 10 vol. *in*-12. à Paris 1652. — Oeuvres de Seneque *in*-12. 14 vol. à Paris 1667. — Q. Curce *in*-4° à Paris 1659.

Monsieur D'ABLANCOURT (Nicolas Perrot) (1).

950 CEt Auteur s'est acquis tant de réputation dans l'art de traduire & par la singularité de ses manieres dans cet exercice, qu'il peut passer pour un Chef de Secte parmi les Traducteurs.

Il a tourné en notre langue l'Octave de *Minutius Felix*, les expéditions d'Alexandre par *Arrien de Nicomedie*; la retraitte des dix mille de *Xenophon*, les œuvres de *Corneille Tacite*, les Commentaires de *Cesar*, les œuvres de *Lucien*, l'histoire de *Thucydide*, les Apophthegmes des anciens tirés de *Plutarque*, de *Laërce*, d'*Elien* &c. recueillis par *Lycosthene* & les autres, les stratagemes de *Frontin*, l'histoire d'Afrique de *Louis de Marmol*, quelques Oraisons de *Ciceron* savoir celles pour M. Marcellus, pour la Loi Manilia, & les deux pour Quintus (2).

Monsieur Richelet dit que Mr d'Ablancourt étoit un des plus excellens esprits, & des meilleurs Ecrivains de son siécle (3). Le Pere Bouhours témoigne (4) qu'il estime tout ce qui vient de lui pour le style. Et Mr de Balzac écrivant à Mr Chapelain disoit (5) qu'il avoit une si haute opinion du François de notre Traducteur, qu'il étoit prêt de parier contre le Docteur Heinsius, & contre le Jesuite Strada, qu'il vaudroit dans la suite beaucoup mieux que le Latin (6) dont ils avoient tant affecté l'imitation.

On peut dire que presque tout le monde a témoigné jusqu'à present être du même goût pour son langage hormis pour quelques *locutions* qui semblent être vieillies depuis son tems & pour certaines affectations qui ont paru dans son Orthographe.

---

1 ¶ Mort l'an 1664.
2 ¶ D'Ablancourt a traduit 4. Oraisons de Cicéron. Celle pour Quintius. Celle pour la Loi Manilia. Celle pour Marcellus, & celle pour Ligarius. Baillet ayant lu pag. 226. de la Biblioth. Franc. de Sorel que d'Ablancourt avoit traduit les deux Oraisons de Cicéron pour Quintius, bien loin de corriger la faute, la grossie en disant *Quintus* pour *Quintius*. ¶

3 Pierre Richelet præfac. du Dictionn: Franc
4 Arist. & Eugen. Entret. second. p 162.
5 Balz. lett. 18. du Livre 4. à Chapelain de l'an 1639. pag. 178. edit. d'Holl
6 ¶ Il faloit ajouter *de Tacite*, car c'est du Latin de Tacite en particulier, dont parle Balzac.

D'Ablancourt.

Mais on n'a point eu si bonne opinion de sa fidelité & de sa conscience. On prétend qu'il a traité ses Auteurs en Maître plutot qu'en Traducteur esclave, attaché à leur suite, & que sans se contraindre & sans s'assujettir ni à leurs mots ni à leurs manieres, il s'est donné la liberté de les quitter, & de les reprendre quand il le jugeoit à propos; d'y faire quelque-fois des changemens, des retranchemens & même des additions à sa mode, & de les faire parler en notre Langüe un peu autrement qu'ils ne pensoient en la leur. C'est ce qui a fait dire allegoriquement à Mr Furetiere (1) que durant les troubles de la Republique des Lettres il conduisoit un corps d'armée contre Galimathias General des ennemis de l'Eloquence, que ses troupes étoient magnifiques, qu'il leur avoit donné des habits neufs faits à la mode, mais qu'il avoit lui même taillé & rogné ces habits à sa fantaisie.

Mais pour venir au détail de quelques-unes de ses traductions, le sieur Borremans a crû (2) que les deux principales de toutes, & qui ont le plus contribué à faire connoître sa capacité & son merite, sont celle du livre de Xenophon, & celle de Tacite.

Mr de Balzac estime (3) que celle de *Xenophon* seroit incomparable s'il n'avoit rien mis au devant d'elle: mais que sa preface est si belle, qu'elle efface les plus belles choses qui lui peuvent être comparées. Il dit même assés obligeamment que s'il se pouvoit faire que Mr d'Ablancourt eut vêcu du tems du jeune Cyrus, & que Xenophon vécut aujourd'hui, les prefaces de Mr d'Ablancourt meriteroient d'être traduites par Xenophon.

Mr Godeau dit que (4) par sa Traduction de *Tacite*, il a ôté toutes les épines qui se trouvent en très-grand nombre dans cet Auteur, & que la liberté que les critiques scrupuleux lui reprochent, sert à y porter la lumiere avec la beauté. Mais peut-on raisonnablement justifier ce Traducteur de la licence qu'il s'est donnée de retrancher dans cet Historien certaines choses qui servent à l'éclaircissement de l'Histoire? Car il a retiré par exemple la plupart des noms propres ou *Prenoms* des Romains, ce qui empêche de pouvoir souvent distinguer les personnes d'une même famille. Il a retranché aussi quelquefois les surnoms ou les noms de la maison & de la famille, ce qui cause un inconvenient encore plus grand que le premier. Il lui arrive même de retrancher quelquefois tous les noms generalement & de

---

1 Ant. Furetiere Nouvel. allegor. p. 86. 33. 34.
2 Ant. Borremans Variar. Lection. cap. XI. pag. 109.
3 Balz. Lett. à Conrart livre premier pag.
4 Ant. Godeau Hist. de l'Egl. fin du premier siécle.

ne substituer à leur place que quelques Appellatifs comme *deux Sena-*
teurs, *un Officier* &c. au lieu de les nommer comme fait Tacite. Enfin les plus clairvoyans prétendent qu'il a supprimé des choses entiérement essentielles à l'histoire, ce qui rend souvent le sens estropié,
& qui l'altere considerablement.

Pour ce qui regarde la Traduction qu'il a faite d'*Arrien*, Mr
de Vaugelas assure (1) qu'elle n'a rien qui le surpasse à l'égard du style
historique, tant il est clair & debarassé, tant il est elegant & court:
ce qui est un secret pour empêcher qu'un style ne soit languissant, à
quoi il faut travailler sur toutes choses, si l'on veut plaire au Lecteur.
Il avoue que c'est à cette version d'Ablancourt qu'il étoit redevable
du changement qu'il avoit fait dans celle de Quinte-Curce, parce
qu'ayant été l'ami de Mr de Coëffeteau, l'admirateur de son style diffus, & son imitateur même jusqu'aux défauts, il avoit fait d'abord sa
version dans un style semblable au sien; mais qu'ayant vû l'Arrien de
Mr d'Ablancourt, il en trouva la Traduction si belle, si naturelle, & si
remplie de charmes, qu'il se resolut de refaire la sienne sur ce modèle.

Enfin la version que Mr d'Ablancourt a faite de *Lucien* est si peu
approchante de son Original, qu'on a eu raison de l'appeler le *Lucien*
d'Ablancourt & de la considerer comme une espece d'original, comme une imitation libre, en un mot, comme un Lucien réformé du
dix-septiéme siécle ou qui auroit pris sa naissance en France. Il est vrai
que si le Lucien de Samosate qui écrivoit en Grec au second siécle
pouvoit revenir au monde, il auroit quelque peine à se reconnoître
& à se retrouver dans l'ouvrage de Mr d'Ablancourt : mais il me
semble qu'il n'auroit pas grand sujet de se plaindre *d'avoir été mutilé*
dans les parties deshonnêtes, quoi qu'il ait passé par des mains assés
délicates : ni d'accuser son Traducteur *d'avoir voulu faire un peu*
trop le prude : de n'avoir pû souffrir quelques endroits chatouilleux, &
d'avoir supprimé dans son livre par les traits de sa plume chaste &
scrupuleuse, ce que des Ecrivains lascifs comme Martial, Petrone,
Catulle &c. appellent les parties nobles de leurs ouvrages. (2)

* Minutius Felix *in*-12° Paris 1677. — l'hist. d'Arrian *in*-8° Paris
1652. — Retraite des dix mille de Xenophon *in*-12° Paris 1706.
— Corn. Tacite *in*-4° Paris 1688. — Comment. de Cesar *in*-4°
Paris 1652. — Lucien 2 vol. *in*-12° & *in*-4° 1660. — Thucydide
in-12° 3 vol. 1661. *in fol.* Paris 1662. — Les Apophthegmes des

---

1 Vaugel. dans la Préface qu'on a faite sur sa Trad. de Q. C. pag. 2. 2 L'Aut. du Parnass. reform. pag. 19. 20.

Anciens *in*-4° 1664. — l'Afrique de Marmol 3 vol. *in*-4° Paris 1667.

Monsieur GIRY (Louis) de l'Academie. (1)

951   SEs principales Traductions Françoises sont celles du Dialogue des causes de la corruption de l'Eloquence attribué à *Quintilien* ; le Brutus de *Ciceron* des illustres Orateurs, & la quatriéme Catilinaire ; l'Apologie de Socrate, de *Platon* ; le Criton, du même ; la louange de Busiris & la louange d'Helene par *Isocrate* ; l'Apologetique de *Tertullien*, [in-12° 1636.] son Traité de la chair de JESUS-CHRIST, & celui de la Resurrection de la chair du même Auteur, [*in*-8° 1661.] les harangues attribuées à *Symmaque* & à saint *Ambroise* (2) sur l'autel de la victoire, [*in*-12° 1639.] les Essais de Politique (3) de *Trajan Boccalini* traduit de l'Italien ; l'histoire Sacrée de *Severe Sulpice* ; les Epitres choisies de saint *Augustin*, [4 vol. *in*-12° 1653. 54. 56. & 58.] & la plupart des livres de la Cité de Dieu du même Saint. [*in*-8° 2. vol. 1665. 67. tout à Paris.]

Mr Sorel (4) dit qu'on ne sauroit trouver une plus grande politesse de la Langue Françoise, que celle qui se voit dans tous ces ouvrages de Mr Giry, & qu'ils sont dans une estime generale du Public. Le témoignage que Cleante en a rendu (5) ne lui est pas moins avantageux : & Mr Furetiere le met au nombre des plus exacts & des plus severes d'entre les Traducteurs François (6).

Mr de Vaugelas dit (7) que Tertullien s'étonne que par les charmes de notre éloquence on ait sû transformer ses rochers & ses épines en des jardins délicieux ; & Mr Godeau témoigne (8) que l'Histoire Sacrée de Severe Sulpice est traduite avec tant de pureté qu'elle égale celle de son Auteur.

Les autres Traductions soutiennent aussi fort bien la reputation de Mr Giry, si ce n'est peut-être que les Critiques auroient souhaité

---

1 ¶ Mort l'an 1665.
2 ¶ Pourquoi dire *attribuées*, puisqu'on n'a jamais douté que ces deux harangues ne fussent, l'une de Symmaque, l'autre de S. Ambroise.
3 ¶ Il faloit dire La *Pierre de touche de Politique* du Boccalini, pour bien rendre en notre Langue le titre Italien *Pietra di paragone politico*, car *Essais de Politique* donneroit une autre idée.

4 Charl. Sorel. Bibl. Franc. des Trad. pag. 226.
5 Sentim. de Cleante sur les Entret. tom. 1. pag. 78.
6 Ant. Furet. Nouvel. alleg. du R. Eloq. pag. 86.
7 Cl. Faur de Vaugel. Préface de ses Remarques sur la Langue Françoise.
8 Ant. God. hist. de l'Egl. siécle 4. sect. 7. l'an de J. C. 394.

quelque chofe de plus éxact dans quelques endroits des Lettres & de la Cité de Dieu de faint Auguftin.

Monfieur le FEVRE (Tanneguy) *Normand*
Regent à *Saumur* (1).

952 NOus avons de cet Auteur diverfes petites Traductions Françoifes comme de la vie de Thefée par *Plutarque*, du feftin de *Xenophon*, [*in*-12° à Saumur 1656.] Alcibiade de *Platon*, du traité de la fuperftition de *Plutarque* avec un entretien fur la vie de Romulus, du mariage de Beelphegor qui eft une nouvelle Italienne de *Machiavel*. [à la fin de fa vie des Poëtes *in*-12.]

Ce qu'il y a de fingulier dans ces Traductions, eft non feulement la fidelité avec laquelle il a rendu le fens de fes Auteurs qu'il entendoit parfaitement, mais encore la correction & le rétabliffement de quelques endroits des originaux Grecs, dans lefquels Mr le Févre étoit fans doute mieux verfé que dans la connoiffance du génie & de la pureté de notre Langue.

La vie de Thefée n'eft pas une fimple Traduction de Plutarque; & il y a inferé divers fupplemens tirés de divers Auteurs, pour rendre cette vie complete & achevée. Mais il a eu le foin de diftinguer par la difference des caracteres ce qui n'eft point de Plutarque. En quoi il a rendu à fes Lecteurs un plaifir fignalé (2), & il feroit à fouhaiter qu'il eut autant d'imitateurs dans fa bonne foi & dans fa difcretion, qu'il y a d'*interpolateurs* ou de *fourreurs* & de *plagiaires* dans le monde.

* Vie d'Ariftippe écrite en Grec par Diogene traduite par Mr le Fevre *in*-12° Paris 1668. *

1 ¶ Mort 12. Septemb. 1672.   2 ¶ Pour *un fervice fignalé*.

LE PORT-ROYAL.

953 LE foin particulier que *Meffieurs* de Port-Royal ont toujours eu de fe derober à la connoiffance du Public, leur a fi bien réüffi, qu'après un trés-petit nombre de ceux qui ont fait le plus de bruit dans le monde, il eft difficile de reconnoitre & de diftinguer les autres d'avec cette foule d'Ecrivains de ces derniers tems,

Port Royal. qui se sont cachés comme eux, pour pouvoir mieux se confondre avec eux. Ainsi comme je n'ai jamais eu la moindre habitude avec aucun de ces Inconnus, & comme je n'ai point (1) trouvé dans la plupart de leurs livres aucune marque suffisante pour me les faire connoître personnellement ; les Lecteurs auront la bonté d'excuser le peu de connoissance que j'en ai, & ils ne trouveront pas étrange que je ne rapporte ici qu'un petit nombre de leurs Traductions, & seulement de celles qui ont paru avec le Privilege de sa Majesté & l'approbation des Censeurs.

Tout le monde tombe d'accord que ces Messieurs ont rendu deux services considérables au Public. Le premier qui regarde l'Eglise, est celui d'avoir inspiré insensiblement à la plus saine partie du monde du dégoût pour les Romans, & pour tout ce qu'il y a de faux & de frivole dans les livres qui ne sont faits en notre Langue que pour plaire, & d'avoir agréablement retiré les gens des lectures dangereuses par leurs Traductions, dont la beauté a fait aimer & rechercher la verité qui étoit renfermée dans les histoires, & dans les autres ouvrages d'Auteurs dont le mauvais style rebutoit le Lecteur. Le second service regarde la Patrie, & c'est celui d'avoir enrichi & embelli notre langue, & d'avoir rendu quantité d'excellens ouvrages de l'antiquité Chrétienne, familiers & intelligibles à ceux qui ne savent point d'autre Langue que celle du Pays.

Le Pere Bouhours témoigne (2) que ces Messieurs ont beaucoup contribué à la perfection de notre Langue ; mais qu'ils aiment les grandes periodes & les longues parentheses. Quelques-uns disent que c'est à Mr le *Maistre* l'Orateur que les autres Auteurs du Port Royal doivent cette réputation où ils ont été d'aimer les longues périodes, parce que comme le grand style (2) est jugé le plus propre pour donner de la force & de la suite au discours, & que voulant maintenir la dignité de son éloquence, & soutenir la majesté de ses harangues, il l'avoit employé d'autant plus volontiers, que dans ce tems là c'étoit le goût du Public.

Il paroît néanmoins que ces Ecrivains se sont assés bien accommodés dans la suite au génie du siécle, puisque leurs Traductions sont encore aujourd'hui recherchées avec le même empressement, & luës avec la même satisfaction que toujours.

---

1. ¶ *Et comme je n'ai trouvé*, sans point.
2. Entret. 2. d'Ariste & d'Eugene sur la Langue Françoise.
2. ¶ Il faloit pour rendre la construction juste, ou supprimer *comme* avant *le grand style*, ou supprimer *& que* avant *voulant maintenir*.

Mr D'ANDILLY (Robert Arnaud) Conseiller d'Etat, *mort le* 25. *Septembre* 1674.

954 CEt Auteur s'étant retiré des affaires du monde sembloit ne s'être presque point reservé d'autre occupation après ses Exercices spirituels, que celle de traduire les Auteurs.

Nous avons de sa Traduction les œuvres de *Joseph* l'Historien, celles de saint *Jean Climaque*, les Confessions de saint *Augustin*, le Traité de saint *Eucher* du mépris du monde, les Vies des saints *Peres des Deserts* de divers Auteurs, comme de saint *Jerôme*, de *Rufin*, de *Pallade*, de *Théodoret*, de *Jean Mosch*, &c. Les Vies de plusieurs *Saints illustres*, écrites par presque autant de différens *Auteurs*, avec les Livres de la persécution des Vandales par saint *Victor de Vite* ; les œuvres de sainte *Therese* avec sa vie, les œuvres de *Jean d'Avila*, la vie de *Gregoire Lopez*, & un Traité ou Discours de la Réformation de l'homme intérieur, prononcé par un Evêque des Pays-Bas à la reception de l'Abbé Haësten.

Les Critiques disent (1) qu'on trouve dans le style de Mr d'Andilly en général un air de noblesse & d'élevation accompagnée d'une délicatesse qui n'a rien d'affecté, quoiqu'elle se fasse sentir avec plaisir ; que la pureté y est égale par tout, & qu'il y mêle toujours le caractére d'honnête homme avec celui de la piété Chrétienne.

Mr l'Evêque de Tournay (2), & l'Auteur du Journal des Savans (3) prétendent qu'il doit uniquement sa haute réputation à ses vertus & à son esprit, & qu'on n'en peut pas avoir au-delà de ce qu'il en a toujours fait paroître ; qu'il y a peu de personnes qui puissent joindre une plus grande politesse à une vivacité noble, solide & éclairée par une connoissance parfaite des belles Lettres. Ils disent qu'il a été regardé comme un des Maîtres de notre Langue ; que jamais personne n'a écrit avec plus de pureté, & qu'on pouroit dire que son éloquence seroit inimitable, si elle n'étoit commune & comme héréditaire à ceux de cette Maison ; qu'il a excellé en toutes sortes de genres d'écrire, & qu'on court encore après ses Ouvrages avec empressement.

1 Les Prel. & Doct. dont les Approb. sont à la teste de son Hist. sacrée, & de ses autres ouvrages.

2 Gilb. de Choisi. du Pl. 'Pral. Jugement de M. d'And. à la tête de son Hist. Sainte.

3 M. Gall. Journal. des Sav. du 9. Novembre 1675.
Abel Sammarth. Elog. Gent. Arnald. p. 3.

D'Andilly.   Ils ajoûtent qu'il n'eſt pas peu étonnant, qu'un homme qui avoit paſſé plus de la moitié de ſa vie dans les Emplois les plus conſidérables du monde ait pû trouver encore aſſés de tems pour faire un grand nombre de Livres, & qu'il ait paſſé ce reſte d'années, que la plupart des hommes n'employent d'ordinaire qu'au ſoin de conſerver une vie qu'ils ſentent qui leur échape, à compoſer tant, de ſi grands, de ſi ſaints, & de ſi ſavans Ouvrages.

Mr de Balzac donne des louanges toutes extraordinaires, & dans plus d'un endroit de ſes Lettres, aux Traductions de Mr d'Andilly, non pas ſeulement pour leur beauté, mais principalement pour la piété ſolide qu'on y voit briller ; & parce qu'elles ont cet avantage au-deſſus des autres excellentes Traductions du ſiécle, qu'elles nous rendent vertueux & Chrétiens, en nous inſtruiſant, & en nous apprenant à parler (1). *Quel plaiſir*, dit-il à Mr Conrart, *d'être mené à la vertu par un chemin ſi net & ſi beau? J'appelle ainſi la pureté de ſon ſtyle, & les ornemens de ſes paroles.*

Mr Godeau n'en jugeoit pas moins avantageuſement, & il s'en eſt déclaré plus d'une fois dans ſes Ouvrages, tant en Proſe qu'en Vers (2). Mais il ſemble que perſonne n'a relevé plus dignement le mérite de toutes les Verſions de Mr d'Andilly que Mr de Segrais, lors qu'il a dit (3) ,, Que ces excellentes Traductions conſervent non ſeulement le bon ſens des Auteurs mais qu'elles ,, leur prêtent encore ce qui leur manque : & que *ces belles copies ſont bien au-deſſus de leurs Originaux.*

Enfin Meſſieurs Bourgeois & Retart n'ont point fait difficulté de dire que ,, cet homme a rehauſſé le mérite & l'excellence de ,, l'art de traduire, en faiſant par ſon exemple que les eſprits capables des plus grandes choſes, n'ont point jugé le travail des Traductions au-deſſous d'eux (4).

Voila une partie des jugemens qui ont été rendus ſur les Traductions de Mr d'Andilly en général & il eſt bon d'y ajouter quelque choſe de plus précis & de plus ſpécifique ſur quelques-unes de celles qui ont éclaté le plus, & particuliérement de celles qu'il a faites ſur le Grec, comme ſont celles de Joſeph, & de ſaint Jean Climaque; & ſur le Latin comme celles des Vies des Peres des

---

1 Balz. Lett. à Conrart. livre 4. livre 10. & ailleurs.
2 Ant. God. Poëſ. Chreſt. Epiſt. à d'Andilly, Hiſt. Eccl. & ailleurs.
3 J. R. de Segrais ſur l'Eneide de Virgile, pag. 63.
4 Approbation de la Trad. des Conf. de S. Aug.

TRADUCTEURS FRANÇOIS. 137
Deserts, des Vies de plusieurs Saints illustres, & des Confessions D'Andilly.
de saint Augustin.

§. I.

Mr Gallois dit (1) qu'il a rendu à *Joseph* dans sa Traduction toutes   Traduction de
les graces que le tems, les Copistes, les Critiques, & les Tradu-   Joseph.
cteurs lui avoient ôtées. Car il a si bien sû menager, dit-il, les
avantages de notre Langue, qu'il a trouvé moyen d'exprimer
presque toutes les beautés de la Grecque; & au lieu de quelques
ornemens qui manquent au François, il en a substitué d'autres que
le Grec n'a point. De sorte que Joseph n'a rien perdu au change.
Il ajoute que le Traducteur a néanmoins toujours rendu fidélement
le sens du texte Grec, & qu'il s'est servi d'expressions si justes, que
quoiqu'elles ne signifient pas quelquefois précisément ce que cet
Historien a dit, elles expliquent toujours parfaitement ce qu'il a
voulu dire.

Le même Auteur dans un Journal de deux ans après, prétend (2)
que quelque élegante que soit cette Traduction de l'Histoire des
Juifs, on peut dire que celle des autres Ouvrages de Joseph, qu'il
a donnée dans un second volume, est d'autant plus belle, que ces
Ouvrages ont été plus travaillés par Joseph, & sont plus capables
des ornemens de l'Eloquence; ce qui regarde particuliérement les
Livres de la Guerre des Juifs.

Comme il n'y a point d'édition du texte Grec de Joseph qui n'ait
beaucoup de fautes, Mr d'Andilly s'est cru obligé de consulter
divers Manuscrits avant que de faire cette Traduction. Et le Traducteur témoigne lui-même (2) qu'il n'y a point de soins qu'il n'ait
pris pour rendre cette Traduction la plus fidéle & la plus agréable
qu'il lui a été possible, en s'attachant religieusement d'un côté au
sens de l'Auteur, & en s'efforçant de l'autre de chercher dans notre
Langue des expressions, qui par des maniéres souvent différentes,
conservent les graces qui se rencontrent dans la Langue Grecque si
admirable par sa délicatesse, par sa beauté, & par cette merveilleuse fécondité, qui fait qu'un même mot ayant plusieurs significa-
tions, il importe extrémement de bien choisir celle qui convient le
mieux à la chose dont on parle, & qui a le plus de rapport à la
pensée de l'Historien.

Il s'en est si bien acquitté, que les cinq Censeurs qui ont exami-

1 Journal des Sav. du 10. Janvier 1667.   3 R. Arn. d'Andilly préface de sa Trad.
2 Le même M. Gall. Journal du 11. Février   sur Joseph.
1669.

né cette importante Version, prétendent (1) que pour connoître la force & la pureté du style de cet Historien, il ne faut que lire cette Traduction qui répond parfaitement à la majesté & à la grace des expressions de son Original.

Que s'il se rencontre en certains endroits, quoi-que très rares, quelque différence entre la Traduction & le Grec, elle vient, comme le Traducteur le témoigne lui-même (2), de ce que ces passages sont si corrompus dans le texte Grec, que tout ce qu'il a pû faire, a été de les mettre en l'état où nous les voyons.

Il y a encore une singularité dans cette excellente Version, qui est d'autant moins à oublier, qu'elle est d'une grande utilité pour le Lecteur. C'est qu'outre que les éditions qui s'en sont faites à Paris en sont très-belles, très-nettes, & très-correctes, le Traducteur a eu soin pour la premiere fois qu'il y est parlé d'une personne, de mettre son nom en Italique, si cette personne est peu remarquable, & en capitale, si elle l'est beaucoup. Ce qui produit deux bons effets : l'un, que l'on est assuré par cette différence de lettre, que l'on n'a point encore parlé de cette personne ; au lieu que quand les noms sont en lettres Romaines, comme le reste de l'impression, c'est une marque que l'on en a déja parlé : & l'autre, qu'en cherchant plus haut le nom de cette personne jusqu'à ce qu'on le trouve en Italique ou en capitale, on voit particulierement quelle elle est, parce que l'Auteur le dit toujours la premiére fois qu'il en parle.

Enfin, pour faire voir qu'il n'a rien voulu omettre de ce qui pouvoit contribuer à la perfection de cet Ouvrage, il a fait si éxactement les abregés des chapitres de son Historien, que l'on y trouve tout ce qu'ils contiennent ; & il suffit de lire la Table de tous ces chapitres, qui est à la fin, pour avoir un abregé aussi entier de tout le livre, que si l'on en avoit fait un extrait pour ce seul dessein.

Il a aussi rendu la Table des matieres si éxacte, que tout le monde en retire une satisfaction merveilleuse : ce qui est d'autant plus estimable, qu'il se rencontre très peu de Tables de ce genre. Et afin de trouver plus facilement ce qui regarde un même sujet, il ne renvoye pas aux pages, comme l'on a accoûtumé de faire, mais aux chiffres qui se suivent depuis le commencement du livre jusqu'à la fin, & dont un seul chiffre comprend quelquefois divers articles qui sont de la même matiere : ce qui en donne une entiére intelligence, au lieu qu'elle seroit interrompuë si l'on renvoyoit aux pages.

1 De Breda, Marlin, Fortin, Mazure, Cobillon, Approb.   2 Préface d'Andilly comme ci-dessus.

On peut remarquer en passant que cette methode de faire des Tables paroît la plus sûre & la plus commode, puisqu'elles peuvent servir à toutes les éditions & à toutes les formes differentes d'un livre, au lieu que quand elles sont faites par les pages, on est obligé de recommencer de nouvelles Tables à chaque nouvelle édition du livre.

§. 2.

POUR ce qui est de la Version des œuvres de saint *Jean Climaque*, le Pere Labbe nous auroit sensiblement obligés, s'il eut pû détromper le Public de l'opinion où il a toujours été jusqu'à present qu'elle est de Mr d'Andilly, & s'il eut bien voulu apporter quelque preuve ou quelque raison apparente pour l'adjuger sans hésiter, comme il fait, à Mr le Maître son neveu (1).

Traduction de S. Jean Climaque.

Mais nous avons d'ailleurs tout sujet d'admirer la pénétration d'esprit avec laquelle ce Pere a sû sonder les intentions du Traducteur, qu'il croit n'avoir suprimé le nom du Pere Mathieu Rader, qui avoit publié le S. Jean Climaque en Grec & en Latin, que pour faire voir qu'il n'avoit voulu avoir aucune obligation de son travail à un Jésuite. La satisfaction du Public auroit été achevée, si les grandes occupations de ce Pere lui eussent laissé le loisir de nous faire voir que cette Version ressemble quelquefois à une paraphrase, & quelquefois à un abregé : & qu'elle s'écarte aussi quelquefois du texte original Grec. Car ceux à qui il témoigne avoir abandonné ce soin, ne s'en sont point encore acquittés.

Quoi qu'il en soit des curieuses découvertes du Pere Labbe, Mr d'Andilly n'a point laissé de faire la Traduction de S. Jean Climaque. Il est vrai qu'il l'avoit faite d'abord sur le Grec imprimé ; mais ayant rencontré depuis d'excellens Manuscrits de la Bibliothéque du Roi & de celle de Mr le Chancelier Seguier, anciens de huit cens ans, il trouva tant de difference en plusieurs endroits entre ces Manuscrits & l'imprimé, qu'il fut convaincu de ce que plusieurs ont écrit, que nul Auteur Grec n'a été si alteré par les Copistes que S. Jean Climaque, parce que c'est celui de tous les Peres Grecs dont on a fait le plus de copies. De sorte que si les Manuscrits de cet Auteur ne sont anciens de sept ou huit cens ans, c'est-à-dire, du tems où sa pureté étoit encore toute entiere, on y trouve toutes les fautes & tous les changemens qui sont arrivés depuis par la negligence ou la hardiesse des

1 Phil. Labbe Dissert. de Scrip. Eccles. tom. 1. pag. 808. 809.
2 ¶ Baillet lui-même dans ses corrections a reconnu qu'une bonne partie de cette Version de S. Jean Climaque est effectivement d'Antoine le Maitre.

Ecrivains Grecs, qui défigurent en plusieurs endroits l'élegance de son style, & corrompent en d'autres la verité de son sens.

Cette éxacte revûë & cette fidéle correction lui donna le dessein de corriger sa Traduction sur ces anciens Originaux. Mais insensiblement il se porta à la faire toute nouvelle, s'étant étudié avec soin à développer les pensées & les raisonnemens de ce Pere, & à éclaircir les obscurités qui y sont en grand nombre. C'est à quoi lui ont servi fort utilement les Commentaires Grecs Manuscrits du savant Elie Archevêque de Crete. Car il témoigne (1) y avoir trouvé des explications claires & solides d'un grand nombre d'endroits très-obscurs, & que les lumieres qu'il en a tirées l'ont porté à donner plus de jour dans cette nouvelle Traduction aux sens cachés de ce saint, qu'il n'avoit fait dans la précedente.

Les Censeurs qui ont examiné cette Version, pour nous marquer la fidelité & l'éxactitude du Traducteur, disent (2), qu'il n'a contribué que l'élegance & la clarté de son style à l'expression des verités que ce Saint a écrites en sa langue originale; & ils prétendent ne pouvoir nous faire mieux concevoir l'habileté toute extraordinaire de Mr d'Andilly, qu'en disant que son Auteur étoit le plus obscur, le plus embarassé, & le plus difficile de tous les Peres Grecs, à cause de sa breveté extraordinaire, de ses allegories, de ses paraboles, & de ses expressions figurées & mysterieuses, dont il envelope des verités profondes, & que néanmoins il en est venu à bout avec tant de facilité & de bonheur, qu'il a rendu proportionné à la capacité des plus simples un Auteur, qui n'étoit presque pas intelligible aux plus spirituels d'entre les Savans.

En un mot, cette Version passe dans le monde pour une des plus importantes, des plus belles, & des plus utiles de toutes celles de Mr d'Andilly; & c'est peut-être la plus doctement travaillée, dans laquelle, au jugement de quelques-uns, il a fait connoître non seulement qu'il savoit toutes les finesses & les détours les plus cachés de la Langue Grecque, & qu'il disposoit parfaitement de toutes les beautés & richesses de la nôtre; mais qu'il étoit encore grand-homme d'experience dans la spiritualité, & très-versé dans les matiéres traitées par ses Auteurs.

Outre les Ecclaircissemens qu'il a mis à la fin, il a encore inseré dans le texte de sa Version diverses petites gloses distinguées par un caractere different, qui lui donnent de la grace & de la liaison, &

1 Pref. sur la Trad. de S. Jean Clim.
2 God. Herm. & Taign. Approb. de la Trad. de S. J. Clim.

qui soulagent merveilleusement un Lecteur dans l'intelligence de *D'Andilly.*
saint Climaque. Et il y a ajoûté une Table de la même methode
que celle de son *Joseph.*

§. 3.

LA TRADUCTION des *Confessions de saint Augustin* a toûjours *Confessions de*
été très-estimée, & s'il en faloit juger par le débit & par la multitude *S. Augustin.*
des éditions, il y auroit très-peu de livres qui pussent lui disputer
le rang de préféance, après ceux de l'Ecriture Sainte & ceux de
prieres ou d'usages journaliers.

Les Critiques qui en ont fait l'éxamen disent que c'est un modéle
très-parfait pour les Traducteurs qui veulent réüssir dans cette profession, (1) & que c'est un chef-d'œuvre de la clarté, de la douceur,
& de la pureté de notre langue.

Cet oûvrage a été composé par saint Augustin d'une certaine maniére qu'il étoit très-difficile d'en conserver toutes les beautés &
toutes les graces en lui faisant changer de Langue. Cependant la
Traduction non seulement les a toutes conservées, mais elle lui en
a encore communiqué de nouvelles qui n'y étoient pas.

On y trouve une éloquence qui n'est pas moins vive que naturelle.
Le Traducteur ne l'y a point affectée, mais il témoigne (2) s'être
attaché par dessus toutes choses à une fidelité éxacte pour son Original, & n'avoir rien oublié pour éviter les deux extrémités vicieuses
où tombent les Traducteurs modernes.

Car d'une part il s'est éloigné de cette basse servitude, qui en s'attachant trop aux mots & à la lettre, fait des copies difformes & monstrueuses des plus beaux Originaux en pensant les leur rendre plus
semblables: & de l'autre il a voulu apprendre aux Traducteurs par son
éxemple à ne se point donner la liberté d'ajouter & de retrancher aux
sens des Auteurs, sous pretexte de les faire parler plus élégamment.

Il ajoute que pour s'assurer encore mieux des veritables pensées de
saint Augustin, il a fait revoir ce livre sur neuf Manuscrits fort bons
& fort anciens, & qu'il y a trouvé quelques corrections importantes
qu'il a suivies dans cette Traduction. De sorte qu'il ne faut pas s'étonner, dit-il, si elle n'est pas conforme en quelques endroits aux
éditions vulgaires. Et il témoigne que si on en fait une nouvelle édition plus éxacte, & plus correcte sur ces excellens Manuscrits (comme ont fait depuis les Benedictins), il ne doute nullement qu'elle n'y

1 Bourg. & Ret. Doct. approb. des Conf. de S. Aug.
2 Avertiss. au Lect. de la Trad. des Conf.

D'Andilly. doive être très-conforme : & c'est en effet ce qui s'est trouvé très-veritable.

Mais quoi que nous ayons pû dire de la beauté du style de cette Traduction, le Pere Bouhours n'a point laissé d'y trouver de longues periodes qui l'ont un peu fatigué, comme il l'a témoigné dans un de ses entretiens (1) : ce qui néanmoins semble n'avoir pas été capable de l'en dégouter, ni de lui faire perdre l'estime qu'il avoit pû concevoir pour ce bel ouvrage.

§. 4.

Peres des Deserts. POUR ce qui regarde la Traduction *des Vies des Saints Peres des Deserts*, Mr Sorel semble dire que Mr d'Andilly a fait cet Ouvrage, non seulement selon l'usage d'à present pour la pureté, l'éloquence, & la politesse du style (2), mais qu'il y a apporté encore un jugement exquis & une discretion merveilleuse, pour remettre toutes ces histoires dans les bornes du vrai-semblable, & de l'utilité spirituelle.

En effet il ne s'est point assujetti à traduire indifféremment tout ce que nous avons de ces sortes d'histoires dans les Recueils qu'en ont fait le Pere Rosweyde, & les autres, mais l'amour de la verité, & l'aversion que les vrais Israëlites doivent avoir de la fiction & du mensonge, l'ont porté à user de discernement dans la Traduction de ces Vies, à choisir celles qui sont certaines, ayant été écrites ou par les Saints Peres, ou par de fidéles Historiens Ecclésiastiques, & à laisser les autres qui sont fausses, ou suspectes de fausseté, & décriées parmi les Savans, dont il a crû devoir respecter le jugement (3).

En quoi il témoigne avoir suivi les sages éxemples du Cardinal Baronius (4), disant qu'il a mieux aimé, à son imitation, diminuer le nombre de ces Vies, que l'augmenter, en mêlant les fausses ou les douteuses avec les vraies & les assurées, la fausse monnoie avec la bonne, & des Romans spirituels, dont quelques Grecs ont pris plaisir de repaître la credulité des Peuples, avec des histoires constantes, & dont la foi est établie sur les témoignages des Anciens, & des Auteurs graves & solides, qui leur ont donné cours dans toute l'Eglise.

Il a traduit la vie de saint Antoine sur l'Original Grec de saint *Athanase*, & non pas sur la Traduction Latine d'*Evagrius*, qu'il n'a

---

1 Entret. 2. d'Ariste & d'Eugene sur la L. Fr. pag. 167.
2 Ch. Sorel Biblioth. Franc. Trait. des Vies, pag. 150.
3 Discours sur les Vies des PP. des Deserts, num. 19. pag. 55. 56.
4 Baron. ad an. Chr. 203. num. 3.

pas trouvée fidéle. Mais comme les Originaux des autres qui ont D'Andilly. été écrites en Grec, sont perdus pour la plupart, il a été obligé de s'arrêter aux anciennes Traductions Latines.

Outre neuf ou dix Vies solides (1) qu'il a laissées sans les traduire, il a retranché de l'Ouvrage de *Rufin* toutes les Vies de ceux d'entre les Solitaires, que saint Jerôme, sur la foi du Patriarche Théophile, accuse d'avoir été Origénistes. Il en a usé de même dans l'Histoire Lausiaque de *Pallade*, en ce qui avoit quelque marque d'erreur & de passion.

La Version du Dialogue de saint *Sulpice Severe*, sur les Solitaires d'Egypte, est moins une Version qu'un extrait judicieux dont il a retranché divers miracles, qui causent plus d'admiration que d'édification & de profit aux Lecteurs.

Il n'a rien ôté à *Théodoret* que sa Préface à cause de sa longueur, parce que tout ce qu'il a rapporté est d'un très-grand poids, quoi qu'il y ait des choses fort extraordinaires. Il a eu le même respect pour le Pré Spirituel de *Jean Mosch*, quoi qu'il s'y trouve des choses qui paroissent suspectes aux Critiques difficiles, surtout parmi les Protestans.

Mais il n'a rien traduit de *Cassien*, à cause de la difficulté qu'il a trouvée à separer ses erreurs d'avec ce qu'il y a d'excellent, sans lui arracher les entrailles, & le desosser entiérement.

Il y a ajouté un Recueil également édifiant & agréable d'*Actions & Paroles remarquables* des Peres des Deserts, & il y a inseré quelques Vies qu'il a traduites de l'Original Grec en François, comme celle de saint Jean Climaque par *Daniel l'humble*, & de sainte Macrine par saint *Gregoire de Nysse* son frere. Mais celle de sainte Syncletique, écrite en Grec par saint *Athanase*, n'a été faite que sur la Version Latine de David Colville, parce qu'il n'a pû recouvrer l'Original Grec. Enfin on y trouve encore une Traduction de la Vie de sainte Ringarde, écrite en Latin par saint *Pierre Maurice* son fils, neuviéme Général de Cluny.

Les Censeurs de toutes ces Traductions nous assurent (2) qu'ils les ont justifiées sur les Originaux avec le plus grand soin du monde. Ils disent que le Traducteur s'en est acquitté avec tant de jugement, de fidélité, & de succès que cet Ouvrage est au-dessus des approbations ordinaires, soit que l'on considére le sage discernement

---

1 ¶ *Solides* pour *entiéres*. C'est parler Latin en François.

2 Discours sur les Vies des Peres des Deserts, num. 20. pag. 59.

D'Andilly. qu'il a fait des matiéres, soit qu'on s'arrête à la pureté & à la richesse de ses expressions. Que ces Traductions conservent la même odeur de sainteté, que leurs Originaux respirent dans les Ouvrages des saints Peres, ou dans les Ecrits des anciens Auteurs de l'Eglise, & qu'il falloit une suffisance toute extraordinaire pour joindre la fidélité & la politesse dans toutes les pages d'un Livre composé de parties si différentes, & pour faire parler si noblement en notre Langue des Auteurs, dont quelques-uns ont écrit d'un style assés peu élevé en leur Langue originale. Et comme d'une part sa Traduction n'a rien d'indigne de l'éloquence de saint Athanase, de S. Gregoire de Nysse, de S. Jerôme, de S. Sulpice Severe, & du Bienheureux Théodoret : d'autre côté, c'est un chef-d'œuvre admirable, disent-ils, d'avoir donné au reste des Historiens qu'il a recueillis, un ornement qu'ils n'avoient pas, & de les avoir enrichis sans les corrompre.

Au reste il est bon de savoir quelles ont été les intentions de ce Traducteur dans cet Ouvrage, afin qu'on puisse juger si ses vûës ont été légitimes & innocentes, & s'il y a eu quelque succès. Il témoigne ne s'être pas mis à cette occupation seulement pour édifier & instruire les Fidéles, mais encore pour tâcher de détourner ceux qui ont quelque crainte de Dieu, & quelque discernement d'esprit, de la lecture des Romans, dans lesquels le Démon s'est efforcé de faire un art ingénieux & honnête de la plus deshonnête & de la plus brutale de toutes les passions, & d'empoisonner l'esprit pour corrompre ensuite la volonté.

Il se promet que ces sortes de curieux, qui n'ont pas entiérement renoncé aux sentimens de l'honnêteté & de la Réligion, chercheront plutôt un divertissement agréable & sérieux, dans la lecture de ces Histoires également belles & dévotes, que dans ces contes profanes & ces illusions toutes païennes. Il espere qu'ils aimeront mieux des beautés naturelles & vivantes, que des peintures mortes, & des visages fardés ; qu'ils préféreront la vérité à des fables ; les miracles que l'amour divin a faits à ceux que l'amour impudique a inventés ; & les grands & solides ouvrages de la grace toute pure, aux basses & aux vaines productions de la raison toute corompuë (1).

§. 5.

Vies des Saints illustres. ON peut dire qu'il a travaillé à la Traduction des *Vies de plusieurs Saints illustres* avec les mêmes dispositions, & dans les mêmes fins.

1. Les Cenf. & Doct. G, Herm. & Taign. au lieu cité.

L'Auteur

TRADUCTEURS FRANÇOIS. 145

D'Andilly.

L'Auteur du Journal dit (1) qu'il eſt le premier des Modernes qui nous ait donné des Recueils de véritables Vies des Saints ſans aucun mélange de fauſſes : que dans le deſſein qu'il avoit de faire agréablement paſſer les eſprits de l'inclination & de l'attache qu'ils ont pour la fauſſeté & le menſonge à l'amour de la vérité, il a commencé par ce qu'il y a d'inconteſtable dans les Vies des Peres des Deſerts, qui ne laiſſent pas d'être très-divertiſſantes, quoiqu'elles ne s'éloignent jamais de la vérité. Voyant que cela avoit du ſuccès, il a choiſi depuis & traduit ſoixante & dix Vies de pluſieurs Saints illuſtres de divers ſiécles, & de toutes conditions, qu'il a tirées de divers Monumens de l'Antiquité.

Le même Critique ajoute qu'il en a examiné la vérité avec tant de ſcrupule, qu'il a retranché les circonſtances qui lui ont paru en quelque façon douteuſes & ſuſpectes. Et comme par un ſecret de la Providence divine, la vérité eſt toujours plus efficace que le menſonge; ces Vies, dit-il, touchent auſſi plus vivement que ne feront celles qui ſont inventées à plaiſir, & qui ſont remplies de ſuppoſitions. Outre les inſtructions & les exemples de vertu & de pieté qu'on y propoſe, on y trouve encore beaucoup de divertiſſement & de plaiſir, tant pour la diverſité de la matiére qui eſt très-grande, que pour la belle maniére dont les choſes y ſont rapportées.

Si l'on s'en rapporte au même Auteur du Journal, on ne doit pas trouver mauvais que Mr d'Andilly ait fait choix de certaines Vies des Saints qu'on prétend être peu connuës, parce qu'il a été obligé d'en uſer de la ſorte, pour ne pas s'engager dans la diſcuſſion des circonſtances qui ſe trouvent fauſſes ou véritables dans les Vies des Saints les plus communes. Car outre que cette entrepriſe eût donné lieu à une Critique peu agréable, c'eſt qu'elle auroit été encore moins approuvée du commun du monde, qui ſeroit fâché d'être détrompé des erreurs dans leſquelles il a vieilli. Et s'il s'eſt même trouvé des gens qui ont blâmé Mr d'Andilly d'avoir rejetté à la fin de ſon livre la Vie de ſaint Sebaſtien, communement recuë pour véritable, mais ſoupçonnée de faux dans quelques circonſtances par la plupart des perſonnes ſavantes : on doit juger de là du danger où il ſe ſeroit expoſé s'il eût entrepris de détromper entiérement le monde.

§. 6.

A l'egard des Verſions qu'il a faites ſur les Originaux Eſpagnols,

Traductions des Auteurs Eſpagnols.

1 Journal des Savans du 11. de Mars 1667.

146 TRADUCTEURS FRANÇOIS.

D'Andilly. & surtout de celle des œuvres de sainte *Therese*, & de *Jean d'Avila*, on peut dire qu'il ne s'est pas contenté de les rendre éxactes & édifiantes, mais y ayant fait regner par tout sa pureté, sa délicatesse, & son éloquence ordinaire, il leur a donné en plusieurs endroits des tours si nobles & si élevés, que les Auteurs Ascétiques peuvent le compter hardiment parmi les principaux Restaurateurs de leur réputation.

Car personne n'ignore que la plupart des livres de devotion, principalement ceux qui étoient écrits en notre Langue, étoient tombés dans le mépris des Libertins ; qu'ils étoient devenus l'objet de la raillerie des prétendus Esprits-forts, & que les personnes les moins délicates même qui cherchoient quelque chose de raisonnable, de bien pensé, & de bien écrit, en étoient presque entierement rebutées.

Mais ces Messieurs employerent utilement leurs talens pour faire changer la disposition des esprits équitables & solides, & ayant fait tomber heureusement ce dégoût où on étoit pour la plupart des livres de devotion, ils rétablirent en peu de tems le bon goût de la veritable pieté par l'excellence de leurs Traductions, & de leurs autres productions. Et si l'on s'en veut tenir au témoignage des Critiques qui sont le moins suspects d'intelligence avec ceux de cette Societé, (1) il faut reconnoître que le premier livre de devotion qui a été écrit *sensément* en notre Langue, est venu de la famille de Mr d'Andilly, & a paru en 1643.

§. 7.

Des défauts de ces Traductions.

Au reste, comme cet Auteur passe dans l'esprit de la plupart du monde pour le Chef des Traducteurs François, soit par la quantité soit par la qualité de ses Versions : & comme sur ce que j'en ai rapporté, plusieurs pourront se le proposer comme un modele achevé pour bien traduire : il auroit été très-important, pour ne seduire personne, que j'eusse parlé de ses défauts avec autant d'étenduë que j'en ai donné à ses excellentes qualités. C'est une pratique que je tâche d'observer à l'égard des Chefs de chaque Profession, comme on a pû le remarquer déja dans le Recueil des Critiques, & dans celui des Grammairiens, & comme on le verra encore mieux dans celui des Poëtes, des Orateurs, des Historiens, des Philosophes, &c. où je me suis fait un devoir de ne point dissimuler les imperfections qu'on a attribuées à ceux qui tiennent les premiers rangs dans ces diverses Professions.

---

1 René Rapin Jésuite donne cet avantage au livre de la Fr. C. de M. Arn. le D.

J'aurois donc souhaité sincerement pouvoir rapporter ici tous les **D'Andilly.** manquemens ausquels Mr d'Andilly auroit pû être sujet dans ses Traductions. Mais quelque diligence que j'aye apportée pour m'en informer, je n'ai point été assés heureux pour rencontrer des personnes également desinteressées & éclairées, qui ayent pû ou qui ayent voulu m'en instruire.

Nous avons vû plus haut que le Pere Labbe parlant de la Version de saint Jean Climaque, en avoit regardé l'Auteur tantôt comme un *Paraphraste*, & tantôt comme un *Abbréviateur* de son Original : mais comme il ne s'est point donné le loisir de nous le faire voir, il semble qu'on n'ait point eu beaucoup d'égard à une pensée qui a paru trop generale, & qu'il n'a fait connoître qu'en passant. Le Pere Bouhours nous a donné quelque chose de plus précis, à la verité, mais il ne s'est attaché qu'à la censure de quelques mots & de quelques *locutions*, qui sont même en assés petit nombre.

On dit que quelques-uns d'entre les plus fins Critiques de Port-Royal ont eu plus de pénétration que les autres pour découvrir dans les Traductions de Mr d'Andilly des taches; qui ont paru imperceptibles à ceux qui ne l'ont point vû de près, & qui sont effacées ou cachées sous le grand nombre des beautés qui brillent dans tous ses Ouvrages. Ces Critiques semblent dire, que quoique Mr d'Andilly passât de fort loin les Vaugelas, & les d'Ablancourt pour la connoissance des Langues, & particuliérement de la Grecque, il a donné lieu de douter qu'il possedât celle-ci dans toute sa perfection par quelques libertés qu'il a prises dans la Traduction de Joseph, & de quelques autres Auteurs Grecs. Ils veulent que quelques-uns des endroits qu'on a le plus admirés, ayent passé par les mains secourables de son frere, ou de ses deux neveux. Ils prétendent que ce renfort domestique a beaucoup contribué à rendre Mr d'Andilly plus éxact, & que l'on en a eu une preuve fort sensible dans la seconde Traduction, ou la seconde édition de la Traduction des Confessions de saint Augustin, qui est très-differente de la premiere, qui passe dans l'esprit de bien des gens pour une Version supprimée, à cause de la rareré de ses exemplaires. Enfin ils jugent que bien que les Traductions de Mr d'Andilly soient beaucoup meilleures que la plupart de ses Originaux, & qu'il ait communiqué encore plus de gloire à ses Auteurs, qu'il n'en a reçû de ses travaux, l'excellence de ses Ouvrages ne peut pas encore nous faire croire qu'il se soit trouvé quelqu'un jusqu'ici capable de faire passer éxactement toutes les beautés, & toutes les proprietés d'une Langue en une autre.

*Petit Libraire a donné toutes les Oeuvres & Traductions de Mr d'Andilly en 9 vol. *in*-fol. *

Mr ARNAUD (*Antoine*) dit le Docteur, puîné de Mr d'Andilly, & de Mr l'Evêque d'Angers (1).

955 LEs Traducteurs aussi-bien que les Ecrivains de diverses autres Professions peuvent le considérer comme un membre de leur corps, puisqu'il a traduit divers Traités de saint *Augustin*, savoir, celui des mœurs de l'Eglise Catholique, [*in*-12°. 1644. 1652.] celui de la correction & de la grace, [*in*-12°. 1644.] celui de la véritable Religion, le Manuel de la Foi, de l'Espérance, & de la Charité. Il a y ajoûté le texte Latin après l'avoir éxactement corrigé. Quelques-uns lui attribuent encore la Traduction des Livres de saint *Chrysostome* sur le Sacerdoce (2).

S'il y a quelqu'un dans le monde qui n'ait pas oui parler de ce Docteur, il peut s'addresser au Public pour lui en demander des nouvelles, & attendre que la Postérité lui dise le reste.

1 ¶ Mort le 8. Aoust 1694.
2 ¶ Baillet dans ses corrections a reconnu que cette Traduction étoit d'Antoine le Maître frere aîné d'Isaac.

Mr de SACI, (Isaac le Maître) *frere de l'Orateur, neveu des Arnauds, mort au commencement de* 1683. (1)

956 IL n'est pas aisé de dire ce que cet Auteur a composé ou traduit, puisque son nom ne paroît à la tête d'aucun de ses Ouvrages. Mais nous pouvons croire sur le bruit commun & sur la foi de ceux qui passent pour connoisseurs en *Anonymes* & en *Pseudonymes*, qu'il a traduit en notre Langue tous les Livres de l'*Ecriture Sainte*, dont il y en a déja une bonne partie qui a vû le jour, l'Office de l'*Eglise & de la Vierge*, l'Office du saint *Sacrement* (2) avec les leçons tirées des Peres & Auteurs Ecclésiastiques pour tous les Jeudis de l'année, l'Office des *morts*, l'*Imitation de* JESUS-CHRIST, le Poëme de saint *Prosper*, selon quelques-uns; les Fables de *Phédre*, trois Comédies de *Terence*, quelques Livres

1 ¶ Mort le 4. Janvier 1684. en sa 71. année.
2 Touchant l'Office du saint Sacrement ; & l'Office des Morts, Voyés plus bas §. 3.

de l'*Enéide*, dont on a imprimé le quatriéme & le sixiéme (1), & Saci
plusieurs autres Ouvrages dont je n'ai point une connoissance assés
distincte, & dont on attribuë une partie à Mr le Maître son frere.

On a dit de ses Versions en général qu'elles conservent & maintiennent bien la pureté, la fidélité, la majesté, & la sublimité de notre Religion par les mêmes qualités qu'il a données à son style & que dans celles même qu'il a faites des Auteurs Classiques, il a vû le succès de ses principales intentions, qui avoient été de pourvoir sur toutes choses à la pureté & à l'innocence des mœurs des jeunes gens.

§. 1.

Je ne parlerai pas ici des Traductions qu'il a faites des Livres de la Bible, puisque selon le Systême que j'ai donné d'abord à ce Recueil, je suis obligé de les remettre parmi les Interpretes de l'Ecriture Sainte.

§. 2.

Je ne dirai pas non plus tout ce qui se pourroit rapporter ici au sujet de la Traduction de l'Office de l'Eglise qu'on appelle communément les *Heures de Port-Royal*, [en 1650. *in* 12°.] dont la réputation a fait tant d'éclat & de fracas dans la France & à Rome même, nonobstant le Privilége de Sa Majesté & l'approbation des Censeurs: parce que comme l'Auteur y a mis un nom supposé, cela regarde le Traité des Pseudonymes où l'on rapporte ces sortes de contestations comme en leur lieu naturel. Je me contenterai de remarquer que le Public s'obstine de plus en plus à rechercher & à estimer cette Traduction dont les éditions se multiplient d'une maniére prodigieuse ; & que Mr de Segrais de l'Académie (2) en a loué particuliérement la Version des Hymnes faite en Vers François, qui par leur beauté sont beaucoup au-dessus de leurs Originaux. Et j'ajouterai que les six Censeurs de Sorbonne certifient (3) que non seulement cette Traduction est fidéle, ,, pure & orthodoxe, mais ,, que le même esprit qui a inspiré aux Saints ces divines prieres a ,, conduit la plume de ce fidéle Interprete pour nous découvrir les ,, ardentes clartés de ce feu qu'il allumoit dans leurs cœurs, afin ,, qu'il s'en fasse une refusion sur ceux qui lisent cet Ouvrage.

1 ¶ Baillet a reconnu qu'ils étoient d'Arnaud d'Andilly.
2 J. R. de Segr. pref. sur la Trad. en vers de Virgile.
3 Chapelas, Chassebras, le Noir, du Hamel, Grenet, Blondel.

§. 3.

Saci. Les Traductions de l'Office du saint *Sacrement* (1) & de celui des *morts* ont été reçuës avec l'applaudissement & l'approbation publique; & je ne connois qu'un Censeur qui ait entrepris d'y trouver à redire. Mais il n'a attaqué que la table Historique & Chronologique de la premiére de ces deux Traductions, & cela ne consiste qu'en un petit nombre de points de critique sur les Auteurs Ecclésiastiques dont on a tiré les leçons de cet Office (2). La censure semble avoir eu peu de succès, & nous en avons dit un mot parmi les Critiques historiques.

§. 4.

La Version de l'*Imitation* de Jesus-Christ est pure & fidéle, selon le témoignage des Censeurs de Sorbonne, qui ajoutent (3) qu'elle a sû accorder la simplicité du style Evangélique de l'Original avec toute la beauté & la majesté de notre langue, & qu'elle ne contient rien qui ne ressente parfaitement l'esprit de Jesus-Christ & de l'Eglise Catholique.

D'autres Docteurs certifient (4) qu'elle est non seulement très-éxacte & très-fidéle, mais qu'elle est de plus remplie d'une onction & d'une dignité toute sainte qui imprime dans l'esprit & dans le cœur une image vive de tous les devoirs du Christianisme. Le Pere Bouhours dit aussi (5) que cette Traduction de l'Imitation passe pour un des chefs-d'œuvre de Messieurs de Port-Royal en ce qui regarde la pureté de la Langue. Et, à dire vrai, ce Pere paroît en avoir fait tant de cas, qu'il a bien voulu prendre la peine de la revoir lui même, & d'en recueillir tous les mots & les termes qui n'étoient pas à son goût, qu'il appelle des scrupules, & dont il a fait la liste dans le deuxiéme de ses Entretiens.

D'autres Critiques ont crû (6) que ce même Pere avoit voulu faire quelque chose de plus, & qu'il avoit voulu persuader au Public, qu'il y a des expressions dans cette version qui ne sont pas entierement du grand air, & du bel usage.

1 ¶ Baillet a depuis reconnu que le Recueil *des Leçons de l'Office du S. Sacrement* étoit d'Antoine le Maitre, comme aussi la *Critique des Auteurs Ecclésiastiques*, laquelle est à la fin. Que la Traduction de l'*Office du S. Sacrement* est du Duc de Luines. Ménage chap. 97. de l'Anti-Baillet dit plus vraisemblablement qu'elle est d'Antoine le Maitre. Quant à l'Office des Morts, Baillet déclare que la Traduction n'en est pas d'Isaac le Maitre. Mais il n'indique pas de qui elle est.

2 Ph. Labb. Dissert. de ser. Ecclef. in addend. utr. tomi.

3 Gobillon. Petit-pied. Doct. de Sorb.

4 Mazure, de Breda, Maslin, Sachot, Court. Sim. &c.

5 Entret. 2. d'Ariste & Eugene.

6 Gill. Menag. observ. sur la L. F. 2. pref. pag. 9.

Mr Ménage à prétendu que ce „ Censeur s'étoit voulu divertir, Sacī. „ en y cherchant des vers en dépit des Muses, & contre l'intention „ du Traducteur, de même que ce Philosophe Sophiste, qui separoit „ un mot en deux, afin de trouver des vers dans les oraisons d'Isocrate. Mais quelle merveille de trouver des vers dans de la prose, quand on les y cherche exprés ? Et quelle conséquence des Censeurs de cette sorte voudroient-ils tirer contre la prose de *Ciceron*, sous pretexte qu'on a trouvé soixante & dix vers dans la seule premiere page de l'Oraison contre *Vatinius*, comme l'a remarqué Gaspar Barthius (1) ; & un distique entier au commencement du livre de l'*Orateur* du même Ciceron, comme Vossius (2) l'a fait voir à tout le monde (3) ?

Le sieur Cleante semble avoir aussi voulu entreprendre la défense de cette version contre l'Auteur des Entretiens, (4) & montrer qu'elle est hors d'atteinte & à l'épreuve des Critiques. Il souhaiteroit que dans la censure qu'on en a voulu faire, on y eut traité avec „ plus de respect des mots qui sont en quelque façon consacrés „ par la sainteté des choses qu'ils signifient. Qu'on ne sauroit alors „ trop considérer que les differents sujets demandent des expressions „ différentes ; & que s'il y a, selon l'Auteur même des Entretiens, „ des façons de parler qui sont propres à la conversation, il peut à „ plus forte raison y avoir aussi des manieres d'exprimer particulié- „ rement destinées à la devotion.

Quoi qu'il en soit de l'issuë de ce petit combat singulier entre les deux Auteurs des Entretiens & de la Delicatesse d'une part, & Mr Ménage & Cleante de l'autre ; on peut dire que le Public ne s'est pas fort interessé dans leurs querelles, & qu'il n'a songé qu'à se bien maintenir dans la possession paisible d'une Traduction, que l'on dit n'avoir pas peu contribué à rendre la pieté aimable, & à

---

1 ¶ Rien n'est plus ridicule que cette observation de Barthius chap. 17. du 31. livre de ses *Adversaria*. Les vers qu'il rapporte n'ont nul air, nulle cadence de vers. Il en auroit trouvé de semblables dans tous les livres à l'ouverture à commencer par ses propres ouvrages. ¶

2 ¶ Muret long-tems avant Vossius en avoit fait la remarque sur la premiére Catilinaire. C'est un peu après le commencement du 3. livre de l'Orateur que ce prétendu distique se trouve. Il est composé d'un hexamètre & d'un pentamètre, en ces termes

Complexi, plus multo etiam vidisse videntur,
Quam quantum nostrorum ingeniorum acies.

Mais outre que dans l'un & dans l'autre de ces vers le sens est rompu, celui de l'hexamètre étant détaché de ce qui précéde, & celui du pentamètre de ce qui suit, on a de plus changé la situation d'un mot dans le premier vers, & le *plus multo*, au lieu de *multo plus*, afin d'y trouver un hexamètre.

3 Nouvel. de la Rep. des Lett. de Sept. 1684. pag. 130.

4 Cleante, Sentim, tom. 1. pag. 82. 83. 84. 85.

Saci. rehausser, parmi ceux qui ne savent que notre Langue, le mérite & le rang d'un livre, qui après l'Ecriture Sainte ne cede peut-être à aucun des ouvrages Ascétiques qui ont paru depuis les premiers siécles jusques à present.

§. 5.

La Traduction du Poëme de saint *Prosper* contre les ingrats, de quelque Auteur qu'elle soit, se fait encore admirer aujourd'hui par les Critiques les plus intelligens. Elle est double, c'est-à-dire, en prose, & en vers.

Mr Godeau dit (1) qu'autant que cette Traduction est fidéle & ,, claire dans la liberté de la prose, autant outre ces deux premieres ,, qualités, a-t'elle celle de la douceur & de la pompe dans la con- ,, trainte des vers. Il ajoûte que l'entreprise en étoit très-difficile ,, & qu'il ne faut pas douter que ce ne soit par une assistance par- ,, ticuliere de Dieu qu'elle a si heureusement réussi.

Les Censures de la sacrée Faculté assurent aussi (2) que cette double Traduction a autant de solidité que de politesse, autant de beauté que de naïveté, & autant de feu que de lumiere.

Mais pour savoir dignement estimer cet ouvrage ce qu'il vaut, il faut considerer qu'il y a dans la Poësie une certaine hardiesse & une élevation qui ne se peut rendre en prose avec tant d'addresse, qu'il ne se perde toujours beaucoup de la grace & souvent même de la force des expressions & des pensées du Poëte. Et qu'il est d'autant plus difficile de réussir en faisant passer des vers d'une Langue en une autre, qu'il y a une double contrainte, & comme une double servitude, qui est celle de la Traduction, & celle des vers. Cependant le Traducteur y a gardé avec une éxactitude rigide les regles les plus étroites de l'Art de traduire. Il est entré entiérement dans l'esprit de son Auteur; il a rendu ses sentimens avec une fidelité toute entière; il a représenté même ses expressions & quelquefois ses propres paroles quand elles lui ont paru importantes; en un mot il a rendu beauté pour beauté, & figure pour figure, quoique les mêmes graces ne se rencontrassent pas dans les deux Langues.

Il témoigne lui-même (3) qu'il a eu grand soin d'éviter les deux extrémités où tombent aisément ceux qui font profession de traduire: dont l'une est une liberté qui dégenere en licence, & qui rend le

1 Ant. God. Ev. de Gr. & de Venc. dans son Approb.
2 Retard, du Hamel, Doct. de Sorbon. Cens.
3 Préface de la Traduction de saint Prosper.

Traducteur

TRADUCTEURS FRANÇOIS. 153

Traducteur semblable à un Peintre qui voulant representer le visage d'un homme, en fait un tout different selon son imagination & sa fantaisie : & l'autre est un assujettissement qui dégenere en servitude, & qui rend une Traduction semblable au modele qu'elle a voulu exprimer comme un homme mort est semblable à un homme vivant.

§. 6.

LA Traduction de *Terence* est une des plus estimées de toutes celles qui nous sont venuës de la plume de ces Messieurs, tant pour la pureté de notre Langue, que pour le tour inimitable, & l'adresse avec laquelle le génie du Poëte Comique est exprimé dans toute sa naïveté.

On n'a traduit que les trois principales & les plus honnêtes d'entre ses Comédies savoir l'Andrienne, les Adelphes, & le Phormion, mais avec une fidelité & un agrément qu'on ne se lasse point d'admirer. De sorte qu'on y peut apprendre avec un grand avantage & avec beaucoup de plaisir le Latin & le François en même tems ; à bien traduire l'un, & à bien parler l'autre ; à bien écrire, & à bien traduire en tous les deux.

Le Critique (1) qui a décrit la guerre des Auteurs, fait dire à Terence (2) ,, que les plus excellentes plumes l'ont choisi pour le sujet ,, de leurs Traductions, & que c'est pour lui seul qu'ils employent ,, toute leur délicatesse & leur pureté.

On voit aussi dans le Parnasse reformé qu'Horace se plaignant des mauvais Traducteurs de Poëtes en prose Françoise, fut interrompu par Terence non pour blâmer les justes plaintes de ce Poëte ,, mais ,, seulement pour donner des marques de sa reconnoissance à ceux ,, qui ont si heureusement traduit trois de ses Comédies. Que leur ,, prose est si pure, leurs expressions si fines & si délicates qu'elles ,, font honneur à ses vers. Qu'il reçoit tant de gloire de leur Tra-,, duction qu'il est obligé de parler pour eux en toutes rencontres ; ,, & qu'il est de son devoir d'empêcher qu'on les confonde avec ,, ceux que l'on condamnoit (3).

Le Traducteur a prevû l'objection qu'on auroit pû lui faire de ne s'être pas assujetti avec assés de sincerité & de scrupule aux termes de son Auteur : & pour la prévenir il dit dans sa belle préface (4), que Terence a mêlé dans ses Comédies des choses qui bien qu'exprimées

---

1 ¶ C'est Gabriel Guéret qui auparavant avoit fait le *Parnasse reformé* dont la *Guerre des Auteurs* est une suite.
2 Guer. de la Guer. des Auteurs pag. 94.

3 Guer. du Parn. reform. pag. 15.
4 De saint Aubin préf. sur la Trad. de Terence.

Saci. avec des paroles honnêtes, excitent néanmoins des images dangereuses dans ceux qui les lisent, & blessent d'autant plus la pureté, qu'elles le font d'une maniere plus imperceptible & plus cachée. C'est pourquoi considerant que d'une part c'étoit un malheur pour ceux qui instruisent la jeunesse, de ne pouvoir leur mettre entre les mains un Auteur si excellent, sans exposer leur innocence à un grand peril ; & que de l'autre ce seroit un crime de preferer l'avancement de leurs études au reglement de leurs mœurs, & la pureté du style à celle du cœur : il s'est crû obligé de chercher quelque remede à ce double inconvénient & de tâcher de pourvoir tout à la fois à l'intégrité des mœurs du Lecteur, & à celle des pensées de l'Auteur. Il a donc jugé que le moyen d'allier ces deux choses qui sembloient *inalliables*, étoit de faire avec adresse quelques petits changemens, & les moindres qu'il seroit possible dans ces Comédies pour en retrancher tellement ce qui pouvoit être dangereux, qu'on n'alterât en aucune façon l'integrité du sujet, & qu'on ne diminuât rien de leur beauté & de leur grace.

C'est ce qui l'a obligé d'ajouter seulement quelques petits mots dans l'Andrienne, le sujet pouvant aisément être rendu très-honnête : & d'ajouter une Scène à la fin des deux autres Comédies. Car pour retrancher un point de l'intrigue qui blessoit l'honnêteté, sans néanmoins le rendre lâche & imparfait, il a falu necessairement substituer quelque incident honnête en la place de l'autre qui ne l'étoit pas.

Néanmoins ces petits changemens sont tellement conformes à la seule honnêteté morale & civile, que les hommes du monde même desirent qu'on observe sur les théatres, dans les Comédies faites selon l'art & selon les regles : que sans avoir égard à la pieté & aux mœurs, ils jugeront par la seule lumiere naturelle qu'il étoit impossible de les faire paroître traduites en notre Langue avec l'approbation des honnêtes gens. Et de peur que ces deux Scènes ajoutées ne parussent du plomb mêlé avec de l'argent si on les comparoit avec celles de Terence : il les a composées de vers entiers tirés de ses autres Comédies, & de quelques-uns pris de Plaute, où il n'a fait autre chose que lier ensemble les expressions & les phrases qui lui ont paru les plus propres pour representer avec quelque grace cette derniére partie de l'intrigue.

Au reste cette conduite du Traducteur est entiérement conforme aux préceptes que Quintilien nous donne dans ses Institutions (1).

1 Quintilian. Institut. lib. 4. cap. 14.

§. 7.

ENFIN l'eſtime que l'on fait auſſi de la Traduction des Fables de *Phédre* merite bien que nous rapportions une partie des jugemens qu'on en a faits. Son Auteur reconnoît (1) qu'il y a quelques endroits de cette Traduction, & particuliérement dans le ſens des Fables de ce Poëte, dans ſes derniers Livres, qui ſont plus hardis & plus élevés que la Traduction de Terence : comme d'autre part la Traduction de Terence eſt plus utile pour ſavoir la naïveté & les entretiens familiers de notre Langue & pour apprendre à parler comme parlent les honnêtes gens.

L'Auteur du Journal (2) dit que notre Langue n'a rien de plus poli que cette Traduction de Phédre, & néanmoins qu'un Anonyme (3) inconnu a montré qu'elle étoit défectueuſe en quelque choſe. Mais que cela n'empêche nullement qu'elle ne ſoit toujours beaucoup eſtimée de tout le monde, parce qu'on ſait qu'il n'y a rien de ſi achevé, où on ne trouve à redire, quand on examine les choſes avec trop d'éxactitude & trop de ſéverité.

Ce Critique Anonyme qui a repris quelques endroits de cette Traduction & qui s'eſt fait imprimer dans l'édition Latine de Mr le Fevre, ne laiſſe pas de lui rendre bonne juſtice, & de reconnoître que l'élegance y eſt jointe à la pureté, & qu'il ne ſe peut rien de plus naturel & de mieux fait. Le mérite de ces Savans & admi-
„ rables Solitaires, dit-il, qui font ſi bien l'honneur de la France
„ par les belles compoſitions qu'ils produiſent tous les jours m'eſt
„ aſſés connu. J'avouë de bonne foi que Phédre ne pouvoit être mis
„ en François d'une maniére plus agréable ni plus naïve, & que cette
„ Traduction a toutes les qualités qui peuvent donner prix à ces
„ ſortes d'ouvrages. J'avouë encore qu'elle peut ſervir de modéle
„ à ceux qui voudront dorenavant traduire les Auteurs Grecs ou
„ Latins avec ſuccès. Mais enfin quelque belle qu'elle ſoit, elle ne
„ laiſſe pourtant pas d'avoir ſes taches.... L'Auteur ne peut point
„ raiſonnablement s'offencer de ſe voir repris, puiſque les Ouvra-
„ ges les plus achevés qui ſoient jamais ſortis des mains de nos
„ plus excellens Auteurs, ne ſont pourtant pas encore ſi achevés
„ qu'on ne puiſſe y trouver certaines marques de l'infirmité hu-
„ maine, & en tirer des preuves indubitables de la difficulté de notre

---

1 De S. Aub. préface ſur Terence.
2 Journal des Savans du 11. Février 1665. pag. 62.
3 ¶ Ce prétendu Anonyme n'eſt autre que Tannegui le Févre lui-même.

,, langue. Au reste, continuë-t-il, je proteste solemnellement qu'il
,, y a fort peu de Traductions modernes qui méritent d'être consi-
,, derées comme la sienne (1).

Il y a encore deux singularités à remarquer dans cette Traduction. La premiére est qu'on a ajouté aux Fables des titres ou sentences qui représentent d'abord l'ame & l'esprit de chaque Fable,
& qui insinuent même quelquefois une autre morale que celle que
Phédre y avoit donnée. La seconde, est qu'on y a changé pour les
mêmes raisons que dans Terence certains endroits qui pouvoient
blesser la pudeur, & corrompre les mœurs des jeunes gens, &
qu'on en a retranché même trois ou quatre Fables qui pouvoient
beaucoup nuire sans apporter beaucoup d'utilité (2).

---

1 Observations de l'Anonyme sur la verf. Franc. de Phédre à la fin de l'edit. Lat. de Tannegui le Fevre.

2 Pref. de S. Aub. sur la Trad. de Phédre, &c.

Le Sieur DE MARSILLY (Paul Antoine) c'est à dire, M. Th. D. F. (1)

957 LA principale de ses Traductions est celle des Sermons &
Homélies de saint *Jean Chrysostome* sur saint Matthieu,
en trois volumes. [*in*-4° à Paris 1665.]

Mr Gallois dit (2) que cette Version est d'autant plus à estimer,
qu'elle a été faite immédiatement sur le texte Grec.

Il a choisi pour modele l'édition d'Etone, faite par Saville; mais
comme nonobstant l'éxactitude & les corrections de ce savant Anglois, il ne laisse pas d'y avoir encore plusieurs endroits corrompus,
& dont il est difficile de deviner le veritable sens, c'est particuliérement dans l'interprétation de ces passages que le Traducteur
François a fait paroître beaucoup de jugement, & une grande connoissance de la Langue Grecque. Et s'il est vrai que les pensées les
plus belles & les plus excellentes soient toujours celles de saint Chrysostome, il ne faut pas douter que le Traducteur n'ait bien pris l'esprit de ce Pere: car on ne peut pas donner à ces passages un plus beau
sens, ni plus naturel, que celui qu'il leur a donné.

---

1 ¶ Je ne puis deviner ce que signifient ces lettres initiales *Th. D. F.* Baillet ne les a pas employées dans sa Liste des Auteurs dégui-sés pour expliquer le nom postiche *Paul An-toine de Marsilly* qu'il interprète *Isaac le Maitre de Saci conjointement avec Nicolas Fomaine*.

2 Journal des Savans du 1. Février 1666.

TRADUCTEURS FRANÇOIS. 157

Au reste, continuë le même Auteur, cette Traduction est très fidéle; la diction en est pure & choisie, le style grand & magnifique, mais en même tems doux & facile; & ainsi il est très-bien proportionné au caractere de saint Jean Chrysostome.

Les Censeurs (1), disent que cette version est juste, & conforme à l'expression du style, & des pensées de saint Chrysostome : de sorte que les beautés naturelles du plus éloquent des Peres Grecs ne paroissent pas moins sous la plume de cet excellent Interprete, que sous celle de ce Saint ; & qu'il semble que ce soit lui-même qui se soit expliqué une seconde fois en notre Langue.

L'ordre que le Traducteur a gardé dans ses expressions ne contribuë pas peu à la commodité des Lecteurs, & au lustre même de sa Traduction. Car on y peut voir sans peine toute la suite de l'Evangile de saint Matthieu, & celle du Commentaire qu'en a fait saint Chrysostome. Il met premiérement un chapitre entier de l'Evangile; puis les Sermons que le Saint a faits pour l'expliquer. Il distingue aussi toute la suite de son explication par les versets qui sont à la ligne avec leur nombre ; ce qui donne un grand jour pour démêler & trouver toute la suite du Commentaire. C'est ce qu'a fait aussi Savilius dans son Chrysostome tout Grec ; au lieu que cet éclaircissement ne se trouve point dans notre édition Grecque & Latine (2).

* Abregé de S. Jean Chrysostome sur l'ancien Testament, traduit par Paul Ant. de Marsilly *in*-12°. à Paris. 1688. — Abregé de saint Jean Chrysostome sur le Nouveau Testament traduit par P. Ant. de Marsilly *in*-8°. 2. vol. à Paris 1688. *

1 Grenet Curé de S. Ben. Marlin Curé de saint Eust.   2 Préf. de l'Aut. de la Trad.

MR DE LAVAL, c'est-à-dire, M. L. D. D. L. (1).

958   Nous avons sous ce nom deux principales Traductions d'une même main. La premiére est celle des Morales ou des Homélies de saint *Gregoire le Grand*, sur Job, en trois volumes *in*-4°. 1666. que Mr Gallois témoigne (2) avoir été généralement approuvée de tout le monde. La seconde est celle de divers Ouvrages de Piété, tirés des *Saints Peres*, qui n'a point été moins

1 ¶ Ces lettres M. L. D. D. L. signifient Mr le Duc de Luines Louis Charles d'Albert.   2 Journal du 22. Février 1666.

V iij

bien receuë, tant à cauſe de ſon éxactitude, que de la pureté du ſtyle. On dit que cet illuſtre Traducteur s'applique actuellement à tourner en notre Langue les Ouvrages de ſaint Auguſtin qui n'ont pas encore été traduits.

QUELQUES AUTRES TRADUCTIONS ANONYMES
de Port-Royal,
Qui ont eu le plus de cours & de réputation pour la pureté de la Langue, l'éxactitude & la fidélité à l'égard des Originaux, & pour l'édification des Ames.

959 Les Regles de la Morale Chrétienne par ſaint *Baſile le Grand*.

Les Homélies de ſaint *Jean Chryſoſtome* ſur l'Epitre de ſaint Paul aux Romains. [*in*-8°. 1675.]

Les Homélies du même *Saint* au Peuple d'Antioche. [*in*-8° 1676.]

Les Livres du même *Saint* ſur le Sacerdoce, [*in*-12°. 1652.] dont l'Auteur a été marqué plus haut, ſur le bruit commun.

Le Traité de la Mortalité par ſaint *Cyprien* [*in*-8°. 1658.]

L'Explication du *Pater noſter* par le même *Pere* [*in*-12°. 1673.]

Le Livre du Don de la perſévérance, par ſaint *Auguſtin*, [*in*-12°. 1676.]

Celui de la Prédeſtination des Saints, par le même *Pere* [*in* 12°. Paris 1676.]

Les Soliloques, le Manuel, & les Méditations du même *ſaint Auguſtin* [*in*-12°. Paris 1679.]

La Solitude chrétienne, ou Recueil de divers Traités des ſaints *Peres* ſur la ſolitude, en trois volumes *in*-12°. [1667.]

Les Conférences de *Caſſien*, en deux volumes, où le Traducteur a ſagement retranché ce qu'il y a de nuiſible dans la treiziéme, [*par le Sieur de Saligny in*-8°. Paris 1663.]

Les Inſtitutions du même *Caſſien* avec la Regle de ſaint *Benoît*. [2. vol. *in*-8°. 1667. *par le même de Saligny.*]

Les XII. Epitres choiſies de *ſaint Gregoire le Grand* [*in*-12°. à Paris 1676.]

Les quarante-ſix Homélies du même *Pape* ſur les Evangiles.

L'explication du même *Saint* ſur l'Evangile du mauvais Riche. [*in*-8°. 1658.]

On doit bien-tôt faire part au Public d'une belle Traduction des

Commentaires attribués au même saint *Gregoire* sur les Livres de Samuel, ou les deux premiers des Rois, où l'on doit faire voir qu'ils sont infailliblement de ce Saint.

Les Livres de saint *Bernard*. de la Conversion des mœurs, de la Vie solitaire, des Commandemens & des Dispenses [*par le Sieur Lamy, in-12°.* Paris 1672.]

Le Traité du même *Saint* (1) de l'Echelle du Cloître, & son Apologie à Guillaume, Abbé de saint Thierry. [*in-12°.* 1650.]

Le Commentaire de ce *Saint* sur le Pseaume *Qui habitat*, &c. Et celui sur le Cantique des Cantiques [*in-8°.* Paris 1658.]

Les Institutions de *Taulere*, [*in-8°.* 1665.]

Divers Traités Ascétiques de *Gerlac*, *Lanspergius*, de *D. Barthelemy des Martyrs*, du Cardinal *Bona*, &c. [*in-12°.* à Paris 1666.]

Les Regles de la Vie spirituelle, par *Blosius*, ou *Louis de Blois*.

Et plusieurs autres qui courent dans le monde; & dont il est aussi difficile de faire une liste éxacte, que d'en marquer les Auteurs.

Mr de Segrais loue en général ces Traductions des Ouvrages des Saints Peres, & lors qu'il leur donne l'avantage sur leurs Originaux, il n'a voulu parler sans doute que de l'élite de ces Traducteurs, & non pas des Auteurs du second ordre.

---

1 ¶ Baillet dans ses corrections dit n'avoir pas prétendu que le Traité de l'*Echèle du cloi-* tre fût véritablement de S. Bernard n'ayant parlé de la sorte que comme le vulgaire.

Mr GIRARD, Conseiller du Roy (1).

960 IL a traduit en notre Langue la Guide des Pecheurs de *Grenade*, le Mémorial du même Auteur, son Cathechisme, en un mot, ce qu'on appelle ses œuvres spirituelles, en deux vol. *in-fol.* ou en dix *in-8°*. [en 1675.]

Le P. Bouhours témoigne (2) faire cas de la Traduction qu'il a faite de la Guide des Pecheurs, & on peut dire que les autres n'ont pas moins mérité son estime.

---

1 ¶ Guillaume Girard dont nous avons la Vie du Duc d'Epernon.   2 Entret. 2. d'Ariste & d'Eugène p. 166.

Mr HERMANT (Godefroy) Chanoine de *Beauvais* (1).

961 CEt Auteur paroît avoir fait aſſés peu de Traductions. Nous avons de lui les Aſcétiques de ſaint *Baſile*, qui comprennent quelques Traités ſpirituels, les grandes Regles, les petites Regles, & les Conſtitutions Monaſtiques.

Comme les meilleurs Traducteurs ſont ceux, qui avec la connoiſſance exquiſe des deux Langues entrent parfaitement dans l'eſprit de leur Auteur, non ſeulement par une longue méditation de leurs Ecrits, mais encore par une eſpéce de ſympathie d'humeur & d'inclination : il ne faut pas s'étonner que la Traduction des Aſcétiques de ſaint Baſile ſoit une des meilleures de ces derniers tems. Il ſemble du moins que c'eſt la principale raiſon qu'apporte Mr l'Archevêque de Sens (2) pour en faire voir l'utilité, après avoir rendu un témoignage public à l'éxactitude & à la fidélité de cette Traduction.

Mr l'Evêque d'Aulone (3), qui en parle auſſi avantageuſement, qui ajoute que les Remarques en ſont très-ſolides & très-importantes, & qu'elles donnent des éclairciſſemens merveilleux aux penſées de l'Auteur. On peut voir encore à la tête de l'édition le jugement que deux autres Prélats de la première réputation, ont porté de cette Traduction.

1 ¶ Voyés Article 253. & 566.. 3 Jean Ev. d'Aul. Suff. de Clerm. &c.
2 L. H. de Gondr. Arch. de Sens, Approb.

Monſieur DE MAROLLES (Michel) Abbé de Villeloin, *mort en* 1681.

962 CE n'eſt point ſans fondement que l'on fait paſſer Mr de Marolles pour un des plus laborieux Traducteurs de notre ſiécle, & de notre Langue. Car ſans parler de la Verſion du Nouveau Teſtament, il a tourné du Latin en François le *Breviaire Romain*, & quelques autres piéces ſaintes ; un très-grand nombre de Poëtes, comme *Plaute*, *Terence*, *Lucrece*, *Catulle*, *Tibulle*, *Properce*, *Virgile*, *Horace*, les Faſtes d'*Ovide*, *Seneque* le Tragique, *Lucain*, *Juvenal*, *Perſe*, *Martial*, *Stace* ; les Hiſtoires d'*Aurelius Victor*, & de *Sextus Rufus* ; les Vies des Empereurs des Ecrivains

de l'Histoire Auguste, savoir de *Capitolin*, *Lampride*, *Spartien*, De Marolles. *Pollion*, *Gallican*, & *Vopisque*; l'histoire d'*Ammien Marcellin*, celles de saint *Gregoire de Tours*, avec la Continuation de *Fredegaire*, les Dipnosophistes d'*Athenée*, &c.

Un Moderne Anonyme (1) appelle Mr de Marolles le plus grand Traducteur que notre Langue ait jamais eu, & qui l'ait enrichie d'un plus grand nombre d'Auteurs. Un autre (2) a crû que c'est beaucoup le louer, de le considerer comme le plus infatigable Auteur du Royaume.

Mr de Sorbiere témoignoit (3), avoir si bonne opinion de lui, qu'il étoit faché, disoit-il, que cet Abbé eût employé tous ses beaux talens à transporter dans ce Royaume les richesses étrangeres des Latins, par ses Traductions de tant d'excellens Poëtes, plutôt qu'à produire de son fond qui étoit fecond & heureux, de nouveaux trésors pour orner sa Patrie, & pour faire passer plus sûrement son nom à l'immortalité.

Mr Sorel s'est encore donné plus d'étenduë dans les Eloges de de notre Traducteur. Il dit (4) qu'il a témoigné sa pieté & la force de son génie dans la Traduction du Nouveau Testament, dans celle du Breviaire Romain, & de quelques autres Ouvrages de pieté, dont il prétend qu'il a fait sa principale occupation. Il réleve extremement la bonté qu'il a eu d'avoir bien voulu employer quelques heures de son loisir à la Traduction des anciens Poëtes Latins. Qu'il ne faut point prendre garde, si tous ces anciens Auteurs sont appellés profanes, & si quelques-uns d'entre-eux ont quelques termes libres & impurs. Que le soleil jette ses rayons sur la boüe aussi bien que sur les choses précieuses, sans en être endommagé. Que comme cet Astre apporte du changement aux choses qu'il éclaire: le sage en fait de même de tout ce qui est soûmis à ses ordres. Que Mr de Marolles a traduit les Poëtes Romains avec une expression naïve, rendant pensée pour pensée, autant qu'il l'a pû faire, dans ceux qui sont demeurés au dedans des bornes de la pudeur: & que pour les autres, il a touché si adroitement les endroits perilleux, qu'on peut dire qu'il les a purifiés.

Voilà sans doute des sentimens magnifiques que Mr Sorel paroit avoir eûs pour Mr de Marolles, & qu'il semble avoir pris ou dans

---

1 Descript. de Paris tom. 2. pag. 174. 175.
2 Journal du 28. Août 1681.
3 Sam. Sorbiere vit. Gassend. præfix. oper. Phil.
4 Ch. Sorel Biblioth. Franc. Tr. des Trad. pag. 228. 229. 230.

ses Prefaces, ou dans ses Conversations. Et pour rehausser encore le merite de ses Traductions, il ajoûte qu'elles sont imprimées avec un soin très-éxact, & très-utile en même tems, le Latin à côté du François, avec des chiffres, des Tables, & des Remarques à la fin, qu'il appelle doctes. Enfin, que tous ces travaux se sont faits avec une diligence toute extraordinaire.

Mais sans blesser le respect dû à la mémoire de Mr de Marolles, on peut ne pas dissimuler que cette diligence a passé dans l'esprit des plus judicieux pour une précipitation inquiéte, qui faisoit connoître la passion violente que ce Traducteur avoit d'acquerir de la gloire par la multitude de ses Ouvrages.

On voit dans la plupart de ses Préfaces & dans plusieurs de ses Lettres des marques de cette vanité, qui est tout à fait indigne d'un homme de sa probité & de sa réputation. Il avoit même assés peu de discrétion pour tenir cachés ces mouvemens de son cœur, & ne songeant pas qu'il étoit Chrétien, ou même qu'il étoit honnête homme il publioit sans rougir & sans biaiser, qu'il ne travailloit que pour acquerir de la gloire (1).

Il avoit la foiblesse de se plaindre souvent de l'ingratitude ou de la malice du Public, qui ne reconnoissoit pas assés promtement ses services signalés par ses approbations & ses applaudissemens. Il témoigne en plusieurs endroits une basse impatience pour voir le succès de ses travaux, qui a presque toujours trompé ses esperances, jusqu'à ce qu'enfin il s'est accoutumé aux épreuves de la mauvaise fortune des médiocres Ecrivains, comme il paroît dans ses derniers Ouvrages (2). Et ç'a été peut-être un effet de la misericorde de Dieu sur lui, qu'il ait eu le loisir de reconnoître la vanité de ses intentions, d'en porter la peine temporelle par le déplaisir qu'il a eu de se voir relegué parmi les Auteurs de petite consideration, & de survivre à sa réputation.

Les moins estimées de ses Traductions, sont celles des Poëtes, quoi-qu'elles lui ayent beaucoup coûté, & il n'y a point lieu de s'en étonner, si on considere la difficulté qu'il y a de conserver la force & la grace des Vers dans une Prose, qui est dans une contrainte perpetuelle, & qui rampe presque toujours à proportion de l'élevation de son Original. C'est ce que les Etrangers même ont re-

---

1 Mich. de Marolles préf. sur son Horace.   & en divers autres endroits.
2 Préface de la Trad. de Greg. de Tours,

marqué (1) des Traductions que Mr de Marolles a faites des Poëtes De Marolles en Profe.

Il eſt vrai que Mr Godeau témoigne (2) avoir eu de l'eſtime pour la Verſion qu'il a faite de *Virgile*, & Mr de Marolles lui-même aſſure (3), qu'il n'y en a point qu'il ait travaillée avec plus de ſoin que celle-là, & qu'il ne ſavoit mieux faire, comme s'il s'y étoit épuiſé : mais il a eu le préſentiment de reconnoître au même endroit qu'il eſt facheux d'avoir beaucoup travaillé, & d'avoir travaillé inutilement. Auſſi Mr Godeau ſemble-t-il avoir voulu lui donner plutôt un témoignage de ſon amitié, qu'un veritable jugement de ſa Traduction.

On croit que c'eſt de notre Abbé qu'*Horace* ſe plaint dans le Parnaſſe Réformé (4) parlant de ceux qui ſe mêlent de traduire les Poëtes en Profe. ,, Voilà, dit il, les beaux emplois de cette nou-
,, velle Secte de Traducteurs. Ne pouvant s'élever juſqu'à nous,
,, ils nous abaiſſent juſqu'à eux, & nous font ramper comme des
,, miſerables. Parce qu'il leur eſt impoſſible de ſuivre notre rapidité
,, qui les entraîne, ils nous eſtropient ; & par un défaut de jugement
,, ou de veine poëtique, ils mettent tout en profe juſqu'à nos chanſons.

Et je croi que c'eſt pour le railler de ſa contrainte & de ſon eſclavage, que Mr de Furetiere nous dit, Qu'il domta ,, divers
,, Poëtes auparavant inconnus à tous ceux de ſa Nation ; qu'il
,, les mit ſous le joug de ſes ſeveres Verſions ; & qu'il les traita
,, avec tant d'éxactitude & de rigueur, que de tous les mots qu'il
,, y trouva, il n'y eut ni petit ni grand qu'il ne fit paſſer au fil de
,, ſa plume, & qu'il n'obligeât à parler François, & à lui demander
,, la vie. Il vouloit dire ſans doute qu'il n'y avoit pas un mot dans ſes Originaux Latins, qu'il n'eût rendu en notre Langue de gré ou de force, ſans examiner s'il ſuivoit en cela le génie de la Langue ou le bon ſens (5).

Après tout, quelque ſujet que les Critiques ayent d'être mal ſatisfaits des Traductions de Mr de Marolles, ils pouroient conſiderer qu'il a travaillé, & mis des livres au jour plus de ſoixante ans durant, & traiter ſa mémoire avec plus d'indulgence pour tant

---

1 Anton. Borremans Holl. variar. Lect. cap. 11. pag. 108.
2 Ant. Godeau Hiſtoire de l'Egliſe, fin du premier ſiécle.
3 Mich. de Mar. préface ſur la Trad. de Virgile.
4 Parnaſſ. Reform. page 14. & dans la ſuite.
5 A. Furet. Nouvell. Allegor. des troubl. du R. de l'éloq. pag. 50.

d'années de service. Car selon la rémarque de Mr de la Roque (1) s'il n'a point mis la derniere main à ses Ouvrages, on lui a du moins l'obligation d'avoir frayé le chemin à plusieurs Traducteurs, qui sont venus après lui, & qui peut-être ne lui ont pas rendu toute la justice qui lui étoit duë. Car il faut avouer qu'il avoit quelque érudition, & d'autres bonnes qualités.

* On trouve le Catalogue des œuvres de Marolles à la fin de sa Traduction d'Athenée. *

1 Journal des Savans du 28. Avril 1681.

Mr du HAMEL.

963 IL a traduit le Galatée de *Jean de la Case*. L'Auteur du Journal témoigne (1) que cette Traduction n'est pas moins élégante que son Original, & qu'elle est d'autant plus propre pour la vie civile que le Traducteur a accommodé les choses à notre maniére de vivre. Il ajoute qu'au lieu de quelques préceptes, qui seroient maintenant inutiles, il en a substitué d'autres plus conformes à notre usage.

1 Journal du 31. Janvier 1667.

Mr CASSANDRE. (1)

964 CEt Auteur n'étant pas content de la premiére Traduction qu'il avoit faite de la Rhétorique d'*Aristote* [*in*-4°. à Paris 1654.] il l'a revit plusieurs années après. Il l'examina de si près & il la retoucha en tant d'endroits qu'on auroit pu la prendre pour un Ouvrage tout nouveau, qui n'a rien ôté à son premier Auteur que l'obscurité que la plupart des Versions ont ajoutée à l'Original, qui est un des plus difficiles que nous ayons. C'est le sentiment de l'Auteur du Journal (2), auquel on peut joindre ce qu'en a dit Mr Furetiere (3) qui nous fait connoître qu'il en faisoit quelque estime.

Mr Despreaux dit (4) que cette Traduction est l'Ouvrage de plu-

1 ¶ Mort l'an 1695.
2 Journal du 6. May 1675.
3 Nouvell. Allegor. du R. d'éloq. p. 190.

4 Mr Despr. préface de la premiére édition du Traité du Sublime de Longin.

fieurs années, qu'il l'a vuë, & qu'il peut répondre au Lecteur que jamais il n'y a eu de Traduction ni plus claire, ni plus éxacte, ni plus fidéle. Que c'est un Ouvrage d'une extrême utilité, & que pour son particulier il avoue que sa lecture lui a plus profité que tout ce qu'il la jamais lû en sa vie.

Mr Cassandre a encore traduit de l'Histoire de Mr de Thou ce que Mr du Ryer avoit laissé à traduire.

Mr L'ABBE' DE PURE. (1)

965   Nous avons de sa Traduction les Institutions de *Quintilien*, l'Histoire des Indes Orientales de *Maffée*, [*in-4°.* Paris, 1665.] & l'Histoire Africaine de l'Italien de *Jean Baptiste Birago*.

Il s'en est acquité avec assés de succès (2) : & Mr Sorel dit (3) que son Quintilien lui a acquis de la réputation.

1 ¶ Michel de Pure.
2 ¶ Baillet dans ses corrections dit n'avoir parlé avec quelque apparence d'estime pour les traductions de l'Abbé de Pure que sur le témoignage de Sorel qu'il ne reconnoit pas pour un Critique du premier ordre. *b*
3 Ch. Biblioth. Franc. chap. 2. de l'éloq. pag. 25. item chap. 11. des Trad. pag. 227.

Mr CHARPENTIER, de l'Académie Françoise. (1)

966   Cet Auteur a traduit la Vie de Socrate écrite par *Xenophon*, [*in-12°.* Paris 1657.] & la Cyropedie ou l'Institution du Prince par le même Auteur [*in-fol.* à Paris 1659.] Ces Traductions sont dans l'estime universelle du Public comme l'a remarqué Mr Sorel (2), & Mr Furetiere l'a mis au rang des plus éxacts & des plus sévéres Traducteurs du siécle avec Mr de Vaugelas & Mr Giry (3), témoignant qu'il ne cede nullement à Mr d'Ablancourt pour la dignité de son style, & qu'il le surpasse pour la justesse.

L'Ariste du Pere Bouhours dit (4) qu'il est content de la Vie de Socrate, & qu'elle est très-éxacte, quoiqu'elle ne soit pas nouvelle. Il a voulu nous marquer sans doute que cet Ouvrage n'est pas du

1 ¶ Mort l'an 1702.
2 Ch. Sorel. Biblioth. Franc. chap. 11. pag. 227.
3 Ant. Furet. Nouvell. Allegor. du R. d'Eloq. pag. 86.
4 Entret. 2. d'Ariste & d'Eugen. pag. 166.

X iij

nombre de ceux qui ne plaifent que par leur nouveauté, mais de ceux dont le tems fait connoître le prix de plus en plus.

Il y a déja long-tems que Mr de Balzac en a écrit à Mr Conrart en ces termés „ je dirois d'un de vos ennemis & des miens qui „ feroit Auteur d'un pareil Ouvrage qu'eft celui de la Vie de So- „ crate, qu'il eft digne de l'eftime publique, & que fon bon fens, „ fa doctrine, & fon éloquence méritent beaucoup plus de répu- „ tion qu'il n'en a. (1)

Mais fans ce témoignage de Mr de Balzac, le Public n'auroit pas laiffé de rendre à Mr Charpentier la juftice qu'il lui a renduë depuis.

1 Balz. Lett. 19. à Conrart livre 1.de l'an 1650.

Mr MAUCROIX, Chanoine de *Notre-Dame de Reims*, (1)

967 Nous avons de fa Traduction l'Hiftoire du Schifme d'Angleterre par *Nicolas Sanderus*, avec une fuite du même Schifme, c'eft-à-dire la Vie des Cardinaux Renaud Pôle, & Campege; plufieurs Homélies de faint *Jean Chryfoftome*; le Livre de *Lactance* fur la mort des perfecuteurs de l'Eglife [*in*-12°. 1680.] que Mr Baluze avoit publié en Latin pour la premiére fois & l'Abregé Chronologique de l'hiftoire univerfelle du P. *Petau*.

L'Auteur du Journal dit (2) que Sanderus & fa fuite font traduits avec la même netteté qu'il avoit auparavant gardée dans la Verfion de diverfes Homélies de faint Chryfoftome.

Un Ecrivain Proteftant prétend (3) que Sanderus a une double obligation à Mr Maucroix, premiérement celle de l'avoir bien traduit; & enfuite celle de n'avoir pas expofé au Public ce qu'il appelle fes emportemens & fes fureurs en Langue vulgaire. En effet Mr Maucroix a tant retranché de chofes dans l'Ouvrage de cet Auteur, qu'il femble qu'il en ait voulu donner plutôt un abregé qu'une Traduction.

Quelques Critiques ont trouvé mauvais que le Traducteur ait laiffé les termes Géographiques en Langue Latine avec une termi-

1 ¶ Mort à Reims le Lundi de Pâques 9. Avril 1708. agé de 90. ans accomplis. §
2 Journal des Savans du 15. Fevrier 1677.
3 J. Bapt. de Rofemond préface de l'hift. de la Reform. de l'Egl. Anglic. écrite en Angl. par Mr Burnet.

naison qui semble Françoise à la vérité, mais qui est contraire à l'usage de notre Langue, & ils auroient souhaité, que comme il s'agit d'une Histoire moderne; il se fût servi des appellations modernes, ou du moins qu'il eût retenu les terminaisons de Sanderus, s'il avoit envie de conserver les termes anciens dont se servent ceux qui écrivent en Latin.

Mr Maucroix a fait encore un present considérable au Public en lui donnant la Traduction du bel Ouvrage du Pere Petau dont nous avons parlé. Il est vrai qu'un an auparavant le sieur Collin en avoit publié une; mais il s'étoit donné la liberté d'y insérer quantité d'additions, contre ce que la fidélité demande d'un Traducteur. C'est pourquoi Mr Maucroix pour obvier à l'inconvenient de ces sortes d'Ouvrages, & à la difficulté qu'il y a de distinguer ce qui vient de ce dernier Ecrivain d'avec le texte de ce grand homme en a redonné une Traduction [2. vol. *in-12°.* à Paris 1683.] qui est toute simple, mais qui est fidéle & éxacte comme le témoigne Mr de la Roque (1).

1 Journal des Savans du 23. Août 1683.

Mr L'ABBE' TALLEMANT, Aumônier de Madame. (1)

968 LA principale de ses Traductions est celle des Vies de *Plutarque.* Mr Sallo d'Hedouville dit (2) qu'il prend si bien le sens de son Auteur, & qu'il en exprime les pensées avec tant de justesse & tant d'élegance, qu'il ne faut pas s'imaginer qu'on puisse rien faire de plus achevé.

Le dessein de Mr Tallemant n'a pas été de corriger les fautes qui se trouvent dans la Traduction d'Amiot, faute d'avoir bien entendu son Auteur, mais d'en rendre la lecture plus agréable en faisant une nouvelle Traduction qui n'eût rien des vieux mots qui se trouvent dans Amiot, ni de sa maniére d'écrire obscure & embarrassée. Mais cela ne l'a point fait passer entiérement *pour un froid Traducteur du François d'Amiot.*

Mr Gallois (3) ajoute que Mr Tallemant ayant reconnu que l'embarras des periodes d'Amiot apportoit ordinairement de la confu-

1 ¶ François Tallemant mort l'an 1693.   3 Journal des Savans du 25. Avril 1672.
2 Journal des Savans du 16. Février 1665.

sion dans l'esprit des lecteurs, & demandoit une trop grande application, s'est éloigné autant qu'il a pu de ces inconveniens : quoiqu'il eût à traduire un Auteur qui y tombe lui-même assés souvent.

Il ne faut pas néanmoins conclure de là, dit-il, que sa Traduction en soit moins conforme à l'Original. Car il s'est toujours attaché à rendre le sens de l'Auteur. Et quoiqu'il ait traduit les choses plutôt que les paroles, il n'a pas laissé d'y conserver autant qu'il lui a été possible toutes les expressions de l'Original. De sorte qu'il prétend avoir satisfait les Savans par la fidélité de sa Traduction, les ignorans par la clarté, & les plus polis par son élégance.

Outre les Vies de Plutarque Mr Tallemant a traduit encore de l'Italien en François l'Histoire de Venise de *Baptiste Nani* avec assés d'éxactitude selon Mr de la Rocque, qui témoigne (1) qu'on y trouve même des beautés qui ne sont pas naturelles à la Langue Italienne, par la maniére avec laquelle il a tourné les expressions de son Auteur, & menagé les figures dont les Italiens ne sont pas avares, lesquelles quelques belles qu'elles soient en leur langue, sont trop éloignées du goût François, pour pouvoir plaire en notre Langue.

1 Journal des Savans du 7. Août 1679.

---

968 *bis* Mr LE ROY, Abbé de Haute-Fontaine, mort depuis peu, passoit pour un des bons Traducteurs du siécle ; mais comme la plupart de ses Versions sont Anonymes, on peut lui attribuer ce que nous avons dit des autres Ecrivains de Port-Royal.

Mr SPANHEIM (Ezechiel).

969 CEt Auteur nous a donné une Version très-éxacte des Cesars de *Julien* l'Apostat en notre Langue [*in*-4°. à Paris 1683.] Et quand il seroit vrai qu'il pourroit s'y trouver quelques expressions qui ne seroient pas entiérement au goût de certains Puristes, que le chagrin érige en Critiques sans autorité, elle n'y perdroit rien de son prix. Car non seulement elle est faite avec beaucoup d'éxactitude & de fidélité qui est la premiére & la principale qualité d'une Traduction ; mais on doit encore considérer qu'elle vient d'une personne de la première réputation dans toutes
sortes

sortes de Lettres, & d'un illustre Allemand, qui ayant pû faire sa Version ou en Latin ou en sa Langue vulgaire, a bien voulu écrire en la nôtre pour faire honneur à notre Nation, & pour donner des leçons aux Naturels du Pays, qui se mêlant d'écrire, préferent la gloire de se faire entendre aux Etrangers en Latin, à celle d'orner leur Patrie en cultivant leur Langue.

Au reste la Version de Mr Spanheim est faite sur le texte Grec de l'Auteur qu'il a examinée avec grand soin en le conférant avec des anciens Manuscrits, dont il a tiré plusieurs corrections nouvelles & importantes (1 & 2).

1 Préface de la Version Françoise des Cés. de Jul.
2 Journal des Savans du 9. Aoust 1683.

Monsieur le Président COUSIN. (Louis) (1)

970. CE Magistrat passe aujourd'hui dans le monde pour un des plus considerables d'entre les Traducteurs de ce siécle, non pas seulement à cause du grand nombre, mais plus encore à cause de l'excellence & de la beauté de ses Traductions.

Il a traduit en notre Langue les Historiens Ecclésiastiques, savoir *Eusebe, Socrate, Sozomene, Theodoret, Evagre, Philostorge, & Théodore le Lecteur*, [en 4. vol. in-4° à Paris 1675.]; la plupart des Ecrivains de l'Histoire Byzantine ou de l'empire de Constantinople savoir, *Procope, Agathias, Menandre le Protecteur, Théophylacte Simocatte, Nicephore* Patriarche de Constantinople, *Leon le Grammairien, Nicephore de Bryenne, Anne Comnene, Nicetas Choniate, George Pachimere, Jean Cantacuzene, Ducas* &c. [en 8 vol. in-4° à Paris 1672. & 1674.]; Quelques Auteurs Grecs de l'histoire Romaine comme *Xiphilin, Zonare & Zosime* [in-4° à Paris]; Divers Ecrivains Latins de l'Empire d'Occident depuis Charlemagne comme *Eginhard, Tegan, Nitard, Luitprand, Vvitikind* [in-8° à Paris 1678.] &c: L'exhortation de *Clement Alexandrin* aux Gentils, le traité d'*Eusebe* sur la fausseté des miracles d'Appollonius de Tyane [in-12° Paris 1684.], & le traité du Cardinal *Bona* sur les principes & les regles de la vie Chrétienne.

Il n'a travaillé que sur le texte Original de ses Auteurs Grecs, sans

1 ¶ Mort l'an 1707.

Cousin. s'amuser à éxaminer les bonnes ou les mauvaises qualités de leur versions, qui avoient précédé les siennes tant en Latin qu'en François; & il s'est servi pour les Historiens Ecclésiastiques des éditions Grecques de Mr Valois; & pour ceux de l'Empire de Constantinople, de celles du Louvre: c'est-à-dire, qu'il s'est mis à la source la plus pure & la plus vive.

Il semble qu'il se soit attaché sur toutes choses à donner au Public une opinion avantageuse de ses Auteurs: qu'il ait entrepris de rétablir la réputation de ceux d'entre eux qui sembloient l'avoir perduë ou diminuée, soit pour les sentimens sur la Foi qu'on leur avoit imputés; soit pour l'integrité de leurs mœurs qu'on avoit décriées; soit pour la capacité, l'éxactitude, & la sincerité que quelques-uns prétendoient n'avoir pas trouvées entiéres en eux; soit enfin pour l'éloquence & la beauté du discours que plusieurs soutenoient avoir été alterée, & presqu'entierement éteinte dans les Ecrits des Grecs du Christianisme, & particuliérement dans ceux du moyen & du bas Empire de Constantinople.

En effet, il dit lui-même (1) que n'ayant pas entrepris de traduire généralement tous les Historiens de l'Empire Grec, il a laissé les Auteurs qui ont commencé leurs livres dès la Création du monde & qui ont rapporté les faits simplement & sans ornement; mais qu'il s'est arrêté à ceux qui ont joint *les beautés de l'éloquence à la verité de l'Histoire.*

Mr Cousin ne songeoit pas sans doute qu'il travailloit pour sa propre gloire en relevant ainsi le merite de ses Auteurs, puisque quelque grandeur qu'il ait voulu nous faire paroître dans leur éloquence & dans la beauté de leur style, il s'est élevé lui-même au dessus d'eux, & qu'il a surpassé ses Originaux dans toutes les qualités qui peuvent donner de la grace & de la force au discours.

On peut dire aussi qu'il leur a été plus fidele & plus éxact qu'ils l'ont été eux-mêmes à leur matiéres; & que pour cela il a falu être, comme il est, très-versé non seulement dans les deux Langues, mais encore dans tous les sujets traités par les Auteurs qu'il a traduits.

C'est ce qu'il a fait voir par plusieurs dissertations savantes qu'il a mises à la teste de ses Traductions. Il y fait paroître un grand fonds de Critique & beaucoup de connoissance de l'histoire Ecclésiastique & Civile de ce tems-là.

Il ne s'est pas contenté d'une simple version, comme ont fait la

1 M. Cous. Pref. du 1. vol. de l'hist. de Constantinople.

plupart des autres Traducteurs ; mais il a encore examiné avec beaucoup de solidité & de pénétration les fentimens des Auteurs qu'il a traduits, & il a remarqué & corrigé leurs fautes hiftoriques (1) : fur tout celles des Ecrivains Ecclésiaftiques avec autant d'intégrité & de défintereffement, que s'ils euffent été traduits par un autre. Et il a jugé avec beaucoup de raifon qu'il eft du devoir d'un Traducteur également fidele & habile, non feulement de reprefenter fon Auteur tel qu'il eft, mais de découvrir encore en particulier ce qu'il y a de louable & de blamable en lui, & de pouvoir s'en rendre tantôt le Défenfeur, & tantôt le Cenfeur, autant que la juftice & l'utilité publique femblent le demander.

1 Journaux des Savans du 17. Juin 1675.   Du 11. Mai 1676.
Du 26. Aout 1675.   Du 20. Juin 1678.
Du 13. Avril 1676.

Le PERE BOUHOURS (Dominique) Jéfuite, *Parifien* (1).

971 ON peut dire que fi ce Pére a bien voulu s'occuper à traduire, ç'a été non feulement pour faire honneur à fes Originaux, mais encore pour reduire fes maximes en pratique, & pour faire l'application par avance des Remarques qu'il nous a données depuis fur la Langue, jugeant que c'eft le propre d'un homme fage d'éxecuter foi-même les chofes, avant que de les enfeigner.

Ainfi il auroit pû, comme Malherbe, nous renvoyer à fes Traductions, s'il avoit été auffi indifférent & auffi peu complaifant que lui pour ceux qui fouhaitent des preceptes de la Grammaire de notre Langue.

Il a traduit divers opufcules du Latin, de l'Efpagnol, & de l'Italien en François. 1. Du Latin, comme l'Epitre dedicatoire des Conciles que le *Pere Coffart* fit au Roi ; la Defcription d'Auteuil, ou la guerifon du *Pere Rapin* (2), autrement, l'Eloge de Mr Gorge. 2. De l'Efpagnol, comme la Sortie d'Efpagne du Père Nitard Jéfuite, depuis Cardinal, attribuée à l'*Amirante de Caftille* ; & le Miracle du bienheureux Stanislas Koftka, Novice de la Compagnie de Jesus.

1 ¶ Voyés Article 141.
2 ¶ Il entend une traduction en profe Françoife d'une petite piéce de Poëfie Latine du P. Rapin ; mais depuis dans fes corrections il témoigne avoir reconnu que cette traduction étoit du P. Rapin même.

Bouhours. 3. Et de l'Italien, le Panegyrique de la Bienheureuſe Roſe par le *Pere Oliva*, General des Jéſuites.

Mais la plus conſidérable & la plus importante de toutes ſes Traductions, eſt celle du Traité de la vérité de la Réligion Chrétienne, faite ſur l'Italien de Mr le Marquis *de Pianeſſe*. Le P. Bouhours témoigne (1) qu'elle lui a donné un peu de peine. L'eſtime & l'admiration qu'il avoit pour Mr le Marquis ſon Auteur, le firent réſoudre d'abord de le ſuivre pas à pas. Mais ayant reconnu qu'en le ſuivant de la ſorte, il auroit bien pu s'égarer, parce que les maniéres de la Langue Italienne ſont fort éloignées du tour & du génie de la nôtre; il crût qu'il ne pouvoit mieux faire que de bien entrer dans ſa penſée, & de ne le perdre jamais de vûë, ſans s'attacher trop à le ſuivre de ſi près.

Ainſi ne s'aſſujettiſſant pas en eſclave à ſon Auteur, il a pris la liberté d'adoucir des métaphores qui lui ont paru un peu trop fortes; de couper des périodes qui étoient trop longues; de changer des figures qui n'auroient pas eu de grace en François; d'ajouter même en quelques endroits des liaiſons qui lui ont ſemblé néceſſaires en notre Langue pour la régularité du diſcours.

En quoi il prétend avoir ſuivi le conſeil & l'éxemple de ſaint Jerôme (2), qui déclare dans la Lettre qu'il a écrite touchant la meilleure manière de traduire, que la fidélité d'un Interprete ne conſiſte pas à rendre mot pour mot les paroles de l'Auteur qu'on traduit, mais à en rendre éxactement tout le ſens. Ce Saint avoue qu'il en a uſé ainſi dans ſes Traductions, hors celle de l'Ecriture, & il ajoute qu'en ce point il a imité Ciceron dans la Verſion du Protagoras de Platon, de l'Oeconomique de Xenophon, des Oraiſons d'Eſchine & de Démoſthéne.

Notre Pere dit qu'il a ſuivi autant qu'il a pu les Maîtres de l'Art, & non pas ces Traducteurs infidéles, qui ſe donnant une liberté qui va juſqu'à la licence, negligent non ſeulement les paroles, mais auſſi les penſées de leur Auteur; & qui pour le rendre ou plus éloquent, ou plus propre à leur deſſein, lui font dire tout ce qu'il leur plaît.

Il ajoute, que pour le langage il a tâché de le proportionner à la matiére. Car il ne ſeroit pas moins ridicule d'avoir un ſtyle gai & fleuri dans des diſcours ſérieux, que d'avoir un ſtyle grave & ſubli-

---

1 Diſcours du Trad. ſur l'Auteur & le deſſein de ſon liv. fol. penultim.

2 Hieronym. Epiſtol. 101. ad Pammach. de optimo genere Interpret.

-me dans des difcours agréables. Les vérités de la Religion, dit-il, demandent un autre caractére de difcours, que de fimples jeux d'efprit. Pour peu qu'on ait de fens, & que l'on fache la Langue dont on fe fert, on change de ftyle felon la différence des fujets.

Mr Colomiez femble dire que le Pere Bouhours n'a pas moins contribué par ce travail à l'honneur & à la réputation de fon Auteur, qu'à l'utilité publique (1), puifqu'il prétend que le Traité de la Religion chrétienne de Mr de Pianeffe feroit peu recherché, & lû de peu de perfonnes fans la belle Traduction du Pere.

Le Panegyrique de la bienheureufe Rofe paroit être une Verfion du difcours du Général *Oliva* ; mais le Traducteur nous affure luimême que ce n'en eft pas une Traduction éxacte. Il dit (2) que ce difcours qui a de grandes beautés en fa Langue, ne plairoit pas en la nôtre, fi on l'avoit traduit mot à mot. Mais qu'il a tâché de lui donner l'air François. Néanmoins il ajoute, que quelque peine qu'il ait prife pour cela, il n'a pu lui ôter des maniéres Italiennes qui ne font guéres de notre goût.

La Traduction de la Relation de la fortie du Pere Nitard (3), eft plus fidéle, & très-conforme à l'Original Efpagnol, & on peut dire la même chofe des autres.

3 Anonym. Melang. hiftoriq. pag. 39. 5 Ibid. &c.
4 Bouh. avertiffem. fur les opufcul. p. 7.

Mr PERRAULT (Charles) (1).

972 IL eft l'Auteur de la Traduction *de Vitruve*, qui parut en 1673. & qui eft la premiére en notre Langue, où l'on ait réuffi, parce que c'eft un des plus difficiles d'entre les Auteurs, & qu'il demande un Traducteur également habile dans les belles Lettres & dans l'Architecture. C'eft enfin ce qui s'eft rencontré dans Mr Perrault, comme l'a remarqué l'Auteur du Journal (2).

On trouve dans la lecture de fa Verfion une commodité qui n'eft pas dans les autres, par le foin qu'il a pris de mettre à la marge les mots Grecs & Latins, qu'on auroit pu exprimer par d'autres mots François dans le texte, auffi-bien que les interpretations qu'il a

1 ¶ Baillet a depuis reconnu que Charles étoit le nom de Perrault de l'Académie Françoife, frére de celui-ci, dont le nom de batême eft Claude. Voyés l'Article 595.
2 Journal des Savans du 17. Decembre 1674.

Perrault. ajoûtées : ce qui les fait aisément distinguer de celles du texte, où il s'en trouve quelquefois. Notre Langue lui est encore obligée, dit le même Auteur, de mille beaux mots dont il l'a enrichie, parce qu'il ne s'est pas contenté, comme la plupart des autres Interpretes de travestir les mots & les phrases les plus difficiles qui se trouvent dans cet Ouvrage, mais il prend la peine de les expliquer, & il s'en acquitte avec beaucoup de facilité & de netteté.

Le Traducteur nous avertit (1) qu'il a été contraint de laisser quelquefois les mots Latins & les Grecs dans le texte, lors qu'ils n'auroient pû être rendus en François que par de longues circonlocutions, qui sont importunes quand on a besoin d'un seul mot, comme *Odeum*, &c. & qu'il s'est crû obligé de laisser encore des mots dans le texte sans les traduire, lors qu'il s'agit d'étymologie, par exemple, que le mot de *columna* vient de *columen*.

Il dit qu'il a été fort religieux à ne rien changer au texte, non pas même dans les choses qui en rendent la lecture peu agréable, & qui ne sont d'aucune utilité pour l'intelligence des matiéres qui y sont traitées parce que s'il avoit voulu retrancher du texte tout ce qui n'est point nécessaire, il auroit été obligé d'ôter beaucoup d'autres choses, & peut-être qu'il se seroit trompé dans le choix qu'il auroit fait de ce qu'il y a à retrancher.

Il ajoute qu'il ne fait point d'excuse de la liberté qu'il a prise de changer les phrases, parce qu'il croiroit avoir beaucoup failli s'il en avoit usé autrement, puisque les maniéres de parler du Latin sont encore plus différentes de celles du François, que les mots ne le sont ; & qu'il a fait consister toute la fidélité qu'il doit à son Auteur, non pas à mesurer éxactement ses pas sur les siens, mais à le suivre soigneusement où il va. Qu'il en a toûjours usé de cette sorte, si ce n'est quand l'obscurité de la chose l'a obligé de rendre mot pour mot, pour donner lieu à ceux qui se croiront plus habiles & plus éclairés, de découvrir le sens, ou de le suppléer en changeant quelque chose, s'ils le veulent. En quoi Mr Perrault par une modestie si rare, a fait une sage leçon à ces Traducteurs téméraires, qui croyent tout entendre, & qui plutôt que d'avouer leur foible, aiment mieux le couvrir d'un galimathias.

a Préface du Traducteur de Vitruve.

Mr FLECHIER, (Esprit), Abbé de Saint Severin (1).

973 Nous avons de lui la Traduction de la vie du Cardinal Commendon, qu'il a faite sur le Latin de *Gratiani* [*in*-4°. *Paris* 1671]. Mr Gallois témoigne qu'on y trouve toute la pureté & la délicatesse de la Langue (2). Le Traducteur dit (3) qu'il a suivi son Original sans s'y attacher avec trop de sujetion, & qu'il a tâché de conserver par tout le sens de l'Auteur en l'accommodant à notre Langue. Qu'il a cru qu'il lui étoit permis de retrancher quelques redites dans les Harangues & dans les Digressions, & d'adoucir quelques termes qui expriment un peu fortement les prétentions de la Cour de Rome, & qui ne sont pas tout-à-fait de notre usage.

1 Mort Evêque de Nimes le 16. Février 1710. en sa 79. année.
2 Journal des Savans du 1. Mars 1672.
3 Flech. fin de sa Preface.

Mr L'ABBE' CHANUT (1).

974 Il fit une Traduction du *Concile de Trente*, qui parut en 1674. Elle est estimée parce que la pureté de la Langue à laquelle il s'est attaché, ne l'a point fait éloigner des regles d'une exacte Traduction (2).

1 ¶ Martial Chanut Abbé d'Issoire, fils de Mr l'Ambassadeur Chanut.
2 Journal des Savans du 16. Decemb. 1674.

Mr LOMBERT.

975 Il a traduit les œuvres de saint *Cyprien*, [*in*-4°. Paris 1672.] les Livres de la Cité de Dieu de saint *Augustin*, après Mr Cerisiers & Mr Giry même, le Sermon de Jesus-Christ sur la Montagne, avec l'explication du même saint *Augustin*, &c. Mr Bayle, Auteur des Nouvelles de la Republique des Lettres, appelle la Version de saint Cyprien une belle & exacte Traduction.

Dès le commencement que cet Auteur se mit à traduire, il s'étoit fait un chemin à une grande réputation, on le regardoit même déja dans le monde comme un de ces Heros sortis du ventre du cheval de Troye.

En effet, ses Traductions ont toute la pureté & toute l'élégance qu'on peut souhaiter en un excellent Traducteur. Mais quelques-uns l'ont accusé de s'être départi mal à propos de cette exactitude religieuse, & de cette fidélité inviolable qui est dûë aux Auteurs qu'on traduit, & dont il avoit si bien appris les regles dans la célébre École où il avoit été formé. Et on l'a blamé de s'être jetté avec trop de licence dans le parti de la Secte de Monsieur d'Ablancourt, pour se donner la liberté de disposer de ses Auteurs, comme il le jugeoit à propos, & de se les assujettir quelquefois comme par un droit de conquête, comme si des Auteurs devoient passer pour des captifs, sous prétexte qu'on les fait changer de pays & de Langue.

1 Nouv. de la Repub. des Lettres, Mars 1684. tom. 1. pag. 59.

Mr BOILEAU, Sieur des PREAUX. (1).

976 Nous n'avons de lui qu'une petite Traduction, mais qui est assés grande pour servir de modéle à ceux qui veulent réussir en ce genre d'écrire.

C'est celle du Sublime de *Longin*, qu'il a faite sur le texte Grec. Elle est si naturelle, qu'on la prendroit volontiers pour une piéce originale, si on lui ôtoit son titre. Et voilà le point auquel doivent tendre tous les Traducteurs, quoiqu'il s'en trouve si peu qui ayent le bonheur d'y parvenir.

Mr Dacier témoigne (2) que cette Traduction est une des plus belles que nous ayons en notre Langue; que Mr des PREAUX a non seulement pris la naïveté & la simplicité du style didactique de son Auteur; mais qu'il en a même si bien attrapé le Sublime, qu'il fait valoir aussi heureusement que lui toutes les grandes figures dont il traite, & qu'il employe en les expliquant.

1 ¶ Voyés les Articles 140. & 594.
2 And. Dac. Préface de ses Remarques sur Longin, edit. des œuvres du sieur D*** à la fin.

Mr AMELOT DE LA HOUSSAYE. (1)

977 CEt Auteur a publié depuis deux ans quelques Traductions qu'il a faites sur les Originaux Italiens & Espagnols, entre autres celles du Prince, de *Nicolas Machiavel* [in-8° Amsterdam 1683.], de l'histoire du Concile de Trente par le *Pere Paul*, & de l'Homme-de-Cour de *Laurent*, ou plutôt *Baltazar Gracian* Espagnol [*in*-12° à Paris 1684.] ; sans parler de celle de la Liberté originaire de la République de Venise, faite sur l'Italien, & qui a fait tant de bruit sous le titre de *Squitinio della Liberta Veneta* ; & de celle de la Harangue Latine de *Louis Helian* à l'Empereur contre les Venitiens. [*in*-12° à Ratisbonne 1677.].

Il faut accorder de bonne foi à ses Critiques & à ses Envieux, qu'il n'écrit peut-être pas toujours dans une pureté entiere de notre Langue, & que son style n'est pas aussi scrupuleux, aussi coulant, ni aussi poli que celui qui se façonne dans les ruelles. Mais il a du nerf, & il se soûtient bien, & le Traducteur recompense assés d'ailleurs ce leger défaut par son exactitude, sa fidelité, & la solidité de son jugement.

Mr de la-Rocque dit même (2), qu'il concilie souvent la délicatesse de l'expression Françoise avec la force & le brillant de l'Espagnole. Mais qu'il n'a point pû en user de même par tout dans le livre de Gracian. Et voyant que pour suivre la pensée de son Auteur il faloit absolument abandonner la politesse de notre Langue pour quelques mots, où la fidelité de la Traduction ne pouvoit point subsister autrement, il a mieux aimé renoncer à celle là, que de manquer à celle-ci (3).

On peut dire qu'il a gardé la même conduite dans la Traduction du Pere Paul.

---

1 ¶ Abraham Nicolas Amelot de la Moussaye d'Orleans, mort le 8. Décembre 1706.

2 Journal du 21. Aoust 1684.
¶ Il y a dans cet Article bien des *point* à supprimer.

Tome III.   Z

Mr de MARTIGNAC. (1)

978 Il a fait diverses Traductions en prose des plus celebres Poëtes de l'Antiquité. Et c'est faire justice au Traducteur, de dire qu'elles sont meilleures que celles qu'on avoit publiées avant lui sur les mêmes Auteurs, sans en excepter même Mr de Marolles. Il a traduit les trois Comédies de *Terence* [in-12° 1673.], auxquelles Messieurs de Port-Royal n'avoient pas voulu toucher. Elles sont louées par Mr Gueret pour leur délicatesse & leur pureté (2). Il a traduit aussi le *Virgile*, [en 3. vol. à Paris *in*-12° 1681 & en 1708] & si on veut excepter quelque Version d'un ou deux livres de l'Eneïde separée, il n'y en a point de celles qui ont paru en prose qui doivent lui disputer le prix. L'an 1678. il publia la Traduction d'*Horace* [en 2 vol. *in*-12° à Paris], dans laquelle l'Auteur du Journal dit (3) qu'il y a de la fidelité, de l'éxactitude, & de la netteté. On dit qu'il a fait encore la Traduction d'*Homere*, & qu'il continuë toujours à servir le Public par de semblables travaux.

* Il a publié encore les Satires de Perse & de Juvenal *in*-12 Paris 1682. *

1 ¶ Voyés Article 598.
2 La Guerre des Auteurs pag. 94.
3 Journal des Savans du 28. Novembre 1678.

Mademoiselle LE FEVRE (Anne); & Monsieur DACIER, son mari (André) (1).

979 Cette Dame, qui a changé de nom depuis peu, a aussi publié quelques Traductions en prose, de quelques Poëtes Grecs & Latins, comme d'*Anacreon*, & de *Sapho* [in-12° Paris 1681]; deux Comédies d'*Aristophane*, savoir le Plutus, & les Nuées [*in*-12° Paris 1684.]; trois de *Plaute* [3 vol. *in*-12° à Paris 1683.]; savoir le Rudens, l'Epidicus, & l'Amphitryon; & l'on esperoit voir bien-tôt son *Euripide*, & son *Sophocle*.

L'Auteur du Journal prétend (2) que comme le Grec n'a jamais rien eu de plus galant ni de plus poli que les Poësies de Sapho & d'A-

1 ¶ Voyés Article 596.
2 Journal des Sav. du 16. Février 1681.

nacréon, on peut dire de même que la France n'avoit encore rien vû de plus juſte que cette Traduction, tant pour la delicateſſe avec laquelle Mademoiſelle le Févre à imité dans cette copie la naïveté preſque inimitable de l'Original, que pour le ſecret qu'elle a ſû trouver la premiére de faire paſſer dans une proſe fidele les graces que l'on trouve dans les vers Grecs.

L'Auteur des Nouvelles de la République des Lettres dit que cette Traduction d'Anacréon a été trouvée ſi juſte, ſi polie, & ſi ſavamment expliquée par les Remarques qui l'accompagnent, qu'il a falu être bien hardi pour en publier une ſeconde. Il entend Mr de *Longepierre*, dont nous parlerons parmi les Poëtes. Il ajoute, que quoique cette Traduction en Proſe ſuive ſcrupuleuſement le Grec d'Anacréon & de Sapho, elle ne laiſſe pas d'être pleine de charmes, & qu'il a falu une habileté extraordinaire pour y réuſſir, comme a fait cette Dame (1).

On ne doit pas moins eſtimer la Traduction que Mr DACIER a faite d'*Horace*, dont les cinq livres des Odes ſont déja imprimés. [Le tout achevé en 10 vol. *in*-12° en 1691.] Quelques-uns prétendent avec raiſon qu'il efface tous ceux qui l'ont dévancé dans la même occupation, & il paroit aſſés qu'on ne doit lui refuſer rien de ce qui ſe peut dire à la louange d'une excellente Verſion en Proſe.

IL SEMBLE qu'on ne puiſſe pas nier que les Verſions des Poëtes en Proſe n'ayent cet avantage, que la neceſſité des Rimes & d'un certain nombre de meſures n'oblige pas à changer quelque choſe dans l'Original, ni à coudre aucune piéce rapportée. Mais d'un autre côté, quand on traduit un Auteur en Vers, on a l'avantage d'ôter plus facilement de ſon travail la ſechereſſe qui demeure preſque toujours dans une Traduction éxacte. Ainſi il y a une eſpece de compenſation à faire.

Mais après-tout, les Critiques crient toujours que ces ſortes de Verſions ne ſont que de la Poëſie en Proſe, &, comme on dit, de la Cavalerie à pied. Et tout le merite de Mr Dacier, de Mademoiſelle le Févre, de Mr de Martignac, &c. joint à leur credit, n'empêche pas qu'on ne diſe que les Poëtes qu'ils traduiſent, redonnent la vie aux morts dans leurs Ouvrages, mais que pour eux ils donnent la mort aux vivans dans leurs Traductions: & que quelque ſoin qu'ils ayent de repreſenter fidellement toutes les parties & tous les membres de leurs Poëtes, ce ne ſont que des cadavres inanimés,

1. Mr Bayle Nouv. de la République des Lettr. de l'an 1684.

auſquels ils communiquent tout au plus l'incorruptibilité.

* Madame Dacier a donné le Térence latin & françois en 3. vol. *in*-12°. à Paris 1691. — Le Plaute auſſi François & Latin en 3. vol. *in*-12°. à Paris 1683. *

Monſieur DU BOIS (1)

980 IL publia l'année derniere une Traduction Françoiſe des Lettres de ſaint Auguſtin [*in-fol.* 2 vol. 1684.], ſur l'édition nouvelle des Benédictins, où elles ſont rangées ſelon l'ordre des tems, & augmentées de quelques Lettres qui n'avoient pas encore paru. L'Auteur des Nouvelles de la République des Lettres dit (2), ,, Que cette Traduction eſt exacte, fidéle, pure, élégante, & admira- ,, blement démêlée. Et comme la Langue Françoiſe eſt aujourd'hui dans ſa perfection, aulieu que le Latin étoit barbare lorſque ces ,, Lettres ont été écrites, il y a apparence, ajoûte-t-il, qu'on les ,, trouvera plus belles dans la Verſion, que dans l'Original, contre ,, le deſtin ordinaire des Verſions.

,, Le Traducteur a mis par tout des ſommaires fort-bien faits, des ,, notes fort ſavantes ſur les points d'Hiſtoire, de Chronologie, & ,, ſur tous les autres endroits qui pouroient faire quelque difficulté. ,, Il a rétabli ce qu'il y avoit encore de corrompu dans le texte Latin. Enfin il a trouvé & employé tous les moyens imaginables pour rendre à tout le monde l'intelligence de ces Lettres très-facile, avec une éxactitude qui lui a couté des peines extraordinaires, mais qui en épargnera beaucoup aux autres.

1 ¶ Philippe Goibaud Sieur du Bois, mort le 1. Juillet 1694.   2 Nouv. de la République des Lettres de Novembre 1684.

DE QUELQUES TRADUCTEURS de Poëtes en Vers, comme

Monſieur de BREBEUF, Monſieur de SEGRAIS, Monſieur de LONGE-PIERRE, &c.

981 PUis qu'ils ont écrit en Vers, j'ai crû que s'étant mis au rang de leurs Auteurs, il étoit plus à propos d'en parler parmi les Poëtes. C'eſt pourquoi nous nous contenterons de dire

ici un mot de la méthode qu'ont suivie ceux qui ont le mieux réüssi en ce genre de traduire, qui est le plus difficile de tous, & dont nous avons déja touché quelque chose en parlant de la belle Traduction de saint Prosper. Nous choisirons celle de Mr de Segrais, comme la mieux reçûë du Public ; parce que Mr de Brebeuf ne peut pas servir de modéle en toutes choses ; & que Mr de Longe Pierre n'a peut-être pas encore eu le loisir de subir tous les jugemens differens du Public.

Mr De Segrais considerant (1) que la Poësie se distingue principalement de la Prose en ce que son langage est plus pressé & plus figuré, a tâché de renfermer le plus de sens qu'il a pû en aussi peu de paroles que le desir de la netteté & la contrainte de notre Langue, qui ne peut oublier les articles, ont pu le lui permettre, & il a conservé la figure autant qu'il lui a été possible.

Ainsi on ne peut pas douter que sa version ne soit la meilleure de celles qu'on a faites de ce Poëte, parce qu'elle est la plus courte. Son travail & son industrie paroissent encore davantage par la difficulté qu'il y a de faire passer les figures d'une langue en un autre, ce qui ne l'a point empêché d'égaler autant qu'il a pû les idées de notre Poësie Françoise aux idées de la Latine.

Quand il n'a pû suivre le sens éxactement sans faire quelque chose de difforme, il témoigne avoir relâché quelque chose de sa sévérité, & afin d'exprimer ce sens en peu de paroles, lors qu'il n'a pas pris toute la même route, il a trouvé le moyen de ne s'en pas détourner & d'en prendre une autre aussi courte, aussi aisée & aussi naturelle. C'est pourquoi on ne trouve dans son ouvrage ni une Paraphrase ni une Traduction entiérement literale. Il a cru qu'il étoit meilleur de tenir le milieu entre les deux, en s'approchant toutefois plutôt du sens literal que de l'autre extrémité, en quoi son scrupule est allé si loin, qu'il l'a quelquefois empêché de prendre d'autres sens plus François que Latins, & plus capables par conséquent de briller aux yeux du Lecteur, qui ne sauroit pas la Langue Latine, pour lequel il a principalement écrit.

Il lui est arrivé quelquefois de s'écarter tant soit peu, mais on trouve plus souvent des vers qu'il a rendus mot pour mot.

Enfin il nous a donné l'Eneïde en François comme il a conçû que *Virgile* l'eût donnée lui-même, s'il fût né François, & de notre tems. Son sujet s'y trouve tout entier. On y reconnoît ce Poëte non seule-

---

1 Segr. préface sur l'Eneïde de Virgile num. 13. pag. 64. & suiv.

ment par le gros de fon Ouvrage, mais par fes moindres parties: & il fe fuit de periode en periode, auffi-bien que de livre en livre.

Mais il n'a point été crû entiérement lorfque fa modeftie lui a fait dire qu'il n'avoit pas réüffi dans les efforts qu'il a faits pour imiter la clarté, la pureté, la facilité, & la magnificence de fon Auteur, du moins eft-on perfuadé qu'il en eft le moins éloigné de tous ceux qui ont couru la même carriére.

DE QUELQUES
TRADUCTIONS
ITALIENNES, ESPAGNOLES, & ALLEMANDES.

LE peu de connoiffance que j'ai des Traductions faites dans les autres Langues vulgaires m'oblige de n'en point parler, mais j'ai quelque fujet de me confoler de mon ignorance, s'il eft vrai qu'il y en a très-peu qui faffent envie de quitter les Originaux pour fe faire lire, & fi l'on ne nous flate point, quand on veut nous perfuader que toutes les Nations cedent volontairement à la nôtre la gloire de bien traduire les anciens Auteurs.

Ainfi je me contenterai de nommer un petit nombre de ceux d'Italie, d'Efpagne, & d'Allemagne, qui femblent faire le plus de bruit, comme étant nos plus proches voifins, afin de donner lieu au Lecteur qui les connoîtra mieux que moi, d'en dire fon fentiment, ou de m'envoyer fon jugement, s'il juge à propos qu'on l'infere dans une feconde édition.

TRADUCTEURS ITALIENS

ANNIBAL CARO, DE *CIVITA NOVA* dans la *Romagne* Commandeur *de Malte mort en* 1566.

981 bis IL a traduit le *Virgile* en vers Italiens [à Padouë *in* - 4° 1608.] d'une maniére fort délicate & fort heureufe. Dom Lancelot témoigne (1) que cette verfion eft fort eftimée tant pour la pureté de fon ftyle, que pour la fidélité & la propriété de fes expreffions. Le Ghilini prétend même (2) que les plus judicieux Critiques de ces tems là eftimerent que le Traducteur étoit parvenu à la gloire de fon Auteur, & que fa Traduction pouvoit bien paffer pour un Original. Caro a tourné encore en fa Langue la Rhétorique d'*Ariftote* [in-4° à Venife 1570.]; deux Oraifons de faint *Grégoire Nazianze*, & quelque chofe de faint *Cyprien*.

D'autres ont auffi traduit l'Eneïde en Italien, mais avec beaucoup moins de fuccès & de réputation, comme HERCULE VEINE (3), JEAN PIERRE VASCO, JEAN FABRIN, &c.

1 Preface de la Gramm. Ital. de P. R pag. 14.
2 Ghilini Theatr. Huomin. literator. tom. 2. pag. 14.

3 ¶ Il a voulu dire Hercule d'Udine, *Ercole da Udine*. Fabrini a feulement commencé Virgile en Italien, mais il ne l'a point traduit.

982 VINCENT CARTARI a traduit les Faftes d'*Ovide* vers le milieu de l'autre fiécle.

983 JEAN ANDRE' DALL' ANGUILLARA a traduit les Métamorphofes d'*Ovide* qui furent imprimées en 1617. 1625. &c. à Venife & ailleurs. Cette verfion eft fort eftimée & on tient qu'elle a effacé celles qui l'avoient précédée.

* *Metamorfofio di Ovidio dell' Anguillara* in-4°. *Venet*. 1578. & 1584. *

FABIO MARETTI.

984. A Fait aussi une Traduction Italienne des Metamorphoses d'*Ovide*, mais en vers (1). Cette version fut imprimée avec le texte Latin à côté en 1570. in-4°.

1 ¶ Il faloit dire *aussi en vers* parce que celle de l'Anguillara, qui précéde, est en Vers.

985. JEAN FABRINI a traduit les œuvres d'*Horace* (1). Il y a joint même des Commentaires qui parurent avec la Traduction à Venise en l'année 1573. in-4°.

Il a fait aussi une Traduction (2) de l'Eneïde de Virgile [en 1554. *in-fol.*] que quelques-uns estiment.

* *Lettere Familiari di M. T. Cicerone commentate in Ling. vulgare da Giov. Fabrini* in-fol. *in Venetia* 1568. *

1 ¶ Il n'a fait que les commenter en Italien sans y joindre de traduction.
2 ¶ Fabrini, comme je l'ai remarqué Article 981. *bis* a commenté en Italien les œuvres de Virgile, mais il n'en a traduit quoi que ce soit. Nous avons de lui sur Térence un travail semblable, (à Venise 1548. *in-quarto* & 1580.)

986. JEROME FRACHETTA de Rovigo a traduit les œuvres de *Lucrece* [in-4° à Venise 1589.] avec des explications qui sont estimées selon Ghilini (1).

1 Theatr. huom Literat. tom. x. pag. 121.

987. ERASME VALVASONE a traduit en vers Italiens la Thebaïde de *Stace* [in-4°. à Venise 1570.]

BAREZZO BAREZZI.

988. A Traduit en sa Langue divers ouvrages Espagnols, soit Poësies, soit Romans, comme 1. le Poëme ou Histoire tragique de l'Espagnol *Gerard* composé par *Gonsalve de Cespede de Meneses*. Il fut imprimé à Venise en 1630. in-4°, mais l'original &
la

TRADUCTEURS ITALIENS.

la copie font en profe. 2. La Picara Giuftina, ou la Gueufe Vagabonde de *François Ubeda*. 3. Le Guzman d'Alfarache de *Mathieu Aleman*. 4. Lazarille de Torme, ou le Gueux de Caftille (1), dont l'Auteur (2) n'eft pas encore affés bien connu, &c.

1 ¶ C'eft à Guzman d'Alfarache qu'appartient ce titre non à Lazarille, à qui fon Auteur ne le donne pas.

2 ¶ L'Auteur de la premiére partie de Lazarille eft le fameux Diego Hurtado de Mendoze mort l'an 1575. dont on peut voir l'éloge dans André Schott, & dans Dom Nicolas Antoine.

989   **B**ARTHELEMY PARTENIO, de *Breffe* vivant en 1480. a traduit le Roman de Leucippe & de Clitophon écrit en Grec par *Achilles Tatius*. Cette Traduction eft louée comme un des beaux monumens de la Langue Italienne (1) pour la beauté du ftyle, & la fidélité à l'égard de fon Original (2).

1 ¶ Baillet n'a pas entendu le Ghilini qui dit néanmoins bien clairement que Barthelemi Partenio a traduit, non pas en Italien, mais en vers Latins, *dall' idioma Greco in verfi Latini*, les amours de Leucippe & de Clitophon. La traduction qui devoit être ici rapportée de ce Roman eft celle qu'en a faite en belle profe Italienne Francefco Angelo Coccio.

2 Ghilini, theatr. tom. 1. pag. 25.

990   **L**EONARD GHINO de *Cortone* en Tofcane, a traduit du Grec en latin (1) l'hiftoire Ethiopique de *Heliodore*, c'eft-à-dire le Roman de Théagene & Chariclée. On dit qu'il a donné à fa Traduction des couleurs très-vives & très-belles; qu'ayant procuré un nouveau luftre à fon original, il s'eft rendu égal à lui, & qu'en lui rendant pour ainfi dire la vie, il s'eft rendu lui-même immortel dans la memoire des Gens de Lettres de fon Pays (2).

1 ¶ Voici une faute toute oppofée à la précedente. Le Ghilini en effet dans l'endroit cité dit en termes exprès que Leonardo Ghino a traduit *dal Greco nel Tofcano l'Iftoria di Heliodoro delle cofe Etiopiche*.

2 Ghilini, theatr. tom. 1. pag. 346.

LOUIS DOLCE, de Venife, *mort en* 1568.

991   **C**Et Ecrivain fe plaifoit particuliérement à traduire en fa Langue, & nous avons de lui un grand nombre de Traductions Italiennes, comme des Métamorphofes d'*Ovide*, & de fon Art d'aimer; de quelques Epigrammes de *Catulle*; des Satires &

Tome III.   Aa

des Epîtres d'*Horace* avec son Art Poëtique en vers Italiens ; du Dialogue de *Ciceron* de l'Orateur [in-8° à Venise 1577.] ; de l'abregé historique de *Sextus Rufus* ; de la Chronique de *Cassiodore* ; des vies des Empereurs Romains par Pierre *Messie* Espagnol, &c. de quelques Romans en vers (1).

Il étoit sans doute un des meilleurs Ecrivains de son siécle dans la langue du Pays. Son style a de la douceur, de la pureté, & de l'éloquence. Mais la dureté de sa fortune le jetta dans un chagrin & une mélancholie, qui l'empêcha de mieux faire encore, & qui le fit quelquefois courir avec trop de précipitation pour aller au devant de la nécessité.

* *Le Tragedie di Seneca, tradotte di Lod. Dolce* in-8° *Venet.* 1560. — *Le Oratione di M. T. Cicerone tradotte di medismo* in-4° *Vinegia* 1562. 3. vol. *

1 Ghilini theat. d'hom. de Lettr. pag. 148. tom. 1.

992 MATH. M. BOIARDO a traduit l'Histoire d'*Herodote*.

993 FREDERIC STROZZI (1) a traduit celle de *Thucydide*, après Barthelemi Parthenio (2), dont nous avons parlé plus haut.

1 ¶ Le nom de ce Traducteur est *Francesco di Soldo Strozzi*

2 ¶ Barthelemi Parthenio n'a fait nulle traduction de l'Histoire de Thucydide. Il a seulement traduit la vie de cet Historien du Grec de Marcellin en Latin, & cette version fut imprimée l'an 1513. *in-folio* chés Badius avec celle de l'Histoire de Thucydide par Laurent Valle. Le Ghilini mal instruit de cette distinction a induit Baillet en erreur.

TRADUCTEURS ITALIENS. 187

994. LOUIS DOMENICHI de *Plaisance* a traduit l'Histoire de *Xenophon*, & sa Cyropédie après Jacques Poggio (1); les Vies & les Eloges de *Paul Jove*, & depuis encore son Histoire universelle & le reste de ses Ouvrages ; l'Histoire des Lombards par *Paul Diacre*; celle de Venise par *Pierre Marcel* ; la Bataille de Tarro entre Charles VIII. & les Princes d'Italie par *Alexandre Benedetti* ; divers Ouvrages de saint *Augustin*. On loue dans toutes ses Traductions la beauté du style de Domenichi, & Ghilini témoigne qu'il y a apporté une diligence exquise (2).

* *L'opere di Xenophonte, de Lud. Domenichi* in-8°. *Venet.* 1547. *

1 ¶ Poge Florentin fit de la Cyropédie de Xénophon une version Latine si mauvaise que Philelphe quelque tems après fut obligé d'en faire une nouvelle. *Cyripediam ce sont les paroles de Philelphe, Lettre 35. du 28. livre, quam Poggius omni ex parte vitiarat Latinam reddidimus.* Jaques fils de Poge ne laissa pas de traduire en Italien cette version de son pére, de laquelle il ne manqua pas de conserver, & peut-être d'augmenter les fautes. On doit présumer que le Domenichi ne se sera pas réglé sur un si méchant modèle, & qu'en ayant un meilleur à suivre, j'entens la traduction de Philelphe, il ne l'ait préférablement suivie. Le Domenichi mourut l'an 1574. Il ne savoit pas de Grec.

2 *Theatr. huom. Litterat.* tom. 1. p. 149.

NICOLAS LEONICENO, de *Vicenze*, mort en 1524.

995. ON a de lui une Version en Langue vulgaire de l'Histoire de *Dion Cassius*, dont il a même corrigé le texte. Nous avons déja parlé de lui aux Traducteurs Latins (1).

1 ¶ Voyés Article 827.

996. ALEXANDRE GUARINO a traduit les Commentaires de *Cesar* après le PALLADIO, qui en avoit fait autant dans le siécle passé (1).

1 ¶ Augustin Ortiea della PortaGenois est, je pense, le premier qui ait traduit en Italien les Commentaires de César. Sa version fut d'abord imprimée à Toscolano sans date, ensuite à Venise en 1531. & depuis en 1541. François Baldelli l'an 1558. en donna une nouvelle aussi imprimée à Venise. Il s'en voit une troisiéme qu'Andrea Palladio fameux Architecte, continuant les desseins de Leonida & d'Horatio ses fils, a illustrée de diverses figures, pour représenter la situation des lieux, les campemens, les fortifications, les machines, & autres constructions mentionnées dans le livre, ce qui ne contribuë pas peu à en faciliter l'intelligence. Cette troisième version différente de

A a ij celle

* *Commentari di C. Julio Cesare con le figure in rame di Andrea Palladio* in-4°. *in Venetia* 1575.*

celle de l'Ortica, & du Baldelli, étant anonyme, on ne fait à qui l'attribuer. Baillet la donne à Palladio, mais il y a lieu de douter que cet habile Architecte eût fait l'étude nécessaire pour entreprendre une pareille traduction, de laquelle, dans les préfaces qu'il a mises au-devant, il ne se dit nulle part l'Auteur, mais seulement des figures. A l'égard d'Alessandro Guarini, comme on a de lui une Apologie de Jule César imprimée à Ferrare *in-quarto* l'an 1638. & qu'elle est intitulée IL CESARE, ce titre a trompé Baillet, qui trouvant dans quelque catalogue *Il Cesare d'Alessandro Guarini*, a cru que le César d'Alessandro Guarini étoit une traduction que ce Guarini avoit faite des Commentaires de César.

ADRIEN POLITI de *Sienne au commencement de ce Siécle*.

997. IL fit la Traduction de *Corneille Tacite* à deux reprises différentes, parce que son premier travail n'avoit pas été bien reçu. Il le remit sur son Bureau pour le revoir & le raccommoder, & il le lima si bien, que cette seconde Traduction [*in-4°.* à Venise 1647.] le fit passer pour un Ecrivain assés poli.

Il a fait d'autres Ouvrages pour l'embellissement de la Langue de son Pays, & ils sont assés considérés.

Jan. Nicius Erythr. Pinacoth. part. 2. num. 57. pag. 172. 173.

Hier. Ghilini theatr. huom. Lit. tom. 1. pag. 1.

BERNARD AVANZATI, de *Florence* (1).

998. IL a fait aussi une Traduction Italienne de *Corneille Tacite*, [*in-4°.* à Venise 1658.] mais selon le Vittorio de Rossis (2), d'une maniére à faire croire qu'il avoit voulu corrompre & faire perir la pureté & l'élegance de la Langue du Pays, pour l'affermissement de laquelle les autres employoient tous leurs soins & leur industrie. Car il y a fait entrer des expressions & des termes si vieux & si éloignés du bel usage, que ceux qui n'ont que les premiéres teintures de la Latinité entendront plus aisément Corneille Tacite en sa Langue, que les Italiens naturels qui savent la leur n'entendroient cette Version d'Avanzati. De sorte qu'après la mort du

1 ¶ Il faut écrire *Davanzati*, né à Florence le 30. Aout 1529. & mort le 10. Mars 1606.

2 Jan. Nic. Erythr. Pinacoth. part. 3. p. 219. 220.

Traducteur, quelques personnes judicieuses se crûrent obligés de mettre les termes Latins de Tacite à côté de l'Italien d'Avanzati, pour servir d'explication & d'éclaircissement à la Traduction. Les Florentins même qui passent pour les plus intelligens dans la Langue du Pays témoignent qu'ils sont souvent obligés de recourir à l'Original Latin pour pouvoir déchifrer la copie Italienne.

Avanzati avoit eu deux vûës dans cette conduite irréguliére. La 1. étoit d'imiter la breveté de son Original, d'affecter son obscurité, & de faire le mystérieux. La 2. étoit de faire revivre les anciens mots Toscans éteints, & abolis depuis plusieurs siécles. En quoi il avoit la sottise de se croire plus sage que Petrarque & que Boccace, qui passant pour des hommes divins parmi les Italiens, & pour les maîtres souverains de la Langue, n'ont eu rien tant à cœur que de bannir les vieux mots, sur tout ceux qui n'étoient plus en usage dès le tems de Dante, & qui sont pourtant ceux ausquels l'Avanzati prétendoit redonner la vie.

---

999 THOMAS PORCACHI de *Castiglione Aretino en Toscane*, mort en 1585, a traduit l'histoire de *Quinte-Curce* avec assés de réputation. [imprimé à Venise *in*-4° 1559.]

Ghilini Theatr. huom. Literat. tom. 1. pag. 218.

1000 BARTHELEMI ZUCCHI, de *Monza au Milanez*, mort en 1631. a fait aussi en sa Langue la Traduction de *Justin*; des cinq livres du Pere *Turselin* Jesuite de l'histoire de Notre-Dame de Lorette ausquels il en a ajouté un sixiéme; les livres du Pere *Jerôme Platus* Jesuite sur le bon état de la Religion &c.

Ghil. tom. 1. pag. 26.

1001 FRANCOIS BALDELLI a traduit *Philostrate* de la vie d'Apollonius de Tyane, & de quelques autres ouvrages.

* Savoir, *Historia di Diodoro Siciliano tradetta di Francisco Baldelli* in-4° *Venet.* 1572. 2. vol. — *Dione Cassio Niceo tradotte di medismo* in-4° *Venet.* 1566. *

A a iij

1002 JEAN MARIE VERDIZZOTI a traduit les Vies des Saints Peres des Deserts de divers *Auteurs* & le Pré spirituel de *Jean Mosche*.

1003 CHRISTOFLE LANDINO, de *Florence*, vivant en 1510. (1) a traduit la vie de François Sforce écrite par *Jean Simonette*. Ghilini ne fait pas mention de cet ouvrage, quoi qu'il parle de l'Auteur.

* *Historia di Plinio secundo di Latino in vulgare tradotta, per Christophor. Landin.* in-4° *in Vineggia* 1534.

1 ¶ Je le crois mort en 1493. ou 1494. au plus tard, nul Auteur contemporain n'en ayant parlé comme d'un homme qui ait vécu au-delà. Il faut que sa traduction de Simonetta n'ait pas été jugée fort bonne, puisqu'il en parut une nouvelle de Sebastiano Fausto en 1543. Celles qu'il donne de Tite Live, & de l'Histoire naturelle de Pline sont encore moins estimées.

1004 JEAN BAPTISTE GELLI, de *Florence*, mort en 1568. (1) a traduit la vie d'Alphonse d'Este Duc de Ferrare du Latin de *Paul Jove*, & les Apophthegmes recueillis de *Plutarque* & les autres.

1 ¶ Le Gelli mourut non pas l'an 1568. comme l'a cru Baillet sur la foi du Poccianti & du Ghilini, mais le 24. Juillet 1563. âgé de 65. ans. La preuve s'en voit page 52. des *Notizie letterarie ed istoriche des Académiciens de Florence*, du nombre desquels avoit l'honneur d'être Jean Baptiste Gelli quoique Chaussetier, *Calzaivolo*, de son métier. Mr de Thou prenant *Calzaivolo* pour *Calzolaio*, l'a mal interpreté Cordonnier. Le Gelli au Prologue de sa Comédie intitulée *Sporta* auroit pu le desabuser. Paquier p. 14. du tome premier de ses Lettres en parle ainsi *de visu* Lettre 1. du livre 1. *Nous avons vu en notre jeune age dans la ville de Florence Jean Baptiste Gello exerçant avec les Lettres la couture*, mais & Mr de Thou & Paquier se sont trompés, le premier, lors qu'à la fin du 35. livre de son Histoire il dit *J. Baptista Gellus étoit un homme nullis Latinis literis tinctus*; le second, lors que dans l'endroit cité il dit que le Gelli, ou le Gello *ne savoit ni Grec ni Latin*. Pour du Grec, il se peut faire qu'il n'en savoit que fort peu, & peut-être point du tout ; mais pour le Latin, on ne peut douter qu'il ne le sût fort bien, sans quoi ni Simon Porzio ne l'auroit jamais prié de traduire son traité *de coloribus oculorum* en Italien, ni Paul Jove sa vie Latine d'Alfonse premier du nom, Duc de Ferrare. Car pour ce qui est de la traduction tant de l'Hécube d'Euripide, que des Apophthegmes de Plutarque, il ne faut pas croire que ce soit d'après le Grec qu'il l'ait donnée, mais d'après les versions Latines qui en avoient paru.

ALPHONSE D'ULLOA Espagnol, vivant en 1560, Traducteur Italien.

1005   Cet homme ayant passé la meilleure partie de sa vie à Venise, prit un plaisir singulier à la Langue Italienne, & s'étant laissé charmer par sa douceur & sa délicatesse, il choisit les ouvrages Espagnols les plus beaux & les plus utiles, selon D. Nicolas Antonio (1), pour les tourner en Italien.

Ces ouvrages sont. 1 l'Histoire que *Ferdinand Colomb* ou *Colon* a faite en Espagnol des actions & des expéditions de son pere Christofle, dont l'Original est compté aujourd'hui parmi les livres perdus, 2 le Mont-Calvaire de D. *Antoine de Guevare*, 3 les vies des Cesars de *Pierre Messie*, 4 les Dialogues du même *Messie*, 5 (2) les Raisonnemens du même Auteur qui sont peut-être les mêmes que les Dialogues, 6 les remédes & les avis necessaires aux Directeurs par *Pierre de Covarruvias*, 7 la Chronique d'Espagne & de Valence par *Antoine Beuter*, 8 l'histoire de la découverte & de la conqueste du Perou par *Augustin de Carate*, 9 le Traité du Conseil & du Conseiller par *Frederic Furio Ceriol*, 10 le Dialogue de la dignité de l'Homme par Maître *Oliva*, 11 le Dialogue du veritable honneur de la milice par *Jerome d'Urrea*, 12 la Relation de la mort & des funerailles du Prince Charles par *Jean Lopez d'Hoios*, 13 la Philosophie de *Jean de Jarava* avec ses Dialogues ou ses Raisonnemens, 14 l'Instruction des Marchands pour leur commerce avec un traité du change par le Docteur *Sarava*, 15 les deux prémieres Décades de l'histoire de *Jean de Barros* touchant la découverte & la conqueste des Indes Orientales, traduites du Portugais, 16 & l'histoire de *Fernand Lopez de la Castagnede* touchant la même découverte des Portugais &c.

L'Auteur que nous avons cité dit que le style d'Ulloa est clair aisé, & fort convenable à l'histoire, & l'Abbé Ghilini (3) ajoute qu'il a très-bien réüssi dans toutes ces Traductions.

---

1 Nicol. Anton. Biblioth. Hispan. tom. 3. pag. 44. & tom. 2 pag. 654.

2 ¶ Tout écrit intitulé *Ragionamenti* doit être traduit *Discours*, *Entretiens*, *Dialogues*, suivant que l'Interprete jugera que l'un des mots conviendra mieux que l'autre.

3 Hieron. Ghilini theatr. huom. Liter. tom. 1. pag. 9.

4 ¶ Le Ghilini d'office ne manque jamais de louer, même avec hyperbole tous les Ecrivains dont il parle. C'est aussi le style de l'Abbé Trithême, de Pitseus, de Picinelli & de plusieurs autres.

1006 **FRANCESCO AVANZO** a traduit en Italien l'histoire de la Chine de *Jean Gonzalez de Mendoça* [in-4° à Venise].

1007 **POMPE'E PELLINI** a traduit l'histoire & les vies de Braccio Forte-bracci, & de Nicolas Piccinino, composée par *Jean Antoine Campano*.

1008 **JEAN GIUDICI** a traduit les Poëtes Provençaux de *Jean de Notre-Dame* sur l'original François.

1009 **PHILIPPE PIGAFETTA** a traduit le Théatre Géographique d'*Abraham Ortelius* que Plantin a imprimé.
* *Vera descriptio Regni Gongo in Africa cum appendice Ortelii in Geograph.* in-fol. Antuerp. 1595. *

JEAN ANTOINE MAGINI, *de Padouë*, Professeur des Mathématiques à *Boulogne*, mort en 1617.

1010 IL a traduit en langue vulgaire la Géographie de *Ptolomée* [in-4° à Venise 1596.] qu'il a aussi corrigée. Mais il s'est rendu célébre par beaucoup d'autres ouvrages, dont nous parlerons ailleurs.

1011 **DANIEL BARBARO** *de Venise*, mort en 1569. a traduit *Vitruve*. Mais les savans Commentaires qu'il a faits sur cet Auteur sont en Latin (1). [*in-folio* à Venise 1556.]

1. ¶ Daniel Barbaro a commenté en Latin le texte Latin de Vitruve, mais il a joint un Commentaire Italien à la traduction Italienne qu'il a faite de cet Auteur.

TRADUCTEURS ITALIENS.

1012 N. VITELLI a traduit l'Agriculture qu'on a publiée sous le nom de *Conſtantin Ceſar*, recueillie de pluſieurs anciens Auteurs Grecs par les ſoins de l'Empereur Conſtantin Porphyrogenete.

1013 JEAN BAPTISTE ALEOTTI, & BERNARDIN BALDI ont traduit ce que nous avons d'*Heron* l'ancien ſur les Mathématiques, c'eſt-à-dire, ſur la Méchanique qui en fait partie. *Aleotti* a donné ſa Pneumatique; & *Baldi* a donné ſes deux Livres d'Automates, c'eſt-à-dire, des machines qui ſe meuvent d'elles-mêmes; & ſon traité de l'art de faire les machines de guerre & les armes (1 & 2).

Baldi a plus de réputation qu'Aleotti. Il étoit d'Urbin, Abbé de Guaſtalla, & il mourut en 1597 (3).

1 Gerard. Voſſius de ſcient. Mathem. cap. 48 §. 9. pag. 190. Item cap. 49. §. 28. pag. 304.
2 Hier. Ghilini, theatr. hom. Lit. tom. 2.
3 ¶ Bernardo Baldi mourut l'an 1617. Baillet au lieu de cɪɔ ɪɔ cxvii. a crû voir dans Voſſius cɪɔ ɪɔ xcvii.

1014 NICOLAS TARTAGLIA de *Breſſe* vers 1560 (1). *mort à Veniſe* a traduit *Euclide* en Italien, & quelque choſe d'*Archimede* touchant les machines qu'on poſe ſur l'eau.

Il eſt eſtimé de Poſſevin, de Voſſius, de Ghilini, &c (2).

1 ¶ Il mourut l'an 1557.
2 Anton. Poſſevin. Biblioth. ſeleɛt. lib. 15. cap. 8. pag. 140. edition. Venet. col. 2.
3 Ger. Joh. Voſſ. de ſcient. Mathem. cap. 40. de Mechan. §. 16. pag. 300. 301.
4 Hier. Ghilin. theatr. hom. Liter. tom. 2. p. 200.

1015 HERCULE BOTTRIGARI de *Boulogne*, mort en 1609. a traduit les apparences celeſtes d'*Euclide*, la Sphére de *Claude Ptolomée*, un Traité des Miroirs ardens d'*Oronce Finé*, &c. Ghilini témoigne que ces Traductions ſont eſtimées.

1 Tom. 2. theatr. Liter. pag. 171.

Tome III.

1016 ANTOINE BRUCCIOLI, *mort vers le milieu du siécle passé*, a traduit *Ariftote* de la génération & de la corruption, & divers autres Ouvrages, dont le principal est sans doute la Verfion de la Bible, de laquelle nous parlerons ailleurs.

1017 MARC ANTOINE SCAINO a traduit la Politique & la Morale d'*Ariftote*.

1018 BERNARD SEGNI a traduit la Morale d'*Ariftote*, & y a ajouté des Commentaires.
* *Ariftotelis Ethica tradotta in lingua volgare Fiorentina & commentata per Bernard. Segni*, in 4° Fiorenz. 1550. *

LOUIS CASTELVETRO de Modene, *dit en* Latin, à *Caftello-Vitreo*, *mort en* 1571.

1019 ON a de fa Traduction en Langue vulgaire, la Poëtique d'*Ariftotele*, avec des Commentaires & des corrections fur fon Original [à Vienne en Autriche *in-*4° 1570. & à Bafle *in-*4° en 1576.] C'eft un Ouvrage eftimé & qui a mis fon Auteur en réputation.

Hier. Ghilin. theatr. Liter. hom. tom. 1. pag. 147.

ALEXANDRE PICCOLOMINI de Sienne, mort en 1578.

1020 ON a auffi de lui une Traduction de la Poëtique d'*Ariftote*, & des Remarques fur le même livre. Il a encore fait une efpéce de Traduction libre ou plutôt une paraphrafe de la Rhétorique du même Philofophe. Et il eft d'ailleurs fort connu par plufieurs autres Ouvrages.
* *Parafrafe di Aleffandro Picolomini nel terzo libro della Retorica*

Ghilin. tom. 1. pag. 8.   Thuan. Voff. & alii.

d'*Aristotele* in-4°. *Venet.* 1572. — *Piena & larga Parafrase di medissmo nel libro della Poetica Aristotele* in-4°. *Venet* 1575.

1021 ANSALDO CEBA de *Genes*, mort en 1623. a traduit les Caractéres de *Théophraste*, & y a fait aussi des Commentaires. Il est loué pour la beauté de son style, & plusieurs parlent de lui avec éloge comme le Soprani, l'Abbé Michel Justinien, l'Abbé Ghilini, le Vittorio de Rossis, &c.

De Scriptorib. Ligurib.   Pinacoth. elog. &c.
Theatr. Liter. hom.

1022 BENEDETTO VARCHI de Fiesoli, mort en 1566. a traduit *Seneque* sur les Bienfaits, & *Boece* de la Consolation. Ses Traductions sont assés estimées (1).

* L. *Ann. Seneca de Beneficis tradotta da Benedetto Varchi* in-4° in *Fiorenz.* 1554. — *Boezio Severino della consolatione di Filosofia del medismo* in-8°. *Fiorenz.* 1589.

1 ¶ Baillet n'a pas exprimé cette fois là   Ghilini Theatr. tom. 1. pag. 38.
les hyperboles du Ghilini.

1023 PIERRE SEGNI a traduit ce qu'on a sous le nom de *Demetrius Phalereus* avec des Reflexions.

1024 ALDE MANUCE le petit fils, mort en 1597. a traduit en Italien les Epitres familiéres de *Ciceron*; & on dit que la Traduction en est belle.

Hieron. Ghilin. theatr. literat. pag. 6.

1025 JEROME FALETTI vers 1560. de *Savone dans la Riviere de Genes*, fils de la fille de *Dominique Nanni de Mirabel*, premier Auteur du fameux *Polyanthea*.

Cet Auteur a traduit le Traité de la Resurrection, écrit par *Athenagoras*, Philosophe Chrétien.

Il est estimé de Lil. Greg. Giraldi, de Ghilini, de Raph. Soprani, de Mich. Justiniani, &c.

CHARLES BASGAPE, Evêque de *Novarre*, mort en 1615. mieux connu en Latin sous le nom d'*A Basilica Petri*.

1026   Cet Auteur a traduit la Vie de Jean Chaudiere ou Chetel (1), dit Cacabus, écrite par *Thomas à Kempis* ; & il a tourné de l'Espagnol le Miroir des personnes illustres par le Pere *Alphonse de Madrid* & quelques autres Ouvrages (2).

1 ¶ *Ketel* voyés Vossius *l.* 3. *Hist.*, *c.* 10.   2 Ghilini theatr. liter. tom. 2. pag. 52. 53. tout au commencement.

TRADUCTEURS ESPAGNOLS.

1027   JEAN BOSCAN, de *Barcelone*, mort en 1543. est un des bons Auteurs de la Langue Espagnole comme nous le verrons ailleurs. Il a traduit de l'Italien en sa Langue le Courtisan du Comte *Balthasar de Châtillon*, & il s'en est acquitté très-heureusement au jugement des Critiques les plus fins de son Pays, & entre autres d'Ambroise Moralez.

D. Nicol. Anton. Biblioth. Hispan. tom. 2. pag. 504.

DIEGUE LOPEZ D'AYALA *Chanoine de Tolede*, mort vers 1550.

1028   IL a beaucoup enrichi la Langue Espagnole par les Traductions qu'il a faites de quelques ouvrages Italiens des meilleurs Auteurs comme de *Boccace* &c. On lui attribuë aussi la Traduction de l'Arcadie de *Sannazar* : mais il faut remarquer qu'il n'en a traduit que la Prose, & que ce qu'il y a de vers a été rendu en vers Espagnols par *Diegue de Salazar* avec toute la pureté & la délicatesse dont cette Langue est capable. Dom Nicolas Antoine dit que Lopez écrivoit élégamment.

Tom. 1. Bibl. Hisp. pag. 127.

DIEGUE LOPEZ, d'*Eſtremadoure*, mort en 1655.

1029 Et Ecrivain a fait ſa principale occupation de traduire les Anciens & les Modernes de Latin en Eſpagnol, avec des notes, comme *Perſe* en Proſe, *Virgile* en Proſe, *Valere-Maxime*, les Emblêmes d'*Alciat*, &c.

Nicol. Ant. tom. 1. pag. 227.

DIEGUE LOPEZ, de Cortegana, *Archidiacre de Seville*, mort vers le même tems.

1030 C'Eſt un Traducteur de grande réputation pour ſon éloquence. Pierre Nugnez Delgado louë la Traduction qu'il a faite de l'Aſne d'or d'*Apulée*. Il a encore traduit quelques Traités d'*Eneas Silvius*, d'*Eraſme*, &c.

Ibid. pag. 228.

DIEGUE GRACIAN, ou plutôt GARZIA, d'ALDERETE, ſous *Charles-Quint*.

1031 IL a traduit avec aſſés de réputation les œuvres de *Xenophon*, les Morales de *Plutarque*, les Apophthegmes des *Anciens*, l'Hiſtoire de *Thucydide*, quelque choſe d'*Iſocrate*, & de Dion *Chryſoſtome*, les Offices de ſaint *Ambroiſe*, divers autres Ouvrages Latins & François, qu'on peut voir dans la Bibliothéque de Nicolas Antoine.

1032 ANDRE' DE LAGUNA, de *Segovie*, mort en 1560. a traduit *Dioſcoride* en Eſpagnol avec aſſés de fidélité & de pureté. Nous avons parlé de lui aux Traducteurs Latins.

1033. **PIERRE SIMON ABRIL ; ou AVRIL ,** vivant en 1580. a fait un très-grand nombre de Traductions d'Auteurs Grecs & Latins en Espagnol, particuliérement de *Démosthène*, de *Ciceron* [in-4° à Barcelone 1600.], de *Platon* d'*Aristote*, d'*Esope*, de *Cebès*, de *Terence*, de *Tacite*, & de divers autres Auteurs qu'on a coutume de faire voir aux jeunes gens. Ces Versions sont assés estimées parmi les Espagnols ; & Scioppius recommande particuliérement celle de *Terence* [in-4° en Alcala. 1588.]

Nic. Ant. tom. 2. Hisp. Bibliot. pag. 192. 193.

1034. **LOUIS DE GRENADE**, *mort le dernier jour de l'an* 1588. a traduit entre autres, les livres de l'*Imitation* de Jesus-Christ, & l'Echelle Sainte de saint *Jean Climaque*, mais avec une pureté, une netteté, & une élégance qui sert de modéle à toute l'Espagne pour bien parler & bien écrire en cette Langue, outre qu'on y apprend la pieté avec l'art de parler, comme le témoigne le Pere Schott Jesuite, Dom Lancelot Benedictin, l'Abbé Ghilini, Dom Nicolas Antoine, & les autres Critiques.

A. S. Peregrin. Bibl. Hispan. tom. 2. p. 239.
Lancel. pref. de la Gramm. Espagnole.
Hieron. Ghilin. Theatr. liter. hom.
Nic. Ant. Bibl. Hispan. tom. 2. &c.

1035. **DIEGUE LOPEZ DE TOLEDO**, (*de Tolede*) Commandeur de Castel-novo, publia en 1621. [in-4°] une Traduction nouvelle en Espagnol des Commentaires de *Cesar*, n'estant pas content de celle qui avoit paru en 1529. in fol. faite par un Anonyme, non plus que de celle que Pedre *Garsia d'Oliva* avoit publiée en 1570.

Nicol. Anton. Bibl. Hisp. tom. 1. pag. 212.

Le Pere JEAN MARIANA, de *Talavera*, Jesuite, mort en 1623.

1036 CE Pere avoit d'abord composé en Latin son Histoire d'Espagne en trente livres, mais il la traduisit ensuite en Espagnol, pour l'utilité de ceux du Pays. Personne ne pouvoit mieux entendre son Auteur, ni par conséquent mieux réüssir que lui. Mais il a voulu faire voir qu'il étoit le Maître de l'Original; & sans s'assujettir à nous donner avec fidélité son premier Ouvrage, il semble qu'il ait eu dessein de nous en donner un tout nouveau, ayant affecté souvent de faire plus l'Auteur que le Traducteur. Ainsi on peut dire que ce sont deux Ouvrages differens, quoique l'Espagnol passe pour une Traduction du Latin.

Nicol. Anton. tom. 1. Bibl. Hispan. pag. 561.

1037 EMMANUEL SUEIRO, né à *Anvers*, de parens Espagnols & Portugais, mort en 1629. a traduit de Latin en Espagnol élégant les œuvres de *Salluste*, de *Patercule*. Et n'étant pas content de la Traduction médiocre qu'Antoine de Herrera avoit faite de *Corneille Tacite*, non plus que de celle que donnerent après-lui Balthasar Alamos, & Charles Coloma, il en fit une nouvelle. Il a traduit aussi les œuvres de *Paul Jove*, mais il ne paroît pas que cette Version ait vû le jour.

Nic. Ant. tom. 1. &c.

Dom FRANCOIS de QUEVEDO VILLEGAS, de la *Manche en Castille neuve*, mort en 1647.

1038 SEs Traductions d'*Epictete*, & de *Phocylide* en vers, sont plutôt des Paraphrases que de veritables Versions. Mais celle du Romule du Marquis *de Malvezzi*, faite de l'Italien en Espagnol, est plus réguliére. Il écrivoit un des mieux en sa Langue sur toute sorte de sujets, selon le témoignage de Dom Nicolas Antoine.

Nic. Ant. Bibl. Hisp. tom. 1. pag. 352.

EMMANUEL FARIA de SOUSA, *Portugais, d'Entre Minho & Douro*, mort en 1650.

1039 C'Est un des bons Traducteurs de la Langue Castillane, qu'il a toujours préférée à la Portugaise. Il a traduit entre-autres les Vies de saint Paul, premier Ermite, de saint Hilarion, & de saint Malch, composées par saint *Jerôme*, la Philosophie d'*Albert le Grand*, la Guerre des Romains en Espagne par *Appien Alexandrin*, la Chronique de Dom Jean second, Roi de Portugal, par *Damien de Goez*, de l'Original Portugais en Castillan.

Nicol. Anton. Bibl. Hisp. tom. 1. pag. 266.

QUELQUES AUTRES TRADUCTEURS ESPAGNOLS qui semblent s'être distingués des autres.

1040 JEAN SEDEGNO, de Chandraque, ou Xadraque, *vers la fin de l'autre siécle*, a traduit les Métamorphoses d'*Ovide*, la Jerusalem du *Tasse*, en Vers Espagnols, les Larmes de saint Pierre de *Louis Tansillo*. L'Abbé Ghilini témoigne qu'il y a si bien réüssi, qu'il égale presque ses Originaux.

Hieron. Ghilin. theatr. Liter. hom. tom. 1. pag. 89.   Nicol. Anton. Biblioth. Hisp. tom. 1. pag. 596.

1041 JEAN DE JARAVA, Médecin Espagnol, habitué à *Louvain*, vers 1550. a traduit l'Icaro-Menippe de *Lucien*; les Offices, de l'Amitié, de la Vieillesse, les Paradoxes, le Songe de Scipion de *Ciceron*; les Apophthegmes recueillis par *Erasme* & les autres; la Table de *Cebes*; les sept Pseaumes de la Penitence &c.

1042 JEAN MARTIN CORDIER, de *Valence*, vers 1560. a traduit affés bien *Joseph* de la Guerre des Juifs, l'Histoire d'*Eutrope*; les Epitres de *Seneque*, le Poëme de la Christiade de Jerôme *Vida*, le Traité du Défi ou du Duel, d'*Alciat*.

2 JEAN de MOLINA, de *Ciudad Réal* en *Castille neuve*, demeurant à *Valence*, vers 1530. a traduit *Marinæus Siculus* des choses mémorables d'Espagne, la Chronique des Rois d'Aragon par le même Auteur; la Vie du Roi Alphonse d'Aragon, par *Antoine de Palerme*; les Epitres de saint *Jerôme*, quelque chose d'*Alcuin*, de *Gerson*. Mais ce qu'il a traduit d'*Appien* n'est pas estimé.

3 JAYME, ou JACQUES BARTOLOME', Chanoine d'*Urgel*, vers 1598. a traduit *Suetone*, & *Appien*. Mais cette derniere Traduction n'est faite que sur la Version Latine (1), qui n'est pas fort bonne.

4. JEAN BITRIAN, de *Calatayud en Aragon*, vers 1645. a traduit les Memoires de *Philippes de Comines*, avec des notes fort utiles.

On dit qu'il fit cet Ouvrage en deux volumes in folio toujours debout, sans s'être jamais assis.

5. JEROME ANTOINE de MEDINILLA & PORRES, mort vers 1650. a traduit l'Utopie de *Thomas Morus*, la Méthode de *Jean Bodin*, &c.

6. PIERRE GONZALES de GODOY a traduit la Cour Sainte du *Pere Caussin*, & s'il a achevé cet Ouvrage, ce n'est que depuis quelques années.

1 ¶ De Petrus Candidus December.

DE QUELQUES TRADUCTEURS ALLEMANS.

MARTIN LUTHER, l'Hérésiarque, d'*Islebe en Saxe*, mort en 1546.

1043   Es Allemans prétendent que Luther a autant & plus contribué qu'aucun autre à l'abondance & à l'ornement de leur langue sur tout par ses Traductions du Latin en Allemand (1). Ils disent qu'il a sû tourner heureusement des choses qu'on croyoit humainement incapables de pouvoir être mises en Allemand ; qu'il a fait le choix des meilleurs mots qui ont une très-grande force, qui sont les plus significatifs & les plus propres du monde ; de sorte qu'en un seul mot il explique souvent une pensée toute entiere de ses Auteurs : & qu'enfin les qualités de son style Allemand étoient la pureté, la clarté, & la proprieté. Mais comme la principale de ses Versions Allemandes est celle de la Bible, nous en dirons davantage parmi les Interpretes de l'Ecriture Sainte.

a Melch. Adam vit. Theol. Germ. pag. 160.

GUILLAUME XILANDER, d'*Ausbourg*, mort en 1575.

1044   Outre ses Traductions Latines, il en a encore fait en Langue vulgaire, qui sont estimées de ceux du pays, comme celle de l'histoire de *Polybe*, des six premiers livres d'*Euclide*, & du *Nouveau Testament*.

1 Melch. Adam vit. Philosoph. pag. 250.

AUTRES TRADUCTEURS
Allemans les plus connus.

1045
1. Zacharie Munster a traduit *Tite-Live*, avec les Epitomes de *Florus*.
2. Conrad Lautembach a traduit l'histoire de *Joseph*, & ce qui porte le nom d'*Hegesippe*.
3. Jean Heyden a traduit l'histoire naturelle de *Pline*.
4. Burchard Waldis a traduit les Fables d'*Esope*.
5. Jean Schweickhart a traduit les œuvres de saint *Basile le Grand*, mais sur la Version Latine seulement.
6. Jean Dietemberg a traduit divers Traités des *Peres* de l'Eglise; & le Psautier de *David*.
7. Vite Milet a traduit quelques Ouvrages de saint *Augustin*.
8. Le Pere Philippe Kissing a traduit les Méditations de *Busée*, & autre chose.
9. Valentin Leuchtius a traduit les trois ou quatre premiers volumes des Annales de *Baronius*.
10. Melchior Haganæus, ou Haganaw, a traduit divers Ouvrages de *Lipse*.
11. Pierre Offenbach a traduit l'Ornithologie d'*Aldrovand*.
12. Jean Fischard a traduit la Démonomanie de *Bodin*, & ce que *Vier* a fait des Prestiges.
13. Jean Oswald a traduit la République de *Bodin*.
14. Statius Borcholten a traduit les Discours Politiques de Fulvio *Pacciano*, Italien.

HOOFDIUS.

1046 A traduit en Langue Teutonique, c'est à dire, en la Langue vulgaire des Pays-bas, que nous appellons Flamande, les œuvres de *Corneille Tacite*; & la mort l'ayant empêché d'achever la derniere partie, & de polir ce qu'il avoit fait, il défendit par son testament d'imprimer cette partie, qu'il appelloit imparfaite. Mr Borremans dit (1), qu'il étoit au reste fort difficile

1 Ant. Borremans cap. 11. variar. Lectíon. pag. 109. 110.

de trouver quelqu'un plus capable qu'Hoofdius de traduire Tacite, tant le ſtyle du Traducteur a de force & de gravité, & tant il approche de ſon Original. Il ajoûte que cet Ouvrage, tel qu'on le voit eſt d'autant plus à rechercher, que les deux Verſions Flamandes de Tacite, qui avoient précedé celle-ci, ne ſont point intelligibles.

DISCOURS
POUR SERVIR
D'ECLAIRCISSEMENT
à quelques endroits qui ont pû arrêter quelques perfonnes dans les premiers Volumes de cet Ouvrage.

ET DE PREFACE
au Recueil fuivant des Poëtes.

PREMIERE PARTIE.

I.

'IL eft vrai que je n'aye pas eu le plaifir de me voir rompé dans la prédiction que j'avois faite, que mon Ouvrage pouroit rencontrer quelques mécontens : je ne puis nier auffi que je n'aye eu la confolation de m'être trouvé véritable en ce point, & l'avoir fait au moins un bon jugement dans un Recueil de Jugemens, lorfque j'ai compté avec certitude fur la diverfité des goûts des hommes.

Comme cette derniére fatisfaction eft préférable à l'autre, j'aurois tort de me plaindre de ces mécontens; mais j'aurois raifon aussi de souhaiter qu'ils ne se plaignissent pas de moi. Car s'ils avoient fait réflexion sur la nature & la constitution de l'Ouvrage, ils auroient jugé facilement que je n'ai pas moins songé à leur avantage qu'à celui de ceux qui en ont été pleinement satisfaits ; & que leurs interêts ne me sont pas moins chers ; puisqu'à dire le vrai, c'est à leurs Censeurs que j'en ai voulu. C'est aussi à ceux là qu'ils devroient s'en prendre, & je leur en ai facilité les moyens en mettant dans son jour ce dont ils croient avoir sujet de se plaindre.

Je dis que c'est à leurs Censeurs que j'en ai voulu, parce qu'après m'être un peu examiné moi-même, j'ai reconnu que je ne me mélois d'autre chose que de blâmer ceux qui ont tort de juger les autres mal-à-propos, & d'inspirer à mes Lecteurs des sentimens de reconnoissance pour ceux dont ils approuveront les jugemens.

Il faut avoir l'humeur un peu sceptique pour en douter, après l'idée que je me suis formée de la plupart de ces Censeurs & de ces prétendus Savans, que l'on appelle Critiques, & que j'ai considérés en plus d'une rencontre *comme des hommes plus ou moins environnés de tenebres, de foiblesses, & de passions.* J'ai tâché de faire remarquer en divers endroits, que les Sentences de ces sortes de Juges, loin d'être des Arrêts irrevocables, ne sont souvent que les témoignages de leur propre ignorance, ou de leur malignité ; & qu'elles contribuent plus que les Eloges à l'avantage & à la gloire de ceux dont ils se mêlent de juger. La maniére même dont je me suis avisé quelquefois d'arranger ces divers jugemens, quand il s'agissoit de certaines personnes qui méritoient d'être ménagées, n'est point trop énigmatique pour empêcher qu'on ne découvre tout d'un coup le dessein que j'ai eu de commettre ces jugemens les uns avec les autres, & de les reduire innocemment à la nécessité de se défaire mutuellement d'eux-mêmes, sans avoir besoin d'aucun secours étranger, ni d'aucunes des formalités ordinaires de la réfutation. Et quoique j'aye fait semblant de les concilier ensemble dans plusieurs occasions, & d'adoucir leurs contrariétés, je veux bien avertir le Lecteur que j'ai voulu lui laisser la liberté de se mocquer des uns & des autres, & l'exciter à redoubler ses vœux pour demander au Ciel un guide capable de nous conduire surement & utilement dans la lecture des Livres, & dans l'étude des Sciences.

Cet éclaircissement ne paroît nécessaire qu'à ceux qui ne savent pas le train de la République des Lettres. Car il n'est pas possible d'avoir quelque habitude avec les Livres, & d'ignorer en même tems le peu de credit que les Critiques ont eu de tout tems dans l'esprit du Public, quand il a été question d'établir ou de ruiner la réputation d'un Auteur, je dis les Critiques-mêmes les plus graves & les plus autorisés parmi les Savans. On ne s'est pas cru obligé de diminuer rien de l'estime qu'on a toujours faite de l'Histoire de Salluste, tant qu'on l'a pu conserver, sur la méchante idée que Quintilien en avoit donnée, & cet Auteur n'a pu venir à bout de décrediter plusieurs des Poëtes qu'il a censurés. Le jugement désobligeant qu'Horace a fait de Plaute, semble avoir fait plus d'affaires au Censeur Satirique qu'au Poëte Comique. Les écrits de Ciceron & de Seneque n'ont pas laissé de subsister avec honneur malgré le mauvais office que Dion l'Historien leur a rendu. Que pourions-nous dire de l'autorité des Critiques Modernes, qui est moindre sans doute que celle de ces Anciens ? Il n'est pas aisé de nous faire voir un seul Auteur dont la bonne fortune ou la disgrace ait été dépendante des jugemens qu'en auroient pu faire les Erasmes, les Scaligers, les Lipses, les Saumaises & les autres Censeurs de la République des Lettres.

II.

Mais quoique je sois assés persuadé que les Critiques, dont j'ai rapporté les jugemens, ont laissé les Auteurs dans le même état qu'ils étoient avant que j'eusse exposé mon Recueil au jour ; je n'ai pu croire que les Réflexions qu'ils ont faites sur les Ouvrages de ces Auteurs, nous soient inutiles pour la connoissance que nous en devons avoir. Et je cherche encore la raison que pouroient avoir ceux d'entre ces Auteurs que mon Ouvrage a pu mettre dans le trouble, pour murmurer contre des gens qui voudroient leur faire le même honneur qu'à tous ceux de l'Antiquité, en cherchant à les connoître par la même voie, & en les mettant au nombre des immortels, quoiqu'ils ne soient pas encore dépouillés de leur mortalité.

Ce sont les marques de cette mortalité qui empêchent que leur mérite n'ait maintenant tout l'éclat qu'il poura avoir dans l'éternité, & nous sommes obligés de dire que ce sont justement ces marques qu'ils veulent soustraire à notre connoissance, comme s'ils avoient songé moins à nous instruire qu'à nous éblouir, & à nous imposer par le préjugé de leur réputation.

Ils ne considérent point que c'est un avantage particulier aux Auteurs vivans, que n'ont point les morts, de voir que les Critiques n'attendent pas à publier ce qu'ils pensent d'eux, lorsqu'ils n'auront plus d'oreilles pour les entendre, ni de Langue pour leur répondre, & quand nous supposerions leurs Ouvrages dans un point de perfection capable de rendre inutiles toutes les reflexions des Censeurs, ils devroient au moins concevoir que c'est une épreuve pour leur vertu à laquelle on ne peut point proposer d'éxercice plus glorieux que le bel usage qu'elle doit faire du bien & du mal qu'on pouroit dire d'eux. C'est une occasion qu'on leur presente de se distinguer parmi la foule des autres Auteurs, & de nous prouver qu'ils savent supporter également la louange & le blâme, & qu'ils ont une indifférence parfaite pour l'un & l'autre. Ils n'ont pas sujet de craindre que nous prenions une conduite si sage pour une nouveauté, puisqu'ils peuvent nous en montrer des éxemples dans l'une & l'autre antiquité, qui sert de modéle à tous ceux qui veulent vivre avec honneur, sous la qualité d'Auteurs. Je ne serois pas fâché qu'ils en voulussent douter, non pas pour leur en donner des preuves, mais pour avoir le plaisir de les provoquer à faire eux-mêmes l'éxemple pour la postérité, & à se mettre au nombre des hommes extraordinaires de notre tems, qui travaillent, les uns par leurs actions, les autres par leurs Ecrits, à rendre notre siécle assés heureux pour devenir le modéle des suivans.

Sacrée & Profane.

Mais ces Messieurs n'ont pas jugé à propos d'entrer dans ces considérations, & ils n'ont pas été honteux de me faire connoître par la bouche de quelques-uns de leurs amis, que si je m'étois borné à ne recueillir que des Eloges, j'aurois été l'homme *selon leur cœur*, & que j'aurois rempli parfaitement leurs desirs.

S'il étoit vrai que le chagrin que mon Ouvrage leur a pu donner n'eut point d'autre source que celle-là, il ne seroit peut-être pas difficile d'en arrêter le cours, en leur representant qu'il n'étoit nullement nécessaire qu'ils perdissent la tranquilité de l'ame, lorsque parmi diverses choses qui les flatoient, ils y en ont apperçû d'autres qu'ils eussent bien souhaité n'y point voir. Ils n'avoient qu'à considerer qu'en qualité de Lecteurs je les ai constitués les Juges de tous ceux qui ont entrepris de dire leur sentiment sur leurs propres Ouvrages (1), & que je m'étois proposé dans mon avertissement de les prendre pour les garans du tort qu'ont les Critiques dont ils desapprouvent les jugemens : en quoi je puis assurer que je n'ai point prétendu exiger d'eux qu'ils prissent d'autre part à mon Ouvrage, que celle des Lecteurs les plus indifférens.

* Avertiss. du tom. 1. nomb. 3.

D'ailleurs

D'ailleurs, quand ils auroient dû apprehender que la vérité & la justice ne se missent de la partie, & qu'elles ne les abandonnassent pour se ranger du côté de leurs Censeurs, n'auroient-ils pas eu sujet de se consoler dans l'esperance de voir bientôt une revolution, s'il est vrai que Mr le Fevre le Docteur n'ait pas eu dessein de nous tromper par la date du tems qu'il nous prescrit pour la durée des jugemens qu'on fait des Livres, & pour celle de la bonne ou mauvaise réputation d'un Auteur ? C'est le motif que ce Docteur témoigne avoir eu de bien esperer de ses Ouvrages, lorsque faisant reflexion sur l'inconstance & l'incertitude des jugemens des hommes, & voyant combien les goûts changent, je ne dis pas de siécle en siécle, mais de génération en génération, & souvent en moins de tems encore, il se promet de voir bientôt venir son tour, dès qu'il se sera fait connoître au Public, & qu'il aura eu la patience de laisser passer la réputation de son Adversaire. Il s'en est expliqué assés ouvertement, lorsqu'il a fait connoître à Mr Arnaud, qu'il peut sûrement se disposer lui-même à souffrir cette revolution, s'il n'aime mieux se retirer au plutôt du commerce des vivans, pour n'être pas témoin de la disgrace qu'il lui prédit. ,, Quoique je pusse, lui dit-il (1) supposer
,, le Public un peu trop prévenu en votre faveur, comme en étant
,, infiniment plus connu que moi : toutefois je n'ai garde de le recuser.
,, Le gain de ma cause ne dépend pas seulement du sentiment
,, des hommes avec lesquels nous vivons ; mais aussi de celui du
,, monde qui viendra dans la suite. Hé ! qui peut savoir si vous en se-
,, rés plus connu que moi ? Le sort des Livres n'est pas toujours le mê-
,, me & tel remporte le prix aujourd'hui qui ne meritera rien dans dix
,, ans : tel Auteur laisse les autres au-dessous de lui dans un tems, qui
,, se verra confondu dans un autre avec une foule de demi-Sa-
,, vans, dont le monde n'est toujours que trop rempli.

Qui empêche tous les Ecrivains d'avoir autant de confiance en la vicissitude des choses qu'en témoigne M. le Févre ? Et qui est l'Auteur qui pour peu qu'il eût de soin de sa réputation, n'aimât mieux passer d'abord par le dégout du Public, & par les censures des Critiques, étant sûr au premier tour de la révolution de faire prendre le change à ces Critiques, & de vivre enfin dans l'approbation publique ?

1 Lett. de Mr le Févre dans la justific. de   6. pag. 273.
la Morale des Réformés, par M. Jur. Livre

ECLAIRCISSEMENT III.

Mais nos Auteurs mécontens ne veulent pas de composition avec le public, & toute la déférence qu'ils peuvent avoir pour l'avenir, ne peut pas les porter à se soûmettre aux caprices du tems present. On se trompe de croire qu'ils soient du nombre de ces Auteurs desinteressés qui s'abandonnent au jugement de leurs Lecteurs, & qui savent préferer l'utilité publique à leur propre réputation. Comme ils ne se soucient point tant de se rendre infaillibles que de paroître tels, ils croient qu'on leur fait injure lorsqu'on les croit capables de faillir, & que les Connoisseurs se mettent en devoir de les réduire sous leur critique. Mais quoique je leur aie fait assés connoître que je ne prétens pas m'interesser pour ces derniers qu'ils mettent parmi leurs Censeurs, & qui font tout le chagrin auquel il semble que mon recueil ait donné occasion, ils me permettront de leur dire que quelque raison qu'ils pensent avoir de préferer leur propre réputation à l'avantage qui pourroit nous revenir de leurs écrits, il leur seroit ce me semble infiniment plus glorieux de sacrifier cette prétenduë réputation à l'utilité publique; par ce que c'est un moyen immanquable de la retrouver avec usure.

C'est ce qui me fait croire que tous les soins qu'ils ont pris pour me faire savoir, *qu'ils ont besoin de leur réputation* afin de travailler avec succès, étoient fort inutiles à mon égard; puisqu'ils m'ont trouvé dans l'opinion de ceux qui estiment que la censure, *telle qu'elle puisse être*, ne peut nuire qu'à une réputation qui est fausse & injustement acquise, & qu'elle est d'un usage merveilleux pour affermir celle qui est établie sur des fondemens solides.

L'exemple de quelques-uns d'entre eux qui ont fait profession publique jusqu'à present de n'écrire que pour acquerir de la gloire, ne me persuade pas encore entiérement qu'un honnête homme puisse se proposer cette réputation comme la fin principale de son travail, au préjudice de quelque utilité que ce puisse être. Je conçois seulement qu'elle peut être la récompense & la suitte de cette utilité, qui doit être la regle de cette réputation : comme nous voyons que les grands qui veulent procurer une excellente éducation à leur enfans, ne s'avisent pas de se proposer d'abord de faire la fortune des Gouverneurs & des Precepteurs qu'ils leur donnent, mais qu'ils songent uniquement à l'avantage de leurs enfans, & mesurent ensuite la récompense qu'ils préparent aux autres sur l'utilité de leurs soins, & sur les fruits qu'ils y oyent de leurs travaux.

Un Auteur qui ne veut pas qu'on le touche sous pretexte qu'il a besoin de sa réputation, auroit grand tort de s'imaginer que son Lecteur n'auroit pas autant de besoin de son tems & de son esprit, & qu'il lui seroit permis d'abuser de l'un & de l'autre pour acquerir cette plaisante réputation. S'il prétend faire un present gratuit au Public lorsqu'il publie un Ouvrage, quelle raison peut-il avoir de rien exiger de lui ? s'il n'est pas assés desinteressé pour ne pas demander d'encens, pour ne pas souhaiter d'approbation, & pour ne pas aspirer à cette réputation qu'il recherche avec tant d'ardeur, doit-il trouver étrange que l'on se mette en devoir d'éxaminer s'il a merité ce qu'il demande ?

Que veulent donc dire ces Messieurs, lorsqu'ils nous font entendre que si l'on prétend découvrir leurs fautes, ou pour parler comme eux, manquer au respect & à la soumission qu'ils éxigent de nous, ils nous priveront des fruits de leurs veilles ? Quoi, si un Poëte a dit une saleté, un Historien une fausseté, un Théologien une nouveauté ; si un Grammairien a fait des solecismes, un Chronologiste des anachronismes, un Philosophe des sophismes, un Jurisconsulte des antinomies ; il sera defendu de dire que quelqu'un les a remarqués ? S'ils ne sont pas impeccables, pourquoi veulent-ils que nous ignorions cette verité ? S'ils croient l'être sans se croire obligés de nous en donner des preuves, que nous donneront-ils à penser autre chose d'eux, sinon qu'il y auroit dans la qualité d'Auteur une malignité fatale qui les aveugleroit jusqu'au point de leur persuader qu'ils ne sont plus hommes dès qu'ils sont Auteurs ?

,, Ils n'écriront donc plus, ces Messieurs ? s'ils voient qu'on se
,, mette sur le pied de raisonner de leur conduite, & de parler de leurs ouvrages autrement qu'eux ? Ils feront de nous un exemple terrible de leur severité pour toute la Posterité ; & ils se vangeront du Public d'une maniére si éclatante, que la brouillerie pourra bien être irreconciliable, si l'on ne trouve les moyens de faire revenir des Enfers un Menenius Agrippa pour les raccommoder ? C'en est fait, *ils laisseront ce pauvre Public dans son ignorance ; ils nous abandonneront à notre propre sens* : & pour nous punir par la privation de leurs lumieres, ils ne s'opposeront plus desormais aux efforts que font les tenébres de l'ancienne Barbarie pour envelopper & couvrir le reste de notre siécle avec toute la posterité.

La ménace est trop épouventable pour pouvoir passer jusqu'à l'effet,

& je pense qu'un défi qu'on leur auroit fait dans les formes pour l'éxecution, les auroit un peu embarassés. Mais quand ils auroient pû se resoudre à ces extrémités, l'inconvenient de voir le monde sans livres ne sera jamais à craindre ; puisqu'il est à présumer qu'il y aura toujours plus d'Ecrivains que d'hommes sages. Saint Augustin se mocquoit autrefois de ceux qui prétendoient lui réprésenter que si chacun gardoit le celibat & la virginité, le monde periroit, parce qu'il n'apprehendoit pas d'être pris au mot en exhortant tout le monde à la continence : de même nous pouvons assurer aussi que quelque chose que l'on dise ou que l'on fasse contre les Auteurs, rien ne sera capable de les arrêter, s'il est vray, comme l'a remarque Juvenal (1). que *la passion d'écrire est une maladie incurable, & qu'elle vieillit dans un cœur qu'elle a une fois infecté.*

IV.

J'aurois lieu de finir ici, s'il avoit plû à nos Mécontens de terminer leur mauvaise humeur à la personne ou aux écrits des Critiques qui ne leur ont point paru favorables dans mon Recueil. Mais dans l'apprehension de se battre contre des spectres & des morts, ou de rencontrer parmi ceux qui vivent encore, des gens de tête & de cœur, ils sont venus fondre sans consulter leur prudence sur celui qui n'a recueilli les sentimens de ces Critiques que pour rendre à ceux qui se plaignent maintenant de nouveaux services, en tâchant de faire paroître leur mérite avec plus d'éxactitude qu'auparavant.

Mais loin de me faire croire que leur colere & leurs efforts me dussent regarder, j'ai voulu leur faire connoître que je prétendois bien profiter de l'avantage que j'avois d'être au dessous d'eux : & bien persuadé que ce n'est point pour les roseaux que Dieu a créé les vents & la tempête, j'ai laissé tout passer par dessus ma tête, sans m'imaginer que je dusse prendre part à tout ce qui étoit trop éloigné de ma sphere.

Je n'ai point trouvé de parti plus sûr ni plus commode à prendre que celui de l'indifférence, qui m'a empêché de ressentir les mouvemens dont ils ont été agités, & qui ma retenu même dans une assiette d'esprit si calme, que si j'avois été Musicien, jaurois pû chanter leur colere avec autant de plaisir & de tranquilité qu'Homere & ses *Rhapsodistes* en eurent autrefois à chanter celle d'Achille.

A dire le vrai, si l'on considere que cette colere n'a point eu

1 Juven. Satir. 7.

SUR LES VOLUMES PRE'CE'DENS.

d'autres effets, que d'échauffer le sang de la veine de quelques Poëtes, qu'elle n'a produit que des *Songes* & des *Fables*, & qu'elle ne leur a suggeré qu'un peu de ces Vers dont les Poëtes Païens se servoient pour exprimer leur passion; il sera aisé de juger, que je n'en aurois pû faire d'autre usage que celui que l'on fait des chansons des carrefours. *Catulle &c.*

Quoique ces Vers soient du nombre des choses que l'on doit abandonner à la risée publique, & que ce soit peut-être s'opposer mal à propos à leur mauvaise fortune, que d'en renouveller la memoire : je puis dire qu'ils m'auroient fait moins d'honneur, s'ils n'avoient point deshonoré mes Adversaires & mes Censeurs. Celui (1) qui s'est chargé de leur cause & de leurs interêts dans le Songe *Asinus in Parnasso* a crû devoir employer toute sa vertu Poëtique pour les transformer en *insectes volans*, & les faire fondre sur l'animal que *Abeilles.* Morphée a fait entrer dans son imagination. Mais il n'a point tenu à lui que son indiscrétion ne leur ait été mortelle, & s'il s'est bien souvenu des leçons de son Maître, il a dû supposer que tous ces *Virgile.* petits animaux ausquels il compare mes Censeurs, n'ont pû me picquer ni me laisser leur aiguillon, qu'il ne leur en ait couté la vie.

Animas in vulnere ponunt. *Georg. 4.*

Grace a l'imprudence du Poëte, grace aussi à la constitution de la nature de l'Asne, il se trouve enfin que le gros animal en a été quitte pour quelques legeres insultes, & qu'il a survêcu à tous ces petits insectes, qui se sont précipités à la mort de la maniére du monde la plus mal concertée. Mais nous avons toujours ouï dire qu'il en est souvent des Poëtes comme des Prophétes & des Devins; que tous ces Suppôts d'inspiration ne sont que les organes de la Divinité vraie ou fausse, qui ne s'accorde pas toujours avec les intentions des Poëtes ou des Prophetes qu'elle inspire, & qui leur fait dire quelquefois des verités contre leur dessein. Ceux qui se sont appliqués à découvrir les rapports merveilleux qui se trouvent entre les Poëtes & les Prophetes, n'avoient peut-être pas encore remarqué de Balaams parmi les Poëtes, qu'une puissance superieure & invisible oblige de parler autrement qu'ils ne veulent.

Je veux néanmoins avoir meilleure opinion de mes Censeurs que n'est celle que le Poëte nous en a voulu donner dans son Songe : e veux croire même avec quelques-uns d'entre eux que sa vision

1 ⁋ Le P. Commire Jésuite.

n'eſt pas un véritable ſonge, & qu'il a voulu impoſer à ſes Lecteurs, lorſqu'il leur a fait acroire qu'il lui avoit été apporté par le valet d'un de ſes Dieux, lorſqu'il dormoit. Le caractere du ſonge nous fait aſſés voir, qu'il n'a rien de trop divin, & que le Poëte pourroit bien l'avoir forgé tout ſeul dans ſon cerveau, ſans autre ſecours que de ſon propre Genie qu'il a pris pour un Morphée.

Somnia quæ mentem ludunt volitantibus umbris
Non delubra Deum, nec ab æthere Numina mittunt (1),
Sed ſibi quiſque facit.

Il n'eſt donc pas juſte de croire ſur la foi d'un ſonge purement humain, que ceux qui m'ont attaqué par leurs Vers, ayent voulu expoſer leur vie pour une ſatisfaction ſi frivole. Et quelque deſir qu'il ayent pû avoir de me nuire, je ne laiſſerai pas de les honorer toujours avec la même ſincerité qu'auparavant. Je les prierois ſeulement de prendre garde, de ne pas confondre cet honneur que je veux bien leur porter avec le mouvement de la crainte. C'eſt une paſſion qui n'a non plus de part à mon Ouvrage, que celle de l'eſperance, ſi je ne m'abuſe moi-même : du moins puis-je aſſurer que je n'ai jamais perdu beaucoup de tems à faire des reflexions ou des raiſonnemens ſur les effets merveilleux de ces deux paſſions. Ainſi rien ne les empêche de voir que le reſpect que j'ai pour eux, eſt très-deſintereſſé. J'aurois même accompagné ce reſpect de mon eſtime pour eux, s'ils avoient voulu ſe faire reconnoître dans leurs Vers. Mais la crainte d'y paroître ce qu'ils ſont en effet, c'eſt-à-dire, gens de regle & d'honneur, les a portés à s'écarter ſi loin du chemin ordinaire des honnêtes gens, ils s'y ſont déguiſés ſi parfaitement, & ils ont eu tant de ſoin d'y ſupprimer juſqu'aux moindres marques de leur modeſtie & de leur retenuë, qu'ils ne ſont point en danger d'y être reconnus, ni même d'y paſſer pour des Chrétiens. Il faut avouer pourtant que ſi leurs Vers ne peuvent nous ſervir pour nous faire juger s'ils ont du mérite d'ailleurs, ils ne laiſſent pas de nous faire conjecturer que ce pouroit être un excès de charité pour moi qui les auroit porté à ces extremités, ſans raiſonner ſur les inconveniens auſquels ils s'expoſent. Et la charité paroîtra ſans doute un peu exceſſive à celui qui voudra conſiderer qu'ils ne ſe ſont point ménagés

---

1. V. & Att. ſec. in Orb. Muſc. pag. 143. ¶ Baillet qui ne liſoit pas les Originaux, cite Saraſin dans ſon Orbilius Muſca, au lieu de Pétrone *in Satyrico*.

eux-mêmes en cette occasion ; qu'ils ont oublié ou negligé leurs propres interêts ; & qu'ils n'ont point fait difficulté d'alterer, non pas leur santé, mais leur propre réputation pour travailler à ma correction.

V.

Cependant il est toujours fâcheux de voir, qu'une charité si ardente ait été sans effet à mon égard, & de pouvoir dire que c'est la violence extraordinaire de leur zèle qui a rendu inutile le desir que j'aurois eu de profiter de leurs avis. Quoique je n'aie jamais prétendu jouir par force de leur colere, je pouvois pourtant esperer d'en goûter les fruits, & presumer que leur amertume & leur aigreur ne m'empêcheroit pas d'en retirer l'utilité que l'on trouve dans les fruits & les herbes sauvages dont on use plutôt pour rétablir ou conserver sa santé que pour flater son goût. Mais à dire le vrai, il faloit autre chose que des Vers pour me corriger ; & s'il étoit constant que mes Adversaires se fussent chargés de me faire connoître mes fautes, nous ne voyons pas quelle excuse ils pouroient avoir de s'être acquitté si mal de leur commission. Je me trompe, ou je ne leur ai point tant d'obligation : j'aime mieux croire qu'ils n'ont songé qu'à charmer leur chagrin au son de la Lyre, sans porter leur vûës plus loin.

Cependant une Commission si honorable n'auroit pas été trop au-dessous de leur caractére. Je conviens qu'ils auroient usurpé un droit qui appartient legitimement à mes amis. Mais ils auroient toujours suppléé à leur défaut, de quelque maniére que ce pût être & comme ils ne se seroient point rendus suspects de cette fausse tendresse qui surmonte souvent les plus fermes & les plus incorruptibles d'entre nos amis, je n'aurois pas eu besoin de précaution de ce côté-là. Ils m'auroient procuré du moins un avantage capable de me consoler de les voir agir en Adversaires. Car encore qu'ils se fussent portés volontairement à remarquer mes fautes, ils ne m'auroient pourtant pas voulu obliger, sans doute, de reconnoître ces services comme des faveurs, puisqu'ils n'auroient songé qu'à se satisfaire eux-mêmes : ce que nous ne pourions pas dire de ceux de nos amis qui prendroient le même soin, sans tomber dans l'ingratitude.

Je n'aurois pas même desesperé de les voir changer de motifs & passer dans le parti de ces derniers ; si j'étois parvenu à leur faire connoître la disposition où j'ai toujours été de les écouter dans les bons intervalles de leur paſſion. Car après avoir mis mon Ouvrage au nombre des compilations, où les fautes ſont inévitables; après avoir bien compris que je ne pouvois me diſpenſer d'adopter celles des autres & d'y en ajoûter des miennes, en me repoſant ſur la bonne foi d'autrui: il ne me reſtoit plus qu'à demander, ou à attendre qu'on corrigeât les unes & les autres, ſoit par des remontrances particuliéres, ſoit par la voie de la réfutation publique. Ce dernier moyen n'ayant rien de contraire au droit des gens, m'auroit pareillement laiſſé la liberté d'uſer du même droit pour tourner à mon avantage, tout ce qu'on auroit pu écrire contre le deſſein ou l'éxécution de mon Ouvrage. C'eſt auſſi la maniére dont j'eſpere en uſer dans la ſuite, s'il ſe trouve quelques Cenſeurs qui veuillent prendre cette peine, ſans examiner ſi c'eſt pour me nuire ou pour m'obliger. Car quelque mauvaiſe que puiſſe être leur volonté, je prétens bien, dans le deſſein de la rendre inutile, me ſervir d'un ſtratagéme nouveau pour les faire entrer dans mes interêts. Je ne le diſſimule pas, je n'oublierai rien pour les obliger de prendre parti parmi les garants & les Auteurs de mon Recueil, pour convertir à mon uſage tout ce qu'ils pourront faire contre moi, & pour leur faire perdre la qualité d'Adverſaires, en leur conſervant celle de Cenſeurs. Je tâcherai de les déſarmer ſans violence, & j'employerai leurs propres armes, non pas contre eux-mêmes, mais contre les Auteurs qu'ils jugeront à propos d'attaquer dans le Recueil, & dont je rapporterai les jugemens pour les commettre les uns avec les autres, & pour donner au Lecteur le moyen de penſer tout ce qu'il voudra de la diverſité des *jugemens* des prétendus *Savans*, de la variété ſurprenante des eſprits dans le genre humain, & de la maniére dont le péché a défiguré la vérité & la renduë preſque méconnoiſſable.

Quoique je ne trouve rien qui me paroiſſe déraiſonnable dans la conduite que je me propoſe de garder, d'autres plus éclairés que moi ne laiſſeront peut-être pas d'en juger autrement. Mais je me ſuis imaginé que ſi tout le monde l'avoit obſervée depuis qu'on s'eſt aviſé d'écrire les uns contre les autres, ſi au lieu de ſe réfuter & de s'aigrir mutuellement, on s'étoit appliqué ſimplement à profiter les uns des autres & à prendre pour ſoi, ce qui auroit été écrit contre ſoi, on n'auroit peut-être jamais connu le nom d'Adverſaire & d'Ennemi dans la République des Lettres: on n'y auroit point vû d'hoſtilités. Les eſprits ſe feroient toujours réunis immanquablement. On auroit joint enſemble tout ce que l'on auroit trouvé de bon dans les Ecrits que les uns ont faits contre

les

les autres, on en auroit rejetté le reste, & par un expédient si salutaire, on auroit peut-être trouvé le véritable moyen de fortifier le parti de la vérité, d'entretenir avantageusement la société humaine & si je l'ose dire, la paix de l'Eglise & de l'Etat.

VI.

De tout ce que je viens de dire, il paroît assés, qu'encore que je ne connoisse personne plus sujet à l'erreur ni plus capable de faire des fautes que moi, il seroit peut-être difficile de trouver quelqu'un qui eut plus d'envie de n'en point faire, ou de les reparer quand elles sont faites. L'infaillibilité a quelque chose de si divin & de si attirant, que si je la trouvois attachée au plus envenimé de mes Adversaires, je courrois après lui sans délibération, & je quitterois volontiers toutes choses pour suivre un homme qui me communiqueroit cette espéce de béatitude, pourvû qu'elle s'étendit aussi sur mes mœurs.

Mais six mille ans d'expérience nous ont assés appris à mettre l'accomplissement de ces souhaits au nombre des visions. La Religion & la raison nous persuadent, qu'il n'y a personne qui ne soit plus ou moins environné de foiblesses & des autres dépendances de notre mortalité : & toute la foi que j'ai au merite de mes Adversaires, ne va pas jusqu'au point de me faire croire qu'ils en soient exempts eux-mêmes.

Le grand sujet de consolation pour nous, de voir que nos Maîtres ne sont point impeccables, lors même qu'ils nous apprennent à ne point manquer ! Pourront-ils s'empêcher de songer à leurs propres infirmités, & se défendre en même tems de compatir aux nôtres ? Quoi qu'ils nous veuillent assés de bien pour souhaiter de nous voir au point de la perfection où ils n'ont pu atteindre, je ne crois pas qu'ils nous en voulussent mal, de ce que nos efforts ne réussissent pas toujours à leur gré, & de ce que nous nous trouvons obligés de demeurer au-dessous d'eux, comme ils sont au-dessous des autres.

S'ils font des fautes, ce n'est pas pour nous en donner l'éxemple; & je les crois assés raisonnables pour reconnoître que ce n'est pas en ce point qu'ils sont nos Maîtres : mais lorsqu'ils sont assés sincéres pour nous découvrir leurs propres manquemens, c'est alors qu'ils nous font voir qu'ils sont capables de nous donner toutes sortes de leçons.

Quand leur éxemple n'auroit point assés de force pour me porter à suivre leurs pas, la seule vûe de la justice que l'on doit au Public ne feroit que trop fuffifante pour m'obliger à faire connoître au moindre de mes Lecteurs en quoi je l'aurois pu tromper après m'être trompé moi-même.

Duffé-je donc immortalifer mes fautes, je ne puis m'empêcher de leur donner ici tout le jour qu'elles pourront peut-être jamais avoir. Et fans m'embaraffer de ce qu'on en pourra juger, j'ai deffein de faire à la fin de ce difcours une lifte de celles qu'une feconde lecture de mon Ouvrage & quelques avis de mes amis m'ont déja fait remarquer. (1) J'y joindrai même quelques opinions problematiques qui peuvent à la vérité fe défendre en cette qualité, mais qui ne s'accommodent pas affés avec cette éxactitude que je fouhaiterois garder jufques dans les moindres chofes : & je continuerai de faire de femblables corrections toutes les fois que l'on m'en donnera occafion.

Les Critiques qui fembloient avoir voulu coopérer avec moi dans ce louable deffein, me donnent fujet de croire qu'ils m'ont abandonné dès le commencement : & je n'ai pas même encore pû favoir l'ufage qu'ils ont voulu que je fiffe de quelques difficultés qu'ils m'ont fait propofer par Mr l'Abbé de la Rocque. Ils ne pouvoient mieux s'addreffer, ni prendre des voies plus legitimes pour me faire favoir leurs penfées. Car encore que Mr de la Rocque ait pris depuis plufieurs années (2) la refolution de ne point rapporter de jugemens, & qu'il l'ait executée autant qu'il lui a été poffible dans la fuite : néanmoins je le confidére dans une des premiéres charges de la République des Lettres, où il lui eft très-difficile de ne fe point rendre le Rapporteur général des Parties. Et fi j'avois cru devoir faire quelque réponfe aux Critiques dont il parle, j'aurois pris à leur exemple la liberté de la lui addreffer, ne doutant point, qu'ayant bien voulu faire une exception de fa regle en ma faveur, il n'eut eu auffi la bonté de leur faire connoître mes intentions, par le defir de rendre une juftice égale à tout le monde.

Si Mr de la Rocque avoit jugé à propos de donner fon autorité & fon fuffrage aux objections qu'il nous a propofées de la part de ces Critiques, & fi le Public avoit voulu fe perfuader de leur folidité ou de leur vrai-femblance, j'aurois tâché de donner des preuves de la confidération que j'ai pour l'un & pour l'autre, & de fatisfaire ceux qui les auroient jugées dignes de réponfe. Mais comme il paroît que Mr de la Rocque n'y a point pris de part, & que le

---

1 Elles ont été corrigées dans la prefente édition. 2 Journal du 7. Juin 1677.

Public a voulu qu'on les laiſſât tomber, pourquoi entreprendre maintenant de les relever ? Et ſi elles ont été étouffées dans leur naiſſance, ne ferois-je pas un indiſcret de prétendre leur redonner la vie en leur rendant le jour.

Je ne puis pourtant me diſpenſer de faire remarquer en paſſant que ces prétendus Critiques ont fait voir qu'ils étoient fort malheureux en conjectures, lors qu'ils ſe ſont imaginés *que le fonds de l'Ouvrage* que j'ai publié, *venoit de plus loin*. S'ils avoient eu intention de faire honneur à quelqu'un de mon travail, encore y auroit-il lieu de diſſimuler cette fauſſeté, dans la vuë de quelque utilité qu'elle pourroit produire. Mais ſi l'idée qu'on m'a voulu donner de ces Critiques eſt véritable, il paroît aſſés qu'ils n'ont voulu forger cette opinion que pour tâcher de faire part à d'autres de la peine & de la mortification qu'ils avoient envie de me procurer. Si la Religion chrétienne eſt ſûre & conſtante dans toutes ſes maximes, ces Critiques n'ont pas dû trouver leur compte à croire qu'ils auroient pû faire un menſonge de peu de conſéquence, & un petit mal pour pourvoir ſe procurer un plus grand bien. L'obligation générale, où nous ſommes tous de défendre la vérité juſques dans les moindres choſes, ne me permet pas de donner lieu à l'impoſture, en laiſſant attribuer à d'autres ce qui n'eſt pas d'eux, quelque interêt que j'euſſe de me ſouſtraire par un moyen ſi facile à la confuſion que je pourrois retirer de mon Ouvrage. Il ſuffit donc d'avertir ces Meſſieurs ; que leur opinion eſt fauſſe de toutes les maniéres qu'on la puiſſe enviſager ; que je n'ai reçu aucun mémoire ni aucun avis de perſonne, ni directement ni indirectement ; que *le fonds de cet Ouvrage, n'eſt pas venu de plus loin* ; & qu'il n'a point d'autres ſources que les Auteurs anciens & modernes que j'ai cités par tout, & dont la lecture & l'uſage ſont d'un droit commun à tout le monde, ſi on en excepte quelques endroits qui regardent les Auteurs de notre tems, & qui ne ſont appuyés que ſur l'autorité de la voix publique, ce qui n'eſt pourtant arrivé que très-rarement. Une opinion auſſi peu raiſonnable que celle-là, n'aura pas manqué de tomber entre les mains de quelques-uns de ces Ouvriers de fiction qui mettent toute leur induſtrie à donner l'air de vrai-ſemblance aux conjectures les plus impertinentes. Mais il n'eſt pas à craindre que ces perſonnes puiſſent nous faire remarquer rien de démonſtratif ſur leur front, ni dans leurs yeux, ni dans le ton de leur voix, ni dans la hardieſſe de leur port, pour établir dans l'eſprit des autres, ce qui ne peut avoir de fondement nulle part. Et ſans ſortir des bornes de la modeftie, je veux bien défier l'éffronterie même, quelque audacieufe & quelque impudente qu'on puiffe me la dépeindre, d'ofer foutenir une fauffeté qui eft ridicule dans toutes fes circonftances.

VII.

Nos Critiques m'ont fait propofer une autre objection qui eft un peu plus vague, mais qui m'auroit véritablement chagriné fi elle avoit plus de fondement. Il s'agit de favoir, fi j'ai quelquefois oublié l'honnêteté, que j'ai fait profeffion de garder pour tous les gens de Lettres. Quelques-uns m'en ont voulu faire douter, contre le témoignage même de ma propre confcience. Mais quoiqu'ils ne m'ayent pas trouvé fort tendre à la perfuafion fur ce fujet, je ne puis nier que je n'aye été furpris & touché fenfiblement, lors qu'ils m'ont fait connoître, que quand il a été queftion de marquer mes refpects pour une Société confidérable dans l'Eglife & dans l'Etat (1), j'aurois dû prendre des mefures mieux proportionnées entre un fi grand Corps & un petit Particulier, comme fi je m'étois écarté des regles de la prudence.

Néanmoins, je fuis rentré aifément dans mon premier calme, dès que j'ai confideré que cette accufation eft non feulement très-facile à ruiner, mais qu'elle me préfente même une occafion favorable pour faire voir à tous ceux qui pourroient encore l'ignorer, que j'ai donné en plufieurs endroits de mon Recueil des marques éclatantes du refpect & de l'eftime que j'ai pour la Société en général & pour fes membres en particulier. De forte qu'on aura lieu de s'étonner de voir tant de témoignages d'une diftinction particuliére de la Société dans un Ouvrage, où il ne s'agit d'autre chofe, que de confidérer également tout le monde, fous la qualité d'Auteur, fans diftinguer le diadême d'avec la cale, ni la tiare d'avec le capuce.

En effet pourroit-on trouver quelque chofe, qui fût plus honorable à la Société que la maniére dont je l'ai oppofée toute feule à tous les Hérétiques de ces derniers fiécles ? N'ai-je pas infinué fuffifamment qu'elle peut feule, & par le moyen de fes Livres feuls, tenir tête contre tous les ennemis de l'Eglife Catholique (2) ? Et n'ai-je point fourni la matiére d'une réfléxion à ceux qui ont remarqué divers rapports entre la naiffance de l'Héréfie & celle de faint Ignace ; entre la féparation des Sociétés fchifmatiques d'avec l'Eglife Romaine & l'établiffement de la Société des Jéfuites, pour

---

1 ¶ Les Jéfuites. 2 Tom. 1. Prejug. de la Multitude, page 229.

juger des desseins de la Providence sur elle (1).

Quand il a été question de relever la modestie des Auteurs qui renoncent généreusement à la gloire & à la vaine réputation qu'on peut acquerir par les Livres, n'en ai-je point cherché l'éxemple dans la Société ? Et n'ai-je pas dit, que *le premier Livre qu'elle ait jamais produit* (je ne parle pas des Exercices de saint Ignace) *étoit de ces Anonymes*, qui publient la vertu des Auteurs qu'ils nous cachent : mais que *l'utilité du Livre avoit excité la curiosité du monde avec tant d'efficace, qu'on avoit découvert, enfin qu'il étoit dû à Canisius* (2) ? Je dis plus maintenant, & je crois avoir donné lieu par cette remarque à une raison très-plausible pour conserver à la Société un Ouvrage qui lui a fait tant d'honneur jusqu'ici, & pour défendre Canisius contre certains Critiques, qui n'ont point fait difficulté de le compter parmi les Plagiaires.

J'ay vû divers Auteurs, qui dans leurs Ecrits donnent à la Societé la qualité de *Savante*, mais je ne me souviens point d'en avoir vû aucun qui l'ait appellée, comme j'ay fait, *la plus Savante de toutes les Societés Reguliéres* (3). J'avouë que j'ai suivi en ce point mon propre mouvement, plutôt que l'autorité d'aucun garant que je puisse alleguer, mais enfin je n'ai rien dit contre ma pensée, & s'il étoit besoin d'induction pour prouver ce sentiment, il ne seroit pas difficile d'en produire des éxemples dans toutes sortes d'Arts & de Sciences, en remontant depuis la Grammaire jusqu'à la Théologie. Et lorsque j'ai dit, qu'elle est *la plus abondante en toutes sortes d'Ecrivains*, je n'en aurois pas même excepté ce qui regarde la Médecine, si je n'avois lû dans les Constitutions de la Société (4) que l'étude de cette Science n'étoit point de sa bienseance, & qu'il étoit défendu de l'enseigner chés elle. Car enfin je ne pense pas qu'il fût aisé à aucune autre Societé Réguliere, de produire autant de Livres, concernant la Botanique, la connoissance des Animaux, celle de l'Anatomie du corps humain, la Diætetique, la Therapeutique, la Pharmaceutique, &c. que la Société des Jésuites en a mis au jour sur ces matieres, sous le titre de la Physique. De sorte, que cette exception n'en est pas même une pour l'universalité des Sciences que je lui ai attribuée; & d'ailleurs elle ne lui peut être que fort agréable, puis qu'elle est si conforme à ses Constitutions.

---

1 V. Imag. 1. sæc. Soc. Jes. in Belg. Item Dom. Bouh. vie de S. Ign. &c.
2 Tom.1. Préjug. des Anonymes pag. 256.
3 Tom. II. part. 1. des Critiq. histor.
pag. 76.
4 Constitut. cum Declarat. Soc. Jes. part. 4. cap. 12. §. 4. pag. 192. tom. 2.

Je demande à ceux qui se connoissent un peu en respect & en estime, à quoi ils pourront attribuer le zèle que j'ai témoigné pour les *Exercices Spirituels* de la Societé, & ce qu'ils peuvent penser de la sévérité avec laquelle j'ai appellé *Envieux & Ennemis de la Compagnie des Jésuites*, diverses personnes de merite d'ailleurs & qualifiés dans l'Eglise, pour avoir trouvé à redire à cet Ouvrage du Patriarche Saint Ignace, lorsque j'ai relegué tous ces Censeurs parmi les Chicaneurs (1) ?

Je leur demande ce qui auroit pû m'obliger de dépeindre Gaspar Scioppius, le plus déterminé de tous les ennemis de la Societé, avec des couleurs si noires ? Et ce qui m'a empêché de rapporter les Eloges qu'il a reçûs de plusieurs Catholiques & de ceux même qui ont porté la pourpre dans l'Eglise avec honneur & réputation ? Cependant il est aisé de voir que tout ce que Scioppius a fait contre quelques Hérétiques pour s'attirer tant d'Eloges, n'est pas comparable à la dixiéme partie de ce qu'il a écrit & dit contre la Societé (2).

Quand j'ai fait une liste des Gens de bien que Joseph Scaliger avoit coutume de déchirer par des médisances & des calomnies, ce n'a point été sans doute pour deshonorer la Societé, que je l'ai associée aux Peres de l'Eglise, & que j'ai mis dans une même page (3) d'un côté les Peres Delrio, Pererius, Coton, Bellarmin : & de l'autre saint Athanase, saint Basile, saint Ambroise, saint Augustin, saint Chrysostome, & saint Jerôme, comme les objets de l'insolence & de la fureur de ce Critique.

Certainement il faut avoir bien envie d'interpreter à sa mode les pensées d'autrui, pour juger mal de celle que j'ai euë, lors que j'ai tiré de la Societé quelques éxemples pour le Prejugé de la multitude des Livres (4). Ces Critiques desobligeans pouvoient bien après cela m'accuser d'avoir mal parlé de Salomon, d'Esdras, d'Origène, & de saint Augustin, dont j'ai rapporté aussi les exemples au même endroit & dans la même intention : ils pouvoient bien me soupçonner d'avoir voulu mettre au nombre des méchans Auteurs Callimaque, Aristarque, Epicure, Aristote, Servius Sulpicius, Varron, Galien & d'autres des plus illustres Ecrivains de l'Antiquité qui m'ont fait dire (5) *qu'il n'est pas impossible absolument de beaucoup écrire & de bien écrire tout à la fois.*

1 Tom. 1. chap. 14. des défauts des Critiq. §. 3. de la chicanne pag. 56.
2 Critiq. Gramm. tom. 2. part. 2. p. 454.
3 Au même vol. pag. 376. 377.
4 Tom. 1. Prejug. de la multitude des Livres, pag. 222. 223. 224. & suivantes.
5 Pag. 226. du même Préjugé.

SUR LES VOLUMES PRE'CE'DENS. 223

Il est donc fort inutile à nos Critiques d'alleguer cet endroit pour me soupçonner de n'avoir pas crû la Societé entierement infaillible dans toutes ses parties, en matiére de literature, & de m'objecter pour confirmer leur soupçon, que j'ai pris la liberté de dire sur la foi d'autrui, qu'on avoit remarqué quelques fautes dans les écrits de quelques membres particuliers de la Societé, puisque je n'ai rien fait en ces rencontres qui ne puisse retourner à la gloire & à l'avantage de la Societé. Elle est sans doute de la nature de tous les autres Corps qui sont composés de parties différentes, & qui, sans en excepter même l'Eglise de Jesus-Christ, étant sujets à diverses réplétions & à quelques humeurs peccantes n'ont jamais plus de joie, ni plus de satisfaction que lorsqu'ils en sont purgés. Quelle merveille qu'une Societé si abondante en Ecrivains de toute espéce, puisse trouver quelque chose à réformer dans ce que peuvent avoir écrit quelques particuliers d'entre eux hors de leur application ordinaire? Comme si cet inconvenient n'étoit pas une suite assés naturelle de la Multitude, dans les choses de ce monde les plus divines même, dès qu'il y entre quelque chose d'humain?

Si ces Messieurs ont paru si curieux pour remarquer ceux des Ecrivains de la Societé, qui sont representés dans mon Recueil, comme les autres Auteurs qui semblent avoir manqué en quelque chose: pourquoi n'ont-ils point eu le même zèle pour observer aussi ceux d'entre eux que j'ai crû pouvoir défendre contre leurs Censeurs (1), en tournant à leur avantage ce que ceux-ci prétendoient alleguer contre eux? Pourquoi dissimulent-ils les Eloges que j'ai faits en toutes rencontres, d'un grand nombre d'illustres Jésuites dont j'ai eu occasion de parler dans ce que j'ai publié? Qui les a empêché de produire Fronton du Duc, André Schott, François Bencius, Rosweyde, Bollandus, Henschenius, Papebrochius, & d'autres Auteurs de la Societé qui sont sans doute en très petit nombre, par rapport à ceux dont je serai obligé de publier le mérite dans toute la suite de mon Recueil? Il est vrai qu'ils produisent le Pere Sirmond, le Pere Petau, le Pere Bouhours; mais ces trois personnes font assés de bruit dans le monde, pour éxciter notre curiosité à savoir ce que ces prétendus Critiques en ont débité, & pour éxaminer la fidélité avec laquelle ils ont crû pouvoir representer le portrait que j'en ai fait.

---

1 C'est ce qu'on peut voir au sujet de Fr. Turrien, Math. Rader, Gabriel Cossars, René Rapin, & quelques autres.

ECLAIRCISSEMENT VIII.

Il n'y a point d'Auteurs dans tout mon Recueil, dont j'aye tâché de relever le merite avec plus d'inclination & de plaisir que le Pere Sirmond, & quelque tome que l'on en veuille ouvrir (1), on y découvrira aisément le soin particulier que j'ai eu de marquer en toutes rencontres les grands sentimens d'estime & de vénération dont j'ai toujours été penetré à son égard, depuis que j'ai commencé à lire ses Ouvrages.

Mes Adversaires, qui prétendent que j'ai fait cela gratuitement & sans leur ordre, ne m'en veulent pas tenir compte, & ils ont raison, puisque je n'ai rien fait pour eux en ce point. Néanmoins je ne pense pas qu'on puisse les excuser d'être tombés dans un des vices les plus ordinaires aux mauvais Critiques, lorsqu'ils ont voulu me chicaner sur un mot dont ils ont crû pouvoir employer l'ambiguité pour me faire un procès. Mais quoique je n'aye pas songé à prendre des précautions contre eux ni contre les autres Chicaneurs, quand j'ai dit que quelqu'un avoit jugé *la médiocrité du Pere Sirmond préférable à la profondeur & à la vaste étenduë de l'érudition du Pere Petau* (2) : le mot de *Médiocrité* ne laisse pas de se trouver à l'épreuve de leur Critique. Car si ces Messieurs n'ont point encore oublié ce point de leur Grammaire, il ne tiendra qu'à eux de nous dire que la *Médiocrité* n'est autre chose qu'*un juste milieu entre le trop & le trop peu*. C'est une vertu si rare parmi les Savans, qu'il est plus aisé de les trouver à quelqu'une des extremités de la Science, que de les voir toucher ce milieu qui ne consiste que dans un point. C'est une vertu qui est le centre de toutes les autres, & qui semble même en être la mesure. Elle a toujours été en très-grande considération parmi les Anciens comme parmi nous, & son prix n'a point été moins connu des Païens que des Chrétiens. Ces Messieurs qui sont Gens de Lettres pourroient nous apprendre que c'est cette Médiocrité dont Horace à fait de si grands éloges ; que c'est elle qu'Aulu-Gelle a louée dans Terence, quand il l'a opposée à l'abondance de Pacuvius & à la sécheresse de Lucilius, & quand il a relevé l'avantage qu'il avoit d'être au milieu de ces extremités (3) ; que c'est celle qui a tant servi à distinguer Virgile d'avec Homere, & qui a porté le Pere Rapin & Jules

---

1 Tom. 1. aux Préjugés de l'âge des Auteurs, page 205. Tom. 2. part. 1. aux Critiq. historiq. Tom. 1. part. 2. aux Critiq. Gramm. Tom. 3. aux Trad. &c.

2 Aux Critiq. Gramm. pag. 446. à l'Article du P. Petau.

3 A. Gellius, lib. 7. Noct. Attic. c. 14.

Scaliger

Scaliger avant lui (1) à donner la préséance au Poëte Latin sur le Grec ; que c'est celle que Mr de Balzac appelle *toute d'or*, *toute pure & toute brillante*, & qu'il estime plus que le genre sublime dans les Comédies de Terence, d'Ariofte &c (2). Ils ne trouveront donc pas mauvais que ce soit aussi celle qu'un Magistrat qui n'étoit pas, ce me semble, suspect de mauvais goût, a jugé préférable dans le Pere Sirmond à toute l'immensité du Pere Petau, pour les raisons que j'ai marquées lorsqu'il en étoit question.

Ainsi je n'ai pas sujet de craindre que le plus capable de mes Censeurs avec toute sa suffisance, & toute sa présomption puisse venir à bout de persuader au Public que ce que j'ai dit de la *médiocrité* du Pere Sirmond, soit un éloge *médiocre*, dès qu'elle l'éleve au dessus du mérite du P. Petau qui paroît infini d'ailleurs, lors qu'on le considére à part, ou qu'on l'oppose à d'autres qu'au P. Sirmond.

Au reste si l'on vouloit m'obliger de répondre de tout ce que j'ai écrit au sujet du P. Sirmond, il me seroit aisé pour ma propre satisfaction, de faire voir qu'il n'y a rien dans les Oraisons funébres, ni dans les autres Eloges de ce Pere, qu'on a publiés en Prose & en Vers, qui tende plus à sa louange que tout ce que j'en ai dit concernant les excellentes qualités de son esprit, la droiture & la sincérité de son ame, sa bonne foi, sa franchise, sa prudence, sa modestie, son discernement, l'excellence de son goût, la solidité de son jugement, la longue expérience qu'il avoit des Livres & des Auteurs, & son érudition particuliére. Quoique j'eusse fait assés pour la satisfaction de toutes les personnes raisonnables en representant ce Pere, comme un des plus excellens Critiques de son siécle, je suis pourtant allé encore au-delà en le proposant comme le modéle de la véritable Critique. Je me suis exposé même à la mauvaise humeur des Partisans de Mr de Saumaise, lorsque j'ai tâché d'intéresser le Ciel dans le rang que j'ai cru pouvoir donner au P. Sirmond au-dessus de ce Prince des Critiques, en disant que la Providence divine sembloit avoir voulu prolonger sa vie jusqu'à la derniére année de celle de Saumaise, *afin de maintenir l'honneur & l'autorité de la Critique que celui-ci deshonoroit par sa tyrannie*. Et si l'on veut bien excepter l'excellent Mr le Févre, Précepteur de Louis XIII. & l'ami particulier du P. Sirmond, je ne crois pas que dans tout le Recueil des Critiques que j'ai ramassés, il s'en puisse trouver

---

1 Reflex. sur la Poët. & Comparais. d'Homere & Virg. Jul. Scal. Poëtic. &c. 2 Balzac du caractére de la Comédie. pag. 58.

un à qui j'aye attribué plus de ces excellentes qualités qui font propres à former un modéle pour tous ceux qui embraſſent la profeſſion des Lettres en général, & celle de la Critique en particulier. Après cela je ne vois pas avec quelle confiance un Poëte pluſque ſeptuagenaire (1) s'eſt imaginé pouvoir obtenir diſpenſe d'âge & de ſageſſe pour dire à mon ſujet:

Nec Sirmonde tibi, ô SCELUS! *pepercit.*

IX.

Nos Critiques ne m'accuſent pas, ce me ſemble, d'avoir rien attribué de médiocre au P. Petau mais l'envie de me faire naître de nouvelles difficultés, leur a fait dire qu'on m'auroit déchargé volontiers au ſujet de ce Pere, de la commiſſion que je me ſuis donnée de repreſenter l'humeur critique de ceux qui ſe ſont ſignalés au-deſſus des autres, & qui nous ſervent de regle. Ils conviennent pourtant que mon inſtitut m'obligeant à marquer les caractéres differens ſur tout dans les Auteurs de la premiére trempe, je n'ai pû me diſpenſer ſans raiſon, de dire quelque choſe de l'humeur critique dans un homme qui fait profeſſion de la Critique, non plus que de l'humeur Poëtique dans les Poëtes, ſachant que rien ne contribuë tant à nous les faire caractériſer. Mais ils craignoient peut-être que cela ne fût capable de donner quelque atteinte à la haute réputation du P. Petau dans l'eſprit de ceux qui pourroient confondre les mœurs des Auteurs auſquelles je n'ai point coutume de toucher, avec l'humeur ou la diſpoſition d'eſprit, dont l'expreſſion entre naturellement dans mon deſſein. Leur appréhenſion ſemble avoir augmenté lors qu'ils ont cru qu'en appellant le P. Sirmond & lui les deux *Héros de la Societé* j'avois ſongé à les comparer à l'Achille & à l'Ajax du Camp des Grecs; & à leur attribuer leurs défauts, en leur faiſant tenir le même rang dans la Société qu'étoit celui de ces deux Princes parmi leurs gens.

Il eſt vrai que j'ai remarqué que la vertu qui faiſoit l'union des cœurs dans ces deux Peres ne faiſoit pas toujours celle de leurs eſprits, & qu'encore qu'ils demeuraſſent toujours étroitement attachés l'un à l'autre par le lien de la charité, on ne laiſſoit pas de les diſtinguer ſans confuſion, & d'appercevoir fort clairement la

---

1 *ſi Menage*, & non pas le P. *Commire* comme l'a cru l'Auteur anonyme des Réfléxions ſur les Jugemens des Savans p. 75.

SUR LES VOLUMES PRECE'DENS.

différence que Dieu avoit mise dans leur naturel. Il est encore vrai qu'après avoir caractérisé l'humeur du P. Sirmond comme j'ai fait, on ne peut gueres attribuer l'alteration de leur concorde qu'à l'humeur auftére & difficile du P. Petau. Mais ces Messieurs cesseront peut-être de craindre pour la réputation de ce Pere, dès qu'ils voudront souffrir qu'on les renvoie à l'Histoire Ecclésiastique pour apprendre par l'exemple même des gens de Lettres qui se sont sanctifiés, que l'humeur auftére & chagrine loin d'être incompatible avec la véritable vertu, lui sert même assés souvent d'écorce pour la couvrir & la conserver. Ils jugeront fort aisément que tous les petits différens qui peuvent être survenus entre nos deux Peres en matiére de literature, n'ont rien de fort extraordinaire lorsqu'on les considére auprès de ceux qui sont arrivés quelquefois entre les plus savans & les plus saints Docteurs de l'Eglise dans le tems qu'elle étoit la plus florissante, & qu'elle étoit le moins sujette aux divisions.

Je ne ferai peut-être point injure au P. Petau de le comparer avec S. Jerôme ; puisque Mr Valois son Panégyriste l'a fait impunément avant moi. Tout ce que nous lisons dans l'Histoire de ce Saint, ne nous donne pas sujet de croire qu'il ait été d'une humeur plus accommodante & plus facile que le P. Petau. Il s'est brouillé je ne dis pas avec ceux qui conversoient nécessairement avec lui, & qui logeoient sous le même toit, ce qui n'auroit pas été fort surprenant, mais avec des gens éloignés de lui, écartés dans les parties différentes du monde, de l'humeur desquels il n'avoit rien à souffrir. Et sans parler de Rufin, de quelques Moines, du Patriarche de Jerusalem, &c. on ne peut pas oublier la maniére dont il a traité S. Augustin, & S. Chrysostome même, à qui il n'avoit jamais eu affaire : cependant on a toujours été très-persuadé que tout cela n'a point mis d'obstacle à sa sanctification.

Je veux bien croire encore avec Mr Valois (1) que le P. Petau a mérité d'être comparé avec S. Basile le Grand & S. Gregoire de Nazianze : & s'il s'agit d'amitié & de correspondance, je doute que l'Histoire nous fasse jamais l'union de ces deux Peres de la Société plus grande que celles des deux Docteurs de l'Eglise Grecque. Cependant on peut assurer dès aujourd'hui que le Public n'en saura jamais tant sur les difficultés qu'ont euës les deux premiers, qu'il en sait sur les différens de ces deux Saints ; & tout ce que le P. Petau & le P. Sirmond ont pu dire ou écrire l'un contre l'autre, n'est

---

1 Henrici Valesii Orat. in funere Dion. Petavii.

peut-être pas comparable aux duretés que nous lisons de S. Basile à S. Gregoire, & de S. Gregoire à S. Basile au sujet de l'Evêché de Sasimes (1) sans qu'on puisse dire qu'ils ayent rompu le lien de la charité chrétienne ni celui de l'amitié particuliére.

Voilà des exemples de Saints & de gens de Lettres qui ne sont ni inférieurs à nos deux Peres, ni désagréables à ceux de leur Institut & de leur profession. Nous pourrions encore alleguer la brouillerie du même S. Basile avec son propre frere S. Gregoire de Nysse (2), celle du Pape S. Leon avec S. Hilaire d'Arles, & celles de plusieurs autres Saints Ecrivains de l'Eglise, pour faire voir qu'il n'est nullement extraordinaire que les Savans les plus vertueux soient sujets à des chagrins mutuels que l'étude & la retraite aigrissent encore davantage.

Je ne voudrois pas dire que le P. Petau se fût emparé de l'esprit de S. Epiphane en étudiant & en commentant ses livres, car toute l'aigreur qu'on a pû remarquer dans sa maniere d'écrire contre diverses personnes, n'approche pas de celle que ce Saint fit paroître contre le seul saint Chrysostome en un voyage qu'il fit à Constantinople, où il commit tant d'irregularités.

Mais enfin quand les disputes du Pere Petau avec le Pere Sirmond l'auroient porté jusqu'à la séparation, ce qui n'est jamais arrivé, qu'y trouveroit-on de si extraordinaire dont on ne pût montrer un exemple en la personne des Apôtres saint Paul & saint Barnabé ? Et qui nous empêche de croire que Dieu l'eût pû tourner à sa gloire, & peut-être même à l'avantage de son Eglise, comme il fit la division de ces Apôtres ?

L'humeur chagrine & ce qu'on appelle *la vertu farouche* semblent être le partage ordinaire des Savans du Cabinet qui se donnent à l'érudition profonde, & qui s'y consument. Le commerce perpetuel qu'ils entretiennent avec les morts & les personnes de l'autre monde, les occupe si fort qu'ils ne sauroient quelquefois souffrir les vivans, ni revenir avec les personnes de ce monde. Ils trouvent tant de charmes à la compagnie des gens de tous siécles, de toutes langues, & de tout Pays qui ne leur resistent jamais, qui ne murmurent jamais contre eux, qui ne leur sont jamais à charge, qui parlent & qui se taisent quand ils veulent, qui les instruisent, qui les consolent, qui les divertissent, & qui leur tiennent lieu de tout ; qu'ils ne daignent

---

1 Basil. M. Epist. 31. Greg. Naz. Or. 1. pag. 7. Baronius ad ann. 371. God. Hermann. vie de saint Basile & de S. Greg. liv. 5. c. 23. pag. 516. 517. 518.

2 Basil. Epist. 45. pag. 72. & Herman. vie de S. Bas. liv. 4. chap. 15. p. 382.

plus s'assujettir aux incommodités de la société civile, qu'ils fuïent naturellement les compagnies, & qu'ils ne trouvent plus rien que de fade, de dégoûtant, d'inutile, & de bizarre dans les conversations des autres hommes. C'est ce qui les porte à s'enfoncer dans leur retraite, & à ne se point laisser approcher si facilement, ni de toutes sortes de personnes.

D'ailleurs s'il étoit vrai que le Pere Petau, de savant qu'il étoit comme les autres, fût enfin devenu la science même, se rencontrera-t-il quelqu'un qui doive trouver mauvais que j'aye dit qu'il étoit plus inaccessible que le Pere Sirmond; puisqu'on sait assés que la veritable science ne s'apprivoise pas avec tout le monde? Tout ce que j'ai dit de l'humeur de ce Pere n'est rien en comparaison de ce qu'en pourroient dire ceux de sa connoissance qui sont encore vivans, ou qui ont connu ses amis.

Il est aisé de voir que je n'ai point été de l'avis de ceux qui prétendent (1) qu'il n'a jamais rien écrit que pour refuter quelqu'un, qu'il ne pouvoit vivre sans ennemis, & qu'il a attaqué toutes sortes de personnes parmi les Catholiques & les Hérétiques, à commencer depuis Baronius & Scaliger jusqu'à ceux qui lui ont survécu: puisque je n'en ai rien dit, & que j'ai laissé tomber une pensée qui a été relevée & soûtenuë par ceux qui se disoient de ses amis particuliers. Nous pourrions ajoûter même que ce qui a donné tant d'éclat à cette partie de la réputation du Pere Petau, vient de la qualité des Adversaires que la Providence lui avoit destinés, & qui étoient sans contredit les plus illustres de la République des Lettres, & les plus grands hommes de son siécle. De sorte que comme leur resistance a été grande, elle a dû aussi faire du fracas, & obliger ce Pere à les traitter avec toute la hauteur & toute la force possible.

Je n'ai vû dans tout ce grand nombre, personne qui fût plus à plaindre qu'un malheureux fabricateur de Chronologie nommé d'Auzoles de la Peyre qui avoit eu la témérité de le provoquer, & qui a eu constamment la tête plus molle que les autres. Aussi le Pere Petau a-t-il eu plus d'égard pour lui dans la vuë de sa foiblesse, & de son peu d'experience. Il est aisé de voir qu'il luy a fait grace, puisque, le pouvant traitter comme Apollon avoit fait Marsyas, c'est-à-dire en notre Langue, l'écorcher tout vif, & le donner en proie *aux Corbeaux du Pinde*, il s'est contenté après l'avoir bien châtié de l'envoyer pleurer

---

1 Guy Patin Epitre du 16. Février de 1645. pag. 7.

sur les derniers bancs de sa classe (1) avec l'épée au côté, les Titres de sa noblesse, & une barbe tirant sur le gris.

X.

Il n'étoit nullement necessaire de remuer ici la cause des vivans, ni de les joindre à ceux qui ne sont plus de ce monde, & plusieurs raisons pourroient me détourner de parler du Pere Bouhours qui est encore plein de vie, immédiatement après avoir parlé de deux illustres Morts de la Societé. Mais puisque nos Discoureurs m'y obligent, il faut me resoudre a faire encore une fois violence à sa modestie, & mettre de nouveau son humilité à l'épreuve.

Il faut donc, pour pacifier ces esprits inquiets, que le Pere Bouhours souffre que je leur fasse connoître le rang que je lui ai donné parmi les premiers Ecrivains de sa Profession, & la distinction que j'ai prétendu qu'ils fissent de son mérite d'avec celui de plusieurs autres.

Je ne me suis pas contenté de choisir deux des principaux Auteurs & Restaurateurs de notre Langue, Malherbe, & Patru, pour faire le paralelle de ce Pere avec eux, touchant la pureté du discours ; de le préferer même à Malherbe (2) pour la Grammaire, & à Patru pour une espece de Critique (3) qui regarde particuliérement les pensées de l'homme, quoique je n'aye point eu d'autre garant en ces deux rencontres, que ma propre inclination. Je n'ai pas cru aussi devoir me borner à rapporter les Eloges qu'on a faits de ses Ouvrages, comme j'ai fait au sujet de plusieurs Ecrivains du Commun. Mais pour faire voir que je l'ai considéré comme un des Auteurs qui méritent de la distinction, j'ai eu soin de rechercher encore & d'exposer au jour une partie des choses que ses Censeurs lui ont objectées. C'est un honneur qu'on ne fait gueres aux Ecrivains médiocres, soit parce qu'ils n'ont jamais eu l'avantage de se faire des envieux, & que leur réputation ne passe gueres leur siécle, ou même le tems de leur vie : soit parce que le peu d'utilité que l'on retire de leurs Livres n'excite pas la curiosité des Critiques avec assés d'efficace pour rechercher leurs défauts. Je me suis donc imaginé, & je ne puis encore me défaire de mon opinion, que le grand nombre des Censeurs d'un

---

1 Dion. Petavius lib. 1. secund. part. Rationar. tempor. cap. 16. & 17. ad fin. ubi indoct. & inficet. voc. additque. *Discipulorum inter jubeo plorare cathedras*, idem in Præfat. secundæ part. ubi notat ejus ætatem jam ingravescentem, vocatque rusticum abnormem, &c.

2 V. les Trad. nombr. 971. pag. 171. tom. 3.

3 V. les Critiq. histor. nombr. 250. pag. 165. 166. tom. 2. part. 1.

Auteur, & que la peine qu'on a prise de l'éxaminer de près, est une marque de l'estime qu'on en fait, & du besoin qu'on en a pour l'utilité publique. Et je me suis fortement confirmé dans ma pensée après avoir vû que les plus beaux Ouvrages de l'antiquité & des siécles posterieurs ont été de tout tems les plus exposés à la Censure, & que l'on a jugé même de leur prix par le grand empressement qu'on a toujours témoigné pour découvrir & publier leurs défauts. C'est ce que j'espere de faire voir dans toutes les parties de mon Recueil, lors qu'il s'agira de rapporter les jugemens qu'on a faits des plus grands Hommes, & particuliérement des Auteurs Classiques, & des Peres de l'Eglise même, sans apprehender de donner la moindre atteinte à leur réputation.

Mais j'ose assurer à l'avantage du P. Bouhours, que quand il a été question de rapporter les objections de ses Censeurs, je lui ai rendu un service dont je ne me suis pas mêlé à l'égard de la plupart des autres Auteurs Si j'ai parlé de celles que Cleante lui a faites, j'ai ajouté en même tems, que ce Critique *le chicane sur une infinité d'endroits* (1): Si j'ai touché quelque chose de celles que Mr Menage a publiées contre lui, j'ai eu grand soin de dire qu'*il est toujours fâcheux qu'il ait mêlé ses ressentimens particuliers avec la cause publique des Lettres* (2); *que ses Observations sont mêlées d'invectives; qu'on y trouve une infinité de choses peu obligeantes; qu'il le traite outrageusement & qu'il lui rend injure pour raillerie.*

Enfin, je n'ai fait connoître nulle part plus clairement qu'au sujet du P. Bouhours, que je n'épouse ni les interêts ni le parti des Critiques que j'allegue pour garants, & que personne ne me peut obliger de répondre de la solidité & de la vérité de leurs jugemens (3). C'est une regle que je me suis prescrite à la tête de mon Ouvrage, & dont il ne sera pas aisé de me faire départir dans toute la suite. C'est à quoi nos mécontens devoient avoir fait plus de réfléxion pour se garantir de l'étourdissement, & pour ne me pas confondre si indiscrétement avec les garants qui se trouvent cités dans mon Recueil. S'ils avoient eu la tête un peu plus libre & l'imagination plus nette quand ils ont lu ce que j'ai dit en général sur ce sujet dans mon Avertissement, & ce que j'ai écrit en particulier à l'occasion du P. Bouhours, ils ne se seroient pas avisé de m'imputer les sentimens des autres, & ils ne m'auroient peut-être pas soupçonné

---

1 Tom. 2. part. 3. aux Gramm. Franc. page 665. ligne 25.
2 Au même endroit page 667. ligne 1.
& suiv. ligne 5. & suiv.
3 Avertissement nombr. 3. & 4.

ECLAIRCISSEMENT

d'avoir voulu approuver Mr Menage, lors qu'il semble avoir voulu dire que ce Pere devoit une partie de son Art de parler & de sa politesse aux occasions qui l'ont fait rencontrer avec le beau monde. Ceux qui ont été touchés des expressions que j'ai empruntées de mes Garants sur ce sujet, ont bien fait connoître qu'ils sont plus intelligens que moi dans l'Art d'interpreter les Auteurs, & plus clairvoyans dans la pensée de Mr Ménage. Mais toute ma pénétration s'est terminée à l'écorce de ces façons de parler, & ce que j'en ai lu dans cet Auteur & dans ceux qui l'ont imité (1), ne m'en a donné que l'idée d'une chose indifférente : tant j'avois alors l'œil simple : tant je croyois avoir le cœur droit, & bien muni contre le raffinement & l'ambiguité.

Le P. Bouhours est un homme que le mérite singulier, & les services rendus à la Langue ont attiré chés les Grands : & ce n'est que par ces voies-là que j'ai eu l'honneur de le connoître, & de jouir même quelquefois de sa conversation chés un Magistrat, où sans craindre de devenir suspect, j'ose dire que l'on trouve encore quelque chose de ce bon goût qu'y a laissé Mr le Premier Président pour le vrai mérite, & particuliérement pour celui des Gens de Lettres dont il avoit été l'ame & le cœur durant sa vie, si nous en croyons la voix publique. J'ai souvent été édifié de la maniére dont ce Pere savoit accommoder la regularité de son Institut avec l'honnêteté civile, & il m'a suffisamment persuadé que la politesse de l'esprit & la délicatesse des maniéres ne sont point incompatibles avec les maximes les plus entiéres du Christianisme en général, & les constitutions les plus exactes des Maisons Réguliéres en particulier.

X I.

Le desir de satisfaire tout le monde, me porte à rechercher même hors de la Societé, ceux à qui ma conduite pourroit n'avoir pas été entiérement agréable, & je les trouve assés bien rassemblés en la personne de Mr l'Abbé Menage, ou plutôt réduits à lui seul. C'est un homme que j'ai dépeint en plusieurs endroits, comme un Personnage d'une grande érudition, d'une literature fort étendue, fort diversifiée, & fort agréable, d'un esprit très-beau, très-aisé, & très poli. Et quoique je n'aye jamais eu l'honneur de le connoître, que par la lecture de ses Ouvrages, je n'ai pas laissé de reconnoître sur la foi de ses amis que c'est un homme d'une probité particuliére,

---

1 Menage Observ. sur la Lan. Fr. 2. part.   M. Maimbourg, &c.
Critiq. general de l'Hist. du Calvin. &c.

d'une

d'une humeur très-officieuſe & très carreſſante, d'une modeſtie & d'une franchiſe ſemblable à celle des Anciens, & d'un merite qui l'a diſtingué des autres Savans & qui a beaucoup ſervi à faire de ſa maiſon une Ecole, qui ne ſent point le College. Mais puis qu'il eſt en peine de ſavoir par quel motif j'ai rapporté de lui quelqu'autre choſe, qui a paru moins à ſon goût, il faut que je lui conte l'hiſ-ſtoire de mon embarras, pour voir s'il aura la charité de m'en tirer.

Innocemment, & dans la plus grande ſimplicité du monde, je me mets à la lecture des Livres de M. Menage, comme d'un Auteur grave & de grande réputation, ſans autre préjugé que celui qu'avoient formé en moi toutes ces rares qualités dont je viens de parler. J'y trouve effectivement cette érudition que j'y cherche, mais je la trou-ve preſque par tout envelopée d'un *je ne ſai quoi*, que le mérite de M. Menage m'a toûjours empêché d'appeller par ſon nom, & qu'un Ecrivain Grec appelleroit peut être *Philautie* dans un Athenien qui auroit été moins vertueux que cet Abbé. J'apperçois à travers d'une infinité de belles choſes un certain caractére d'eſprit qui fait en moi des impreſſions fâcheuſes. Je tâche de m'en défaire en paſſant d'une matiére à une autre; mais je me retrouve par tout: je chan-ge de Traité & de Livre, & ce ſont des rencontres perpetuelles entre mon Auteur & ſon Lecteur. Comme on ſe fait à tout, & comme l'habitude apprivoiſe enfin les humeurs les plus farouches, en liſant Mr Menage je m'accoutume inſenſiblement à ne me point mépriſer moi-même, quoique je ſois convaincu d'ailleurs, que je ſuis le plus miſérable de tous les hommes, lors même que je me regarde dans le miroir de mon Auteur. Et parce que j'ai ouï dire qu'il faut ſe mépriſer, & que j'en trouve même la pratique & l'éxemple dans Mr Ménage, je m'accoutume inſenſiblement à me mépriſer par artifice, & peut-être par vanité. Dieu permet que je m'en apperçoive, & j'ai la malignité d'attribuer ces mauvais effets à la lecture de mon Auteur.

Tout cela ne regarde que la Proſe de Mr Menage, & mon hiſ-toire ſeroit trop longue ſi j'entreprenois de raconter les divers effets que ſes Poëſies ont pu produire dans mon imagination, & les tra-vaux qu'il m'a falu eſſuyer pour trouver dans ſes Vers les limites de la licence Poëtique.

Mais quelque mal-édifié qu'on puiſſe être du caractére qui regne dans les écrits de Mr Menage, rien ne nous empêche de prendre même pour une vertu au moins naturelle la qualité dominante qui sert à le former. Cette qualité, à quiconque y regarde de près, ne paroît autre qu'une *naïveté* qui est sans doute un des grands ornemens de l'ame, lorsqu'elle est accompagnée d'une franchise & d'une simplicité qui n'a rien de niais ni d'indiscret.

On peut dire que c'est elle qui a porté Mr Menage à se dépeindre dans ses écrits tel qu'il est, sans fard, & sans déguisement ; toujours disposé à louer ses amis, à blâmer ceux qu'il prend pour ses ennemis, à censurer & à approuver avec une facilité égale, à parler volontiers de lui-même tantôt en bien quand il en peut faire naître l'occasion, & quelquefois en mal, aimant mieux dire du mal de lui-même que de n'en rien dire du tout, selon la maxime de Mr de la Rochefoucault (1). C'est aussi cette qualité qui fait paroître en lui un esprit sans dissimulation, une volonté sans détour, un cœur sans replis, tout rond, tout uni, mais en même tems noble & généreux, & qui fait voir une beauté d'ame toute nuë & ennemie de tout ce qui peut servir à la couvrir.

Mais à parler franchement, cette *naïveté* avec laquelle Mr Menage découvre par tout ce qu'il est, auroit été peut-être plus au goût des Anciens chés qui regnoit la simplicité qu'à celui de notre tems, où tout ce qu'on dit de soi-même soit en bien, soit en mal est également suspect : & cette *franchise* accompagnée de son ingénuité ayant pu passer fort aisément pour une vertu parmi les peuples qui vivoient au siécle d'or, semble avoir perdu son nom lorsqu'on l'a voulu mettre en usage dans les siécles de fer.

Ce n'est pas qu'elle n'ait conservé sa nature dans le cœur de Mr Menage, mais vous diriés qu'elle change de qualité dès qu'il la fait passer dans ses écrits, & qu'elle dégénére en vice par la misére de notre tems & par la corruption de notre cœur.

Malheur donc à ceux qui ne connoissent Mr Ménage que par ses Livres, & qui n'ont point assés de pénétration pour voir qu'il y a deux hommes d'une constitution fort différente cachés sous un même nom, & qu'il ne faut pas juger des qualités de celui qui regne dans la conversation de ses amis, par celles de cet autre qui entretient ses Lecteurs dans les cabinets. Mais pour empêcher qu'il ne retombe une partie du même malheur sur Mr Menage, il seroit à souhaiter que celui des deux hommes qu'on voit en lui & qui fait honneur à l'autre, pût survivre à celui qui le deshonore, pour en effacer la mémoire. Je veux dire que comme les écrits de Mr

---

1 Max. & Sent. &c. *On aime mieux parler mal de soi que de n'en point parler.* D. L. R. F.

Ménage ne correspondent pas fort parfaitement aux actions vertueuses de sa vie, & comme sa vie au contraire est capable de faire honneur à ses écrits ; il faudroit pour rendre à son mérite toute la justice qui lui est dûë, ou qu'il fut immortel & qu'il vécut parmi les hommes autant que ses Livres y dureront, afin de pouvoir toujours démentir ses Livres par sa vie ; ou que ses Livres pussent disparoître, & s'anéantir lorsqu'il plaira à Dieu de disposer de sa personne pour l'autre monde, afin que la Postérité n'aille point juger de sa vie par ses Livres.

XII.

Je n'aurois pas assés bien prouvé que je suis demeuré jusqu'ici dans le milieu que je m'étois proposé, c'est-à-dire dans une indifférence égale envers tous mes Auteurs, quels qu'ils puissent être, si après avoir fait voir que je me suis écarté soigneusement d'une des extrémités, je ne montrois aussi le soin que j'ai eu de ne jamais approcher de l'autre. Mes Adversaires m'ont pris pour un homme de conséquence lorsqu'ils m'ont jugé capable de discernement à l'égard des partis & des factions qui ont agité l'Eglise depuis un demi siécle ; mais ils m'ont fait une injure très-sensible lorsqu'ils ont prétendu m'adjuger aux uns plutôt qu'aux autres, sans prendre mon avis ni mon consentement. J'apprens qu'ils n'ont point fait difficulté de publier que j'avois voulu favoriser une Societé que je n'ai jamais connuë que par la lecture de quelques Ouvrages qu'on lui attribue, & que cette supposition, toute fausse qu'elle est, ne laisse pas de servir de principal fondement au chagrin qu'ils ont conçû contre moi. Mais s'ils sont assés raisonnables pour vouloir bien revoir un jugement qu'ils ont fait avec tant de précipitation, ils jugeront aisément que s'il n'y a peut-être point d'endroits dans tout mon Recueil qui soient plus défectueux que ceux où je parle des Livres anonymes de Messieurs de Port-Royal je ne puis point donner aussi de marque plus évidente, que celle là pour faire voir que je n'ai jamais eu de rapport avec eux, & que de tous les suppots de la République des Lettres, il n'y en a peut être pas dont j'aye eu moins de connoissance que de ces Messieurs.

Mais que diront ces Censeurs si je leur fais voir qu'avec toute mon indifférence je n'ai pas laissé d'avancer bien des choses peu avantageuses à ces Messieurs & qui pourroient passer pour des duretés à leur égard, s'il étoit vrai que j'eusse jamais eu dessein de choquer personne ? Pourvû qu'on veuille me définir ce que c'est que leur societé que j'ai pris long-tems pour une chimere à laquelle on a attaché un nom de Secte qui est rejetté de tout le monde, & dont je ne prétens pas renouveller la mémoire après la défense qui en a été faite par l'Arrest du Conseil de l'an 1668. & pourvû que l'on veuille comprendre parmi ces Messieurs tous ceux à qui on a voulu donner ce nom, il me sera très-aisé de produire un grand nombre d'endroits peu obligeans que je rapporterois ici, s'il s'agissoit d'obliger quelqu'un.

Je me contenterai de citer le fameux Optatus Gallus (1), que je n'ai point fait difficulté d'appeller un *Séditieux* (2), quoique mon sujet n'éxigeât point cela de moi : & je crois en avoir dit autant en un seul mot, que tout le grand nombre d'Ecrivains qui ont pris la plume pour réfuter le livre qu'il avoit écrit contre le gouvernement, & le Sermon sur saint Louis qu'il fit à Rome quelques années après. J'ajoûterai même que j'en ai traité quelques-uns d'Ecrivains artificieux (3), & que j'en ai taxé plusieurs autres dans les divers préjugés des Engagemens, des Auteurs Anonymes, des Titres des Livres (4). Je n'ai rien dissimulé de ce que j'ai sû qu'on leur avoit reproché dans leurs Livres de Grammaire & dans leurs Traductions, & je n'aurois pas omis les Remarques du Pere Vavasseur & du Pere Gaudin, si elles fussent venuës alors à ma connoissance. Quelques uns de mes Censeurs m'ont fait connoître à la vérité qu'ils eussent souhaitté que j'eusse rapporté ce que M. Jurieu & quelques autres Anonymes ont dit de l'humeur & du caractére de quelques-uns des Auteurs de Port Royal. Mais ils m'obligeront sensiblement de croire que je m'en serois fait un devoir très-étroit si Mr Jurieu & les autres avoient parlé de leurs Grammaires & de leurs Traductions, ou si j'avois eu la moindre occasion de placer leurs réfléxions ailleurs que dans le recueil des Théologiens, que l'ordre de mon Ouvrage ne me permet pas de publier encore si-tôt.

Enfin d'autres voyant la liberté que j'ai prise de rapporter quelque chose de ce qui s'est dit à l'avantage de ceux de ces Messieurs dont les Ouvrages ont reçu l'approbation publique, m'ont accusé hautement de les avoir voulu faire passer pour des *Heros*. Mais il est bon que ces Censeurs sachent que je n'ai jamais traitté personne en cette

---

1 Le P. Labbe & quelques autres ont mis cet Auteur de leur nombre.
2 Chap. 14. des défauts des Critiq. §. 3. pag. 56. tom. 1.
3 Au Préjugé des Titres, chap. 13.
4 Part. 1. des Jugemens tom. 1. chap.

4. où il est parlé de la Prévention dans les Préfaces.
Part. 2. chap. 6. au Préjugé des Engagemens : chap. 12. des Anonymes & autres endroits du tome 1.

qualité que les Peres Sirmond & Petau Jésuites (1) de mon propre mouvement; que si le Titre de *Heros* se trouve parmi les Jugemens que j'ai rapporté au sujet de Scaliger, de Saumaise, & de quelques autres Critiques Humanistes, il vient non pas de moi, mais des Auteurs que j'ai allegués pour garans. Et je ne me souviens pas d'avoir jamais eu la pensée de le donner à aucun de Messieurs de Port Royal. Il est vrai néanmoins qu'en une occasion où je blâme les Traductions d'un de ces Auteurs qu'on dit être de Port-Royal (2), j'en ai comparé la Société *au Cheval de Troye*, dont le ventre a été fécond en Héros. Mais quelle conséquence voudroit-on tirer d'une expression qui n'a rien de sérieux, ni de solide, & qui constamment est bien plus Comique qu'*Héroïque*? Si l'on veut considérer cela comme un grand honneur que j'aye fait à ces Messieurs, on doit donc aussi me savoir gré de ce que j'en ai rendu un tout semblable à tous les Casuistes Espagnols, lorsque j'ai dit qu'*ils sont sortis du sein de l'Espagne comme du ventre du Cheval de Troye* (3).

Mais qui pourra s'empêcher d'admirer la bizarrerie des hommes dans cette diversité de leurs goûts & de leurs jugemens à laquelle je me suis toujours préparé, quoique je n'aye jamais cru qu'elle me dût causer le moindre embarras, & que je dusse y avoir le moindre égard? Je ne puis attribuer qu'à cette bizarrerie l'avis qu'on m'a donné d'un autre côté, que Messieurs de Port-Royal pourront se plaindre de divers endroits de mon Recueil, où il leur semble que j'aye voulu les faire passer pour des Sectaires, sous prétexte que je les ai quelquefois désignés sous un nom qui sent le parti, quoiqu'ils ne s'en soient jamais accommodés, & que je ne m'en sois servi après les autres que pour éviter la Periphrase.

Mais pour répondre généralement à tout le monde, je prie les uns & les autres de considérer que je n'agis nulle part en Théologien, & que je ne suis tout au plus que l'Historien de la Critique des autres. Comme la Providence ne m'a point appellé à la défense ni même à l'éxamen des vérités de notre Religion, je n'aurai jamais la témerité de rien entreprendre sur ce sujet. Elle m'a fait naître dans le sein de l'Eglise Catholique : elle m'y a fait élever dans un amour parfait pour son Unité & pour la vérité Orthodoxe. Si après toutes ces graces on peut présumer quelque chose de la misericorde divine, j'ai tout sujet d'espérer que rien au monde ne sera jamais

---

1 Au tom. des Crit. Gramm. pag. 437.
2 Au Tom. des Traduct. pag. 175. nomb. 975.
3 Au Préjugé des Nations tom. 1. §. 5. des Espagnols pag. 144.

capable de me faire quitter ce sein de notre Mere commune. Je ne verai jamais rien, je ne sentirai jamais rien que par elle & dans elle ; je ne prendrai jamais d'autre nourriture que la sienne, & je ne respirerai point d'autre air ni d'autre Esprit, que celui que lui donne son Epoux pour nous le communiquer. L'amour que j'ai pour son Unité, me fait détester tout Schisme & toute Division ; celui que j'ai pour sa Doctrine me donne horreur de toute Héréfie & de toute nouveauté. Et quoique je ne sois que le dernier de ses enfans, & de ceux même qui ne servent que de nombre, & qui lui sont les plus inutiles, je ne laisse point de participer à tous les avantages des autres. Tant que je serai renfermé dans son sein, je jouirai d'une tranquilité profonde, non seulement, à l'égard des troubles de dehors, qui ne me regardent point, mais même à l'égard des divisions internes qui l'affligent de tems en tems, & qui vont quelquefois jusqu'à lui déchirer les entrailles, étant bien resolu de n'écouter & de ne suivre qu'elle en ses rencontres.

SECONDE PARTIE,
OU
PREFACE
Sur le Recueil des Poëtes suivans.

XIII.

Ceux qui auront eu la patience de lire les Eclaircissemens que je viens de donner sur quelques points des premiers Volumes de mon Recueil, voudront peut-être bien souffrir, que je leur propose encore quelques Avertissemens, touchant les Volumes suivans, qui composent le Recueil des Poëtes, & particuliérement sur la conduite de nos Poëtes Modernes. Je ne doute pas qu'ils ne jugent les Avertissemens aussi peu nécessaires que les Eclaircissemens, puisqu'il suffit d'ouvrir le Livre pour reconnoître d'abord la méthode que j'y ai tenuë.

J'ai commencé par un petit Recueil d'Auteurs qui ont traitté de l'Art Poëtique, où j'ai réduit même ceux qui en ont écrit en Vers. J'espere en user ainsi aux Orateurs, aux Historiens, &c. & de mettre à la tête des Ouvrages, qui concernent les Sciences, ceux qui regardent l'Art & la Méthode des mêmes Sciences. J'ai mêlé parmi les Traités de l'Art Poëtique, quelques-uns de ceux qui ne regardent que la Prosodie & la mesure des Vers, c'est-à-dire, l'Art de la Versification, à cause du rapport qu'il y a entre ces deux Arts. Mais le grand nombre de ceux qui ont paru depuis environ 150. ans m'a empêché de les rapporter, jugeant d'ailleurs que ce sont plutôt des Ouvrages de Grammaire. Plusieurs de ceux qui s'attachent à l'ordre régulier des Sciences, mettent les Rhétoriciens & les Orateurs devant ceux qui traitent de l'Art Poëtique & devant les Poëtes. Ils ont pour en user ainsi des raisons qui ne sont nullement à rejetter: mais comme je ne vois rien de trop mystérieux dans cet Ordre, je ne vois pas aussi grand inconvénient à le troubler, cela s'étant trouvé ainſi diſpoſé. Comme cet Ouvrage ne conſiſte qu'en Recueils détachés, il ſera libre à chacun de leur donner tel ordre qu'il lui plaira.

Je n'ai point oſé toucher aux Poëtes Sacrés, dont les Ouvrages font partie de l'Ecriture Sainte, & j'en ai dit la raiſon, lors que j'ai parlé de Moïſe, par forme de Préface devant Homere. Je puis donc dire, que j'ai commencé par les Poëtes Grecs, qui achevent le preſent Volume, & qui finiſſent à peu près au tems où toute la Grece s'eſt trouvée aſſujettie à la Domination des Romains, qui peut paſſer auſſi pour le terme de la fécondité de la Grece pour les bons Poëtes.

Les deux Volumes ſuivans comprenent les Poëtes Latins depuis les Gueres Puniques juſqu'au ſiécle de Dante & Petrarque. J'y ai fait gliſſer quelques Poëtes Grecs, qui ont vécu ſous les Empereurs de Rome & de Conſtantinople. Comme le nombre n'étoit pas ſuffiſant pour en faire un Recueil à part, je les ai mêlé avec les autres, ſelon l'ordre du tems qu'ils ont vécu, en me contentant de leur donner une marque de diſtinction.

J'y ai joint les Poëtes Modernes, depuis le rétabliſſement des belles Lettres. J'ai cru qu'il étoit de peu d'utilité de les partager ſelon leur Pays, ou ſelon les Langues dans leſquelles ils ont écrit, jugeant d'ailleurs que cela auroit apporté de la confuſion dans ceux qui ont fait des Vers en plus d'une Langue.

J'ai continué de ranger tous les Auteurs, ſelon le tems de leur mort, autant qu'il m'a été poſſible, & d'y être plus éxact que je n'avois été dans les précédens Volumes, parce qu'encore que cela paroiſſe peu important pour mon ſujet, je me perſuade aiſément que l'éxactitude n'eſt inutile nulle part, & que la vérité doit regner partout, juſques ſur les moindres choſes.

XIV.

Quoique j'aye fait de tems en tems des réfléxions peu avantageuſes ſur les Poëtes qui ont abuſé de leur Art, je ne croispas qu'on puiſſe me ſoupçonner d'avoir voulu deshonorer la Poëſie & de m'être voulu joindre avec ceux qui la font paſſer pour un Art pernicieux au genre humain, ou même avec ceux qui ſe contentent de la mettre au nombre des inutilités de ce monde. J'oſe croire plutôt, que j'aurois contribué quelque choſe pour relever ou maintenir ſa dignité, lorſque j'ai fait voir quels ſont ceux qui en ont fait un mauvais uſage en corrompant ſa nature & la faiſant ſervir à

des

SUR LES POETES.

des usages profanes, criminels, & entiérement contraires à sa premiére institution.

Car on est présentement plus que jamais persuadé que la Poësie n'a été mise au monde, que pour honorer Dieu (1), & que ceux qui s'en sont servi les premiers, ne l'ont employée qu'à chanter ses louanges, à décrire ses merveilles dans la nature, & à nous apprendre la maniére de lui plaire & de regler nos mœurs & nos actions sur sa volonté. S'il arrivoit quelquefois dans ces heureux commencemens, qu'on entreprît quelque chose de plus, cette liberté ne s'étendoit qu'à louer le merite dans les bons Anges, ou dans les hommes de bien, & à blâmer le mal dans les Démons ou dans les Méchans de la terre ; & par ce moyen on rentroit toujours dans la première institution de la Poësie.

Le premier abus que les hommes en ont fait, vient de la perte qu'ils ont faite de la connoissance du vrai Dieu. Dès qu'ils se sont avisés d'ériger les créatures, ou leurs propres passions en Divinités, aussi-tôt on a vû les Poëtes sacrifier tous leurs talens à ces passions, ou à ces créatures, & donner, pour ainsi dire, un nouveau Systême à la Poësie. Ils ont substitué à la place de la vérité le mensonge revêtu de la vrai-semblance, & croyant qu'après cette licence, tout pouvoit leur être permis, ils ont jugé que s'ils pouvoient chanter les louanges de leurs Dieux, célébrer leurs brutales amours, leurs haines, & toutes leurs foiblesses, il ne leur seroit point défendu après cela de se chanter eux-mêmes ; de publier leurs propres amours, & leurs inimitiés. Et comme ils se sont rendus eux-mêmes les Maîtres de cet Art, ils nous ont voulu persuader & par leur pratique & par les regles qu'ils en ont fait faire, que non seulement il n'y a point de véritable Poësie sans Fables & sans amour ; mais qu'il n'est pas même nécessaire qu'il y ait des bornes, ni même du fondement aux louanges qu'ils donnent à ceux qu'ils aiment ou qu'ils adorent : ni au blâme & aux injures dont ils chargent ceux qu'ils n'aiment pas, ou qu'ils méprisent.

Tous ces changemens ou plutôt ces altérations se trouvant très-conformes aux inclinations corrompuës de l'homme, loin de rencontrer le moindre obstacle dans leur établissement, se fortifiérent de plus en plus à mesure que le genre humain se polit & que les Langues se perfectionnérent. De sorte qu'on peut dire que les siécles

---

1 S. Greg. de Nazianz. Carm. 54. de silentio in jejuniis.
Patet exemplo Mosis & aliot; vetustissi- mor. hom.
Isidor. Hispal. lib. 8. Origin. cap. 7. ubi Poët. Theolog. dicuntur, &c.

les plus floriſſans hors de la Religion & du culte du vrai Dieu, ont été ceux où la Poëſie a été dans ſa plus grande corruption : & qu'elle a contribué plus qu'autre choſe à répandre & à entretenir l'Idolâtrie dans le monde, & à faire regner plus d'une ſorte de Démons dans le cœur des hommes.

Quoiqu'on ne puiſſe pas ſoutenir que cette corruption eſt naturelle ou eſſentielle à la Poëſie ſans en condamner l'uſage abſolument, il faut pourtant qu'elle en ſoit bien inſéparable, s'il eſt vrai que la Religion chrétienne qui a bien pû détruire le Paganiſme dans le monde, ne ſoit point encore venuë à bout de purger la Poëſie de cette infection inveterée.

Les Poëtes chrétiens qui ont paru durant les douze ou treize premiers ſiécles, y ont travaillé inutilement, & ceux d'entre eux qui ont tenté de ſubſtituer les vérités céleſtes & les opérations de l'Amour divin aux Fables & à tout cet attirail des Amours profanes, voyant que le génie Poëtique accoutumé au libertinage refuſoit de les ſuivre, & ſembloit ne vouloir point ſouffrir de réforme, ont mieux aimé renoncer à la qualité de Poëtes que de perdre celle de véritables Chrétiens.

Depuis qu'on a fait refleurir la Poëſie avec les autres Arts & les Sciences dans ces derniers ſiécles, il s'eſt trouvé des Poëtes qui ont repris le deſſein de purifier le Parnaſſe, & de ſanctifier les Muſes & les généreux efforts de quelques uns d'entre eux, nous font aſſés connoître que la choſe n'eſt pas impoſſible. Mais il s'eſt élevé une autre engeance de Poëtes plus conſidérables, ſans doute, quoique beaucoup moins ſcrupuleux, qui y ont apporté un grand obſtacle; & ce qui eſt de plus fâcheux, qui ont fait un puiſſant parti dans la République des Lettres.

Ces Poëtes bien perſuadés que la licence Poëtique eſt d'une vaſte étenduë, ſe ſont imaginés peut-être, que par ſon moyen ils pourroient trouver le ſecret de reconcilier JESUS-CHRIST avec Belial, s'il m'eſt permis de parler de la ſorte, & d'accommoder leur Chriſtianiſme avec l'ancien Paganiſme. Ils ne ſe ſont pas contentés de joindre les Fables de l'un avec les vérités de l'autre ; mais ils n'ont pas même fait difficulté de mêler tout ce qu'ils ont trouvé de plus honteux dans les paſſions qui regnoient au milieu des ténèbres de l'Idolâtrie, avec ce qu'il y a de plus pur & de plus ſaint dans les maximes de notre Religion. De ſorte que, ſans compter le ſacrilége, nous ſommes obligés d'avouer que la Poëſie ſe trouve plus corrompuë parmi ces Demi-Chrétiens & ces Demi-Païens, qu'elle ne

SUR LES POETES.

l'étoit chés les Anciens, sur lesquels ils ont cru devoir au moins rafiner en galanterie.

En effet s'il étoit nécessaire de produire des preuves d'une vérité qui nous est si peu glorieuse, nous avons entre un très-grand nombre de mauvais éxemples, celui du Tasse, qui passe encore dans l'esprit de bien des gens pour le Prince de tous les Poëtes Chrétiens. Cependant il y a dans son Poëme de la Jérusalem délivrée, incomparablement plus de galanterie & d'amours deshonnêtes, qu'il ne s'en trouve dans tout Homere & Virgile ensemble.

Les Comédies de Terence & celles des Grecs même sont beaucoup plus modestes que celles de nos Modernes. Personne n'ignore aussi que les Tragédies des Anciens n'avoient point d'autre but, que d'éxciter la Compassion & la Terreur dans les esprits de leurs Spectateurs & de leurs Lecteurs : & les Tragiques Modernes ont été obligés de confesser qu'ils ont changé le véritable caractére de la Tragédie, en y faisant entrer l'Amour.

ἐλεεινὸν φοβερὸν
Arist. Poët.

X V.

Mais afin de ne me brouiller avec personne, je veux reconnoître de bonne foi que si nos Poëtes Modernes paroissent plus déréglés que les Anciens dans leurs Ecrits, ils ont d'ailleurs un avantage sur eux, qui consiste dans une vie plus réglée. Car ces pauvres Païens abandonnés à leur concupiscence & dépourvûs des lumiéres de la foi vivoient ordinairement beaucoup plus mal qu'ils n'écrivoient : & pour ne nous point arrêter aux seuls Poëtes, nous voyons que leurs Philosophes qui avoient les plus beaux sentimens du monde, ne laissoient point d'avoir les mœurs fort corrompuës, comme l'Histoire nous l'apprend de Pythagore, de Socrate, de Platon, de Ciceron, de Seneque & de divers autres.

Au contraire, il s'est trouvé parmi les Poëtes Modernes d'honnêtes Gens, dont la conduite a toujours paru fort sage, lors même qu'il faisoient paroître du libertinage dans leurs Vers, de sorte qu'il y auroit peut être de la témérité à juger d'eux par leurs écrits.

Non liber indicium est animi, sed honesta voluntas
Plurima mulcendis auribus apta refert:
Accius esset atrox, conviva Terentius esset
Essent pugnaces qui fera bella canunt. (1)

C'est une réfléxion qu'on a faite, sur la maniére différente de vivre

1. Ovidius lib. 2. Tristium.

*Dans Gerſon &
d'autres depuis
lui.*

& d'écrire, qu'on a vû pratiquée depuis environ trois ſiécles par pluſieurs Théologiens, qui ont fait paroître dans leurs Livres beaucoup de facilité & de condeſcendance pour les autres, & qui dans leur conduite particuliére étoient très-ſeveres à eux mêmes, vivans dans l'obſervation la plus étroite des conſeils les plus difficiles de l'Evangile (1). Le Preſident de Thou, trouvoit auſſi cette différence très-ſenſible dans la perſonne de Du Bartas qui paroît grand Gaſcon, ampoullé, & fanfaron dans ſes écrits, & qui étoit fort ſimple & fort doux dans ſes mœurs (2). Remy Belleau étoit un homme très-ſobre au jugement de Mr de Sainte-Marthe (3). Cependant il a pris un plaiſir ſingulier à tourner en notre Langue de la maniére du monde la plus Bacchique les chanſons à boire d'un

Anacreon.

des plus grands yvrognes d'entre les Poëtes de l'Antiquité.

*Mademoiſelle de
Scudery.*

Mr Bayle nous a fait remarquer comme une choſe tout-à-fait ſurprenante (4) qu'une Demoiſelle de nos jours de grande réputation & qui fait l'ornement de ſon Séxe, ayant beaucoup écrit ſur „ l'amour & ayant tourné de tous les côtés imaginables cette paſſion „ dangereuſe, elle ne l'ait jamais ſentie. C'eſt aſſurément une choſe „ très-rare, dit cet Auteur, que parmi tant d'intrigues d'amour, „ tant de rafinemens de tendreſſe, tant de plaiſir qu'il a fallu dé- „ crire dans de longs Romans, elle ait été inſenſible, & qu'elle ait „ pû empêcher qu'une paſſion qui étoit ſans ceſſe dans l'imagination „ ne déſcendît dans le cœur où l'on ſait que l'amour entre facilement „ de beaucoup plus loin. Avoir conſervé ſa modeſtie, ſa ſageſſe, & ſon indifférence au milieu de telles occupations, eſt quelque choſe qui tient un peu du miracle. Les Proteſtans nous ont voulu faire paſſer pour une merveille approchante de celle-là (5) que Beze ſoit bien entré dans l'eſprit de Catulle & d'Ovide, & qu'il ait repréſenté dans ſes Vers toutes les tendreſſes d'une paſſion ſemblable à la leur, ſans pourtant avoir rien contracté de leurs mœurs, & ſans s'être laiſſé gâter ſur ces modeles de corruption.

Mr l'Abbé de la Chambre à la tête de l'Académie Françoiſe a rendu un témoignage public à la modeſtie & à la ſageſſe de Mr de la Fontaine (6), & il nous a appris à mettre une grande différence entre la conduite particuliére de ſa vie, & les licences ſcandaleuſes

---

1 Joannes Charlierius ubi de Doctrina morali Joann. Gerſon.
Lancel. de l'Hem. touchant Leon Leſſ.
Al. ſur Eſc. Fill. Sa. Sanct. &c.
2 Thuan. Hiſtor. ad ann. 1590.
3 Sammarthan. Elogior. lib. 3. pag. 72.

4 Nouvell. de la Répub. des Lettres d'Octobre 1684. Art. 9. pag. 173. 274.
5 Melch. Adam. vit. Theol. Calvin. pag. 102. ex Anton. Fayo.
6 Diſcours prononcé en l'Acad. &c.

SUR LES POETES.

de ſes contes. Nous n'aurons peut-être pas moins bonne opinion du Manſo Poëte Italien de ce ſiécle, ſi nous conſidérons avec quelques Auteurs de ſon Pays (1) qu'il ſe donnoit la diſcipline dans le tems même qu'il travailloit à la galanterie : qu'il faiſoit des Actes de dévotion & d'amour de Dieu devant & après avoir écrit de l'amour profane ; & qu'il compoſoit ſes Vers & ſes Dialogues amoureux, lorſqu'il faiſoit les éxercices les plus humilians & les plus penibles de la Confrerie de Nôtre-Dame.

Mais j'ai été tenté de rire quand j'ai lû dans le Livre d'un Critique Moderne (2) que Mr de Marolles avoit paſſé par deſſus les Tibulles, les Catulles, les Properces, Martial, &c. ſans ſe gâter en les traduiſant, *comme le Soleil paſſe par deſſus la bouë & les cloaques qu'il éclaire ſans en être infecté.* Mr de Marolles n'avoit garde de ſe gâter ; puiſqu'il ſe tenoit quelquefois preſque auſſi éloigné du ſens de ces ſales Auteurs, que le Soleil l'eſt de la bouë & des cloaques. Plût à Dieu donc que tous les Poëtes qui publient des obſcénités, imitaſſent Mr de Marolles ; qu'ils n'entendiſſent pas ce qu'ils écrivent ; & que les Lecteurs n'y compriſſent rien : car il n'y a au monde que le galimathias double qui puiſſe garantir les uns & les autres du danger.

Cette double conduite, n'eſt pas de l'invention de nos Poëtes Modernes, & c'eſt à d'autres qu'à eux que l'on doit rapporter la honte ou la gloire de l'avoir introduite dans le monde, ne méritant en ce point que le blâme ou la louange, d'avoir ſuivi l'éxemple de ceux qui les ont devancés. C'eſt peut-être à leur Catulle qu'il ſont redevables d'une leçon ſi commode, voici au moins ce qu'il leur enſeigne (3).

Nam caſtum eſſe decet pium Poëtam
Ipſum : Verſiculos nihil neceſſe eſt,
Qui tum denique habent ſalem, & leporem,
Si ſint molliculi, & parum pudici,
Et quod pruriat, incitare poſſint.

On me répondra ſans doute, que Catulle n'a parlé que pour des Païens en cet endroit, & qu'il n'a point prétendu inſtruire des Poëtes Chrétiens, & on aura très-grande raiſon. Car j'avouë que

---

1 Jan. Nic. Erythr. in Pin. Viror. illuſt. & L. Craſſ. &c.
2 Ch. Sorel Biblioth. Franc. au Trait de la Traduct.
3 Catull. Epigram. 16.

je ne puis comprendre qu'un Poëte soit persuadé de la vérité de la Religion Chrétienne, de la solidité de ses maximes, & de l'obligation de les suivre ; & qu'il puisse s'imaginer en même tems qu'il lui est permis d'écrire d'une manière opposée à la vie qu'il doit mener. Je demanderois volontiers à ces Messieurs, qui conservent si bien leur innocence sous la galanterie & les libertés de leurs Poësies, si ces Poësies sont du nombre des pensées, ou des paroles, ou des actions ? S'il y a quelqu'une de ces trois choses qui n'ait point de rapport avec le cœur de celui qui les produit ? Si elles sont du nombre des choses indifférentes ou pour ceux qui les font, ou pour ceux qui les lisent ? & sur quel pied elles seront jugées par celui qui nous fera rendre compte de toutes nos pensées, & des moindres paroles oiseuses ? En un mot, je leur proposerois volontiers le doute que leur conduite me fait naître sur la question de savoir, s'il est possible que le cœur puisse être innocent, lorsque la bouche ne l'est pas ? C'est une objection, que je forme, non pas pour m'attirer quelque distinction embarrassante ; mais pour avoir la satisfaction de voir qu'on m'y réponde dans les termes de Jesus-Christ, que *ce n'est pas ce qui entre dans la bouche de l'homme, qui le rend impur ; mais que ce qui le rend impur, est ce qui sort de sa bouche ; que ce qui sort de la bouche part du cœur, & que c'est ce qui rend l'homme impur ; que c'est du cœur que partent les mauvaises pensées*, &c. (1).

Mais quoique je n'aye pas lieu d'esperer que les Poëtes dont il s'agit, veuillent lever eux mêmes ma difficulté, ni apprendre au Public le secret qu'ils ont pour unir ensemble les choses incompatibles : je ne voudrois pourtant pas rendre suspecte leur vertu & leur innocence. Au contraire il ne tiendra pas à moi que tous ces Galants Chrétiens ne passent encore pour de plus grands Saints que les trois jeunes Hébreux, que Dieu préserva au milieu de la fournaise de Babylone ; & qu'on ne nous propose leur exemple pour confondre tant d'Ecrivains de ces derniers tems, qui prétendent que Dieu ne fait plus de miracles.

Mais à dire le vrai, l'exemple & la prédication de ces sortes de Saints de nouvelle espéce, produit des effets un peu différens de ceux qu'on a vûs dans ces anciens Saints. Car les miracles dans ces Anciens étoient suivis ordinairement de la conversion ou du moins

---

1 Matthæi Ev. cap. 15. vers. 11. 18. 19. Non quod intrat in os coinquinat hominem ; sed quod procedit ex ore, hoc coinquinat hominem. Quæ autem procedunt de ore, de corde exeunt, & ea coinquinant hominem : de corde autem exeunt cogitationes malæ, &c.

de l'édification de leurs Spectateurs : mais s'il m'étoit permis de juger des autres par moi-même, j'oferois dire que la lecture de nos Poëtes lafcifs ou galants, loin de nous convertir, n'a pas même la vertu de nous édifier ; quelques efforts que nous faffions en les lifant pour dire que *ce font pourtant d'honnêtes gens ; que ce font des perfonnes vertueufes, d'une fageffe & d'une continence exemplaire.*

XVI.

Je ne doute nullement, que plufieurs d'entre eux ne fe foient apperçu de l'inconvenient que peut produire dans l'efprit du Public cette différence fenfible qui fe trouve entre les éxemples des uns & des autres. Car ce n'eft peut-être point à d'autres réfléxions qu'il faut attribuer à la réfolution qu'ils ont prife de renoncer plutôt à la galanterie & à toutes les Amours Poëtiques, que de paffer pour des Saints ridicules, qui prétendent conferver leur innocence & leur integrité, au milieu des feux impurs & ténébreux.

C'eft ce qui en a porté quelques-uns à défavouer entiérement leurs productions de galanterie, & quelques autres touchés d'une tendreffe femblable à celle des Peres pour leurs bâtards, à les reconnoître fimplement comme les fruits de leur jeuneffe déréglée. De là font venus tant de *Juvenilia* en titre de Poëfie galante & licentieufe. Les perfonnes graves qui n'ont pu fe dépouiller de cette tendreffe & de cette affection naturelle, ont cru que ce titre pourroit fervir à excufer ces Ouvrages en les confervant, & à mettre leurs Auteurs à couvert dans leur vieilleffe ou dans les emplois honorables qu'ils tenoient dans l'Eglife ou dans l'Etat. C'eft pourquoi ils n'ont pas feulement compris fous ce titre ce qu'ils ont fait en leur jeuneffe, mais même dans un âge plus avancé : & ils ont crû que ce feroit un moyen fûr & honnête pour fauver & condamner tout-à-la fois tout ce qu'ils ont produit de puérile, de libertin, en un mot tout ce qui a pu nuire à leur réputation.

C'eft au moins ce que l'on a vû pratiquer au Cardinal Bembe à l'égard des bagatelles & des galanteries qu'il avoit fait paroître, même depuis fa jeuneffe, parce qu'il jugeoit qu'elles ne pouvoient point faire grand honneur à fon Cardinalat. (1) C'eft auffi une précaution, dont André du Chefne a cru devoir ufer, pour mettre à couvert la réputation d'Etienne Paquier, Avocat Général de la

g André du Chefne Préface fur la jeuneffe de Pâquier.

Chambre des Comptes, lors qu'il a publié ses gayetés & ses badineries.

C'est enfin ce qu'on peut penser des *Juvenilia* de Muret, de Foppius, de Schetten d'Aëzma, d'Ambroise Francus, de Barthius, de Gebhard, de Robert Keuchen, de P. Lindemberg, de Zach. Lundius, de Sigismond Jules Mynsinger, de Rein. Neuhusius, de Gabriel Schneider, de Michel Virdungus, de Jean Ang. Werdenhagen, & de plusieurs autres qui n'ont pas voulu qu'on jugeât entièrement de leur mérite par ces Ouvrages. Et l'on en a vû de si délicats sur ce point, qu'ils n'ont pas même voulu prêter leur nom à leurs *Juvenilia*, ou qui l'ont voulu travestir ou changer, peut-être à dessein de nous persuader qu'ils pourroient être de quelqu'autre Auteur que d'eux, comme on l'a remarqué dans Théodore de Beze (1). Mais on ne doit pas confondre avec ces Poëtes galants, le Pape Alexandre VII. sous prétexte du changement qu'on y a fait de son nom (2) & du titre de *Musæ Juveniles* qu'on a donné à ses Poësies, puisqu'elles ne contiennent rien que de très-honnête & de très-sage.

D'autres ont cru, que Dieu seroit satisfait d'eux, s'ils tâchoient de réparer les fautes de leur jeunesse, par des Poësies saintes ou du moins sérieuses, ou même par d'autres Ouvrages ou des actions de pieté, voyant qu'ils ne pouvoient supprimer leurs Vers licentieux, ni empêcher le mal que leur lecture est capable de produire dans toute la Postérité. Petrarque en a donné l'éxemple à tous ceux qui l'ont suivi. Il tenta d'abord, d'abolir la mémoire de toutes ses Poësies galantes, & des autres divertissemens de sa jeunesse, en voulant les jetter au feu, mais le mal avoit déja gagné trop loin, & il s'étoit communiqué avec trop d'étenduë, pour pouvoir être éteint. Il jugea qu'il falloit dresser une autre baterie, il fit pour cela quelques Vers sérieux, puis des Ouvrages de Philosophie Chrétienne, qui servent encore aujourd'hui à notre édification (3).

¶ 1 Beze n'a jamais intitulé ses vers *Juvenilia*. Lorsque pour la première fois il les publia en 1548. n'ayant pas encore trente ans, il les intitula simplement *Theodori Bezæ poëmata*, & n'eut pas besoin de changer ce titre dans les éditions suivantes, ayant toujours pris soin d'y supprimer ce que la primiére avoit eu de licentieux. Comme elle étoit devenuë fort rare, des Libraires Protestans a vides de gain la renouvelérent après la mort de l'Auteur sous le nom déguisé d'*Adeodatus Seba*, & depuis rétablissant le nom de *Theodorus Beza*, donnérent aux Poësies celui de *Juvenilia*, qu'il est très-certain que Beze, comme j'ai dit, ne leur a jamais donné. ¶

2 ¶ *Fabius Chisius Polymathus*, parce que Fabio Chigi Siennois, depuis Pape sous le nom d'Alexandre VII. étoit de l'Académie des *Philomathi* de Sienne.

3 Petrarch. lib. 5. rer. Senilium Epist. ad Boccac. Item Pap. Mass. in Elog. seu vit. Petrarch. pag. 99. 100. tom. 2.

On

SUR LES POETES

On dit, que Clement Marot témoigna aussi quelque repentir des excès de sa jeunesse, & que Vatable eut tant de pouvoir sur son esprit par ses remontrances, qu'il le fit renoncer à la galanterie, & entreprendre par un esprit de pénitence la traduction des Pseaumes en Vers François (1).

On n'ignore point quelle a été la conversion du fameux Aretin (2). On n'a rien trouvé en lui qui ne fût changé, jusqu'à son nom: & quelques-uns prétendent, qu'il y a si bien réussi, qu'il n'est presque pas possible de reconnoître dans les Livres de dévotion de Partenio Etiro, les marques du vieil homme, qui sont si fortement empreintes dans les Ouvrages de Pietro Aretino.

Joachim du Bellay, renonça aussi à la galanterie, & à la Poësie libre, & ce qu'il y a de bien estimable en lui, c'est qu'il le fit de fort bonne heure, pour s'appliquer à des études conformes à l'Etat Ecclésiastique, où on le destinoit quand il mourut, âgé de 35. ans.

Ronsard même abandonna enfin le métier, & pour faire voir qu'il étoit véritablement converti & pénitent, il voulut se faire Prêtre. En quoi il montra sans doute qu'il avoit plus de dévotion & de zèle, que de science & de lumière : & qu'il connoissoit assés peu le véritable esprit de l'Eglise qui n'a jamais proposé le Sacerdoce, comme un état de pénitence. De sorte qu'à juger des choses plus conformément aux Canons, Ronsard auroit peut-être mieux fait d'embrasser l'état Religieux, puisque les Monastéres sont faits pour les Pénitens.

Il semble pourtant que l'Eglise ait souffert cet usage de donner la Prêtrise aux Pécheurs pénitens dans ces derniers siécles : & nous pouvons dire même que l'exemple de Ronsard n'a pas été unique pour les Poëtes lascifs, qui changent de style & de vie. Nous voyons que Muret en fit autant que lui, & que ce fut même à la persuasion d'un célèbre Jésuite, appellé Bencius qui avoit été son Ecolier, & qui travailla si puissamment à sa conversion, qu'il le trouva assés

---

1 ¶ Beze qui n'auroit pu ne pas savoir cette particularité, & qui la sachant ne l'auroit pas tuë dans l'Eloge de Clément Marot, y reconnoit néanmoins que nonobstant cette traduction des Pseaumes, Marot sur le déclin même de l'age, n'avoit pas réformé ses mœurs. ¶

2 ¶ Cette conversion est une chimére. L'Aretin homme sans lettres, sans pudeur, & sans religion, est mort comme il a vécu. Etant né avecde l'esprit, mais mal réglé, il se croyoit capable de tout. Pour en persuader le public composoit tour à tour des livres d'infamies, & des livres de piété. On peut l'en croire lui-même dans l'Epitre dédicatoire de la seconde partie de ses *Ragionamenti*. Ses œuvres de dévotion ne valent d'ailleurs absolument rien. Ce sont ou des fables ou de mauvaises déclamations dont le style est un galimatias perpétuel. Baillet qui en parle si avantageusement, n'a pas eu de bons mémoires là-dessus. *b*

changé & assés affermi dans le bon chemin, pour le porter à la Prêtrise (1). Bencius ne pouvoit payer à son Maître un honoraire plus utile, ni même plus convenable, par rapport à sa Profession. Du moins est-il bien contraire à celui de Beze, qui pour récompenser son Maître Melchior Volmar de l'avoir ôté du sein de l'Eglise Catholique, lui dédia ses *Juvenilia* & le paya de galanterie & d'amourettes (2).

Nous pourrions alleguer encore l'éxemple de Pontus de Thiard, qui se retira de bonne heure du commerce malhonnête de cette espéce de Poësie, & qui ayant vécu plus de 45. ans depuis se trouva en état d'en détourner plusieurs autres par ses actions, ses écrits de piété, & ses remontrances, & de gouverner son Eglise avec édification. Philippes Desportes, Abbé de Thiron & de Bonport renonça aussi aux Vers galants ausquels il opposa sur la fin de ses jours non seulement sa Paraphrase sur les Pseaumes, mais encore des Priéres & des Poësies chrétiennes. Il faut avouer que sa Conversion fut un peu tardive, mais il faut considérer aussi qu'il étoit Ecclésiastique, & que quand les gens de sa profession, ont une fois abandonné Dieu, il leur est ordinairement plus difficile de revenir qu'aux Laïcs. Nous pourrions en dire autant du fameux Docteur, Frere Lopé de Vega, Religieux Espagnol, le plus grand Comédien (3) de la Terre, qui ne se défit peut-être pas entiérement de ses habitudes, mais qui tâcha du moins de les regler ou de les réformer par des Ouvrages de piété.

L'Italie qui semble être le séjour naturel de la galanterie, aussibien que de la Poësie, pourroit aussi nous donner des éxemples de ces changemens, & nous avons diverses marques de conversion dans la conduite d'Ansaldo Ceba, Ottavio Rinuccini, & de plusieurs autres qui ont tâché de pourvoir à leur sûreté de bonne heure, en se défaisant d'une Profession si dangereuse. Ce n'est pas que les goûts ne soient divers dans ce Pays-là, & qu'on y aime si fort ces sortes de changemens. Nous en voyons un exemple dans un célé-

---

1 V. Biblioth. Soc. J. per Alegamb. & Sotwel.

Le Pere Bernard se fit aussi Prêtre seculier après avoir renoncé à la Poësie, mais ce n'étoit pas de la Poësie lascive ou galante, comme il paroit par les Poëmes divers que l'on garde Mss. de lui à Challon sur Saone.

2 Ap. Melch. Adam in vit. Bezæ inter Calv. pag. 203.

3 ¶ *Le plus grand Comédien*, pour le plus grand Poëte Comique, est une expression dont, même en riant, Baillet n'a pas dû se servir. Voyés Ménage chap. 7. de l'Anti-Baillet, où il fait voir en même tems que Lopé de Vega n'étoit pas Religieux, mais simplement Tierçaire de l'Ordre de S. François, comme le sont en Espagne beaucoup de gens mariés. ¶

bre Evêque du Pays (c'est Paul Jove) qui n'a point fait difficulté de décharger son chagrin sur un Poëte d'Italie, nommé Gabriel Altilius, pour avoir voulu changer de vie & d'occupation, lors qu'il fut élevé à l'Episcopat. L'endroit est assés remarquable, pour mériter d'être rapporté ici en sa Langue. *Antistes factus, à Musis per quas profecerat celeriter impudenterque discessit, magno herclè ingrati animi piaculo, nisi ad spem non injustæ veniæ ob id culpa tegeretur ; quod ad sacras literas nequaquam ordinis oblitus tempestivè confugisset.* La bonne fortune d'Altilius lui inspira de se mettre à la lecture de l'Ecriture Sainte, & de se servir de ce prétexte pour couvrir sa faute. Sans cela l'Evêque de Nocere n'auroit pas excusé son confrére, d'avoir quitté les Vers tendres & la galanterie.

La France n'a peut être pas été moins féconde en Conversions miraculeuses de Poëtes Pénitens : & sans parler de Saint-Amand, & de tous ceux qu'on a vûs dans ces derniers tems convertis sans en laisser des marques à la Postérité ; sans parler aussi de ceux dont la conversion semble n'avoir été que passagére ou apparente, parmi lesquels on ne fait pas difficulté de compter Mr de Corneille, qui après avoir renoncé au Théatre & s'être mis à la Poësie sainte, ne laissa pas de retourner depuis à ses premiéres occupations : nous pouvons parmi les autres qui ont voulu nous édifier & nous rendre leur changement utile, proposer Mr Desmarets de S. Sorlin, & Mr de Brebeuf. Il faut avouer que le premier n'a pû venir à bout d'éteindre en lui le feu Poëtique de l'Enthousiasme, mais au moins lui fit-il changer d'objet & de matiére en le transportant dans la dévotion. Le second semble avoir eu plus d'autorité sur sa Muse, & tous ses feux paroissent si bien éteints dans ses Poësies Chrétiennes, qu'il est fort aisé de voir que c'est un Brebeuf tout different du premier, & qu'il n'y a aucune dissimulation dans son changement. Je souhaiterois pouvoir ajoûter quelques éxemples de nos Poëtes vivans, par ce que je suis persuadé qu'ils seroient beaucoup plus touchans & plus propres à nous édifier ; mais on ne s'étonnera pas qu'ils soient si rares, si l'on fait réfléxion sur la réforme qui s'insinue insensiblement dans l'art de faire des Vers lascifs, & dans la licence qui a regné jusqu'ici sur la galanterie. Comme il n'y point de fonds à faire sur Mr de la Fontaine après l'avoir vû manquer à sa parole ; il ne se presente maintenant à mon esprit point d'autre éxemple de conversion que celui de Mr Ménage. Quoique ce Poëte ne se soit jamais abandonné aux obscénités grossiéres ni aux saletés brutales dont tant d'autres semblent avoir fait leurs délices ; quoiqu'il soit toujours demeuré dans les termes d'une galanterie délicate & d'une paſſion ſpirituelle, ſi l'on peut uſer de cette expreſſion : il n'a point laiſſé de témoigner beaucoup de bonne volonté pour changer ſa maniére de vivre & d'écrire. Il en a fait même une *componction* (1) à Dieu en Langue Italienne, où il témoigne en termes tout-à-fait touchans reconnoître ſes fautes ; il condamne ſes engagemens, & ſur tout l'infidélité avec laquelle il dit qu'il avoit abandonné Dieu pour Philis ; il pleure avec des gémiſſemens & des ſoupirs mêlés de ſanglots ce qu'il appelle ſes déſordres, & il s'en accuſe de la meilleure grace du monde. Car quoiqu'il ne prétende nullement s'excuſer, il eſpere que Dieu aura pourtant la bonté de l'excuſer d'autant plus volontiers, que ce divin Créateur ſembloit avoir contribué à le faire tomber dans le piége *en créant ſa Philis ſi belle & ſi aimable* (2). C'eſt franchement vouloir nous perſuader que Dieu eſt un peu cauſe du mal dont il s'accuſe, & un trait ſi peu attendu nous fait aſſés connoître combien les Poëtes que le zèle emporte, ſont quelquefois dignes de compaſſion & combien ils ont beſoin d'indulgence dans leurs meilleures intentions comme dans les plus mauvaiſes.

Quoiqu'il ſoit aſſés difficile de bien juger de l'éfficace de nos priéres par les différens effets qu'il plaît à Dieu de leur donner, nous pouvons dire ſans témérité que Mr Ménage n'avoit pas trouvé le véritable moyen de fléchir la colére de Dieu, & d'intereſſer encore ſi-tôt ſa miſericorde en ſa faveur. Du moins voyons-nous qu'il eſt retourné à ſes premiéres habitudes peu de tems après avoir formé ſa componction Chrétienne, & qu'il eſt retombé dans les mêmes engagemens qu'il nous avoit dépeints comme fort criminels. C'eſt ce qu'il nous apprend lui-même dans une Elegie Latine, où le „ repentir l'ayant repris une ſeconde fois, il témoigne pour ce coup „ être entiérement converti (3), ſe trouvant chargé d'une nouvelle „ confuſion de voir que ſa vieilleſſe n'étoit pas moins embaraſſée „ dans ce commerce que l'avoit été ſa jeuneſſe. Il demande enſuite „ à ſon Evêque, au médecin de ſon ame, qu'il le reduiſe en péni„ tence, qu'il le mette dans le ſac & ſous la cendre, qu'il lui ordonne „ des jeûnes, des diſciplines, & tout ce qu'il voudra, qu'il eſt pré„ paré à tout, On s'imagineroit peut-être que M. Ménage a fait des

---

1 ¶ Ce qu'il y a de plaiſant c'eſt que Ménage qui a fait imprimer à ſes frais juſqu'à huit fois ſes Poëſies, compoſoit tous les ans quelque nouvelle piéce galante Grecque, Latine, Françoiſe, ou Italienne, dont à chaque édition il demandoit pardon à Dieu au bout du volume par cette *componction.*

2 Il Sig. Egid. Menagio nella Criſtiana compunzione, Madrigale XIX. à carte 306. dell' edizion. dell' ann. 1680.

3 Ægid. Menag. Elegia XIII. pag. 56. ejuſd. edition. ſeptim.

crimes énormes, parce que son humilité lui fait demander d'être confondu parmi les Scélérats. Cependant Mr Ménage a toujours mené une vie irréprochable aux yeux des hommes, il a toujours vécu avec honneur, & lui-même, tout abandonné qu'il est à la componction de son cœur, n'est pas assés hardi pour oser dire qu'il ait jamais fait d'autre mal en public que celui d'avoir fait des Vers trop libres & trop galants, & d'avoir contrefait l'Amant. C'est donc de ses vers dont il s'accuse, & dont il veut faire pénitence ; jugeant avec toutes les personnes judicieuses que ce ne sont pas toujours les piéces les plus dissoluës qui corrompent davantage les mœurs, soit parce qu'on est en garde contre le poison qu'elles présentent à découvert, soit parce qu'il n'y a que ceux qui sont déja corrompus qui les lisent : mais que celles qui renferment le poison sous des expressions chastes & innocentes, sont beaucoup plus dangereuses. De sorte que si depuis cette déclaration publique Mr Ménage est encore retombé dans ses anciennes habitudes, qui est ce qui aura le cœur assés dur pour n'être point touché de la foiblesse de l'homme, lorsqu'elle se découvre sans momerie ?

XVII.

Ces grands éxemples nous font assés connoître que les Poëtes qui ont été persuadés que leur profession ne les dispensoit pas de joindre les vertus Chrétiennes avec la qualité d'honnête homme, n'ont pas crû que la licence ou même la simple galanterie dans les Vers pût subsister avec les maximes de l'Evangile.

Mais nous en voyons plusieurs qui portant leurs vûës encore plus loin, & considérant la nature de la Poësie en elle-même, n'ont pas jugé qu'elle dût entrer dans les derniéres occupations d'un honnête homme, quelque honnête & quelque sérieuse qu'elle puisse être. Ils estiment que quand elle est reglée & conduite par les regles de la Sagesse, elle peut bien faire l'ornement de la jeunesse qu'il y a même un certain âge d'homme auquel elle n'est pas toujours malséante : mais qu'elle ne peut point faire honneur à la vieillesse ; & qu'un homme ne doit pas espérer de vivre honorablement dans l'esprit de la Postérité, dès qu'il songe à mourir Poëte.

J'aurois mauvaise raison d'attribuer ce sentiment aux Païens, puis que ceux d'entre eux qui ont mérité & porté la qualité de Poëtes, ne se sont jamais avisés de s'en défaire. Il est plus rare même, de trouver parmi eux des éxemples de ceux qui ont passé de l'occupation de la Poësie à quelqu'autre Profession, qu'il ne l'est d'en trouver de ceux qui ont quitté leurs premiéres Professions, pour se donner à la Poësie & pour y finir leurs jours. Je doute aussi, que l'on ait été dans cette opinion durant les premiers siécles de l'Eglise, qui ont porté des Poëtes : & si nous voyons d'un côté que saint Sidoine Apollinaire, renonça à la Poësie, dès qu'il fut fait Evêque de Clermont : de l'autre nous pouvons dire, que saint Grégoire de Nazianze ne commença proprement à se faire Poëte tout de bon, qu'après s'être démis de l'Archevêché de Constantinople, & qu'il voulut mourir, pour ainsi dire, entre les bras de sa Muse.

Mais comme dans ces derniers siécles, la race des Poëtes s'est prodigieusement multipliée, le desir de se tirer de la masse des méchans Poëtes, qui veulent faire éternellement des Vers, a fait remarquer aux autres que la Poësie a sa saison dans la vie de l'homme, & qu'elle n'est pas de tous les âges, qu'elle ne s'entretient & ne se nourrit ordinairement que du feu & des bouillons de la jeunesse. De sorte que cette raison jointe à celle de la bienséance a porté les plus judicieux de ceux d'entre eux, qui ont pû arriver jusqu'à la vieillesse, ce qui est assés rare aux bons Poëtes, à finir l'éxercice des Vers à cet âge, pour mieux conserver la réputation que leur avoient acquise ceux qu'ils avoient composés dans la vigueur de leur jeunesse. C'est d'eux que nous apprenons, que l'*Appollon des Poëtes, qui est toujours blond*, selon leur langage, *ne veut point couronner les cheveux gris ; que les Muses toujours jeunes n'ont point de tendresses pour les vieux barbons, qui ont la folie de vouloir les caresser.* (1)

¶ Chapelain.
C'est aussi ce qu'avoit éprouvé Joseph Scaliger, qui s'excuse à Mr de Peiresc, de ne pouvoir lui envoyer des Vers qu'il lui demandoit sur ce que les Muses le voyant sur l'âge, lui avoient tourné le dos & l'avoient congédié du Parnasse (2) : & Mr Ménage nous apprend (3) qu'il a connu un Poëte qui étoit l'admiration de la France en sa jeunesse, & qui en est devenu la fable & la risée, pour avoir continué de faire des Vers dans sa vieillesse.

L'an 1652.
Je ne sai si cet exemple auroit fait peur à Mr Ménage, mais il est constant que la persuasion où il a été sur ce point, lui a fait prendre des mesures semblables à celles des personnes judicieuses. Il y a trente quatre ans qu'il s'est considéré comme un vieillard, & qu'il a renoncé

---

1 Juvenes Chorus ille Sororum
Diligit & surdâ despicit aure senes.
Frondibus æternis canos ornare capillos
Ipse fugit flavis pulcer Apollo comis.
Menagius.

2 Jós. Scalig. Epist. ad Peiresc. & Gassend. de vita Peiresc.
Puellas ex Helicone se ut senescentem aversatas.
3 Menag. Eleg. 10. ad Sorberium. pag. 52.

SUR LES POETES.

à la Poësie en cette qualité, parce, dit-il, que c'est une chose honteuse à un vieillard d'être Poëte (1).

> *Dum mihi fervebat juvenili in corpore Sanguis,*
> *Et decuit, numeris lusimus innumeris.*
> *Turpe Senex Vates, Senior plectrumque, lyramque,*
> *Cæteraque hic pono ludicra : Musa vale.*

Cependant, il est retourné depuis ce tems là sur le Parnasse, & plutôt que de soupçonner un honnête homme d'infidélité dans sa promesse, il vaut mieux croire qu'il est rajeuni, & qu'il est rentré par ce moyen dans la puissance de faire des Vers comme auparavant. C'est à son Médecin à nous dire, si ce renouvellement d'âge lui est arrivé par le miracle de la transfusion, ou par quelques drogues sécrétes que sa Muse lui auroit données, comme la Venitienne fit à Guillaume Postel, ou plutôt, pour parler selon les Poëtes & selon Mr Ménage même (2), comme l'ancienne Médée fit à plusieurs personnes qu'elle rétablit dans leur premiére jeunesse. Quoiqu'il en soit, le reméde n'a point empêché Mr Ménage de retomber dans une seconde vieillesse dont il se plaint à Mr de Sorbiére qui lui demandoit des Vers.

> *Nos poscere desine versus,*
> *Lustra decem Musas eripuere mihi.*

Le voila encore une fois privé de la présence & du secours des Muses & d'Apollon, quoi qu'il n'eut alors que cinquante ans : mais parce qu'il n'a rien promis cette seconde fois, il a pû, sans manquer à sa parole, faire autant de Vers qu'il a voulu, sans l'inspiration d'Apollon, sans l'assistance des Muses, & sans ce feu Poëtique dont il s'étoit trouvé dépourvû dès sa premiére vieillesse. Et comme en cet état la Versification est un métier gênant & fort stérile, il s'est trouvé dix ans après dans un nouveau dégoût pour les Vers, qui sembloit augmenter avec l'âge, depuis que les Muses lui avoient tourné le dos. Il a donc fallu de nouvelles plaintes pour nous faire connoître son déplaisir & sa confusion (3).

> *Ah pudet annorum ! mihi sexagesima messis*
> *Instat, & infecit cana senecta comas.*

---

1 Poëm. Lat. edit. 1652. in-4. pag. 74.   3 Eleg. 13. pag. 56.
2 Eleg. 10. ad font. Borbon.

Et mea non unquam nugari desiit ætas
Et nundum lusus deseruitque jocos.
Pænitet actorum.

Depuis cette confession, il s'eſt écoulé encore quatorze ou quinze ans, qui n'ont ſervi à Mr Menage, que pour nous donner de tems en tems des preuves de l'inconſtance & de la fragilité humaine, & pour faire revivre les éxemples de la vieilleſſe de Silius Italicus, de Baptiſte Mantouan, de Jerome Fracaſtor, de Jean Salmon ou Salmonius Macrinus, de Jean Dorat ou Auratus, & de quelques autres qui ont voulu jouir des Priviléges de leur jeuneſſe dans l'arriére-ſaiſon. Quelque choſe qu'on en puiſſe dire, il faut convenir que c'eſt toujours une eſpéce de ſervice que Mr Menage rend à la Poëſie Latine, de vouloir tenir bon juſqu'à la fin, voyant lâcher le pied à la plupart des excellens Poëtes qui nous reſtent aujourd'hui en cette Langue, & qui ſous prétexte de ſe faire une réputation plus ſolide, n'ont pas le courage de porter la qualité de Poëtes juſqu'au dernier ſoupir.

XVIII.

Ce que j'ai remarqué juſqu'ici regarde particuliérement l'altération que l'eſprit de la véritable Poëſie a ſoufferte depuis ſon origine & ſa premiére inſtitution, & plus encore parmi les Modernes que parmi les Anciens. Mais je ne puis me diſpenſer de parler encore d'un autre abus moins ancien qui l'a fait dégénerer de ſa premiére ſimplicité, & qui ſemble avoir donné atteinte à ſa conſtitution & même à ſa nature. Cette ſimplicité ancienne conſiſtoit principalement dans une beauté naturelle, ennemie des ornemens étrangers, elle étoit toujours ſoutenuë de la force, de la grandeur, & de la nobleſſe dans les penſées & dans les expreſſions, ou accompagnée de la douceur, de la naïveté & particuliérement de ce qu'on appelle *urbanité* : en un mot l'affectation n'étoit pas en uſage pour elle.

On ne connoiſſoit point d'autre artifice que celui qui conſiſte dans les genres différens mais ſimples de la Poëſie, qui prenoient leurs noms, ſoit des Auteurs qui les avoient inventés, ſoit des matiéres auſquelles on les avoit appliqués d'abord, ſoit enfin de leurs meſures & de leurs pieds.

Cet heureux état, au moins en ce qui concernoit la Poëſie Latine, ſubſiſta juſqu'à la fin du ſiécle d'Auguſte, & l'on peut placer

cer le premier point de la révolution pour la Poësie, comme pour la Langue, au regne de Caligula & de Claudius. Ce fut dès lors que le bon goût fit place à l'amour des subtilités, à la passion de n'écrire & ne parler plus que par Sentences, de ne finir que par des pointes, & de n'employer que le grand style pour toutes sortes de sujets.

Toutes ces affectations, qui ne laissoient pas d'être accompagnées de la solidité de beaucoup de bonnes choses, occupérent les plus beaux Esprits & les premiers Ecrivains de l'Empire comme les derniers, durant l'espace de près d'un siécle ; mais on vit ce second état dégénerer encore dès le tems d'Adrien & des Antonins. Les esprits se corrompirent ou diminuérent avec la Langue, & les Poëtes se trouvant enveloppés dans la disgrace commune ne songérent plus qu'à se signaler, par tout ce qu'ils pouvoient s'imaginer d'extraordinaire & de surprenant ; & à éviter sur toutes choses, tout ce qui pouvoit être trop commun. Il paroît même qu'ils se sentirent plus que les autres Ecrivains de la corruption générale, & qu'ils eurent moins de part au sens commun, que la Nature n'a point laissé de distribuer aux autres dans les siécles même les plus infortunés. Moins ils se trouverent pourvûs du jugement & de ce sens commun, plus ils tâchérent de se distinguer d'ailleurs par des inventions nouvelles, qui penserent ruiner les regles du véritable Art Poëtique.

C'est ce qui a produit dans le mon de toutes les fausses subtilités toutes les maniéres artificieuses de composer des Vers, & tous les jeux ridicules qu'on a introduits touchant les mots. De-là on a vû naître comme des avortons de l'Art, divers fruits de la foiblesse du cerveau humain, tels que sont les *Acrostyches*, les *Acro-mono-syllabiques*, les *Enigmes*, les *Isolectiques* ou *Correlatifs*, les *Anagrammes*, les *Alphabets*, les *Anastrophes* ou *Cancrins* ou *Palindromes*, les *Anguinées* ou *Serpentins*, les *Centons*, les *Chronostiches*, les *Echos*, les *Cubiques & Quarrés*, les *Symphoniaques* ou *Concordans*, les *Logogriphes*, les *Mnemoniques*, les *Paromœes* ou *Tautogrammatiques* dont les mots commencent par la même lettre, les *Protées*, les *Philomelismes*, les *Euthysylloges*, les *Paralleles*, les *Rimes*, les *Vers Leonins*, & diverses autres nouveautés dont la belle Antiquité n'avoit presque jamais oüi parler.

C'est peut-être par un effet du même goût qu'on a introduit tant de figures qu'on a données aux piéces de Vers, & qu'on a vû paroître des *Chœurs* Poëtiques, des *Ailes*, des *Oeufs*, des *Autels*, des *Thrônes*, des *Spheres*, des *Verres & des Calices*, des *Croix* ou *Isogrammes*, des *Fuseaux*, des *jeux d'Orgues*, des *Haches*, des *Scies*, des *Rateaux*, des *Pyramides*, des *Colomnes*, des *Triangles*, des *Globes*, des *Cubes*, des

Trepieds, des *Tours*, des *Horloges d'eau & de fable*, des *bonnets*, des *chapeaux*, & d'autres formes dont on a laiſſé l'uſage aux enfans, depuis qu'on a tâché de rentrer dans le goût des Anciens (1).

Mais de toutes ces badineries on n'en voit pas qui ayent regné plus univerſellement & dont on ſe ſoit encore moins défait juſqu'à preſent que les *Alluſions ſur les mots*. Ce ragoût que l'on a trouvé dans la rencontre des noms, & dans la recherche des pointes & des ſubtilités que fait naître leur conſonance ou leur reſſemblance, eſt ſelon les Critiques un des principaux effets de la corruption du véritable Art de la Poëſie, & en même tems une marque de la petiteſſe du génie de ceux qui les employent & qui en font le fondement de leurs Poëſies. Et toutes les perſonnes à qui il eſt reſté quelque goût pour les bonnes choſes, n'ont pu s'empêcher de conſidérer de tout tems, comme des ridicules & des impertinens ces Poëtes qui ont prétendu tirer des conſéquences de la ſignification des noms, & en faire paſſer le ſens des choſes aux perſonnes qui les ont portés.

On a été même ſi délicat ſur ce point dans l'Antiquité, que quand il échappoit quelque choſe d'approchant à un Poëte, les Critiques ne manquoient pas de le remarquer à la confuſion du Poëte, ainſi qu'il paroît par la maniére dont Quintilien blâme Euripide de l'alluſion froide & inſipide qu'il fait faire à Ethéocle, ſur le nom de ſon frére *Polynices* dans la Tragédie des Phéniciennes, & comme avoit fait avant lui Eſchyle dans celle des ſept chefs devant Thebes. Mais quand meme Quintilien ne ſe ſeroit pas aviſé de cenſurer ces Anciens pour ces baſſeſſes, leur exemple ne pourroit ſervir de rien pour excuſer & moins encore pour autoriſer ceux qui ſont venus après eux dans de ſemblables libertés, parce que ces Anciens ne les font faire que par des gens qui ne ſont pas raiſonnables, ou qui ſont aveuglés par la paſſion ou le deſir de la vengeance, ou par des femmes qui ſe chantent injure, comme lorſqu'Hecube dans les Troades d'Euripide tire l'étymologie du nom de Venus de celui qui marque la folie. Ainſi ces badineries regardent ſeulement les perſonnages du Drame, au caractére deſquels elles conviennent, ſans retomber ſur la perſonne du Poëte, comme elles font lors que le Poëte les fait de lui-même & en ſon nom, ce qui arrive dans toutes ſortes de piéces de Poëſie, hors celles du genre Dramatique.

Auſſi les Critiques prétendent-ils n'avoir découvert aucun veſti-

(marginalia: πολυνείκης· / ἀφροδίτη δ'ἀφροσύνη·)

---

1 L'*Autel*, l'*œuf*, les *ailes* & la *hache*, de Simmias & de Doſiade de Rhode, ſont pourtant aſſés anciens.

ge de cet abus dans les Poëtes Grecs (1), ni même dans les Latins jusqu'au cinquiéme siécle de l'Eglise. C'est ce que Barthius ne fait point difficulté d'assurer de tous les Latins jusqu'à Ausone & Claudien : & quoique Scipion, Pompée, Caton, Auguste, Domitien, Théodose, Gratien, Valentinien & Honorius ayent porté des noms d'une signification fort heureuse, néanmoins on n'a point remarqué que leurs Flateurs qui ont cherché tous les sujets imaginables pour les louer, se soient avisés de tirer le moindre avantage du sens qu'ils auroient pû exprimer de l'étymologie de ces noms (2 & 3).

D'un autre côté nous pouvons dire que tant que la Poësie a pû subsister avec quelque honneur dans la République ou dans l'Empire, les noms les plus propres à la risée ou à la médisance ont été en sureté; & que les Poëtes les plus mordans n'ont jamais crû devoir faire entrer dans leurs Vers aucunes allusions aux noms de leurs ennemis, quelque avantage qu'ils trouvassent dans leur signification (4). C'est pourquoi nous ne voyons pas qu'on ait fait la moindre difficulté de porter les noms de Furius Bibaculus, Porcius Latro, Verres, Suillius, Vitellius, Caninius, Catulus, Asinius, Brutus, Bestia, Lurco, Bubulcus, Rusticus, Servius, Turpilius, Tyrannus : & que ceux qui les ont portés ayent jamais rien appréhendé de la brutalité & de l'insolence des Poëtes de leurs tems qui ont fait des vers contre eux.

Mais l'esprit de la véritable Poësie s'étant éteint avec celui de Claudien selon les Critiques, ceux qui ont tâché dans la suitte des siécles d'en retracer l'ombre, semblent s'être attachés particuliérement aux jeux des mots, aux allusions des noms, à leurs rencontres & souvent aussi à leurs étymologies, n'ayant rien de plus solide à employer dans leurs Vers.

C'est ce qu'on a reproché même aux meilleurs d'entre eux & particuliérement à Sidoine Apollinaire qui est tout rempli de ces froides allusions, à Ennodius de Pavie, à Fortunat de Poitiers, à Corripe Africain, à Henry d'Auxerre, à Gunthere, à Galther ou Gautier,

---

1 Sur tout à l'égard des noms qui ne sont pas faits exprès pour les personnes.
2 Gaspar Barthius adversar. lib. 57. cap. 11. col. 2699. 1700. Petr. Victorius variar. Lection. lib. 36. cap. 24. pag. 202. 203.
3 ¶ Voyés l'ample réponse que fait à ceci Ménage chap. 48. de l'Anti-Baillet, où pour faire voir que les Poëtes Latins du tems même de Jule César n'avoient pas né-

gligé les allusions, il auroit pu citer l'Epigramme *Mentula moechatur* ou Catulle se joüe sur ce nom propre factice qu'il avoit imposé à Mamurra.
4 Cela ne regarde point la liberté que les Rieurs se sont toujours donnée de forger des sobriquets & des brocards, comme *Caldius Biberius Mero* sur *Claudius Tiberius Nero*, &c.

à Jean d'Hantwille, à Alain de l'Isle, à Joseph de Devona (1), & généralement à tous ceux qui ont tâché de se mettre au dessus de la lie des Versificateurs. L'état de la Poësie ne pouvoit être plus humilié ni plus cruéllement deshonoré qu'entre les mains de ces Poëtes sauvages qui l'ont tenuë dans les fers par leurs allusions de mots & leurs rimes Leonines, durant les sept ou huit siécles que l'ignorance & la barbarie ont régné sur la République des Lettres. Mais depuis qu'on a trouvé le moyen de faire revenir l'esprit des Anciens dans ces derniers siécles, un des premiers soins de ceux que la Providence avoit destiné pour rétablir les Lettres a été de décrasser la Poësie, & de la débarasser de la bagatelle. On ne peut pas nier qu'ils n'ayent fort heureusement travaillé à ce grand Ouvrage, & tant d'illustres Poëtes qui ont paru depuis Petrarque jusqu'à nous en ont donné des preuves ausquelles il n'y a point de replique. Nous sommes pourtant obligés de reconnoître que tous leurs efforts n'ont point été capables d'exterminer entiérement la race de ces Poëtes sauvages, dont les descendans s'étant multipliés jusqu'à notre tems, ont toujours continué de faire impunément, je ne dis pas seulement des Enigmes & des Acrostiches, mais des Anagrammes, des Allusions sur les noms & d'autres subtilités puériles que les Maîtres de l'Art n'ont jugées tolérables que dans les Colleges pour donner durant quelques mois la torture aux petits Ecoliers dont on veut éxercer les esprits; ou pour servir d'amusement aux Pédans qui en font leur délices, comme nous l'apprenons de M. Ménage dans la vie de Garguille Mamourre (2 & 3).

XIX.

J'aurois été tenté de faire ici une exception en faveur de ces Poëtes qui ont jugé à propos de rechercher mon nom, & son étymologie pour en retirer du sens, & pour fournir de la matiére aux allusions Poëtiques & aux *jeux d'esprit* dont ils nous ont divertis dans leurs Vers : mais je ne puis pas ne les pas abandonner à la régle générale.

Quoique tout le monde jusqu'aux Poëtes même, soit très-persuadé qu'il n'y a rien d'essentiel pour nous, ni rien qui nous regarde en particulier dans la signification des noms héréditaires que nous avons reçu de nos Peres, & eux de leurs Ancêtres : les Faiseurs de

---

1 ¶ Il faloit ou *Devonia* terminaison Latine, ou *Devonshire*, terminaison Angloise.
2 Ægid. Menag. vit. Garg. Mam. pag. 15. & 6. item pag. 37.

3 ¶ En disant *Garguille Mamourre* au lieu de *Gargilius Mamurra*, il tombe dans le vice qu'il reprend.

vers n'ont pas coutûme d'entrer dans ces considérations quand ils veulent louer ou injurier quelqu'un par cet endroit, & parce qu'ils veulent trouver du sens dans ces noms à quelque prix que soit, il sont obligés de recourir à l'étymologie & de remonter à leur Origine.

Celui qui m'est échû ne meritoit pas d'être connu d'eux, & ils ont fait voir effectivement qu'ils ne le connoissoient pas, lorsqu'ils ont prétendu le tirer de l'obscurité dans laquelle j'avois tâché de le retenir. Mais puisqu'il s'agit de divertir encore une fois le Public il faut les tirer eux-mêmes de la plaisante erreur où ils se sont précipités par la passion déréglée qu'ils ont euë de me rendre un service qu'on n'éxigeoit pas d'eux. Il auroit donc été bon pour leur dessein qu'ils eussent sû que ce nom qu'ils ont voulu mettre en question, ne marque autre chose qu'*une couleur* qui ne peut être inconnuë qu'à des aveugles. L'Origine n'en est pas trop obscure, & sans l'aller chercher parmi les premiers Egyptiens du tems de Pharaon, comme ont fait quelques Savans, il suffit de la mettre chés les Grecs, au danger de lui faire perdre quelque chose de son antiquité, & de dire avec Mr Ménage dans ses Origines Italiennes & Françoises (1) que du Grec ,, Βαῖοϛ vient le Latin *Badius*, puis les diminutifs *Badiolus*, *Ba-* ,, *dioletus*, d'où vient le François *Baillet*. On pourroit ajoûter même sans rien diminuer de la vérité de cette étymologie de Mr Ménage, que ce mot est de ces noms heureux qui n'ont pas pour une seule origine, puisqu'on lui en a trouvé encore une autre qui n'est peut-être pas moins ancienne dans la Langue Grecque. & qu'Homere s'en est servi dans la signification des choses qui avoient la même couleur (2). Du Grec βάλιος dont il se sert est venu le Latin *Balius*: de là s'est formé le diminutif *Baliolus* qui a été employé par Plaute, pour marquer un homme de la couleur dont il s'agit (3) : de la est venu aussi le second diminutif *Balioletus* & par sincope *Balietus*, qui est le nom dont Mr de Thou s'est servi dans son Histoire (4) pour nommer un célébre Président du Parlement de Paris. Mais pour ne point multiplier nos idées sans necessité, on peut soutenir avec Vossius (5) que *Badius* & *Balius*, & par conséquent *Badioletus*, *Balioletus*, *Balietus* & *Baillet*, viennent tous d'une même source, & qu'ils doivent leur extraction au mot de Βαῖς, comme cet Au-

René Baillet

---

1 Origines Italiennes de Mr Ménage pag. 106. Voyés aussi ses Origines Françoises.
2 Homeri Iliad. π
3 Plaut. comœd. Pænul. Act. 5. Scen. 5.

4 Jac. Aug. Thuan. Hist. sui temp. ad an. 1559
5 Etymologic. Ling. Lat. pag. 60. Col. 2

teur le fait voir avec assés d'étenduë dans son Etymologicon de la Langue Latine.

Je n'ai aucun besoin de l'autorité de tous ces Savans hommes (1) pour tourner en ridicule ces Poëtes qui ont prétendu faire des vers sur mon nom sans le connoître, & celle de Mr Ménage seul est plus-que suffisante pour confondre leur adresse & faire voir l'inutilité de leurs efforts, quand ils auroient été renforcés de Mr Ménage même.

C'est à l'Inventeur de *Bajuletus*, c'est-à-dire, du spectre après lequel ils ont couru, qu'ils ont obligation de la matiére de leurs Vers. C'est aussi à lui, quel qu'il puisse être, qu'il faut opposer Mr Ménage. Quoiqu'il ne faille pas trop approfondir la différence qui paroîtroit d'abord entre ces deux Personnages, il faut tâcher de les distinguer au moins mentalement, pour ne les pas confondre tellement ensemble que si l'un s'avisoit de démentir l'autre, le démenti ne retombât sur les deux ensemble comme sur une même personne. Mr Ménage peut convaincre d'ignorance & de puérilité l'inventeur du *Bajuletus* non seulement par l'étymologie veritable qu'il vient de nous donner du nom dont il s'agit, mais encore par celle qu'il a donnée ailleurs de la Marote de nos faiseurs de Vers. J'appelle ainsi leur *Bajuletus* qui descend en droite ligne de *Bajulus*, lequel selon Mr Ménage & les autres Savans (2) signifie *Baillif* ou *Bailly*, dont la signification n'a pas le moindre rapport avec celle de mon nom. De sorte que les Faiseurs de Vers pour avoir peut-être eû trop bonne opinion de leur nouvel Etymologiste, m'ont laissé aller en paix, & m'ont abandonné pour se jetter sur un Fantôme, & pour exercer toutes leurs facultés Poetiques dans les allusions que le mot de *Bajulus* leur a donné lieu de faire sur les fonctions des Chrocheteurs, que leur imprudence leur a fait attribuer fort mal à propos à tous les *Baillifs* du Royaume, ou à quelqu'un de ceux qui portent le nom de *Bailly*.

L'ambiguité ou la proximité des noms a trompé le Devin pour cette fois, & celui à qui Mr de Balzac donne une *Faculté divinatrice* pour l'Etymologie (3) n'étoit peut-être pas pour lors sur son trépied; peut être aussi pourroit-il bien avoir reçu l'inspiration de travers, & sans s'y être préparé. Je ne sai au reste dans quelle vuë l'Auteur du Songe *Asinus in Parnasso* a prétendu nous faire connoître ce Devin d'Ety-

---

1 Ausquels on peut ajouter Nicod, Monet, & les Compilateurs du Calepin.

2 Mr Ménage dans ses Origines, Mr du Cange dans son Glossaire & les autres.

3 Le P. Bouhours dans ses Remarques. Mr Menag. tom. 2. des Observ. sur la Langue Françoise pag. 395.

mologies : ni par quel motif il a fait l'injure à Mr Ménage de vouloir le faire passer dans le monde pour ce Devin, à qui il attribuë la faculté d'interpréter les Songes en lui demandant l'explication du sien (1) qu'il n'a pû sans doute esperer de lui, que par la force du mot & l'anagramme du *Bajuletus*. Mais ce Poëte n'a peut-être pas fait réfléxion, en faisant son Songe, qu'il y a bien de l'indiscrétion à loüer Mr Ménage d'une qualité qu'il avoit autrefois tant blâmée dans la personne du fameux Pedant-Parasite Mommor (2), & qui avoit fait voir après Artemidore, qu'il n'est rien de plus ridicule & de plus impertinent, que d'*interpréter les songes par les Anagrammes & par l'explication des noms propres*. Ou les allusions sur les mots.

XX.

Quoiqu'il en soit, nos faiseurs de Vers ont reconnu à la fin qu'on les avoit trompé dans l'Etymologie du nom, sur lequel ils ont voulu égayer leurs caprices. Ils peuvent aussi reconnoître, que quand ils auroient rencontré juste sur ce point, c'est tout ce qu'ils auroient pû faire, que de parvenir enfin à la gloire de ces Poëtes sauvages, dont j'ai parlé plus haut, qui mettoient toute leur industrie dans les allusions & les jeux sur les mots, dans les mysteres & les conséquences qu'ils tiroient des noms qui n'en avoient point ; & qui n'avoient été formés que par le hazard.

Mais on se tromperoit de croire, que les Poëtes pussent jamais se disposer en qualité de Poëtes, à faire un bon usage de la confusion que leurs fautes pourroient leur produire ; & qu'ils voulussent revenir de leurs égaremens avec autant de bonne foi qu'on en trouve dans les Ecrivains des autres Professions. Ainsi, loin de rien attendre de leur part de ce côté-là, il faut me résoudre au contraire à leur entendre dire, que si les Poëtes ont le Privilége de renverser l'ordre de la Nature, & d'altérer toutes sortes de vérités, ils prétendent à plus forte raison avoir celui de changer les noms de ceux dont ils parlent, pour se conserver dans la liberté qu'ils ont de tout dire impunément.

Ils se vantent de suivre en ce point les traces des Anciens, & de pouvoir nous donner des éxemples du changement des noms des personnes, non seulement dans les Eglogues de Virgile ; mais encore dans Horace, Catulle, Tibulle, Properce, Ovide, & particuliérement dans Martial : & ils ont raison de nous proposer cette con-

---

1 *Tu Somniorum scitus interpres*, &c. pag. 37. Item Artemidor. Oneirocritic. lib.
2 Ægid. Menag. de Vit. Gargil. Mamurr. 4 cap. 25. ex eod.

PRÉFACE

duite dans ces Anciens, comme un effet de leur discrétion, parce qu'ils ne vouloient point exposer l'honneur ou la réputation des personnes dont ils souhaitoient de dire leurs sentimens avec toute liberté. C'est ainsi qu'Horace a changé celui de Gratidia en *Canidia*, Tibulle celui de Plautia en *Delia*, Catulle celui de Clodia en *Lesbia*, Properce celui d'Hostia en *Cinthya*, Cornelius Gallus celui de Cytheris en *Lycoris*, &c. Mais ces Anciens qui avoient le goût épuré, ne s'avisoient pas de rafiner sur le sens de ces mots qu'ils donnoient aux personnes, ni de chercher des allusions sur ces nouveaux noms de leur invention, qui n'avoient aucun rapport nécessaire aux qualités de l'esprit ou du corps. Je ne croirois pas même que nos méchans Poëtes fussent bien fondés sur l'autorité des Poëtes Modernes, qui ont eu tant soit peu de réputation, quoique ceux-ci semblent être un peu dégénérés (1) de cette simplicité ancienne, qui se pratiquoit dans le changement des noms, & qu'ils ayent eu quelquefois recours aux Anagrammes pour cacher les véritables noms. Et je ne vois pas comment ils pourroient abuser des exemples de Malherbe qui a changé le nom de Madame Renée en celui de *Nerée*; de du Bellay, qui a changé celui de Madame Viole, en celui d'*Olive*, de Mr Menage qui a expliqué celui de Mademoiselle de la Vergne par celui de *Laverna* : du moins ne doivent-ils pas soupçonner ce dernier d'avoir jamais voulu faire allusion à la Déesse des voleurs, lors qu'il a voulu honorer la vertu, la science, & toutes les qualités de l'esprit & du corps, qu'il a rencontrées dans une personne des plus accomplies du Royaume.

Mais tous ces grands exemples ne sont pas capables de réformer ceux qui prétendent ne devoir suivre que leur imagination & leur passion. Comme ils nous obligent de les distinguer des bons Poëtes, en ce qu'ils portent la licence Poëtique non seulement au-delà des bornes de la vérité comme ceux-ci, mais encore au-delà des regles de la justice : que puis-je attendre autre chose d'eux, après qu'ils auront vû le Recueil que je publie présentement, sinon de leur voir changer tout ce qui me regarde, jusqu'à mes mœurs & à ma nature, dans les Vers qu'ils me préparent peut-être pour la suite ? Il faut donc me disposer à ressentir les effets les plus bizarres de leur humeur capricieuse, de leur chagrin, & de leur Muse vindicative.

Certainement, je m'exposerois moi-même à la risée publique, si j'avois la simplicité, d'espérer autre chose d'une *Nation farouche* (2)

---

1 *q Etre dégénerés* pour *avoir dégéneré.*
2 Horat. Epist. 2. lib. 2. *genus irritabile vatum.*

Despr. Discours de la Satir. p. 25.

qui

SUR LES POETES. 265

qui prend feu si aisément, selon l'expression d'Horace & de Mr Despreaux. C'est une nation qui ne vit que de fureur, s'il en faut croire un célébre Auteur qui a vécu long-tems chés elle, & qui a remarqué qu'étant accoutumée à converser parmi des Lestrygons, des Phéaques (1, des Polyphemes, des Typhons, des Circé, c'est-à-dire, des Barbares, des Cyclopes, des Géans & des Sorciéres, y a appris à mettre en usage toutes sortes de maléfices (2).

Le même Auteur prétend, que la maladie ordinaire des Poëtes (3), qui est la phrénésie, que l'on qualifie de fureur Poëtique, a coutume de les troubler, jusqu'à leur faire décharger leur furie indifféremment, sur ceux qu'ils ne connoissent pas, comme fit Ajax sur un troupeau, qu'il prenoit pour une compagnie de Grecs. Cela veut dire du moins, que le mépris que les Poëtes croyent qu'on fait de leurs Ouvrages, les transporte si loin, qu'ils ne reviennent jamais de leur colére, & que, pour me servir des termes de Mademoiselle le Fevre (4), *les Poëtes étant naturellement fort disposés à se faire de leur mérite un Dieu, auquel ils croyent que tout doit rendre hommage, & qu'ils adorent eux-mêmes avec grande devotion*, ils ne savent (5) pardonner la moindre faute que l'on auroit faite contre le culte de leur Idole.

Estienne Pâquier disoit (6) que celui qui oseroit attaquer ses Epigrammes auroit affaire *à un Poëte & à un Avocat*. Si les Poëtes *Plaidans* sont si terribles, que ne ne devrois-je pas apprehender des Poëtes *Porte épées* ? Et si les Poëtes *Reguliers* alloient joindre leurs forces avec celles de ces deux espéces contre moi, j'avoue qu'une conspiration si générale pourroit bien m'ôter l'espérance de trouver jamais de retraite, ni dans le Cloître, ni dans le Palais, ni dans le Camp du Parnasse : mais je doute qu'elle fut capable de déplacer jamais mon esprit de sa situation ordinaire, & de lui ôter le calme qu'il a plû à Dieu de lui donner.

Quelque indifférence que j'aye pour tout ce qu'il plaira aux méchans Poëtes de faire ou d'écrire contre moi, j'aurois pourtant mauvaise raison de ne m'y pas rendre sensible, si je les croyois capables de me corriger de mes défauts ou de me procurer quelque

---

1 ¶ Les Phéaques ne devoient pas être mis en si mauvaise compagnie, eux qui étoient de si bonnes gens, comme on le peut voir dans l'Odyssée.
2 Gasp. Barlæus præf. ad Lect. Poëm. Const. Hugenii.
3 Il ne s'agit ici que des méchans Poëtes.
4 Anne le Fevre, Préface sur les Nuées d'Aristophane, après Ciceron. livre 5. des Quest. Tusculanes. & après Horace Epitre 2. du livre 2.
5 ¶ *Ils ne savent* pour ils ne *peuvent*, ou ils ne *sauroient*, ou ils ne *savent* pas.
6 Epist. ad Christ. Thuan. dedic. Epigramm.

Tome III. Ll

autre utilité. Mais si l'on s'en rapporte à Mr de la Fontaine (1).

Dieu ne fit la sagesse
Pour les cerveaux qui hantent les neuf Sœurs.

En effet, qu'y a-t-il de bon à espérer de ceux qui font profession publique de n'écrire que pour leurs intérêts, ou pour satisfaire leur passion particuliére ? Quel fonds peut-on faire sur des gens qui renoncent à tout discernement, pour confondre le mérite, & qui ne font point difficulté de changer les vices en vertus & de tourner les vertus en vices, selon leurs besoins, ou leurs inclinations corrompuës ? Combien a-t-on vû de *Faquins* dans tous les tems, élevés par les Poëtes jusqu'aux Cieux, parce qu'ils se faisoient *trainer en litière* ? Combien d'*honnêtes gens*, jettés dans la boue, à cause qu'*ils marchoient à pied*, & qu'ils n'étoient point en état de faire la fortune du Poëte, ou qu'ils se mocquoient de sa folie.

Le bien & le mal qu'on a fait aux Poëtes, ont presque toujours été les deux ressorts les plus ordinaires qui ont fait remuer leur langue & leur plume : & si l'on veut savoir de quelle retenue sont capables les plus sages & les plus moderés d'entre eux, on apprendra par l'éxemple de Mr Corneille, c'est-à-dire, d'un des plus excellens & des plus hommes de bien parmi les Poëtes, jusqu'où peut aller la violence qu'ils se font pour vaincre leur tempérament, à l'emportement duquel les méchans Poëtes ne savent guéres resister. C'est tout ce que peuvent faire les plus généreux d'entre eux, que d'employer les mouvemens d'une passion, pour arrêter ceux d'une autre : encore faut-il que ce soit la vûe des grands biens dont ils ont été comblés, qui les empêche de dire du mal de leurs Bienfaiteurs & de leurs Mécènes, comme la vûe du mal qu'ils croyent avoir reçu de leurs ennemis, ne manque jamais d'étouffer le bien qu'ils en pourroient dire.

Il m'a fait trop de bien pour en dire du mal,
Et m'a fait trop de mal pour en dire du bien (2).

C'est ce que le grand Corneille a dit du grand Cardinal, lorsqu'il n'avoit plus rien à esperer ni rien à craindre de lui. En quoi je trouve

---

1 Dans son dernier Ouvrage, au Conte de la Clochette, pag. 137.

2 Relat. Hist. de l'Academ. Franç. pag. 139.

SUR LES POETES 267

qu'il a suivi les mouvemens de la nature d'une maniére fort opposée à celle du Préfident Maynard, qui n'ayant jamais reçu ni bien ni mal du Cardinal de Richelieu, pouvoit ce me femble, se difpenfer d'en dire aufli du bien & du mal. Cependant il ne s'eft point laffé de l'adorer & de l'encenfer tant qu'il a vécu, & qu'il l'a crû en état de lui faire du bien; & l'on n'a pû arrêter l'impétuofité de fa verve ni le cours de fes médifances depuis la mort du Cardinal jufqu'à la fienne, tant qu'il a été en état de fe plaindre de n'avoir rien reçu de lui.

Si ce font là des effets de la modération des plus modeftes & des plus honnêtes d'entre les Poëtes, je ne vois pas quelles bornes nous pourrions prétendre de prefcrire à la licence des méchans Poëtes qui voudront nous maltraiter. Ils font les Maîtres des peintures & des caractéres qu'ils donnent aux perfonnes & aux chofes qu'ils repréfentent : & pour faire voir que leur Art confifte dans la fiction, ils s'attachent particuliérement à contredire la Vérité, de peur de fe rencontrer avec les Hiftoriens. C'eft ce qui les porte fouvent à nous dépeindre les gens tous différens de ce qu'ils ont été véritablement : mais nous ne pourrions pas les accufer de prévarication dans leurs devoirs, s'ils fe contentoient de nous changer de mal en bien, & de repréfenter les hommes comme ils ont dû être en nous ôtant l'idée de ce qu'ils ont été effectivement, comme Homere à fait d'une femme infidelle & proftituée dans l'Hiftoire une fage & vertueufe Penelope; (1) & comme Virgile a fait d'un Traitre de fa Patrie un Héros plein de piété; & d'un Bandi fugitif qui a perdu la bataille & la vie contre Mezentius, felon la foi de l'Hiftoire (2), un conquérant & une Divinité.

Mais nos méchans Poëtes loin de rectifier les vicieux, ne font point fcrupule de changer les caractéres des perfonnes vertueufes de bien en mal, & de faire paroître les gens tels qu'ils n'ont jamais dû être, & qu'ils n'ont point été. L'inconvenient que nous y trouvons, c'eft qu'encore que cette mauvaife pratique foit contraire à l'efprit & aux regles de l'Art Poëtique, comme nous l'ont affuré Meffieurs de l'Académie (3), elle ne laiffe pas de fe trouver en quelque maniére autorifée par les exemples dangereux des plus célébres

---

1 Inftit. Poët. Voffii lib. 1. cap. 2. §. 7. pag. 8. & inftit. Oratoriar. lib. 1. cap. 6.
2 Dionyf. Petavius ex Conone & Photio, Rationar. temp. par. 1. pag. 42.
3 ¶ Le Pere Petau dans l'endroit ici marqué de fon *Rationarium*, cite Conon d'après Photius, non pas pour prouver qu'Enée avoit trahi fa patrie, ni qu'il fut tué dans la bataille que gagna contre lui *Mezentius*, mais feulement pour avertir que Conon ne s'accorde pas avec Denys d'Halicarnaffe touchant ce que celui-ci raconte d'Enée.*b*
3 Sentim. de l'Acad. Fr. fur la Tragicom. du Cid.

L l ij

Poëtes de l'antiquité & de notre siécle. Parmi ceux là nous voyons que Virgile lui même, tout Virgile qu'il étoit, n'a point fait difficulté de des honorer une Princesse très-vertueuse, & de lui ôter le caractére de sa chasteté & de son courage pour lui donner celui d'une passion honteuse & d'une lâcheté capable de desespoir. La conscience des Poëtes Grecs n'étoit guéres plus délicate ; puisque nous les considérons comme les uniques Auteurs de la mauvaise réputation des plus honnêtes gens de l'Antiquité, qui n'ont point eu pour eux toute la complaisance qu'ils souhaitoient (1). Parmi ceux ci, Daniel Heinsius a eu la hardiesse de damner l'innocente Mariamne contre la foi de l'Histoire (2) ; Mr Corneille a fait des fanfarons & des orgueilleux de nos Martyrs qui avoient appris l'humilité de Jesus-Christ (3) ; Mr Racine semble avoir ôté à Hippolyte l'innocence & la chasteté que l'opinion de tous les siécles lui avoit attribuée (4) ; Mr Despréaux non seulement à dépeint Pelletier comme un Parasite, lui qui ne mangea jamais chés autrui (5), mais il a encore eu soin de nous avertir lui-même (6) qu'il a fait les Personnages de son Lutrin d'un caractére directement opposé au caractére des Chanoines de la sainte Chapelle.

Ces exemples de la licence des Poëtes du premier ordre seroient capables de gâter nos méchans Poëtes, qui n'ayant pas leur mérite ne doivent rien prétendre à leurs priviléges, si l'on pouvoit dire que la passion animée par le desir de la vengeance laissât encore en eux quelque chose à corrompre. Il n'y a qu'un petit Canton dans toute l'étenduë de la République des Lettres où il semble qu'on ait reçu sans restriction les maximes les plus rigides de l'Evangile, & particuliérement celles qui nous avertissent d'oublier les injures & d'aimer ceux qui ne nous en ont point donné sujet. Mais on peut assurer qu'il n'y a point de quartier dans toute cette République, où l'on connoisse moins ces maximes que dans celui qu'on appelle la montagne du Parnasse & ses dépendances, & qu'il n'y a point de lieu où l'on ait conservé plus scrupuleusement les restes de l'ancien Paganisme. Quoique les Poëtes d'aujourd'hui soient dans la Chré-

---

1 Philostrate liv. 7. chap. 7. de la vie d'Apollonius de Tyane dit que les Poëtes ont fait passer Tantale pour un Avare, & qu'ils ont inventé son supplice aux Enfers, quoiqu'il eut été un très-homme de bien.

Les Poëtes ont aussi maltraité Minos pour avoir arresté leur licence & leur brutalité, & l'ont réduit à être Juge dans les Enfers selon Platon. Dial. Min.

V. aussi la Mothe le Vayer parmi ses lettres ou petits Traités.
2 D. Heins. Tragœd. Herod. infanticid.
3 Traged. de Theodore & de Polieucte.
4 Traged. de Phedr. & Hyp.
5 Guerre des Auteurs pag. 206.
6 Préface sur les deux derniéres éditions de ses œuvres.

tienté, ils ne laissent pas d'y faire bande à part, (je ne parle que des profanes & des vindicatifs qui font un mauvais usage de leur Art) ; ils ont leurs Dieux à part, & leur Enfer à part. Comme ils prennent la liberté de faire l'Apothéose de ceux qu'ils ont étouffés de leur encens ; on leur feroit grand tort (1) de leur contester le privilége qu'ils croyent avoir de loger dans leur Tartare ceux qu'ils ont sacrifiés à leur vengeance ou à leur caprice. Mais l'un & l'autre n'ont de réalité que dans l'imagination de ceux d'entre eux à qui l'enthousiasme a fait tourner la cervelle.

Ceux de cette espéce pourront bien encore soulever leur Parnasse contre moi, ils pourront bien étourdir le Public de leurs cris & de ce que Mr de Santeuil de saint Victor appelle *les contes de leur mere l'oye*. Ils ne seront incommodes qu'à eux-mêmes, & s'il y a quelque chose dans tout ce qu'ils feront capables de faire pour me chagriner qui puisse diminuer mon insensibilité, ce ne sera que la compassion de les voir agités dans les accès de leur *fureur Poëtique*. Il faut les guérir par avance de la foiblesse qu'ils auroient de s'imaginer que des Vers de la nature de ceux qu'ils ont faits déja contre moi pussent jamais faire le moindre effet sur mon esprit. Il me reste, par la grace de Dieu, assés de sentimens de Christianisme pour ne pas craindre le sort de Lycambe ou de Bupale, quand nos Poëtes qui font d'ailleurs profession d'être Chrétiens, seroient plus mordans qu'Archilochus & plus envénimés qu'Hipponax. Je ne me mettrai pas plus en peine d'expliquer leurs vers que ceux de la vieille Sibylle, quand ils leur auroient coûté plus de grimaces que cette Energumène n'en faisoit pour prononcer les siens, lorsque son Apollon la saisissoit.

1 Papyre Masson pag. 20. du 2. tome de ses Eloges, dit que Dante, Poëte Italien, a mis en Paradis, & en Enfer tous ceux qu'il a voulu, & que cette licence qu'on a tant condamnée, devroit avoir rendu les Poëtes suivans plus sages.

Fin de la Préface.

JUGEMENS
DES PRINCIPAUX AUTEURS
QUI ONT TRAITÉ
DE L'ART POËTIQUE.

PLATON

Philosophe Athénien, né la quatriéme année de la 87. Olympiade mort la première année de l'Olympiade 108. âgé d'un peu plus de 81. ans, 348. devant notre Epoque.

1047   LE Dialogue auquel il a donné le nom d'ION (1) traite du caractére Poëtique, & de la maniére d'expliquer les Poëtes.

Il prétend montrer que la Poëtique est moins un Art qu'un Enthousiasme, & une imitation animée de l'esprit d'enhaut, qu'on peut appeller *Fureur Poëtique*; jugeant qu'elle dépend moins de l'industrie de l'homme, que d'une certaine impetuosité surnaturelle & divine qui emporte d'une maniére insurmontable ceux qu'on appelle Poëtes (2).

Dans ce Dialogue Platon nous represente Socrate qui s'entretient avec un Adorateur passionné d'Homere, qui n'avoit au contraire que du dégoût & de l'aversion pour les autres Poëtes. Socrate lui fait voir que pour le point qui faisoit le sujet de son estime & de sa passion, Hésiode traite les mêmes matiéres qu'Homere, puisqu'il découvre ce qu'on peut dire de plus mémorable des Dieux, de leur commerce avec les hommes, de la production des Demi-Dieux & des Héros ; de ce qui se passe dans le Ciel & dans les Enfers ; de ce

---

1 Ion étoit un Interprete des Poëtes. Ceux de sa profession s'appelloient ῥαψῳδοί parce qu'ils chantoient les Poësies d'Homere & des autres.

2 Joan. Serranus proleg. ad Platon. Dial. Petr. Petitus Dissert. de Furore Poëtico.

Platon. qui se fait dans la guerre & dans la paix; enfin de la vie & des actions des Justes & des Impies. Il lui fait remarquer aussi que les autres Poëtes ont travaillé sur ces mêmes matiéres : & que, par conséquent, s'il n'a du goût & de l'amour que pour Homere, il n'en faut point chercher d'autre raison, que parce que ce n'est que par le feu d'un esprit divin qu'on devient Poëte, & qu'on devient aussi passionné pour quelque Poëte avec le génie duquel on a plus de rapport (1).

Socrate continue de l'instruire, ajoutant qu'il a toujours aimé la Poësie, & qu'il faut s'appliquer continuellement à la lecture des bons Poëtes, & sur-tout du *divin* Homere dont on doit tâcher non seulement de pénétrer le sens, mais encore de retenir les expressions, & apprendre jusqu'aux moindres paroles (2).

Platon passe ensuite au génie Poëtique, & à cette fureur divine, dont il prétend que non seulement les Poëtes, mais aussi ceux qui veulent lire leurs Ouvrages avec fruit doivent être animés comme d'un esprit céleste qui puisse les ravir & les transporter hors d'eux-mêmes : de telle sorte que les Lecteurs ou les Auditeurs soient attachés aussi-bien que les Poëtes à cet esprit divin, comme plusieurs anneaux de fer s'attachent entre eux & se tiennent suspendus à un aiman d'où il s'ensuit, selon le Pere Thomassin, que les Poëtes & ceux-même de l'Antiquité la plus profane ne sont que les organes & les interprétes de Dieu (3).

Mais il semble que Platon n'ait pas été toujours uniforme dans ses sentimens à l'égard de la Poësie & des Poëtes. Quoiqu'il ait toujours reconnu qu'il y a quelque chose de divin dans cette manie ou fureur Poëtique, il ne vouloit pas néanmoins que l'on souffrit ceux qui en sont possédés dans une République bien reglée, comme étoit celle qu'il avoit dans la tête, parce qu'il supposoit que leurs Ouvrages pouvoient produire des effets dangereux pour les bonnes mœurs. Mais les Critiques conviennent (4) d'une part que ce sentiment n'a donné aucune atteinte à l'autorité & à la dignité de la Poëtique (5); & d'un autre côté, que l'on n'en a point eu moins bonne opinion du jugement & de l'esprit de Platon.

Il est vrai qu'il rejettoit cette sorte de Poësie, qui consiste particuliérement dans l'imitation des vices qui se répandent parmi les

---

1 Le P. Thomassin de la maniére d'étudier & de lire les Poëtes chrétiennement. livre. 1. chap. 6. num. 11. pag. 73. 74.
2 Le même chap. 8. num. 10. 11. Et Platon lui-même au Dialogue *Ion*.
3 Thomass. nombr. 12. du même chap.
du livre cité plus haut.
Platon *in ione* les appelle. ἑρμηνέας κỳ ὑπηρέται τῶν θεῶν.
4 Jul. Cæs. Scaliger in lib. 1. Poëtices.
5 ¶ Il faloit dire de la *Poësie* qui est l'exercice de l'art qu'enseigne la Poëtique.

hommes

DE L'ART POETIQUE. 273

hommes (1), comme est le genre Comique & le Tragique même. Mais, au rapport de Proclus (2) & de Vossius après lui (3), il ne donnoit point l'exclusion de sa République à ceux des autres Poëtes qui avoient consacré leurs talens & leur veine Poëtique à la louange des Dieux, & des hommes qui ont été d'une probité & d'un mérite distingué.

Mais quoiqu'il ne soit peut-être pas trop difficile de trouver dans Platon cette distinction assés nettement développée, il semble néanmoins que son esprit, agité par la vûë du bien & du mal qu'il remarquoit plus ou moins dans presque toutes sortes de Poëtes, ait beaucoup balancé, lorsqu'il lui faloit se déterminer sur le choix de ceux des Poëtes qu'il pouvoit admettre dans sa République. C'est sans doute ce qui a produit en lui cette inégalité de sentimens qui fut autrefois remarquée même par Eusebe de Césarée en plus d'un endroit de ses Ouvrages (4), où il dit que si ce Philosophe semble dans quelques-uns de ses écrits rejetter les Poëtes & les Dieux des Poëtes, il reçoit en d'autres les uns & les autres; & que s'il songeoit à leur utilité en les approuvant, ce n'étoit que par l'appréhension du mal qu'ils pouvoient produire qu'il les avoit condamnés en d'autres rencontres, selon la remarque du Pere Thomassin (5).

Cette conjecture me paroît plus raisonnable que le raisonnement de Nauger, ou plutôt de Fracastor (6) qui dit que Platon n'a condamné les Poëtes qu'à cause de l'imitation qu'il prétend être toujours accompagnée d'ignorance, & par conséquent de fausseté, mais qu'en les bannissant de sa République, il leur a permis de vivre par tout ailleurs, & qu'il a même recommandé à d'autres le soin de les défendre qu'il ne pouvoit pas prendre par lui-même.

Un autre Critique (7) croit avoir pénétré plus avant dans les sentimens de Platon sur ce point, & il dit que sa pensée aussi bien que celle d'Epicure & de plusieurs autres Philosophes, étoit que tous les Poëtes généralement sont toujours nuisibles à l'Etat, & que s'il y a quelques endroits dans leurs Poësies qui ne soient point capables de nuire à personne, on ne peut pas dire qu'il y en ait qui soient d'aucune

Platon.

---

1 Plato in lib. Politicor. Dialog. 3. &c.
2 Proclus in Quæstion. Poëticis, quæst. 4.
3 Vossius de natura Poëticæ cap. 3. parag. 20. pag. 21.
4 Euseb. lib. 2. Præparat. Evangelic. pag. 75. 76.
Item lib. 12. cap. 4. 5. 20. 21. 22. 23. 24.
Item lib. 13. cap. 1. & 2. & sequentib.

5 L. Thomass. de la man. d'étudier chret. les Poëtes, livre 1. chap. 8. num. 18.
6 Fracastor dans le Dialogue intitulé Naugerius, du nom d'André Navagero noble Vénitien, bon Poëte soit Latin, soit Italien.
7 Ger. J. Vossius de Natur. Poëticæ cap. 8. parag. 1.
Ex Heraclide Pontico & aliis.

Platon. utilité solide, & qui soient propres à autre chose qu'à divertir & amuser des enfans.

Il semble néanmoins que c'est imposer à Platon que de lui attribuer des sentimens si sévéres. Du moins Petrarque ne pouvoit-il pas croire qu'ils fussent tels, puisqu'il prétend que Platon n'en vouloit qu'aux Comédiens (1). Mais il est visible que Petrarque s'est trompé car ce Philosophe donne en termes formels l'exclusion à Homere pour sa République; & il semble même qu'on pourroit conclure par la maniére dont il le traite, qu'il étoit porté à faire grace aux autres Poëtes en condamnant celui-ci. C'est principalement ce jugement extraordinaire de Platon sur Homere qui a donné la gêne à la plupart des Critiques qui ont tâché de l'accorder avec l'opinion avantageuse où l'on est pour le Philosophe & pour le Poëte.

Maxime de Tyr rapporté par Vossius (2) croit que Platon n'ayant voulu former sa République que de ce qui étoit appuyé sur la raison, il appréhendoit que les fables d'Homére ne donnassent quelques atteinte au culte & au respect dû aux Dieux, & qu'elles ne tendissent des piéges à la pureté des mœurs. Mais on peut dire que ces deux raisons de Maxime sont sans fondement, s'il est vrai, comme Platon lui-même sembloit en être persuadé, que les véritables sentimens de la Réligion & du culte de Dieu, & les maximes de la bonne Morale sont envelopées dans les Fables, ainsi que nous l'ont enseigné après les Anciens Mr Huet (3), le Pere le Bossu Chanoine Régulier (4), & le Pere Thomassin (5).

D'autres estiment (6) que Platon n'a donné l'exclusion à Homere que pour faire connoître que ce Poëte n'est point propre pour tout le monde.

Quoi qu'il en soit, on peut assurer que Platon n'a point laissé d'avoir une opinion avantageuse de la Poësie en général, & qu'il n'a jamais changé de sentiment à l'égard du génie ou de la *Fureur Poëtique*, qu'il a toujours prise pour une inspiration divine. Et l'on peut conclure avec Jules Scaliger (7) que le Dialogue d'*Ion* où il établit l'honneur & les avantages de la Poëtique, doit avoir sur nos esprits plus

---

1 Franc. Petrarch. apud eumdem Voss.

¶ Petrarque pag. 1104. de ses œuvres, édit. de Bâle 1581. où il cite S. Augustin, ayant en vûe apparemment le 14. chapitre du second livre de la Cité de Dieu.

2 Maxim. Tyr. serm. 7. apud eumd. Voss.

3 Petr. Dan. Huet. in lib. de Demonstrat. Evangelic.

Item Dissertat. des Romans.

4 René le Bossu Trait. du Poëme Epique.

5 L. Thomass. tom. 1. livre 1. & 2. de la maniere d'étudier chrét. les Poëtes & généralement dans tous les livres des trois tomes de cet Ouvrage.

6 Voss. pag. 43. de Nat. Poët. &c.

7 Jul. Cæs. Scaliger lib. 1. Poët. pag. 10 & 11.

DE L'ART POETIQUE

d'autorité que ſes Livres des *Politiques*, où il ſemble qu'il condamne quelques Poëtes, & dont certains eſprits chagrins ont voulu abuſer pour blâmer généralement la Poëſie & les Poëtes.

Il court un Livre parmi le monde qui a pour titre *La Poëtique de Platon*. Mais c'eſt un Ouvrage de Paul Beni qui l'a recueilli de divers Dialogues de ce Philoſophe. Nous en parlerons ailleurs.

ARISTOTE

Philoſophe de Stagire, mort la troiſiéme année de la 114. Olympiade, la même année que Demoſthene, deux ans après Alexandre le Grand, & 322. devant notre Epoque.

1048 ARiſtote au rapport de Diogene Laërce, avoit compoſé trois Livres de la *Poëtique*, un autre Traité ſéparé ſur le même ſujet, & un Livre ſur les Tragédies (1).

Mais de tous ces Ouvrages, il ne nous eſt reſté que le premier des trois Livres, qui ne faiſoient qu'une ſeule compoſition ſur la Poëtique. Il eſt compoſé de vingt-ſix Chapitres, dans leſquels il établit les Principes de la Poëſie, de l'Epopœe, de la Tragédie, & de la Comédie : & il nous apprend que ce n'eſt autre choſe que l'imitation de la nature, qui conſiſte dans le nombre, la meſure, le diſcours & l'harmonie (2).

Ce Livre qui nous reſte ne paroit pas même entier à quelques Critiques, entre autres à Victorius (3). C'eſt peut-être parce qu'on n'y trouve rien de ce qu'Ariſtote avoit écrit ſur la Comédie, ſelon la remarque d'un Auteur Anonyme (4). Mais il ne laiſſe pas d'être achevé au ſentiment de Voſſius (5), qui prétend qu'il eſt aiſé de le prouver par le bel ordre & cet enchaînement admirable qu'on y voit depuis le commencement juſqu'à la fin.

Il ajoûte que c'eſt une erreur de croire qu'Ariſtote ait fait trois Livres de cet Ouvrage, puiſqu'on n'en connoiſſoit que deux dans l'Antiquité (6), & que ſon premier Livre renfermant la principale partie

---

1 Diogen. Laërt. in Vit. Ariſtotel.
2 Guillelm. du Val in Prolegomen. ad Ariſtotel. opera.
3 Petr. Victorius in lib. 8. Politicor. Ariſt. ad cap. 7.
Item Comment. in Art. Poëtic. ejuſdem Ariſt.

4 Bibl. curioſ. hiſtor. Philolog. &c. p. 45.
5 Ger. Jo. Voſſ. de Natur. Poëtic. cap. 5. par. 5. pag. 28. 29.
6 ¶ C'eſt plutôt une erreur de ne le pas croire. Voyés Jean Albert Fabrice pag. 122. du 3. livre de ſa Bibl. Grecque. c. 6.

Aristote. de la Poëtique qui consiste dans l'Epopœe & dans la Tragédie, ce qu'il avoit écrit de la Comédie, du genre Dithyrambique & des autres espéces de Poësie, ne pouvoit pas lui avoir fourni de quoi faire plus d'un Livre de la proportion du premier (1). Car quoi que dans la vie de Socrate Diogéne Laërce semble citer le troisiéme Livre de la Poëtique d'Aristote, il assure ailleurs (2) qu'il faut lire *des Poëtes* au lieu de la *Poëtique*, parce qu'Aristote avoit fait trois Livres des Poëtes: & que comme la même faute se trouve aussi dans ce que l'on a de la vie d'Homere sous le nom de Plutarque, c'est ce qui a jetté dans l'erreur plusieurs Critiques d'entre les modernes.

Camerarius qui d'ailleurs étoit fort éclairé, s'est trompé aussi lorsqu'il a crû (3) que ce que nous avons n'est que l'Abregé de la Poëtique d'Aristote, ou que c'est l'Ouvrage d'un autre Aristote. Car on y trouve son air & son génie, & les Anciens ont reconnu cet Ouvrage pour le fruit naturel de ce Philosophe.

Scaliger le Pere avoit été tenté aussi de refuser à Aristote la gloire qui lui est dûë pour cet Ouvrage comme pour le reste: mais comme il y voyoit des marques évidentes de l'esprit de ce Philosophe, il s'est contenté de dire à son fils Silvius (4) que c'est un Ouvrage estropié & fort imparfait, & que sans le respect dû à un si grand Philosophe il auroit ajouté quelque chose de plus fâcheux & de plus desobligeant pour la réputation de cet Auteur.

Vossius qui a bien vû ce que vouloit dire Scaliger, a eu raison de relever cette pensée, & de dire que cet Ouvrage n'est point si fort à méprifer qu'il se l'étoit imaginé (5); que d'ailleurs il n'y a rien dans toute l'Antiquité qui soit si excellent touchant la Poëtique; & que ceux des Ecrivains modernes qui ont traité le même sujet, ont acquis plus ou moins de gloire dans ces sortes de travaux, à proportion qu'ils se sont approchés ou éloignés de cet excellent modéle.

Lullus qui étoit un Ecrivain de l'Isle de Majorque au siécle passé (6), dit même que s'il y a un Ouvrage parmi le grand nombre de ceux qu'Aristote a composés qui mérite notre estime & notre admiration,

---

1 Idem in præfatione operis de Institutione Poëticæ.
2 Laërt. in Vit. Socrat. & Voss. de Natut. Poëtices ut supr.
3 Joachim Camerar. not. ad Aristor.
4 Jul. Cæs. Scaliger Epistol. præfix. Poëticæ ad filium Silvium.
5 Voss. præfat. de Institut. Poëtic.
6 ¶ Un Auteur moderne a placé Antoine Lulle vers la fin du quinziéme siécle & l'a fait contemporain de Rodolphe Agricola, mort l'an 1485. Cependant comme il est certain qu'en 1566 Antoine Lulle fit le voyage de Rome avec l'Archevêque de Besançon Claude de la Baume son élève, il s'ensuivroit de là qu'il auroit eu alors cent & un ans, s'il en avoit eu seulement 20. lors que Rodolphe Agricola mourut. Voyés Jean Jacques Chifflet pag. 316. de la seconde partie de son *Vezontio*.

DE L'ART POETIQUE.

c'est particuliérement celui qu'il a fait sur la Poëtique (1), parce qu'il Aristote. y a fait voir à quel degré de sagesse il s'étoit élevé au dessus des autres Philosophes.

C'est ce livre qui a fait juger au Pere Rapin (2) qu'Aristote étoit le plus sage & le plus judicieux des Critiques de toute l'Antiquité. Et le Bibliographe Allemand (3) qui appelle cet Ouvrage un fragment tout d'or (4), prétend qu'il renferme les jugemens les plus exquis que l'on puisse faire en ce qui regarde les régles de la véritable Grammaire, & les maximes les plus saines de la Rhétorique. Il ajoûte que le peu qui nous reste sur la Tragédie est incomparable, & qu'il est difficile de rien trouver qui soit de meilleur goût parmi tous les Anciens.

En effet, selon la remarque du Pere Rapin (5), on peut dire que la Poëtique d'Aristote n'est à proprement parler que la Nature mise en méthode, & le bon sens réduit en principes.

Il étoit necessaire, au sentiment de Vossius (6), que ce fut un grand Philosophe qui entreprit de traiter de l'Art Poëtique, pour s'en bien acquitter; mais il n'étoit pas necessaire que ce fut un Poëte. La maniére dont Aristote y a réüssi, est une grande preuve de l'un & de l'autre. Quoique Diogéne Laërce & quelques autres Critiques lui ayent donné des vers (7), cela n'a point paru suffisant pour le faire mettre au rang des bons Poëtes (1). Cependant il n'y a point de Poëtes qui ayent mieux entendu toutes les finesses de l'Art Poëtique que lui. Les meilleurs d'entre les Poëtes qui en ont traité, sont sans doute Horace parmi les anciens, & Vida parmi les modernes. Mais Aristote a passé l'un & l'autre de fort loin, si on en croit le même Vossius, & il a pénétré la nature de la Poëtique beaucoup plus avant

---

1 Ant. Lullus Balear. lib. 7. de Orat. c. 5.
2 R. Rapin Compar. d'Homer. & Virgil. pag. 43. edit. in-4.
3 ¶ Bœc er page 91. de l'édition de Leipsic. 1715. inconnuë à Baillet mort il y avoit dix ans.
4 Anonym. Bibliograph. curios. p. 45.
5 Rap. Avertiss. des Reflex. sur la Poët. d'Arist.
6 Voss. præfat. Institution. Poëtic.
7 Diogen. Laërt. in Vit. Aristotel. Athenæi lib. 15. & Jul. Scalig. lib. 1. Poëtic.
Ger. Voss. lib. 1. operis posthum. de Poëtis Græcis pag. 56.
Laur. Crasso de Poët. Græc. in-fol. Italicè.
8 Il y a pourtant un petit reste de vers au quinziéme livre d'Athénée, qui a fait dire

à Jules Scaliger livre premier de sa Poëtique & à Mr Petit qu'Aristote a mérité quelque rang parmi les bons Poëtes.
¶ Outre l'Hymne à l'honneur d'Hermias rapportée non seulement par Athénée, mais aussi par Diogéne Laërce, & par Stobée. Olympiadore sur le Gorgias de Platon fait mention des Elégies d'Aristote à Eudemus, de l'une desquelles il cite quelques vers à la louange de Platon. Nous avons de plus ce qu'on appelle son πέπλος, qui consiste en 40. & tant d'Epitaphes d'autant de Héros Grecs & Troyens célébrés dans l'Iliade. Guillaume Canter a reconu le premier que ces Epitaphes, qui sont de deux vers chacune, hors celle d'Ajax qui est de quatre étoient surement d'Aristote.

qu'eux, quoiqu'il les eût précedé pour le tems, & qu'il leur eût donné par ce moyen un grand avantage sur lui même, en leur donnant lieu de profiter de ses lumiéres, au lieu qu'il n'avoit eu personne à suivre que la Nature (1).

On sera moins surpris d'une si grande différence que ce Critique a prétendu trouver entre Aristote & ces deux Poëtes, si l'on considére, dit-il, la force du génie du premier qui étoit au dessus de toute comparaison, & qui avoit passé, pour le dire ainsi, les bornes que Dieu a prescrites à l'esprit humain. D'ailleurs il est plus facile de réüssir en prose qu'en vers, parce qu'on y a plus de liberté pour exprimer sa pensée, & quelque volontaire qu'ait été la contrainte d'Horace & de Vida dans leurs Vers, on ne laisse pas d'être porté à les excuser plutôt qu'Aristote, & que les autres qui écrivant en prose sur le même sujet n'auroient pas mieux fait qu'eux.

Comme Aristote a toujours été en grand crédit dans le monde savant, la peine qu'il a prise de travailler sur la Poëtique, n'a pas servi peu à autoriser cet Art; & on peut dire avec le Pere Thomassin (2) que par le titre seul de son traité de la *Poëtique*, aussi bien que par le dessein de l'Ouvrage, il en a fait l'Apologie contre ceux qui paroissoient bâmer cet Art. Il semble même que ç'ait été son dessein principal, lorsqu'il s'est appliqué d'abord à découvrir l'origine & la naissance de la Poësie & de tous les charmes qu'elle renferme, témoignant que l'Homme par son naturel est plus porté que tous les autres animaux à imiter & à contrefaire.

Mais quoiqu'on ait toujours consideré Aristote comme un grand Maître en cet Art, les Critiques ne se sont point crûs obligés de de recevoir aveuglément toutes ses Maximes sans les éxaminer, & le respect qu'ils ont eu pour son mérite ne les a point empêché de publier qu'ils avoient découvert quelques défauts dans cet Ouvrage.

Plusieurs ont prétendu au rapport de Vossius (3) qu'Aristote ne seroit pas un bon Maître pour le Poëme Dramatique à ceux qui voudroient s'y perfectionner. Jules Scaliger, outre le peu de Méthode & les autres défauts qu'il y trouvoit, sans oser les mettre au jour comme nous l'avons vû ci-dessus, blâmoit encore Aristote d'avoir mal divisé les parties de la Tragédie (4): & il semble que le Pere Possevin ait voulu le suivre dans ce sentiment (5). Le Pere Rapin témoigne

---

1 Voss. ut supr. præfat. Institut. Poët.
2 L. Thomassin tom. 1. de la maniére de lire & étudier les Poëtes livre 1. chap. 8, num. 1. pag. 96.
3 Apud Voss. præf. supra laud.
4 Jul. Cæs. Scaliger de Poët. lib 1. c. 2.
5 Anton. Possevin lib. 17. Bibliothec. selectæ cap. 2 pag. 409.

DE L'ART POETIQUE.

aussi (1) que les Savans n'ont pas pû goûter l'opinion où étoit Aristote que la Tragédie avoit l'avantage au dessus du Poëme Epique, qui parmi les Humanistes & la plupart des autres Personnes de lettres, passe pour le plus accompli des Ouvrages dont l'esprit de l'homme est capable.

Le même Pere dit encore ailleurs (2) qu'Aristote a écrit de la Poëtique dans un ordre peu éxact, quoique la maniére en soit solide, en quoi il paroît avoir été plus clair-voyant que Vossius qui avoit voulu soutenir le contraire contre Scaliger.

Le Pere le Bossu de son côté semble vouloir nous faire croire (3) qu'Aristote est embarassé & difficile dans sa maniére de débiter ses maximes sur la Poëtique. La raison qu'il nous en donne est que comme nous connoissons peu, dit-il, la véritable maniére d'enseigner la Morale dans Homere, il arrive de-là que nous trouvons de si grandes obscurités dans les préceptes d'Aristote & d'Horace, qui loue si fort Homere de ce que nous avons tant de peine à y reconnoître, lorsque nous l'éxaminons suivant ces idées de perfection que nous nous figurons communément.

Car quoique nous ayons dit plus haut qu'Aristote en composant son Ouvrage n'avoit point eu d'autre modéle à suivre que la Nature même, il faut pourtant tomber d'accord avec Mr Gueret (4) que s'il n'y avoit point eu d'Homere, il n'y auroit peut-être point eu aussi de Poëtique d'Aristote, parce que selon toutes les apparences il n'y a eu que les vertus & les vices de ce Poëte (5) qui ayent formé dans dans la tête d'Aristote toutes ces Réfléxions dont il a composé les régles de l'Art Poëtique.

Nous ne devons pas omettre le jugement que le sieur Borrichius Professeur de Coppenhague a fait de cet Ouvrage d'Aristote. Il dit (6) que dans la pensée de plusieurs Savans, ce célébre Philosophe s'est surpassé lui même dans sa Poëtique; & que s'il a paru de la magnificence dans ses autres Ouvrages, ils ne peuvent presque s'empêcher de dire qu'il y a de la Divinité dans celui-ci. Il ajoûte que ces Critiques n'ont pas trop mauvaise raison d'en juger de la sorte, parce qu'Aristote a tellement éxaminé & pénétré la matiére, qu'il ne se peut rien inventer

---

1 R. Rap. Compar. d'Homere & Virgile pag. 9. edit. in-4.
2 Le même au livre des Réfléxions sur la Poëtique pag. 37.
3 René le Bossu Chan. Reg. Traité du Poëme Epique livre 1. conclusion pag. 127.
4 Gueret de la Guerre des Auteurs, page 46. 47.
5 ¶ Décrits par ce Poëte.
6 Olaüs Borrichius in præfation. ad Dissertationes ejusdem de Poët. ex Ethopoeia Aristotelic.
. Item les Auteurs du Journ. d'Allemagne ou de Leipsic de l'an 1683. tom. 2. pag. 282.

Ariſtote. de plus ſubtil & de plus ſolide que ce qu'il en a dit. Mais il prétend en même tems qu'il a reſſerré les droits & les facultés de la Poëſie Epique dans des bornes ſi étroites, qu'il ſemble avoir coupé les aîles à l'Eſprit Poëtique pour l'empêcher de s'élever en haut. De ſorte, dit-il, que ſon Ouvrage reſſemble à un bel édifice dont les dehors ſont ſuperbes, mais dont les dedans ſont inhabitables, à cauſe que les apartemens y ſont trop étroits.

Nous ne pouvons pas mieux finir qu'en rapportant en peu de mots le jugement que le P. Rapin a fait des principaux Commentateurs qui ont travaillé ſur cet Art Poëtique d'Ariſtote. Il dit que Pierre *Victorius*, Vincent *Madius*, & François *Robortel* interprétérent aſſés litéralement le texte de ce Philoſophe, ſans entrer beaucoup dans ſon eſprit: Que *Voſſius* a commenté Ariſtote en pur Scholiaſte, André *Gili* (1) en Rhéteur, François *Patricius* en Hiſtorien, Jerôme *Vida* en Poëte qui veut plaire plus qu'inſtruire, Antoine Sebaſtien de *Minturne* en Orateur, Marc Antoine *Majoragius*, & Antoine *Riccobon* en Dialecticiens, Paul *Beni* en Docteur qui a le jugement ſain, quand il ne s'agit pas de l'honneur de ſon Pays. Il ajoute qu'Alexandre *Piccolomini*, & Louis de *Caſtelvetro* l'ont fait en Critiques fort habiles, & mieux que les autres. Piccolomini traite Ariſtote plus honnêtement que Caſtelvetro, mais celui-ci nonobſtant ſon chagrin & ſon humeur contrariante, l'emporte au-deſſus de tous les autres (2).

Quant au livre des *Didaſcalies* d'Ariſtote, il étoit conſtamment différent de la Poëtique de ce Philoſophe, & il comprenoit l'Hiſtoire des Poëtes juſqu'à ſon tems avec le dénombrement de leurs Ouvrages. Et l'on prétend que c'étoit encore un Ouvrage différent des deux livres qu'il avoit faits ſur les Poëtes, comme on peut le voir dans l'Hiſtoire Philoſophique de Jonſius (3)

* *Ariſtotelis de Poëtica liber, latinè converſus, & analytica methodo illuſtratus à Theod. Goulſton* in-4°. Lond. 1623. *

Pet. Victorii Verſio & Comm. in lib. de Arte Poët. in-fol. Flor. 1573.
Fr. Robortelli Com. in Ariſt. & Hor. de Arte Poët. in-fol. Baſil. 1555.
Vinc.-Madii Comm. in Ariſtot. Poëticam, in-fol. Venet. 1550.
Ger. Joan. Voſſii de Artis Poët. nat. & conſtitut. in-4°. Amſtelo. 1647.
Hieronimi Vidæ de Arte Poëtic. lib. III. in-12°. Antvv. 1578. —

1 ¶ Son nom étoit Giovan Andrea *Gillio*, qu'on trouve auſſi écrit *Giglio*, mais jamais *Gili*. §

2 R. Rapin Avertiſſem. des Reflexions ſur la Poëtique d'Ariſtote, &c.

3 Joh. Jonſius lib. 1. hiſtor. Philoſ. ch: 11. pag. 54. 55. & part. 3. Hiſt. Peripatet.

Idem

DE L'ART POETIQUE. 281

Idem cum Comment. Barth. Bottæ in-fol. *Ticini* 1569.
Ant. Sebaſt. Minturni de Arte Poët. in-4°. *Venet.* 1559.
Ant. Riccoboni. Ariſtotelis Poëtica in-8°. *Pariſ.* 1564.
Paul. Benii Comm. in Poëticam Ariſtotelis in-fol. *Venet.* 1623.
Lod. Caſtelvetro Poëtica d'Ariſtotele vulgariẓata & ſparta in-4°. *Baſil.* 1576. in-4°. *in Vienna Auſtriaca* 1570.
In Poët. Ariſt. Comm. Pauli Benii Eugubini 3. *vol.* in-fol. *Venet.* 1625.

HORACE

(*Quintus Horatius Flaccus*) de Venoſa, mort en la troiſiéme année de la 192. Olympiade, l'an 743. de la Ville de Rome, & dix ans devant l'Epoque Chrétienne.

1049   Horace eſt le ſeul des Auteurs Claſſiques, c'eſt-à-dire, des bons Auteurs Latins, de qui nous ayons quelque choſe ſur la Poëtique. Porphyrion un de ſes anciens Scholiaſtes cité par Voſſius (1) dit qu'il avoit pris tout ce qu'il y avoit de meilleur dans le livre que Neoptolemus Auteur Grec avoit fait ſur ce ſujet, quoique ce paſſage ne paroiſſe pas dans ce que Crucquius nous a donné du Scholiaſte (2). Il paroît néanmoins ſelon le ſentiment du Pere Rapin (3), que la Poëtique d'Horace n'eſt qu'une interprétation de celle d'Ariſtote, & ce Critique remarque ailleurs (4), qu'Horace fut le premier qui propoſa ce grand modéle des Grecs aux Romains.

Mais quoiqu'au jugement du Bibliographe Allemand (5) ce livre qui n'eſt proprement qu'une Epitre aux deux Piſons, ſoit une excellente piéce de Critique auſſi-bien que ſes autres Epitres & ſes Satires : néanmoins ce n'eſt pas un Ouvrage auſſi achevé & auſſi limé qu'on auroit pû ſouhaiter d'un homme de la capacité d'Horace.

Voſſius dit (6) que l'œconomie qu'il a gardée dans cet Ouvrage, n'eſt pas fort réguliére ni fort éxacte, qu'il s'eſt contenté de ramaſ-

---

1 Apud Voſſ. in lib. de Natur. Poëtices cap. 5. paragr. 5. p. 28.
2 ¶ Le Scholiaſte qu'a donné Crucquius étant très-différent de Porphyrion, il n'eſt pas ſurprenant que ce qui ſe trouve dans le ſecond, ne ſoit pas dans le premier. Neoptolemus étoit de Paros. Pline le Naturaliſte & Athénée citent de lui d'autres Ouvrages que ſon Traité de Poëtique. §

3 R. Rapin Réfléxions ſur la Poëtique, édit. in-12. pag. 27.
4 Le même dans l'Avertiſſement des Refl. ſur la Poëtique.
5 Anonymi Bibliogr. curioſ. hiſtor. Philologic. pag. 46.
6 Ger. Voſſ. de Arte Poëtic. cap. 14. pag. 83.

Tome III.

fer beaucoup de préceptes ensemble, sans se soucier beaucoup de leur donner de la suite & de la méthode. Et le P. Rapin avouë aussi (1) que si on s'arrête à l'ordre qu'il y a gardé, sa Poëtique n'est pas mieux reglée que celle d'Aristote, parce qu'elle a été écrite dans une Epitre dont le caractére doit être libre, & n'avoir rien de contraint.

Plusieurs Savans semblent tomber d'accord qu'il n'a pas si bien fait qu'Aristote pour ce point (2). Aussi n'a-t-il point eu dessein de faire un Ouvrage si régulier, au sentiment de Barthius, il ne s'y est prescrit ni ordre, ni méthode, & il s'est contenté de dire les choses de la maniére qu'elles se presentoient à lui sans se gêner pour tâcher de les réduire en préceptes, ne devinant point qu'il pourroit tomber un jour dans les mains de Grammairiens & de Critiques de toute sorte d'humeurs & de capacité différente. Mais il y en a peu qui ayent porté la sévérité de la Critique si avant que Jules Scaliger. Il prétend en plus d'un endroit de sa Poëtique qu'Horace a écrit de l'Art Poëtique sans art, & il veut que ce soit une pure Satire écrite avec beaucoup de négligence (3).

Ce Censeur pour tâcher de reduire cet Ouvrage dans quelque méthode, & d'en retirer quelque utilité, l'a divisé en trente-six chapitres. Mais il dit (4) que si nos Maîtres ou les anciens Critiques eussent eu le soin de nous faire cette division, nous aurions découvert de meilleure heure le peu d'utilité que nous pouvons retirer de cet Ouvrage ; & que pour lui il n'auroit pas été si long tems dans la simplicité de croire que c'étoit une piéce admirable, au lieu qu'il auroit reconnu bien-tôt par cette division qu'il devoit chercher ailleurs du secours pour son dessein. Il soutient qu'après avoir lû cet Ouvrage, son esprit n'en est devenu ni plus éclairé, ni plus fort, soit pour l'invention, soit pour l'élocution & pour l'explication de ce qu'il auroit pu inventer.

Mais quelque justice qui puisse se trouver dans la Critique de Scaliger, on ne peut pas disconvenir qu'elle ne soit un peu outrée, & que quand il a dit qu'Horace avoit écrit *sans art*, c'est une allusion froide & insipide qu'il a voulu faire sur le titre de la piéce. Or il est constant, comme l'a remarqué même Vossius (5), que jamais Horace

1 Rap. Reflex. sur la Poëtique, pag. 36. 37. edit. in-12.
2 Apud Vossium in præfation. Institutionum Poëticar.
3 Jul. Cæs. Scaliger in Epistol. ad Silvium filium.
4 Idem Scalig. Poëtices libro 6. qui est Hypercriticus pag. 878. 879.
5 Voss. de Institut. Poëtic. in Préfat.

n'a songé à donner à cet Ouvrage le titre d'*Art Poëtique*, qui est une invention des Critiques posterieurs; mais c'étoit seulement une Epître du même caractére que les précédentes, l'ayant écrite à Cneus & à Lucius Pison, contre quelques Ecrivains de son tems qui se vantoient d'être Poëtes sans connoître le génie de la véritable Poësie.

* *Horatii methodus de arte Poëtica per Nic. Colonium exposita* in-4°. *Bergomi* 1587. — *Franc. Philip. Ecphrasis in Horatii artem Poëticam* in-4°. *Venet.* 1593.

PETRONE

(*Petronius Arbiter*) sous Neron, selon l'opinion commune.

1050   Depuis le siécle d'Auguste jusqu'à celui de Charles-Quint, nous n'avons presque rien sur l'Art Poëtique qui soit tant soit peu considérable. Il nous reste néanmoins quelques fragmens de Petrone, où il a fait voir qu'il avoit le goût excellent sur ce sujet. C'est ce qui a fait dire au Pere Rapin (1) que parmi les ordures de sa Satire, il a laissé certains préceptes de la Poëtique qui sont admirables. Et le Sieur Borrichius reconnoissant aussi qu'il avoit le jugement fort sain en ce qui regarde la Poësie, ajoûte qu'il en a jugé suivant l'esprit & les lumiéres d'Aristote (2). Mais nous parlerons de l'Ouvrage entier de Pétrone parmi les Poëtes.

1 Le P. Rapin Avertissem. des Réfléxions sur la Poëtique d'Aristote.   2 Olaüs Borrichius Dissertation. de Poëtis pag. 58. 59.

TERENTIANUS MAURUS,

Sous Trajan selon quelques-uns, & sous les derniers Antonins selon d'autres. *Gouverneur de Syene dans la haute Egypte.*

1051   SI c'est celui dont parle Martial (1), il est constant qu'il vivoit au plus tard sous Trajan, & qu'il étoit Gouverneur de Syene qui est une Isle du Nil sous le Tropique du Cancer. Mais sans nous tourmenter du tems auquel il a vécu, il suffit de remarquer

1 Martial. lib. 1. Epigrammat. 17.

que ce que nous avons de lui regarde moins l'Art Poëtique que celui de la verſification, parce qu'il y traite ſimplement de la méſure & le la quantité des vers.

C'eſt une compoſition qui eſt faite en petits vers, mais nous ne 'avons pas entiére. M. le Fevre de Saumur dit (1) qu'elle eſt ornée ie toutes ſortes d'élégances, & qu'elle eſt diverſifiée par des agrénens & des beautés d'eſprit qui rendent la piéce aimable. Et Voſſius dans toutes les occaſions qu'il a eues de parler de l'Auteur & de l'Ouvrage, a toujours témoigné (2) qu'il a traité cette matiére avec une douceur de ſtyle admirable. Et c'eſt une eſpéce de Titre pour l'Antiquité de l'Ouvrage.

* *Terent. Mauri tractatus de Litteris, Syllabis, pedibus & metris, cum notis Nicolai Briſſæi* in-4°. *Pariſ.* 1531.

1 Tanaquill. Faber in notis ad Longinum pag. 238.
2 Voſſius Inſtitution. Poëtic. lib. 1. pag. 71.
Idem lib. 3. ejuſd. oper. pag. 84.

Idem lib. 2. de Poëtis Latinis pag. 47.
Vidend. & Lil. Gregor. Girald. Dialogo 10. de Poëtar. Hiſtor. pag. 1073. & ſeqq. edit. in-12.

THOMAS FANUCCI ou FANUTIUS,

Vers la fin du quinziéme ſiécle & le commencement du ſeiziéme (1).

1052   CEt Auteur avoit entrepris de faire voir en quoi conſiſte l'Art Poëtique, en faiſant la comparaiſon des Poëtes entre eux. Mais Floridus Sabinus (2) témoigne ne faire pas beaucoup de cas de ſon Ouvrage, il le compare à une Corneille ou à une Pie

1 ¶ Il faloit dire *vers le milieu du ſeizième ſiécle* puiſque ce fut en 1533. que cet Auteur fit imprimer à Boulogne in-4. ſon livre intitulé *de Comparationibus Poëtarum*, qui ne devoit pas être ici rapporté, parce qu'il ne contient nulles régles pour la Poëſie, mais un recueil ſimple & nu de quelques-unes des comparaiſons que les anciens Poëtes Latins ont répandués dans leurs ouvrages, ſans critique, réflexion, ni raiſonnement de la part du Collecteur, que Floridus apparemment n'a traité de grand babillard que parce qu'il l'avoit trouvé tel dans la converſation. Voici en effet comme il en parle chap. 4. du 3. livre de ſes *Lectiones ſucciſivæ* pag. 263. *Erat autem hic Thomas, an enim jam ſit, neſcius ſum*, l'Epitre dédicatoire de l'ouvrage de Floridus eſt du 28. Avril 1539. *garrula quædam cornicula inſigni quadam loquacitate omnes aniculas facile vincens, cumque obſcurum de Poëtarum comparationibus opuſculum compoſuiſſet, typiſque Bononiæ idem ſuo ære excudi curaſſet, nec quodquam ejus exemplar ullo pacto diſtrahi poſſe videret, in malam crucem, de ſuis rebus deſperans, erupit.*

2 Franc. Florid. Sabin. apud Konig. in Biblioth. V. & N. pag. 296.

qui n'a que du caquet, & il dit qu'il n'y a point de vieille qui l'emporte sur lui pour le babil.

LILIO GREGORIO GIRALDI

De Ferrare mort en 1552.

1053 Nous avons déja parlé au premier tome des Critiques, de l'Histoire des anciens Poëtes Grecs & Latins qu'il a composée en dix Dialogues, & de celle des Poëtes Modernes ou de son tems en deux autres Entretiens. Quoiqu'il semble n'avoir recherché que ce qui concerne les tems, les lieux & les autres circonstances de leur vie, & quelque chose de ce qui regarde leurs Ecrits en général, néanmoins Vossius qui en parle comme d'un homme de bon sens, de beaucoup de jugement & de grande érudition, témoigne qu'il n'a pas laissé d'écrire beaucoup de choses qui regardent l'Art Poëtique, & qui sont fort utiles à ceux qui veulent en avoir la Pratique (1). Et Monsieur d'Aubignac prétend (2). qu'il a touché en plusieurs endroits les plus importantes maximes du Théâtre.

* *Lilii Gregor. Giraldi Opera omnia in-fol. 2 vol. Lugd. Bat. 1697.* *

1 Ger. Joan. Vossius in Præfat. Institution. Poëtear.

2 Hedelin d'Aubignac Pratiq. du Théâtre pag. 35. 36.

JACQUES MICYLLUS,

ou MOLTZER, mort en 1558.

1054 Nous avons de lui trois livres sur l'Art de faire des vers qu'il ne faut pas confondre avec celui de la Poëtique, parce qu'il ne consiste que dans la versification, c'est-à-dire dans la Mesure & la Prosodie. Melanchthon jugeoit (1) qu'il ne pouvoit se rien trouver de plus savant en ce genre: & Melchior Adam (2) dit que c'est un Ouvrage fort achevé, & que personne n'a écrit en

1 G. Math. Konigius in Biblioth. V. & N pag. 539. 540.

2 ¶ Ce n'est pas Melchior Adam, c'est Melanchthon qui en juge ainsi en termes exprès rapportés par Melchior Adam.

Latin sur la Prosodie avec plus d'éxactitude & d'habileté (1).

* *Jac. Micylli*, *Ratio examinandorum componendorumque versuum, sen de re Metrica libb. III.* in-8° *Francof.* 1595.

† Melch. Adam in Vit. Philosoph. Germanor. pag. 181.

JULES CESAR SCALIGER

Né en 1484, mort à Agen en 1558.

1055   SA Poëtique est un des plus beaux & des plus accomplis d'entre les Ouvrages qui se soient jamais faits sur cet Art. Il l'a divisée en sept livres. Dans le premier, il traite d'une maniére historique l'origine, le progrès, la fin, & l'usage de la Poësie. Dans le second, il parle de la matiére de cet Art ; dans le troisiéme, de l'Idée ou de la forme ; dans le quatriéme, des choses qui servent de préparatifs à la Poësie ; dans le cinquiéme, qu'il appelle *Critique*, il s'applique particuliérement à faire les paralleles de divers Poëtes des uns avec les autres, & à comparer même les choses entre elles aussi bien que les Personnes. Le sixiéme, qui a pour titre l'*Hyper-critique*, comprend les jugemens de divers Poëtes, en commençant par les Modernes & remontant jusqu'à ceux du tems d'Auguste. Le dernier qu'il appelle *Epinomis*, est une explication particuliére de quelques difficultés qui s'estoient trouvées dans ce qu'il avoit dit des Régles de l'Art, dans les six précedens.

Possevin témoigne (1) que c'est un Ouvrage de grande importance qui fait connoître que son Auteur avoit l'esprit très-pénétrant, & une érudition prodigieuse. Il ajoûte qu'il savoit de bonne part que les Hérétiques de Genève y avoient mis les mains, lorsqu'il fut question de l'imprimer dans cette Ville, & qu'ils y avoient retranché & ajoûté tout ce qu'ils avoient jugé à propos. Il prétend que cela regarde particuliérement les jugemens qu'il a portés sur les Poëtes. Il trouve mauvais, entre autres choses, qu'il ait pris la liberté de censurer Aristote, Pausanias, & les autres que l'Antiquité nous a rendus vénérables. Il n'a pourtant pas cru devoir attribuer cette hardiesse à l'infidélité de ceux de Genève. Le même Critique accuse encore Scaliger de n'avoir pas bien executé le dessein de son premier

1. Ant. Possevin Biblioth. Select. lib. 17. cap. 1 & 2.

DE L'ART POETIQUE. 287

livre, dont le titre semble nous promettre l'histoire de la Poëtique (1) Jul. Cesar Sca-

Le P. Mambrun après avoir reconnu une varieté admirable d'érudition dans cet Ouvrage, ajoûte (2) que quand on devroit prendre pour un paradoxe le sentiment qu'il en a, cela ne l'empêchera pas de dire avec assurance que tous ces sept livres sont remplis d'un grand attirail de Grammaire, qu'il y a entassée avec quelques ornemens & beaucoup d'abondance; mais qu'on n'y trouve point ce fonds de doctrine que doit produire dans un homme la connoissance de la Nature & des propriétés de la chose qu'il a entrepris de traiter. Il accuse même Scaliger d'avoir péché contre la matiére du Poëme Epique. (3)

Gaspar Barthius prétend de plus (4) qu'il y a une erreur perpétuelle dans tout cet Ouvrage qu'il appelle divin d'ailleurs, que cette erreur vient d'un entêtement & d'une prévention contre Homere en faveur de Virgile, qu'il tâche de préferer au premier en toutes rencontres. Il dit que l'érudition excessive dont il a rempli cet Ouvrage l'a souvent accablé, ou du moins lui a offusqué le jugement, jusqu'à lui faire croire qu'il pourroit nous persuader que Virgile n'estant revêtu que des dépouilles d'Homere, sans pourtant lui avoir rien ôté, n'a point laissé de l'effacer. Barthius ne s'est guéres moins éloigné de la juste médiocrité dans le parti qu'il a pris pour Homere contre Virgile. Mais cela ne doit point nous empêcher de reconnoître l'injustice que Scaliger a faite à Homere & à la plupart des autres Poëtes Grecs, sur lesquels il n'étoit point capable de porter son jugement, comme son propre fils (5) nous l'a voulu persuader.

Mr d'Aubignac assure aussi (6) qu'il s'est trompé en divers endroits de cet Ouvrage sur divers points des piéces des Anciens. Néanmoins il ne laisse pas de dire ailleurs (7) que Scaliger dit seul sur le sujet de la Poëtique plus que tous les autres; & qu'il n'en faut pas perdre une parole, parce que, à son avis, elles sont toutes de poids.

Vossius écrit (8) que bien que Scaliger ne fût pas un Poëte tout-

---

1 Idem ibid. pag. 408. cap. 1.
2 Petr. Mambrun Dissertation. de Epico Carmine prolegomen. pag. 335.
3 Item ibid. quæst. 3. part. 1. pag. 343. 344.
4 Gaspar Barthius lib. 47. Adversarior. cap. 22. col. 2231.
5 ¶ Il est vrai que dans le *Scaligerana secunda* au mot *Musée* on fait dire à Joseph Scaliger que son pére ne s'entendoit pas bien à la Poësie Grecque. Il dit dans le fond la même chose dans sa 247. Epitre, mais il le dit plus modestement.
6 Hedelin d'Aubignac Pratique du Théâtre, livre 2. chap. 2. pag. 98. 99.
7 Le même au livre 1. chap. 5. pag. 35.
8 Ger. Jo. Voss. de Arte Poëtic. p. 27.

à-fait méprifable, il avoit néanmoins bien fait voir par cet Ouvrage qu'il étoit incomparablement plus habile dans la connoiffance de l'Art Poëtique que dans la pratique de la Poëfie ; & que comme il n'a été inférieur à perfonne pour l'érudition, on peut affurer qu'il a paffé de fort loin tous ceux qui avoient fait paroître quelque induftrie en ce point. Il témoigne encore ailleurs (1) que la Solidité & l'éxactitude du jugement de Scaliger dans cet Ouvrage, font à l'épreuve de toute furprife.

Un Allemand même n'a point fait difficulté d'appeller ces livres un Ouvrage *divin* pour la fublimité de fon jugement, dit-il, & la Critique incomparable qui y regne par tout ; de forte qu'il peut difputer du prix avec les Anciens qui ont travaillé fur le même fujet (2).

On peut confulter encore les jugemens que les Savans ont faits fur le cinquiéme & le fixiéme livres de cet Ouvrage en particulier, & que nous avons rapportés au Volume des Critiques (3).

* *Jul. Cæf. Scaligeri Poëtica* in-fol. *Lugd.* 1561. *

1 Idem Voffius lib. de Natur. Poëtices cap. 1. paragr. 7. pag. 11.
2 Bibliograph. Anonym. curiof. Philol. hiftor. pag. 46.
3 Tom. 2. Critiques hiftoriques nombre 168. pag. 110. 111.

JEROME FRACASTOR

Médecin de Verone, mort en 1553.

1056   Nous avons de Fracaftor un Traité de la Poëtique & des devoirs d'un Poëte en forme de Dialogue, fous le nom de Nauger fon ami & Poëte comme lui. Il prétend faire voir que la fin de cet Art n'eft pas la feule délectation ou le défir de plaire, mais encore celui de profiter aux autres par le moyen de l'imitation en quoi doit confifter toute la Poëfie. A dire le vrai, ce font plutôt des éloges que des préceptes de l'Art ; mais on ne laiffe pas d'y trouver l'explication de la nature & de l'effence de la Poëtique, & l'expofition des qualités d'un véritable Poëte. Sa manière de traiter fon fujet eft un peu trop fombre & trop féche pour un Dialogue, elle eft auffi quelquefois trop obfcure & trop embaraffée pour un Recueil de préceptes qu'on doit fuivre. C'eft ce qui excite rarement le défir de le lire aujourd'hui, furtout depuis que le nombre de ces fortes de Traités s'eft multiplié, & que les derniers Auteurs qui

ont

ont écrit sur cette matiére ont tâché d'effacer ceux qui les ont devancés.

Le Dialogue de Fracastor se trouve parmi les autres Ouvrages en Prose, imprimés à Venise *in*-4°. [en 1584.]

ANTOINE SEBASTIEN DE MINTURNE,

Evêque d'*Ugento* dans la Terre d'*Otrante* (1), vers l'an 1564.

1057   CEt Auteur a fait six Livres du *Poëte*, qui furent imprimés à Venise l'an 1559. [*in*-4°.] Il y traite de la nature & des vertus de l'Art Poëtique avec beaucoup d'éxactitude & de diligence, si l'on en croit le P. Gallucci, Jésuite Italien (2), lequel ne laisse pas de louer ailleurs cet Ouvrage d'une maniére qui nous fait connoître qu'il y a encore quelque chose à souhaiter. Le P. Rapin ne paroît pas entiérement satisfait de sa maniére d'écrire (3) parce, dit-il, qu'il a traité sa matiére en Orateur (4).

1 ¶ Et depuis de *Cotrone* dans la Calabre ultérieure.
2 Tarquin. Gallutius Tract. de Elegia cap. 4. pag. 395.
3 Ren. Rap. avertissem. sur les Reflex. touchant la Poëtique.
4 ¶ Il parut du même Antoine Sébastien à Venise in-4. l'an 1563. un ouvrage Italien intitulé l'*Arte Poëtica* contenant des instructions pour tous les genres de Poësie, Héroïque, Tragique, Comique, Satirique, &' autre; les régles des Sonnets, des chansons & de toutes sortes de vers Toscans, avec la méthode de composer à la maniére de Pétrarque.

JEROME VIDA

De *Cremone*, Evêque d'Albe, mort en 1566.

1058   IL s'est acquis beaucoup de réputation par son Art Poëtique qu'il a composé en Vers. Jules Scaliger témoigne qu'il a mérité d'autant plus de gloire qu'il a traité sa matiére avec beaucoup plus d'art & de méthode qu'Horace même. Mais ce qu'il ajoute passera peut-être pour un paradoxe dans l'esprit de plusieurs, lors qu'il dit, que Vida entre les modernes s'est élevé au-dessus d'Horace, comme les anciens Latins ont surpassé les Grecs, quoiqu'ils leur eussent tracé le chemin (1).

1 Jul. Caes. Scaliger lib. 6. Poëtices pag. 802. 803. edit. Commelin.

Tome III.   O o

Jerome Vida. Vossius semble aussi donner les mains à tout ce que nous venons de rapporter de Scaliger (1).

On ne peut pourtant pas dire que ce dernier ait pris l'Art Poëtique de Vida pour une piéce très-accomplie. Il tombe d'accord écrivant à son fils Silvius, que Vida est homme de bon sens, & de prudence, & qu'il a donné de fort bons enseignemens, mais qu'ils sont plus propres pour redresser les Poëtes quand ils manquent & leur faire voir leurs fautes, que pour les introduire dans l'Art Poëtique, & pour leur former l'esprit & l'imagination ; de telle sorte qu'ils sont moins propres à faire un Poëte qu'à réformer celui qui l'est déja. Il ajoute qu'à la vérité Vida a bien rétabli cet ordre si nécessaire dans l'Art Poëtique qu'Aristote avoit négligé, & qu'Horace avoit perverti & gâté : mais qu'il a traité sa matiére plutôt comme un Poëte que comme un Maître, & qu'il paroît avoir été fait plutôt pour le théâtre que pour l'école (2).

C'est aussi le sentiment du P. Rapin qui témoigne (3) que Vida semble s'être étudié à plaire en qualité de Poëte plutôt qu'à donner des préceptes sérieux. Et le Pere Mambrun qui reconnoît d'ailleurs que la composition de cette piéce est savante, que la versification en est belle, & que les maximes même en sont fort bonnes pour la plupart, prétend que la suite & les proportions n'y sont pas assés bien gardées, pour donner lieu de croire qu'on puisse faire de ses préceptes un corps juste & composé de toutes ses parties à qui on puisse donner le nom d'Art Poëtique (4).

* *Hier. Vidæ de Arte Poëticâ Lib. III.* in-4°. *Romæ* 1527. *

1 Ger. Jo. Vossius de Arte Poëtic. p. 27.
2 Scalig. Epist. ad fil. Silvium, præfix. Poëtic.
3 Ren. Rapin. avertissem. des Refléxions sur la Poëtique.
4 P. Mambrun Dissertat. de Epico Carmine Prolegomen. pag. 335.

LOUIS DE CASTEL-VETRO

De *Modene*, mort en 1571. dans le Pays des *Grisons*.

1059   Comme ce qu'il a fait sur la Poëtique d'Aristote est un Ouvrage (1) qui regarde autant la Critique & l'explication des Auteurs que l'Art Poëtique, nous avons rapporté parmi les Critiques Grammairiens les jugemens que les Savans ont fait de son travail (2). Nous nous contenterons d'ajouter ici que Mr d'Aubignac dit (3) que *dans son grand caquet Italien, il enseigne de belles choses*.

1 ¶ Je remarquerai ici, ne l'ayant point fait à l'Article 376. que des deux éditions de cet Ouvrage du Castelvetro, l'une à Vienne en Autriche 1570. l'autre à Bâle 1576. ce qui fait qu'on recherche préférablement la première, c'est qu'il y a nombre d'endroits pour lesquels l'Auteur ayant encouru la censure de l'Inquisition, en appella au Concile qui se tenoit alors à Trente, d'où ayant été renvoyé à Rome, il s'y rendit, mais peu après sentant que l'issuë de son procès ne seroit pas bonne il se retira en Suisse, où pour marque de sa soumission au Tribunal du saint Office, il fit réimprimer son livre à Bâle purgé des onze passages qui avoient déplu aux Inquisiteurs, ce qui n'a pas empêché, comme on l'apprend de Palavicin part. 2. l. 15. de son Hist. du Concile de Trente, que les œuvres du Castelvetro n'aient été déclarées suspectes, & comme telles, condamnées. *b*

2 Tom. 2. part. 2. des Critiques nombr. 376. pag 319.

3 Hedelin d'Aubignac, pratique du Théâtre, chap. 5. page 35. livre 1.

JACQUES PELETIER

Du Mans, Médecin, Mathématicien, & Poëte, mort en 1582.

1060   Il publia son Art Poëtique en deux Livres, à Lyon l'an 1555. *in*-8°. Il n'y a rien de fort singulier, si on en excepte la bizarrerie de son Orthographe. Néanmoins plusieurs ont jugé ses maximes assés judicieuses.

Il a mis aussi en François l'Art Poëtique d'Horace, qui fut imprimé à Paris 1545. *in*-8°.

TORQUATO TASSO

De Bergame, né à Sorrento au Royaume de Naples, mort en 1595.

1061   ON a de lui *la Cavalette* (1), ou un Traité de la Poësie Italienne, & quelque autre chose sur l'Art Poëtique en général, où il a travaillé en Maître, capable de faire lui-même des régles. Le P. Rapin le cite quelquefois, ce que l'on peut prendre pour une marque de son estime (2). Et le P. Gallucci le met au nombre de ceux qui ont traité de la Nature & des effets de l'Art Poëtique avec éxactitude & diligence (3).

On peut compter encore parmi les Traités de l'Art Poëtique de la Langue Italienne, toutes les Réponses & les Apologies que le même Torquato Tasso a faites contre les Censeurs de ses Poësies, où l'on voit que la nécessité de se défendre lui suggere de l'industrie & des maximes assés singuliéres.

* *Discorsi di Torquato Tasso dell' Arte Poëtica, & in particolare del Poëma Eroïco* in-4°. *Venetia* 1587.

1 ¶ L'Abbé Fontanini pag. 33. & 34. de son *Aminta difeso* reprend Baillet d'avoir ici confondu le Traité du Tasse *del poëma Eroïco* avec le Dialogue *della poësia Toscana* intitulé *la Cavalletta*. Mais c'est une chicane; puisqu'en effet dans ce Dialogue qui a pour titre *la Cavalletta*, il est traité de la poësie Italienne, s'ensuit-il, parce que Baillet au lieu d'appeller cet ouvrage *Dialogue*, l'apelle *Traité*, qu'il l'ait pris pour le Traité que le Tasse a fait du Poëme Héroïque ? Il a si peu confondu ces deux ouvrages, qu'après avoir parlé de la *Cavalette* ou du Traité de la Poësie Italienne, il désigne ensuite le *Traité du poëme Héroïque*, & tout ce qu'a fait le Tasse sur l'Art Poëtique en général. Ce qu'ajoute l'Abbé Fontanini que Baillet semble n'estimer cet écrit du Tasse que parce que le Pere Rapin le cite, est encore une chicane. Baillet faisant profession de rapporter les opinions des Savans sur les ouvrages des Auteurs, a rapporté ici celle du P. Rapin, y joignant même celle du Pere Gallucci, comme s'il avoit prévu que l'Abbé Fontanini trouveroit mauvais qu'on allât chercher hors d'Italie des juges compétens sur ces matiéres, *b*

2 Comp. d'Hom. & Virg. & Reflex. sur la Poët.

3 Tarquin. Gallut. Tract. de Elegia c. 4. pag. 395.

FRANÇOIS PATRIZZI,

Ou Patricius, qui eut la tête coupée à Rome l'an 1597 (1).

1062 Patricius a écrit en Italien l'Histoire (2) de la Poësie en dix Livres. Le Pere Possevin dit (3) qu'il s'en est acquité avec beaucoup d'éxactitude, d'érudition, & de fidélité ; & qu'il y propose un grand nombre de questions importantes. Nicius Erythræus qui compte trois décades de cet Ouvrage, prétend qu'il est difficile d'estimer assés le prix de ce que vaut ce travail (2). Mais le Pere Rapin témoigne qu'il s'est contenté de faire l'Historien dans cet Ouvrage, sans s'étendre beaucoup sur les régles de l'Art (5).

* Poëtica di Francesco Patrici in-4° in Ferrar. 1536. 2. tomes en 1. vol. *

1 ¶ François Patrice né à Clisse dans l'Istrie au Domaine de Venise, fameux Philosophe, & célèbre par ses divers écrits, mourut à Rome agé de 67. ans, l'an 1597. mais il est très-faux qu'il ait été décapité. L'erreur vient de ce qu'au 15. siécle il y a eu un François Patrice Siennois, dont nous avons un livre de Regno, & un autre de Republica, disciple de Philelphe, & depuis Evêque de Gaiette. Celui-ci s'étant trouvé envelopé dans une sédition arrivée à Sienne en 1457. le bruit courut qu'il avoit été arrêté, & condamné à perdre la tête. Bien des gens le crurent, entre autres Raphaël Volaterran qui l'a ainsi rapporté l. 5. & l. 21. malgré tout le loisir que depuis il eut de se désabuser. Philelphe dans une lettre du dernier jour de Décembre 1457. c'est la 2. du 14. livre, nous apprend la vérité du fait en ces termes. *Litteræ tuæ fuerunt mihi jucundissima, cum tua causa quem intellexerim bene valere, tum etiam ob Franciscum Patricium, quem è mortuo vivum factum acceperim: Tristis enim de homine amicissimo nuncius perlatus ad nos fuerat, cum esset qui assereret vel se præsente supplicium esse de eo sumptum.* Cependant comme on lit peu les lettres de Philelphe, & qu'au contraire on consulte souvent les Mémoires de Volaterran comme un repertoire instructif de beaucoup de choses, des Ecrivains peu judicieux sans faire attention à la différence des tems, ont confondu le François Patrice de Volaterran, avec le Philosophe François Patrice postérieur de plus de cent ans, qu'ils ont dit avoir été décapité, de même que sur la foi de Volaterran ils croyoient que l'autre l'avoit été. Bayle au mot Patrice (François) auroit démélé bien plus clairement ces difficultés, qu'il n'a fait, s'il avoit été instruit de ces particularités. ¶

2 ¶ Si Baillet eut vu la Poëtique de François Patrice imprimée à Ferrare l'an 1586. in-4°. il n'auroit pas simplement dit que cet Auteur a écrit en Italien l'Histoire de la Poësie en dix livres mais qu'il a divisé son ouvrage en deux Décades, dans la première desquelles, intitulée, la Deca Istoriale, il parle des Poëtes Grecs, & Latins en Historien ; dans la seconde qu'il nomme la Deca Disputata il propose, comme dit Possevin, un grand nombre de questions importantes touchant les régles de l'Art. Erythræus qui a compté trois Décades de cet ouvrage, s'est trompé, il n'y en a que deux, dont il semble que le Pere Rapin n'avoit vu que la première. ¶

3. Ant. Possevin lib. 17. Biblioth. select. cap. 3. pag. 411.

4 Janus Nicius Erythr. in Pinacothec. 1. pag. 204. 205.

5 Ren. Rapin avertissem. des Reflex. sur la Poëtiq.

PAUL BENI.

De *Gubio* ou *Eugubbio* (1) au Duché d'*Urbin*, mort l'an 1624. (2) le 12 Fevrier.

1063 OUtre les grands Commentaires qu'il a faits fur la Poëtique d'Ariftote, on a encore de lui une centaine de Difputes ou Diſſertations Poëtiques pour l'éclairciſſement des difficultés qui ſe trouvent dans les Preceptes de cet Art, & elles font jointes à ces Commentaires.

On eſt encore redevable à ſon induſtrie de la Poëtique de Platon, qu'il a recueillie de divers Dialogues de ce Philofophe.

Nous pouvons ajoûter à ces Ouvrages Latins qui concernent l'Art Poëtique quelques autres qu'il a faits en Italien, & qui y ont quelque rapport, comme.

1 La comparaiſon de Torquato Taſſo avec Homere & Virgile; & celle de l'Arioſte avec Homere. Dans ce Traité il compare mal à propos l'Arioſte à Homere, & le Taſſe à Virgile, ſelon le ſentiment du Pere Rapin (3) & ſa paſſion déreglée le porte même quelquefois à préférer le Taſſe à ces deux Anciens.

2 Le Commentaire ſur le Godefroi ou la Jeruſalem du même Taſſe, où l'on juge qu'il y a bien des inutilités.

3 La Réponſe aux conſidérations de Malacreta ſur le *Paſtor Fido* du Cavalier Guarini.

Quelque véhémence qu'on prétende trouver dans ſon zèle pour les uns contre les autres, on ne laiſſe pas de convenir qu'il écrit avec folidité & beaucoup d'érudition, ſi l'on s'en rapporte au témoignage du ſieur Thomaſini (4). Et le Pere Rapin aſſure (5), que quand il ne s'agit pas de ſon pays, il paroit avoir le jugement fort ſain dans tout ce qu'il a écrit de l'Art Poëtique.

Néanmoins le Pere Mambrun paroit ne l'avoir pas eſtimé ſi fort, du moins ſemble-t'il s'être fait un plaiſir de le réfuter en diverſes rencontres (6) & il y a apparence que c'eſt de lui auſſi bien que de la

---

1 ¶ On ne dit que *Gubio*. Paul Beni a paſſé pour être de cette Ville, parce qu'il y fut élevé jeune, étant né en Candie, comme il le dit lui-même dans ſon premier Diſcours ſur le parallèle d'Homére, de Virgile & du Taſſe.

2 ✶ L'an 1625.
3 R. Rap. avert. des Réfl. ſur la Poëtiq.
4 Jac. Philipp. Thomaſin elegior. tom. I. pag. 351.
5 R. R. ibid. ut ſupra.
6 Petr. Mamb. Diſſert. de Epico carmine.

plupart de ceux dont nous avons parlé plus haut qu'il veut parler, lors qu'il dit que quelques Italiens qui ont traité de l'Art Poëtique, ont manqué dans la méthode pour avoir affecté trop d'érudition.

* *In Poëticam Aristotelis Comment. Pauli Beni Eugubini* in-fol. *Venet.* 1625.

JULES CESAR BOULANGER

Jésuite, de Loudun, mort l'an 1626 (1), en Latin *Bulengerus*.

1064 POur ce qui regarde le Livre qu'il a fait du Théatre, Mr d'Aubignac prétend qu'on n'y doit chercher qu'un recueil de passages qui peuvent être utiles, pourvû qu'on ne s'arrête pas toujours aux inductions qu'il en tire. Car il y a grande apparence, dit-il, que Boulanger apprenoit les choses qu'il a écrites à mesure qu'il les écrivoit (2).

* *Jul. Cæsar Bulengerus, de Theatro Ludisque scenicis*, lib. II. in-8°. *Tricassibus* 1603.

1 ¶ L'an 1628. au mois d'Aout, plus que septuagénaire.

2 Hedelin d'Aubignac Pratiq. du Theatre livre 1. chap. 5.

LOPE' FELIX

De Vega Carpio, Espagnol, mort en 1635.

„ 1065 LOpé de Vega s'est avisé de hazarder une nouvelle
„ méthode de Poëtique qu'il appelle *le Nouvel Art*,
„ toute différente de celle d'Aristote, pour justifier l'ordonnance
„ de son Poëme Epique, & de ses Comédies que les Savans de son
„ pays critiquoient sans cesse. Ce qui lui réussit si mal, qu'on ne
„ jugea pas même ce Traité digne d'être mis dans le Recueil de ses
„ Ouvrages, parce qu'il n'avoit pas suivi Aristote en cette Poëtique,
„ qui est pourtant le seul qu'on doit suivre.

C'est le jugement qu'en fait le Pere Rapin, & ce sont ses propres termes. Cet Ouvrage fut imprimé à Madrid en 1621. sous le Titre de *Discurso sobre la Poësia culta* [in-4°.]

Préface des Rëflexions sur la Poëtique pag. 84. 85. edition in-4°.

ALEXANDRE DONAT.

Jésuite, de *Siène*, mort l'an 1640.

1066   CE Pére a fait trois Livres de l'Art Poëtique en un petit volume *in*-16. publié à Rome en 1631. Mr l'Abbé Verjus faisoit une estime particuliére de ce petit Ouvrage, assurant qu'on pouvoit dire peu de choses de différentes sortes de Poësie qu'il n'eût touchées suffisamment pour en instruire les plus ignorans, & pour satisfaire les plus doctes.

Préface des Panegyriques de Mr Verjus page 21.

TARQUINIO GALLUCCI.

Jésuite Italien; mort en 1649.

1067   Nous avons de lui divers Ouvrages concernant l'Art Poëtique, savoir; 1. Trois Oraisons sur l'Allégorie ou la Fable de Virgile. 2. Un Traité de la Tragédie. 3. Un de la Comédie. 4. Un de l'Elégie. 5. Mais le plus considérable au jugement de plusieurs Critiques, est celui auquel il a donné le titre de Défenses de Virgile.

Il est aisé de juger que son dessein dans ce dernier Ouvrage a été de justifier Virgile à quelque prix que ce fût. Pour cet effet il rapporte toutes les objections qu'il a crû qu'on pouvoit faire sur divers endroits de ce Poëte. Mais il y en a plusieurs qu'il n'a point proposées dans toute leur force, de peur de s'ôter la facilité d'y répondre. Néanmoins parmi quelques raisonnemens assés foibles, il s'en trouve d'assés raisonnables, soutenus même de beaucoup d'Humanités & de beaucoup de belles maximes concernant l'Art Poëtique.

* *Rinovazione dell' Antica Tragedia e difesa del Crispo discorsi del P. Tarquinio Galluzzi* in-4° *Romæ* 1633.

GER.

GERARD JEAN VOSSIUS

De Ruremonde, mort en 1649.

1068   Vossius a donné au public, 1 Un Livre de la Nature & de la Constitution de la Poëtique [*in*-4° à Amsterdam 1647.], 2 Trois des Institutions Poëtiques, c'est à dire, des préceptes de l'Art [*in*-4° à la Haye 1647.], 3 Et un de l'Imitation Poëtique qui regarde aussi celle de l'Art oratoire en quelque chose.

Grotius dit (1), qu'il nous y apprend des choses de fort grande importance, & en grand nombre, quoi que ces livres soient petits & en petit nombre. En effet ces cinq livres ne sont proprement qu'un ouvrage ; mais des plus accomplis & des plus estimés du siécle, particuliérement pour la grande lecture que son Auteur y fait paroître.

Il a suivi éxactement Aristote en ce qui regarde les préceptes qui concernent l'Epopœie (2) ou le Poëme Epique, & la Tragédie. Il ne pouvoit avoir un meilleur guide, & si nous avions ce qu'Aristote avoit écrit sur les autres genres de Poësie, ce que Vossius en a dit en seroit sans doute encore meilleur, comme il semble l'avouer lui-même (3), parce qu'il a été obligé de marcher presque seul, & sous la conduite de quelques autres Anciens de moindre réputation.

Son œconomie est plus commode & plus naturelle que celle de Jules Cesar Scaliger. Il témoigne n'avoir pas voulu toucher aux préceptes qui sont communs à la Rhétorique & à la Poëtique, parce que Scaliger en avoit traité fort amplement, & qu'il l'avoit fait lui-même avec beaucoup d'étendue & plus à propos dans ses livres de Rhétorique.

C'est aussi le sentiment du Pere Mambrun, que Vossius a été plus pénétrant & plus industrieux (4), parce, dit-il, qu'il s'est attaché à Aristote avec plus de fidélité & de fermeté que Scaliger.

Il a réduit tout l'Art Poëtique en Aphorismes. C'est sa méthode de proposer d'abord des sommaires pour faciliter l'intelligence des jeunes gens, & pour s'accommoder aux besoins de ceux qui n'ont pas le loisir de lire toutes les recherches d'érudition que les Savans

---

1 Hug. Grotius in Epigramm.
2 ¶ On doit écrire & prononcer *Epopée*.
3 Voss. Præfat. Institution. Poëtic.

4 Petr. Mambrun Dissert. de Epico carmine part. 1. quæstion. 3. pag. 344.

& les gens de cabinet éxigent d'un Auteur. Ensuite il a coutume de s'étendre en autorités & en raisonnemens ; mais il a eu soin d'y faire changer le caractére de l'impression comme dans la plupart de ses autres livres, pour en faire faire la distinction à son Lecteur avec plus de facilité.

Son style n'est point fardé, ni trop recherché ; il n'est pas même toujours fort pur. C'est ce qu'il a bien reconnu lui-même. Mais il ne s'est pas soucié d'y remédier. Il ne s'est appliqué qu'à devenir clair & intelligible.

Quelque éxactitude qu'il y ait apportée, on convient qu'il a laissé encore quelque chose à faire à ceux qui sont venus après lui. Mr d'Aubignac dit (1), qu'il a fait voir qu'il étoit très-intelligent dans la vieille Poësie, mais qu'il s'est trompé quelquefois en ce qu'il a dit des piéces de Théâtre des Anciens, aussi bien qu'Heinsius. Il ajoûte que de tout ce qu'a fait Vossius sur la Poëtique, il n'y a rien dont on se doive tant garder que du troisiéme Chapitre de son premier livre, où il traite des erreurs des Poëtes. Car en voulant corriger les Anciens, il est tombé lui même dans de grandes fautes.

1 Hedelin d'Aubignac Pratique du Théâtre, livre 2. chap. 2. pag. 98.

DANIEL HEINSIUS

De Gand, mort en 1654.

1069 Monsieur de Balzac assûre (1) que les deux Traités d'Heinsius sur la Satire d'Horace sont deux Chefs-d'œuvres. Il dit qu'il ne pense pas avoir jamais vû ensemble plus d'Antiquité renouvellée, plus de raison *continuë*, plus de subtilité appuyée de plus de force. Il ne s'amuse pas, continuë-t-il, à élever sur un mot qui ne reçoit point de difficulté un trophée de passages tous semblables, à la mode de nos faiseurs de notes qui les entassent les unes sur les autres, & qui n'apportent dans leurs écrits que la crudité & l'indigestion de leur lecture. Il traite la Grammaire en Philosophe, & il soumet les livres à la raison, & l'autorité que le tems leur a donnée aux Principes que la vérité à établis.

Mais quelque véritable que soit ce jugement de Balzac, & quelque éloge que le Pere Mambrun ait donné à Vossius pour s'être

1 Balzac lettre sur l'Infanticide page 142. 143.

attaché mieux que les autres à la méthode d'Ariſtote, il ſemble que c'eſt à ces deux Auteurs que ce Pere en ait voulu, lorſqu'il a dit (1) qu'il s'eſt trouvé des Hollandois (2) (auſſi bien que des Italiens) fort Savans hommes d'ailleurs, qui ayant traité amplement de la nature de la Poëſie & des qualités du Poëte, l'ont fait pour la plupart ſans art & ſans ordre, parce qu'ils ont mieux aimé ſe laiſſer aller à la tentation de leur literature & de leur Latinité, que de prendre la méthode & de montrer le véritable chemin qui conduit à la Poëſie. Mais la raiſon qu'il en apporte ne ſera peut être pas goûtée de tout le monde, lorſqu'il dit que c'eſt parce que la plus grande partie de ces Savans ne ſavoient pas aſſés de Philoſophie pour pouvoir pénétrer aſſés avant dans la connoiſſance de la Nature & de la ſubſtance des choſes. {Daniel Heinſius.}

Quant à ce qui regarde Heinſius en particulier, le Bibliographe Anonyme prétend (3), que ce qu'il a fait ſur la Poëtique eſt rempli d'une Critique élégante & agréable, & qu'il y a apporté tant d'artifice & d'induſtrie, qu'on ne s'apperçoit quaſi pas qu'il y ait rien d'étranger, & que quoi qu'il ait preſque tout pris des autres ce qu'il dit ſur ce ſujet, il ſemble que tout y ſoit nouveau, & que tout vienne de lui.

Mr d'Aubignac dit, que quelque ſavant qu'il fut, il n'a point laiſſé de ſe tromper quelque fois, lors qu'il a voulu nous donner l'Art de compoſer la Tragédie (4).

* D. *Heinſius de Tragediæ conſtitutione, & Ariſtotelis liber de Poëtica* in-12°. *Lugd. Bat.* 1643. *

1 P. Mambrun Diſſertat. de Epico carmine quæſt. 3. part. 1.

2 Voſſius & Heinſius n'étoient pas Hollandois de naiſſance, mais ils l'étoient d'établiſſement.

3 Bibliograph. curioſ. Hiſtorico Philolog. pag. 61. 62.

4 Hedelin d'Aubignac pratique du Théâtre livre 2. pag. 98.

1 MONSIEUR COLLETET

(*Guillaume*) Parisien de l'Académie, mort vers 1659. (1).

2. Et MONSIEUR MERCIER

(*Nicolas*) Sous-Principal du Collége de Navarre.

1070
1. Nous avons l'Art Poëtique de Mr Colletet, qui comprend, 1 un Traité de l'Epigramme, 2 un du Sonnet, 3 un du Poëme Bucolique, 4 un de la Poësie Morale, 5 un Discours de l'Eloquence Poëtique & de l'Imitation des Anciens.

Ces Ouvrages ne font point tant l'effet d'une forte imagination que d'une lecture assés diversifiée ; mais qui est un peu confuse dans les commencemens de chaque Traité. Car le reste n'est presqu'une liste de Poëtes qui ont travaillé dans chaque genre de Poësie.

On peut dire que ces Recueils ont leur agrément & leur utilité, nonobstant le grand nombre des fautes de fait qui s'y rencontrent, comme c'est l'ordinaire des Ouvrages de cette nature ; & on lui a pour le moins l'obligation de nous avoir fait des Catalogues assés recherchés de nos Poëtes François, & capables de nous faire regretter la perte de son grand Ouvrage des Vies de ces mêmes Poëtes dont cet Art Poëtique n'étoit qu'une espéce d'avant-goût.

2 Le Traité que Mr *Mercier*, a fait en Latin de l'Epigramme [in-8°. à Paris 1653.] a eu assés d'approbation dans le Public, & Mr Colletet l'a considéré lui-même comme un Ouvrage curieux, recherché, & qui a la beauté qu'on peut souhaiter dans ce genre d'écrire. Mais plusieurs estiment que la meilleure partie de cet Ouvrage est dûë à Mr le Venier Pénitencier d'Auxerre, qui est mort depuis Mr le Mercier.

1. ¶ Il mourut le 11. Février 1659.

1 MONSIEUR SARAZIN

(*Jean-François*) Secretaire du Prince de Conti (1).

2 MONSIEUR MENAGE

(*Gilles*) aujourd'hui vivant (2).

1071 ON a imprimé parmi les Oeuvres de Mr Sarazin [in-4°. à Paris 1656.] un Traité de la Tragédie que Mr Pelliſſon appelle ſavant & agréable (3). On peut dire que c'eſt la piéce qui a fait connoître Mr Sarazin dans le monde, quoiqu'elle ait paru ſous un nom étranger (4), auſſi eſt-elle une des premiéres productions de cet Auteur. Il la fit pour faire remarquer au Public les beautés d'une Tragédie de Mr de Scuderi, qui a pour titre l'*Amour Tyrannique* ; & elle lui a mérité de la part de Mr de Balzac (5), non ſeulement ſon amitié, mais encore la qualité de Docteur excellent, & qui débite beaucoup de choſes d'une maniére très-agréable.

2 Mr *Menage* a traité auſſi de l'Art Poëtique ; car ſans parler de ce qu'il a donné ſur l'Aminte du Taſſe, il nous a donné encore une Réponſe au Diſcours ſur l'*Heautontimoroumene* de Térence, où il traite pluſieurs queſtions touchant le Poëme Dramatique. Il ne faut point s'arrêter au mal qu'en ont dit Mr l'Abbé d'Aubignac, & quelques autres Critiques chagrins, parce qu'on doit être perſuadé qu'ils n'ont été, ni aſſés déſintereſſés, ni aſſés éclairés pour en bien juger.

1 ¶ Mort l'an 1655. ſelon Mr Huet page 371. de ſes Origines de Caen.
2 ¶ Voyés Article 564.
3 ¶ Pelliſſon, Diſcours ſur les œuvres de Mr Sarazin.
4 ¶ Sous le nom de Sillac d'Arbois.
5 ¶ Balzac, Lettres à Chapelain, livre 5. lettr. 1.

LE PERE MAMBRUN,

(*Pierre*) Jéſuite, mort l'an 1661. à la Fléche le 31. d'Octobre.

1072 SA Diſſertation *Peripatétique* du Poëme Epique, parut à la Fléche *in-fol.* l'an 1661. après ſes Poëſies [& *in-4°.* à Paris 1652.]
Ce Pere voyant que la plupart des Modernes qui avoient traité

Le P. Mambrun. de l'Art Poëtique n'avoient pas réüſſi à ſon goût, à cauſe de l'ignorance où il croit qu'ils étoient de la Philoſophie, s'eſt trouvé obligé en faveur du Public de reduire en Art les maximes qu'Ariſtote a données ſur l'Epopée ou le Poëme Epique, de leur donner de la méthode, & de leur preſcrire des loix comme l'école des Peripatéticiens a coutume de faire à la Logique & à la Phyſique. Il dit qu'il a tenu cette méthode, parce qu'il eſt très-perſuadé qu'on ne peut point connoître la vérité par une autre maniére de diſputer que celle des Péripatéticiens (1), aſſurant nettement que la vérité n'a de lieu nulle part, non pas même dans la Poëtique ſans la Philoſophie d'Ariſtote (2). *Veritas ſine Ariſtotelis Philoſophia ne in Poëtica quidem locum habet.* Ce qui a été conſidéré par pluſieurs perſonnes comme un véritable Paradoxe.

Avec toute la certitude de ſa Méthode, Mr d'Aubignac n'a point laiſſé de lui trouver quelques défauts, du moins a-t-il prétendu que ce Pere s'étoit trompé quelquefois ſur quelques points des piéces des anciens Poëtes (3).

Quoiqu'il ait affecté des maniéres toutes Peripatéticiennes ou Scholaſtiques, il promettoit néanmoins de bien parler Latin dans cette Diſſertation, & de ne rien dire qui pût choquer les perſonnes qui ont le goût délicat, & les oreilles tendres. Mais quoiqu'il ne manquât pas de facultés pour s'acquitter dignement de ſa promeſſe, il paroît qu'il ne s'en eſt pas toujours ſouvenu dans la ſuite, ou que voyant que la belle Latinité n'eſt pas toujours compatible avec le ſtyle didactique de l'Ecole des Philoſophes, il a preferé la gloire d'être clair & méthodique à celle de parler ſcrupuleuſement, & de faire du Latin châtié & poli.

Quelques-uns ont jugé que le Pere Mambrun fait trop le triomphant ſur les avantages de la Langue Latine au-deſſus de la Françoiſe, & qu'il a trop affecté de rabaiſſer l'étude de la Poëſie Françoiſe pour élever la Latine. Et il ſe peut faire que les raiſons qu'il apporte pour montrer qu'il vaut mieux écrire en Latin qu'en François, ne ſont pas aujourd'hui du même poids que de ſon tems (4).

Il eſt bon de remarquer que cet Auteur étoit du nombre de ceux qui ne veulent pas qu'on croiſe ou qu'on renverſe la matiére dans

---

1 Perſuaſiſſimum mihi eſt aliâ diſputandi ratione quam Peripateticâ veritatem teneri non poſſe.
Petr. Mambrun Diſſert. Peripatet. de Epico carmine pag. 536.

2 Idem ibid. part. 1. pag. 333.
3 Hedelin d'Aubign. pratique du Théâtre livre 2. chap. 2. pag. 99.
4 Mambrun ibid. part. 2. pag. 462. vers la fin.

le Poëme, & qui soutiennent qu'on doit suivre l'ordre historique de la narration. Il prétend avoir pour lui Aristote & ses Scholiastes, & il ne fait point difficulté de vouloir tenir tête sur ce point à Horace, à Macrobe, à Vida & à Jules Scaliger, soutenant que ni Homere, ni Virgile n'ont pas troublé cet ordre dans ce qu'ils avoient entrepris de raconter. Mais le Pere Mambrun n'est pas le seul des savans Critiques dans ce sentiment.

Mr DE LA MESNARDIERE

(*Hippolyte Jules Pilet*) Lecteur du Roi, de l'Académie Françoise mort vers l'an 1663 (1).

1073 CEt Auteur a fait un Traité de la *Poëtique* [in-4° à Paris 1640.] où il parle particuliérement du Poëme Dramatique & de ses espéces.

Il s'applique sur toutes choses à faire connoître ce que c'est que la Tragédie, à en expliquer les parties, les circonstances, & la fable les mœurs, le langage, c'est-à-dire les termes & les expressions, & tout ce qu'ont coutume d'agiter ceux qui ont traité de la Poëtique, & il conclud par la disposition du Théâtre & par la Musique.

Le Sieur Rosteau (2) témoigne estimer ce travail, & il semble dire que Mr d'Aubignac même ne l'a pas rendu entiérement inutile, quoiqu'il ait traité le même sujet avec un peu plus d'éclat & qu'il ait écrit après lui. Mr Furetiere le considére aussi comme un homme qui a assés bien traité son sujet (3). Et Mr d'Aubignac lui-même dans la Pratique du Théâtre (4) parle de cet Ouvrage de Mr de la Ménardiére comme d'un livre fait avec jugement; il dit ailleurs (5) qu'il a bien réussi, & en un autre endroit (6) que c'est un travail docte & fort raisonnable. Enfin le Pere Frizon témoigne dans le second livre de son Traité du Poëme page 177. que cette Poëtique de Mr de la Ménardiere est écrite avec beaucoup de capacité & d'élégance. Cependant il se trouve encore aujourd'hui des Critiques

---

1 ¶ Il mourut le 4. Juin 1663.

2 Rosteau dans ses sentimens manuscrits sur quelques Auteurs que le P. du Moulinet a eu la bonté de me communiquer pag. 78.

¶ C'est apparemment ce Rosteau qui étoit en commerce de lettres avec Costar. Il étoit Secretaire du Duc de Trême. Voyés le

1. volume des Lettres de Costar pag. 775.

A. Furetiere Nouvell. Allegoriq. des troubles du R. d'Eloq. pag. 91.

4 Hedelin d'Aubignac prat. du Théâtre liv. 3. chap. 9 pag. 334.

5 Idem livre 1. chap. 5. pag. 35.

Le même, livre 4. chap. 5.

qui auroient demandé à Mr de la Ménardiére un peu plus de discernement & plus d'expérience.

Mr D'AUBIGNAC

(*Hedelin* (1))

1074 CE fut pour complaire au Cardinal de Richelieu que cet Abbé travailla à son Ouvrage de *la Pratique du Théâtre* [in-4° à Paris 1657], & ce fut par son ordre qu'il fit un *Projet pour le rétablissement du Théâtre François* [dans le même in-4.° de 1657.], contenant les causes de sa décadence & les remédes qu'on y pouvoit apporter. Mais la mort du Cardinal fit avorter ce dessein, dont il ne nous a donné qu'une idée assés légere a la fin de son Traité.

Il paroit même que la Pratique du Théâtre se soit senti de cette disgrace, & l'Auteur témoigne lui même (2) que ne pouvant se mettre au dessus de son affliction, il s'est trouvé obligé d'abreger ou d'estropier les matiéres.

On ne peut pas nier que ce ne soit un Ecrivain assés judicieux, & qui entendoit fort bien la Poësie dramatique.

Il a voulu rétablir, dit-il (3), la Pratique du Théâtre sur le goût des Anciens, sans néanmoins s'entêter de leurs fautes. Mais il ne s'est attaché qu'à leur goût & à leur sens, jugeant qu'on ne pourroit réüssir si l'on vouloit suivre leurs maniéres qui seroient ridicules sur notre Théâtre.

Il dit (4) en parlant des discours didactiques ou des Instructions, qu'il est le premier qui ait traité cette matiére, & qu'il y a fait des réfléxions qui ne sont point ailleurs. Mais quand il auroit avoué qu'il a profité des leçons des Anciens, il n'en auroit pas été moins honnête-homme.

Mr Rosteau nous apprend (5) que l'Abbé d'Aubignac étoit homme de grande étude & de bel esprit, & que la Pratique du Théâtre est un de ses meilleurs Ouvrages. Il prétend même que personne ne peut se vanter d'avoir rien fait d'égal en ce genre, qu'il connoissoit

---

1 ¶ François Hédelin Abbé d'Aubignac mourut le 11.Mars 1673. dans sa 81. année.
2 Hedelin d'Aubignac livre 1. de la prat. du Théâtre pag. 10.
3 Idem ibid. chap. 4. liv. 1. pag. 29. 30.
4 Idem ibid. liv. 4. chap. 5. pag. 411.
5 Rost. Sent. sur quelques Auteurs p 79.

parfaitement

parfaitement le génie de la Poësie en général & particuliérement Mr d'Aubignac
celui de la Comédie Grecque, Romaine, Italienne, Espagnole &
Françoise. En quoi ce Critique paroît avoir donné quelque chose
à l'amitié qu'il avoit pour cet Auteur.

Il semble que cet Abbé pour donner une belle couleur à son travail & pour tâcher de justifier ses intentions, ait voulu nous faire croire que c'est un principe de Religion qui l'a porté à écrire. Il a crû devoir nous mettre en tête d'abord que les Spectacles sont absolument nécessaires au Peuple pour l'instruire & pour l'exciter au „ bien. C'est en vain, dit-il, qu'on veut porter à la vertu les „ Peuples, les ames Vulgaires, & les Esprits du dernier ordre par un „ discours soûtenu de raisons & d'autorités: ils ne peuvent com„ prendre les unes, & ils ne veulent pas déférer aux autres (1).

Mais les Peuples seroient bien malheureux si dans le Christianisme il n'y avoit pas d'autre chemin qui les conduisît à la vertu que celui du Théâtre & de la Comédie, dont cet Abbé s'est fait le Docteur & l'Apologiste. Ce plaisant debut a fait tomber sur ce livre le zèle & la censure des Prédicateurs de l'Evangile, & ils ont eu grande raison de condamner les intentions d'un Ecclésiastique qui a prétendu transporter les droits & les priviléges de la Chaire au Théâtre.

Cet Auteur ne s'est pas contenté de vouloir nous persuader que la Comédie & les Spectacles sont nécessaires à la Religion, il a crû devoir encore y intéresser l'Estat & la Société civile, prétendant qu'il n'est rien de plus important pour le gouvernement de celui-là, ni rien de plus propre pour chasser l'oisiveté de celle-ci (2).

A ces mauvais raisonnemens près, les Censeurs mêmes tombent d'accord que le Traité est rempli de maximes utiles & raisonnables, sur tout pour ce qui regarde les régles de la Comédie (3).

Il a fait encore quelques autres piéces concernant l'Art Poëtique, comme le *Terence justifié*, & il a ajoûté à la fin du Traité de la Pratique un éxamen de l'*Ajax* de Sophocle, & un jugement de *Penthée* (4) qui est une Tragédie joüée sous le Cardinal de Richelieu (5).

---

1 D'Aubignac liv. 1. chap. 1. pag. 5. 6.
2 Idem ibid. pag. 8. 9. 10. &c.
3. A. Furetiere Nouvelle Allegorique des troubles du R. d'Eloquence, pag 91.
4 ¶ C'est *Panthée* qu'il faloit écrire. *Penthée* déchiré par les Baccantes est un sujet de Tragédie bien différent, traité par divers Poëtes anciens les uns Grecs, les autres Latins. *Panthée* femme d'Abradate Roi de la

Susiane est le nom d'une Tragédie de Tristan de laquelle il s'agit ici.
5 ¶ Il faloit parler de ses quatre Dissertations touchant le Poëme Dramatique, la premiere desquelles contient l'éxamen de la Sophonisbe de Corneille, la seconde celui du Sertorius, la troisiéme & la quatriéme celui de l'Oedipe du même Poëte. Le tout imprimé in-12. à Paris 1663.

MONSIEUR DE SCUDERY

(*Georges* 1) de l'Académie, mort vers 1668. (2)

LE PERE LE MOINE

(*Pierre*) Jésuite, mort en 1671.

1073 Ils ont fait des Traités du Poëme Héroïque, en quoi ils ont été précédés & suivis de divers autres Poëtes, qui ont crû qu'il étoit de la bien-séance de mettre à la tête de leurs Poëmes quelque Dissertation sur la Poësie.

Mais on peut dire que la plupart de ces nouveaux Maîtres n'ont point tant songé à nous donner des leçons sur la Poëtique, qu'à prévenir les objections qu'ils prévoyoient que la Posterité ne manqueroit pas de leur faire sur les défauts de leurs Poëmes. C'est pourquoi on peut considérer ces Ouvrages plutôt comme des Apologies particuliéres, que comme des Traités réguliers de l'Art Poëtique.

Le Traité de Mr de Scudery est à la tête de sa Rome vaincuë ou son Alaric [*in-folio* à Paris 1654.] Quant à celui que le Pere le Moine a mis devant son Saint Louis, Mr Rosteau prétend qu'il est admirable en ce qu'il contient, si on en excepte quelques petites expressions qui ne répondent pas à la grandeur de l'Ouvrage (2).

---

1 ¶ Il y a long-tems qu'on n'écrit plus que *George*.

2 ¶ Il mourut le 14. Mai 1667.

3 Rosteau Sentimens MSS. sur quelques Auteurs pag. 67.

1 MONSIEUR DESMARETS

De Saint Sorlin (*Jean*) de l'Académie (1).

2 Et MONSIEUR DE MAROLLES

(*Michel*) Abbé de Villeloin, mort en 1681.

1076
1
Dans ce que Mr Desmarets nous a donné sur les Poëtes Grecs, Latins & François, il semble avoir voulu établir de nouveaux principes & de nouvelles régles de l'Art Poëtique; & sous prétexte de vouloir tirer la Poësie d'entre les mains des profanes, il a cru pouvoir impunément attaquer ceux des anciens Poëtes qui ont toujours été les mieux reçus dans la République des Lettres; & qu'il lui étoit permis de fouler aux pieds les maximes d'Aristote & celles des autres Maîtres de l'Art. Mais il paroît n'avoir voulu donner de contentement qu'à son propre esprit; & ses nouvelles entreprises ayant été sans succès, il a fait sans doute moins de tort à la réputation d'Homere & de Virgile qu'il a attaquée qu'à la sienne en particulier.

Il faut avouer néanmoins que Mr Desmarets ne peut être blâmé par les personnes équitables d'avoir voulu employer ses facultés pour tâcher de rendre la Poësie toute chrétienne, & de la restituer à Dieu, depuis tant de siécles que les Démons l'avoient usurpée. Les moyens dont il prétendoit se servir pour une si haute entreprise, n'ont point été reçus du Public, ni goûtés des Critiques judicieux, parce qu'il ne les avoit pas pris sur les régles de la prudence & du bon sens: mais on ne peut pas nier que sa fin ne fut excellente & & conforme aux sentimens de la Nature, telle qu'elle étoit avant sa corruption. Il semble qu'il auroit dû faire voir d'abord le tort que l'on a eu de se prévaloir de la malice & de la corruption du cœur de l'homme, & montrer ensuite les avantages que l'on pourroit tirer des sentimens de droiture & de religion qui ne quittent jamais entiérement le fond de l'ame, quelque déréglée qu'elle puisse être, & qui font ce que Tertullien appelle, *les témoignages d'une ame naturellement chrétienne* (2). Peut-être auroit-il par cette

---

1 ¶ Mort l'an 1676.
2 V. la Pref. de Ch. Perrault sur le Poëme de Saint Paulin.

voie trouvé plus sûrement le reméde que l'on cherche à la corruption de l'esprit, & à celle du cœur qui paroît dans la Poësie profane.

2 Mr de MAROLLES de son côté a fait un Traité du Poëme Epique, mais il n'a point eu beaucoup plus de vogue que l'Ouvrage de Mr Desmarets dont nous venons de parler. Le raisonnement & l'érudition n'y sont pas dans toute leur étenduë. Il avoit entrepris entre autres choses de justifier Virgile sur l'antidate ou l'anachronisme fameux qu'il a fait pour joindre Enée à Didon. Mais le P. Labbe lui fit voir aussi-tôt que cet anachronisme est incontestable, comme Mr Bayle l'a aussi remarqué (2). Le curieux discours que ce Pere fit sur ce sujet, se trouve à la fin du premier tome de son Chronologue François. [2. vol. *in*-4°. 1650.]

1 Nouvelles de la République des Lettres tom. 1. pag. 494. 495.

---

1 LE PERE VAVASSEUR

(*François*) Jésuite, mort en 1681.

2 Et CHARLES DE SAINT ANTOINE,

De *Padouë*.

1077 Nous avons déja parlé du Traité du Pere Vavasseur sur l'Epigramme [*in*-8°. à Paris 1678.] comme d'un Ouvrage de Critique (1), parce que la seconde partie est employée à l'éxamen de quelques Recueils d'Epigramme. Mais la premiére regarde notre sujet ; & notre Auteur a eu dessein d'y traiter de la nature & des vertus de l'Epigramme.

Le P. Frizon Jésuite témoigne qu'il s'en est acquitté avec tant de suffisance & de politesse, qu'on n'y peut rien ajouter que les témoignages de l'admiration & des congratulations du Public.

Le Pere Vavasseur a mis ce Traité à la tête du Recueil de ses Epigrammes, afin de nous donner lieu de voir s'il a bien pratiqué les maximes qu'il a voulu donner aux autres.

2 CHARLES DE S. ANTOINE a fait aussi un Traité sur l'Art des Epigrammes [*in*-8°. à Cologne 1650.] qui est estimé de Mr Borri.

1 Tom. 2. aux Critiq. Hist. nombre 68. pag. 191.

DE L'ART POETIQUE. 309

chius (1), qui dit que les préceptes qu'il en donne sont fort considérables.

1 Olaüs Borrichius Differtation. de Poëtis pag. 114.

LE PERE LE BRUN

(*Laurent*) Jésuite, mort en 1663.

1078 LE sieur Borrichius que nous venons de citer, dit que cet Auteur n'a point fait à la vérité beaucoup de vers, mais qu'en récompense il a composé des Régles pour l'Art Poëtique avec un jugement exquis (1). C'est peut-être l'opinion que les Etrangers ont du mérite de cet Auteur. Mais ceux de son pays qui l'ont connu de plus près, voyant que le premier (2) point est entiérement faux, cherchent d'autres raisons pour se persuader de la vérité du second.

L'Ouvrage du P. le Brun a pour titre l'*Eloquence Poëtique*, ou *Les Préceptes de l'Art Poëtique autorisés par des exemples*, à Paris 1655. in-4° Il est écrit en Latin, & il est accompagné d'un autre Traité sur le même sujet, sous le nom de *Figures Poëtiques*, ou *Lieux communs de l'Eloquence Poëtique*.

1 Ol. Borr. Differt. 3. de Poët. ad fin. pag. 114. 2 ¶ Art. 500. §. 2.

MONSIEUR CORNEILLE

l'aîné (*Pierre*) de Rouen, mort l'an 1684.

1079 CE célébre Auteur nous a laissé trois Traités concernant l'Art Poëtique, 1 du Poëme Dramatique, 2 un de la Tragédie, & un des trois unités, de celle d'Action, de celle de Jour, & de celle de Lieu.

Les Critiques jugent que ces Traités ne sont pas entiérement indignes d'un homme qui a élevé le Théâtre François au plus haut point où on l'ait jamais vû. On peut dire que ce sont des Réfléxions qu'il a faites sur ses propres Ouvrages, & que si dans ses Ouvrages il n'a point toujours eu égard aux maximes de ceux qui l'avoient précédé, on peut dire qu'il a disposé des Régles de l'Art comme un Maître expérimenté qui en fait faire le choix & l'application quand il le juge à propos. D'ailleurs il ne croyoit pas que l'Art Poëtique fut encore tellement perfectionné de son tems, qu'on ne pût plus y ajouter aucune régle ou en réformer quelques-unes de celles que les Anciens avoient faites selon les lieux & les tems où ils vivoient.

On peut dire encore à sa gloire que comme Homere a été le modéle sur lequel Aristote & les autres ont formé leurs régles de la Poëtique pour le genre Héroïque, les meilleures régles du genre Dramatique que nous ayons, sont les Ouvrages de Corneille, sur lesquels on peut hardiment faire un Art Poëtique pour ce genre.

Car quelque chose que la raison ait pû prescrire à l'Art Poëtique, on ne peut nier que l'invention des Poëtes & le choix qu'il leur a plu de faire de certaines choses au préjudice des autres, ne lui ayent donné sa matiére & sa forme, selon la remarque qu'en a faite le P. le Bossu (1).

1 René le Bossu Traité du Poëme Epique liv. 1. chap. 1.

MONSIEUR NICOLE.

1080 L'Auteur Anonyme (2) d'un Recueil d'Epigrammes Latines & de Sentences Grecques, Latines, Espagnoles, & Italiennes, imprimé in-12° à Paris en 1659. a mis à la tête de cet Ouvrage une Dissertation Latine sur les Epigrammes qui mérite son rang parmi ce qui s'est fait de meilleur sur l'Art Poëtique.

C'est un Traité de la *Beauté Poëtique*, dans lequel cet Auteur a eu dessein de distinguer la véritable & solide beauté, d'avec la fausse & l'apparente. Il y éxamine d'où vient cette grande différence dans les goûts divers des Critiques sur ce sujet: pourquoi les chansons des Villages & du Pont-neuf qui souvent n'ont rien que de déraisonnable & de grotesque, ne laissent pas de plaire, au lieu que Terence, Virgile, &c. qui sont remplis de cette véritable beauté plaisent à peu de gens.

Il s'applique particuliérement à découvrir cette Beauté dans le son & la cadence des vers & dans tout ce qui est de la jurisdiction de l'oreille qui est le juge de cette Beauté.

Mais il s'est borné pour la recherche de cette Beauté dans le genre

1 ¶ Voyés Article 163.
2 ¶ Ménage chap. 115. de l'Anti-Baillet dit très-affirmativement que le *Delectus Epigrammatum* est de Dom Lancelot.

Epigrammatique. Il y traite des vertus de l'Epigramme avec éxactitude & beaucoup de discernement. Il fait voir que le nombre des excellentes Epigrammes est beaucoup plus petit que plusieurs ne se l'imaginent, & il met hardiment au rang des défectueuses celles dont le sujet est faux, fabuleux, équivoque, hyperbolique, décisif sur un point contesté, étranger, accidentel, tiré de loin, choquant, mal-honnête, bas, vil, odieux. Il met au même rang celles qui ont de la malignité, celles qui ont trop de babil, celles qui sont vulgaires & triviales, celles qui ont des subtilités puériles, grotesques, & celles où les allusions & les jeux sur les mots paroissent affectés.

Le Pere Vavasseur a censuré divers endroits de cette Dissertation, & a trouvé à redire non-seulement à quelques-uns de ses sentimens mais encore à quelques mots de sa Latinité (1).

1 Voyés le P. Vavass. Tr. de l'Epigramme.

LE PERE RAPIN

(*René*) Jésuite, de Tours, né l'an 1621 (1)

1081 Nous avons de cet Auteur divers Ouvrages qui concernent l'Art Poëtique ; comme 1 la Comparaison d'Homere & Virgile ; 2, les Réfléxions sur la Poëtique ; 3 la Dissertation sur l'Eglogue, &c. [dans son volume in-4° *des Comparaisons des grands Hommes à Paris* 1684.]

Le premier de ces Ouvrages est un véritable Traité du Poëme Epique, & on peut dire que c'est un des plus réguliers & des plus judicieusement conduits de tous ceux qui se sont faits dans ces derniers tems sur cette matiere. Il n'a point été moins bien reçu parmi les Etrangers que chés nous. Les Anglois l'ont mis en leur Langue avec les autres Traités du même Auteur qui regardent les belles Lettres ; & l'an 1684. on le vit paroître séparément traduit en Latin imprimé à Utrecht in-12°.

Les Auteurs des Actes des Savans qui se publient à Leipsick en Allemagne, font de grands éloges de cet Ouvrage (2). Ce Traité fait voir, disent-ils, que celui qui la composé est un homme d'une doctrine exquise, & qu'il est merveilleusement exercé dans la lecture

1 Voyés Article 70.
2 Acta Eruditor. Lipsiens. Decemb. 1684. pag. 560.

des anciens Auteurs. En effet ce font des maximes qui paroiffent choifies avec difcernement, & que l'Auteur a voulu établir fur la raifon, fur le bon fens, fur le goût le meilleur des Anciens, fur une longue expérience de l'Art, & fur une grande connoiffance de l'efprit de l'homme.

On peut dire la même chofe du Traité des *Réfléxions*, que M. Bayle appelle l'*Art Poëtique du Pere Rapin* (1), parce qu'effectivement c'eft un des plus raifonnés d'entre les Ouvrages de cette nature. On peut dire même qu'il eft un des plus univerfels, quoiqu'il ne foit pas un des plus gros. Car il ne renferme pas feulement le genre Epique, ou le genre Dramatique, moins encore une feule efpéce comprife fous ces genres; mais il comprend prefque tous les genres de Poëfies, & il leur prefcrit des régles folides & judicieufes.

Nous avons rapporté ailleurs le jugement avantageux que Mr l'Abbé Gallois a fait de ces Réfléxions (2), & il y faut ajoûter celui de Mr de Segrais, qui dit (3) que ces Réfléxions font un beau Traité, & que le Pere Rapin n'eft pas moins bon juge de Poëfie qu'excellent Poëte.

---

1 Nouvelles de la République des Lettres de Septembre 1684. pag. 131.
2 Partie premiére des Critiques, nombre 70. pag. 23. tom. 2.
3 Préface fur Virgile nomb. 6. pag. 9.

LE PERE LE BOSSU

(*René*), Chanoine Régulier (1).

1081 bis CEt Auteur publia l'an 1675. un gros in-12° mais fort beau Traité du Poëme Epique en fix Livres. C'eft un des plus confidérables qui ayent encore été vûs fur ce fujet jufqu'à préfent, foit pour la difpofition & la clarté qui paroît dans fa méthode, foit pour l'éxactitude qu'il a apportée dans l'éxamen de fa matiére, foit enfin pour la folidité avec laquelle il traite les chofes mêmes qui fembleroient en avoir le moins.

Ce Pere témoigne qu'il n'a point entrepris cet Ouvrage pour former des Poëtes à la maniére d'aujourd'hui qu'il ne connoit pas affés, dit-il, mais feulement pour fe faire un fondement affuré dans le deffein qu'il avoit d'expliquer l'Eneïde de Virgile.

Il prétend que dans cette réfolution il n'a point dû s'arrêter à tout

---

1 ¶ Mort le 14. Mars 1680. agé de 49.

DE L'ART POETIQUE. 313

ce que l'on a inventé en ces derniers tems, parce qu'il n'est pas persuadé que ce qu'ont pensé quelques nouveaux Auteurs soit une raison universelle, & une notion commune que la nature devoit avoir mise dans la tête de Virgile. Mais laissant à la postérité à décider si ces nouveautés sont bien ou mal imaginées, il s'arrête seulement à ce qu'il a crû trouver dans Homere, dans Aristote, & dans Horace. Il a voulu les interpréter les uns par les autres, & Virgile par tous les trois, comme n'ayant qu'un même génie & une même idée de la Poësie Epique (1).

1 Ren. le Bossu chap. 1. du liv. 1. du Poëme Epiq.

LE PERE MENETRIER.

(Claude François) Jésuite (1).

1082   NOus avons de ce Pere un Traité des Représentations de Théâtre anciennes & modernes qui se font en Musique, & que nous appellons communément *Opera*. Cet Ouvrage parut in-12° à Paris l'an 1681, & il devoit servir d'avant-goût au grand dessein qu'avoit alors cet Auteur de publier la Philosophie des images qui consiste dans les paroles, les choses, & les actions, & dont il nous a donné quelques volumes depuis ce tems-là.

On ne peut pas nier que ces Représentations ne fassent partie de la Poësie Dramatique, & qu'ainsi ce Traité n'appartienne à l'Art Poëtique autant qu'à la Musique.

C'est un Ouvrage plein de recherches curieuses & assés nouvelles. L'Auteur voulant donner plus d'autorité à tout ce qu'il avance, n'a point fait difficulté de faire remonter l'origine de l'*Opera* non seulement jusqu'à David, mais encore jusqu'au tems de Moïse & de Job, prétendant que le Livre qui porte le nom de ce dernier est une véritable Représentation Dramatique composée par Moyse ou par quelque autre Ancien, pour être représentée devant les Israëlites. Il semble s'être étudié par la suite historique qu'il donne des Actions de Théâtre, à nous faire voir que ces sortes de Représentations sont enfin arrivées à leur perfection dans ces derniers tems,

1 *q* Mort le 21. Janvier 1705.

Tome III.   R r

MONSIEUR BORREMANS

(*Antoine*)

1083   IL a fait en forme de Dialogue un Traité des Poëtes & des Prophétes, qui fut imprimé à Amsterdam en 1678. Nous en avons déja dit quelque chose parmi les Critiques que nous ne répéterons pas ici, pour ne point sortir de notre sujet (1).

  Il ne s'est pas gesné beaucoup, dit-il (2), pour faire des recherches fort savantes & fort rares ; mais il a écrit ce qui lui est venu dans la pensée. Il ajoûte que telle est la nature du Dialogue, où l'éxactitude trop scrupuleuse est à charge, & où la bien-séance ne demande pas qu'on observe tant d'ordre, comme il le prétend. Mais il semble ne s'être point souvenu de cette maxime, lors qu'il a chargé son Traité de citations, ce qui fait voir qu'il a voulu être plus éxact qu'il ne dit, quoi qu'il ait reconnu lui même que cette méthode de tant citer de Grec & de Latin, & cette affectation d'érudition est peu convenable à la nature du Dialogue & de l'entretien familier.

1 Tom. 2. part. 2. des Critiques Gramm. nombr. 586. pag. 497.   2 Borrem. de Poët. & Proph. Præf.

LE PERE THOMASSIN

(*Louis*), Prêtre de l'Oratoire (1).

1084   NOus devons à ce savant Homme *la Méthode d'étudier & d'enseigner chrétiennement & solidement les Poëtes, par rapport aux divines Ecritures & aux Lettres Saintes*, c'est-à-dire aux connoissances que nous acquerons dans la lecture des Peres & des Auteurs Ecclésiastiques. Cet Ouvrage parut en trois volumes in-8° à Paris l'an 1681 & 1682.

Il prétend faire voir dans ce bel Ouvrage que l'Eglise a regardé dans les siécles mêmes de sa plus grande ferveur la liberté de faire enseigner les Poëtes par des Professeurs Chrétiens, comme un des points les plus importans de sa discipline & de sa morale. Il en

1 Mort le 24. Décembre 1695.

montre l'utilité que ces Professeurs mêmes en retiroient autrefois Le P. Thomassin. contre le Paganisme, ne croyant pas qu'il y eût de méthode plus commode pour faire prendre le parti du Christianisme aux Gens de Lettres & aux Philosophes des premiers siécles qui feignoient de n'être point si touchés des miracles que des impostures & des infamies qui paroissoient dans la Religion Païenne.

Il croit que le doute où semblent être plusieurs personnes, si cette lecture nous étoit autrefois licite ou utile, n'est venu que de la mauvaise maniére dont quelques-uns s'en sont acquités. Car il n'est ni licite ni utile de faire cette lecture seulement pour passer agréablement quelques heures, & pour donner une vaine satisfaction à notre curiosité. Mais il est libre & utile, & il est même nécessaire pour les avantages de la Religion & de la Morale Chrétienne, qu'on ne laisse point perdre la mémoire de tant d'ennemis que nos Ancestres ont terrassés, de tant de fausses Divinités qui avoient imposé au monde, de tant de vices où la créance de ces Divinités avoient précipité l'Univers, de tant de Poëtes & d'autres Ecrivains qui n'ont pû défendre une si mauvaise cause sans la trahir & sans combattre la vérité, sans donner des preuves & des armes invincibles à ses défenseurs, & sans se défaire d'eux mêmes.

Mais il faut avouer que le dessein du Pere Thomassin regarde moins les régles de l'Art Poëtique que l'usage que l'on doit faire de la lecture des Poëtes & de la Poësie des Anciens. Néanmoins les Poëtes chrétiens pourront y trouver la plupart des maximes nécessaires pour sanctifier leur Muse, quoiqu'il semble que l'Auteur n'ait point eu d'autre intention que d'instruire les jeunes gens.

Cet Ouvrage comprend six Livres, dans le premier desquels il traite de l'utilité que l'on peut retirer de la lecture des Poëtes qui ont précédé de beaucoup les Philosophes & les Historiens ; du grand credit qu'ils eurent dans le monde, & enfin des précautions qu'il faut prendre, & des régles qu'il faut garder dans cette lecture afin qu'elle puisse être utile.

Dans le second il rapporte les avantages qu'on peut retirer de la lecture des Poëtes par rapport à l'Ecriture Sainte. Il y fait le plan de l'Iliade, de l'Odyssée & de l'Enéide, pour en faire voir les rapports avec l'Ecriture. Il y examine la Censure que quelques uns des anciens Philosophes & des Peres de l'Eglise ont faite d'Homere & des Fables. Il s'y applique à faire voir que les Poëtes ont connu les vérités les plus importantes des Ecritures divines.

Dans le troisiéme il traite des personnes illustres de l'ancien

Teſtament, dont les Païens ont fait leurs Divinités, & des fauſſes Divinités dont il eſt parlé dans les Livres de l'ancien Teſtament.

Dans le quatriéme il parle des Dieux naturels ou du culte de la nature & de ſes parties; des Dieux Hiſtoriques, c'eſt-à-dire, des Hommes qu'on a mis au nombre des Dieux. Dans le cinquiéme, il parle de la Religion des Poëtes, & dans le ſixiéme de leur morale.

Mais il ſemble que la corruption de nos tems, & de nos mœurs n'ait pas peu contribué à gâter les fruits que toute la France & toute l'Europe même devoit recueillir d'un Ouvrage ſi laborieux pour ſon Auteur, & ſi utile pour le Public. Il n'a point été facile juſqu'ici de perſuader aux libertins, aux débauchés & aux eſprits volages qu'ils doivent lire les Poëtes pour y apprendre la morale & la réforme de leurs inclinations, & pour autre choſe, en un mot, que pour ſe divertir & ſatisfaire leur paſſion. Ils ſe contentent de louer l'érudition profonde de notre Auteur, & comme s'ils craignoient de devenir honnêtes gens par la lecture de cet Ouvrage, ils tâchent de ſe défaire de ſes charmes & de ſes attraits, en nous alleguant que notre Religion nous met d'autres Livres en main que les Poëtes pour réformer nos mœurs.

Voila peut-être une des principales raiſons de la froideur & de l'averſion que quelques eſprits chagrins ont témoigné pour un Ouvrage qu'on ne ſauroit trop eſtimer.

MONSIEUR PETIT

(Pierre) (1).

1085   NOus avons de cet Auteur un Traité de la *Fureur Poëtique*, qui fut imprimé à la tête du Recueil de ſes Poëſies à Paris en 1683. *in*-8°.

C'eſt un Traité fort ſingulier, & il contient des recherches ſavantes qui font connoître que l'Auteur eſt bien pénétré de qu'il enſeigne, & qu'il eſt également habile dans la Philoſophie & dans la Poëſie.

Meſſieurs de Leipſick qui donnent au Public les Actes des Savans, nous font concevoir une idée fort avantageuſe de cet Auteur en plus d'un endroit de leur Ouvrage, & ils diſent du Traité de la

¶ ¶ Mort l'an 1687.

Fureur Poëtique en particulier (1) que c'eſt une Diſſertation très-élégante & très-docte.

L'Ouvrage paroît ſi rempli dans ce qu'il contient, qu'il ne ſeroit pas aiſé aux Lecteurs les plus intelligens & les plus appliqués de s'appercevoir qu'on y pût rien ajouter, ſi l'Auteur n'avoit jugé à propos lui-même d'en avertir ſes amis. Mais le principal & peut-être l'unique effet de cet avis ſera ſans doute d'exciter dans les eſprits de ſes Lecteurs la paſſion de voir inceſſamment une nouvelle édition de ce Traité avec les augmentations que Mr Petit veut bien leur faire eſperer.

Ce qui me paroît d'autant plus important, que depuis l'*Ion* de Platon, c'eſt-à-dire, depuis plus de deux mille ans, il me ſemble qu'il n'avoit preſque point paru de Traité ſi ſingulier & ſi détaché ſur ce ſujet.

Au reſte, comme Mr Petit s'eſt conſommé dans la lecture de Platon auſſi-bien que dans celle des autres anciens Philoſophes, on doit être moins ſurpris de voir une ſi grande conformité de ſentimens & de connoiſſances entre Platon & lui. Mais loin de témoigner contre les Poëtes le chagrin que Platon a fait paroître contre eux, il a bien voulu même augmenter leur nombre, & faire voir qu'il connoiſſoit les effets de cette *Fureur Poëtique*, autant par ſa propre expérience que par les écrits des Anciens.

1 Acta Eruditor. Lipſ. ann. 1684. tom. 3. pag. 329.

LE PERE FRISON

(*Leonard*) Jéſuite du Périgord, né en 1628.

1086 CE Pere publia en 1682. trois Livres du *Poëme* à Bourdeaux dans le deſſein de donner de nouvelles régles de l'Art Poëtique, ou de rendre quelques-unes de celles des Anciens proportionnées à la portée de la jeuneſſe d'aujourd'hui.

Car voyant que de tous ceux qui avoient traité de cet Art avant lui, les uns l'avoient fait trop généralement ou trop ſuperficiellement ; les autres s'étoient élevés trop haut, & y avoient mêlé trop d'érudition : il a cru devoir travailler pour l'utilité des enfans & des commençans, & qu'ainſi il devoit s'accommoder à leur capacité, en tenant un milieu entre ces deux extremités.

Le P. Frison. Il s'applique particuliérement à traiter du genre Héroïque, il ne touche le Lyrique & l'Elégiaque qu'en passant. Il dit qu'il n'a voulu rien dire du Dramatique, parce qu'on ne peut rien ajouter à ce qui s'en est dit dans ces derniers tems.

Dans son premier Livre il traite de la matiére, de la forme, & de l'invention Poëtique : dans le second de la disposition & des parties : dans le troisiéme de la diction Poëtique, de la structure des vers de leur nombre & de leur mesure.

Il a tâché de reduire ce qu'il dit de l'Epopée, en sorte qu'il pût representer l'Iliade, l'Odyssée, & l'Enéide en une espéce de petit tableau pour les proportionner à la pétitesse des enfans (1).

Son dessein principal a été de rendre sa Poëtique chrétienne, de découvrir les moyens de traiter les mystéres de notre Religion, de former des Poëtes chrétiens, & de ruiner les sentimens de ceux qui prétendent que les sujets qui sont simplement pieux ou purement miraculeux ne sont point propres pour la Poësie.

Il ne paroît pourtant pas si difficile qu'étoit Mr Desmarets, qui ne vouloit point de composition avec les anciens Poëtes. Car loin de rejetter les inventions & les expressions des Anciens, il veut qu'on les imite, & il propose les moyens de le faire à la fin de son Ouvrage où il donne des éxemples de parodies qu'on peut faire sur tout ce qu'on peut appliquer à notre Religion. De sorte que la Poësie chrétienne selon lui consisteroit dans l'imitation des meilleurs Poëtes de l'Antiquité aussi-bien que dans celle des actions de l'homme.

Dans l'intention que le Pere Frison a eue de ne s'attacher qu'à ce qu'il y a de plus utile & de plus agréable dans l'Art Poetique, il a cru devoir se servir beaucoup de Ciceron, selon que la remarqué Mr de la Roque (2) soit pour l'érudition, soit pour le style. Ce qui fait, dit-il, que ce Traité n'est pas composé séchement à la façon des Livres Didascaliques, mais qu'il tient beaucoup de l'air des Traités oratoires du Maître de l'Eloquence. Néanmoins il ne s'est pas tellement donné à Ciceron dont il a pris l'Orateur pour son modéle, qu'il ne se soit aussi appliqué fortement à imiter Quintilien dans ses Institutions pour sa maniére de traiter (3). Et l'on peut ajouter que la quantité & la qualité des morceaux de vers qu'il y

---

1 Leon. Frif. præfat. ad libr. de Poëmat. Idem in opere pag. 84. 85. & in indice. G. Becan. Epist. Dedicat. ad B. Virginem post Sidron Hoschi. Poëm.

2 Journal des Savans du 3. Août de l'an 1682.

3 Leon. Frif. ibid. ut supr.

insere pour servir d'éxemples, ne sert pas de peu pour interrompre & diversifier son style Didactique.

MONSIEUR DESPREAUX

(*Nicolas Boileau*), Parisien. (1)

1087 Outre un Discours sur la Satire, nous avons de lui un Art Poëtique en vers, divisé par quatre chants ou quatre livres.

On peut dire de cet Ouvrage le contraire de celui du Pere le Bossu; & que comme nous n'avons encore eu personne qui ait mieux connu que Mr Despreaux le génie de la Poësie moderne, & qui par conséquent ait pû mieux découvrir les bonnes & les mauvaises qualités des Poëtes de ces derniers siécles, personne n'a pû mieux réussir que lui à nous donner les régles d'un nouvel Art Poëtique.

Cet Ouvrage ne laisse pas d'être formé sur le goût des Anciens ; & quoi qu'il semble qu'on n'y retrouve point toutes leurs maniéres dont on a crû pouvoir se dispenser dans les derniers siécles, il paroît assés néanmoins qu'il a jetté les fondemens de son Art sur les maximes des anciens Maîtres, en se reservant pourtant le droit de les réformer ou de les ajuster à nos usages, dans les endroits mêmes où il semble qu'il n'a songé qu'à les traduire.

Il est difficile de rien ajoûter à l'adresse avec laquelle il a fait cette union, & l'on peut hardiment produire cet Ouvrage pour faire voir que les régles nouvelles ne détruisent nullement celles de nos prémiers Maîtres, mais qu'elles peuvent servir à les perfectionner ; & pour montrer qu'il y a de l'injustice à vouloir condamner les Ouvrages de ceux qui n'ont pû prevoir les caprices des Modernes.

D'un autre côté, il est aisé de remarquer par cet Art Poëtique, que ces derniers venus n'ont peut-être eu gueres moins d'esprit que les Anciens ; que dans les choses qui dépendent du choix & de l'invention, ceux-là peuvent avoir aussi des imaginations qui soient justes & heureuses comme en ont eu ceux-ci ; & que personne ne doit trouver mauvais que les uns & les autres ayent suivi dans leurs imaginations le génie des tems où ils vivoient, des Etats dont ils suivoient la police, des mœurs & des coutumes qui étoient en usage

---

1 ¶ Voyés Article 140.

chés eux, de la langue qu'ils parloient & de la Religion même à laquelle ils étoient attachés.

Au reste l'habileté, la délicatesse, & la solidité de jugement n'éclatent pas moins dans cet Ouvrage, que dans les autres qui nous sont venus du même Auteur; quoi qu'il semble que Mr Desmarets & Monsieur Pradon ayent voulu rapporter toutes ces bonnes qualités à Horace, à Scaliger, à Vida, & aux autres Auteurs que Mr Despréaux a suivi dans cet Ouvrage (1).

1 ¶ Il devoit dire: *qu'ils vouloient que Mr Despréaux eût suivi dans cet ouvrage*, car en 1675. Despréaux déclara solemnellement qu'il n'avoit jamais lu Vida, & je crois de plus qu'il ne s'étoit pas trop rompu la tête à lire Scaliger.

Mademoiselle LE FEVRE,

Autrement Madame DACIER (1)

De Saumur, fille de Tanneguy, Originaire de Caën.

1088   Ette Demoiselle a mis à la tête des trois Comédies de Plaute, qu'elle a traduite en notre Langue avec des Remarques [*in*-12° 3 vol. 1683.], une curieuse Dissertation en forme de Préface touchant la Poësie Dramatique & le Théâtre des Anciens. Elle y recherche avec éxactitude l'origine de ces sortes d'Ouvrages, leurs accroissemens, & les divers changemens qui leur sont arrivés. Elle y traite de la vieille Comédie, de la moyenne, & de la nouvelle, de la Satire, & de toutes sortes de Représentations de Théâtre. Mais on ne peut pas nier que Terence n'ait eu quelque chose à souffrir de la tendresse & de l'inclination particuliére de Mademoiselle le Fevre pour Plaute.

On peut mettre encore au rang des Ouvrages qui regardent l'Art Poëtique l'éxamen selon les régles du Théâtre qu'elle a fait, non seulement de l'Amphitryon, du Rudens & de l'Epidicus de Plaute, mais encore du Plute & des Nuées d'Aristophane. Et il n'y a pas une de ces piéces qui ne fasse connoître quel est le fonds de la doctrine, & la certitude de l'expérience que Mademoiselle le Fevre a acquise dans tout ce qui regarde les belles lettres & l'Antiquité.

2 ¶ Morte le 17. Aout 1720. agée de 67. ans.

LE PERE DE MOURGUES.

1089 CE Pere publia en 1684. un Traité de la Poëſie Françoiſe [*in*-12°], où l'on voit qu'il deſcend juſques dans un détail des moindres choſes qui peuvent regarder ſon ſujet, ſelon le rapport de Mr de la Rocque (1), qui ajoûte qu'il ne s'étoit juſqu'ici rien trouvé de plus ample ſur ce ſujet.

Il y décide tout ce qui peut faire difficulté, tant ſur la rime & le nombre des ſyllabes, que ſur l'arrangement des Vers, & il appuye ſes Réfléxions par des autoritez priſes des Ecrivains les plus célébres, comme l'a encore remarqué le même Auteur.

1 Journal des Savans du 22. Janvier 1685.

LE SIEUR RENALDINI

(*Charles*) né en 1615. Profeſſeur à Padoüe reçu l'an 1665.

1090 LA troiſiéme & derniére partie de ſon premier tome de Philoſophie, comprend ſa Poëtique qu'il a expoſée par Diſſertations. Ce qui fut imprimé à Padoüe en 1681. in-folio.

Il s'eſt appliqué particuliérement à la méthode & à la netteté, pour donner de l'ordre & de la ſuite à ſa matiére.

Pour faire mieux connoître la nature de cet Art, il s'applique d'abord à faire la diſtinction de la Poëtique d'avec la Poëſie, & de la Poëſie d'avec le Poëme. Enſuite il traite de la meſure, de l'imitation & de ſes défauts, de l'origine & des cauſes de la Poëſie, & de la fureur Poëtique. Il paſſe enſuite à la fiction Poëtique, à la fable, aux proprietés du Poëme, aux mœurs & à l'expreſſion ou au ſtyle. Dans la derniére Diſſertation, il traite de divers genres de Poëſie, de toutes ſortes de Drames, de la Tragédie, de la Comédie, de l'Epopée, de l'Eglogue, de la Satire, du Roman, de l'Elégie, de l'Epigramme, de l'Epitaphe, & de l'Eloge (1).

1 Act. Eruditor. Lipſienſ. ann. 1681. pag. 173. 174.

Liste de divers autres Ouvrages sur l'Art Poëtique, que j'ai vûs cités avec approbation par ceux qui ont eu occasion d'en parler dans leurs Ecrits, mais dont je n'ai point trouvé de jugemens assés précis pour en faire des Chapitres à part.

1091
I. DIEGUE GARZIA DE RENGIFO, ou plutôt Jean Garze de R. Jésuite Espagnol, Regent au Collège d'Avila, publia sous le nom de ce Diegue l'*Art Poëtique Espagnol* en Langue vulgaire à Salamanque l'an 1592. in-4°. C'est un Ouvrage fort approuvé & qui a été loué par Messieurs de Port-Royal dans la partie de leur Grammaire Espagnole, qui regarde la Poësie de ceux de la Nation en leur Langue.

II. ALPHONSE LOPEZ de Valladolid Médecin, qui vivoit sur la fin de l'autre siécle, étoit un fort méchant Poëte à la vérité, mais il ne laissoit pas de bien sentir la bonté des vers. Comme il n'est pas fort extraordinaire de savoir juger d'une chose quoiqu'on ne la puisse pas faire, on ne doit pas être surpris d'apprendre que ce Lopez ait fait un gros Traité in-4° de l'Art Poëtique imprimé à Madrid l'an 1596. sous le titre de *Philosophia antigua Poëtica* en Langue vulgaire. Et cet Ouvrage joint & confronté avec son Poëme Espagnol de *Pelage*, fait voir en effet qu'il est plus aisé de donner des régles & des leçons aux autres, que de les mettre soi-même en pratique, comme le judicieux Nicolas Antonio nous l'assure de ce Lopez.

III. GEORGE FABRICIUS Allemand de Kemnitz, a fait sept livres de l'*Art Poëtique* en Latin, imprimés en divers villes d'Allemagne [*in*-8° 1589], où l'on trouve beaucoup de lecture, à la façon des Savans du Pays.

Il a fait encore diverses *Comparaisons des Poëtes Latins* tirées de la Critique de Jules Scaliger. Sans parler d'un autre Recueil de divers Auteurs publié sous le titre de l'*Abregé de l'Art Poëtique* imprimé à Genève l'an 1592. Les principaux de ces Auteurs sont ce Fabricius & Scaliger.

IV. LOUIS DOLCE Italien de Venise, a fait un Traité en Langue vulgaire de la Poësie Italienne, que plusieurs estiment autant que le *Tempo*, qui avoit écrit avant lui sur le même sujet. Il a fait encore un Discours sur la Satire, sans parler de ce qu'il a donné aussi en sa Langue sur les Satires & l'Art Poëtique d'Horace, & de ses

Commentaires sur l'Ariofte qui appartiennent aussi à l'Art Poëtique.
 * *Espositione de i vocaboli difficili in Orlando Furioso de l'Ariosto* in-4°. Venet. 1550. — *Osservationi nella volgare lingua*, in-8°. Venet. 1530. *

V. Laurent Gambara de Bresse (qui mourut l'an 1586.) a fait un Traité Latin de la manière de rendre la Poësie parfaite, imprimé à Rome in-4° l'année de sa mort. Il prétend faire voir dans cet Ouvrage qu'il y a une obligation indispensable à tout Poëte, ou à tout Versificateur & Rimeur se disant Poëte, de retrancher non seulement tout ce qui peut être mal-honnête, lascif & libertin dans les vers, mais encore tout ce qui sent la Fable & le culte des fausses Divinités.

VI. Jacques de Brugg ou Pontanus Jésuite de Boheme fort versé dans les Humanités, & plus capable de juger des bons vers que d'en faire, a donné en Latin trois livres d'*Institutions Poëtiques* qui ont été bien reçuës du Public, comme il paroit par les diverses éditions qui en ont été faites en Allemagne & en France. Il a fait encore un Traité sur cet Art sous le titre de l'*Apprentissage de la Poëtique*. Pontanus mourut à Ausbourg le 25. jour de Novembre de l'an 1626. âgé de 84 ans. Ce que j'ai voulu marquer de lui comme de Gambara, parce que je n'aurai point occasion de parler d'eux parmi les Poëtes, quoiqu'ils ayent fait des Poësies l'un & l'autre.

 * *Floridorum Libri VIII. Poëticarum Institutionum Libri III.* in-8°. Ingolstad. 1602. — *Attica Bellaria, seu litteratorum secundæ mensæ, ad animos relaxandos III. Partib.* in-8°. Aug. Vind. 1620.

VII. George Sabinus Allemand Professeur à Francford sur l'Oder, qui étoit en réputation de faire d'assés bons vers, a composé un Traité en forme de Préceptes pour apprendre à faire des vers à l'imitation des Anciens. Et l'on peut dire à la recommandation de cet Ouvrage qu'on a bien voulu s'en servir dans la France au siécle passé.

 * *De carminibus ad Veterum imitationem artificiosè componendis* in-8°. Parif. 1580. *

VIII. Il paroît aussi que l'on a estimé l'Institution Poëtique de Jean Buchlerus Allemand, & l'Abregé des Maximes de cet Art par Conrad Bachman aussi Allemand. L'Art Poëtique de François de Macedo Portugais alors Jésuite, celui de Vitus de Bering Danois, & de quelques autres Auteurs dont la Liste ne pourroit qu'ennuyer le Lecteur.

IX. Il en faut pourtant distinguer ce que Campanella fameux

Dominicain a fait sur ce sujet dans sa Philosophie raisonnable ; dont la Poëtique fait une cinquiéme partie.

X. Le Traité qu'on attribue à FAMIANO STRADA célébre Jésuite Romain, & qui est compris en cinq livres, quoiqu'il n'en soit point parlé dans les recueils Bibliothecaires de la Societé.

XI. Celui de JACQUES MASENIUS Allemand qui parut l'an 1661. sous le titre *Palæstra Eloquentiæ ligatæ.*

XII. Le Traité que Mr VOSSIUS le jeune a fait *Du Chant des Poëmes, de la force & des vertus du nombre & de la cadence* imprimé à Oxford depuis quelques années. ¶ 1673. ⸸

XIII. La *seconde Plume* de Monsieur CARAMUEL DE LOBKOWITZ, c'est-à-dire le tome qui contient ses *Rhythmiques* qui fut imprimé in-folio l'an 1665. à Sant-Angelo, qui étoit sa maison de campagne dans son Diocese de Campagna au Royaume de Naples; puis en 1668. dans la Ville même de Campagna augmenté de deux fois plus que la premiére édition. Il traite dans ce tome de la quantité discréte, & il représente les idées des nombres qui peuvent être communes à toutes sortes de Langues.

La troisiéme *Plume* du même CARAMUEL ou son troisiéme tome imprimé à Rome l'an 1663. *in folio*, dans lequel il traite de la quantité continuë des syllabes, de la durée & de la mesure de la prononciation, où il a fait l'ingénieux à outrance dans le rafinement sur ce qui concerne tous les secrets vrais & chimériques de la versification, & où il a formé divers Labyrintes d'où il n'est pas trop bien sorti lui-même.

XIV. Enfin s'il ne s'agissoit que de faire un simple catalogue des Traités sur l'Art Poëtique de diverses Langues & Nations différentes; j'aurois pu rapporter pour la Poësie des Hébreux les Traités de *Jean Gabriel Drechsler*, imprimés à Leipsick *in-*8°. en 1672. de *Théodore Ebert* imprimés à Leipsick en 1628. 1640. 1662. de *Laurent Fabricius* imprimés à Vittemberg *in-*8°. en 1626. de *Laurent Frisius* imprimés à Coppenhague *in-*4°. en 1672. de *Gilbert Genebrard* imprimés à Paris *in-*4° en 1587. de *François Gomarus* imprimés à Leyde *in-*4°. 1641. d'*Antoine Jourdain*, Jésuite, dont on dit que l'Ouvrage n'a pourtant pas été encore imprimé.

Pour la Poësie des Grecs, j'aurois pû aussi ajoûter les Traités singuliers de *Jean Volandus* en quatre Livres imprimés à Leipsick en 1613. *in-*8°. d'*Abdias Prætorius* imprimés à Wittemberg en 1561. 1572. *in-*8°. de *Christofle Helvicus* à Giesen en 1610. *in-*8°. à Nuremberg en 1623, de *Proclus* dont la Chrestomathie a été traduite &

commentée par *André Schott*, Jésuite, des Peres *Jacques Gretser*, *Pierre Halloix*, *Nicolas Caussin*, *Philippe Labbe* Jésuites, & de plusieurs autres qui ont traité aussi-bien de la Prosodie & de la versification Grecque que de la Poëtique.

Mais il seroit moralement impossible de rapporter tous ceux qui ont traité singuliérement de la Poësie Latine, & il est encore plus aisé d'en faire des amas qu'un choix & un discernement.

Pour ce qui est de la Poësie en Langues vulgaires, quoique j'en aye rapporté assés de Traités pour satisfaire le Lecteur, j'aurois encore pu ajouter aux François les Traités de *Thomas Sibillet*, de *Pierre de la Ramée*, & de *Pierre de Ronsard*, *&c.* aux Italiens *Girolamo Brusoni*, *Francesco Patrizio*, *Giovan Battista Pigna*, *Tomaso Stigliani*, *Camillo Pellegrino*, *Giulio Camillo Delminio*, *Ansaldo Ceba*, *Lelio Guidiccioni*, *Giuseppe Battista*, dont la Poëtique ne parut qu'en 1676. *Jean Baptiste Giraldi*, *Jason de Nores*, qui outre ce qu'il a fait contre le Verat ou l'Auteur du *Pastor Fido*, a donné une Poëtique, un Traité des causes des progrès que la Comédie, la Tragédie, & le Poëme Epique ont receus de la Philosophie, & une explication de l'Art Poëtique d'Horace, &c. Aux Espagnols *Miguel Sanchez de Viana*, *Vicente Espinel*, *Luis Alonso de Carvalho*, *Geronimo de Mondragon*, *Gonçalo Argote de Molina*, *Manuel Faria de Sousa*, &c.

Je finirai par un Traité de la Poësie Allemande écrit en Langue vulgaire par le sieur *Daniel George Morhofen* & imprimé à Kiel *in-8°*. l'an 1682. Messieurs de Leipsick qui nous en ont fait un Extrait dans les Actes de cette année, disent que l'Ouvrage se divise en trois parties, dont la premiére regarde généralement la Langue Allemande, la seconde traite de la Poësie des Allemans & de leurs Poëtes, & la troisiéme de leur Art Poëtique. Les cinq premiers chapitres de la seconde partie, sont employés à traiter de la Poësie des autres Nations de l'Europe en Langues vulgaires. Dans le premier, il parle de la Poësie Françoise qu'il établit la plus ancienne de toutes dans les Provençaux & les Languedochiens. Dans le second, il traite de la Poësie Italienne qu'il fait venir de la Françoise. Dans le troisiéme, de l'Espagnole, à laquelle il ne paroît pas beaucoup favorable. Dans le quatriéme, de l'Angloise qu'il dérive de la Langue des anciens Saxons; & dans le cinquiéme, de la Flamande ou Teutonique qui n'est pas différente de l'Allemande d'aujourd'hui. Le reste de cette seconde partie est employé à faire voir l'antiquité de la Poësie Allemande à laquelle il donne trois âges, dont le premier commence aux Germains dont parle Tacite, le second à l'Em-

Pag. 171. ann. 1682.

pereur Charlemagne qu'il fait Poëte Allemand, & le troisiéme à Martin Opitius qui vivoit dans notre siécle.

La troisiéme partie de l'Ouvrage de Mr Morhofen comprend les préceptes de l'Art, & l'examen de diverses objections que Messieurs Vossius (*Isaac*), Desmarais (*Roland*), & Slusius ont formées sur les difficultés qu'il se trouve dans la Langue Allemande pour la belle Poësie.

JUGEMENS
DES SAVANS,
SUR LES
PRINCIPAUX OUVRAGES
DES POETES.
PREMIERE PARTIE.

MOYSE
Legiflateur & Gouverneur des Ifraëlites (1).

1092   IL femble que ce foit faire honneur à la Poëfie & aux Poëtes chrétiens de leur donner un Chef de leur Profeffion, qui ait été auffi de leur Religion, afin de ne point laiffer aux Gentils la gloire qu'ils fe font attribuée d'avoir été les Auteurs de cet Art merveilleux.

C'eft ce qui fe rencontre inconteftablement en la perfonne de Moïfe, à qui pas un Critique, ce me femble, n'a refufé jufqu'ici la qualité de Poëte, foit qu'il ait écrit en vers, foit qu'il n'ait écrit qu'en Profe. Il a confacré cet Art plufieurs fiécles avant qu'Homere en eût fait un ufage profane; & il en a honoré la vérité éternelle, avant que celui-ci fe fut fait confidérer comme le pere de tout ce qu'il y a de menfonges & d'infamies dans les Fables & dans la Religion Païenne.

Nous avons de la Poëfie de Moïfe le Cantique du Deutero-

---

1 ¶ Mort dans la cent-vintiéme année de fon age, 1491. avant Jefus-Chrift.

Moïse. nome (1), & le Livre de Job, dont il eſt l'Auteur, ſelon toutes les apparences. S. Jerôme dit qu'il n'y a rien de plus beau que ce Cantique, ni rien de plus accompli que le Livre de Job pour la Poëſie-même ; & il ajoute ſur la foi de Joſeph & d'Origène, qu'ils étoient compoſés en vers Héxametres & Pentametres (2).

Les Interprétes de l'Ecriture & les Critiques ſacrés n'ont pas manqué de faire à l'envie les éloges de ces deux piéces divines, & le reſpect qui eſt dû à l'Ecriture Sainte nous donne ſcrupule de tranſcrire ces témoignages glorieux dans un Recueil dont la ſuite doit être preſque toute profane.

L'ignorance où nous ſommes de la véritable meſure & de la cadence des Vers qui étoient en uſage parmi les anciens Hébreux, ne nous empêche pas de reconnoître, que l'air, l'eſprit, & la majeſté de la véritable Poëſie y regnent par tout. Il n'y a même aucune néceſſité que ces Ouvrages ayent été mis en Vers, pour pouvoir être conſidérés comme des œuvres Poëtiques, comme l'a très-bien remarqué le Pere Thomaſſin (3). Ce n'eſt pas la ſeule verſification qui fait les Poëtes, & les Critiques ſont convenus de dire (4) que la Poëſie n'eſt pas toujours liée ni renfermée dans la meſure & le nombre des pieds.

On peut mettre de la Proſe en Vers qui ne ſera rien moins que de la Poëſie, parce qu'elle n'aura rien de ce tour particulier, ni de cette élévation ſinguliére, ni de ces expreſſions vives, ni de ces figures hardies, & ſurprenantes de la véritable Poëſie. Et nous verrons dans la ſuite de notre Recueil un grand nombre d'Ouvrages Hiſtoriques, Philoſophiques, & Théologiques en Vers, qui n'ont pourtant pas acquis le titre de véritables Poëtes à leurs Auteurs (5).

Au contraire perſonne n'ignore que toutes les beautés particuliéres de la Poëſie ne ſe puiſſent trouver en un diſcours où les régles des vers ne ſeront nullement obſervées, & l'on convient que c'eſt véritablement de la Poëſie plutôt que de la Proſe, comme ſont la plupart de nos Romans, & quelques Dialogues de Platon, que quelques-uns ont mis au rang des Poëtes pour ce ſujet (6).

1 C'eſt le 32. chapitre du Deuteronome.
2 Hieronym. præfat. in Chronic. Euſeb.
3 L. Thomaſſ. Method. d'étud. & enſeigner Chrétien. les Poëtes, liv. 1. part. 1. chap. 6 num. 4. 5 pag. 68. 69.
4 Ger. Jo. Voſſ in inſtitutionibus. Poëtic. Horatius ſatir. 4. libri 1. ſic habet:
Neque enim concludere verſum

Dixeris eſſe ſatis ; neque ſi quis ſcribat uti nos ;
Sermoni propiora, putes hunc eſſe Poëtam,
Ingenium cui ſit, cui mens divinior, atque os
Magna ſonaturum, des nomin s huius honorem.
5 Quintilian. Inſtitution. Oratoriar. Voſſ. in libr. de arte Poëtic. non ſemel.
6 Thomaſſin au livre cité nombr. 8. pag. 70.

quelques-

POETES HEBREUX.

Or il n'y a perfonne qui ne reconnoiffe, que les Ouvrages de Moïfe dont nous parlons, font remplis de ces expreffions énergiques, de ces images vives & finguliéres, de ces tours hardis & furprenans, & de ces riches defcriptions qui font auffi peu convenables aux autres Ecrivains, qu'elles font propres aux Poëtes (1)

Le Pere Meneftrier au Traité des Reprefentations en Mufique témoigne que le Livre de Job eft une Piéce Dramatique, & d'autres Critiques l'ont auffi confidéré comme une Comédie fainte, faite pour l'inftruction & la confolation des Ifraëlites durant leurs voyages & leur fejour au defert d'Arabie.

Je ne parlerai pas de David, ni de Salomon, ni d'aucun des autres Auteurs facrés qui ont écrit en vers, parce que la diftinction qui leur eft dûë m'empêche de les comprendre dans mon deffein, & je n'aurois pas même parlé de Moïfe, fi je n'avois crû qu'il étoit bon d'avertir le Lecteur que la Poëfie étoit originairement confacrée au culte du vrai Dieu.

1) Thomaffin au livre cité nomb. 8. pag. 707

DES POETES GRECS.

HOMERE.

Dont on ne connoît ni le tems ni le pays, appellé Melefigene de son vivant.

1093 IL faut supposer qu'Homere n'est nullement un fantôme, quelque avantage que les défenseurs de cette imagination prétendent tirer de l'incertitude où nous sommes du pays qui lui a donné la naissance, même après le curieux Traité que Leo Allatius a fait sur ce sujet [*de Patria Homeri* in-8° à Lyon 1640.] & du tems auquel il a vécu, nonobstant toutes les Histoires que les Anciens & les Modernes ont faites ou forgées de sa vie.

Ce qu'il y a de plus certain, c'est que l'on convient qu'il est le plus ancien de tous les Poëtes Profanes, dont les Ouvrages soient venus jusqu'à nous. Car on n'ignore pas que ce que nous avons sous les noms d'*Orphée* & de *Musée* n'est que le fruit de l'imposture des tems postérieurs (1).

Nous avons sous le nom d'Homere les Poëmes de l'*Iliade* & de l'*Odyssée* qui lui ont mérité l'admiration & les éloges de toute la Postérité. Comme il n'est pas possible de les renfermer en un seul volume, je me reduirai à un petit nombre de ceux que je croirai pouvoir contribuer quelque chose à l'idée que nous devons avoir de ce Poëte.

§. I.

Des Jugemens avantageux qu'on a portés d'Homere.

Platon qui paroît d'ailleurs ne lui avoir point été fort favorable, tombe d'accord qu'il est le plus excellent & le plus *divin* de tous les Poëtes, & qu'il a mieux traité que tous les autres toutes les choses qu'il a entrepris d'écrire (2). Dans un autre endroit il reconnoît qu'il

---

1 Ger. Jo. Vossius de Poëtis Græcis cap. 2. pag. 8. 9.

2 Plato in Dialogo Ione, tom. 1. oper. pag. 530.

POETES GRECS.

est le chef de tous les Sages & Philosophes, & il l'appelle le Prince Homere. de tous les Tragiques (1). Il dit même ailleurs que les Ouvrages d'Homere renferment toute la Philosophie divine & humaine (2).

Aristote qui semble avoir examiné cet Auteur avec plus d'exactitude que Platon, dit (3) qu'il a toutes les parties necessaires à un Poëte accompli, & que cela paroît également dans l'Iliade & dans l'Odyssée, quoique ces deux Poëmes soient d'une Constitution toute différente. Il ajoute qu'il est le seul des Poëtes qui ait bien connu son sujet, & qui n'en soit pas sorti (4). Il prétend même que de tout ceux qui avoient paru jusqu'à son tems, il n'y a que lui seul qui mérite le nom de Poëte, non pas seulement pour avoir mieux écrit que les autres, mais particuliérement pour avoir introduit l'imitation pour le genre Dramatique, ayant été le premier, dit-il, qui ait établi la forme & les personnages de la Comédie, qui ait retranché σχήματα tout ce qui est capable de deshonorer les personnes, & qui se soit contenté du ridicule pour la représentation (5).

Les autres Critiques qui ont suivi ces deux Philosophes parmi les Grecs & les Romains (6) n'en ont pas jugé moins avantageusement. Patercule qui savoit assés bien l'art de faire des Portraits (7) nous dépeint Homere comme le plus éminent Génie qui eut jamais paru jusqu'alors, qui a été sans exemple, & qui a mérité seul le nom de Poëte pour la grandeur de ses ouvrages & l'éclat de ses Vers. Il dit que comme il n'avoit eu personne avant lui qu'il put imiter, il ne s'étoit aussi trouvé personne après lui qui eut été capable de le suivre, & qu'il n'est pas possible de rencontrer depuis Homere & Archilochus un homme qui puisse se vanter de donner la perfection à une chose, dont il aura été lui même le premier Auteur.

Plutarque dans un discours qu'il a fait exprès sur Homere (8), ou du moins qui lui est attribué, s'étend fort au long sur sa grande érudition, & la connoissance universelle qu'il prétend qu'il avoit de toutes les sciences: & quoique dans tout ce Traité il n'entre point dans ce qu'il y a de plus essentiel au Poëme, il ne laisse pas de nous donner une grande idée de son caractére, & de nous faire assés concevoir quelle pouvoit être l'étenduë de son vaste génie.

Le même Auteur a fait un autre Traité de la lecture des Poëtes

---

1 Idem in Theæteto, p. 152. 153. t. 1.
2 Idem in libro de summo bono, & ex eo Tarqu. Gallutius Orat. 1. de Virgilii allegoria pag. 212.
3 Arist. de Poët. c. 14. p. 70. edit. in-12.
4 Ibid. pag. 72.

5 Idem de Poëtic. c. 4. pag. 10.
6 Cicero, Vitruvius, Aul. Gell. Athæneus, Macrob. &c.
7 Velleius Paterc. l. 1. Histor. c. 5.
8 Chez P. Rapin, compar. d'Homere, & de Virgile c. 16. pag. 62.

Homere. où il louë Homere d'une sagesse tout à fait singuliére (1), & il dit qu'il en a donné des preuves suffisantes par l'attache qu'il a prise de blâmer presque toujours par avance les mauvais discours avant que de les faire tenir, & de louer au contraire & de recommander les bons, & qu'il en a usé de même à l'égard de plusieurs actions considérables avant que de les rapporter. Dans le Traité qu'il a fait sur l'excès & la démangeaison de parler, il écrit (2) qu'entre les singularités que l'on dit d'Homere, il n'y en a point de plus véritable que celle d'avoir été le seul au monde qui n'a jamais rassasié ni dégoûté les Hommes, d'avoir toujours paru nouveau à son Lecteur, toujours tout autre, toujours divers, toujours florissant, & toujours rempli de nouvelles graces; & d'avoir usé d'artifice pour faire passer insensiblement son Lecteur d'un conte à un autre, afin d'empêcher qu'on ne s'apperçoive de ses redites. Enfin l'on voit dans les Apophthegmes qui portent le nom du même Plutarque, qu'Homere étoit si universellement estimé & reçu dans la Grece, qu'Alcibiade étant entré un jour dans une Ecole où il ne trouva point les œuvres d'Homere, il donna un soufflet au Maître sans lui rien dire davantage, pour marquer son indignation (3).

Philostrate dit (4) qu'Homere a gardé toutes les mesures dans une harmonie parfaite, & qu'il a observé toutes les figures. Il ajoûte que tous les autres Poëtes ont eu chacun quelque talent particulier pour une chose, mais qu'Homere les a eu tous rassemblés en lui, & qu'ainsi il a surpassé tous ceux de cette Profession, & entre autres Orphée pour la majesté & la grandeur de l'expression, & Hésiode pour la douceur; qu'il exprime toutes choses divinement; en un mot que qui n'aime point Homere est un fou.

Ce n'est pas seulement l'artifice de la composition qu'on a loué dans Homere, on y a aussi estimé dans tous les tems cette Morale qu'on prétend y voir regner presque par tout.

En effet c'est Homere qui a fait dire à Aristote (5) que les Poëtes sont plus Philosophes que les Historiens. Homere a enseigné la Philosophie Morale non pas en récitant seulement comme un Historien, dit le Pere le Bossu (6), mais en proposant ce qu'une personne à qui il donne un nom tel qu'il lui plait a dû faire, & dire vraisemblablement ou nécessairement en pareille occasion.

1 Plutarch. de legendis Poëtis, fol. xi. H in-fol. edit. Vascos.
2 Idem de nimia loquacitate, fol 91. A.
3 Id. in Apophth. Alcib. fol. 196. G.
4 Philostrat. Heroïcor. pag. 665. & ex

eo Laur. Crassus in opere italico de Poëtis Græcis.
5 Aristot. Poëtic. c. 9.
6 René le Bossu liv. 1. du Poëme Epique chap. 2. pag. 8.

POETES GRECS.

Homere a fait pour la Morale, ajoûte le même Auteur, ce que les Théologiens ont fait pour expliquer la Divinité. La trop grande diversité des actions & des personnes divines si peu proportionnées à notre intelligence, l'a comme forcé à partager une seule idée de l'essence simple & unique de Dieu en plusieurs personnes, sous les différens noms de Jupiter, Neptune, Mars, Junon, Diane, &c.

C'est pour la beauté & pour l'importance des enseignemens de la Morale qui sont dans ses Ouvrages, qu'Horace le préfere aux Philosophes qui étoient le plus en réputation de sagesse & de probité (1) Et il paroît assés qu'il a jugé Homere plus propre pour enseigner & inspirer la vertu aux hommes que tous les Philosophes de l'Antiquité. C'est aussi le sentiment de Vossius à l'égard de ce Poëte (2).

Je ne m'arrêterai pas à rapporter ce qu'en ont écrit les Auteurs du bas Empire (3), ni même ce que les plus célébres & les plus saints d'entre les anciens Peres de l'Eglise, & particuliérement saint Basile & saint Grégoire de Nazianze ont dit à son avantage (4), parce que ce seroit retourner sur mes pas, & confirmer tout au plus ce que j'ai déja rapporté des Anciens, Mais on ne peut pas s'empêcher de remarquer que la plupart des Modernes ont été du même goût que les Anciens en ce point.

Jules Scaliger admirant la grandeur extraordinaire de l'esprit d'Homere, dit que l'Art paroît dans tout ce qu'il a écrit d'une telle maniére, qu'il semble l'avoir plutôt inventé que cultivé : & qu'ainsi on ne doit pas être surpris d'entendre dire que c'est plutôt l'idée de la Nature que l'Art que l'on trouve en lui (5).

Lipse quoi qu'accusé d'être peu intelligent en Poësie, & de savoir assés mal distinguer le mérite des Poëtes, a cru parler juste, lors qu'il a appellé Homere la source de la sagesse la plus cachée & la plus mysterieuse, & le Roi des Poëtes & des Sages (6).

Mr le Fevre de Saumur qui a fait un abrégé des vies des Anciens Poëtes Grecs, dit que dans toute l'Antiquité on croyoit avoir assés bien prouvé une chose, quand on produisoit le moindre passage d'Homere, pour appuyer une opinion, ou pour résoudre quelques

---

1 Horat. 1. Epist. 2.
Qui, quid fit pulchrum, quid turpe, quid utile, quid non,
Plenius, ac melius Chrysippo, & Crantore dicit.
2 G. J. Voss. de natura Poëtic. c. 9. p. 52.
3 Macrob. Saturnal. & ante illum alii de quibus supra.

4 Basilius M. Greg. Nazianz. Cyrillus Alexandrin. Fulg. Rusp. apud Tarq. Gallutium Orat. 1. de Virg. Allegoria p. 212.
Thomassin Préface de sa Méthode d'étudier Chrét. les Poëtes n. 6. pag. 5. & l. 1. c. 2. n. 7. pag. 20. 21.
5 Jul. Cæs. Scaliger Poëtices l. 5. c. 2.
6 Lipf. cent. 1. ad Belgas Epist. 87.

Homere.

doutes (1). Ce qui faisoit voir le point où étoit montée l'autorité de ce Poëte, & jusqu'où l'on portoit l'estime & la vénération qu'on avoit pour ses écrits.

Mais il semble que personne n'ait pénétré plus avant que le Pere Rapin dans l'éxamen de ses bonnes & de ses mauvaises qualités. Et pour ce qui regarde les premiéres, il dit dans ses Rélféxions sur la Poëfie qu'Homere ayant eu un génie accompli pour la Poësie, eut aussi l'esprit le plus vaste, le plus sublime, le plus profond, & le plus naturel qui fut jamais (2). Il témoigne ailleurs que c'est le modéle le plus parfait de la Poësie heroïque (3).

Le même Auteur dans la comparaison qu'il a faite d'Homere & de Virgile, écrit (4) que de tous les savans de l'Antiquité, Homere lui paroit le plus admirable & le plus incompréhensible, qu'il est le premier Maître & le premier éxemple que les Savans puissent se proposer: & qu'il a paru très-versé dans les sciences, avant qu'on en eut donné des préceptes, & qu'on eut prescrit des régles aux Arts.

En effet on le considere, selon Mr Petit (5), comme le premier Auteur & comme la source même de toutes les inventions Poëtiques: & ceux qui l'ont suivi ont paru si éloignés de cette heureuse abondance accompagnée de tant de pureté & de force, qu'ils ne passent que pour des ruisseaux, & des égouts même, pour la plûpart.

C'est ce qui a fait dire à Mr Gueret que les Dieux de l'Antiquité doivent leur origine à Homere, que la Langue Grecque n'a point d'autre source que ses Poëmes; que c'est dans eux seuls qu'on peut trouver la parfaite Epopée; & que sans lui, quelque chose qu'en ait voulu dire Sophocle (6), il n'y auroit non plus de Poëtique d'Aristote que d'Eneïde de Virgile. Enfin il fait dire à Homere que s'il reprenoit tout son bien, la plûpart des beaux Esprits qui ont paru depuis lui n'étant revêtus que de ses dépouilles, n'auroient presque rien de reste (7).

Mr Despreaux nous le représente (8) comme instruit immédiatement par la Nature même, & témoignant qu'il a sû parfaitement l'art de plaire, il ajoûte que

---

1 Tannegui Le Févre Vies des Poëtes Grecs pag. 6.
2 Réflex. sur la Poëtique 1. part. n. 4.
3 Réfl. sur la Poët. 2. part. n. 15.
4 Chap. 2. pag. 11.
5 Dissert. de Furore Poëtico pag. 53. 54.
6 ¶ Ces mots: *quelque chose qu'en ait voulu dire Sophocle* devoient être ici repris par Baillet parce qu'ils supposent que Gueret dans sa Guerre des Auteurs, ou dans son Parnasse réformé avoit fait dire quelque chose à Sophocle contre Homére, ce qui n'est pas, Sophocle ne paroissant nulle part dans l'un ni dans l'autre de ces livres.
7 Gueret pag. 46. & 47. de sa Guerre des Auteurs.
8 Art Poëtique l. 3. v. 297. jusqu'au 306.

POETES GRECS.

Son Livre est d'agrémens un fertile tresor.
Tout ce qu'il a touché se convertit en or.
Tout reçoit dans ses mains une nouvelle grace,
Par tout il divertit, & jamais il ne lasse.
Une heureuse chaleur anime ses discours.
Il ne s'égare point en de trop longs détours.
Sans garder dans ses vers un ordre méthodique,
Son sujet de soi-même & s'arrange & s'explique.
Tout sans faire d'apprets, s'y prépare aisément
Chaque vers, chaque mot court à l'événement.

Plusieurs ont prétendu qu'Homere n'étoit pas moins parfait dans la plupart des autres connoissances que dans la Poësie. Nous avons déja vû qu'il étoit consideré comme le Chef de tous les Théologiens du Paganisme, & pour le dire ainsi, comme le véritable Pere des Dieux de la Gréce. Nous avons aussi remarqué que les Anciens le faisoient passer pour le premier Maître de la Philosophie & le plus excellent de tous les Philosophes. Le P. Rapin a prétendu même (1) que la Philosophie que Platon a écrite sur l'ame, qui est son chef-d'œuvre, est moins prise des Egyptiens comme l'ont cru Iamblique & Porphire, que d'Homere. Et l'on peut dire que ce n'est que par cet endroit que les saints Peres envisageoient l'utilité que les Chrétiens pourroient retirer de ses Ouvrages, témoignant qu'ils y trouvoient une Philosophie morale qui ne devoit être imperceptible qu'à ceux qui n'avoient pas l'adresse de la developper (2).

On peut dire même que ceux d'entre les Ecrivains du Christianisme qui ont paru les plus délicats & les plus difficiles sur la sainteté & la sévérité des Maximes de l'Evangile, ont cru pouvoir trouver dans les Poëmes d'Homere des vestiges obscurs sans doute, mais pourtant encore reconnoissables, des vérités de la Religion véritable, établies par les saintes Ecritures. C'est ce que le Pere Thomassin dans le second Livre de la Méthode d'étudier & d'enseigner chrétiennement les Poëtes, a fait voir d'une maniére également utile & agréable (3).

Comme il n'y a rien qui contribue tant à la gloire d'Homere que ce point, & qui soit plus propre pour régler les jugemens que nous en devons faire, il ne sera pas inutile de rapporter ici quelque-unes

1 Comparaison d'Homére & de Virgile pag. 11. de l'édit. in-4.
2 Tarq. Gallut. Orat. 1. de Virgilii allegoria.
3 Liv. 2. chap. 1. n. 2. pag. 312. 313. 314.

336 POETES GRECS.

Homere, de ces vérités principales que ces Critiques clairvoyans ont cru y appercevoir. On trouve dans Homere, disent-ils, & dans Virgile même qui n'a fait que suivre Homere dans ses sentimens.

„ I. Qu'il n'y a qu'un seul Dieu, tout bon, & tout puissant.

„ II. Qu'il y a une infinité de bons Anges: qu'il y en a aussi une
„ infinité de mauvais.

„ III. Que cet air & ce monde est rempli d'une multitude de bons
„ & de mauvais Anges.

„ IV. Que les bons Anges sont appellés des Dieux, & que les mau-
„ vais portent aussi quelquefois le même nom.

„ V. Que tous les biens & tous les maux viennent de la Providence
„ & de la Toute-puissance de Dieu, qui fait les premiers & permet
„ seconds.

„ VI. Que Dieu éxécute ses conseils & ses desseins par le ministére
„ des bons & des mauvais Anges.

„ VII. Que les Anges nous environnent invisiblement, & nous
„ aident ou nous resistent selon les ordres de la Providence Divine.

„ VIII. Que les bons & les mauvais Anges ne sont pas seulement
„ soumis à Dieu, mais qu'ils sont aussi soumis les uns aux autres;
„ que les mauvais le sont aux bons, & qu'il y a encore quelque sub-
„ ordination de quelques-uns des bons aux autres, & de quelques-
„ uns des mauvais à d'autres mauvais.

„ IX. Que Dieu appelle quelquefois les bons Anges à son conseil,
„ & qu'alors même les mauvais s'y ingerent, Dieu le permettant
„ ainsi.

„ X. Que les uns & les autres *apparoissent* quelquefois aux hommes
„ sous la figure empruntée des hommes mêmes.

„ XI. Qu'ils sont quelquefois opposés les uns aux autres, non seule-
„ ment les bons aux mauvais, & les mauvais aux bons, ou les mau-
„ vais aux mauvais; mais aussi, quoique rarement, les bons aux
„ bons, ayant des desseins de part & d'autre fort louables, mais
„ contraires, pendant que Dieu ne leur découvre pas encore sa
„ volonté.

„ XII. Que les mauvais Anges trompent quelquefois les hommes.

„ XIII. Que les bons & les mauvais Anges combattent quelque-
„ fois invisiblement, se mêlant dans nos batailles, & les uns & les
„ autres étant absolument dépendans de la volonté & de la suprème
„ puissance de Dieu.

„ XIV. Que bien qu'il faille tout attribuer à la volonté toute-puis-
„ sante de Dieu, & au ministére des Anges, il ne faut pas laisser

de

POETES GRECS. 337

„ de faire de notre part tous nos efforts pour faire réussir nos actions.

„ XV. Qu'encore que nous fussions avertis d'ailleurs que notre en-
„ treprise ne réussiroit pas, il faudroit toujours faire nos efforts pour
„ accomplir notre devoir, parce que Dieu veut que nous nous effor-
„ cions, quoiqu'il ne veuille pas nous donner toujours un succès
„ favorable.

„ XVI. Qu'il n'y a point ni d'autre destin ni d'autre fortune que la
„ volonté de Dieu.

„ XVII. Qu'il faut rendre à Dieu la gloire même des moindres choses,
„ des arts, de l'adresse, des forces du corps, des combats heureux.

„ XVIII. Que les bons Anges parlent souvent au nom de Dieu, &
„ en prennent le nom & la qualité.

„ XIX. Que les Démons même étant quelquefois Ministres em-
„ ployés par les bons Anges, ne sont pas faciles à distinguer d'avec
„ les mêmes bons Anges.

„ XX. Que les hommes ont été quelquefois possedés par les
„ Démons.

„ XXI. Que les Démons ont été quelquefois crus corporels &
„ capables d'un commerce impur avec les femmes, d'où sont ve-
„ nus les Geants.

„ XXII. Que les premiers siécles après le Déluge ont été des siécles
„ d'ignorance & de grossiéreté.

„ XXIII. Que les hommes y traittoient alors entre eux & avec
„ Dieu d'une maniére peu civile & peu respectueuse, jusqu'à ce que
„ la Religion & la sagesse ont civilisé tout le monde.

„ XXIV. Qu'on ne servoit Dieu alors & qu'on ne s'attachoit d'abord
„ à la Religion que par l'amour des biens temporels.

„ XXV. Qu'on ne doutoit pas néanmoins de l'immortalité de
„ l'ame, ni des récompenses ou des châtimens de la vie future.

„ XXVI. Qu'on se portoit à la vertu par la vûë de la renommée &
„ de la gloire dans les siécles à venir.

„ XVII. Qu'on n'ignoroit pourtant pas tout à fait les vertus solides &
„ réelles qui ne peuvent venir & se pratiquer que par le principe de
„ l'amour de Dieu, de la justice & de la loi éternelle.

„ XXVII. Que les Sacrifices, les Autels, les Temples, les Pro-
„ pheties, les Visions & les Songes Prophétiques & les Obséques
„ magnifiques, ont été alors dans un usage encore plus fréquent que
„ dans les siécles suivans.

Voila les rapports merveilleux que le Pere Thomassin a trouvés
entre l'Ecriture sainte & les Ecrits d'Homere. Mais quelque facilité

Tome III. V u

qu'il y ait à tirer tant de belles vérités d'un fonds si fécond il semble que pour peu que les Esprits malicieux voulussent être ingenieux, il ne leur seroit peut-être pas plus difficile de tirer du même fonds presque autant de contre-vérités assés facheuses.

Quoi qu'il en soit, on ne peut nier que ceux qui voudront chercher avec attention divers principes de la véritable Théologie dans les ouvrages d'Homere n'en puissent venir à bout, malgré toutes les fables & les obscurités qui les enveloppent.

Et Plutarque dit (1) que si on veut considerer un peu de près les fictions que l'on blâme le plus dans ce Poëte, on trouvera sous cet exterieur des instructions très-utiles: quoi que plusieurs esprits malicieux abusant de la liberté que donne l'allegorie, y donnent des explications peu necessaires & peu obligeantes, pour ne rien dire de plus facheux des conséquences qu'ils prétendent en tirer.

Il n'est peut-être pas plus difficile d'y trouver de la Politique, de la Jurisprudence, de la Médecine, & des Mathématiques.

Un Auteur Anonyme (2) qui a écrit un Traité singulier de l'autorité d'Homere parmi les Jurisconsultes, dit que ce qui fait le sujet de son étonnement & de son admiration (3) c'est de voir que dans les Pandectes & les Institutes du Droit Civil on allegue l'autorité d'Homere seul beaucoup plus souvent que celle de tous les autres Poëtes ensemble, & que celle de tout ce qu'il y a eu d'Orateurs & de Philosophes mêmes, qui semblent avoir plus de liaison avec les Jurisconsultes que les Poëtes. Il ajoute qu'à peine trouve-t-on une citation de Platon & d'Aristote dans tous les anciens Jurisconsultes & dans les Compilations de Droit. On peut dire que ni Demosthene, ni Ciceron, ni aucun des autres Orateurs n'y sont pas plus cités, non pas même Virgile; mais on s'y est servi des témoignages d'Homere en plusieurs rencontres. Et cet Auteur prend occasion de là de le préferer à Virgile, comme nous le verrons ailleurs.

On peut donc conclurre, non pas en raillant & en tournant la conclusion en ridicule, comme semble avoir voulu faire un célebre Philosophe de nos jours (4), qu'on trouve dans Homere comme

---

1 De legend. Poët. tom. opuscul. moral. in-fol. fol. 12. D. & fol. 29. &c.

2 ¶ Cet Anonyme pretendu est Mr de Fermat, Conseiller au Parlement de Toulouse, fils de l'illustre Mathématicien Pierre de Fermat Conseiller au même Parlement. Voyés Ménage chap. 62. de l'Anti-Baillet, qui il démontre pourtant contre Mr de Fermat qu'il n'est pas vrai qu'Homere seul soit plus souvent cité dans le Droit que tout ce qu'il y a de Philosophes, d'Orateurs, & de Poëtes ensemble. b

3 Dissertatio de auctorit. Homeri apud Jurisconsultos in-8.

4 Le Pere Mallebranche part 2. du l. 2. de la Recherche de la vérité, chap. 4.

POËTES GRECS. 339

dans un tréfor inépuifable tout ce qu'on y peut chercher fur prefque toutes fortes de connoiffances. En effet fuivant la Réfléxion du Pere Rapin (1), on peut dire que c'eft dans fes Poëmes qu'ont puifé & que fe font formés 1 les Legiflateurs, 2 les Fondateurs des Etats, 3 les Philofophes fans en excepter Socrate, Platon, Ariftote, &c. 4 les Médecins, 5 les Aftronomes, 6 les Géometres, 7 les Rois, les Princes & les Généraux d'Armées, 8 les Peintres. Et comme il a été en quelque façon l'Auteur du Paganifme dont il a établi la Religion dans fes Ecrits, on peut affurer que perfonne n'a eu tant de Sectateurs que lui.

Ainfi après tant de jugemens avantageux, il femble que Cafaubon (2) n'ait point eu trop mauvaife raifon de dire que quiconque ofe bien méprifer Homere, ne mérite point d'autre punition que celle d'êtreabandonné à fon propre fens & à fa folie.

§. 2.

De quelques défauts d'Homére en général, & de quelques jugemens defavantageux qu'on a portés de lui.

Quoique le parti de ceux qui fe font declarés contre Homere foit peut être le plus petit, il n'eft ni le moins fort ni le moins raifonnable : & je crois que malgré la malédiction que Cafaubon femble avoir jettée fur lui, il n'auroit pas laiffé de devenir victorieux de l'autre, fi la néceffité où l'on eft de mettre les anciens Poëtes entre les mains des jeunes gens, jointe à l'utilité qu'il y a d'apprendre l'état de l'Antiquité fabuleufe n'avoit dû les porter à traiter avec indulgence une infinité de chofes qu'ils auroient pu condamner fans ces confidérations.

Il eft vrai que l'on voit dans le parti d'Homere la plupart des Anciens & prefque tous les Critiques de ces deux derniers fiécles. Mais il ne faut pas méprifer celui d'une infinité de perfonnes qui fans être fort habiles ni en Grec ni en Latin, ne laiffent pas de fe connoître en bonnes chofes, & d'avoir un difcernement fort fûr & une pénétration admirable, felon la réfléxion judicieufe de Mr Bayle

---

1 Réflexions fur la Poëtique en général. n. 4. pag. 89. edit. in-4.

2 Ifaac Cafaub. Differtat. de Homero. Ce paffage eft rapporté par le P. Rapin à la marge du chap. 1. de fa compar. d'Homére & de Virg. & par Bayle, Rép. des Lettres 1684. tom. 1. pag. 87.

¶ Il eft furprenant que Baillet ait cru que ces paroles étoient d'Ifaac Cafaubon, lui qui cite l'endroit de Bayle où il eft dit en termes exprès qu'elles font du jeune Cafaubon, favoir de Méric *in Differtatiuncula de Homero* réimprimée à la fin des Epitres d'Ifaac *in-fol.*

qui semble avoir voulu nous faire remarquer après Mr le Févre de Saumur (1), que les Traductions qu'on a faites d'Homère en langue vulgaire ne contribuent pas beaucoup à diminuer le nombre de ces personnes, ni à affoiblir leurs raisonnemens.

Néanmoins tous ceux de ce dernier parti n'ont point porté la liberté d'opiner jusqu'au point d'accuser toute l'Antiquité vénérable de n'avoir pas eu le sens commun dans l'estime excessive où elle paroît avoir été pour les Ouvrages d'Homère.

Cette conduite seroit d'autant moins honnête qu'il s'est trouvé même parmi les Anciens des censeurs d'Homère dont l'autorité est fort considérable, & qui n'ont pas eu le même sort que Zoïle.

Tout le monde savant n'ignore pas que Platon a voulu bannir Homère de la République, dont il a voulu nous laisser le Plan, soit qu'il crût que ses fables & ses fictions fussent préjudiciables au respect dû aux Dieux, soit qu'il les crût dangereuses pour la pureté des mœurs. Car ce Philosophe ne se contente pas (2) de reprendre Homère de ce qu'il attribuë aux Dieux des actions criminelles dont il n'y a que les plus scélérats d'entre les hommes qui soient capables, mais il le condamne absolument & d'une maniére qui semble être générale, parce que quelque bon tour qu'on puisse donner à sa Poësie, elle est toujours capable, disoit-il, de nuire aux gens de bien.

Ce jugement de Platon a bien exercé des gens qui ont tâché d'y donner des explications. Lactance dit (3) que ce Philosophe a cru sans distinction que les Poëtes étoient des enchanteurs d'autant plus dangereux qu'ils sont plus agréables & plus decevans dans leurs discours.

Vossius prétend que Platon n'a point eu dessein par cette conduite de faire tomber Homère des mains de tout le monde, mais qu'il a cru seulement qu'il ne faloit pas admettre indifféremment tout le monde à la lecture de ce Poëte, comme n'étant pas proportionné à la foiblesse des ignorans (4): & que c'est uniquement ce qui l'avoit porté à lui refuser son rang dans la République qu'il vouloit former. Car il n'y a pas d'apparence, ajoute ce Critique, que Platon eut voulu témoigner du mépris pour celui des Ecrits duquel il avoit retiré tant d'utilité.

Il est vrai qu'Heraclide du Pont (5) n'a point fait difficulté d'appeler Platon le plus ingrat des hommes au sujet d'Homère, mais on sait

---

1 Tann. le Févre Vie d'Homère en François, pag. 7. Bayle *ubi supra*.
2 Plato in lib. 2. & 3. de Legibus.
3 Lactant. lib. 5. Instit. divin. cap. 1.
4 G. J. Vossius de natura Poëtices c. 8. 5. 4. pag. 43.
5 Heraclid. Ponticus lib. de Allegor. seu Fabul. Homeri apud eumdem Vossium.

POETES GRECS. 347

assés que cet Heraclide s'étoit laissé aveugler par la passion qu'il avoit pour ce Poëte, & qu'il n'avoit pas le discernement de reconnoître ce qui mérite des louanges dans les Ecrits d'Homere d'avec ce qui n'en mérite pas. Car les personnes raisonnables doivent être persuadées que Platon avoit toujours d'ailleurs une très-grande considération pour lui, mais qu'il ne pouvoit se résoudre de le préférer à la vérité, comme il le témoigne en parlant de lui dans un de ses Livres de la République (1).

Homere.

ὂυ πρὸ τῆς ἀληθείας ἀνήρ.

Le P. Thomassin ayant entrepris d'éxaminer le fait de Platon plus particuliérement, dit qu'il n'a rabaissé la gloire d'Homere que parce qu'encore que celui-ci eût traité des Empires & des Républiques, de la guerre & de la paix, des vertus & des vices, on ne pourroit montrer une seule Ville qu'il eût reformée, comme Lycurgue fit à l'égard de celle des Lacedemoniens; & qu'on ne pouvoit point dire qu'Homere eût élevé à la vertu plusieurs disciples pendant sa vie, comme avoit fait depuis ce tems là Pythagore & plusieurs autres Philosophes. Mais on peut répondre à Platon que si Homere n'a point eu de disciples durant sa vie, il a eu pour admirateurs, pour auditeurs, & pour Sectateurs tout ce qu'il y a eu de grands & de savans Princes, & de Philosophes sans en excepter Platon même (2). Si Homere n'a point formé d'état sur ses idées de la vertu & sur ses loix de la Morale : Platon qui l'en blâmoit n'a point été plus heureux que lui dans la suite, puisque sa prétenduë République ne se trouve, & ne s'est jamais trouvée que dans ses Livres (3). En quoi il est plus facile de justifier Homere que Platon, puisque ce n'a jamais été la fin, ni le dessein, ni la Profession des Poëtes de former ou de gouverner des Etats.

Platon, au jugement du P. Thomassin (4), mérite plus d'attention dans un autre endroit de la même République, où il se plaint des mouvemens & des actions de bassesse, de mollesse, & de dissolution qu'Homere attribuë à ses Héros & aux Dieux mêmes, dont il souille le nom & la majesté par des combats, des blessures, des larcins & des adultéres. Il plonge les Héros, les Démons, & les Dieux dans plusieurs crimes, & il donne à tous les méchans des exemples funestes pour autoriser leurs violences & leurs impuretés.

1 Plato initio X. de Rep.
2 Thomassin lib. 1. c. 2. n. 14. 15. 16. 17.
3 On sait l'histoire de Plotin qui avoit dessein d'établir dans une ville la pratique des loix de la Rep. de Platon, & qui en auroit obtenu la permission de l'Empereur Gallien sans le crédit de quelques Courtisans qui étoient dans des sentimens opposés. Porphyre dans la vie de Plotin.

C'est aussi ce que S. Augustin reprochoit aux Platoniciens pour faire voir les avantages de la Philosophie de J. C. au-dessus de celle de Platon.

4 Plato 3. de Rep. Thomassin l. 1. p. 106.

V u iij

Platon n'a point été le seul des Anciens qui ait témoigné être choqué de la conduite d'Homere. Longin qui avoit le goût fort bon pour les choses raisonnables, ne pouvoit souffrir particuliérement tout ce qu'il attribuë aux Dieux contre leur caractére (1); & Philostrate n'y trouvoit pas moins à redire, comme on le voit dans ses Tableaux de plate-peinture (2), quoique saint Justin le Martyr semble avoir voulu excuser Homere, prétendant qu'il avoit pris ces idées dans Orphée, & qu'il avoit suivi l'opinion commune de ces tems-là. C'est le sentiment du P. Rapin qui ajoute (3) qu'effectivement Homere n'a pas traité ses Dieux avec tout le respect dû à leur condition, quelque chose qu'on puisse alleguer pour l'excuser.

Vossius, le P. le Bossu, le P. Thomassin & divers autres Critiques Modernes, voulant détourner notre imagination de tant d'idées choquantes pour tâcher de nous faire faire un bon usage de cette lecture, reconnoissent d'abord (4) qu'elle ne peut pas être utile à tout le monde, mais seulement à ceux qui savent faire le discernement de la fable & de l'écorce extérieure d'avec le mystére, la vérité, & l'instruction morale, qui y est cachée dessous ces apparences. Ils tâchent de nous persuader qu'Homere & les autres Poëtes mêmes qui l'ont imité dans cette méthode, n'ont pas prétendu nous proposer des exemples à suivre par le sens qu'ils ont voulu donner à leurs fables. Mais ils ont seulement voulu faire connoître, dit Vossius, les mystéres, & les vérités naturelles à ceux à qui l'étude de la sagesse & de la Philosophie de ce tems-là donnoit la clef de toutes ces fables & des allégories qui étoient alors de très-grand usage, pour envelopper ces vérités & pour ne les point exposer ouvertement à la connoissance du commun des Peuples qui auroient pu les profaner par le mauvais usage qu'ils en auroient fait, & par le peu de respect qu'ils auroient témoigné pour elles.

Le P. le Bossu tâchant aussi, mais avec une sage précaution, de diminuer l'aversion que les personnes scrupuleuses pourroient avoir pour la lecture d'Homere, remarque que le goût qu'avoit toute l'Antiquité sacrée & profane, Grecque & Barbare pour les fables, pour les paraboles, & les allégories, donnoit à Homere (qui vivoit dans le tems, que toutes ces maniéres figurées étoient du grand usage) une liberté qui auroit pû être blamable dans les Poëtes posté-

---

1 Dion Cass. Longin du Sublime c. 7. de la traduct. de Despréaux. Et le P. Rapin Refl. sur la Poët.

2 Philostr. Heroïcor. pag. 667.

3 Le P. Rapin Réflex. sur la Poëtique en général. n. 25. pag. 106. in-4.

4 En divers endroits de leurs livres sur ce sujet.

fleurs, quoi qu'elle lui fut permise. Cette liberté faisoit dans Homére des beautés qui auroient été fort mal receuës dans les Poëtes Modernes. C'est néanmoins, dit-il (1), ce qui a exposé Homere à des censures, où il y a souvent plus de notre ignorance que de sa faute.

La coutume de ces tems-là étoit, continuë-t-il, de laisser les mystéres cachés aux Peuples, & de ne point expliquer les allégories : les Sages se faisoient une étude particuliére de découvrir ces sens cachés, & cette pénétration faisoit une partie considérable de leur doctrine. Comme notre siécle d'ailleurs si éclairé & si curieux ne témoigne point, surtout en Europe, avoir grand goût pour ces connoissances qui ne sont plus à notre usage, mais qui font encore les délices des Orientaux ; c'est peut-être ce dégoût & cette négligence qui nous cache les plus grandes beautés d'Homére, & qui ne nous laisse voir qu'une écorce trop simple & trop grossiére pour nous faire juger avantageusement de son esprit & de sa conduite. Mais loin de le condamner sur ce pied-là nous devons presumer qu'il avoit raison d'en user ainsi, & de s'accommoder à la maniére de son siécle.

Le même Critique prétend néanmoins (2) que la préoccupation où nous sommes à l'égard des Fables & de leur explication fait tort à Homere dans notre esprit. Parce que nous voulons souvent y trouver des vertus & des bontés morales qui n'y sont pas, & que nous pensons y devoir être réguliérement ; ce qui vient sans doute du peu de connoissance que nous avons de sa véritable maniére d'enseigner la Morale. C'est aussi ce qui est cause que nous trouvons de si grandes obscurités dans les endroits mêmes où les Anciens louent tant Homere de ce que nous avons tant de peine d'y reconnoître, lorsque nous voulons l'examiner suivant ces idées de perfection que nous nous figurons communément.

Nous ne faisons donc autre chose que suivre la pensée des Anciens, lorsque nous croyons avec eux qu'Homere a affecté de faire le mystérieux, quoique nous nous exposions au hazard d'être trompés avec eux, & d'être moqués de ceux qui prétendent encore aujourd'hui que le bon homme n'y avoit point entendu finesse. Mais nous ne pouvons pas nous imaginer qu'il ait voulu sérieusement demeurer caché aux Peuples pour ne se communiquer qu'à un petit nombre de Sages & de beaux Esprits, comme le veulent nos Critiques. Car si cela étoit, non seulement Alcibiade auroit eu grand tort de donner à un Maître d'Ecole ce soufflet dont nous avons

1 R. le Bossu Trait. du Poëme Ep. l. 1. c. 18.   2 Le même conclus. du 1. liv. p. 147.

Homere. parlé plus haut, mais il seroit encore difficile de justifier tant de Commentateurs & de Scholiastes anciens qui ont entrepris de nous développer tous ses mystéres, & ceux qui ont écrit pour expliquer l'esprit de ses fables & de ses allégories (1).

En effet Denys d'Halicarnasse qui semble avoir souhaité que ces mystéres fussent demeurés enveloppés dans leur écorce conformément à cette prétenduë intention d'Homere, n'étoit guéres persuadé que ces Ecrits en qualité de Rhapsodies ne deussent être entendus que des Sages. Et dans la supposition qu'il fait que ces Fables renferment les Ouvrages de la Nature sous leurs allégories, il trouve mauvais qu'il y ait si peu de gens à qui elles puissent être utiles, & qu'elles ne servent qu'à quelques personnes intelligentes qui s'appliquent particuliérement à en rechercher le sens caché (2). Il conclud de là que loin de contribuer à corriger les Peuples qui ne comprennent que l'extérieur & la lettre de ces fables, & à leur faire quitter le vice en leur cachant ainsi la vérité, elles ne servent qu'à les corrompre davantage, ne pouvant avoir que du mépris pour ces Divinités qu'on leur dépeint sujetes à tant de foiblesses & de disgraces, & prenant plaisir à appuyer leurs débauches & leurs impuretés par l'exemple honteux de ces Dieux prétendus (3).

A dire le vrai, soit que toutes les choses que dit Homere soient des Allégories, ou qu'elles soient de véritables histoires, il est difficile que le Peuple & particuliérement les enfans qui ne sont point capables de ce discernement, comme l'a remarqué Platon (4), puissent deviner que dans l'esprit de ce Poëte les adultéres des Dieux, leurs haines, leurs divisions & les autres vices qui leur sont attribués, doivent être de bonnes leçons de continence, d'amour les uns pour les autres, de respect pour les parens & les supérieurs, & des autres vertus dont on trouve les préceptes dans les écrits des Poëtes moraux & des Philosophes.

C'est pourquoi Ciceron que nous pouvons considérer comme un des plus judicieux & des plus sages d'entre tous les Philosophes de l'Antiquité (5), semble avoir eu grande raison de blâmer Homere d'avoir voulu attribuer aux Dieux les imperfections des hommes, témoignant qu'il auroit été beaucoup plus à souhaiter qu'il eût plutôt

---

1 Tatianus Assyr. contra gentes. p. 106. edit. Basil. Heraclid. Ponticus, Phornutus vel Cornutus.
2 Dion. Halic. l. 2. Ant. Rom. p. 90. 91.
3 Vossius de natura Poëtices pag. 45. ex Dionysio Halic. ubi supra.
4 Plato l. 2. de Rep. & ex eo Thomassin l. 2. part. 1. c. 6. n. 2. 3. 379. 380.
5 Humana ad Deos transferebat, Divina mallem ad nos. Tusculan. 1.

donné

aux hommes quelques-unes des excellentes qualités des Dieux (1). Cette belle réfléxion de Ciceron a été louée de saint Augustin (2). Effectivement elle est très-juste & très-moderée. Elle est juste en ce que bien qu'Homere n'ait pas été l'inventeur de ces fables infames, il n'est pas beaucoup plus excusable que s'il en avoit été l'Auteur, parce qu'il les a publiées & les a renduës immortelles dans le monde, & que ses Livres en ont infecté la plus belle partie du genre humain jusqu'à l'établissement du Christianisme. Elle est d'ailleurs très-moderée, puisque Ciceron nonobstant ces considérations n'a point jugé à propos de rabaisser le prix des Poësies d'Homere. Le Pere Thomassin paroît en avoir été si fort persuadé, qu'il a cru qu'il étoit même de l'interêt public d'expliquer ces passages de Ciceron & de saint Augustin en faveur d'Homere (3).

On peut mettre au nombre des censeurs les plus considérables d'Homere, Joseph l'historien des Juifs, qui écrivant contre Apion (4) s'est appliqué à ramasser tout ce que la fable a de plus rebutant sur les crimes, les séditions, & les inimitiés des Dieux, & il louë Platon de lui avoir donné l'exclusion pour sa République, même après l'avoir couvert de couronnes & de parfums. Mais il faut avouer avec le Pere Thomassin (5) que nous n'aurions pas aujourd'hui autant de raison de blâmer Homere pour ce sujet qu'en avoit Joseph; parce qu'il écrivoit pour un peuple qui, quoique retiré de l'idolatrie & maintenu de Dieu d'une maniére particuliére, ne laissoit pas d'y avoir toujours une pente si forte qu'il avoit sujet de craindre que la langue Grecque étant aussi commune parmi tous les Juifs de la Palestine & du reste de l'Empire qu'elle l'étoit de son tems, les Poësies d'Homere ne les fissent tomber dans l'Idolatrie, comme il leur étoit arrivé souvent sous le gouvernement des Juges.

Il y a lieu de croire que c'est une semblable raison qui a porté les anciens Peres de l'Eglise à censurer les Ouvrages d'Homere & d'Hesiode, parce que les nouveaux convertis au Christianisme étoient encore foibles & environnés de Gentils, & que cette lecture pouvoit aisément les faire retomber dans leur ancienne Religion, ou dans leurs premiers désordres. D'ailleurs comme ces Auteurs Ecclésiastiques travailloient par leurs Ecrits aussi-bien que de vive voix à convertir les Païens à la Foi catholique, ils se faisoient un devoir principal de décrier les Fables & les Poëtes pour mieux combattre

---

1 Tuscul. 1.
2 De Civitate Dei l. 4. c. 26.
3 De la méthode d'étudier chrétien. les Poëtes l. 1. c. 9. n. 1 pag. 116. 117.
4 L. 2. contra Apionem.
5 Tom. 1. l. 2. c. 6. n. 4. pag. 381. &c.

l'Idolatrie, & faire connoître que ces Dieux de la Fable n'étoient autres que les Démons, qui remplirent la terre d'illusions, & qui en profanérent même le Ciel (1).

Ce n'est pas seulement dans le Christianisme qu'on décrioit Homere d'un commun consentement, il y avoit parmi les Gentils des sectes entiéres de Philosophes qui n'étoient pas moins zélées contre lui. Plutarque témoigne que les Epicuriens ne traitoient tous les Poëtes généralement de Canaille qu'à cause des sottises d'Homere (2), & parce que Metrodorus de Lampsaque avoit découvert ses défauts dans ce qu'il avoit récueilli des Allégories de ce Poëte.

Dion Chrysostome contemporain de Plutarque n'a point fait difficulté d'appeller Homere *le plus grand imposteur du monde dans les choses mêmes les plus difficiles à croire*, au rapport du P. Rapin (3) qui dit que c'est parce que ce Poëte ne ménage pas assés ses Prodiges, ni les opérations de ses Dieux.

Voila une partie des sentimens que l'on avoit des Ouvrages d'Homere dans l'Antiquité, qui paroît avoir été assés partagée entre ses Censeurs & ses Approbateurs. Les Modernes n'ont pas été jusqu'ici dans une beaucoup plus grande conformité d'opinions sur ce point.

Quelque grand qu'ait été le nombre des admirateurs d'Homere dans ces deux derniers siécles, on n'ose pas dire qu'il l'ait emporté sur celui d'une infinité de Gens qui sans se piquer beaucoup de belles Lettres ne laissent pas d'avoir assés de jugement & de bon sens pour ne point se laisser trop prévenir en sa faveur sur tant de témoignages glorieux que les Auteurs lui ont rendus dans presque tous les siécles.

La plupart semblent être tentés en lisant les Poësies d'Homere de demander à tous ces savans qui ont fait ses éloges d'autres raisons que celles qu'ils ont apportées pour le louer. Car sur la foi d'un Critique d'importance (4) nous pouvons assûrer que ces Messieurs ne font pas grand cas de tout ce qu'a fait Homere, quelque chose que les Commentateurs & les Traducteurs ayent faite pour prevenir ou guérir en eux de ce dégoût. Ils soutiennent malgré les Amateurs de l'Antiquité, qu'il n'y a ni force ni sublimité dans ses idées, & qu'il ,, a des pauvretés qu'on ne pardonneroit pas aujourd'hui au moindre

---

1 Le même n. 9. p. 384. & n. 11. p. 386.
2 Qu'on ne peut vivre joyeusement en suivant la doctrine d'Epicure. Plut. fol. 278. *in-fol.* Vascos.

3 Dion Chrys. Orat. xi. pag. 176. Le P. Rapin, Compar. d'Hom. & de Virg. c. 6.
4 Bayle Nouvelles de la République des Lettres Mars 1684, pag. 87.

POETES GRECS. 347

,, de nos Verſificateurs. On a tâché depuis quelques années qu'on l'a Homere.
,, fait parler en notre langue, de lui ôter pluſieurs baſſeſſes qui ſont
,, tout à fait éloignées de nos manieres : mais avec toutes ces précau-
,, tions, on n'a point ſauvé le Prince des Poëtes du mépris de nos
,, connoiſſeurs.

Dans le ſiécle paſſé, Eraſme avoit remarqué dans Homere trop peu de gravité pour un Poëte Epique, & ſuivant l'opinion d'un Ancien dont nous avons un petit Traité de la Comédie & de la Tragédie ſous le nom de Cornutus ou d'Aſper, il a cru qu'il tenoit plus du caractére Dramatique que de l'Heroïque (1).

Jules Scaliger prétend qu'Homere eſt un Auteur de peu de ſolidité, qu'il a fait un grand nombre de fautes de jugement, & qu'il eſt rempli de badineries puériles (2). Il ſe mocque de ceux qui prétendent tirer de ſes Fables des vérités Phyſiques ou des inſtructions Morales. En un mot il a recueilli une longue liſte de fadaiſes & d'impertinences ſemées par toute l'Iliade pour nous perſuader qu'Homere étoit un fou achevé.

Mr l'Abbé de Boiſrobert, qu'on appelloit *Le Bel Eſprit du Cardinal de Richelieu*, diſoit (3) que ce n'étoit qu'un véritable Rhapſodiſte à qui les ſeules *bévûes* des Critiques ont donné du nom & de la réputation. Il prétendoit que ſes Poëmes n'étoient compoſés que de chanſons pareilles à celles du Pont-neuf qu'il chantoit en Public. ,, Les plaiſans Heros, diſoit-il, que ceux de l'Iliade & de l'Odyſſée, ,, qui ſe diſent des injures de Crocheteurs. Il prétendoit qu'il n'y a pas de ſens commun dans la plupart des choſes qu'il repréſente, point de jugement, point de proportion ni de rapport ; & il en vouloit à tous les Critiques qui s'étoient efforcés ſi mal à propos de relever ſon prétendu mérite. En quoi il ne faut pas douter qu'il n'ait paſſé les bornes de la moderation.

Mr Deſmarets de ſaint Sorlin paroît n'avoir point été moins animé contre Homere que Mr de Boiſrobert, & il a voulu même envelopper Virgile dans la condamnation qu'il en a faite (4). Si l'on veut s'en rapporter à ſon jugement, Homere & Virgile ſont remplis d'imperfections & de puérilités. Il prétend qu'ils n'ont point ſû faire parler chaque perſonne ſelon ſa condition, ſelon la raiſon, ſelon le devoir & ſelon la bienſéance ; qu'ils ont écrit ſans jugement, & qu'ils ont eu un défaut d'eſprit univerſel (5). Il tâche de nous perſuader qu'ils

1 Voſſius de natura Poëtices c. 11. §. 7. pag. 67.
2 Poëtices l. 5. 6. & alibi paſſim.
3 Guerre des Auteurs pag. 46. 47. &c.
4 Addition aux Poëtes Grecs, Latins, François. c. 1.
5 Là même c. 2. & 4.

Homere n'ont que des imaginations basses & ridicules, des superfluités insupportables; & qu'on ne voit dans tout ce qu'ils ont fait que de fausses pensées, de fausses pointes, de fausses railleries, de faux complimens & de faux discours, enfin qu'ils n'ont que de l'obscurité & du galimathias (1).

Mais c'est perdre le tems que de nous arrêter davantage à écouter un si mauvais Critique. Ce n'est pas qu'il ne se trouve une grande partie de ces défauts dans Homere plutôt que dans Virgile ; mais il paroît que le sieur Desmarets n'a point eu d'autre envie dans le Traité qui sert d'addition à son Livre des Poëtes Grecs, Latins & François, que de ruiner la réputation de ces deux Auteurs, & d'attaquer tous les endroits de leurs Poëmes sans distinction.

Le Pere Rapin a été beaucoup plus reservé & mieux fondé en raisonnement, quoi qu'il semble n'être pas beaucoup plus favorable à Homere que ni Jules Scaliger, ni Boisrobert, ni même Desmarets : mais quand on ne parle qu'avec apparence, & quand c'est la raison elle même qui prescrit des bornes à la censure, on ne peut commettre d'excès dans la critique des défauts d'un Auteur.

Le Pere Rapin dit donc (2) qu'Homere pour être merveilleux par tout s'est rendu blâmable en voulant tout faire par des voies extraordinaires ; qu'il met ses Dieux à tous les jours, & qu'il en dispose comme de ces personnages de la Comédie qui sont à tout faire ; qu'il ne ménage ni le rang de ces Dieux ni la paix & la tranquilité de leur condition ; en un mot que ce sont des forçats & des esclaves qu'on employe à tout.

Le même Auteur accuse encore Homere (3) de s'abandonner sans cesse à l'emportement & à l'intempérance de son imagination, sans presque aucun discernement. Il prétend que ce Poëte sort presque toujours de son sujet par la multiplicité & l'attirail de ses Episodes. Il le compare à ces voyageurs qui ont bien du chemin à faire, & qui toutefois s'arrestent par tout, & s'amusent à tous les objets sur lesquels ils jettent la vûe en passant. Il ne se donne point, dit-il, de coup d'épée dans l'ardeur du combat sans qu'il prenne occasion de conter des histoires & de faire des généalogies. En un mot il semble par tout ce qu'il en dit ailleurs (4), qu'Homere ne s'est pas rendu entiérement le maître de sa matiére, ni de son esprit.

1 Là même c. 3.
2 Comp. d'Hom. & de Virg. c. 4.
3 Là même, à la fin.
4 Chap. 13. de la même Comparaison.

§. 3.

Jugement particulier de l'Ordonnance des Poëmes d'Homere, de la Fable, & de l'Action.

Le Pere Rapin que nous avons déja cité, trouve Homere assés peu régulier dans l'Ordonnance de la Fable qu'il a établie dans ses deux Poëmes (1). On appelle la Fable d'un Poëme la constitution des choses qui y sont employées & qui consiste 1 dans la suite naturelle de l'Action principale & de toutes les matiéres qui la composent. 2 Dans le tempérament juste du Vrai-semblable & du Merveilleux, 3 & dans l'arrangement & la convenance des Episodes avec l'Action principale C'est ce que ce Critique n'a pas trouvé toujours fort bien observé dans Homere.

Aristote loüe Homere d'avoir bien gardé l'unité de l'Action, il dit même (2) que c'est dans ce point qu'il semble regner sur tous les autres Poëtes, & qu'il paroit tout à fait divin. La raison qu'il en apporte est que bien qu'il eût pû prendre pour sa matiére une Action toute entiere qui eût son commencement, ses suites & sa fin, il a mieux aimé n'en prendre qu'une partie & l'embellir de ses Episodes & de ses autres ornemens, de sorte, dit-il, que toute l'Iliade & toute l'Odyssée ne renferment pas ensemble plus de matiére qu'il en faut pour une Tragédie, ou pour deux tout au plus.

Mais avec tout cela l'unité d'Action n'est point parfaite dans les deux Poëmes d'Homere. Car selon la remarque du Pere Rapin (3), quoique la mort d'Hector dût finir l'Action dans l'Iliade, il y a encore deux Livres qui la suivent, le XXIII. qui contient les jeux pour la mort de Patrocle, lesquels ne servent de rien à l'Action principale, & le XXIV. qui contient les pleurs des Troyens & la rançon du corps d'Hector qui sont hors d'œuvre, parce que l'Action principale étoit complette sans cela. Une faute si contraire à la nature d'un véritable Poëme se trouve aussi dans l'Odyssée, & il y a un Livre entier après le denoüement de l'Action L'Auteur que nous venons de citer attribuë ces defauts au peu de discrétion du Poëte qu'il dit n'avoir pas été entiérement le maître de son esprit en ces occasions (4). Mais s'il étoit de l'interet de quelqu'un de justifier ou d'excuser Homere, on pourroit peut-être alleguer que ces deux Poëmes ont été faits devant les régles de l'Art Poëtique, & que le sens commun n'avoit sans

1 Chap. 6. de sa Comp. d'Hom. & de Virg.
2 De Poëtica c. 23. pag. 68. 69.
3 Comp. d'Hom. & de Virg. c. 12.
4 Là même c. 13. pag. 68. 69.

doute point encore fait connoître alors en quoi confiftoit l'unité de l'Action, & fi le denoument en devoit faire la conclufion.

Le tempérament jufte du Merveilleux avec le Vrai-femblable, qui eft la feconde partie de l'Ordonnance du Poëme Epique, n'eft pas affés bien gardé dans Homere, comme nous l'apprend encore le Pere Rapin (1). Ce Poëte ménage fi peu le Vrai-femblable, dit-il, & il pouffe fi loin le Merveilleux par une trop grande envie qu'il a d'être toujours admirable, & d'enlever l'efprit, qu'il ne laiffe rien faire ni à la raifon, ni à la paffion, ni même à la nature : tout fe fait par machines.

On n'a point trouvé auffi qu'Homere ait fait paroître un grand difcernement dans le mélange des Epifodes, & dans l'arrangement qu'il leur devoit donner pour faire voir la convenance qu'ils avoient avec l'Action principale. L'Auteur que nous venons d'alléguer témoigne (2) que les Epifodes de l'Iliade & de l'Odyffée font fi longs & fi éloignées, qu'on y perd de vûë Achille & Ulyffe, qui en font les Heros, dans l'efpace de plufieurs Livres.

§. 4.

Jugement de la Partie des Poëmes d'Homere qui regarde les Mœurs, & les Caractéres de fes Perfonnages.

Par les Mœurs du Poëme nous n'entendons point la Morale du Poëte dont nous avons parlé plus haut avec affés d'étenduë, mais les Mœurs qu'il attribuë à fes Perfonnages & à fes Acteurs.

Le Pere Rapin dans fes Réfléxions fur la Poëtique (3) prétend qu'Homere n'a pas toujours gardé le caractére de fes perfonnages, ni leurs mœurs dans toutes les bienféances : & il nous fait remarquer encore les mêmes défauts dans la comparaifon qu'il a faite d'Homere & de Virgile (4), affurant qu'il n'obferve prefque jamais les bonnes mœurs dans fes Acteurs, & qu'il ménage très-rarement cette bienféance que Virgile a fû pratiquer parfaitement.

En effet Homere nous reprefente les Peres durs & cruels; & les Heros foibles & paffionés ; les Dieux miférables, inquiets, querelleurs : en un mot les deux principaux Heros des deux Poëmes Achille & Ulyffe fortent fouvent de leur caractére pour fe laiffer aller à des baffeffes, & tomber dans des infamies.

---

1 Là même c. 6.
2 Là même.
3 Réfléxions fur la Poëtique, part. 1. n. 25.
4 Comp. d'Hom. & de Virg. c. 7.

Mais notre Auteur ajoute qu'on doit bien pardonner ce foible à Homere, parce qu'il écrivoit en un tems où les mœurs n'étoient pas encore formées.

Il est plus difficile de dire si Homere a merité le blâme dont plusieurs l'ont chargé pour avoir donné un Heros à son Iliade qui n'étoit pas homme de bien, en supposant même qu'il lui ait fait toujours éxactement garder son caractére. Il est vrai que Virgile a formé le sien sur la vertu humaine : mais comme remarque le Pere le Bossu (1) puisqu'Aristote & Horace approuvent la conduite d'Homere dans les mœurs qu'il a données à son Achille, & qu'ils proposent ce Heros comme un modele que les Poëtes doivent suivre, les mauvaises mœurs de ce Personnage peuvent nous convaincre que selon les régles d'Aristote & celles d'Horace, & selon la pratique d'Homere il n'est nullement necessaire que le principal Personnage d'une Epopée soit un homme de bien.

§. 5.

Des Sentimens d'Homere, de ses Pensées & Sentences

Comme les sentimens ont beaucoup de rapport avec les mœurs, que les principes des uns sont aussi ceux des autres, & que, selon le Pere Rapin, les sentimens ne sont proprement que les expressions des mœurs : on ne doit pas être surpris que les Critiques ne nous fassent pas concevoir pour les sentimens qui paroissent dans les Ouvrages d'Homere une opinion plus avantageuse que celle qu'ils nous ont donnée des mœurs qu'il y a représentées.

Les sentimens d'Homere, dit l'Auteur que nous venons de citer (2) ne sont jamais si beaux que ses discours. Car on ne peut nier que tous ses Acteurs & ses Personnages ne parlent assés bien ; mais ils ont pour la plupart des sentimens tout-à-fait indignes de leur caractére. C'est ce que ce Critique fait voir particuliérement en la personne de ses Héros : quoiqu'en un autre endroit, il n'ait pas laissé de reconnoître qu'Homere est toujours grand dans ses sentimens aussi-bien que dans ses expressions (3).

C'est ce qu'avoit remarqué autrefois Longin dans son Traité du Sublime (4) où il dit que les pensées d'Homere sont toutes sublimes, & que c'est principalement en cette partie qu'il a fait paroître sa capacité, & l'élevation de son esprit.

1 L. 4. du Poëme Epique c. 5.   3 Là même c. 12.
2 Comp. d'Hom. & de Virg. c. 8.   4 Du Sublime c. 7.

Homere.   Macrobe témoigne aussi qu'Homere a tellement rempli ses Poëmes de sentences, que tous ses bons mots passent pour des Proverbes dans la bouche de tout le monde (1), & il semble qu'on ait eu presque le même goût dans ces derniers tems. Ce qui paroît par le soin qu'on a eu de faire divers recueils des Sentences de ce Poëte sur toutes les matiéres de la Morale qu'on a réduites en lieux communs.

Mais le P. Rapin qui avoit fait aussi toutes ces réfléxions avant nous, prétend après Heinsius, que toutes ces Sentences & ces maximes de Morale sont plutôt du Théâtre & du genre Dramatique, que de l'Héroïque, dont le caractére le plus essentiel est la narration, qui doit être unie & simple, sans affectation de figures, & sans cet attirail de Réfléxions qui ôte au discours sa couleur naturelle & sa force (2).

Et dans le siécle passé Jules Scaliger avoit déja dit que les Sentences & les pensées d'Homere, & par conséquent les sentimens qu'il donne à ses personnages sont trop effeminés, trop vulgaires; qu'ils n'ont presque point de sens, & qu'ils sont sans force; de sorte qu'il ne les croyoit point capables, disoit-il, de faire danser son valet de cuisine (3).

§. 6.

Du style, de l'expression du discours, &c.

Personne n'a eu en aucune Langue, au sentiment du P. Rapin dans ses Réfléxions (4), toutes les qualités de l'expression & de la diction dans un plus éminent dégré qu'Homere: & ce Pere dit encore dans un autre Traité (5) que c'est principalement dans cette partie que ce Poëte triomphe; & que c'est ce qu'il y a de plus accompli dans tout ce qu'il a fait. C'est un avantage qu'on ne peut lui disputer, & qu'il a acquis sans contredit sur tous les autres Poëtes.

On n'a jamais, continuë-t-il, parlé plus purement ni plus naturellement que lui. Il est le seul qui ait trouvé le secret de joindre à la pureté du style toute l'élevation, & toute la grandeur, dont la Poësie héroïque peut être capable. C'est pour cela que Longin le propose

---

1 Saturnal. l. 5. c. 16.
2 Daniel Heinsius in Arist. Poëticam, & le P. Rapin Comp. d'Hom. & de Virg. c. 14.
3 Poëtices l. 5. c. 2.
4 Réfl. sur la Poët. 1. part. n. 28.
5 Comp. d'Hom. & de Virg. n. 9.

POETES GRECS.

toujours comme la régle la plus juste du genre sublime.

Mr le Fevre de Saumur témoigne (1) que son style est plein, égal, & très-pur; que les expressions en sont fortes & nettes; que la clarté & la facilité y sont par tout admirables également; & que c'est le plus beau & le plus aisé de tous les Poëtes Grecs. Il les a tous surpassé par l'agrément, la mesure, le son éclatant des paroles, & par la variété du nombre: & Athenée prétend (2) qu'il n'y a rien de plus propre à être chanté que les Vers d'Homere (3) tant l'harmonie leur est naturelle.

Quintilien estime (4) que jamais personne ne l'a surpassé dans la sublimité & l'élevation pour les grandes choses, & dans la proprieté de l'expression pour les petites; qu'il a le style ouvert & pressé tout à la fois; qu'il est agréable & grave en même tems; qu'il est admirable pour son abondance & sa brièveté; qu'il n'est pas moins excellent Orateur que Poëte; en un mot qu'il est la régle du discours.

C'est pour cela qu'il a été considéré comme le Maître & le modèle de la Langue Grecque par les Savans, dit Dom Lancelot (5), qui ajoute qu'Homere renferme lui seul tous les mots & toutes les dialectes de cette belle Langue. Outre que tous les Auteurs Grecs sont pleins de citations de ce Poëte & d'allusions à ses vers: de sorte qu'il est difficile de bien entendre ces Auteurs qu'après avoir lû Homere.

Le P. Caussin disoit même (6), que bien que ce Poëte soit plein de douceurs & d'agrémens, ces beautés & ces avantages ne sont pourtant sensibles qu'à ceux qui savent le Grec, & que ceux qui prétendent le lire en Latin font bien connoître qu'ils préferent les amplifications puériles au poids de ses Sentences & à la gravité de son éloquence.

Aristote au rapport de Plutarque (7) estimoit tant cette grandeur & cette noblesse de style dans Homere, qu'il disoit que ce Poëte étoit le seul qui sût faire des noms & des termes qui eussent du mouvement, à cause de la vivacité de leur expression.

---

1 Vie d'Homere page 6. 7.
2 Athenée Dipnos. l. 14. c. 8. Le P. Rapin Réfl. sur la Poëtiq. t. n. 37.
3 ¶ Athénée dont Baillet ou plutôt le P. Rapin qu'il copie, n'a pas bien représenté le sens, dit qu'Homere faisant profession de chanter ses vers les estropioit quelquefois de dessein pour les rendre plus propres au chant ὡς διὰ τὸ μελοπετοιῆσαι πᾶσιν ἑαυτῶ τ ποίησιν φροντίσι τῆς πολλῆς

ἀπεδάλες ποιεῖ στίχες car c'est évidemment φροντίσι qu'il faut lire, & non pas ἀφροντί ij mauvaise leçon, qu'il est surprenant que ni Dalechamp, ni Casaubon n'ayent corrigée.
4 L. 10. c. 1.
5 Préface de la Méthode Grecque p. 34.
6 De sacra eloquentia l. 1 c. 10.
7 Plutarque des Oracles de la Pythienne, fol. 619. B. edit. Vasc. in-fo.

Homere. Le P. Rapin a remarqué (1) que la plupart des Anciens qui ont donné tant d'éloges à Homere n'ont eu en vûë que la nobleſſe & l'élégance de ſon ſtyle, & la grandeur de ſes expreſſions. Il dit que c'eſt ce talent admirable de l'expreſſion qui a rendu Sophocle ſon admirateur perpetuel, qui l'a fait appeller le Prince des Poëtes Héroïques par Platon, & qui l'a fait regarder comme étant infiniment au-deſſus de tous les autres par Socrate, Ariſtophane, Xenophon, Democrite, Eſchyle, Pindare, Ariſtote, Théocrite, Moſchus, Lycurgue, Ariſtide, Denys d'Halicarnaſſe, Paterculee, Dion Chryſoſtome, Plutarque, Lucien, Athenée, Philoſtrate, Hermogene, Maxime de Tyr, Origene, Longin, Iamblique, Stobée, Themiſtius, & d'autres Anciens qui ſont rapportés par le P. Rapin dans ſa comparaiſon d'Homere & de Virgile. Enfin il fait voir en plus d'un endroit, que c'eſt par ce merveilleux avantage de la parole qu'Homere a impoſé à toute l'Antiquité, & que le charme & l'enchantement où l'on a vû tant de Savans dans tous les ſiécles pour ſes Poëmes ne vient que de cet artifice.

Cet avantage paroît particuliérement dans les occaſions où il faut exhorter, perſuader, ou conſoler. C'eſt en quoi Quintilien le trouvoit admirable (2). Et c'eſt proprement dans les narrations qu'il excelle au-deſſus de tous les Poëtes qui ont paru juſqu'ici. Néanmoins Scaliger y trouvoit à redire (3), & les jugeoit trop longues.

Plutarque a cru auſſi qu'Homere étoit louable d'avoir uſé toujours d'Epithétes qui ne ſont ni étrangéres, ni figurées (4). Mais Jules Scaliger n'a point été entiérement du ſentiment de Plutarque. Car il dit nettement que ſes Epithétes ſont pour la plupart froides, plates, puériles, & hors de leur place (5). M. Deſmarets trouvoit auſſi que les Epithétes d'Homere étoient oiſives, inutiles, ambitieuſes, enflées, importunes, laſſantes & ridicules (6). Le Pere Rapin n'en parle pas d'un air ſi mépriſant. Mais comme la maniére dont il a cenſuré le diſcours & l'expreſſion d'Homere eſt également agréable & ſinguliére, on ne ſera pas fâché d'en voir ici une eſpéce d'abrégé. Voici donc en peu de mots ce que ce Critique trouve à redire dans ce ſtyle & cette expreſſion ſi vantée dans l'Antiquité (7).

---

1 Comp. d'Hom. & de Virg. c. 9.
2 L. 10. c. 1.
3 Poëtic. l. 5. c. 2.
4 L. 6. des propos de table, queſtion 9. Le même Auteur loue généralement Homére en divers autres Traités de ſes Morales. Il l'appelle ſouvent *divin*. Voyés le Traité de la conſolation à Apollonius, fol. 244. B. le Traité de l'éxil, fol. 117. &c.
5 Poëtic. l. 5. c 3.
6 Addition au Traité des Poëtes Grecs, Latins, François, c. 5.
7 Dans ſa Comp. d'Hom. & de Virg. ſur tout c. 10. & c. 11.

1 Les Transitions qui doivent par leur caractére être fort variées Homere, pour désennuyer le Lecteur, sont toutes semblables dans la plus grande partie des Ouvrages de ce Poëte. On n'en peut compter tout au plus que vingt ou trente sortes dans toute l'étenduë de près de trente mille vers. Et ainsi une même liaison se presentant d'ordinaire est fort sujette à donner du dégoût par une si fréquente répetition.

2 Les comparaisons y sont froides, contraintes, quelquefois peu naturelles, jamais fort excellentes, quoique dans un si grand nombre il ne se puisse faire qu'il n'y en ait quelques-unes d'assés justes. Mr Desmarets avoit déja dit auparavant (1) qu'il est plein de comparaisons fausses & basses.

3 Les Descriptions (continuë le P. Rapin), qui sont ce qu'il y a de plus puérile & de moins grave dans l'éloquence y sont trop fréquentes & trop étenduës, & elles portent avec elles un certain air d'affectation.

Le bel endroit par lequel Homere s'est fait envisager le plus agréablement, consiste dans ses Epithétes & dans ses Adverbes. Jamais imagination n'a été ni plus riche ni plus heureuse. Si on lui ôtoit ses Adverbes & ses Epithétes, on lui ôteroit bien de sa grace. C'est ce qui le pare le plus, & qui fait une de ses plus grandes beautés. Mais ces Epithétes qui l'ornent tant sont fort simples & fort ordinaires, sans ajoûter un nouveau sens aux paroles qui leur sont jointes.

Mais le véritable caractére d'Homere est la prolixité à dire & à raconter les choses. C'est le plus grand parleur de toute l'Antiquité, & les Grecs mêmes tous grands discoureurs qu'ils étoient ont repris dans Homere cette intemperance de paroles comme un défaut considérable du discours. Il est dans les redites non seulement des mêmes paroles, mais aussi des mêmes choses, & dans des répétitions perpetuelles. Il est vrai qu'il parloit toujours naturellement, mais il parloit trop. Ce flux de langue & cet épanchement d'imagination qui lui est ordinaire fait qu'il porte les choses plus loin de beaucoup qu'elles ne doivent aller, & qu'il fait presque toujours des peintures trop finies; & ainsi il ne laisse rien à faire l'esprit du Lecteur.

Il semble aussi qu'on ne puisse pas aisément excuser la longueur des harangues qu'Homere fait faire à ses Héros dans la chaleur du combat : de sorte que le tems se passant en discours inutiles, il ne reste souvent plus assés de jour pour donner la bataille. C'est ce

---

a Addition au Traité des Poëtes Grecs, Latins & François chap. 6.

qu'ont remarqué Jules Scaliger (1) Mr Gueret (2) & les autres Critiques qui n'ont point fait difficulté d'accuser Homere de peu de jugement pour ce sujet.

§. 7.

Jugement sur l'Iliade en particulier.

Le plus célébre de tous les Poëtes est Homere, & le plus important des Ouvrages d'Homere est l'Iliade. Il faut reconnoître avec les Critiques que la plupart des éloges dont on a comblé Homere lui sont dûs plutôt pour l'Iliade (3) que pour le reste de ses Ouvrages.

Denis d'Halicarnasse louë principalement dans ce Poëme l'ordonnance du dessein, la grandeur & la magnificence de l'expression, & les mouvemens doux & passionés des sentimens (4).

C'est ce Poëme particuliérement qui au sentiment du Pere Thomassin a fait déclarer à Horace que ni Chrysippe ni Crantor qui avoient excellé entre les Philosophes Stoïciens & Academiciens, & qui avoient donné la Morale la plus reglée & la plus achevée, n'avoient ni si bien compris ni si heureusement expliqué la nature & les loix de l'honnête & de l'utile, de la vertu & du vice, qu'Homere dans son Iliade (5). Horace, dit ce Pere, rend raison de ce qu'il a avancé, en disant que l'Iliade representoit admirablement les passions emportées & les funestes suites de la conduite insensée de plusieurs Rois & de plusieurs Peuples. Tout ce qui se passe dans la ville assiegée & dans le camp des Assiégeans est une peinture très-belle des effets tragiques de toutes les passions, & des malheurs incroyables où elles précipitent les hommes.

Ce même Auteur ayant entrepris en un autre endroit de faire voir une partie des convenances & des conformités de l'Histoire de l'Iliade avec celle du vieux Testament, prétend que de part & d'autre on peut dire que c'est une espéce de Theocratie, c'est-à-dire, que la Police humaine & le gouvernement de l'Estat ont tant de liaison avec la Religion, qu'il semble que c'est Dieu seul qui regne, que les Rois n'agissent que par ses ordres, & qu'ils n'ont de pouvoir que pour éxecuter ses commandemens (6).

---

1 Poëtices l. 5. c. 2.
2 Guerre des Auteurs pag. 49. 50. 58.
3 ¶ Madame Dacier n'est pas de cet avis dans la Préface de sa version de l'Odyssée.
4 Dionys. Halic. in Elogiis de Scriptoribus Græcis, ubi de Homero. Le P. Rapin Réfl. 15. sur la Poët. part. 1.
5 Horat. Epist. 2. libri 1. Thomassin, Méthode, &c. l. 1. c. 10. n. 2. & 3.
6 Le même l. 1. c. 2. n. 11.

POETES GRECS. 357

Si l'on fait la guerre, c'eſt pour venger un crime commis contre Homere:
les Dieux, il ne ſe fait point d'entrepriſe qui ne ſoit précedée d'un
ſacrifice, c'eſt l'inſpiration ou l'*impulſion* des Dieux qui donne le mouvement à toutes choſes. On rencontre par tout des Prophetes, des
Prodiges, & des Augures, qui font connoitre la volonté des Dieux
& qui déterminent tout.

 Quelques vaillans & quelques ſages que ſoient les hommes, c'eſt
ordinairement quelque Dieu qui les anime & les fortifie, qui les
éclaire & les conduit dans leurs grandes actions. Et au contraire de
quelque lumiére & de quelque aſſiſtance extraordinaire du Ciel que
ces Sages & ces Braves ſe croient ſoutenus, ils font de leur côté tous
leurs efforts dont ils ſont capables. Enfin quelques efforts qu'ils
faſſent, ils n'eſperent la victoire que de Dieu ; & lors même qu'ils
ſont perſuadés que Dieu favoriſe leurs Adverſaires, ils ne s'épargnent
pourtant pas, & ne laiſſent pas d'employer toutes leurs forces, ſe
ſoumettant du reſte à la puiſſance & la volonté de Dieu.

 Le P. le Boſſu à fait la comparaiſon de la Fable de l'Iliade avec celle
d'Eſope, pour faire voir qu'une Epopée eſt une véritable Fable, &
que ce terme qu'on lui applique n'eſt point en cela metaphorique
& figuré ; mais qu'il eſt en ſon ſens propre & naturel ; & que ce ſens
eſt le même que quand on donne le nom de Fables aux fictions
d'Eſope (1). La vérité morale & l'inſtruction eſt viſiblement la même
en l'une & en l'autre. Eſope dans la fable des Chiens & du Loup,
& Homere dans celle de l'Iliade ont voulu enſeigner que la mauvaiſe intelligence entre ceux d'un même parti les expoſe aux inſultes
de leurs ennemis & les perd, & que la concorde les conſerve &
les rend victorieux. Toute la différence qu'il y a, c'eſt que celle
d'Homere eſt *raiſonnable*, c'eſt à dire qu'il lui donne des noms
d'Hommes ; & celle d'Eſope eſt *morale* (2), c'eſt à dire qu'il lui
donne des noms de Beſtes, & qu'il attribuë des mœurs à ce qui
n'en a point.

 Quant à l'expreſſion & au tour qu'Homere donne à ſon diſcours
en general, Le Pere Rapin dit (3) que toute l'Iliade eſt remplie
d'endroits nobles, élevés & qui donne de grandes idées de tout ce
qu'il repreſente.

 Néanmoins tout le monde n'a point crû que ce fût une piéce
achevée. Quintus de Smyrne, dit le Calabrois, & Tryphiodorus

---

1 Le Boſſu l. 1. du Poëme Epique c. 9.
2 λογικός & ηθικός c'eſt la diviſion qu'Aphthone & les autres donnent aux Fa-bles.
3 Comp. d'Hom. & de Virg. c. 13.

Y y iij

qui ont entrepris de continuer Homere ont remarqué que l'Iliade eſt imparfaite, parceque la mort d'Hector n'eſt point une déciſion des choſes, mais ſeulement un obſtacle oſté à la déciſion qui n'arriva qu'un an après cette mort (1).

D'autres Critiques ont jugé que ce Poëme étoit achevé par rapport au deſſein qu'avoit eu Homere, mais ils n'ont point trouvé bon qu'un Poëme qui n'a point d'autre but que l'honneur des Grecs, finiſſe par celui que l'on fait à Hector chef de leurs ennemis (2).

Nous avons déja vû plus haut que l'unité de l'Action n'eſt point parfaite dans l'Iliade, ſelon la remarque du Pere Rapin qui eſt un des principaux garants de ce que nous venons de rapporter, & de ce que nous dirons encore dans la ſuite. Tout ce qui eſt employé à la compoſition des deux derniers livres eſt hors d'œuvre, & ne ſert de rien à l'Action principale qui étoit complete ſans cela.

Pour ce qui regarde l'ordonnance de la Fable de l'Iliade, le même Auteur prétend (3) que l'Action faiſant le ſujet principal qui eſt la guerre de Troye eſt défectueuſe & imparfaite, en quoi il ſuit le ſentiment de pluſieurs Critiques. Car cette guerre n'a dans l'Iliade ni commencement ni fin. D'autres veulent que ce ſoit la colere d'Achille qui eſt l'Action. Mais cette colere n'a ni milieu ni fin au jugement de notre Critique. Car elle eſt effacée par une autre colere d'Achile contre Hector pour la mort de Patrocle; & le plus grand défaut eſt que le reſte du Poëme n'a aucune laiſon avec cette colere. Homere dans l'eſpace de dix-huit Livres n'y penſe plus, comme s'il avoit tout à fait oublié ſa propoſition & ſon deſſein. Il ne parle dans ce long eſpace que de ſiéges, de batailles, de ſurpriſes, de conſultations de Dieux, & tout ſe rapporte au ſiége de Troye. C'eſt ce qui a donné lieu à pluſieurs de croire que la guerre de Troye étoit l'Action & le ſujet de la Fable comme elle a donné le nom au Poëme. C'eſt peut-être ce qui a porté Horace à donner à Homere la qualité d'*Ecrivain de la guerre de Troye* (4). Ainſi de quelque côté que l'on regarde ce Poëme, il paroit défectueux en ce point.

Quant au Héros de l'Iliade, il s'eſt trouvé quelques Critiques qui ont entrepris de juſtifier Homere, ſur ce qu'il n'a point jugé à propos d'en faire un homme de bien. Nous avons vû plus haut en parlant des mœurs & des caractéres des Perſonnages les raiſons qui ont porté le Pere le Boſſu à prendre ce parti, dans lequel il a cru

---

1 Là même ch. 3.
2 Là même c. 12.
3 Là même c. 6.
4 Horat. Epiſt. ſecunda lib. 2.

avoir suivi Aristote & Horace. Mais il semble que le P. Rapin ait Homere: eu d'autres vûës. Il paroît, dit-il, après le Tasse (1) que l'intention d'Homere n'a point été de donner dans son Heros l'idée d'un grand Capitaine ni d'un Prince accompli, mais de montrer simplement combien la discorde est préjudiciable dans un parti, & ainsi de faire la peinture d'une action terrible & merveilleuse tout ensemble. Cependant Aristote dans sa Poëtique veut que dans les images & les portraits que fait le Poëte, il represente les personnes non pas telles qu'elles sont, mais telles qu'elles doivent être ; & Platon au cinquiéme Livre des Loix veut que l'imitation ne se fasse que des choses les plus accomplies. Dailleurs, ajoute le Pere Rapin, comme l'image dans une imitation juste doit ressembler à son original, cet original ne doit point être ni un homme, ni un Prince en particulier : mais l'idée d'un Prince ou d'un homme accompli en général.

§. 8.
Jugement sur l'Odyssée en particulier.

Le Pere le Bossu dit (2) que l'Odyssée n'a pas été faite comme l'Iliade pour instruire tous les Etats de la Grece réunis & confederés en un seul corps, mais pour chaque Etat en particulier. Ce Poëme est plus pour le Peuple que celui de l'Iliade, où les Sujets sont plus maltraités par la mauvaise conduite de leurs Princes que par leur faute. Mais dans l'Odyssée ce n'est point la faute d'Ulysse qui perd ses Sujets. Ce sage Prince ne fait rien qui ne doive les rendre participans de son retour. Aussi le Poëte dit-il, dans l'Iliade qu'il chante *la colere d'Achille qui fut cause de la mort des Grecs :* & dans l'Odyssée au contraire il avertit ses Lecteurs que les *Sujets perissent par leur propre faute.*

Le P. Thomassin ne paroît pas beaucoup éloigné de ce sentiment. Il dit qu'il y a cette différence entre ces deux Poëmes, que l'Iliade est une imitation du gouvernement des Estats, & que l'Odyssée contient la narration de la conduite des personnes & des familles particuliéres (3). Il ajoute que cette image de la personne & de la famille d'Ulysse paroît bien plus achevée que celle du gouvernement des Estats dans l'Iliade. La matiére est peut-être plus proportionnée

---

1 Comp. d'Hom. & de Virg. c. 4.
2 L. 1. du Poëme Epique c. 10.
3 L. 2. tom. 1. c. 5. n. 1. & 2.

à l'esprit ou du Poëte ou des Lecteurs, quand il ne s'agit que de la sage conduite d'un particulier ou d'une famille. Il se peut faire aussi qu'afin que la peinture fût vrai-semblable, il ait falu mettre cette inégalité entre ces deux grands Ouvrages, & donner moins de perfection, non pas à l'Iliade, mais à l'Histoire représentée dans l'Iliade, qu'à l'Odyssée, parce qu'il est en général bien plus aisé de bien gouverner une personne ou une famille particuliére, qu'un Roi ou un Etat. Il conclud que bien que l'Iliade imite & represente aussi parfaitement que l'Odyssée, néanmoins l'objet qu'elle imite & qu'elle represente non seulement n'a pas été, mais il n'a pu être aussi parfait que celui de l'Odyssée. C'est la raison pour laquelle tout lui paroît mieux concerté dans l'Odyssée que dans l'Iliade.

L'Odyssée semble avoir encore une autre espéce d'avantage sur l'Iliade. Car au lieu que celle-ci représente les passions emportées, & les suites funestes de la conduite insensée des Princes & des Peuples : l'autre au contraire fait voir dans la personne d'Ulysse un modéle accompli de sagesse & de vertu, comme Horace l'a remarqué (1), & nous propose des éxemples admirables de patience, de frugalité, de prudence, de modération dans les travaux & dans la fuite des plaisirs trompeurs de la vie. Et saint Gregoire de Nazianze qui nous rend ce témoignage de l'Odyssée, ajoute (2) qu'Homere n'a jamais pensé que les richesses pussent ajouter le moindre éclat à la vertu; & que s'il a avancé en quelque endroit le contraire, ce n'a été qu'en faisant parler ceux qu'il vouloit tourner en ridicule. Le Poëte Claudien qui vivoit peu de tems après ce Saint écrivant à une Princesse chrétienne, prétend (3) que l'Odyssée d'Homere n'est qu'une image parfaite de la pudicité & de la chasteté conjugale d'Ulysse qui n'essuya cette longue suite de tempêtes & de traverses sur mer & sur terre pendant l'espace de vingt années, que pour répondre par sa constance invincible à la fidélité inviolable de Penelope sa femme, qui ne surmonta pas de son côté de moins rudes

---

1 Epist. secunda lib. 1.
  Quid virtus & quid sapientia possit
Utile proposuit nobis exemplar Ulyssem.
  Et Thomass. l. 1. c. 10. n. 4.
2 Greg. Nazianz. pag. 210. Carminum.
An ne aliud toto molitur carminis actu
Mœonii mens alta senis ? Quod Stagna Charibdis
Armavit, quod Scylla canes, quod pocula Circe :
Antiphatæ vitata fames, surdoque carinæ

Remige Sirenum cantus transvecta tenaces.
Lumine fraudatus Cyclops contempta Calypso.
Penelope decus est, atque uni tanta paratur
Scena pudicitiæ. Terræ Pelagique labores
Et totidem sævi bellis, quot fluctibus, anni,
Conjugii docuere fidem.
  Et Thomassin l. 1. c. 7. n. 12.
3 Carmine ad Serenam.
  Thomass. l. 1. c. 5. n. 18.

attaques.

POETES GRECS. 361

attaques. C'est ce qu'on peut voir en plusieurs endroits de l'Ouvrage *Homere* du P. Thomassin qui fait sur ce Poëme & sur l'Iliade un grand nombre de réfléxions également savantes & utiles (1).

Il faut dire un mot de ce que les Critiques ont pensé de la composition & de l'Ordonnance de l'Odyssée. Le P. Rapin témoigne que cet Ouvrage a des beautés tout-à-fait singuliéres & comparables même à ce qu'il y a de plus grand dans l'Iliade (2). Il ajoute qu'il y a du sublime, de l'héroïque, du naïf, & du naturel presque par tout.

Mais quand le P. Rapin a écrit en un autre endroit que le Poëme le plus parfait d'Homere est l'Odyssée, il n'a entendu parler que de l'action & de l'ordonnance de la Fable qui dans la vérité a paru à plusieurs plus réguliére & plus achevée que celle de l'Iliade. Nonobstant cet avantage, dit cet Auteur (3), Homere ne laisse pas de commencer l'Odyssée par un Episode de quatre Livres. C'est pécher contre la régle, qui veut que l'Episode, qui est une espéce de digression du sujet ne soit pas trop long, mais proportionnée à la grandeur de l'Ouvrage ; qu'il ne soit pas contraint, forcé, ni tiré de loin, pour ne pas être étranger, ni trop fréquent pour ne pas faire une confusion de matiére. Mais Homere sort de son sujet sans y être presque entré, & pour faire un bâtiment régulier, il commence par une piéce hors d'œuvre.

Le P. le Bossu paroît avoir été dans le même sentiment à l'égard d'un défaut si sensible, surtout après avoir remarqué que l'Odyssée avoit été aussi notée par Aristote pour l'étenduë des Episodes (4).

Si l'on considére même l'Action de l'Odyssée avec un peu d'éxactitude, comme a fait le P. Rapin, on reconnoîtra avec lui (5) qu'elle n'est pas plus parfaite que celle de l'Iliade. Elle commence par les voyages de Telemaque, & elle finit par ceux d'Ulysse. C'est ce qui a fait dire à Paul Beni (6) que la Fable de l'Odyssée est double. Le Pere Rapin qui allegue cet Auteur n'en convient pourtant pas entierement ; mais il ne laisse pas de convenir qu'il est difficile de trouver dans l'Odyssée la suite de l'Action principale fort juste, & dans les proportions que demande Horace pour la liaison naturelle des parties. Ce voyage de Telemaque n'a aucune convenance avec celui

---

1 Particuliérement dans le 1. le 2. le 5. & le 6. livres.
2 Comp. d'Hom. & de Virg. c. 13.
3 Là même c. 6.
4 Aristote dans sa Poëtique chap. 17. suivant les éditions ordinaires, & 18. suivant celle de la traduction de Mr Dacier. Et R. le Bossu au 1. l. du Poëme Epi. vers la fin.
5 Comp. d'Hom. & de Virg. c. 6.
6 Là même.

Tome III. Z z

d'Ulysse qui est l'Action principale. Il n'est bon à rien, dit le même Ecrivain ; il ne sert pas même d'occasion à son retour. Et si l'on veut s'en rapporter au Beni, les quatre premiers Livres de l'Odyssée ne sont ni Episode, ni partie de l'Action, & n'ont aucune liaison avec le reste de l'Ouvrage. A le bien prendre, on ne sait ce que c'est.

Plusieurs veulent aussi selon la remarque du Pere le Bossu (1), que la Fable de l'Odyssée soit *double*, puisque le dénoûment fait passer Ulysse & ceux de son parti d'un état misérable en une honnête tranquilité ; & qu'il jette ses Rivaux de la joie où ils avoient été dans une mort honteuse. Cette même action est aussi *implexe*, ou impliquée, ajoute ce Pere, puisque non seulement elle est dénouée par cette double Peripetie (2), mais encore par la reconnoissance d'Ulysse. Mais il n'y a ni reconnoissance ni Péripetie, ni rien d'impliqué dans l'Iliade.

Pour ce qui est des qualités de la composition, Longin qui étoit un des plus judicieux & des plus fins Critiques de toute l'Antiquité prétend (3) qu'Homere témoigne par toute l'Iliade une force merveilleuse, mais qu'il est fort affoibli dans son Odyssée. Il y fait voir dit-il, que c'est le propre d'un grand esprit, lorsqu'il commence à vieillir & à décliner, de se plaire aux contes & aux fables. Car l'Odyssée a été composée après l'Iliade. Il y a quantité de choses dans l'Odyssée qui ne sont que la suite des malheurs qu'on lit dans l'Iliade, & qu'il a transportées dans ce dernier Ouvrage comme autant d'Episodes de la guerre de Troye. C'est pourquoi l'Odyssée n'est à proprement parler que l'Epilogue de l'Iliade.

De là vient que comme Homere a composé son Iliade durant que son esprit étoit en sa plus grande vigueur, tout le corps de son Ouvrage est Dramatique & plein d'Action : au lieu que la meilleure partie de l'Odyssée se passe en narrations, ce qui est le génie de la vieillesse : tellement qu'on le peut comparer dans ce dernier Ouvrage au Soleil, quand il se couche, qui a toujours sa même grandeur, mais qui n'a plus tant d'ardeur ni de force. En effet il ne parle plus du même ton. On n'y voit plus ce sublime de l'Iliade qui marche par tout d'un pas égal sans que jamais il s'arrête, ou qu'il se repose. On n'y remarque point cette foule de mouvemens & de passions entassées les unes sur les autres. Il n'a plus cette même force, & s'il faut ainsi parler, cette même volubilité de discours si propre pour

---

1 L. 2. du Poëme Epique c. 16.
2 On appelle Peripetie le changement de fortune qui arrive aux personnes dans le dénoûment d'une piéce.
3 Chap. 7. de la traduction de Despréaux.

l'Action, & mêlée de tant d'images naïves des choses. Nous pou- Homere: vons dire que c'est le reflus de son esprit qui comme un grand Ocean se retire & deserte ses rivages. A tout propos il s'égare dans des imaginations & des Fables incroyables. Mais il ne laisse pas de s'y trouver des endroits qui sont fort beaux sans doute, & il faut considérer que cette vieillesse dans Homere, est après tout la vieillesse d'Homere, & que d'ailleurs il faloit beaucoup plus de fable & de narration que d'Action dans ces endroits-là (1).

§. 9.
Du peu de conséquence des fautes d'Homere.

Voila une partie des sentimens que quelques Critiques anciens & modernes ont eu des Ouvrages d'Homere. Et quelque grand que soit le nombre des défauts qu'on lui a reproché, il semble que ses bonnes qualités ayent prévalu sur nos esprits, & que leur poids ait fait plier les plus sévéres d'entre ses Censeurs.

Horace (2) qui nous avoit fait remarquer qu'Homere n'avoit point été éxemt de fautes, nous a avertis en même tems que ces fautes ne sont pas assés considérables ni assés nombreuses pour nous empêcher de retirer de ses Ouvrages toute l'utilité que l'on peut attendre d'un excellent travail Si ce sont des fautes, dit-il, elles ne doivent point nous arrêter & encore moins nous choquer, d'autant qu'elles ne naissent que de l'infirmité humaine ou d'une négligence pardonnable (3).

Non ego paucis
Offendar maculis, quas aut incuria fudit,
Aut humana parum cavit natura.

Messieurs de l'Académie semblent être entrés dans les sentimens d'Horace, & ils disent nettement (4) qu'on a tort de s'emporter contre Homere pour ses fautes, qui doivent plutôt être excusées & respectées même pour leur vieillesse, parce qu'étant faites devant les régles de l'Art Poëtique, elles sont nées libres & hors de la jurisdiction des Critiques.

Le Cardinal du Perron étoit aussi de cet avis pour l'indulgence avec laquelle il faut envisager les défauts de ce Poëte. On en doit toujours louer l'invention, disoit-il, le tems où il vivoit ne permettoit pas

1 Tannegui le Fevre, vie d'Homere p. 7.   3 Là même v. 351. &c.
2 Horat. Art. Poët. v. 359.   4 Sentimens de l'Acad. sur le Cid.
Quandoque bonus dormitat Homerus.

Homere. que l'ouvrage se pût tant polir. Depuis qu'on a donné des régles sur le Modéle qu'il en avoit tracé (1).

Enfin outre toutes ces confidérations qui doivent nous porter à l'excufer, le Pere Rapin en rapporte encore une qui eft fort importante, fi elle eft bien véritable (2). C'eft dit-il, qu'il n'a jamais dit d'impietés ni d'ordures ; & qu'il a toujours été févére & vertueux comme un Philofophe (3). C'eft une gloire qu'il attribuë auffi à Virgille, & qui a été moins conteftée à ce dernier qu'à Homere.

§. 10.

Hiſtoire ou jugement hiſtorique des Ouvrages d'Homere.

J'ai oui dire à un homme de lettres des pays étrangers qu'on travaille en Allemagne (4) à faire voir qu'il n'y a jamais eu d'Homere, & que les Poëmes qui portent fon nom ne font que des rhapfodies ou des compilations que les Critiques ont compofées de diverfes piéces de vers ou chanfons détachées, à qui on a donné la liaifon & la fuite que nous voyons aujourd'hui. J'avouë que ce fentiment me paroîtra toujours paradoxe, jufqu'à ce que public foit en poffeffion de ce curieux Livre. Et il faut une réfolution plus qu'ordinaire pour entreprendre de déraciner un préjugé établi depuis plus de vingt-fept fiécles.

On prétend du moins qu'Homere n'a point eu la gloire de cette invention, comme le remarque le Pere Rapin (5) & l'on connoît cinq ou fix Auteurs qui avoient décrit les avantures de Troye, tant en Vers qu'en Profe avant lui, mais quelques-uns fe font imaginés qu'Homere à taché de fupprimer tous ces ouvrages dans l'efpérance de paffer pour le premier Auteur de l'Iliade.

Il eft bon de remarquer une chofe qu'Elien a rapportée dans fon recueil de l'Hiftoire mêlée de diverfes chofes (6), & qui certainement

---

1 Perroniana au mot *Poëſie*.
2 Reflex. fur la Poëtique, part. 1. n. 9.
3 § Ménage a fait voir dans le 61. chap. de fon Anti-Baillet qu'Homére, à la vérité n'a point dit d'ordures, mais qu'il étoit tout plein d'impiétés.
4 § Perrault pag. 36. du tome 3. de fon Paralelle des Anciens & des Modernes a eu ce paffage en vuë lors qu'après avoir parlé des mémoires qu'avoit dreffés l'Abbé d'Aubignac pour prouver qu'il n'y a jamais eu d'Homere, il ajoute qu'on *travailloit là-deſſus en Allemagne*, où ces mémoires, dit-il,

avoient peut-être paffé. Defpréaux dans fa troifiéme Réfléxion fur Longin témoigne avoir peine à croire qu'ils exiftaffent. Ils éxiftent cependant, du moins ils exiftoient en 1713. tems auquel ils me furent communiqués. Ils étoient véritablement de l'Abbé d'Aubignac, mais ils fe fentoient fort de cette imbécillité dans laquelle on a dit qu'étoit tombé leur Auteur. C'étoit un Manufcrit in-4. dont on auroit pu faire un jufte in-douze de 300. pages.
5 Comp. d'Hom. & de Virg. c. 14.
6 Ælian. 13. var. hiftor. 14.

peut contribuer beaucoup à nous faire diminuer quelque chose de l'estime que toute l'Antiquité a euë pour Homere, si la supposition est véritable. Elien écrit (1) que l'opinion des Anciens Critiques étoit qu'Homere n'avoit composé l'Iliade & l'Odyssée que par morceaux, sans unité de dessein : & qu'il n'avoit point donné d'autre nom à ces diverses parties qu'il avoit composées sans aucun ordre dans la chaleur de son imagination, & dans l'impétuosité de son génie, que celui du sujet & de la matiére dont il traitoit : Que *Lycurgue* de Lacedemone fut le premier qui apporta de l'Ionie en Gréce ces diverses parties tout-à-fait séparées les unes des autres, & sans suite ; & que ce fut *Pisistrate* qui les arrangea & en fit les deux Poëmes de l'Iliade & de l'Odyssée en la manière que nous les avons aujourd'hui. C'est de là que quelques-uns veulent que soit venu le nom de *Rhapsodies* qu'on a donné à ces deux Ouvrages. Il semble que Joseph ait été du même sentiment qu'Elien (2), & le Pere Rapin y ajoûte Plutarque dans la vie de Lycurgue & Ciceron au troisiéme Livre de l'Orateur. De sorte que pour peu qu'on ait égard à l'autorité de ces Auteurs, on ne saura que penser de la plupart des éloges & des honneurs qui n'ont été rendus à Homere que dans la supposition qu'il étoit aussi-bien l'Auteur de la structure & de l'ordonnance de l'édifice que des materiaux. Il y a apparence que ces Critiques d'Allemagne, dont nous avons parlé plus haut, ont pris cette opinion pour le fondement de ce qu'ils ont à nous dire de nouveau sur ce sujet.

Il paroît par ce que nous venons de rapporter touchant l'action de Lycurgue, que les Anciens ont cru qu'Homere étoit d'Ionie, à cause que le Dialecte dont il s'est servi dans ses vers, est presque Ionique par tout. Mr le Fevre de Saumur dit (3) que ce n'en est pas une preuve convainquante, & il le montre par l'exemple d'Hippocrate & d'Herodote, qui n'étoient ni l'un ni l'autre d'Ionie, quoiqu'ils ayent écrit tous deux en Ionien. Ce Critique veut que le Poëte ait composé ses Ouvrages en Eolide, vis à-vis de Lesbos, parce que les Commentateurs ont remarqué que quand il décrit un sacrifice, il suit la pratique des Eoliens, & non pas celle des autres Peuples qui composoient l'une & l'autre Gréce : outre qu'il dit que le vent du couchant vient de Thrace. Il ajoute qu'on n'a pourtant pas sujet de s'étonner qu'Homere ait suivi le Dialecte Ionique, parce que ce

---

1 ¶ Le P. Rapin a très-mal entendu le passage qu'il cite d'Elien. L'explication qu'il en donne copiée ici par Baillet que Perrault copia depuis, doit être redressée sur celle qu'on en trouve dans la troisiéme Réfléxion de Despréaux ci-dessus alleguée.
2 Lib. 1. contra Apionem.
3 Vie d'Homére page 5. & 6.

Homere. langage est incomparablement plus beau que tous les autres, d'autant qu'il étoit le plus connu & le plus estimé.

Le nombre des Critiques & des Commentateurs ou Scholiastes de l'un & de l'autre sexe, qui ont travaillé sur Homere est fort grand, & il n'est pas aisé à compter, parce que les Ouvrages de la plupart d'entre eux sont perdus.

Quoique nous ayons dit sur le rapport de Ciceron & d'Elien (1) que c'est à Pisistrate que nous sommes redevables de l'ordre des matiéres & de l'ordonnance de la Fable qui est dans ces deux Poëmes: néanmoins Diogene Laërce prétend (2) qu'Homere a encore moins d'obligation à Pisistrate qu'à Solon l'un des sept Sages de la Grece, qui s'étoit appliqué sérieusement à débrouiller la masse confuse & indigeste de ses Poësies, afin d'en retablir le sens, de remettre les vers à leur place, & d'en faire une édition assés correcte & assés éxacte pour pouvoir être multipliée & répanduë par tout le monde (3).

Ce fut pourtant le célébre *Aristarque*, qui, selon Plutarque (4), divisa les deux Poëmes d'Homere par Livres, & les marqua des lettres de l'Alphabet des Grecs. Car auparavant lui, c'est-à-dire, avant le tems de Ptolomée Philometor on lisoit les Ouvrages d'Homere tout de suite. Il en corrigea même le texte en qualité de Critique & de Grammairien, & l'on voit dans le même Plutarque (5) des vers qu'Aristarque a retranchés d'Homere, à cause de l'impiété & de la cruauté de leur expression. Ainsi lors que le Pere Rapin a dit qu'Homere n'avoit jamais dit d'impietés, il faut entendre cela de l'Homere corrigé par Aristarque.

Mr le Fevre dit (6) que cet Aristarque est le plus célébre de tous les Scholiastes d'Homere, & qu'ayant fait paroître une habileté singuliére dans la correction du texte en ôtant les fautes qui s'y étoient glissées par la négligence des Copistes, ou par la témérité des premiers Grammairiens, il a mérité qu'on honorât de son nom les Censeurs & les Critiques qui ont paru dans la suite avec distinction.

Nous avons cru devoir prendre cette occasion pour rendre quelque justice à cet Aristarque, parce que comme nous n'avons rien de lui, il ne nous a point donné sujet de parler de lui au Recueil de nos Critiques.

1 Cic. 3. de Oratore : Ælianus 13. var. hist. 14.
2 In Solone ex Dieuchida.
3 Thomassin l. 1. c. 8. n. 22.
4 In Homeri vita, & inde Lorenzo Crasso de' Poëti Græci pag. 376. &c.
5 Plutarch. de leg. Poëtis. fol. 41. Vasc. Idem de discrimine adulatoris & amici.
6 Vie d'Homére pag. 7.

POETES GRECS.

Mais nous n'avons rien à dire du fameux Zoïle, qui a voulu se Homere signaler aux dépens d'Homere par l'aigreur de sa Critique, qu'il n'avoit entreprise que pour perdre la réputation de ce Poëte. Nous avons dit ailleurs un mot du mauvais succès de cette Critique (1), qui l'a fait appeller *Homero-Mastix* dans toute la Postérité, il suffit de remarquer ici qu'il a laissé son nom à tous les méchans Critiques, qui par un style satirique & médisant ont plutôt déchiré les Auteurs qu'ils ne les ont corrigés.

Il s'est trouvé aussi parmi les Anciens Philosophes des Critiques qui ont voulu commenter ce Poëte, mais d'une maniére Philosophique, pour tâcher d'y faire voir les moyens de régler nos sentimens touchant la Divinité & la Religion, & de réformer nos mœurs. C'est ce que fit Proclus Philosophe Platonicien, qui expliqua tout Homere par des maximes tirées de la Philosophie (2).

Nous n'avons aujourd'hui que deux Scholiastes Grecs sur Homere, savoir Eustathius Archevêque de Thessalonique, & Didyme que le Pere Rapin appelle un des plus éxacts Interprétes d'Homere (3), mais Mr le Fevre prétend que c'est un Auteur supposé (4). Nous avons parlé de l'un & de l'autre au Recueil des Critiques Grammairiens.

Il court dans le monde une vie d'Homere, qui paroît n'avoir pas été écrite par un Auteur moderne. On prétend même qu'elle a été composée par Herodote l'Historien. Ambroise Camaldule la déterra du fonds d'une Bibliothéque à Mantouë il y a deux cens ans. Mais les Critiques les plus intelligens n'ont jamais pu se persuader qu'elle fut d'Hérodote (5).

Enfin si on est curieux de savoir le jugement qu'on doit faire des Ouvrages d'Homere par les honneurs divins que l'Antiquité Païenne lui a rendus, par les Temples & les Autels qu'on lui a dressés dans diverses villes de la Gréce, l'Asie & l'Egypte, & par les autres monumens de son immortalité, on pourra se satisfaire dans le docte Ouvrage que Mr Cuper publia l'an 1683. sur l'Apothéose de ce Poëte. [*in-*4°. à Roterdam.]

Les meilleures éditions d'Homere sont celle de Rome avec les Commentaires d'Eustathius en quatre volumes *in-fol.* [1542.] celle de Basle [en 1556.], plus rare & moins bonne avec le même Eu-

---

1 Tom. 1. chap. 11. pag. 34.
2 Tarq. Gallut. Orat. 1. de Virgilii allegoria pag. 212.
3 Comp. d'Hom. & Virg. c. 15.
4 Vie d'Homere pag. 8.
5 Vossius de Histor. Græcis l. 1. c. 3. p. 17. Le Fèvre Vie d'Homére pag. 7.

Homère. ſtathius. Celle d'Henri Eſtienne [dans ſon Recueil *Poëtæ Græci Principes, græcè in-fol.* 1566.] & celle qui fut faite à Straſbourg. Emeric Caſaubon rabbaiſſe fort celle d'Hollande donnée en 1656. par *Schrevelius* en deux volumes *in-*4°. & il a fait même un écrit exprès pour en découvrir les défauts. Borrichius dit néanmoins que cette édition de Schrevelius n'eſt pas à rejetter (1). Mais on prétend que celle de Mr Grevius Profeſſeur d'Utrecht (2), aura le deſſus des autres par ſon excellence (3).

1 Olaus Borrichius de Poëtis n. 10. p. 9.
2 ¶ Ce n'eſt pas à Grévius que cet honneur étoit réſervé, c'eſt au célébre Joſué Barnès qui en 1711. donna une magnifique édition d'Homère en deux volumes in-4. à Cambrige avec le Scholiaſte vulgairement nommé Didyme.
3 ¶ L'Auteur avertit dans ſon *Errata* qu'au lieu de *par* il faut ici lire *pour*. En quoi il a tort, *par* étant ici meilleur que *pour*.

HESIODE.

Natif de Cumes en Eolide, ſelon quelques-uns, mais demeurant à *Aſcra en Beotie*, où il devint Poëte; vivant vers le commencement des Olympiades.

1094 NOus avons quelques Ouvrages en vers qui portent le nom d'Héſiode, comme ſont celui du travail de l'homme & des jours appellé ἔργα καὶ ἡμέραι, celui de la *Théogonie* ou Généalogie des Dieux, celui du Bouclier d'Hercule, &c.

Il y a des Critiques qui prétendent que tous ces ouvrages ont été généralement ſuppoſés à Héſiode : on n'a preſque jamais douté que le dernier ne fût de cette nature ; les plus clairvoyans ne ſavent encore que dire de la Théogonie. Mais la plupart conviennent qu'on ne peut pas raiſonnablement oſter à Héſiode le premier de ces ouvrages qui contient quelques préceptes pour l'agriculture & pour les mœurs, & qui paroit avoir été entrepris pour exhorter les hommes au travail.

Mr le Févre dit (1) qu'Héſiode a fait dans ce Livre à peu près comme nos faiſeurs d'Almanachs, qui marquent quelquefois les jours heureux & malheureux, mais que cet Ouvrage dans le fonds n'eſt pas fort conſidérable.

1 Plutarque après Ephore de Cumes prétend qu'il eſt né à Aſcra en Bœotie.
2 Tan. le Fevre, Abregé des Vies des Poëtes Grecs pag. 9.

POETES GRECS.

Heinsius n'en jugeoit pas si mal(1). Il prétend (2) que de tous les Poëtes il ne connoissoit presque qu'Hésiode avec Homere qui eussent sû représenter la Nature toute pure avec une naïveté qui est infiniment préférable à tous les artifices dont on s'est servi dans la suite des tems. Il dit que ce qui fait le sujet de son étonnement, c'est de voir que la Nature ait commencé & perfectionné en même tems son Ouvrage dans ces deux Hommes, qu'il ne fait point difficulté d'appeller *Divins* pour cet effet ; & qu'elle nous ait fait remarquer en eux une idée achevée de la vertu humaine.

Mr Borrichius veut nous persuader (3) que cet Ouvrage est écrit avec tant de prudence & d'habileté, que sa lecture peut être encore aujourd'hui d'une grande utilité à tous ceux qui veulent s'appliquer à la Morale, à la Politique, à l'Oeconomie, à la Marine, & à l'Agriculture. Il juge aussi que la Théogonie peut avoir quelque chose de plus avantageux pour nous qu'elle semble n'en promettre à l'extérieur, parce que bien qu'elle ne paroisse insinuer autre chose qu'une multitude inutile de Divinités, ceux qui sont curieux de chercher en toutes choses les merveilles secretes de la Nature, trouvent sous les écorces de ces fables des vérités naturelles, & des maximes salutaires puisées du fonds de la Philosophie. C'est aussi ce que Plutarque avoit autrefois remarqué (4.)

Néanmoins Platon trouvoit mauvais qu'Hésiode eut eu si peu de discrétion que de feindre des fables scandaleuses & de mauvais exemple, telles que sont celles qu'il a forgées du Ciel, de Saturne & de Jupiter, & de la vengeance que les enfans ont exercée contre leurs peres, & d'autres qui ne peuvent produire que de méchans effets dans l'esprit de ceux qui lisent ces sotises (5). D'autres ont estimé aussi qu'il n'y a que de la superstition grossière dans tout ce qu'il dit touchant la distinction & l'observation des jours heureux & malheureux (6).

Mais cela n'a point empéché Vossius de dire qu'Hésiode s'est rendu recommandable à la Posterité pour avoir sû joindre l'utilité aux agré-

---

1 ¶ Ces mots *Heinsius n'en jugeoit pas si mal* c'est-à-dire *si désavantageusement*, font voir que Baillet n'est pas bien entré dans le sens de le Févre Si celui-ci a dit que *dans le fonds* l'ouvrage d'Hésiode n'étoit pas fort considérable, ce n'est point par rapport au style, qui est bon, mais par rapport aux instructions qui ne lui ont pas semblé fort exquises.
2 Dan. Heins. prolegom. ad Hesiod.

edition. ann. 1603.
3 Ol. Borrich. Dissertat. de Poët. Græc. pag. 10.
4 Plutarch. Tract. de legend. Poëtis, inter opuscul. Moral.
5 Plato lib. 2. de Legib. seu Repub.
Thomassin livre 2. nomb. 2. pag. 379, 380. de la méthod. d'enseigner les Poëtes.
6 Borrich. ut supra loco laudato.

Héfiode. mens (1). Il ajoute qu'il n'eſt point Poëte, mais qu'il eſt Théologien dans la Théogonie, comme il eſt Phyſicien dans ſon ouvrage du Travail & des Jours. C'eſt auſſi ce qui a eſté remarqué par la plupart des Critiques qui ſe ſont contentés de donner à Héſiode la qualité de Verſificateur, parce que la matiére qu'il a choiſie, & la maniére dont il l'a traitée, n'a rien qu'on puiſſe rapporter au genre Epique ou Dramatique, ni même au Lyrique (2).

Pour ce qui regarde le ſtyle d'Héſiode, Denys d'Halicarnaſſe témoigne (3) qu'il a de la douceur & de l'uniformité, qu'il eſt coulant & agréable, & qu'il eſt même aſſés châtié, ajoûtant qu'il a mis toute ſon étude à plaire à ceux pour qui il faiſoit des Vers. C'eſt ce qui a fait dire à Mr le Févre (4) que ſon ſtyle eſt très ſimple & ſans élévation ; & au Pere Rapin (5) que s'étant contenté d'être agréable & de bien parler, il a fait aſſés connoître que quand il auroit choiſi une autre matiére, ſon deſſein n'auroit pas été d'aſpirer au genre de Poëſie Heroïque.

Néanmoins Heinſius prétend (6) que cette ſimplicité n'a rien de bas ni de rampant, mais qu'elle ſe ſoutient par tout avec beaucoup d'égalité, qu'elle eſt accompagnée d'une grande pureté & de beaucoup de netteté, & qu'il a par tout un air naturel ſans affectation, & ſans employer jamais aucune expreſſion étrangere ni aucun ornement ſuperflu. Il étoit ſi perſuadé de la vérité de ce point, qu'il ſe crut obligé d'entreprendre la défenſe d'Héſiode contre tous ces Grammairiens, qui affectant d'être ſi difficiles & ſi dégoutés à ſon occaſion font aſſés connoître qu'ils ont le goût fort mauvais. C'eſt ce qu'il a tâché d'éxecuter dans une longue Préface qui eſt à la teſte de l'édition qu'il a donnée de ce Poëte, où il fait voir que cette ſimplicité d'Héſiode eſt infiniment préférable à toutes les figures des autres Ecrivains.

Quintilien a reconnu auſſi que ſon ſtyle s'éleve très-rarement, & que ſa beauté ne conſiſte le plus ſouvent que dans la propriété des mots (7), mais que par le genre médiocre d'écrire qui eſt celui qu'il a ſuivi, il a remporté le prix ſur ceux qui s'y ſont appliqués comme lui, tant à cauſe de l'utilité de ſes maximes, que pour la douceur

---

1 Ger. Jo. Voſſius, de Arte Poëtica pag. 36. 37.

2 Lil. Greg. Girald. R. Rap. R. le Boſſu & les autres.

3 Dionyſ. Halicarnaſſ. de Linguæ Græc. autoribus ſeu Opuſcul. Critic.

4 Le Fevre au lieu cité, pag. 9.

5 R. Rapin Rëfléxion 15. ſur la Poëtique, ſeconde partie.

6 D. Heinſius Præfat. ad Heſiod. in edition. anni 1663.

7 Quintilian. Inſtitut. Orator. lib. 10. cap. 1.

de ſes expreſſions, & la probabilité de la maniére (1) avec laquelle Héſiode.
il a coutume d'expoſer les choſes.

Quoi qu'Héſiode ſoit fort louable d'avoir ſu l'art de maintenir ſon ſtyle dans une juſte médiocrité entre l'élévation & la baſſeſſe (2), il ſemble que cela n'ait point dû lui meriter le rang parmi les Auteurs du premier ordre, outre qu'il n'y rien de fort noble dans la matiére qu'il a traitée. Il paroit néanmoins que Patercule (3) n'a point eu beaucoup d'égard à ces conſidérations lors qu'il a dit (4) qu'Héſiode étoit un très-beau Génie, & d'une ſi grande délicateſſe pour les Vers, qu'on lui a donné le ſecond rang après Homere.

Le Bibliographe d'Allemagne a remarqué qu'il n'y a preſque que les Savans qui goûtent Héſiode (5), & que les jeunes gens ſur tout n'aiment guéres à le lire, parce que le ſujet qu'il traite ne revient pas beaucoup à leurs inclinations. Le jeune du Verdier ſemble nous donner une autre raiſon de ce dégoût (6) qui eſt une répétition trop fréquente des mêmes Epithétes qui ennuie le Lecteur.

Entre les bonnes éditions des œuvres d'Héſiode, celle de Henri Eſtienne eſt des plus rares & des plus eſtimées. Celle de Daniel Heinſius qui parut en 1603 in-4° ſuit après, enſuite celle de George Paſor avec un Dictionaire des mots d'Héſiode [in-8° à Amſterdam 1631. & 1657.] Mais pluſieurs croyent que celle de Mr Grævius qui parut l'an 1667. [in-8°] eſt la meilleure de celles qui avoient été publiées juſqu'à lors.

---

1 ¶ On ne ſait ce que veut dire *la probabilité de la maniere.* Quintilien dit: *lenitas verborum, & compoſitionis probabilis.* Le mot *compoſitio* en cet endroit ſignifie *ſtyle & probabilis* correct, où il n'y rien à reprendre, dont on a lieu d'être content. Mr l'Abbé Gédoin a traduit: *ſon ſtyle n'eſt point à mépriſer.* On entend fort bien cela, mais je défie qui que ce ſoit d'entendre *la probabilité de la maniére.*

2 Borrich. de Poët. Græc. p. 10. Diſſert.
3 ¶ Il faut dire *Paterculus.*
4 Vell. Patercul. libro 1. Hiſtor.
5 Biblioth. anonym. Curi. Hiſtor. Philol. pag. 50.
6 Claud. du Verdier cenſio omnium Auctorum &c. pag. 44.

LA SIBYLLE,

Multipliée en dix ou en douze fantômes selon la fantaisie des Auteurs & des Peintres.

1095 Quoique toutes les personnes raisonnables soient persuadées que ce que nous avons sous le nom d'*Oracles Sybillins*, n'est que le fruit d'une imposture grossiére, nous avons cru pouvoir en dire un mot en cet endroit pour ne nous point écarter du tems auquel on prétend que la Sibylle a paru dans le monde, quoique la Versification qu'on lui a supposée lui soit postérieure de plusieurs siécles.

Il y a une différence très-considérable entre les anciens Vers de la Sibylle que l'on consultoit à Rome du tems de la République, & ceux qu'on a forgés depuis l'établissement de la Monarchie Romaine, ou plutôt depuis la derniére dispersion des Juifs sous les Empereurs Romains. Les premiers dont les restes se conservérent jusqu'au tems de Théodose l'ancien, & qui furent entiérement brûlez par les ordres de Stilichon Général des armées d'Honorius, n'avoient ce semble aucun rapport avec la Religion chrétienne, pour laquelle les seconds ont été composés.

Les premiers n'insinuoient autre chose que l'Idolatrie, & il paroît par l'Histoire Romaine qu'on ne les consultoit jamais, qu'ils n'ordonnassent quelque nouveau point de superstition, quelques sacrifices aux fausses Divinités, l'établissement de quelque nouvelle idole comme d'Esculape sous la forme d'un serpent, de la mere des Dieux sous celle d'un caillou, dont on fit venir l'un d'Epidaure & Ragusæus. l'autre de Pessinunte sur la consultation qu'on fit des Livres Sibyllins. C'est là qu'on avoit appris aussi à Rome à joindre l'inhumanité avec l'infamie dans le culte des Démons, & à immoler des victimes humaines.

Les seconds au contraire n'enseignent que le culte du véritable Dieu. On y trouve des invectives contre l'Idolatrie & des exhortations perpétuelles à reconnoître la Divinité de Jesus-Christ.

Il n'y avoit rien de plus obscur ni de plus embarassé que les pre-

---

1 ¶ Ce n'est pas un moderne tel que Georg. Ragusæus qu'il faloit citer touchant le culte introduit à Rome du Serpent d'Epidaure, & du caillou de Pessinunte, c'est Tite-Live, Valére Maxime, &c.

POETES GRECS.

miers, c'est ce qui donnoit lieu à ceux qui les consultoient d'y trou- *Sibylles.*
ver par leurs explications tout ce qu'ils vouloient, comme on fait
aujourd'hui dans les centuries de Michel de Notre-Dame que nous
appellons Nostradamus.

Mais les seconds n'ont rien d'énigmatique, ni de trop difficile à
déchifrer. Ils sont même plus clairs que les Prophéties de l'Ancien
Testament, & Isaïe qui passe presque pour un Historien parmi les
Prophétes, n'a point parlé du mystére de notre Redemption avec
tant de netteté & d'évidence. Car on ne trouve point le nom de
Jesus, & de *Marie* dans Isaïe comme dans ces Vers de la prétenduë
Sibylle, où il est parlé aussi du Batême de Jesus-Christ dans le
Jourdain, & de la manifestation des trois Personnes de la sainte
Trinité. De sorte que s'il se trouvoit encore aujourd'hui quelqu'un
qui voulut croire que ces Vers sont plus anciens que l'Incarnation
du Fils de Dieu, il seroit obligé de reconnoître que Dieu auroit
fait plus de grace en ce point aux Païens qu'aux Juifs, à qui il avoit
donné l'ancien Testament pour les conduire dans la véritable Religion, puisque ses mystéres paroissent découverts ou mieux deve-
loppés dans ces Vers qu'on supposeroit avoir été faits pour l'utilité
des Païens.

Mais nous reservons au Traité des Imposteurs ce qu'il y aura à
dire du tems & de la maniére dont ces Vers ont été supposés à la
vieille Sibylle, & nous nous contenterons d'ajouter ici en peu de mots
ce qui regarde le jugement qu'on doit faire de leur composition.

Les Critiques jugent que ces Vers sont écrits en un fort mauvais
style, que leur Auteur ne savoit pas bien la Langue Grecque, qu'il
y a des barbarismes, des étymologies puériles & des badineries qui
n'ont aucun air de l'ancienne Gréce, & qui ne sentent nullement la
gravité de la matiére que l'on y traite.

Ceux qui voudront s'instruire à fond de la matiére des Sibylles
touchant leurs personnes & leurs Livres, peuvent consulter les
Traités singuliers qui en ont été faits exprès, 1 par Onofre Panvini,
Ermite Augustin de Verone, en Latin; 2 le sieur David Blondel,
Protestant, de Châlons en Champagne, en François; 3 Erasme
Schmid, Allemand de Misnie, en Latin; 4 le sieur Tobie Wagner
Allemand, demeurant à Tubingue, en Latin; 5 le sieur Daniel
Clasen Jurisconsulte, depuis 13. ans en Latin; 6 le sieur Jean
Christ. Salbach, depuis 8. ans en Allemand; 7 le P. Jean Crasset Jé-
suite, depuis 8. ans en François; 8 le sieur Isaac Vossius Hollandois,
Chanoine de Vindsor en Angleterre, en Latin depuis six ans; 9 le

A aa iij

sieur Jean Marckius, Professeur de Groningue en Frise, depuis quatre ans en Latin; Enfin on nous fait esperer un ample Traité sur ce sujet par Mr Petit Médecin & Philosophe à Paris, & l'on dit qu'il est déja imprimé à Leipsik en Allemagne.

* *Serv. Gallæi Oracula Sibyllina Gr. Lat.* in-4°. *Amster.* 1689. *

| Henr. Valef. Observationibus ad Hist. Eccl. Eusebii. | pag. 2. & 3. & Isaac Vaff. p. 41. cap. 8. |
| Ger. Jo. Vossius lib. 1. de Poët. Græc. | Tan. le Fevre Vies des Poëtes Grecs. pag. 2. 3. |

ALCMAN.

Poëte Lyrique de *Lacedemone* (1), vivant en la 27. Olympiade, du tems de Manassès, Roi de Juda.

1096   IL nous reste de ce Poëte un petit nombre de fragmens qui ont été sauvés dans les Ecrits de ceux qui les ont cités anciennement. Mais ils ne suffisent pas pour pouvoir nous donner une idée assés juste du caractére de ce Poëte, qu'on dit avoir été tendre & trop enclin à l'amour. Sa Dialecte est Dorique, comme l'a remarqué Suidas (2), & c'étoit celle qu'on parloit à Lacedemone. Paterculе prétendoit néanmoins (3) qu'il n'étoit point de cette Ville, mais comme nous ne faisons point l'Histoire des Auteurs, cet éxamen n'est point de notre sujet. Il faut remarquer seulement que comme il y avoit un autre Alcman à Messine (4) qui étoit aussi Poëte Lyrique & qui vivoit presque en même tems, plusieurs ne savent auquel des deux attribuer les fragmens qui portent le nom d'Alcman.

* Voyés Article 1099. *

1 ¶ Il naquit à Sardes Ville de Lydie, & fut élevé à Lacédémone où il demeura, ce qui a fait que les uns l'ont appellé Lydien, les autres Lacédémonien.

2 Suidas in Lexico litt. A.

3 Vell. Patercul. lib. 1. Histor. Vossius lib. 1. de Poët. Gr. Tan. le Fevre, des Poëtes Grecs. Lor. Crasso, de Poët. Græc. &c.

3 ¶ Alcman, que Suidas a cru Lacédémonien, étoit selon lui du quartier de Lacédémone nommé *Messoa* Ἄλκμαъ Λάκων ἀπὸ Μεσσύας Gyraldus persuadé qu'au lieu de Μεσσύας il faloit lire Μεσσούαтες à la Dorique pour Μεσσήνης qu'il a prise pour une ville de Laconie, a usé de ces termes : *Suidas ex urbe Messana, in eo perperam licet legatur Messoa fuisse ait.* De là Baillet enchérissant sur l'erreur de Gyraldus a fait un Alcman de Messine, quoiqu'il n'y ait eu qu'un seul Alcman, Lacédémonien d'établissement, & Lydien d'origine, touchant lequel il faut voir Saumaise p. 825. de la 1. edit. de Solin, où il debrouille parfaitement toutes ces difficultés.

ARCHILOCHUS

Poëte Iambique de *Paros Isle des Cyclades* vivant en la 29. Olympiade, 660. ans avant Jesus-Christ.

Du tems de Manassès Roi de Juda & de Tullus Hostilius Roi des Romains, ou du tems de Romulus selon Ciceron.

1097 CE que nous avons de lui n'est pas beaucoup plus considérable que ce qui nous est resté d'Alcman. Il passe pour un des premiers Auteurs du Vers Iambe, selon Clement Alexandrin (1) : & Quintilien juge (2) qu'il étoit un de ceux qui avoient porté ce genre de Poësie, le plus près de sa perfection. Il ajoûte que pour cet effet il avoit un talent merveilleux, une force admirable dans ses paroles dont il se faisoit une espéce singuliére d'éloquence ; que ses Sentences étoient puissantes, courtes, & tranchantes, & qu'il semble qu'elles ne fussent composées que de nerfs & de sang. Et comme il étoit trop emporté & trop mordant dans son style, ce Critique dit que plusieurs attribuoient ce vice à sa matiére plutôt qu'à son esprit (3).

Archilochien.

De quelque part que lui soit venuë cette humeur médisante, il ne paroît pas qu'elle ait jamais été excusée, & encore moins approuvée de personne. Elle a été notée par Ciceron, qui pour la distinguer de la véritable fureur Poëtique, semble avoir voulu se mocquer de ceux qui avoient pris la douleur d'une plaie faite par les traits envenimés d'Archilochus & d'Hipponax pour quelque chose de divin, c'est à dire pour un effet de l'Enthousiasme (4).

Horace a considéré aussi cet emportement d'Archilochus plutôt comme une rage que comme un mouvement d'enhaut ou un effet de ce feu Divin (5) dont les Poëtes se vantent d'être animés.

Il faut en effet que cette rage ait été bien violente pour avoir pû

---

1 Clem. Alexandr. in Stromat. Item Horat. de Art. Poët.
2 Quintilian. lib. 10. Institut. Orat. c. 1.
3 ¶ Le Latin de Quintilien *adeo ut videatur quibusdam, quod quoquam minor est, materiæ esse, non ingenii vitium*, ne dit point du tout cela, mais comme l'a fort bien rendu Mr l'Abbé Gédoin, *que si Archiloque est audessous de qui que ce soit, c'est plutot la faute de sa matiére que celle de son esprit.*
4 Cicero de Natura Deorum. lib. 3.
5 Horat. de Arte Poët. Vid. & Ol. Borrich. Dissertat. de Poëtis pag. 27.

Archilochus. produire le desespoir dans l'esprit de Lycambe, & l'avoir obligé de se pendre (1).

Archilochus ne se contenta pas de vouloir être piquant, il voulut joindre l'obscénité à la médisance (2), & il mêla toute sortes d'ordures & de saletés dans le venin dont il avoit coûtume de tremper ses traits. C'est ce qui, au rapport de Valere-Maxime (3), obligea la République de Lacedemone de le condamner au bannissement, & de supprimer ses Livres dont elle jugeoit la lecture très-pernicieuse à toutes sortes de gens, & particuliérement à la jeunesse. Et cet Auteur ajoute que les Lacédémoniens aimérent mieux priver leurs Enfans des Ecrits de ce Poëte, quelques polis & quelques élégans qu'ils fussent, que d'exposer l'innocence de leurs mœurs à une corruption visible.

Ce jugement desavantageux qu'une sage République a porté des Poësies d'Archilochus paroît n'avoir pas moins d'équité que de sévérité. Néanmoins il n'a pas empêché Patercule de parler de lui avec beaucoup d'éloges, & de dire (4), qu'après Homere & lui, il n'est pas aisé de trouver quelqu'un capable de donner la perfection à une chose dont il auroit été lui-même l'Auteur. Ce n'est pas que Patercule prétendît par là l'égaler à Homere en toutes choses, car Demetrius de Phaleres cité par le Pere Rapin (5), dit qu'Archilochus n'avoit pas cette grandeur d'ame propre au Poëme Héroïque (6) qu'avoit Homere.

Mais s'il n'étoit point arrivé au point de l'élevation où l'on voit Homere, on ne peut pas dire aussi qu'il ait rampé avec les derniers Poëtes, quoique selon le jugement de Longin (7), il se brouille quelquefois, & qu'il manque d'ordre & d'œconomie en plusieurs endroits de ses Ecrits. Et bien que l'*Erigone* d'Eratosthene, par éxemple, soit

---

1 Par des vers qu'il fit contre cet homme qui lui refusoit sa fille qu'il lui avoit promise.

2 Suidas in Lexico. Item Lil. Greg. Gyrald. Dialog. 1x. de Poëtis veteribus.

3 Valer. Maxim. Rer. Memorabil. lib. 6. cap. 3. de Severitate.
Pedro de Guzman, Discours 6. §. 8. des Avantages de l'honnête Travail, en Espagnol.
Lor. Crasso des Poëtes Grecs, en Italien, pag. 59. 60 il appelle Archilochus un Auteur très-fleuri & très-fécond.
Joseph de Voisin, défense du Traité de Mr le Prince de Conti, contre la Comédie pag. 274.

4 Vell. Patercul. lib. 1. Histor.

5 R. Rapin, Réfléxion 14. sur la Poët. part. 1. pag. 31. edit in-12.

6 ¶ Nicéphore Grégoras pourtant en son commentaire sur le livre de Synesius dit περὶ ἐνυπνίων qu'Archiloque s'étoit aussi éxercé dans la Poësie Héroïque. Et le prétendu Demetrius, au lieu de ce que lui fait dire le P. Rapin, ne dit autre chose sinon qu'il ne faudroit pas s'aviser d'employer dans la composition d'une Iliade des vers d'une mesure aussi courte que ceux auxquels Archiloque a donné le nom, qui ne sont que des hémistiches ou des demivers. §

7 Longin, Traité du Sublime, chap. 27. pag. 100. de la Traduction Françoise.

POETES GRECS. 377

un Poëme où il n'y a rien à reprendre, on ne peut pas dire pour cela qu'Eratofthéne eft plus grand Poëte qu'Archilochus, parce que celui-ci ne tombe dans ce défaut que nous venons de marquer qu'à caufe de cet efprit divin dont il eft entraîné, & qu'il ne fauroit regler comme il veut.

* Voyés dans le Recueil des Poëtes Grecs, imprimé à Geneve *in-folio* 2 vol. 1606. 1614. *

STESICHORE,

d'*Himere en Sicile*, vivant (1) en la 37. Olympiade, mort en la 56. fous le regne de Cyrus Roy des Perfes.

1098 IL ne nous refte plus de lui que trente ou quarante vers d'un fort grand nombre, pour lefquels toute l'Antiquité témoignoit avoir beaucoup d'eftime.

Il excelloit en plus d'un genre de Poëfie, & il avoit le ftyle grand, plein & majeftueux (2). Il femble néanmoins que fon principal talent confiftât dans la Poëfie Lyrique. Denys d'Halicarnaffe dit (3) que Stefichore avoit toutes les bonnes qualités & les graces de Pindare & de Simonide, mais qu'il les a furpaffés tous deux dans la grandeur de fon fujet, où il a fort bien gardé les caractéres des mœurs & des perfonnes.

Quintilien témoigne que c'eftoit un puiffant génie, qu'il avoit pris des fujets grands & élevés, comme des guerres importantes, & les belles actions des plus vaillans Capitaines, pour éxercer dignement fes talens, & qu'il avoit fort bien foutenu la majefté du Poëme Epique *par fa lyre*; mais qu'il étoit quelquefois accablé de fon abondance, & que pour n'avoir pas fu fe moderer, il avoit perdu l'avantage qu'il auroit eu d'être le fecond après Homere & de l'approcher de fort prés (4).

Synefius le mettoit auffi au rang des Poëtes Heroïques (1), & il

---

1 ¶ Il faloit dire *né* parce que *vivant* fe prendroit pour floriffant d'où il s'enfuivroit qu'en la 37. Olympiade il pourroit avoir eu 30. ans, & qu'étant mort en la 56. il en auroit eu tout au moins 102. quoique fuivant la fupputation de Suidas qui le fait naitre en la 37. Olympiade & mourir en la 56. il ne foit pas mort octogénaire, que Phlégon ne le mette point parmi les Macrobes, & que Lucien, qui l'y met, ne lui donne pas plus de 85. ans.

2 Tan. le Fevre, Vie des Poëtes Gr. p. 21.

3 Dion. Halic. de L. Auct. Græc. judic.

4 Quint. Inftitut. Oratoriar. lib. 10. c. 1.

5 Synefius à la fin de fon livre des fonges ne met pas Stefichore au rang des Poëtes Héroïques, mais au rang des Poëtes qui ont chanté les Héros, οἱ τὸ Ἡρωϊκὸν φῦλον διὰ τὰς ποιήσεις αὐτῶν ἐπικυδέστερον ἔθεσαν Cyraldus ayant traduit Ἡρωϊκὸν φῦλον par *Heroicum genus* a trompé Baillet qui s'eft imaginé qu'*Heroicum genus* fignifioit le genre Héroïque, c'eft-à-d re la Poëfie Héroïque.

Tome III. Bbb

semble avoir voulu le comparer avec Homere, lors qu'il a dit (1), que l'un & l'autre avoient donné beaucoup d'éclat & de noblesse au genre Heroïque par leurs vers. C'est sans doute ce qui a porté Alexandre le grand (2) à mettre Stesichore au rang de ces Poëtes que les Princes doivent lire & étudier, & c'est ce qui a fait dire à Horace (3) que la Muse de ce Poëte avoit de la gravité.

Hermogéne de Tarse parlant de la douceur que doit avoir un Orateur, reléve fort haut le mérite de Stesichore (4), & dit qu'il a excellé particuliérement en ce point, qui fait une des principales parties du discours, à cause du bon usage qu'il a fait des Epithétes.

Il écrivoit en langue Dorique (5). Athenée semble l'avoir mis au rang des Poëtes lascifs. Il n'eut pourtant pas beaucoup d'égard à la beauté d'Helene lors qu'il la maltraita dans ses vers. Les Anciens faisoient un conte sur ce sujet, & ils disoient que Stesichore fut puni de l'aveuglement pour avoir deshonoré Helene; mais qu'ayant réparé sa faute par des vers qu'il fit ensuite à sa louange, il recouvra la vûe (6).

Stesichore n'étoit pas son véritable nom, mais il fut ainsi appellé dans la suite pour avoir arresté & fixé la maniére de la danse aux instrumens, ou du chœur sur le théatre (7).

* Voyés le Recueil des Poëtes Grecs de Genéve 2 volumes *in-folio* 1606. & 14.

1 Ap. Lil. Gregor. Gyrald. de Poët, Dialogo 1x. pag. 986.
2 Lil. Greg. Gyraldus Hist. Poëtarum Dialog. pag. 956. &c. ex Dione Orat. 2. quem allegat Gr. Gyraldus.
3 Horat. lib. 4. Ode 9. ad Lollium.
4 Gyraldus au même endroit : Hermogenes Tarsensis in libris de Rhetor. & Borrich. Dissertation de Poëtis.
5 C'est Pausanias qui a publié particuliérement cette Fable; Hesychius Milesius l'a copiée, & plusieurs l'ont suivi.
6 Stesichorus *id est* Stator Chorex.

SAPPHO,

Femme de l'Isle de *Lesbos* dans l'Archipel, vivant en la 44. Olympiade du tems de Nabuchodonosor & de Tarquin l'ancien.

1099 ON prétend qu'il y en a eu deux de ce même nom qui étoient du même pays, qui vivoient presque en même tems, & qui toutes deux on fait le métier de Poëte : de sorte qu'il est difficile de dire, à laquelle des deux il faut attribuer ce que nous avons sous le nom de Sappho.

Mais comme nous ne nous appliquons point tant à la recherche des Auteurs qu'à celle de leurs ouvrages, il suffit de remarquer deux Sappho. choses qui sautent aux yeux de ceux qui lisent les vers qui portent aujourd'hui ce nom, l'une que celle qui en est l'Auteur étoit un bel esprit, & l'autre que c'étoit une grande débauchée.

I. Il n'est pourtant pas si aisé de juger du premier point par l'Hymne, l'Ode & quelques petits fragmens que nous avons d'elle, que par les glorieux témoignages que les plus célébres Critiques de l'Antiquité lui ont rendus. Ces Auteurs nous apprennent (1) qu'il n'y avoit rien de si beau que les Poësies de Sappho, qu'on y remarquoit des graces toutes extraordinaires, un art secret & admirable d'entrer dans les cœurs, dit Mr le Févre, de parler & de vaincre en même tems, & toucher les passions les plus tendres ; & que c'est particuliérement ce qui lui a attiré l'estime de tant de siécles(2).

Demetrius de Phaleres rapporté par le Giraldi (3) disoit qu'une des principales beautés que l'on remarquât dans ses vers étoit celle des répétitions & redoublemens que les Grecs appellent *Anadiplose* ; & Hermogéne ne lui trouvoit jamais tant de douceur que lors qu'elle faisoit parler sa lyre, & qu'elle lui faisoit faire des réponses aux questions qu'elle feignoit de lui proposer (4).

Denys d'Halicarnasse dans ses jugemens, & Strabon dans sa Géographie, à l'occasion de l'Isle de Lesbos, en parlent fort avantageusement, & nous font connoître qu'ils n'avoient encore rien remarqué dans tout le séxe qui méritât de lui être comparé (5).

Longin & l'Empereur Julien (6) nous donnent aussi une grande idée du mérite de ses vers, & le Pere Rapin nous assure (7) que ces Anciens ont eu grande raison de nous vanter si fort dans leurs ouvrages le génie admirable de cette fille, parce qu'on y trouve des traits de la délicatesse la plus fine & la plus passionnée. C'est aussi ce qu'on peut voir plus au long dans le jugement que Mademoiselle le Fevre, & depuis elle Monsieur de Longepierre ont porté de sa Poësie (8).

Nous nous contenterons de remarquer qu'on a augmenté le nombre des Muses en sa faveur ; que c'est d'elle que vient cette espéce de vers Lyriques qui portent encore aujourd'hui son nom,

---

1 Suidas in Lexico.
Laur. Crass. de Poët. Græc. pag. 449. 450.

2 Tan. le Fevre, Abreg. des Vies des Poëtes Grecs pag. 22.

3 Lil. Gregor. Gyraldus de Hist. Poëtar. Dialog. IX. pag. 978. edition. in-8.

4 Hermogen. Rhetoric. apud eumdem Gyrald.

5 Dionys. Halicarnass. in Opuscul. Crit. Strabo in Geograph. agens de Lesbo.

6 Dionys. Cass. Longin. de Sublimi cap. 8. pag. 45. 46. de la Trad. Françoise. Julian. Imper. de Cæsarib. Satir.

7 Ren. Rapin, Rééxion XXX. sur la Poëtique, seconde partie.

8 Anne le Fevre & D. L. prefac. de leur edition, &c.

Sappho. & que son Dialecte étoit Æolique (1).

Nous ajoûterons que si on en veut croire Vossius (2), elle avoit pris pour le modéle de son style Archilochus, mais qu'elle avoit eu la prudence de tempérer son aigreur par une douceur admirable. Et Castelvetro a remarqué aussi après Apulée (3) que c'est à cette douceur qu'on étoit redevable des adoucissemens qui paroissoient dans l'insolence & l'effronterie de ses matiéres.

II. Le second point regarde la galanterie dont nous trouvons encore des vestiges dans les restes de ses vers. On peut dire qu'ils sont suffisans pour nous persuader d'une partie de ce qu'on a dit de ses infames débauches (4), qui n'ont pû être bornées par les débordemens même qui ont coutume de satisfaire la brutalité des plus abandonnées d'entre les Courtisanes. Et quelque soin (5) que Mademoiselle le Févre ait pris pour tâcher de diminuer en nous l'horreur d'une passion si monstrueuse, nous ne pouvons nous imaginer que le peu d'utilité qui pourroit nous revenir de la lecture de ses vers pût être comparé avec la moindre des méchantes impressions qu'elle pourroit faire sur nos esprits, & dans les cœurs même de ceux qui pourroient s'y laisser seduire, s'ils n'étoient point utilement prévenus contre elle.

* Voyés dans le Recueil de Plantin qui a pour titre, *Carmina novem illustrium fœminarum & Lyricorum, scilicet Alcmanis, Ibyci, Stesichori, Anacreontis, Alcæi, Simonidis, Bacchylidis, ex Bibliothecá Fulvii Ursinii*, in-8° *Antuerpiæ* 1568. *

1 L. Greg. Gyrald. de Hist. Poët. Dial. IX. loco citato Ol. Borrich. Dissert. de Poët.

2 Ger. Joan. Vossius Institution. Poëtic. lib. 3. 78. 97.

¶ Vossius n'a pas bien pris le sens de ce vers d'Horace 1. Ep. 19.

Temperat Archilochi Musam pede mascula Sappho

ce *temperat* ne doit être entendu que de l'adresse qu'avoit euë Sappho de joindre successivement dans quelques-unes de ses Odes à un grand vers, un vers plus court, tel que ceux ausquels Archiloque a donné le nom. *Temperat* ne signifie là que *miscet*, comme Bentlei l'a fort bien expliqué.

3 Ludov. de Castelvetro in Art. Poëtic. Aristot. & apud Laur. Crass. de Poët. Græc.

pag. 450.

¶ Apulée dans cet endroit de son Apologie où il parle de Sappho en ces termes: *Et mulier Lesbia lascive illa quidem, tantaque gratia, ut nobis insolentiam linguæ suæ, dulcedine carminum commendet*, n'a voulu dire autre chose sinon que la douceur & les graces de la Poësie de cette Lesbienne font qu'on lui pardonne avec plaisir le désagrément de son Dialecte.

4 Plutarch. Tract. de Orac. Pyth. &c. Item Suidas in Lexic.

Vid. & Ovidius passim, ejusque Epist. sub nomine Sapphûs.

5 V. M. Bayle Nouv. de la Républiq. des Lettres de Novembre 1644. tom. 2. pag. 396. 397.

ALCE'E,

De Lesbos, Poëte Lyrique, Contemporain & Compatriote de Sappho.

1100   Les petits débris des Poësies de cet Auteur qui sont venus jusqu'à nous, semblent nous donner lieu de rapporter ici une partie des Jugemens que les Critiques ont faits de ses Ecrits.

Denys d'Halicarnasse juge (1) qu'il y avoit dans ses compositions de la magnificence ou de la grandeur, de la briéveté, de la douceur ou de l'agrément, du sel, de la gravité, des figures qui n'avoient point d'obscurité, horsmis dans quelques termes qui regardoient la proprieté de la langue. Il ajoute qu'il avoit de la force, que son style étoit nombreux, c'est-à-dire, mesuré & soutenu d'une belle cadence, qu'il savoit bien proportionner toutes choses aux mœurs de son tems & aux usages de son Pays ; & que si on avoit retiré les pieds de ses vers, on l'auroit pris volontiers pour un Ecrivain du Barreau.

Quintilien lui donne presque les mêmes qualités, quoiqu'en moins de paroles (2), & il ne fait point difficulté de dire qu'il s'étoit rendu semblable à Homere pour le style.

Mr le Fevre a témoigné ouvertement n'être nullement du sentiment de Quintilien en ce point (3) : & malgré le respect dû à l'Antiquité, il prétend que ce Critique n'a point eu plus de raison lors qu'il a comparé Alcée à Homere, que lorsqu'il a comparé Herodote avec Tite-Live, qui ne se ressemblent, dit-il, en aucune maniére, sinon en ce qu'Herodote a écrit une Histoire en Grec, & que Tite-Live en a écrit une en Latin. Mr le Fevre nous fait connoître en même tems que s'il avoit à comparer Alcée avec quelqu'un des Poëtes Latins, ce seroit avec Horace, quoiqu'il eut dit auparavant que le style d'Alcée représentoit assés bien les qualités de son ame & de son courage, c'est-à-dire, qu'il étoit martial. C'est ce qu'on n'a point dit de celui d'Horace, qui a donné lui-même (4)

---

1 Dionys. Halycarnass. in judic. de Poët. pag. 10. edit in-8. inter Opuscul. Critic.
2 Quintil. Institution. Oratoriar. lib. x. cap. 1.
3 Tan. le Fevre Abr. des Vies des Poëtes Grecs pag. 30.
4 Horat. lib. 4. Od. ad Lollium.

B bb iij

Alcée. le nom de Muſe menaçante à la Poëſie d'Alcée, à cauſe qu'il avoit écrit contre les Tyrans de ſon Pays, & ſur tout contre Pittacus.

Quintilien paroît ne l'avoir pas jugé louable de ce qu'étant plus propre pour les grands ſujets, comme pour chanter des guerres & des victoires, il s'étoit amuſé à des bagatelles, & étoit deſcendu de ſon rang, pour le dire ainſi, afin de chanter des Jeux & des Amours (1). Ciceron a dit encore quelque choſe de plus honteux à ſon ſujet (2), & il nous apprend qu'Alcée non content de s'être laiſſé aller à la Pédéraſtie, ce qu'Horace avoit auſſi marqué dans ſes vers (3), il en avoit encore écrit (4), comme s'il en eut voulu corrompre d'autres que lui.

Au reſte c'eſt de cet Alcée que nous eſt venuë cette eſpéce de vers que nous appellons Alcaïques, & qui paſſent pour être des plus beaux & des plus agréables dans le genre Lyrique.

Syneſius rapporté par le Giraldi remarque (5) qu'il n'avoit pas coûtume d'employer de perſonnages feints ni de matiéres chimériques ou inventées à plaiſir, comme les autres Poëtes ont coutume de faire, mais que les perſonnes & les choſes y étoient véritables, de ſorte qu'il ne trompoit perſonne, & qu'expoſant librement ſes inclinations au Public, il étoit aiſé de voir par ſes vers tout ce qui lui donnoit du plaiſir ou du chagrin.

Son Dialecte étoit Æolique comme celui de Sappho (6). [Voyés dans le Recueil de Plantin in-8°. cité Art. 1099.]

---

1 Fabius Quintil. loco cit. ut ſuprà.

2 Cicero in libris de Natur. Deor. Item in Quæſtion. Tuſculan.

3 Horat. lib. 1. Od. 32. ad Lyram.

4 ¶ Ces paroles de Ciceron : *Fortis vir in ſua Rep. cognitus quæ de juvenum amore ſcribit Alcæus* ? ne ſignifient pas qu'Alcée eut fait un livre exprés de pédéraſtie, mais qu'il avoit fortement marqué dans ſes vers ſon inclination là-deſſus.

5 Apud Lil. Gregor. Gyrald. de Hiſtor. Poëtar. Dialogo IX. pag. 272. edition. in-8.

6 Ibid. Ep. Greg. Gyrald.

Item Olaüs Borrich. Diſſertat. de Poëtis pag. 23. Vidend. Laurent. Craſſ. de Poët. Græc.

IBYCUS,

Poëte Lyrique *de Rhege en Italie*, *vis-à-vis de l'Isle de Sicile*, vivant en la 54. Olympiade du tems de Cyrus, de Croësus & de Servius Tullius 560. ans & plus devant notre Epoque.

1101   SEs Odes étoient écrites en langage Dorien, & quelques fragmens qui nous en restent font assés connoître que son style étoit plein, & quelquefois fort élevé, qu'il avoit de la netteté & des agrémens.

Il avoit écrit fort élegamment l'*enlevement de Ganymede & de Tithon*. Mais il avoit tout gâté par ses obscénités, qui faisoient assés voir qu'il étoit encore plus corrompu que ces Poëtes lascifs dont nous avons parlé auparavant. [Voyés dans le Recueil de Plantin *in*-8°. cité Art. 1099.]

Lil. Greg. Gyrald. de Histor. Poëtar. Dialog. IX. pag. 1010. 1011. Suidas in Lexico. V. & H. Stephanus qui ejus fragmenta edidit cum cæterorum Lyricorum reliquiis.

Tan. le Fevre Abr. des Vies des Poëtes Grecs pag. 37.
Laur. Crass. de Poët. Græc.
Ol. Borrich. Dissert. de Poët. p. 13. 14.

PHOCYLIDE,

De *Milet dans l'Ionie*, vivant en la 60. Olympiade, du tems de Cyrus 540. ans devant l'Epoque Chrétienne.

1102   MOnsieur le Fevre prétend (1) que le style de Phocylide étoit aussi pur & aussi net que ses mœurs, & que l'on apprenoit par la lecture de ses Ouvrages à bien vivre & à bien parler tout à la fois.

Nous avons aujourd'hui une piéce de Poësie morale sous le nom de Phocylide. Mais c'est une piéce assés moderne. Du moins est-il visible qu'elle a été supposée à cet ancien Phocylide qui étoit contemporain à Théognis, à Hipponax, & à Anacreon. L'Auteur de ces vers moraux étoit un Juif d'Alexandrie, si l'on veut suivre la conjecture de plusieurs Critiques. Quelques-uns même des plus éclairés, parmi lesquels on peut compter Vossius & Mr le Fevre, estiment que c'étoit un Chrétien vivant du tems de Trajan ou

1 Suidas in Lexico.
Ger Joan. Voss. de Poët. Græc. pag. 22.

Tan. le Fevre des Poëtes Grecs pag. 46.
Voyés encore n°. 1106.

Adrien, ou même plus tard, s'il est vrai, comme a remarqué Suidas que cet Auteur a volé les vers de la Sibylle, qui n'ont été forgés que vers le tems de ces Empereurs. Une des meilleures raisons de Mr. le Fevre est que le style de cette piéce a tout-à-fait l'air & le tour des Grecs modernes.

* *Theognidis., Phocylidis, Pythagoræ, Solonis, & aliorum Poëmata, Gr. Lat. per Frid. Sylburg. in-8°. Heidelb.* 1597. Voyés Art. 1106. *

MIMNERMUS,

De *Colophon* ou *de Smyrne en Ionie* vivant en l'Olympiade 60. sous Cyrus & Cambyse.

1103   Solin mettoit ce Poëte au rang des plus beaux génies que l'Asie ait jamais produits (1). Mr le Fevre dit (2) qu'il se trouve encore assés de fragmens de cet Auteur pour pouvoir dire avec fondement que Mimnerme fut un très bel esprit, & un des plus grands ornemens de l'Antiquité. Il ajoute que son style est très-agréable, & rempli de l'abondance de l'ancienne Gréce : qu'il composoit fort facilement ; & qu'on pourroit pour de certaines choses le comparer à Ovide, si ce n'est que le style du Poëte Latin n'est pas si serré ni si plein que celui du Poëte Grec.

C'est un des principaux Auteurs du genre Elégiaque parmi les Grecs, mais il semble n'avoir appliqué ses talens qu'à des matiéres de galanterie, & il avoit le sens si corrompu, qu'il ne croyoit pas qu'on pût rien faire d'agréable sans l'Amour & les Jeux, au rapport d'Horace (3). C'est peut être (4) ce qui a fait dire à Properce (5) que Mimnerme avoit eu l'avantage sur Homere en ce point.

* Voyés Art. 1099. *

---

1 Julius Solin. Polyhistor. cap. 43. &c. Cf. Salm. in exercit. in eum loc.

2 Tan. le Fevre Abreg. des Vies des Poëtes Grecs pag. 36. 37.

3 Horat. lib. 1. Epistol. 6. ad Numicium ¶ Ménage chap. 60. de l'Anti-Baillet a fort bien remarqué qu'au lieu de *qu'on pût rien faire d'agréable sans l'amour*, il faloit pour rendre le sens d'Horace dire : *qu'on pût rien trouver dans la vie d'agréable sans l'amour*.

4 ¶ Ceci, suivant le même Ménage devoit être autrement tourné, comme par exemple en ces termes : *Et Properce n'a pas hesité à dire qu'en matiére de vers d'amour le style de Mimnerme vaut mieux que le style d'Homere.*

5 Proper. lib. 1. Eleg. 9.

Nous

POETES GRECS.

1104. NOus ne dirons rien d'EPIMENIDE de *Crete ou Candie*, d'HIPPONAX *d'Ephese*, de THESPIS *du pays Attique*, de LASUS *d'Hermione* au Peloponese, & de plusieurs autres dont il ne nous reste plus rien.

1. Il est bon néanmoins de remarquer qu'il nous reste un des vers hexamétres d'*Epimenide* qui a été, pour le dire ainsi, consacré par saint Paul dans l'Epitre à Tite, chapitre 1. verset 12. où il s'agit de l'humeur & des inclinations des habitans de Crete.

2. Et qu'*Hipponax*, fameux par ses vers mordans, & par son humeur médisante & satirique, est celui que nous considérons comme l'Auteur de cette espéce de vers Iambiques, qu'on appelle *Scazons*.

1. Epimenide vivoit du tems des derniers Roys de Juda, & de la captivité de Babylone.

2. Hipponax vivoit du tems de Cyrus, & *Thespis* étoit un peu plus jeune, aussi-bien que *Lasus*, qui s'étoit encore rendu recommandable par la connoissance de la Musique.

ANACREON.

De *Teos en Ionie*, vivant en la 61. Olympiade, du tems de Cyrus, Cambyse & Darius, mort agé de 85. ans, attaché à la personne & aux interêts de Polycrate Tyran de Samos.

1105. TOut ce qui nous reste des Poësies d'Anacreon ne consiste presque qu'en chansons à boire, en billets doux, & quelques autres piéces d'une galanterie outrée. Nous n'avons rien dit des débauches de Sappho qui ne se puisse dire encore d'Anacréon. Il y a tant de rapport entre le caractére de leurs Poësies & de leur esprit, dit Mr Bayle, qu'il seroit aisé de les prendre l'un pour l'autre (1). Mais Anacreon passoit Sappho en ivrognerie.

Mademoiselle le Fevre & Mr de Longepierre nous ont donné chacun une nouvelle édition des restes de ces deux Poëtes avec des Remarques savantes & chacun leur version, que la premiére a faite en Prose [*in*-12. 1681.] & le second en Vers [*in*-12. Paris 1692.] & qui sont deux piéces fort bien travaillées.

a Nouv. de la Rep. des Lettres de Novembre 1684. pag. 396. tom. 2.

Mr de Longepierre (1) nous apprend qu'Anacréon faisoit sa principale étude de la joie ; que ce qui nous reste de ses ouvrages est une preuve assés convainquante qu'il fut sensible aux plaisirs de la vie jusqu'au dernier soupir. On voit dans tous ses vers avec quel emportement il s'y abandonne tout entier, & de tous les témoignages que les Anciens ont rendus de lui, il n'y en a presque pas où l'on n'ait remarqué cette pente étrange qui l'entraînoit dans l'une ou l'autre des deux espéces de débauches dont nous avons parlé.

Un des plus savans Critiques de l'Antiquité nous fait assés connoître (2) que quelque beauté qu'il y eut dans ses vers, il n'avoit pû se faire goûter de tout le monde, parce qu'il ne parloit que de boire dans ses Odes, & que parmi les louanges de l'ivrognerie il méloit des saletés qui le rendoient insuportable (3), & qui donnoient de l'aversion à tous les gens de bien pour sa Poësie. Il ajoute que ce qui leur paroissoit entiérement ridicule, c'est que s'il arrivoit qu'Anacréon en composant ses vers, n'étoit pas actuellement dans le vin, ce qui étoit assés rare, il feignoit toujours d'être ivre, quoiqu'il n'y eut aucune necessité. Ce qu'ils ont attribué à un grand défaut de jugement.

Horace qui a remarqué aussi qu'il avoit souvent deshonoré les Muses en chantant sur sa lyre les amours infames où il étoit engagé contre les sentimens de la Nature, nous fait remarquer qu'il avoit une facilité merveilleuse à composer des vers, en disant qu'il ne travailloit point ce qu'il faisoit (4).

Les Critiques modernes semblent s'être plus étudié que les Anciens à nous découvrir les beautés du génie & du style d'Anacréon. Jules Scaliger entre les autres témoigne y avoir été si sensible (5) qu'il assure qu'il trouvoit les vers d'Anacréon infiniment plus doux que le meilleur sucre des Indes. Vossius prétend (6) qu'il passoit parmi les Grecs pour un des principaux Maîtres en l'art de plaire & de débiter des douceurs.

1 D. L. Vie d'Anacr. à la tête de son édition Greeque & Françoise.

2 Athenæi Dipnosoph. 10. & ex eo Laur. Crass. de Poët. Græc. pag. 19. 30.

3 ¶ Athenée ne dit point cela, mais seulement qu'Anacréon se donnoit tout entier à une vie molle & voluptueuse τῇ μαλακίᾳ, ϰ τῇ τρυφῇ ἐπιδȣς ἑαυτὸν Baillet qui a vu dans la traduction *totum se luxuriosæ molliqué vitæ tradidit*, a cru, se souvenant *de Luxurieux point ne seras*, qu'il s'agissoit là du peché de luxure.

4 Horat. Epodon. lib. 5. Od. 14. ad Mecœnat.

¶ On impose ici à Horace qui a parlé des amours d'Anacréon plutot pour les approuver, ou du moins pour les excuser, que pour les blâmer.

5 Jul. Cæs. Scalig. Poëtices lib. 1. c. 44.

6 Ger. Joan. Voss. Institution. Poëticar. lib. 3. pag. 78.

POETES GRECS.

Anacréon.

Le P. Rapin dans la seconde partie des Réfléxions sur la Poëtique, dit que les Odes d'Anacréon ne sont que des fleurs, des beautés & des graces perpétuelles (1); que la naïveté lui est si familiére, & qu'il a un air si délicat, si aisé & si agréable, qu'il n'y a rien de comparable dans toute l'Antiquité à la maniére qu'il a prise, & au genre d'écrire qu'il a suivi. Ce même Auteur écrit néanmoins dans la première partie de ces Réfléxions (2) que bien qu'Anacréon eût une délicatesse d'esprit admirable, il n'avoit pourtant pas d'élévation.

Mademoiselle le Févre nous apprend (3) que sa beauté consiste principalement en ce qu'il a imité la Nature, & suivi la raison; qu'il n'a présenté à l'esprit que des images nobles & naïves, & qu'il a eu toujours grand soin d'éviter les pointes qui se sont introduites dans les tems posterieurs, contre la pratique de tous les plus excellens Poëtes de l'Antiquité.

Son Dialecte étoit Ionien (4), & ce qui contribuoit beaucoup à la grace qu'il avoit dans son style, & à la tendresse de ses manieres, étoit la répétition des mots (5).

* *Anacreontis carmina Gr. & Lat. interprete Eilh. Lubino* in-4° *Rostoch.* 1597. — *Ejusdem Carmina Gr. Lat. interprete Willielmo Baxter, etiam Barnesii critica* in-8° *Lond.* 1710.

1 R. Rapin Réfléxions sur la Poëtique part. 2. Reflex. xxx. pag. 165. edit. in-4.
2 Le même premiére part. Reflex. 14. p. 30. édition. in-12.
3 Anne le Fevre Préf. sur son edit. d'Anacr. &c.
4 Lil. Greg. Gyrald. de Histor. Poët. Dialog. 1x. &c.
Tan. le Fevre, Vie des Poëtes Grecs, page 53. où il dit qu'il y a beaucoup d'Odes qui ne sont pas d'Anacréon.
Olaüs Borrichius Differt. de Poëtis pag. 24.
5 Jul. Cæf. Scaliger de Poët. loco cit. ut supr.
¶ Jule Scaliger dans l'endroit où le chiffre renvoye ne dit rien du tout de cette répétition de mots.

PYTHAGORE,

Et ses Disciples.

1106 IL court sous leur nom un petit ramas de vers qu'on appelle *dorez*, mais nous en parlerons plus à propos au Recueil des Philosophes.

* *Pythagoræ, ac Phocylidis carmina Gr. & Lat. per Wolfgangum Seberum; & Joach. Camerarii hypomnemata,* in-8° *Lipsiæ* 1604. — *eadem Pythagorea Gr. Lat. collecta Joachin. Zehnerum* in-8° *ibidem* 1603. — *Hieroclis Philosophi commentarius, Joan. Curterio* in-12. 1583. *Paris.*

Ccc ij.

— *idem Romæ* in-4.º 1493. — *idem cum notis Pet. Needham* in-8º Cantabr. 1709.

SIMONIDE,

De *Ceos Isle de la Mer Ægée*, vivant en la 65. Olympiade fous Darius Hystasp. Et Tarquin le Superbe, 560. ans devant notre Epoque.

1107 CE Poëte étoit en grande réputation parmi les Anciens. Nous avons quelques fragmens de ses Poësies accompagnés des Notes de Fulvius Ursinus [*in*-8º voyés Art. 1099.] avec d'autres restes de quelques anciens Poëtes comme lui, sur lesquels Ursinus a travaillé de la même maniére.

Simonide avoit fait des *Odes*, des *Tragédies*, des *Epigrammes*, des *Elégies*, & d'autres sortes de vers.

Denys d'Halicarnasse dit (1) que ce Poëte s'appliquoit particuliérement à bien choisir ces mots, qu'il étoit circonspect dans sa composition, qu'il avoit un talent particulier pour éxciter la compassion de ses lecteurs, & qu'en ce point il étoit préférable à Pindare.

Il paroît néanmoins qu'il y avoit quelque excès dans son éxactitude & qu'il étoit trop scrupuleux dans l'emploi de ses termes. Aristote cité par le Gyraldi (2) le raille assés agréablement sur cette fausse délicatesse qui lui faisoit éviter de mettre dans ses vers des expressions trop basses comme par éxemple le mot de *Mules*, au lieu duquel il mettoit *les filles des chevaux* ; comme si, dit Aristote, (3) les Mules

---

1 Dionys. Halicarnass. de leg. Græc. Auctor. pag. 9. Opuscul. Criticor.

2 Apud. Lil. Greg. Gyrald. de Histor. Poëtar. Dialog. IX. pag. 995.

3 ¶ Aristote l. 3. de sa Rhétorique c. 2. sur la fin, pour faire voir qu'on peut, suivant qu'on le juge à propos, donner à un même sujet une épithéte honorable ou injurieuse, allégue cet éxemple de Simonide, ,, à qui ,, un homme qui à la course des mules avoit ,, remporté le prix, vint demander là-des- ,, sus des vers. Le Poëte ne trouvant pas ,, qu'on lui offrit de quoi dignement les ,, payer, refusa d'en faire, témoignant ,, qu'il ne pouvoit se resoudre à travailler ,, pour des mules. Mais au moment qu'on ,, lui offrit une somme honnête, il compo-

,, sa l'Ode qui commence
Χαιρέτ' αελλοπόδων θύγατρες ἵππων.
,, *O filles de chevaux plus legers que le vent.*
,, Elles étoient cependant aussi des filles
,, d'anesses.
On voit qu'Aristote ne dit pas un mot de la prétenduë fausse délicatesse de Simonide dans le choix de ses termes, & que bien loin de le railler il remarque au contraire l'adresse que pour gratifier le maître des mules il a euë de les appeller *filles de chevaux*, pouvant, s'il avoit été mal payé, les appeller *filles d'anesses*. On ne pouvoit citer plus infidélement Aristote qu'a fait Gyraldus, ni suivre plus fidélement Gyraldus qu'a fait Baillet.

n'étoient pas aussi *les filles des Asnes*.

Nonobstant cette affectation & ce désir de s'élever, Quintilien n'a point laissé de dire que son style est simple (1), mais que ses termes sont propres, & qu'il s'est rendu recommandable par je ne sai quel agrément qu'on trouve dans ses vers. Ce Critique a fait aussi la même remarque que Denys d'Halicarnasse sur l'adresse particuliére que Simonide avoit pour exciter la compassion, & il ajoute que ce n'étoit pas seulement sur Pindare, mais encore sur tous les autres Poëtes qui s'étoient exercés dans le même genre d'écrire, qu'il avoit eu l'avantage pour ce sujet.

Ciceron même témoigne aussi que Simonide n'étoit pas seulement un Poëte agréable (2) mais qu'il étoit encore docte & sage, qualités qu'on trouve assés rarement jointes ensemble dans un même homme.

On trouve aussi dans l'Anthologie, des Epigrammes où il est loué pour sa douceur extraordinaire, & ses divers agrémens (3).

Enfin Mr le Fevre dit (4) qu'il écrivoit dans la derniére pureté de la Langue, & comme il n'a point osé contredire Quintilien, qui avoit témoigné que la diction de ce Poëte étoit simple, il prétend que c'est d'une simplicité délicate & fine, & conforme à celle des Anciens.

Le Dialecte de Simonide étoit Dorique.

1 Quintilian. lib. 10. Instit. Orator. c. 1.
2 Cicero de Natur. Deorum & Laur. Crass. de Poët. Græc. pag. 463. 464.
Item Olaüs Borrichius Dissertat. de Poët. pag. 24.
3 Crasso iter. loco citato.
4 Tann. le Fevre Abreg. des Vies des Poëtes Grecs pag. 42.

THEOGNIS,

Natif de *Megare en Attique*, mais habitant de *Megare en Sicile*, vivant en la 68. Olympiade, du tems que les Romains changérent leur premiére Monarchie en République.

1108   C'Est un des anciens Poëtes Moraux, que nous appellons *Gnomiques* ou sententieux. Mais si on en croit Mr le Fevre (1) ce n'étoit pas un des plus grands Poëtes de la Gréce. On ne trouve, dit-il, dans ses compositions ni feu ni génie. Tout

1 Tan. le Fevre Abregé des Vies des Poëtes Grecs, page 44.

Theognis. y est fort simple & sans ornement. Il avoue néanmoins qu'il y a du profit à faire dans la lecture de sa Morale, & que c'étoit un des Auteurs qu'on faisoit apprendre par cœur aux enfans de la Grèce.

Mais quoiqu'on puisse dire qu'il inspire aux jeunes gens de l'aversion pour la débauche dans les fragmens des Ouvrages moraux qui nous sont restés de lui, & qu'il ait pu mériter le titre du plus sage des Grecs de son tems, que quelques Modernes lui ont donné (1) : il faut avouer néanmoins qu'il a beaucoup perdu de sa réputation, & qu'il nous a fait beaucoup diminuer de l'opinion que nous aurions pû avoir de l'excellence de sa Morale par les maximes pernicieuses de ses *Parænéses* ou ses exhortations. Car au jugement de Suidas, & de quelques autres Auteurs (2) elles étoient remplies de corruption & d'infamies, & on y trouvoit des leçons de Pædéraſtie, de Sodomie (3), & de tout ce qu'il y a de plus honteux dans les déréglemens d'une vie brutale.

Au reste son style est naturel, doux & facile, & il est proportionné aux manières que doivent prendre ceux qui veulent s'insinuer dans l'esprit des enfans (4) : mais après tout Theognis n'étoit point Poëte, & Plutarque (5) ne le considéroit que comme un simple versificateur.

Son Dialecte étoit Dorique (6).

* *Theognidis Sententiæ Elegiacæ cum Interpretatione & Scholiis Eliæ Vineti.* in-8°. *Lipsiæ* 1576. *

1 Hub. Goltzius in sua Sicilia, &c.
2 Suidas in Lexico, & Laur. Crass. de Poët. Gr.
3 ¶. Quelle différence de signification y a-t-il entre ces deux mots ?
4 Olaüs Borrichius Dissert. de Poët. pag. 40.
5 Plutarch. de legendis Poëtis inter Opuscul. Moral.
6 Lil. Greg. Gyrald. Dialog. de Histor. Poëtar. tom. 1.
Item Laurent. Crass. de Poëtis Græcis italicè pag. 506.

PINDARE,

De Thebes en Bæotie, né en la 65. Olympiade au commencement du Regne de Darius, mais paroissant particuliérement sous Xerxès, vers la 75. Olympiade.

2109 Pindare est le plus célébre des neuf Poëtes Lyriques que l'ancienne Gréce distinguoit des autres : & quoiqu'il n'en fût pas le premier pour l'âge, son mérite l'a fait néanmoins consi-

POETES GRECS.

dérer comme leur chef. Le P. Rapin prétend même (1) qu'il est le seul qui ait acquis de la gloire parmi les Grecs dans ce genre d'écrire.

Il avoit composé un très-grand nombre d'ouvrages presque en toutes sortes de genre de Poësie, mais il ne nous reste que ces belles Odes qu'il a faites pour chanter les louanges de ceux qui avoient de son tems remporté le prix aux quatre Jeux solemnels de la Gréce (2).

Platon faisoit un cas extraordinaire des Ouvrages de ce Poëte, qu'il appelloit tantôt un homme très-sage, & tantôt un homme divin (3), & peut-être qu'il donnoit en cela quelque chose à la sympathie qui paroissoit entre Pindare & lui pour le style enflé.

Mr Blondel qui a fait la comparaison de Pindare & d'Horace, comme le P. Rapin a fait celle d'Homere & de Virgile, & celles de quelques autres grands Personnages de l'Antiquité, remarque que Pindare avoit beaucoup de piété envers ses Dieux, & qu'il en parle avec beaucoup de respect (4). C'est une qualité que les Critiques Chrétiens ont coutume de louer même aujourd'hui dans ces Anciens dont ils plaignent d'ailleurs l'aveuglement, parce que le culte de la Divinité en général, quoique mal conduit & mal appliqué, paroît toujours moins insupportable que l'impiété & l'Atheïsme.

Mais il est difficile de ne pas soupçonner Politien d'impiété, lorsqu'il a eu la hardiesse de comparer Pindare à David, à cause que celui-là avoit entrepris de traiter des vertus & des vices dans ses Odes, comme a fait David dans ses Pseaumes. Toute la différence que cet audacieux Critique y vouloit reconnoître, c'est que Pindare, à son avis, a exprimé avec beaucoup d'éloquence & une grande Majesté de style, ce que David a traité de la maniére la plus simple & la plus basse à son goût (5).

Cependant si nous voulons nous en rapporter au jugement des Critiques Païens même, nous ne pourrons pas convenir de cette

---

1 R. Rapin. Réfléxions xxx. sur la Poëtique, seconde partie, pag. 164. de l'edit. in-4.
V. & Athænæi Dipnosophist. & Suidæ Lexic.
V. & Laur. Crass. de Poët. Grec. p. 414.
2 Olympiques, Isthmiques, Pythiques, Néméens.
3 Plato ap. Ol. Borrich. pag. 25. & L. Crass.
4 Franc. Blondel, Compar. de Pindare avec Horace, pag. 19. & suiv.
5 Polit. ap. Anonym. Bibliogr. curios. hist. Philolog. pag. 53.
¶ Comme Politien ne passoit pas pour bigot, on a pris droit de lui attribuer des impiétés dont je le crois fort innocent. Celle-ci en est une. C'est un fait très-incertain, dont on ne trouve aucune trace dans toutes les œuvres de Politien, & qui n'est fondé que sur un oui dire, touchant lequel on peut voir Bayle dans son Dictionnaire au mot Politien, lettre L. Baillet a débité ce mauvais conte sur la foi de la Bibliographie qu'il appelle anonyme, revuë depuis par Jean Grosslieb Kraufe, comme je l'ai remarqué sur l'article 669. & réimprimée à Leipsic in-8°. 1715. sous le nom de Jean-Henri Boëder. C'est-là que pag. 113. est rapportée cette irrévérence de Politien envers David, sans aucune citation d'Auteur qui serve de garant, & sans aucune correction de la part du Réviseur.

Pindare. prétenduë conformité que Politien trouvoit entre ces deux Auteurs. Car Athenée a remarqué que les inclinations & les maximes de Pindare ne roulent presque que sur l'amour déréglé & impur (1) : au lieu que les enseignemens de David n'ont rien que de saint & de très-pur, & qui ne soit animé de l'esprit de Dieu.

Mais sans nous arrêter trop long-tems à la Morale de Pindare, il vaut mieux considérer sa manière d'écrire & son style sur ce qu'en ont dit les Critiques anciens & modernes.

Denys d'Halicarnasse parlant de la sévérité de la diction de ce Poëte, après avoir expliqué fort au long ce qu'il appelle *Harmonie austére & ancienne*, conclud en disant (2) que la diction d'Æschyle parmi les Poëtes Tragiques, & celle de Pindare presque toute entiére parmi les Lyriques en fournit des exemples suffisamment. Le même Auteur cité par Mr Blondel (3), prétend qu'entre tous les Poëtes généralement, Pindare est celui qui s'est le plus heureusement servi de cette harmonie ou construction austére dans le discours.

Le même Critique reconnoît encore dans sa Poësie (4) un air de grandeur, du nerf, de la fécondité, de l'art, de la force mêlée de douceur, de la liaison, de l'étenduë, de l'adresse pour les figures, du talent pour représenter les caractéres & les mœurs, & des graces toutes singuliéres.

Horace ne s'est point contenté d'avoir de grands sentimens sur les excellentes qualités de Pindare, il a voulu aussi nous en faire concevoir une idée semblable à la sienne. Dans l'Ode qu'il a faite pour nous persuader qu'il est dangereux d'imiter les anciens Poëtes, il dit que de vouloir se proposer de suivre Pindare, c'est entreprendre de voler avec des aîles de cire comme l'Icare de la fable (5). Il ajoute que Pindare lui paroît courir & se précipiter dans la profondeur immense de ses expressions, comme un torrent impétueux

---

1 Athenæi Dipnosoph. & Crass. ut supr.
¶ Ceux qui ne connoissent Pindare que de nom, croiront, en lisant cet endroit, que les œuvres de ce Poëte ne roulent presque en général que sur la pratique de l'amour déréglé. Il est vrai qu'Athenée l. 3. pag. 601. après avoir dit que Pindare étoit de compléxion très-amoureuse, rapporte quelques-uns de ses Vers pour un Théoxine qu'il avoit passionnément aimé, mais ce morceau étant unique, & les Poësies qui nous restent de Pindare étant les plus chastes du monde, Baillet a-t-il dû s'expliquer d'une maniére à en donner une toute autre idée ?

2 Dionys. Halicarnass. de eloquent. Demosth. in Opuscul. Critic.
3 Idem de Construct. Verb. & Blondel Compar. de Pindare & d'Horace, pag. 203. 204.
4 Dion. Halicarn. Opuscul. Critic. p. 9.
5 Horat. libro 4. Od. 2. ad Anton. Jul. Item Andr. Dacier pag. 49. Commentaire sur Horace.

qui

qui descend des montagnes, & que les pluies ont fait enfler, monter au-dessus de ses rivages, & franchir ses bords, & qu'on ne peut arrêter la rapidité de Pindare non plus que celle d'un torrent de cette nature. Enfin il juge que quelque chose que fasse ce Poëte, il mérite de nouvelles couronnes, soit qu'il remplisse de mots nouveaux ses *hardis Dithyrambes*, & que marchant d'un pas libre il affecte des cadences qui ne reconnoissent point de Loix; soit qu'il chante les louanges des Dieux, ou des Rois, ou des Héros.

Mais il faut avouer que ce jugement que fait Horace des Poësies de Pindare, ne regarde presque que son ouvrage des Dithyrambes que nous avons perdu avec plusieurs autres (1). Vossius dit aussi (2) que c'est sans fondement que quelques-uns ont voulu appliquer aux Odes de Pindare qui nous sont restées ce qu'Horace a dit de la liberté que ce Poëte a prise de ne point s'assujettir aux loix de l'art, parce que cette variété de Vers qu'ils remarquent dans quelques-unes de ses strophes n'est point pratiquée au hazard, & nous voyons bien que le Poëte a eu ses raisons, quoique nous ne les connoissions pas toujours.

Quintilien dit (3), que Pindare avoit fait paroître tant de force d'esprit, tant d'élévation & de grandeur dans ses maniéres, tant de beautés dans ses sentences & ses figures, tant d'éloquence & une si heureuse abondance autant dans les choses que dans les mots, qu'Horace avoit eu raison de se le représenter comme un modéle inimitable.

Mais au jugement de Longin, il semble avoir porté trop loin le bel usage qu'il auroit pû faire de tant de bonnes qualités. Vous vous imaginerés, dit-il, (4), qu'il va quelquefois tout emporter par sa véhémence comme par un embrasement auquel rien ne résiste: mais cette ardeur s'éteint aussi quelquefois mal à propos, & alors il tombe malheureusement.

En effet, dit Mr Blondel (5), Pindare a des façons de parler si hardies & si éloignées de notre usage, qu'elles passeroient aujourd'hui pour ridicules: & il a souvent des hyperboles excessives, &

---

1 ¶ Cela n'est point vrai, Horace dit en général que Pindare est toujours élevé, soit dans ses Odes réguliéres, soit dans les irréguliéres, telles qu'étoient les Dithyrambes.

2 Ger Joan. Vossius Institution. Poëtic. lib. 3. pag. 77.

3 Quintilian Institut. Oratoriar. lib. 10. cap. 1.

Item Anton. Possevin. Biblioth. Selact. cap. 18. pag. 128.

Lil. Greg. Gyrald. de histor. Poët. Dialog. IX. Olaüs Borrichius dissertat. Poëtar. pag. 25.

4. Dion. Cass. Longin. de sublimi. Item Blond. pag. 206. 207. 208.

5 François Blondel Comparaison de Pindare & Horace, pag. 209. & suivantes.

Pindare. d'énormes digreſſions ou des *parecbaſes* qui n'ont aucun rapport au ſujet principal de l'Ode.

Scaliger le fils avoit remarqué (1) qu'il y a dans Pindare beaucoup de mots qu'on ne trouve point ailleurs, mais qu'il ne les rechercboit pas, & qu'il les employoit naturellement comme ils ſe préſentoient à lui, au lieu que Nicandre & Callimachus (2) les rechercboient & mettoient les plus obſcurs & les plus ineptes.

Voſſius reconnoît néanmoins (3) qu'il a des expreſſions trop enflées, mais que cela eſt pardonnable à ces grands Génies, qui croyent qu'il leur eſt plus glorieux de tomber quelquefois de bien haut & avec éclat, que de ramper toujours contre terre. C'eſt ce défaut qui a fait dire à Mr le Fevre de Saumur (4) que les figures que Pindare employe ſont nobles, & grandes à la vérité, mais qu'elles ont quelquefois l'air du Dithyrambique, c'eſt-à-dire de la hardieſſe & de la témérité qui fait peine à ceux qui n'aiment que le ſtyle chatié. Il ajoûte qu'il a de la gravité d'ailleurs, mais qu'il aime un peu trop ce qu'on appelle *Sentences*; qu'il perd aſſés ſouvent ſon ſujet de vûë à cauſe de la longueur de ſes digreſſions; qu'après avoir pris ſon eſſor, il revient tout d'un coup lorſqu'on s'y attend le moins; qu'il rentre ſans cérémonie, c'eſt-à-dire, qu'il n'apporte pas beaucoup de ſoin pour faire la liaiſon de ſes premiéres penſées avec ce qui ſuit.

C'eſt peut-être dans des vûës ſemblables qu'un Critique Anonyme de nos jours accuſe Pindare (5) d'être tout découſu, & tout dés-uni: Mais Mr le Févre, & cet Anonyme ne paroiſſent pas entiérement être d'accord avec Denys d'Halicarnaſſe, qui, comme nous l'avons vû plus haut, donne à Pindare de la liaiſon & une *harmonie auſtére*.

Le P. Rapin avouë que ce Poëte eſt grand dans ſes deſſeins, vaſte dans ſes penſées, hardi dans ſes imaginations, heureux dans ſes expreſſions, éloquent dans ſes diſcours: mais il dit que ſa grande vivacité lui ôte quelquefois le jugement, & qu'il s'abandonne trop. Il prétend que ſes Panégyriques ne ſont que des égaremens perpétuels, où ſortant ſouvent de ſon ſujet il proméne ſes Lecteurs de fables en fables, d'illuſions en illuſions: mais pour l'excuſer il ajoûte que c'eſt le caractére de l'Ode qui doit avoir de l'emportement (6).

Mr Borrichius dit que Pindare eſt ſouvent obſcur, & que cette

---

1 Poſterior. Scaligeran. pag. 187.
2 ¶ Tout le monde dit Callimaque.
3 G. J. Voſſ. Inſtitut. Poët. lib. 2. p. 75.
4 Tan. le Fevre Abr. des Vies des Poëtes Grecs, pag. 65.

5 Anonym. Bibliograph. Cur. Philolog. hiſt. pag. 53.
6 Ren. Rap. Réfléxion xxx. aliàs xxxix. edit. in-12. ſur la Poëtique.

obscurité est l'effet de tous ces défauts que nous avons marqués (1). Pindare. D'autres Auteurs portant leur Critique au-delà des bornes de l'Art Poëtique, ont trouvé dans les Ouvrages de Pindare des fautes contre la Chronologie & l'Histoire (2), comme Mr Blondel ; d'autres ont crû en trouver contre la Physique (3), comme Peletier du Mans, qui a remarqué que notre Poëte donne des cornes aux biches (4) dans ses Olympiaques.

Mais avec tous ces défauts, Pindare ne laisse point d'avoir quelque chose de plus surprenant qu'Horace, & qui tend plus au divin, selon le sentiment de Mr Blondel (5). Ses Ouvrages ont une liberté naturelle. Il semble que c'est la seule force de son génie qui les a produits, & qu'il n'a eu besoin d'aucun secours étranger. C'est ce qui a donné un si grand éclat à son caractére, & qui l'a si fort relevé au dessus des autres Lyriques de la Gréce, parce que, comme dit Longin, le sublime doit naître avec nous, & ne s'apprend point.

Vossius avoit remarqué la même chose que Mr Blondel, & il dit (6), que Pindare se vantoit lui-même de n'avoir pour Maître & pour guide que la nature dans la composition de ses vers, au lieu que les autres y employoient l'Art, aux régles duquel il n'avoit pas crû devoir s'assujettir, en quoi il se comparoit lui-même à un Aigle, & les autres Poëtes à des Corbeaux.

Au reste les Odes de Pindare sont très-correctes, dit Mr le Fevre (7) : du moins ne se trouve-t-il guéres d'ouvrages anciens qui ayent été moins corrompus par la négligence des siécles passés. Cela vient de ce que les Copistes & les Critiques n'ont pû y faire de fautes qu'elles ne fussent reconnuës sur le champ. Car la régularité des mésures y est si grande, qu'il n'est pas possible d'y changer la moindre syllabe qu'on ne s'en apperçoive aussi-tôt.

La Dialecte en laquelle Pindare écrivoit est la Dorique, mais

---

1 Ol. Borrich. de Poëtic. Dissertat. ut suprà, pag. 25.
2 François Blondel au lieu cité, pag. 220. &c.
3 Jacques Peletier dans son Art Poëtique livre 1. chap. 5.
4 ¶ On ne peut répondre à la critique de Peletier qu'en disant que les Poëtes, suivant la remarque du Scholiaste de Pindare, sont en possession de donner des cornes aux Biches. Pollux avoit remarqué dans Anacréon la même faute que Peletier dans Pindare. Sur quoi je ne puis assés m'étonner de voir que Saumaise, pag. 222. de ses Exercitations sur Solin prétende d'un coté contre Pollux qu'Anacréon parlant d'un fan de biche à fort bien pu en appeler la mére Κεβιανα, & de l'autre reprenne Sophocle d'avoir donné cette épithète à la Biche nourrice de Telephus.
5 François Blondel, Comparaison de Pindare & d'Horace, pag. 281. 282. 283.
6 Ger. Joan. Vossius de arte Poëtica lib. singul pag. 14.
7 Tan. le Fevre Vies des Poëtes Grecs, pag. 70. &c. Suidas, Girald Borrich, &c.

elle étoit mêlée de l'Æolique, & on a remarqué même qu'il appelloit quelquefois sa Lyre Æolienne.

Une des meilleures éditions de ses Poësies est celle d'Erasme Schmidt qui parut l'an 1616. (1) avec ses Commentaires. [*in-*4°. à Witeberge.]

* *Pindari Poëmata, ex Interpret. & cum notis Joh. Benedicti*, 4°. *Salmur.* 1620. *

1 ¶ Renouvelée à Oxford, & embellie de plusieurs bonnes additions par Nicolas le Sueur l'an 1697. *in-fol.* ¶

ÆSCHYLE,

d'*Athenes* Poëte Tragique du temps de Miltiade & de Themistocle, tué en Sicile, selon l'opinion vulgaire, de la chûte d'une tortuë qui lui cassa la tête, en la 76. Olympiade, environ 475. ans devant notre Epoque (1).

1110 CE Poëte outre ses Elégies avoit composé quatre-vingt-dix Tragédies, mais il ne nous en est resté que sept d'un si grand nombre, encore ne sont-elles pas toutes entiéres.

Il a été considéré par les Anciens, comme le Pere & l'Auteur, ou plutôt comme le Réformateur de la Tragédie des Grecs, & il a fait aux représentations de Théatre divers retranchemens & quelques additions.

Aristote dit (2) qu'après plusieurs changemens qu'avoit reçus la Tragédie, il la fixa, & la mit en état de se soutenir sur ses principes. Il ajoute qu'il augmenta le nombre des Acteurs, car avant lui il n'y en avoit qu'un qui paroissoit à la fois sur le Théatre, il y en ajouta un autre, & cela fit les Entreparleurs (3).

Le même Philosophe nous apprend qu'Æschyle diminua le Chœur, & qu'il en ôta la confusion que la multitude avoit coutume d'y apporter. Car, si on en croit Mr d'Aubignac (4), le Chœur dans ces tems-là étoit de plus de cinquante personnes.

1 ¶ Il vaut mieux dire avec Stanley & Bayle, d'après les marbres d'Arondel, qu'Æschile naquit l'an quatriéme de la soixante & troisiéme Olympiade, & mourut agé de 69. ans, lorsque Callias étoit Archonte, l'an 1. de la 80. Olympiade.

2 Aristotel. de Arte Poëtic. cap. 4.
3 Hedelin d'Aubignac Pratiq. du Théatr. livre 3. chap. 3. pag. 260.
4 Le même au même livre chap. 4. Item L. Gyr. de Hist. Poët.

Horace témoigne aussi (1), que c'est Æschyle qui le premier introduisit l'usage du masque sur le Théatre, & de cet habillement dont on s'est servi depuis dans la représentation des Piéces Tragiques. Il ajoûte que c'est lui qui fit mettre sur l'échaffaut du Théatre une espéce de *Pulpitre*, ou plutôt un degré composé d'ais (2) pour la commodité de l'Acteur qui devoit parler seul, & que c'est lui encore qui fit mettre aux Acteurs cette espéce de chaussure que les Anciens appelloient *cothurne* & nous *brodequins*, pour donner plus de gravité & de poids à leur Action. Mr Despreaux nous a dit presque la même chose en notre langue (3). En voici les termes.

Æschyle dans le Chœur jetta des Personnages,
D'un masque plus honnête habilla les visages,
Sur les ais d'un Théatre en public exhaussé
Fit paroître l'Acteur d'un brodequin chaussé (4).

Æschyle fit encore un réglement fort important dans le genre Dramatique. Ce fut de retrancher du Théatre & d'ôter à la vûë des Spectateurs les éxécutions tragiques (5), les assassinats & les objets atroces qui seroient capables de produire quelques effets funestes.

En effet il n'avoit pas besoin de ces expédiens pour se donner un air Tragique & pour se rendre terrible à ses Auditeurs, comme nous le verrons dans la suite. Philostrate de qui nous apprenons ces circonstances, avec quelques autres qui servoient à régler les représentations & à orner le Théatre (6), ajoûte que c'est pourtant de beaux établissemens que les Athéniens l'ont consideré comme celui qui avoit donné la naissance à la Tragédie.

On n'a pourtant pas approuvé généralement toutes les pratiques qu'il avoit entrepris d'introduire sur le Théatre, & Athenée entre

Æschyle.
Palla.

1 Horatius de Arte Poët. Vers. 279. & seqq.
2 ¶ Il ne pouvoit employer un mot moins propre que *Pupitre* pour exprimer ce qu'Horace a entendu par *Pulpitum*. Le correctif qu'il ajoute en disant : *ou plutot un degré composé d'ais*, n'éclaircit nullement l'idée. Il faloit dire qu'Æschyle à l'aide de quelques planches posées sur des treteaux fit batir un échafaud pour servir de Théatre aux Acteurs ; on a eu raison de se moquer du *Pulpitre mis sur un echafaud*.
3 Oeuvres du sieur Despréaux Art Poëtique chant 3.

4 Personæ Pallæque repertor honestæ
Æschylus, & modicis instravit pulpita tignis.
Et docuit, magnumque loqui, nitique cothurno.
5 Get. Joan. Voss. Institution. Poëticar. lib. 2. cap. 12 pag. 50. 51.
Idem ibid. cap. 13. pag. 67.
Item ibid. de iis quæ ab Horat. allata sunt lib. 2. cap. 10. pag. 39. 40.
Idem cap 11. pag. 45. & cap. 16. p. 86.
6 Philostrat. in vit. Apollonii Tyanei l. 6. c. 6. & ex eo Lil. Gregor. Girald. de Histor. Poëtar. Dial. 6. p. 735. edit. *in*-8.

D dd iij

Æschyle.

les autres l'a jugé blâmable d'avoir mêlé des ivrognes parmi ses Acteurs (1). Ce qui a fait croire qu'il avoit suivi ses inclinations en ce point, & qu'il falloit qu'il fût lui-même adonné au vin. Callisthene au rapport de Lucien (2), dit qu'Æschyle ne composoit ses Tragédies que lorsqu'il étoit dans le vin. Et c'est apparemment ce qui a porté quelques-uns des anciens Auteurs à faire courir le bruit que c'étoit par les ordres & sous les auspices de Bacchus qu'il avoit commencé & continué de faire ses Tragédies.

Mais d'autres Critiques ont voulu faire les spirituels sur cette méchante réputation qu'Æschyle s'étoit acquise, & sur le mauvais air que l'odeur de son vin attiroit autrefois sur ses vers. Plutarque écrit (3) en plus d'un endroit de ses Morales (4) qu'il avoit donné lieu de croire qu'il ne pouvoit faire de Vers qu'après avoir bien bû, parce qu'on s'imaginoit qu'il faloit avoir eu la tête fortement échauffée pour composer des piéces aussi véhémentes que les siennes, & qu'on est persuadé que rien n'est plus capable d'échauffer la tête que le vin. Quelques Critiques Modernes ont expliqué la chose d'une autre maniére que Plutarque (5), & ils prétendent que c'est son style Dithyrambique & enflé qui l'a fait passer pour un ivrogne, comme si ses discours sembloient partir d'un esprit troublé de vin plutôt que d'un esprit raisonnable.

On a encore trouvé dans les Vers d'Æschyle des marques de quelques autres vices que de celui de la débauche. On n'y voyoit point des preuves fort évidentes du respect dû à ses Dieux. Et Ælien nous apprend qu'ayant été accusé d'impiété dans une piéce Dramatique & condamné à être lapidé, il fut garanti de ce supplice par le mérite de son frere puîné Amynias, (6) qui avoit perdu un bras au service de la République à la bataille de Salamine (7).

Quoique ce que nous venons de dire soit capable de rendre la Morale d'Æschyle suspecte, néanmoins le P. Thomassin n'a point laissé de nous montrer qu'on peut faire un grand usage des piéces de ce Poëte & des autres Tragiques, pour apprendre à fuir les vices &

---

1 Athenæi Dipnosophist. l. 10. c. 7. & ex eo Laur. Crass. de Poët. Græc. in Æschylo.
2 L. Gregor. Gyrald. loco laudato ut supr. ex Luciano in Demosth. encomio.
3 Plutarch. de modo legend. Poëtar. inter opuscul. Moral. *Cette citation est fausse.*
4 Idem Plut. in symposiac. l. 7. q. 10. Item ex eo L. G. Gyrald. pag. 736. Dial. 6. de Poët. Hist.

5 Jul. Cæs. Scaliger Poëtices lib. 1. c. 16. *ubi nihil de Dithyrambis.*
Tan. le Fevre abreg. des Vies des Poët. Gr. pag. 57. 58. 62.
Ol. Borrich. &c.
6 Son autre frere étoit le fameux Cynegire, &c.
7 Ælian lib. 5. histor. divers. c. 19.

POETES GRECS. 399

Æschyle.

à pratiquer les vertus (1). Et le P. Rapin même a eu si bonne opinion de la modestie qui paroît dans les ouvrages de ces Anciens, qu'il témoigne être persuadé que l'innocence du Théatre se conserveroit bien mieux selon l'idée de l'ancienne Tragédie, parce que la nouvelle est devenuë trop efféminée par la mollesse des derniers siécles. Et il croit que Mr le Prince de Conti qui a fait éclatter son zèle contre la Tragédie Moderne par le Traité qu'il en a fait, auroit peut-être souffert l'ancienne, parce qu'elle n'est pas si dangereuse (2).

Ce n'est pas seulement dans la Morale qu'Æschyle a paru irrégulier, mais c'est encore dans la Pratique des régles même de l'Art dont il sembloit être le Maître dans son tems. Mr d'Aubignac lui trouve encore un peu de ce déréglement des tems qui l'avoient précédé, auquel il avoit prétendu remédier (3); & dans un autre endroit, il ajoute (4), qu'après la réforme même qu'il avoit faite du Théatre & de la Poësie Dramatique, il n'étoit pas encore dans la derniére justesse des régles, & que l'on ne trouve pas qu'il ait exactement pratiqué la division du Poëme en cinq Actes.

Vossius a remarqué aussi (5) qu'il n'a point observé assés scrupuleusement l'unité du tems, & qu'il a étendu quelquefois l'Action qu'il représentoit au delà de deux jours, quoiqu'elle doive se borner à un jour ou à deux au plus, selon son sentiment. Il ajoute ailleurs qu'il n'a pas même gardé les caractéres de ses Personnages (6), & qu'il n'est presque pas possible de les reconnoître, lorsqu'on les entend parler une seconde fois.

Le P. Rapin semble être allé encore plus loin dans la censure qu'il en a faite. Il dit (7) qu'Æschyle n'a presque aucun principe pour les mœurs qu'il donne à ses Personnages, & pour les bien-séances; que les Fables sont trop simples; que l'ordonnance en est triste; que l'expression en est obscure & embarassée, & qu'on n'entend presque pas la Tragédie d'Agamemnon entre les autres : Mais qu'ayant crû que le secret du Théatre étoit d'y parler pompeusement, il a mis tout son art dans les paroles, sans se soucier des

---

1 L. Thomass. Method. d'etud. & d'enseign. chrétienn. les Poëtes livr. 1. 2. chap. 12. nombr. 7. 8. 9. &c.
2 Ren. Rapin Reflex. xx. Poëtiq. 2. part. pag. 148. edit. in-4.
3 Hedel. d'Aubignac Pratique du Th. livre 1. chap. 8. pag. 68.
4 Le même au 3. livre du même Traité chap. 4. pag. 180.
5 Ger. Joan. Voss. lib. 2. Institution. Poëticar cap. 3. pag. 13.
Item lib. 1. ejusd. operis cap. 3. pag. 22.
6 Voss. lib. 1. Institut. Poët. c. 5. p. 54.
Idem lib. 2. cap. 19. pag. 100.
7 R. Rap. Réflex. xxii. sur la Poëtiq. seconde partie.

entimens. Il ajoute que ce Poëte a pourtant beaucoup de naturel, & de bon sens; qu'il est grand dans ses desseins, qu'il est passionné dans ses expressions; en un mot qu'il est le modéle de la Tragédie avec Sophocle & Euripide.

Ces deux derniers étant venus après lui & l'ayant pû observer avant que de monter eux-mêmes sur le Théatre, devoient se rendre plus réguliers. C'est pourtant ce que plusieurs n'ont pas voulu reconnoître. Il est bon de savoir même qu'Aristophane préféroit Æschyle à Euripide & à Sophocle, auquel il donnoit encore la préférence sur Euripide, comme nous le verrons lorsque nous aurons lieu de parler de ce dernier. Mais voyons les jugemens que les principaux Critiques ont portés du style & de la diction d'Æschyle.

Denys d'Halicarnasse dit (1) qu'il s'est appliqué particuliérement à faire paroître de la grandeur & de la magnificence dans son discours, qu'il est toujours merveilleusement fleuri, soit lorsque sa diction est figurée, soit lorsqu'elle est propre, qu'il est plein de mots nouveaux, & qu'il invente souvent des termes propres aussi bien que des choses. Il prétend même qu'il a gardé les bien-séances non-seulement en représentant les emportemens & la violence des passions, mais encore lorsqu'il a exprimé des mouvemens tranquiles & modérés, & qu'il est plus diversifié qu'Euripide & Sophocle dans l'emploi qu'il donne à ses Acteurs.

Quintilien reconnoît (2), qu'il a du sublime, & de la gravité qui paroît même dans la grandeur de son style, mais que cette élévation de style est souvent outrée & vicieuse, & que ce style même n'est pas assés formé ni assés travaillé.

Vossius dit que sa diction est toujours pompeuse & illustre (3), mais qu'elle n'est pas néanmoins dans sa perfection, & qu'elle est remplie de termes enflés.

Mr le Fevre écrit (4), que le style d'Æschyle marque assés la fierté naturelle de ce Poëte, & cette noblesse de courage dont il fit profession toute sa vie, s'étant trouvé même avec la réputation d'un guerrier aux fameuses batailles de Marathon, de Salamine, & de Platées contre les Perses: mais d'un autre côté il dit que ce style est *effroyablement dur*, & qu'il est impossible de représenter en notre langue, sans lui faire violence, la hardiesse de ses Epihtètes.

---

1 Dionys. Halicarnass. opusc. critic. pag. 10. edit. in-8.

2 Quintilian. lib. 10. Instit. Orator. cap. 1.

3 G. J. Voss. Instit. Poëticar. lib. 2. cap. 14. pag. 71. 75.

4 Tan. le Fevre Abreg. des Vies des Poët. Gr. pag. 58.

POETES GRECS.

Ce Poëte, dit-il, avoit l'imagination grande & vaste; mais dé- Æschyle. réglée & furieuse: elle étoit féconde en prodiges, & elle dédaignoit d'ordinaire le vrai-semblable comme une chose trop commune. Il a des métaphores assés belles & même assés éclatantes; mais il ne les suit pas, & il ne finit jamais par où il a commencé. Il en confond même quelquefois deux ou trois ensemble dans une même expression, ce que notre Critique prétend être non-seulement contre l'Art, mais encore contre la nature qui ne sauroit approuver un mélange si déréglé. Il ajoute qu'Æschyle n'a point entendu les régles du Théatre, ou qu'il les a négligées; que les Personnages de la Scene sont étranges, c'est-à-dire, que ce ne sont pas toujours des hommes, mais des Divinités, & quelquefois des Furies & des Spectres. C'est ce qui rendoit ses représentations si terribles qu'étant soutenuës par cette fougue, & cette impétuosité qu'on voit encore dans ses Vers, elles jettoient l'épouvante parmi leurs Auditeurs jusqu'à faire mourir des enfans de frayeur sur l'heure même, & faire accoucher les femmes dans les loges. C'est du moins ce que les Scholiastes Grecs nous assûrent de la Tragédie des *Eumenides* lors qu'il la fit jouer pour la premiére fois. C'est ce qui a fait dire à Aristophane que ce Poëte étoit furieux comme un Taureau (1); & c'est peut-être au sentiment du même Mr le Fevre, ce qui a donné lieu de croire qu'il puisoit moins à la fontaine des Muses & d'Apollon qu'à la cuve de Bacchus.

En effet, dit le P. Rapin (2) Æschyle ne dit rien de sang froid, il parle des choses les plus indifférentes d'un air tragique: il a même dans les images qu'il fait, des couleurs trop fortes & de trop grands traits.

Mr Borrichius estime que ses Epithétes tiennent beaucoup de l'humeur de soldat, dont il ne s'étoit pas défait en quittant l'épée (3): & il dit que ses Métaphores auroient été mieux reçuës s'il avoit sû les soutenir également par tout, & qu'il n'a point observé ce juste milieu que l'on cherche entre l'excès & le défaut.

Ceux qui croyent tout ce que nous venons de rapporter sur la foi des Critiques, n'ont pas lieu de s'étonner qu'Æschyle soit si difficile à entendre. L'Auteur du Journal de l'an 1665. dit que Mr de Saumaise qui étoit excellent Critique, & qui se plaisoit à éclaircir les difficultés qui se rencontrent dans les Auteurs les plus em-

---

1 ¶ Le Grec dit ἐβλεψεν ἂν ταυρηδόν. Aristoph. in Ran. Act. 3. Sc. 1.

2 Ren. Rap. au lieu cité 2. part. des Réfl.
3. Olaüs Borrich. dissertat. de Poët. pag. 28.

baraffés, étoit rebuté de celles qu'il trouvoit dans Æschyle, & qu'il s'est avisé de dire dans quelques-uns de ses Livres que ce Poëte est plus obscur que l'Ecriture Sainte (1).

Entre les Editions différentes qu'on a faites des Poësies d'Æschyle, on a toujours estimé celle de Turnebe & d'Henri Etienne, [*in-*4°. 1557.] mais quelques-uns prétendent que la meilleure est celle de *Stanley* qui parut à Londres *in-fol.* l'an 1664. avec les Scholies Grecques, une version Latine & des Commentaires de sa façon (2).

Les **T**ragédies qui nous restent d'Æschyle sont (3), *Prométhée à l'attache, les sept Preux devant Thebes, les Perses, Agamemnon, les Eumenides, les Suppliantes, les Choëphores.*

1 J. Gallois journàl des *Savans* du 2. de Mars 1665.
¶ *Quis Æschylum*, dit-il dans l'Epitre dédicatoire de son *de Hellenistica* à Jean de Laët, *possit adfirmare Græce nunc scionti magis patere explicabilem, quam Evangelia, aut Epistolas Apostolicas? Unus eius Agamemnon obscuritate superat quantum est librorum sacrorum cum suis Hebraismis & Syriasmis, & totis Hellenistica supelletile & farragine.*

2 Le même Auteur & Borrichius aux mêmes endroits.

3 ¶ Prométhée *à l'attache*, donne l'idée d'un chien à l'attache. *Prométhée* seul suffisoit. Il suffisoit aussi de dire *les sept devant Thebes*, tant parce que c'est le vrai titre de la piéce, que parce que les *sept Preux* font souvenir des *neuf Preux*, & qu'aujourd'hui Preux est un mot burlesque.

PANYASIS,

D'*Halicarnasse dans la Carie*, oncle d'Herodote l'Historien selon quelques-uns, vivant principalement depuis la 72. Olympiade jusqu'à la 77. du tems de Darius Hystasp. & Xerxes.

IIII **L**E peu de fragmens qui nous restent de cet Auteur n'est pas suffisant pour donner aux Critiques d'aujourd'hui le moyen de faire le jugement du caractére de son esprit & de ses Poësies. Mais si l'on veut s'en tenir à ce qu'en ont dit les Anciens, ce Poëte, selon la remarque de Mr le Fevre (1), fut un des plus excellens Auteurs de la Gréce, & sans Homere, il auroit été le premier de tous. Denys d'Halicarnasse qui étoit de son Pays dit (2) qu'il

1 Tan. le Fevre abreg. des Vies des Poëtes Grecs, pag. 80.
2 Dionys. Halicarnass. pag. 9. opuscul. Critic. edit. in-8.

Suidas in Lexic. ubi de Epico carmine præcipuè de Herculis expeditionibus & Ionicis transmigrationibus.
V. & Laur. Crass. de Poët. Græc. p. 400.

avoit renfermé en lui seul toutes les bonnes qualités d'Hésiode & d'Antimaque ; qu'il avoit pris du dernier cette véhemence de style & ce grand air qui est propre à l'éloquence du barreau, & qu'il y avoit joint la douceur, la facilité & les agrémens du premier. Mais il ajoute qu'il les avoit passés tous deux soit dans le choix de sa matiére soit dans la disposition & l'ordonnance de ses piéces, [dans le Recueil des Poëtes d'Henri Etienne *in-folio*, 1566. & dans celui de Généve Gr. Lat. *in-fol.* 1606.]

EMPEDOCLE.

De Gergenti ou Agrigente en Sicile, vivant sous Xerxes & Artaxerxes. Depuis la 77. Olympiade jusqu'en la 84.

1112 CE Philosophe avoit écrit des *Hymnes* sur les principes de la Physique & sur les divers effets qui viennent du mélange des Elemens.

Outre ces Hymnes il avoit encore fait un grand Poëme sur le même sujet. Mr le Fevre dit (1) qu'il étoit excellent, & il croit que c'est ce Poëme que Lucrece avoit devant les yeux, lorsqu'il loua si magnifiquement cet Auteur.

Cependant les Critiques n'ont jamais consideré Empédocle comme un véritable Poëte, mais comme un simple Versificateur.

Aristote semble dire (2) qu'Homere & Empedocle n'ont rien de commun que la mesure des Vers ; & que le premier est un Poëte legitime & l'autre un Physicien plutôt qu'un Poëte. C'est ce qui a fait dire aussi à Plutarque (3) qu'Empedocle avoit fait des Vers, mais non pas un Poëme, & qu'il n'avoit emprunté des Poëtes de la mesure & des pieds que pour ne point ramper en expliquant la Philosophie.

Cependant Vossius veut qu'il puisse mériter le nom & le rang de Poëte, à cause qu'il s'est rendu l'imitateur d'Homere (4) : il prétend même que c'étoit la pensée d'Aristote, quoique sa versification soit toute Philosophique, qu'il n'ait fait qu'exprimer en vers les choses

---

1 Tan. le Fevre vies des Poët. Grec. p. 77. Ludov. Castelvetro de Art. Poët. in Arist.
2 Aristotel. de art. Poët. & in eam comment. Majoragius, Benius, Robortell. Riccobonus & ex iis Laur. Crassus pag. 182. de Poëtis Græcis.

3 Plutarch. de aud. & leg. Poët. in opuscul. Moral.
Item Voss. de arte Poët. pag. 7.
4 G. Joan. Vossius de art. Poët. pag. 5, 12.-19. 28.

naturelles fans y mêler aucune fable ni aucun agrément des fictions & qu'il ait fongé moins à plaire qu'à inftruire dans tout ce qu'il a fait (1)

* *Poëſis Philoſophia , Continens Empedoclis, Parmenidis, &c. Græcè in-8°. apud Henr. Steph.* 1573. — *Empedoclis Sphæra, Græcè in-4°. Lutetiæ* 1587. *

1 Ren. Rap. Reflex. 2. fur la Poëtiq. 1. part. pag. 17. edit. in-2.

SOPHOCLE,

D'*Athenes* Poëte Tragique, plus jeune qu'Æſchyle, plus âgé qu'Euripide, né en l'Olympiade 71. la feconde année mort âgé de 95. ans fix ans après Euripide.

D'autres mettent leur mort en même tems la troifiéme année de la 92. Olympiade, mais fans fondement.

1113 Sophocle avoit fait fix-vingts Tragédies, d'autres difent cent-vingt-trois, mais il ne nous en refte que fept, qui font encore aujourd'hui beaucoup d'honneur à leur Auteur.

Il a encheri fur les établiſſemens qu'avoit faits Æſchyle, & il eſt allé fi fort au delà de tout ce qu'il avoit mis en uſage, qu'au ſentiment de pluſieurs il a élevé le Théâtre des Grecs au plus haut point de perfection où on l'ait jamais vû, même en préſence d'Euripide.

Il ajouta aux deux entre-parleurs un troifiéme Acteur ; il compoſa le Chœur de quinze perſonnes, au lieu qu'il n'étoit que de douze de l'inſtitution d'Æſchyle qui l'avoit trouvé de cinquante. Il fit encore quelques autres reglemens qui donnerent une nouvelle face au Théâtre, c'eſt ce qui a fait dire à Mr Deſpreaux qu'Æſchyle avoit jetté les fondemens néceſſaires à la vérité pour élever le Théâtre, & qu'il avoit commencé même à le polir (1) ; mais que

> *Sophocle enfin donnant l'eſſor à ſon génie,*
> *Accrût encor la pompe, augmenta l'harmonie,*
> *Intereſſa le chœur dans toute l'action.*
> *Des vers trop raboteux polit l'expreſſion,*
> *Lui donna chés les Grecs cette hauteur divine,*
> *Où jamais n'atteignit la foibleſſe Latine.*

1 Oeuvres du Sieur Deſpreaux Art Poëtiq. Chant 3.

POETES GRECS.

Ciceron avoit une si haute idée du mérite de Sophocle (1), qu'il ne faisoit point difficulté de l'appeller un Poëte divin, & il paroît que Virgile (2) en faisoit plus de cas que de tous les autres Poëtes Tragiques par la distinction qu'il en a faite dans ses Eglogues, à moins qu'on ne dise que Sophocle a obligation de cet honneur à la commodité que son nom a donnée à ce Poëte pour le faire entrer dans ses vers.

Denys d'Halicarnasse dit (3) que Sophocle a excellé dans l'art d'exciter les passions, & de les représenter dans leurs plus grands mouvemens sans faire perdre à aucun d'entre ses Personnages le rang qu'il leur avoit une fois donné, ni la dignité du caractére qu'il leur avoit imprimé. Il ajoute qu'il a fort bien gardé les mœurs & les bien-séances; qu'il n'a point de superfluités ni de cette abondance incommode qui rend un discours ennuyeux; qu'il ne dit que le nécessaire: mais qu'il aimoit à forger des mots nouveaux, qu'il faisoit paroître quelquefois trop d'ostentation & de fanfare, & que c'est ce qui l'obligeoit souvent à descendre dans des maniéres trop populaires & trop triviales.

Quintilien est presque entré dans les mêmes sentimens que Denys touchant l'artifice de Sophocle pour le mouvement des passions, & il ajoute qu'il avoit un talent tout particulier pour exciter la compassion (4). On peut juger même par le témoignage que Pline lui a rendu dans ces tems-là, que Sophocle étoit toujours en réputation du premier d'entre tous les Poëtes Tragiques (5). Plutarque lui trouvoit néanmoins de l'inégalité (6), & l'on voit dans Athénée & dans Philostrate quelques traits de son Histoire qui semblent avoir contribué à faire diminuer quelque chose du prix de ses Ouvrages (7). Mais on ne peut pas lui ôter la gloire que lui donne Longin (8) d'exceller dans la peinture des choses.

Parmi les Critiques Modernes, Joseph Scaliger dit que (9) c'est un Auteur admirable, que c'est le premier des Poëtes Grecs pour le mérite, & que peu s'en faut qu'il n'ait surpassé Virgile même.

---

1 Cicero lib. 2. de divination. & ex eo Critici recentiores passim.
2 Virgil. Eclog. 8. vers. 10.
3 Dionys. Halic. in Opuscul. Critic. pag 10. & 11. edit. in-8.
4 Quintilian. lib. 10. cap 1. Institution. Orator.
5 Plin. Hist. Nat. l. 7. c. 29. & apud Borrich. de Poët. pag. 30.
6 Plutarch. de Auditione apud Laur. Crass. de Poët. Græc. in Sophocle p. 471.
7 Athenæi Dipnosoph. lib. 13. Philostrat. Vit. Appollon. Lyl. Greg. Gyrald. Dial. 7 de Hist. Poëtar.
8 Longin du Sublime chap. 13. pag. 62. de la Trad. Fr.
9 Posterior. Scaligeran. pag. 229.

Sophocle. Vossius écrit que son style n'est pas seulement élevé & magnifique, mais qu'il est encore pur & châtié (1). Il dit ailleurs qu'il passe Euripide pour la grandeur de l'expression & la sublimité du style, mais qu'il a moins de netteté que lui. Il ajoute que Sophocle dépeint les hommes comme ils doivent être, au lieu qu'Euripide les represente comme ils sont. C'est ce qui avoit été remarqué plusieurs siécles auparavant par Aristote (2), qui pour ce sujet avoit jugé Sophocle préférable à Euripide, parce que c'est le propre d'un véritable Poëte de mettre les hommes sur le pied de vertu & de perfection qu'ils peuvent & qu'ils doivent être, comme a fait Sophocle: au lieu que ceux qui les font voir tels qu'ils sont ou qu'ils ont été, font plutôt l'office d'un Historien, comme on pourroit, ce semble le penser d'Euripide.

Vossius prétend aussi (3) que ses Chœurs sont mieux disposés & mieux réglés que ceux d'Euripide, mais il ne laisse pas de reprendre diverses choses dans l'œconomie & l'ordonnance de ses piéces, qu'il a prises pour des fautes contre les régles de l'art.

Mr le Fevre qui avoit le même goût que Vossius pour le style de Sophocle, ajoute que ce style represente bien l'humeur & le courage d'un homme de guerre tel qu'étoit Sophocle (qui avoit été Lieutenant général de l'armée de la République d'Athénes avec Périclès). Il dit que ce style a tout-à-fait l'air du beau monde, au lieu que celui d'Euripide n'a que l'air de l'Ecole (4); qu'il est incomparablement plus éxact dans ses compositions qu'Æschyle, à cause que les fictions de ce dernier sont fort monstrueuses & incroyables, au lieu que Sophocle se tient toujours dans une régularité très-judicieuse. Il estime néanmoins qu'on pourroit encore ajouter quelque chose à ce qui est de son invention, & qu'on pourroit étendre un peu davantage ses pensées.

Mr d'Aubignac prétend aussi (5) que Sophocle est beaucoup plus régulier & plus net dans son ordre que ni Æschyle ni Euripide même, quoique ce dernier fut venu après lui: & l'on remarque qu'il a pratiqué distinctement le Poëme Dramatique en cinq Actes. Le même Critique écrit encore ailleurs que Sophocle est plus éloquent & plus judicieux qu'Euripide (6).

1 Voss. Institution. Poëticar. lib. 2. p. 75.
2 Aristotel. Poëtic. c. 25.
Item R. Rap. Reflex. sur la Poëtique pag. 57. de la premiére part. edit. in-8.
3 Ger. Jo. Voss. Institut. Poët. ut supra lib. 1. & 2. passim.
4 Tan. le Fevre. Abreg. des Vies des Poëtes Grecs. pag. 93. 94.
5 Hedelin d'Aubignac. Pratiq. du Théâtre, livre 3. chap. 4. pag. 280. ¶ où il n'est rien dit touchant cette préférence de Sophocle à Euripide.
6 Le même au livre 4. du même Traité chap. 2. pag. 372.

Mais au sentiment du Pere Rapin (1) ce n'est que par les discours que Sophocle a mieux réussi qu'Euripide sur le Théâtre d'Athénes, quoique selon Mr le Fevre (2) ce dernier se soutienne moins par la grandeur & la force de ses pensées que par le choix & l'arrangement de ses paroles.

Ce Pere reconnoît aussi que Sophocle a beaucoup de naturel & de bon sens, qu'il est judicieux dans ses fables, qu'il est passionné dans ses expressions; & que c'est par cet endroit qu'il touche les cœurs beaucoup mieux qu'Euripide, quoique les Tragédies de celui-ci ayent plus d'action, plus de morale, & des incidens plus merveilleux que celles de Sophocle.

Néanmoins quelque grand que soit l'éclat & le brillant qui paroît dans toutes ses piéces, cet Auteur n'a point laissé d'y découvrir des taches. Il prétend sur toutes choses que Sophocle est trop compassé dans ses discours, que son art n'est pas assés caché en quelques-unes de ses piéces, qu'il y paroît trop à découvert, & que son élévation le rend obscur (3). Mais il ne lui refuse rien de ce qui se peut dire à l'avantage d'un beau style : & dans un autre Ouvrage il en reléve le mérite en insinuant qu'il étoit formé sur celui d'Homere (4), dont il dit que Sophocle étoit l'admirateur perpétuel & l'imitateur le plus éxact de ceux qui étoient venus après lui. Un autre Critique de nos jours n'a point cru être venu trop tard (5) pour nous vanter sa douceur, la beauté & le grand nombre de ses sentences & de ses figures, la netteté & la clarté de son discours, quoique d'autres y ayent trouvé de l'obscurité avant lui.

Mais pour ajouter un mot des jugemens qu'on a faits de quelques-unes de ses piéces en particulier, nous dirons que son *Philoctete*, ses deux *Oedipes*, & son *Ajax* sont des plus estimées.

Scaliger le fils ne fait point difficulté d'appeller le *Philoctete* une Tragédie divine (6), & il témoigne de l'étonnement de voir qu'un sujet si stérile par lui-même ait été si bien amplifié par le Poëte.

Ciceron nous a conservé un trait d'Histoire (7) qui doit nous donner bonne opinion de son *Oedipe de Colone* (8). Il dit que Sophocle étant

---

1 R. Rapin Reflex. 21. sur la Poëtiq. seconde part.
2 T. le Fevre au lieu cité pag. 93.
3 R. Rap. Reflex. 22. pag. 150. edition. in-4. 2. part.
4 Compar. d'Homere & Virgile par le même Auteur chap. 9. pag. 35.
5 Olaüs Borrichius Dissertat. de Poët.

pag. 29. 30. post Gr. Gyrald.
6 Joseph Scalig. in Post. Scal. pag. 229.
7 Cicero in Catone ma. seu lib. de Senectute num. 22. Item apud Lil. G. Gyr.
Mr le Fevre y a changé quelques legeres circonstances.
8 Ou Hippocolone lieu près d'Athénes.
¶ Oedipe à Colone, Tragédie de Sopho-

Sophocle. devenu fort âgé, ses enfans qui s'ennuyoient de le voir vivre si long-tems, & qui ne pouvoient souffrir qu'il abandonnât le soin de ses affaires domestiques pour ne vaquer qu'à sa Poësie, le voulurent faire passer pour un fou, ou pour un homme que l'âge avoit fait tomber dans cette espéce de démence que nous appellons l'enfance des vieillards. Sur ce pied ils le déférérent au Magistrat pour le faire déclarer incapable de gouverner son bien. Sophocle qui avoit contre lui son grand âge pour témoin, & ses propres enfans pour accusateurs, crût ne pouvoir mieux faire pour se défendre que de faire voir aux Juges la Tragédie de l'*Oedipe de Colone* qu'il venoit d'achever, afin de leur prouver par cette piéce qu'il n'avoit pas encore perdu l'esprit. Les Juges en furent très-convaincus après la lecture de la Tragédie, & le renvoyérent absous avec de grands éloges pour un si bel Ouvrage, au rapport d'Appulée, qui dit que la peine pensa retomber sur la tête de ses enfans (2).

L'*Oedipe Tyran* est aussi une très-belle piéce au jugement de Scaliger (3), qui loue Sophocle de n'y avoir employé qu'un petit nombre de personnages. Le Pere Rapin dit qu'Aristote parle toujours de l'Oedipe de Sophocle comme du modèle le plus achevé de la Tragédie (4). Ce qui n'a point empêché ce Pere d'y remarquer des défauts en divers endroits de ses Réfléxions sur la Poëtique. Il écrit en un de ces endroits (5) que Sophocle fait Oedipe trop foible dans son éxil après le caractére de fermeté qu'il lui avoit donné avant sa disgrace. En un autre il dit, après avoir reconnu que le dénoûment de cette piéce est très-heureux, qu'Oedipe ne devoit pas tout-à-fait ignorer l'assassinat du Roy de Thebes; & que l'ignorance où il est de ce meurtre, n'est pas assés vrai-semblable (6), quoiqu'elle fasse toute la beauté de l'intrigue.

Pour ce qui est de l'*Ajax* de Sophocle, Mr d'Aubignac qui en a

cle a été ainsi intitulée d'un lieu de l'Attique nommé Ἵππιος κωλωνὸς, c'est à dire la colline Equestre où étoit un temple dédié à Neptune dit l'Equestre. Il y en avoit aussi on dédié aux Furies, & c'est là qu'un oracle avoit ordonné à Oedipe aveugle & chassé de Thébes de se faire conduire pour y terminer sa déplorable vie. J'ai fait voir quel lieu c'étoit que *colone*. Baillet sur une mauvaise conjecture de Gyraldus a dit Hippo-colone. C'est une corruption d'Ἵππος κολωνὸς, qui ne doit pas être admise. Je ne voudrois pas au reste citant l'Oedipe de Sophocle ἐπὶ κολωνῷ dire avec un savant homme l'*Oedipe Colone*, pour l'Oedipe à Colone, je dirois plutot encore avec Meziriac l'*Oedipe Colonien*.

2 Appuleius in Apologia sua.
  Item apud Gyrald. Hist. Poët.
3 Poster. Scalig. loc. supr. cit.
4 Arist. Poëtic. cap. 15. de la citat. du P. Rap Refl. xix. part. 2. p. 144. edit. in-4.
5 Ren. Rap. Reflex. xxv. sur la Poëtique pag. 61. edit. in-8. part. 1.
6 Le même 2. partie Refl. xxii. p. 150. 151. edit. in-4.

fait

POETES GRECS.

fait une Differtation à part pour l'examiner felon les regles de l'Art les plus feveres, prétend (1) que c'eft une des plus belles piéces non feulement de toutes celles que ce Poëte a faites, mais encore de tout le Théâtre des Anciens. L'artifice dont le Poëte fe fert pour faire toutes chofes, eft fi délicat, que l'on ne peut pas dire qu'il y affecte une feule parole : & ce qui s'y paffe eft fi bien ajufté que tout y paroît néceffaire, & c'eft en quoi confifte le grand Art. Tout y eft proportionné & mefuré, il a pourvu à toutes chofes, & il ne laiffe rien à défirer.

Il ajoute que fes Actes pouvoient être plus judicieufement divifés, mais que la liaifon des Scenes y eft fort fenfible, les Intervalles des Actes y font, à fon fens, fi néceffaires & fi bien remplis par les chofes qui fe doivent faire hors du Théâtre, que la continuité de l'Action y eft très-manifefte. A prendre cet Ouvrage par la vérité de l'Action, il ne femble pas, dit ce Critique, que Sophocle ait rien fait pour les Spectateurs, tant les chofes y font vraifemblablement dépendantes les unes des autres. L'artifice des narrations eft admirable.

Néanmoins le Pere Rapin foutient (2) que le denoument de l'*Ajax* ne répond pas à l'intrigue. L'Auteur, dit-il, ne devoit pas finir un fpectacle fi terrible, fi funefte, & fi pitoyable par une conteftation froide & languiffante fur la fepulture de ce grand homme qui venoit de fe tuer. Il prend auffi pour une machine trop violente dans la même piéce, celle de Minerve, qui fafcine les yeux d'*Ajax*, pour fauver Ulyffe, qu'Ajax eut tué s'il l'eut reconnu.

Nous n'avons point parlé de la Morale de Sophocle, parce qu'elle eft à peu près la même que celle d'Æfchile, & que l'on doit juger de celle de Sophocle, par ce que nous avons rapporté de celle d'Æfchile. Le Pere Thomaffin qui en a fait un long & curieux éxamen (3) recherchant l'efprit de ces fables, trouve que Sophocle y infpire prefque par tout de l'horreur pour le vice, & de l'amour pour la vertu ; qu'il y inculque par tout la foumiffion que nous devons avoir pour la volonté de Dieu ; les fentimens où nous devons être pour la Divinité, les réfléxions perpetuelles que nous devons faire fur nos miféres, nos foibleffes, notre mortalité, & fur les befoins continuels que nous avons du fecours d'enhaut. C'eft ce

Sophocle.

---

1. Hed. d'Aubign. Examen de l'Ajax de Soph. à la fin de fon Traité de la Prat. du Théatre.
2 Le Pere Rap. xxii. Réfléx. fur la Poët. pag. 150. comme ci-deffus.

3 L. Thomaff. Méthod. d'étud. & d'enfeign. chrétienn. les Poëtes tom. 1. livre 1. chap. 11. nombr. 1. 2. 3. 4. 5. 6. pag. 163, & fuiv.

Tome III. Fff

Sophocle. qu'on peut voir dans ce qu'il dit des deux Oedipes de l'*Hercule de Trachine*, de l'*Ajax Mastigophore*, de l'*Electre* & de *Philoctete*, où il a prétendu remarquer les plus importantes vérités de la Réligion Chrétienne & de belles régles de Morale.

C'est au moins l'usage que nous devons faire aujourd'hui de la lecture de ces Poëtes, & il nous importe peu de savoir si Sophocle a songé à toutes ces moralités en voulant divertir les Athéniens. Il n'est pas même nécessaire qu'il ait eu les mœurs réglées pour contribuer à réformer les nôtres. Car d'ailleurs il n'étoit pas plus honnête homme qu'Æschyle & la plupart des autres Poëtes. Il avoit été plongé toute sa vie dans les débauches les plus honteuses, & il faisoit même ses délices de tout ce qu'il y a de plus abominable dans la Pædérastie. Ce qui n'a point empêché les Ecrivains de sa vie, & quelques autres Auteurs de vouloir nous persuader qu'il étoit le bien aimé des Dieux, qu'il étoit particuliérement sous leur protection, qu'il les recevoit familiérement chés lui, & qu'ils lui avoient accordé le don des miracles (1).

Mais pour rentrer dans notre sujet, il ne faut pas oublier de dire aussi que quelques Anciens ont eu mauvaise opinion de sa bonne foi, comme s'il avoit pris à d'autres les plus belles choses que nous avons sous son nom, sans leur en avoir témoigné sa reconnoissance. On dit que ces vols ont été découverts par Philostrate dans un Livre qu'il fit exprès contre Sophocle, & qui est cité par Eusebe (2).

Une des meilleures Editions que nous ayons des Tragédies de Sophocle, est celle que Paul Etienne publia avec les Scholies Grecques, les notes de Joach. Camerarius & d'Henri Etienne son Pere, [*in*-4° 1568.] Plusieurs estiment aussi celle qui parut à Cambridge l'an 1673. *in*-8°. sans porter le nom de celui qui la procura avec la version Latine & toutes les Scholies Grecques à la fin. Mais le Public n'en est pas encore pleinement satisfait, & il attend que quelque habile Critique lui donne quelque chose de meilleur. Les sept Tragédies qui nous restent de Sophocle sont *Ajax qui porte le fouet*, *Electre*, *Oedipe le Tyran*, *Antigoné*, *Oedipe de Colone*, *les Trachinies*, & *Philoctete*.

---

1. Lil. Greg. Gyral. de Poëtar. histor. Dialog. VII. pag. 771. ex Athenæo, Hegesandro, Hieronymo Rhodio, Ione & aliis, licet resipuisse suadeant Plato, Cicero, Valer Maxim. Marcellin. &c.

2 Apud. eumd. Girald. pag. 774. ejusd, Dialogi.

¶ Euseb. 10. Præp. Evangel. 3.

EUPOLIS,

D'*Athenes* Poëte Comique vivant en la 85. Olympiade ; Noyé dans l'Hellespont à la guerre contre les Lacédémoniens. *Accident qui fit faire aux Athéniens une Ordonnance pour défendre à tout Poëte de porter les armes.*

1114   EUpolis avoit fait XVII. Comédies au rapport de Suidas (1), mais elles se sont perdues entiérement, hors quelques Sentences que quelques Anciens avoient détachées de leur corps. On dit que ses vers avoient beaucoup de grace (2), mais il étoit un peu mordant ; & Lucien semble dire (3) qu'il avoit de la véhémence & de l'aigreur.

Horace le met au rang de ceux de l'ancienne Comédie qui reprenoient le vice avec beaucoup de liberté, & qui appelloient chaque (4) chose par son nom (5).

* *Eupolis Sententiæ Gr. Lat. per Hertelium in-8° Basil.* 1560. *

1 Suidas in lexic.
2 Gerard. Joan. Vossius Institution. Poëticar. lib. 2. pag. 136. 137.
3 Apud Laurent. Crass. de Poët. Græc. pag. 216.
4 *Chacun*, au lieu de *chaque chose*, auroit fait une expression & plus juste, & plus honnête. Plus bas cependant, au commencement du chap. d'Aristophane, il use de la même expression, mais c'est après l'avoir préparée.
5 Horat. Satyr. 4. lib. 1. initio his verbis :

*Eupolis, atque Cratinus, Aristophanesque Poëtæ
Atque alii, quorum comœdia prisca virorum est,
Si quis erat dignus describi, quod malus, aut fur,
Aut mœchus foret, aut sicarius, aut alioqui
Famosus, multa cum libertate notabant.*

CRATINUS,

d'*Athenes* Poëte de la vieille Comédie, qui parut principalement depuis le tems de Pindare & d'Æschyle jusqu'à la guerre du Peloponnese, au commencement de laquelle il mourut agé de plus de cent ans, environ 430. ans devant l'Epoque Chrétienne (1).

1115   DE XXI. Comédies qu'il avoit faites, il ne nous reste qu'un petit nombre de vers qui ne sont pas suffisans pour nous faire reconnoître son caractére.

1 ¶ Il n'en a vécu que 97. selon d'autres.

Mr le Fevre dit (1) néanmoins qu'il étoit ferme & hardi en ses compositions ; mais il n'étoit pas plus considérant qu'Eupolis, & il n'épargnoit personne non plus que lui, comme nous l'avons vu d'Horace (2). D'ailleurs il ne savoit pas se tenir au dedans des bornes de la modération, quand il faisoit agir son imagination pour trouver quelque chose (3). Néanmoins Quintilien faisoit tant de cas de ses Comédies, qu'il en recommandoit particuliérement la lecture à ceux qu'il vouloit former pour l'éloquence (4).

Au reste Cratin n'étoit pas plus honnête-homme que les autres, & on a lieu de s'étonner qu'il ait tant vécu après avoir passé presque toute sa vie dans la débauche du vin, des femmes, & des garçons.

C'est de lui qu'Horace cite ces deux vers qui disent que les beuveurs d'eau ne peuvent pas réussir à faire des vers (5).

* Il se trouve dans le Livre de Valentin Hertelius. *Quinquaginta veterum Comicorum Græcorum Sententiæ Gr. Lat. in-8° Basil.* 1560. *

1 Tan. le Fevre Abreg. des Vies des Poëtes Grecs pag. 97. 98.
2 Satyr. 4. lib. 1.
3 Gerard. Joan. Vossius Institution. Poëticar. lib. 2. pag. 136. 137.
4 Institution. Oratoriar. lib. 10. c. 1. & ap. Tan. le Fevre ut supr.

Laurent. Crass. de Poët. Græcis voce Cratinus.
Lil. Gregor. Gyrald. de Histor. Poëtar. Dialog. vi. pag. 756. 757. &c.
5 *Nulla placere diu nec vivere carmina possunt Quæ scribuntur aquæ potoribus.* 1. Epist. 19.

EURIPIDE.

D'Athenes Poëte Tragique. Né à Phlye (1) bourgade de l'Attique l'année que les Perses furent défaits à Salamine, la premiére année de la 75. Olympiade, 480. ans avant notre Epoque, mort en Macédoine agé de 75. ans, la même année que Sophocle selon les uns & selon d'autres six ans devant lui, quoique 20. ans plus jeune. Etranglé & déchiré par des chiens.

1116   Nous avons déja rapporté beaucoup de choses qui regardent le jugement qu'on doit faire des Tragédies d'Euripide en parlant de celles de Sophocle, avec lequel les Cri-

1 ¶ Barnès, Jean-Albert Fabrice, &c. le font naitre à φυλῆ autre bourgade de l'Attique, j'ignore pourquoi : Harpocration, & Suidas au mot φλυία ayant marqué si expressément qu'Euripide en étoit natif. A le bien prendre, cependant on peut dire avec Thomas Magister que ce fut à Salamine qu'il naquit, sa mére y ayant accouché de lui lorsqu'elle s'y étoit refugiée pendant la guerre de Xerxès.

tiques Anciens & Modernes semblent avoir pris plaisir de le com- Euripide parer. C'est pourquoi il faut se contenter d'y renvoyer le Lecteur, & ajouter ici ce qui a été réservé pour cet endroit.

Aristote considéroit Euripide comme le plus tragique d'entre les Poëtes (1), c'est-à-dire, comme celui qui avoit le mieux entendu l'art de la Tragédie d'entre les Anciens, quoiqu'il reconnut qu'il n'étoit pas toujours heureux dans la disposition & l'ordonnance de ses Fables.

Aristophane qui vivoit presque en même tems que notre Poëte, a voulu représenter dans une Comédie toute entiére le jugement qu'il faisoit, & qu'il vouloit que l'on fit de ses Tragédies. C'est dans celle qu'on appelle *les Grenoüilles*. Euripide sembloit l'avoir emporté sur Sophocle, & Sophocle sur Æschyle pour le succés de la représentation, & souvent même de la composition. Aristophane par cette Comédie fait revoir le procés dans les Enfers, & il a fait donner à Æschyle le premier rang, le second à Sophocle, & le troisiéme seulement à Euripide (2), qui est aussi l'ordre que la nature leur avoit donné dans le monde.

Il est vrai que Ciceron témoigne à Tiron (3) qu'il faisoit une estime particuliére d'Euripide; mais ce n'est que pour l'air sententieux qu'il a taché de prendre dans toutes ses piéces, & lorsqu'il dit qu'il considére chaque vers de cet Auteur comme une Sentence ou une maxime de grand poids, il paroît nous l'avoir voulu représenter autant comme un Philosophe que comme un Poëte, selon la pensée d'un Critique moderne (4).

Effectivement il semble qu'Euripide ait affecté de paroître plus intelligent dans la Morale que dans l'Art Poëtique même dont il faisoit profession, & nous avons remarqué que quelques-uns lui ont donné le dessus de Sophocle pour ce point (5).

C'est ce qui a donné lieu au P. Thomassin de faire de judicieuses réfléxions sur les principales Tragédies d'Euripide, & de nous montrer que ce sont des leçons presque perpétuelles de vertu (6), & d'y faire voir même un grand nombre de sentimens conformes à ceux

1 Aristotel. Poëtiq. c. 13. Item. ex eo recentiores non pauci.
2 Aristophan. Comœd. Ranæ. Item L. Thomassin livre 1. de la Méthod. d'étud. & enseigner chrétiennement les Poëtes chap. 12. nomb. 15.
3 Cicero Epistolar. ad Familiar. Epist. VIII. ad Tironem libro XVI.
¶ La lettre à Tiron ici désignée n'est pas de Cicéron, mais de son frére Quintus. ¶
4 Tan. le Fevre Abreg. des Vies des Poët. Grecs pag. 94.
5 V. ci-dessus au jugement de Sophocle, du P. Rapin & des autres Critiques.
6 L. Thomass. meth. d'étud. & d'enseig. chrét. les Poët. tom. 1. liv. 1. chap. XI. nomb. 2. 3. 4. & suivans, depuis la pag. 148. jusqu'à la 162.

Fff iij

que nous apprenons dans les Ecritures Saintes.

Il a remarqué dans la Tragédie de l'*Iphigenie en Aulide* que sans faire violence au Poëte, l'on trouve les traces & les apparences du sacrifice d'Isaac, & de celui de la fille de Jephté dans celui d'Iphigenie fille d'Agamemnon, qui, pour obéïr aux ordres du Ciel, témoigna de vouloir bien être immolée pour le salut de la Gréce, & qui fut le point d'être sacrifiée, fut enlevée par Diane qui substitua une biche à sa place. Que l'on y voit l'obligation que les hommes ont de préférer l'interêt public à leur bien particulier. Qu'on y découvre les préjugés dont tous les esprits étoient prévenus, qu'après avoir immolé cette vie mortelle au salut de la Patrie, il restoit une vie immortelle où l'on étoit recompensé d'une action si héroïque. Que bien que Dieu ne veuille pas que les hommes lui soient sacrifiés, il veut que les hommes soient disposés à se sacrifier eux-mêmes, & tout ce qu'ils ont de plus cher à sa gloire. Que si l'on a pris la coutume d'immoler des animaux, c'étoit pour les substituer en la place des hommes. Que Dieu demande toujours la pureté & souvent même la virginité dans ses Prêtres & dans ses Victimes, &c.

Dans les réfléxions sur celle de l'*Iphigenie en* (1) *Chersonese Taurique*, il dit que si l'on y trouve des songes fréquens & des Prophéties, si l'on y entend la voix des Dieux sans les voir, si on y lave ses crimes en se baignant, & que si Agamemnon avant le commencement de la guerre voüé à Dieu ce qui pourroit naître de plus beau en la même année, ce sont autant de déguisemens de l'histoire véritable de nos saintes Ecritures.

Il seroit inutile de suivre ce Pere dans tout cet ample détail qu'il fait des moralités qu'il a rencontrées, en faisant l'éxamen de chaque Tragédie d'Euripide en particulier. Mais on ne doit point dissimuler qu'il est beaucoup plus aisé de les trouver dans son Ouvrage que dans les piéces d'Euripide & des autres Poëtes qui ont eu la malice de les couvrir de mille obscurités, d'en cacher souvent les avenuës, & d'en empoisonner même les déhors. De sorte qu'à moins que d'être aussi sage & aussi expérimenté dans les belles Lettres, la Philosophie Morale, & les saintes Ecritures que le P. Thomassin, & quelques-uns des autres Critiques de nos jours qui ont entrepris d'expliquer les mystéres des Fables, & de découvrir l'utilité qu'on peut retirer des anciens Poëtes, il est rare & difficile même qu'on puisse toujours pénétrer si avant. Du moins peut-on

---

(1) *En la*, auroit été mieux.

assurer que la plupart de ceux qui ne lisent les Poëtes que pour se Euripide. donner du plaisir, se soucient peu d'aller jusqu'au fond; & que ne s'occupant que de ce qui les divertit, & qui repaît leur imagination, pour ne rien dire de plus facheux, ils donnent sujet de croire que généralement parlant la lecture des Poëtes profanes est plus dangéreuse qu'elle n'est utile, sur tout aux jeunes gens, à moins qu'ils n'ayent à leurs cotés un Maître de Morale pour présider à cette lecture.

Il faut donc avouer avec tous les Critiques qu'Euripide s'est rendu plus sententieux & plus moral que Sophocle (1); que c'est peut-être ce qu'a voulu dire Aristote en l'appellant le plus tragique, c'est-à-dire, le plus instructif des Poëtes Tragiques (2); & que c'est sans doute ce qu'a voulu louer en lui l'oracle d'Apollon lorsqu'il a fait ses éloges au rapport d'Eusebe (3). Mais il faut reconnoître aussi que par cette affectation il est dévenu moins bon Poëte que quelques-uns d'entre eux.

Aristote suivi de quelques modernes (4) condamne Euripide de faire parler quelquefois ses Personnages d'un air trop Philosophe selon les principes de l'opinion d'Anaxagoras qui étoit alors nouvelle (5): & Vossius témoigne (6) que c'est sur ce dangereux modéle que Seneque s'est gâté, en s'efforçant d'enchérir encore sur lui.

1 Ger. J. Voss. Rap. Hed. d'Aubig. &c.
2 ¶ Non, Aristote par le plus tragique a entendu le plus pathétique, le plus touchant, ce sont les termes de Mr Dacier.
3 Euseb. Cæsarienf. lib. 5. de præparat. Evangel. cap. 33.
4 G. Joan. Vossius Instit. Poët. l. 1. c. 5. pag. 54. ex Aristot. Poët. c. 15.
Item le P. Rapin pag. 60 de la premiére part. des Réfléxions sur la Poëtiq. de l'édit. in-12. Réfléx. 25.
5 ¶ C'est principalement la Rhétorique de Denys d'Halicarnasse qu'il faloit citer dans les deux chapitres où cet Auteur traitant des discours figurés, dévelope par occasion ce qu'Aristote n'a fait que désigner en trois mots touchant la Melanippe d'Euripide, Tragédie intitulée ἡ Μελανίππη ὁ σοφή. Sur quoi je renvoie les curieux aux Remarques de Mr Dacier sur la Poëtique d'Aristote chap. 16. qui est le 19 des éditions ordinaires. Une chose que je ne puis m'empêcher d'ajouter par manière d'avis pour ceux qui consulteront les Réfléxions du P.

Rapin sur la Poëtique, dans l'endroit qu'indique ici le chiffre (4) c'est qu'ils y trouveront que ce Pére en copiant un passage du l. 1. des Institutions Poëtiques de Vossius c. 5. pag. 54. s'est extraordinairement mépris. Vossius après avoir repris Euripide de ne pas faire garder à ses Héros cette modération qui convient aux Sages, & de laquelle parle Aulu-Gelle chap. dernier du l. 1. de ses Nuits Attiques, ajoute ces mots, Etiam culpat Theo Sophista in eodem Poëta, ὅτι παρὰ καιρὸν αὐτῷ Ἑκάβη φιλοσοφεῖ. Il est visible que ce qu'a dit Vossius touchant cette modération des Sages louée par Aulu-Gelle, est entiérement séparé de ce qu'ensuite il cite de Théon Cependant le P. Rapin mèlant le tout ensemble & sans faire attention que Théon n'est cité nulle part dans Aulu-Gelle, n'a pas laissé de dire: Le Sophiste Théon ne peut souffrir, dans Aulu-Gelle, les raisonnemens que fait à contre-tems Hécube sur ses malheurs dans le même Euripide.
6 Vossius lib. 1. Institution. Poëticar. pag. 58.

Euripide. Denys d'Halicarnasse l'accuse (1) de n'avoir pas toujours éxactement suivi la vérité, c'est-à-dire les maximes qu'éxigent les régles du Théatre, & de n'avoir pas bien observé les mœurs & les usages reçus dans la vie humaine, ce qui l'a fait souvent écarter des loix de la bien-séance, en quoi il a fait connoître combien il étoit éloigné de Sophocle. Ce Critique ajoute qu'Euripide n'a pas assés bien exprimé les caractéres ni les passions, ni les mouvemens de l'ame qu'il a rendus trop mal-honnêtes, trop efféminés, & trop bas, au lieu que Sophocle, dit-il, a eu un soin particulier d'éviter ce défaut. Enfin il prétend qu'Euripide a voulu faire souvent l'Orateur mal à propos, & qu'il est trop rempli des figures & de ces inductions qui ne sont propres qu'à des Rhéteurs; qu'il a préféré la médiocrité à la grandeur & à l'élévation dans ses expressions, & qu'il imite presque toutes les maniéres des Poëtes Comiques, sans se souvenir du rang & du caractére qu'il devoit garder.

Mais Quintilien ne parle pas si mal d'Euripide que fait Denys d'Halicarnasse. Il dit (2) qu'il a surpassé Æschyle, & que c'étoit encore de son tems une question indécise de savoir à qui de lui ou de Sophocle on devoit adjuger le prix du mérite. Il avouë qu'ils ont pris chacun une route assés différente pour parvenir à une même fin; mais il prétend qu'Euripide est incomparablement plus utile à ceux qui ont besoin de paroître & de parler en public; que nonobstant la censure des partisans de Sophocle & des admirateurs de sa gravité, de sa véhémence, & de ses grandes expressions, Euripide est plus conforme aux maximes des Orateurs, & qu'il s'accommode mieux aux régles de leur Art; que l'emploi fréquent qu'il fait des Sentences & des bons mots des Anciens Sages l'a rendu presque égal à eux; qu'il n'y a personne parmi ceux qui ont le plus éclaté dans le barreau auquel il ne soit comparable; mais qu'il s'est rendu admirable dans le mouvement des passions, & particuliérement dans celui de la compassion & de la tendresse. Quintilien dit aussi que Menandre faisoit ses délices d'Euripide, quoique ce fut un génie fort différent du sien : & c'est peut-être ce qui a fait dire à Denys d'Halicarnasse qu'Euripide avoit quelque chose de l'air Comique.

Néanmoins il paroît que Quintilien n'a voulu juger d'Euripide que par rapport aux Instructions qu'il donnoit de l'Art Oratoire, car les autres Critiques, & particuliéremenr les Modernes, qui pour

---

1 Dionys. Halicarnass. in opuscul. Crit. pag. 10. 11. edit. in-8.

2 Quintilian. lib. 10. Instirut. Orator. cap. 1. & ex rec. Gyrald. & Borrich. &c.

POETES GRECS.

bien juger d'un Poëte croient qu'il suffit d'appliquer les régles de l'Art Poëtique à ce que l'on veut éxaminer, n'ont pas cru que les louanges qu'auroit pu lui mériter une qualité étrangére comme celle-là, dussent l'emporter sur les reproches qu'ils ont jugé à propos de lui faire pour diverses irregularités qu'ils ont prétendu trouver dans ses piéces.

Euripide.

Jules Scaliger témoigne (1), que les uns l'accusent de n'avoir pas bien sû distinguer les parties de la Tragédie, & d'avoir souvent brouillé le Prologue avec ce qu'on appelle *Protase*. Il dit que les autres l'ont blâmé (2), même de son tems, de ce qu'il avoit eu l'indiscretion de représenter sur son Théâtre des femmes impudiques & perduës de réputation, dont le mauvais éxemple mis en spectacle gâtoit le peuple, & le jettoit dans des impuretés semblables. Euripide qui n'ignoroit pas ces reproches prétendoit se justifier en disant que ces personnes infames n'étoient pas des personnages feints qu'il eut inventés dans sa tête ; mais que c'étoient des gens qui avoient vécu véritablement dans ces désordres ; qu'ainsi il representoit ces personnes telles qu'elles avoient été sur la terre ; & que pour abolir la mémoire de toutes les actions odieuses qui peuvent scandaliser le monde & le porter au mal, il faudroit anéantir toutes les Histoires. Mais cette réponse d'Euripide qui seroit bonne pour un Historien, ne paroît point recevable en un Poëte, qui, comme nous l'avons remarqué en parlant de Sophocle, doit representer les personnes non pas tant comme elles ont été, que comme elles ont dû être (3).

Vossius a remarqué un autre défaut assés considérable dans les Tragédies d'Euripide (4). C'est de n'avoir pas toujours gardé la vrai-semblance, comme lors qu'il feint des Rois réduits à la besace qui vont mandier leur pain de porte en porte. Il prétend aussi que ce Poëte n'est pas toujours heureux dans l'ordonnance & la disposition de ses piéces, ce qui a été remarqué par d'autres Critiques long-tems avant lui Il dit ailleurs (5) qu'Euripide ne compose pas bien une Fable, & qu'il écrit quelquefois des choses qui sont contre le bon sens, qui repugnent, & qui renferment des contradictions. Il convient néanmoins en d'autres endroits qu'il a le dessus de So-

---

1 Jul. Cæs. Scaliger Poëtices lib. 1. qui est Historic. c. xi.
2 Idem ibid. lib 3. qui est de Idea. c. 96.
3 Ger. Jo. Voss. Institution. Poët. lib. 1. cap. 2. pag. 20.
Item R. Rapin Reflex. 24. sur la Poët. 1. part.
4 Idem Vossius lib. 2. Instit. Poët. c. 14. pag. 73. Aristotel. de Poetic cap. 13.
5 Voss. lib. 1. Instit Poetic. pag. 22. 23. ce qu'il repete encore en divers autres endroits du même Ouvrage, &c.

Euripide. phocle en quelque chose, comme celui-ci le surpasse en d'autres ; que Sophocle, par éxemple aime les hyperboles & la transposition des mots, au lieu qu'Euripide s'attache pour l'ordinaire à bien arranger les siens ; que si Sophocle l'emporte pour la sublimité de la diction & pour l'œconomie, Euripide est au-dessus de lui pour le mouvement des Passions, & la gravité des Sentences (1).

Mais quoi qu'Euripide ait été mieux reçu & mieux goûté qu'Æschyle lors qu'il a employé le style simple & uni dans les choses qui ont un air satirique, où Æschyle s'étoit servi du grand style (2) : la même chose n'a pourtant point réussi ailleurs à Euripide, on a jugé que son style étoit quelquefois trop bas & trop rampant (3) ; & c'est encore une des considérations qui ont fait dire aux Critiques qu'Euripide tient un peu du Comique.

Mr le Fevre de Saumur dit (4) que son style est clair aussi-bien que celui de Sophocle, mais qu'il se soutient plus par le soin & l'arrangement des mots, que par la force & par la noblesse des pensées.

C'est un jugement que Mr le Fevre a pris à Longin sans le dire (5). Il en use de même à l'égard des autres. Cela lui est commun avec beaucoup d'autres Critiques qui sont pourtant bien aises de passer pour des *Critiques en chef*. Mais ce qui est moins commun, c'est de voir d'honnêtes gens comme étoit Mr le Fevre, qui après avoir profité du travail d'un Auteur ne le citent que pour lui reprocher ses fautes, comme il lui est arrivé à l'égard de Lilio Gregorio Giraldi (6), & l'on peut assurer que son éxemple n'a point été sans suite.

Mr le Fevre ajoute que les plus fins d'entre les Critiques de l'Antiquité ont estimé qu'Euripide n'est pas assés serré ; que ses Tragédies sentent le Dialogue & les Entretiens Socratiques, & que ses fictions ne sont pas souvent fort régulières.

Mr d'Aubignac blâme Euripide (7) de ce que dans ses Prologues le principal Acteur & quelquefois Dieu sur la machine fait souvent la narration des choses arrivées devant l'ouverture du Théâtre aux Spectateurs, comme pour lui faire plaisir. Ce qu'il ne peut approuver, dit-il, parce que bien souvent toutes ces choses sont assés clai-

---

1 Idem Voss. Instit. Poët. lib. 2. pag. 53.
2 Id. eod. lib. pag. 100.
3 Ibid. pag. 75. Instit. Poëtic.
4 Tan. le Fevre Vies des Poëtes Gr. p. 93. Item Olaüs Borrich. Dissertat. de Poët. pag. 30. num. 71.
5 ¶ Chap. 39. de l'édit. de Tollius, & 32. de celle de Despréaux.
6 ¶ Tannegui le Fevre a repris Gyraldus avec raison, & n'a tiré de lui du secours que comme on en tire d'un Dictionnaire, dont on ne laisse pas de reconnoître & de corriger les fautes.
7 Hedelin d'Aubignac de la Pratiq. du Théâtre liv. 1. ch. 7. page 61.

rement expliquées dans la fuite de la piéce. Ainfi ce qui doit faire Euripide. un bel effet en fon lieu, n'eſt plus qu'une redite importune. Il ajoute que Sophocle n'en a jamais uſé de la forte, & qu'il doit fervir d'éxemple pour ce point ; mais il ne laiſſe pas de reconnoître dans la fuite qu'Euripide étoit un peu mieux reglé qu'Æſchyle (1).

Ce même Critique dit ailleurs (2) qu'Euripide s'eſt toujours embaraſſé de Prologues, de forte que fes piéces femblent avoir toujours fix Actes, & quelquefois fept. Et il nous fait remarquer en un autre endroit (3), qu'on eſt encore aujourd'hui dans le même goût que les Anciens, lors qu'on veut faire le Paralléle des Tragédies d'Euripide avec celles de Sophocle, que celles-là ont pour ceux qui les liſent moins d'agrémens que celles-ci, & qu'il n'en faut pas chercher d'autre raifon que parce que les diſcours d'Euripide font moins éloquens & moins judicieux que ceux de Sophocle.

Le Pere Rapin qui a reconnu le même avantage de Sophocle fur Euripide pour la même raifon (4) prétend néanmoins que les Tragédies d'Euripide ont plus d'Action, plus de morale, & des incidens plus merveilleux que celles de Sophocle. Mais ces bonnes qualités ne l'ont point empêché de découvrir divers défauts aſſés importans dans les piéces de ce Poëte. Il dit (5) qu'il n'eſt pas éxact dans l'ordonnance de fes Fables ; que fes caractéres ne font pas diverfifiés ; qu'il retombe dans les mêmes fentimens par les mêmes avantures ; que fes diſcours ne font pas aſſés ardens ni aſſés paſſionnés, ce qui le rend moins touchant qu'il ne devroit être ; qu'il y a des précipitations dans la préparation de fes incidens ; & que fes dénoumens ne font point naturels, parce que ce font des machines perpétuelles, c'eſt à dire, des Dieux qui les font. Cependant le même Auteur ne laiſſe pas de dire enfuite de lui comme d'Æchyle & de Sophocle, qu'il eſt grand dans fes deſſeins, judicieux dans fes fables, paſſionné dans fes expreſſions : qu'il regne dans les Ouvrages de ces trois Poëtes, du génie, du naturel, du bon fens : & que bien qu'ils ayent fait des fautes, on peut dire néanmoins que tout ce qui eſt d'eux eſt original.

Voila peut-être ce qu'on pourroit remarquer de plus confidérable dans les jugemens que les Critiques ont portés fur les Tragé-

1 Au même Livre chap. 8. pag. 68.
2 Au troifiéme livre du même Traité chap. 1. pag. 280. 281.
3 Le même d'Aubign. au 4. livre de la Prat. chap. 2. pag. 372.

4 Ren. Rapin Reflex. xxi. fur la Poët. part. feconde.
5 Au même Traité Reflex. xxii. pag. 151. in-4.

Euripide. dies d'Euripide. Car nous n'avons pas crû devoir nous arrêter à l'imagination de quelques personnes, qui croyent trouver dans ses écrits des marques de cette haine qu'on dit qu'il avoit pour les femmes, & qui ont publié qu'il avoit été mis en piéce par les mains de celles qui ont voulu venger le séxe, plutôt que par les dents des chiens que ses envieux avoient lâchés contre lui (1).

De quatre-vingt & douze Tragédies qu'Euripide avoit composées, il ne nous en est resté que dix-neuf dont les mieux faites au jugement d'un Critique Allemand (2) sont l'*Hecube* & l'*Hippolyte*, à qui il donne le prix sur toutes les autres. Les Anciens faisoient une estime très-particuliére de celle de l'*Andromede* qui est du nombre de celles que nous avons perduës. On peut juger de la force de l'impression qu'elle faisoit sur les esprits de ses Auditeurs par un trait d'Histoire que Lucien en a rapporté. Comme le fait est curieux & singulier, il mérite ici son rang, d'autant plus qu'il peut contribuer à nous donner quelque idée propre à nous faire juger de ce que nous avons perdu (3).

On dit que du tems de Lysimachus Roi de Macédoine, les habitans d'Abdere furent tourmentés d'une fiévre chaude très violente qui finissoit le septiéme jour par une perte de sang ou une sueur. Mais ce qu'il y avoit de plus étrange, c'est que tous ceux qui en étoient atteints, recitoient des Tragédies & particuliérement l'*Andromede* d'Euripide, d'un air grave & d'un ton lugubre, & toute la ville étoit pleine de ces Comédiens faits à la hâte, qui tout défigurés & tout décharnés, crioient en vers d'Euripide, & jouoient le rôle des personnages d'un air fort mélancholique ; ce qui dura jusqu'à la venuë de l'Hyver dont le grand froid emporta toute cette phrénésie. Ce mal venoit de ce que le Comédien Archelaüs qui étoit en grande vogue dans ce tems-là, avoit joué cette Tragédie avec applaudissement durant les chaleurs les plus ardentes de l'Eté. De sorte que plusieurs au retour du Théâtre se mirent au lit, & le contrefaisoient le lendemain, ayant l'esprit encore tout plein de ses termes tragiques & ampoulés.

Voila le fait, mais, à dire le vrai, il semble que tout cela étoit plutôt un effet de la réprésentation que de la composition de la

---

1 Suidas in Lexico. Item L. Gr. Gyrald. ut supr.
Laurent. Crass. de Poët. Græc. Ital. in-folio.
Tan. le Fevre ut supr.
2 Bibliograph. curios. Histor. Philolog. Anonym. pag. 51. 52.
3 Lucien de la maniére d'écrire l'Histoire au commencement du Traité de la Trad. d'Ablancourt au premier tome.
Le P. Rapin Réflex. 19. de la 2. part.

Piéce, & que la gloire en est duë au Comédien qui en a été l'Acteur, plutôt qu'au Poëte qui en a été l'Auteur. Ce n'est point tant par le spectacle qui n'est plus, que par la lecture qui peut toujours durer que nous devons, pour notre usage present, juger des piéces des Anciens, & de toutes celles qui ne sont pas propres au Théâtre d'aujourd'hui.

La meilleure édition des Tragédies d'Euripide est celle de Paul Estienne avec les Scholies Grecques, [*in*-4°. 1611.] mais elle n'est pas encore au point de perfection que l'on éxige de celui ou de celle de qui on en attend une nouvelle. [Celle d'*Æmilius Portus* & de *Canterus* imprimée en 2 vol. à Heid. *in*-8° 1597. n'est pas à negliger.]

Les Tragédies qui nous restent d'Euripide, outre l'Hécube & l'Hippolyte dont nous avons parlé, sont *Oreste*, *les Phœnisses* ou *Pheniciennes*, *Médée*, *Alcestis* (1), *Andromaque*, *les Suppliantes*, *Iphigenie en Aulide*, *Iphigenie dans la Taurique*, *Rhesus*, *les Troades*, *les Bacchantes*, *le Cyclope*, *les Heraclides*, *Hélene*, *Ion*, *Hercule en fureur*, *Electre*. [Comme on peut voir dans la derniére édition que *Jos. Barnes* nous a donné *in-fol.* à Cambridge en 1694.]

1 ¶ *Alceste* est le mot d'usage.

ARISTOPHANE,

Athénien, né au Bourg Cydathénien, Poëte de la vieille Comédie, vivant du tems de Socrate vers la fin de la guerre du Peloponese, mort à Athénes environ 400. ans devant Jesus-Christ.

1117   DE plus de cinquante Comédies (1) qu'Aristophane avoit composées, il ne nous en est resté qu'onze. Mais qui sont entiéres, & qui se sont assés bien défenduës contre les mauvais traitemens des Copistes & des méchans Critiques, malgré la révolution de plus de vingt siécles.

Ces Comédies font encore considérer aujourd'hui Aristophane comme le Chef de tous les anciens Comiques. Il passoit même de son tems pour le principal des Poëtes de la vieille Comédie, quoiqu'il n'en fut pas le premier pour l'âge.

Il faut se souvenir ici des trois faces différentes de la Comédie des Grecs, que l'on distingue en vieille, moyenne, & nouvelle.

1 Ou 54. selon Suidas.

Ariftophane. Les Poëtes de la vieille Comédie font ceux qui reprenoient les vices & qui attaquoient les perfonnes fans finefle, fans artifice, & fans aucun déguifement, qui nommoient les gens fans façon, & qui par la même naïveté appelloient chaque chofe par fon nom. C'eft ce qu'Horace nous fait connoître en parlant d'Eupolis, de Cratinus, & de notre Ariftophane, lors qu'il dit que ces trois Auteurs & tous les autres Poëtes de la vieille Comédie *reprenoient avec beaucoup de liberté tous ceux qui méritoient d'être notés pour leurs malices, pour leurs rapines, pour leurs débauches & pour leurs autres crimes. Ils n'épargnoient ni le voleur, ni l'adultere, ni l'homicide* (1).

Cette liberté rendit ces fortes de Poëtes formidables à tout le monde, & plus encore aux Grands qu'aux Petits. C'eft ce qu'on a remarqué particuliérement d'Ariftophane qui ne fit point difficulté d'attaquer les Principaux de la Ville, les Chefs de la République, & ceux qui gouvernoient l'Etat. Mais quoique cette maniére de dire les vérités fut receuë du Peuple avec de grands applaudiffemens, & qu'elle fut même affés agréable à la plus grande partie des perfonnes de qualité, ne laiffa point de s'en laffer, & Alcibiade publia un Edit pour défendre à tout Poëte Comique de plus nommer perfonne par fon nom dans la Comédie (2).

Cet Edit produifit une nouvelle efpéce de répréfentation qu'on appella la *moyenne Comédie*, & ce fut Ariftophane qui la trouva le premier, & les Critiques remarquent que les derniéres piéces de ce Poëte peuvent fervir d'éxemple de cette nouvelle efpéce (3). Il fut fuivi dans cette méthode par Philemon, par Platon le Comique, & par plufieurs autres qui prirent à fon imitation un honnête milieu entre la dureté de la vieille Comédie & la molleffe de la nouvelle.

Mais comme on s'avifa encore de fe choquer des fujets réels de la Comédie, quoiqu'on n'y nommât plus perfonne, on inventa enfin une troifiéme efpéce qu'on appella la *Nouvelle Comédie*, dans laquelle on tâcha de s'accommoder à la délicateffe fcrupuleufe de ces temslà; & à la place des fujets véritables & réels on en fubftitua qui étoient feints auffi-bien que les noms, & l'on a confidéré Ménandre comme l'Auteur de cette nouvelle efpéce, ou du moins comme

---

1 Horat. 1. Sat. 4. initio.
2 Lil. Greg. Gyraldus Dialog. 6. in fine. G. J. Voff. Inftit. Poët. 2. l. c. 17. p. 138. 139. &c.
Sam. Petit. ad leges Atticas 79. 80. 81.
3 Anne le Fèvre, Préface fur le Plutus, & les Nuées d'Ariftophane, pag. 22. Cette Demoifelle s'appelle aujourd'hui Madame Dacier depuis fon mariage. Mais j'ai cru qu'il étoit plus à propos de lui conferver le nom que portent fes livres ; c'eft-à-dire celui fous lequel elle eft connuë des Gens de Lettres.

POETES GRECS.   Aristophane.

celui qui y avoit le mieux réuſſi. C'eſt ce qu'on trouve plus agréablement expliqué dans l'Art Poëtique de Mr Deſpréaux, & que nous rapporterons ici pour la ſatisfaction de ceux qui aiment qu'on les inſtruiſe en vers (1).

> Des ſuccès fortunés du ſpectacle tragique,
> Dans Athènes naquit la Comédie Antique.
> Là, le Grec né mocqueur, par mille jeux plaiſans
> Diſtilla le venin de ſes traits médiſans.
> Aux accès inſolens d'une bouffonne joie
> La Sageſſe, l'eſprit, l'honneur furent en proie.
> On vid par le Public un Poëte avoué (2)
> S'enrichir aux dépens du mérite joué,
> Et Socrate par lui dans un Chœur de NUE'ES (3)
> D'un vil amas de Peuple attirer les huées.
> Enfin de la licence on arrêta le cours :
> Le Magiſtrat des Loix emprunta le ſecours,
> Et rendant par Edit les Poëtes plus ſages,
> Défendit de marquer les noms ni les viſages.
> Le Théâtre perdit ſon antique fureur,
> La Comédie apprit à rire ſans aigreur,
> Sans fiel & ſans venin ſut inſtruire & reprendre
> Et plût innocemment dans les vers de MENANDRE.
> Chacun peint avec art dans ce nouveau miroir,
> S'y vid avec plaiſir, ou crût ne s'y point voir.
> L'Avare des premiers rit du tableau fidéle
> D'un Avare ſouvent tracé ſur ſon modéle :
> Et mille fois un fat finement exprimé
> Méconnut le Portrait ſur lui-même formé.

Il y avoit cette différence entre les Poëtes de ces trois eſpéces de la Comédie Grecque que ceux de la Vieille ne feignoient rien, c'eſt-à-dire que tout y étoit véritable & réel, tant les ſujets que les perſonnes qui y étoient repréſentées par les noms & les qualités qui ſervoient à les faire connoître dans le monde. Ceux de la Moyenne prenoient des ſujets réels, c'eſt-à-dire, quelques faits véritablement arrivés & connus ſouvent du Public, mais les perſonnes étoient

---

1 Oeuvres du Sieur Deſpréaux, Art. Poëtique, Chant 3.   2 Ariſtophane.   3 Comédie d'Ariſtophane contre Socrate.

feintes, c'eſt-à-dire que les Auteurs véritables de ces faits étoient joués ſous des perſonnages inventés. Et ceux de la Nouvelle feignoient toutes choſes, c'eſt-à-dire, qu'ils reprenoient le vice & les déſordres en général ſans ſpécifier ni les faits ni les perſonnes.

Mais cette diſtinction qui eſt aſſés juſte pour la vieille & la nouvelle Comédie, ne paroît pas avoir été toujours fort réguliérement pratiquée dans la Moyenne ; c'eſt ce qui a donné occaſion à quelques Critiques de la confondre tantôt avec la Vieille & tantôt avec la Nouvelle : & il ſemble qu'il n'y ait eu qu'Ariſtophane qui ait donné lieu à cette diſtinction, parce que quoiqu'il ait changé de méthode dans ſes derniéres piéces, il auroit été trop violent de ne lui faire faire qu'un ſaut de la vieille Comédie à la Nouvelle.

Un ancien Grammairien (1), allegué par Voſſius, ſemble n'en avoir pas voulu reconnoître de Moyenne ; & rapportant la différence qu'il trouvoit entre la Vieille & la Nouvelle, il dit que la Vieille admettoit toutes ſortes de Vers, mais que la Nouvelle n'employoit que des Iambiques & des Trochaïques : que la Vieille avoit le ſtyle plus élevé, plus aigre & plus fort, parce qu'elle approchoit aſſés de l'air Tragique, mais que la Nouvelle avoit plus de netteté, d'uniformité, d'agrémens, & de beautés Attiques.

Mais il n'y a perſonne parmi les anciens Poëtes Comiques qui ait fait valoir le Privilége de la Vieille Comédie tant qu'Ariſtophane, qui ſous prétexte de ne vouloir épargner perſonne, s'eſt mis à mordre & à déchirer avec une effronterie incroyable les perſonnes du premier mérite, & ceux qui faiſoient profeſſion particuliére d'aimer la ſageſſe & de pratiquer la vertu. Ce qu'il y a de plus fâcheux, c'eſt qu'il n'a point cru devoir ménager la pudeur de ceux qui l'écoutoient non plus que celle de ceux qui pourroient lire ſes Comédies dans la ſuite des tems ; c'eſt ce qui a attiré ſur lui le zèle & le chagrin de divers Critiques, & particuliérement de Plutarque (2), qui dans la comparaiſon qu'il a faite d'Ariſtophane avec Menandre, prétend qu'Ariſtophane n'a point pû venir à bout de plaire au Peuple, & qu'il s'eſt rendu inſuportable à toutes les perſonnes raiſonnables. En quoi Plutarque ne s'eſt point trouvé d'accord même avec tous ceux qui d'ailleurs conviennent avec lui que

---

1 Vetus Grammaticus Græcus apud Voſſium Inſtit. Poët. l. 1. pag. 141.
¶ Son nom eſt *Platonius*. Les remarques extraites de ce Grammairien ſe liſent parmi les Prolégoménes Grecs au-devant des Comédies d'Ariſtophane.

2 Plutarch. in Epitome comparat. Ariſtophan. cum Menandro, & ex eo Gyraldus de Poëtis Dialog. 7. Item Laur. Craſſus de Poët. Græcis voce Menand. Item Ren. Rapin Reflex. 26. ſur la Poët. 2. part.

POETES GRECS.

la Muſe d'Ariſtophane auprès de celle de Menandre, ſemble avoir l'air d'une femme débauchée, qui après s'être abandonnée à toutes ſortes de déſordres, & y avoir perdu tout ſon embonpoint, n'a point honte de vouloir contrefaire la Dame de conſéquence (1). Au lieu que celle de Menandre reſſemble à une fille vertueuſe, que les graces & la beauté, jointes à la pudeur & à l'honnêteté rendent aimable à tout le monde. Plutarque ajoute que toute l'*Urbanité* que l'on donne à Ariſtophane, n'a rien que d'amer & de très-déſagréable : que ſon ſel n'a rien que de piquant, d'acre, de mordant, & qu'il ne ſert qu'à aigrir les plaies qu'il a faites lui-même. Il dit auſſi qu'il a la malice d'envenimer toutes choſes, & de donner toujours le mauvais tour à ce qu'il devroit naturellement tourner du bon côté : que s'il veut dépeindre un homme adroit & prudent, il en fait un fourbe : que s'il repreſente un Payſan qui ſera ſimple mais homme de bon ſens, il en fait un niais & une bête : que s'il veut prendre le parti de la raillerie, il tombe auſſi-tôt dans la boufonnerie : que s'il entreprend de parler de quelque Amour, il va toujours chercher ce qu'il y a de plus honteux & de plus criminel dans cette paſſion : enfin qu'il paroît n'avoir point eu intention de ſe faire lire d'aucun homme ſage & modéré, mais qu'il n'a voulu ſe rendre agréable qu'à ceux qui font un métier infame de la médiſance & de toutes ſortes de débauches, pour leſquelles ſeules il ſemble avoir écrit.

Voila le jugement de Plutarque, c'eſt-à-dire, d'un des plus judicieux Ecrivains de l'Antiquité ſur les Comédies d'Ariſtophane ; & s'il eſt irrévocable, il faut avouer que ceux qui depuis lui ont tant travaillé à relever le mérite de ces Comédies, ont pris cette peine inutilement & mal-à-propos. Mais Voſſius prétend que Plutarque a paſſé en ce point les bornes de ſa modération ordinaire, & que l'amour intereſſé de la Philoſophie lui a fait commettre cet excès en faveur de Socrate qu'Ariſtophane avoit rendu ridicule dans la Comédie des *Nuées* (2) ; & il s'eſt trouvé un Grammairien Allemand nommé Friſchlin, qui a entrepris en particulier la défenſe de ce Poëte contre la cenſure de Plutarque (3).

En effet toute médiſante & toute malhonnête qu'eſt la Poëſie

---

1 ¶ Voilà bien des mots pour en exprimer deux Grecs, dont encore il n'attrape pas le ſens. Plutarque dit ἑταίρας παρηκμακυῖαν Amyot *une putain paſſée.* Baillet ſupprimant une partie de ſon verbiage pouvoit dire que *la Muſe d'Ariſtophane auprès de celle de Ménandre, reſſemble à une courtiſane ſur le retour qui veut faire l'honnète femme.*

2 Voſſius Inſt. Poët. 2. pag. 141.

3 Nicod. Friſchlinus, de quo Jo. And. Quenſtedt de Patriis viror. illuſt. p. 424.

Ariſtophane. d'Ariſtophane, on ne l'a point jugée entiérement inutile, à ceux même pour le divertiſſement deſquels elle paroiſſoit faite. Si nous en croyons Mademoiſelle le Fevre (1), on y trouve des leçons pour la pratique des vertus Politiques & Militaires, pour retenir les plus puiſſans de la République dans le devoir, & pour faire prendre des meſures honnêtes & des réſolutions généreuſes contre les ennemis de l'Etat. Il ſemble même que ſes Comédies ſoient comme une repréſentation de toutes les affaires des Athéniens de ſon tems. C'eſt ce qui a fait dire à Platon, écrivant à Denys le Tiran, qu'il n'avoit qu'à lire ſoigneuſement les Ouvrages d'Ariſtophane, pour connoître parfaitement l'état de la République des Athéniens.

Il aſſembloit, dit Mademoiſelle le Fevre, les Spectateurs, non pas pour les flater par des louanges fades & trompeuſes, ou pour les divertir par des bouffonneries & par des groſſiéretés: mais pour leur donner des inſtructions ſolides qu'il ſavoit rendre agréables, en les aſſaiſonnant de mille inventions plaiſantes que d'autres que lui ne pouvoient trouver. Il ne ſe contentoit pas de les avertir de leur devoir, il leur reprochoit leurs fautes, il leur diſoit ſans façon (2) qu'ils raiſonnoient comme des enfans, & que quand leurs réſolutions étoient ſuivies de quelque heureux ſuccès, il paroiſſoit alors que les Dieux prenoient plaiſir à faire des miracles; mais que ces mêmes Dieux ſe laſſeroient enfin de garder des foux.

Cette liberté qui choqueroit ſans doute la délicateſſe de notre ſiécle, fut ſi bien reçuë des Athéniens, c'eſt-à-dire de ceux même qu'il cenſuroit, & qu'il condamnoit dans ſes Vers, qu'ils le comblérent de louanges & de preſens, & qu'ils lui rendirent tous les honneurs imaginables.

Ariſtophane ne s'eſt point borné à inſtruire des Soldats & des perſonnes d'Etat, mais il ſemble qu'il ſe ſoit étudié à former un homme dans les vertus morales. Et comme, ſelon l'Auteur (3) que nous avons déja cité, ce Poëte avoit l'eſprit d'une grande étenduë, il ne s'attachoit pas à donner le caractére d'un ou de deux Citoyens il attaquoit la République en corps, & lui montroit toute la déformité de ſes vices. Ces idées générales ne l'empêchoient pas de deſcendre quelquefois dans le particulier, d'aller chercher dans toutes les Tribus de la Ville pour y trouver quelque Athénien dont il

---

1 Préface ſur les deux Comédies d'Ariſtophane, pag. 45. &c.
2 Tannegui le Fèvre pére d'Anne, Vie d'Ariſtophane, pag. 125.

3 ¶ Il entend Mademoiſelle le Fèvre dans ſa Préface ſur le *Plutus* & *les Nuées* de ſa traduction.

pût découvrir les désordres.

Le Pere Thomassin a jugé aussi qu'il n'étoit pas impossible de tirer des Comédies d'Aristophane, quelques instructions utiles pour regler même nos mœurs dans le siécle où nous vivons. Mais il dit (1) que, si on en excepte la Comédie du *Plutus*, & une bonne partie de celles des *Nuées*, & des *Grenouilles*, les autres sont pleines de saletés & de mille écueils pour la pudeur & l'honnêteté de la jeunesse. Il ajoute qu'on ne sauroit assés regretter que tant de politesse & tant d'élégance ait été employé en des Comédies si peu proportionnées à la fin que l'Auteur devoit se proposer.

Pour ce qui est du caractére de l'esprit d'Aristophane, on ne peut pas dire qu'il soit difficile à remarquer, parce qu'il se fait sentir par tout. Il avoit selon Mademoiselle le Fevre, le naturel bilieux & ardent; le génie presque toujours tourné à la raillerie; l'esprit toujours libre, élevé, & plein de courage (2). Jamais homme, dit-elle ailleurs, n'a eu plus de finesse que lui pour trouver le ridicule, ni un tour plus ingénieux pour le faire paroître. Sa Critique est naturelle & aisée, & ce qui est assés rare, il conserve beaucoup de délicatesse dans une grande fécondité. Elle ajoute que l'esprit Attique que les Anciens ont tant vanté, paroît plus dans Aristophane que dans aucun autre Auteur qu'elle connoisse de l'Antiquité. Mais ce que l'on doit le plus admirer en lui, c'est qu'il est toujours si bien le Maître des matiéres qu'il traite, que sans se gêner, il trouve le moyen de faire venir naturellement des choses qui auroient paru d'abord les plus éloignées de son sujet, & que ses caprices même les plus vifs & les moins attendus paroissent comme les suites nécessaires des incidens qu'il a préparés.

Un ancien Auteur nommé Platonius, rapporté par Vossius (3), prétendoit qu'Aristophane n'a point la véhemence & la force de Cratinus, ni la grace & les beautés d'Eupolis : mais néanmoins qu'il approchoit assés du premier lorsqu'il s'emportoit contre le vice, & qu'il n'étoit pas éloigné du second dans les endroits unis & coulans (4).

Ceux qui ont éxaminé la constitution de ses piéces, ne les ont

---

1 Thomass. Méthod. d'étudier les Poëtes chrétiennement l. 1. c. 12. n. 11. 12. 13. &c.
2 Préface sur Aristoph. pag. 3. & 10.
3 Instit. Poët. 1. pag. 137.
¶ 4 Ces mots *dans les endroits unis & coulans* ne signifient rien. Le τὸ τῆς ἐπιτρεχούσης

χάριτος marque *ces graces légéres* d'Eupolis, qu'Aristophane avoit assés quand il quittoit les maniéres aigres de Cratinus, pour en prendre d'enjouées.

Ariſtophane. pas toujours trouvées également conduites, Mr d'Aubignac dit (1) que ſes Comédies ont toutes le Prologue à la façon de la Tragédie Grecque, mais qu'elles ne ſont pas toutes pareilles. Il y en a, dit-il, qui ſont bien réguliéres, & d'autres ſi pleines de confuſion qu'il eſt très-difficile d'en cotter les Actes diſtinctement. Il prétend que la plupart des Interprétes n'ont oſé marquer les Actes dans les éditions qu'on a données de cet Auteur, parce qu'ils paroiſſent trop brouillés. Et que dans celles même où on les voit diſtingués, il ſe trouve des manquemens aſſés conſidérables pour embaraſſer ceux qui les voudroient remettre en ordre.

Il croit néanmoins que la grande difficulté qui s'y rencontre, eſt arrivée ou par la licence de la vieille & moyenne Comédie (2), ou par la corruption des éxemplaires que le tems avoit diſſipés en partie, & que l'ignorance des Compilateurs & des Imprimeurs a mal rétablis. C'eſt un ſentiment qu'il a fait connoître encore en d'autres endroits de ſon Traité (3) où il attribuë les irrégularités qui ſe trouvent dans ces Piéces aux déſordres qu'on toleroit dans les deux premiers états de la Comédie Grecque, & aux diverſes imperfections où ſe trouvent aujourd'hui les Ouvrages d'Ariſtophane, qu'il prétend être fort défectueux en l'état que nous les avons. En quoi il n'eſt point d'accord avec ceux qui, comme nous l'avons rapporté dès le commencement, eſtiment que ces Comédies ſont fort entiéres.

Le Pere Rapin juge qu'Ariſtophane n'eſt point éxact dans l'ordonnance de ſes fables (4); que ſes fictions ne ſont pas aſſés vraiſemblables; qu'il jouë les gens groſſiérement & trop à découvert. Il prétend qu'il ne faiſoit ſouvent le plaiſant que par des goinfreries & qu'il y a de certains ragouts dans quelques-unes de ſes piéces qui ne ſeroient pas fort au goût de notre ſiécle.

D'autres Critiques ont remarqué (5) qu'il eſt ſouvent ſorti de ſon caractére, qu'il ne garde point les bien-ſéances, & qu'il eſt preſque toujours exceſſif dans ſes Comédies, ſurtout dans celles qu'il a faites les premiéres.

Mademoiſelle le Fevre qui par rapport au jugement qu'on doit faire des Comédies d'Ariſtophane, a diviſé tous les Critiques en trois claſſes, ne fait pas beaucoup d'honneur à ceux qui n'en jugent pas aſſés favorablement. D'autres que nous pourront éxaminer la juſtice avec laquelle elle a cru devoir leur refuſer le premier rang,

---

1 Pratique du Théâtre liv. 3. c. 5.
2 Le même l. 1. c. 8. & l. 2. c. 9.
3 Le même aux mêmes lieux.
4 Réflex. 26. ſur la Poëtique part. 2.
5 Claud. Verderius cenſionis in Auctores pag. 48.

POETES GRECS. 429

qu'elle n'a reservé que pour ceux qu'elle appelle Critiques de bon goût. Il n'y a, dit-elle, que ceux de cette premiére espéce qui sont charmés de la beauté & de la finesse des idées d'Aristophane, de la grandeur & de la hardiesse de ses desseins, de la vivacité de son imagination, & de la souplesse de son esprit, qui lui rendoit si aisé l'Art de tourner en ridicule les choses mêmes les plus parfaites (1). Ceux d'entre les autres Critiques qui n'ont pas tout-à-fait le même goût, pourront se pourvoir contre Mademoiselle le Fevre de la maniére qu'ils le jugeront à propos, & je ne me crois nullement obligé de m'interesser dans cette querelle.

Aristophane.

Ils n'auront rien à demêler avec elle pour le style & les expressions d'Aristophane, parce qu'ils conviennent avec elle, au moins pour la plupart, que c'est le côté le plus beau par lequel on puisse envisager ce Poëte. Il faut voir premiérement ce qu'en a jugé cette savante Critique (2).

Le style d'Aristophane, dit-elle, est aussi agréable que son esprit. Outre la pureté, la netteté, la force, & la douceur, il a une certaine harmonie qui flate si agréablement l'oreille, qu'il n'y a rien de comparable au plaisir qu'on prend à le lire. Quand il s'attache au style médiocre & commun, il le fait sans bassesse: quand il prend le style sublime, il s'éleve sans obscurité, & jamais personne n'a sû faire un mélange si agréable de tous les différens genres d'écrire. Que l'on ait étudié tout ce qui nous reste de l'ancienne Gréce, si on n'a point lû Aristophane, on ne connoît pas encore tous les charmes & toutes les beautés du Grec.

Mr le Fevre étoit dans les mêmes sentimens que Mademoiselle sa fille, touchant le style de notre Auteur, aussi bien que dans quelques autres points de Critique qui le regardent, & que la sympathie leur a fait exprimer de la même maniére, & en des termes qui se ressemblent encore mieux que les enfans ne ressemblent à leurs Peres (3), & qui fait voir que les filles peuvent hériter des pensées comme des autres biens. Mr le Fevre dit donc que ceux qui ont quelque sentiment de l'esprit Attique, & qui savent ce que c'est que le beau Grec, reconnoissent tous qu'Aristophane est le seul de qui il faille apprendre ces deux choses; que pour ce point il est considéré comme le grand Docteur de la plus délicate & de la plus ingénieuse des Nations du monde, & que quand on sait assés de Grec

1 Anne le Fèvre pag. 14. &c. de sa Préface ci-dessus alleguée.
2 Là même.
3 Vie d'Aristop. pag. 129.

Aristophane.

pour pouvoir lire cet Auteur sans peine, on ne le sauroit quitter, tant il a de charmes pour captiver son Lecteur.

Après le témoignage que ces deux personnes ont rendu au style d'Aristophane, il paroit assés inutile d'employer ceux des autres Modernes, parce qu'ils ne peuvent presque nous rien apprendre de nouveau sur ce point que nous n'ayons déja rapporté (1). Ils conviennent qu'il n'y a jamais eu personne parmi les Grecs & les Romains qui l'ait surpassé dans la délicatesse & dans toutes les beautés de la Langue Grecque, dont il a été consideré comme le modéle le plus accompli (2) ; du moins est-ce le sentiment de Borrichius, Quenstedt, &c.

Dom Lancelot dit qu'il est plein de rencontres agréables & de cette *Urbanité* Attique, c'est-à-dire, de ces subtilités ingénieuses qui sont tout autres parmi les Grecs que parmi les Auteurs Latins (3), selon l'aveu même de Quintilien.

Scaliger prétend que c'est le premier des bons Auteurs de la Langue Attique qu'il faille lire (4), & que personne ne doit se vanter de savoir les beautés & les finesses de cette Langue, s'il ne sait parfaitement son Aristophane. Mais il semble que ce hardi Critique ait voulu proposer un Paradoxe, lorsqu'il a dit qu'il n'y a point d'Auteurs qui puissent servir davantage à entendre l'Ecriture Sainte, qu'Aristophane, Catulle, Tibulle, Properce ; & comme il paroît, ceux qui sont les plus éloignés de la pureté & de la sainteté qui regne par toute la Bible.

Vossius n'est point différent des autres dans le sentiment qu'il témoigne avoir pour la beauté du style de ce Poëte, mais il dit (5) que sa diction paroît être plus sublime dans les Chœurs que dans les autres parties de ses Comédies ; & que ce qui lui a fait quelque tort, c'est que les Chœurs dans la Comédie ont cessé d'être en usage dès le tems de Menandre.

Le Gyraldi témoigne qu'Aristophane passoit pour le plus éloquent des Athéniens, & pour le plus bel esprit de la République (6), qu'il est plein de belles Sentences, qu'il y a dans son invention une varieté surprenante, mais agréable ; & que l'artifice avec lequel il tourne tourne toutes choses, a fait dire qu'il avoit passé de fort loin tous

---

1 Jo. And. Quenstedt de Patriis viror. illustr. pag. 414.
2 Olaüs Borrich. Dissert. de Poët. °p. 35.
3 Préface sur la Méthode nouvelle de la Langue Grecque.
4 In Primis Scaligeranis, voce *Aristophanes*, & voce *Auctores*.
5 Inst. Poët. 2. pag. 127.
6 De Poëtis Dialog. 7.

les autres Poëtes Comiques. Quelques-uns ont publié qu'il avoit vou- Aristophane. lu imiter le style d'Euripide, & qu'il avoit tâché de prendre son tour & ses maniéres. Mais comme ils n'étoient pas fort bons amis, il y a sujet de douter qu'Aristophane eut assés bonne opinion d'Euripide pour se le proposer comme un modéle à suivre. En effet il est plus simple & moins élevé qu'Euripide. D'ailleurs comme il aimoit beaucoup les diminutifs, au jugement même d'Aristote dans sa Rhétorique, il ne faut pas douter que cela n'ait rendu son discours plus bas & plus mou, en le rendant plus tendre & plus passionné. Mais qu'après tout, ce n'est rien faire de trop de l'apprendre tout entier, parce qu'il renferme en lui seul tous les ornemens & toute l'élégance Attique.

Il semble que les Critiques Modernes n'ayent fait autre chose que suivre les Anciens, dans les éloges qu'ils ont donné au style & à la diction d'Aristophane. Et quoiqu'au sentiment de quelques-uns le silence de Longin ne soit pas moins désavantageux à ce Poëte que la Censure de Plutarque & d'Elien (1), ils ont cru pouvoir leur opposer le goût presqu'universel de l'ancienne Grece, & celui de quelques Romains même. Car on peut dire que personne n'a mieux expliqué l'excellence de ce style que Quintilien (2), qui paroit l'avoir reconnu comme la source de la pureté Attique; & comme il rapportoit toutes choses à l'Art Oratoire, il prétend qu'Aristophane est très-propre pour faire des Orateurs; & en lui attribuant une *liberté très-éloquente*, il a fait croire à quelques-uns qu'il étoit dans le sentiment de ceux qui veulent qu'il ne puisse se trouver de véritable éloquence hors d'une République, ou d'un Etat où l'on a la liberté de tout dire.

Mais personne n'en a parlé avec plus d'éloges & de magnificence que Platon, qui feignant que les Graces après avoir parcouru tout le monde pour trouver un lieu propre à se bâtir un Temple qui durât éternellement, dit qu'elles choisirent l'esprit ou le cœur d'Aristophane, d'où elles ne bougérent point depuis ce tems-là (3). C'est le sens d'une Epigramme qu'on attribue à ce Philosophe, mais quand il n'en seroit pas l'Auteur, comme il n'est pas fort vrai-semblable qu'il le soit (4), on ne peut pas dire que Platon n'en ait eu qu'une

---

1 Ælian. l. 2. var. hist. c. 13. & ex eo Thomass. & alii.
2 Quint. 10. Inst. Orat. 1.
3 Anne le Fevre pag. 12. de sa Préface. Gyraldus ubi supra.

Item Ol. Borrich.
4 ¶ Ménage chap. 113. de l'Anti-Baillet prouve le contraire par le temoignage d'Olympiodore, & de Thomas Magister.

Aristophane. estime médiocre, s'il est vrai qu'il se soit étudié à former son style sur celui de ce Poëte qu'il lisoit avec beaucoup de soin, & qu'il lui ait donné la meilleure place dans son Banquet, qui est un de ses plus beaux Dialogues (1).

Aprés tant de témoignages rendus à la netteté, à l'élégance & aux autres excellentes qualités du style d'Aristophane, il semble que ce seroit venir trop tard, & s'exposer à être mal reçu que de prétendre y découvrir des fautes. Mais ces considérations n'ont pas empêché le Pere Rapin de nous dire (2), que son langage est souvent obscur, embarassé, trivial; que ses allusions fréquentes de mots, ses contradictions de termes opposés les uns aux autres, ses mélanges du style Tragique avec le Comique, du sérieux avec le bouffon, du grave avec le familier sont fades; & que ses plaisanteries, à les examiner de près, sont souvent fausses.

De toutes les Comédies d'Aristophane qui nous sont restées, il n'y en a presque que trois qui méritent d'être lûes par ceux qui ont quelque reste de pudeur à conserver. Ce sont celles qu'on appelle le *Plutus*, les *Nuées* & les *Grenouilles*. Plusieurs ne croyent pas même que la derniére mérite cet honneur, non pas tant à cause qu'Euripide y est mal traité, que parce que l'Auteur y paroit excessivement licencieux. Je ne doute presque pas que Mademoiselle le Fevre n'ait été dans la même pensée, lorsqu'elle a choisi les deux premiéres au préjudice de toutes les autres pour les traduire en notre Langue.

Le Pere Thomassin a porté l'exactitude encore plus loin, & ayant condamné généralement toutes ces Comédies pour les ordures dont il dit qu'elles sont toutes remplies, il n'a excepté de ce nombre que le seul *Plutus* dont le sujet est bon de lui-même, & fournit des régles de Morale qui sont très-pures & très-chrétiennes (3). La modération qui paroit dans cette piéce, plus que dans celles qu'il avoit faites auparavant, a fait dire aux Savans que c'étoit une piéce de la moyenne Comédie, quoique les noms n'y soient pas supposés, selon la régle qui lui étoit prescrite. Car Aristophane y nomme hardiment ceux qu'il attaque, mais le sujet en est feint, ce qui l'a distingué de celles de la vieille Comédie. La Satire est un peu plus

---

1 Anne le Févre là même.
2 Réflex. 26. sur la Poëtique, part. 2.
3 Thomassin, Préface de sa Méthode d'étudier chrétiennement les Poëtes n. 22. Le même tom. 1. de cet ouvrage l. 1. c. 12.

pag. 171. 172.
Cette piéce parut en la quatriéme année de la 97. Olympiade sous l'Archonte Antipater.

déguisée

POETES GRECS. 433

déguifée dans cette piéce, que dans les autres que nous avons de ce Ariftophane. Poëte. Mais, comme dit Mademoifelle le Fevre, pour être plus fine, elle n'en eft pas moins piquante. Tout fon deffein eft de reprocher aux Athéniens leur avarice. Et pour cet effet il feint que par le fecours d'Efculape on fait recouvrer la vûë à Plutus, & qu'on détrône Jupiter pour mettre à fa place ce Dieu des richeffes. Il eft difficile de rien trouver de plus ingénieufement concerté. Ariftophane en tire mille railleries contre toutes fortes de perfonnes & contre fa Religion même. L'unité de lieu y eft affés régulièrement gardée, mais il n'eft pas aifé d'y bien déveloper celle du tems. C'eft ce qui a fait dire à l'Auteur que nous venons de citer (1), que cette Comédie fut jouée à deux reprifes, que les deux premiers Actes furent joués le foir un peu avant le coucher du Soleil, & que les trois derniers furent joués le matin; ce qui pouvoit paffer pour une nouveauté, dont on n'avoit peut-être pas encore vu d'éxemple jufqu'alors.

Le fujet de la Comédie des *Nuées* n'eft pas fi louable, & l'hiftoire qu'Elien nous en a confervée dans fes Récueils (2), ne fait pas beaucoup d'honneur à Ariftophane (3), qui fuivant ce recit ne paffera jamais que pour un lâche Miniftre de la malice des calomniateurs tels qu'Anytus & Melitus. Le Pere Thomaffin prétend (4), que ce Poëte a violé les loix de la Comédie en tournant Socrate en ridicule. Car la raillerie fur le Théâtre peut être un affaifonnement propre pour les corrections qui feroient quelquefois dures en même tems qu'elles deviendroient férieufes, ou qu'elles pafferoient pour des corrections. Mais Ariftophane porta la raillerie à des excès qui d'un côté mirent la vertu de ce Philofophe dans fon plus beau jour, mais qui de l'autre difpoferent enfin les Athéniens à confentir à fa mort dans la fuite du tems : ce qui eft un abus vifible de l'inftitution de la Comédie. La piéce eft d'ailleurs une des plus régulières ; l'unité du tems & du lieu y eft éxactement pratiquée. Le deffein du Poëte eft de perfuader aux Athéniens que Socrate corrompoit la jeuneffe, & qu'il reconnoiffoit d'autres Dieux que ceux des Athéniens. Le fuccès en fut fi grand que les Athéniens furpris & charmés de fa beauté, fans attendre que fa repréfentation fut achevée, ordon-

---

1 Anne le Fèvre pag. 22. 23. 25. de fa Préf. fur le Plutus, & fur les Nuées.
2 Ælianus 2. var. hift. 13. Laurent. Craff. de Poëtis Græcis, Italice pag. 69.
3 Cette piéce fut jouée la premiére fois en la premiére année de la 89. Olympiade fous l'Archonte Ifarque.
4 Thomaffin, Méthode, &c. l. 1. c. 14. n. 1. pag. 187.

Tome III.

Aristophane. nerent que le nom d'Aristophane seroit écrit au-dessus de ceux de tous ses rivaux (1). En effet Mademoiselle le Fevre dit qu'il n'y a rien de plus ingénieux que tout le tissu du sujet de cette piéce, & que ce qu'elle y admire le plus, c'est qu'Aristophane a si bien attrapé l'air & les maniéres de Socrate dans le ridicule qu'il lui donne, qu'on croit véritablement l'entendre parler (2). Elle dit encore ailleurs qu'elle est si charmée de cette piéce, qu'après l'avoir traduite & l'avoir lûë deux cens fois, elle ne s'en lasse point encore : ce qu'elle avoue ne lui être jamais arrivé d'aucun autre Ouvrage. Elle ajoute que le plaisir que lui donne cette Comédie est si grand, qu'il lui fait oublier l'aversion & l'horreur qu'on ne peut s'empêcher d'avoir pour Aristophane, de ce qu'il a si honteusement abusé de son esprit pour détruire ou effacer la vérité avec les couleurs les plus noires du mensonge, & pour perdre un homme qui étoit la sagesse même, & le plus grand ornement de la République des Athéniens (3). Mais ce qui me paroît assés extraordinaire, c'est de voir que Platon tout passionné qu'il étoit pour la doctrine & la réputation de Socrate, ait témoigné publiquement l'estime qu'il faisoit de cette piéce. Car on dit que Denys le Tyran lui ayant demandé un plan & un état de la République d'Athénes, il ne lui en envoya point d'autre que la Comédie des *Nuées* d'Aristophane (4). C'est ce qu'on peut voir dans le Gyraldi (5).

Pour ce qui regarde les éditions des Comédies d'Aristophane, plusieurs témoignent faire cas de celle de Leyde (6), qui parut chés Jean Maire avec les Commentaires de Scaliger & des autres. Mais Mr Colomiez prétend (7) qu'on n'a point encore donné d'édition de ce Poëte qui soit parfaitement bonne. Il estime que la moins

---

1 Anne le Fèvre pag. 37. de sa Préface.
2 Là même pag. 42.
3 Là même pag. 56.
4 ¶ On peut répondre à cela que le fait n'est pas certain, ne se trouvant que dans une vie d'Aristophane écrite par un Grec anonyme, du nombre de ces Scholiastes postérieurs à Platon de plusieurs siécles. Aussi la lettre qu'on cite de lui à Denys n'éxiste pas, & la chose n'est rapportée que sur un *on dit*, φασί. Outre que quand elle seroit vraie, bien loin d'en conclurre que Platon envoyant la Comédie des *Nuées*, en approuvàt le sujet, il faudroit juger au contraire qu'il ne l'avoit envoyée qu'à fin que Denys reconnût par la lecture de cette piéce combien étoit condamnable la police des Athéniens de laquelle il souhaitoit être informé.

5 Gyraldus Dialog. 7. p. 814. 815.
¶ Ce n'est pas Gyraldus qu'il faloit citer, mais le Grec anonyme que Gyraldus ne cite pas, & que j'ai marqué dans la note précédente.

6 ¶ Elle parut en 1624. in-12°. avec de légéres petites notes de Scaliger qui écrites de suite ne rempliroient pas une demie-feuille & qui, comme dit Ménage, ne consistent qu'en diverses leçons. Du reste nulles Scholies, nul commentaire.

7 Paul Colomiés Biblioth. choisie p. 201.

mauvaise est celle qui parut Grecque & Latine *in-folio* à Genève l'an 1608. avec les Scholies Grecques de Marc Musure (1), & les notes de Florent Chrestien & des autres. Cependant nous avons vû ailleurs cette édition fort décriée par Claude Chrestien, fils de Florent, à cause de l'infidélité que ceux de Genève y ont commise (2).

Les Comédies qui nous restent d'Aristophane, outre les trois que nous avons nommées, sont, *les Cavaliers, les Acharnaniens, les Guêpes, les Oyseaux, la Paix, les Harangueuses, les Prêtresses de Cerès, Lysistrate.*

Aristophane passe pour l'Auteur des Vers Tetramétres & Octométres.

1 Musure n'est point l'Auteur de ces Scholies, il n'en a été que le collecteur sur la fin du 15. siécle. C'est le même que Philippe Cluvier l. 2. c. 16. de sa description de la Sicile, & André Schott dans sa préface sur sa collection des Proverbes Grecs ont qualifié Auteur du grand Etymologique, dont il n'a que corrigé la premiére édition.

2 Voyés la seconde partie des Critiques Gramm. où il est parlé de Flor. Chrestien.

¶ Colomiés chap. 209. de sa Bibliothéque choisie in-4. Hambourg 1709. a fait voir que Claude Chrétien s'étoit un peu trop prévenu contre cette édition. Baillet a reçu ici d'amples supplémens de la part de Ménage, qui n'auroit pas manqué s'il avoit pu vivre jusqu'à 1710. de parler avec éloge de celle que donna cette année-là le savant & le laborieux Kuster.

PLATON LE COMIQUE,

D'*Athénes*, Poëte de la moyenne Comédie, contemporain d'Euripide & d'Aristophane.

1118   CE Platon qui étoit plus ancien que le célébre Philosophe d'une génération entiére, c'est-à-dire, d'environ trente ans, passe parmi plusieurs Critiques pour le Chef de la moyenne Comédie (1). Néanmoins Diogéne Laërce dit nettement que c'étoit un Poëte de la vieille Comédie (2). Lil. Gregorio Gyraldi écrit la même chose (3), & il le joint à Cratinus dont nous avons parlé en son

1 Ger. Joan. Voss. Institut. Poëticar. l. 2. pag. 140. Item de Poët. Græc. pag. 30. & 46. Item Borrich.

¶ C'est l'opinion de G. Vossius qui n'a pas fait réfléxion qu'il y avoit eu deux Platons tous deux Poëtes Comiques, l'un de la vieille Comédie plus agé qu'Aristophane, l'autre de la moyenne, postérieur au premier d'un siécle. Athénée chap. 5. du 7. livre cite deux comédies de ce dernier Platon où Epicure, qu'on sait être mort en la 127. Olympiade, est raillé.

2 Diogen. Laërt. in vit. Platonis Philosoph. ad calcem.

3 Lil. Gregor. Gyrald de histor. Poëtar. Dialog. 6. pag. 756.

lieu, autant pour le tems auquel il a vêcu que pour la conformité de leurs écrits (1).

Il ne seroit pas difficile de juger de la vérité de ce point, si nous avions quelqu'une de ces vingt-huit Comédies que Platon avoit faites; mais il ne nous en est resté que quelques petits fragmens, qui font encore assés connoître en cet état que c'étoit un des bons Auteurs de la Langue Grecque. Athénée témoigne (2) que son style étoit noble & éclatant. On dit qu'il avoit aussi beaucoup de pureté & de netteté, & qu'il avoit surmonté cette dureté qui se faisoit encore sentir dans les Ouvrages de ceux qui avoient écrit avant lui, comme l'a rapporté Mr le Fevre (3). Mais il avoit la maladie ordinaire des Poëtes lascifs.

* Voyés dans le Recueil des Sentences des cinquante Comiques de Hertelius *in-8°*. Basle 1560. *

1 Vers l'Olympiade 81. selon Eusèbe.
2 Suidas in Lexico enumerat omnes Platonis comœdias, & ex eo Lil. Gregor. Gyrald. pag. 754. Dial. 6. pag. 755. 756. Vid. & Ol. Borrich. Dissertat. de Poët. num. 82. pag. 35. Athænei Dipnosophist. & ex eo Gyrald. Dial. de Poët. & Laur. Crass. de Poët. Græc. &c.
3 Tan. le Fevre Abregé des Vies des Poëtes Grecs pag. 99.

BACCHYLIDE,

Neveu de Simonide, né comme son oncle à Iulis, ville de Cée dans l'Archipel, non pas en Béotie (1). Il parut depuis la 81. Olympiade jusqu'en la 94.

1119   Etoit le dernier des neuf Poëtes Lyriques si célébres dans l'ancienne Gréce, mais il n'étoit pas le dernier pour la sagesse & la retenue avec laquelle il traitoit ses matiéres. C'est un de ceux qu'Horace se proposa comme des modéles qu'il pouvoit suivre.

1 ¶ Personne, que je sache, n'a dit qu'il y eût une Iulis ville de Béotie. A la vérité Gyraldus dans l'endroit de son Dialogue 9. des Poëtes cité par Baillet rapporte avec beaucoup de défiance ces paroles du vieux Commentateur de Stace sur le 300. vers du 7. livre de la Thébaïde : *Alcmena civitas est Bœotiæ, in qua regnavit Herculis filius. Hinc Bacchylides Græcus Poëta fuit.* Fulvius Ursinus sur les fragmens de Bacchylide lit autrement ce passage, en ces termes : *Alalcomenium civitas est Bœotiæ in qua regnavit Herculis filius, & in qua Alcmena nata est Herculis mater, & in qua etiam colitur Minerva. Hinc Bacchylides Græcus Poëta fuit.* On voit que l'éxemplaire de Gyraldus étoit tronqué & corrompu. Celui de Fulvius Ursinus quoiqu'en apparence plus sain, l'étoit cependant moins que celui qui a été suivi dans l'édition du Stace de Leyde in-8. 1671. où on lit *Ithone, in qua Ithonus regnavit Herculis filius. Hæc civitas Bœotiæ est. Hinc Bacchylides Minervam Ithoniam dixit.* Il n'est parlé dans aucune de ces trois leçons dont la derniére est l'unique bonne, d'une Iulis ville de Bœotie.

Il avoit composé des *Odes*, des *Hymnes* & des *Epigrammes*, dans lesquelles on ne laissoit point de trouver de la galanterie, quoi qu'on ait pu dire de sa modestie. Ammien Marcellin témoigne (1) que l'Empereur Julien avoit une estime toute particuliére des écrits de ce Poëte, & que comme il affectoit de faire paroître un extérieur composé & une conduite réglée dans ses actions, il en avoit tiré beaucoup d'excellens préceptes, entre lesquels il étoit particuliérement touché de celui où ce Poëte disoit que *la Chasteté est le plus grand ornement d'une belle vie*. Les Commentateurs de Pindare rapportent aussi qu'Hieron Roi de Sicile préféroit les Poësies de Bacchylide à celles même de Pindare, quoique celui-ci passât pour le Chef des Lyriques (2).

Mais il est inutile de nous étendre davantage sur des Ouvrages dont nous n'avons plus que quelques fragmens.

* Voyés Article 1099. *

1 Amm. Marcellin Histor. l. 25. & ex eo Lil. Gregor. Gyrald. Dialog. 9. Laur. Crass. de Poët. Græc.

Tann. le Fevre Vies des Poët. Gr. p. 100 & 101.

2 Gregor. Gyrald. ibid. ut supra.

MENANDRE,

Athénien Poëte Comique, Chef de la nouvelle Comédie, vivant en la 114. Olympiade, sous Alexandre le Grand & ses successeurs, mort âgé de 50. ou de 55. ans, noyé près du Port de Pyrée. *D'autres mettent sa naissance en la troisiéme année de la* 109. *Olympiade, & sa mort la quatriéme année de la* 121. *en la* 32. *année du Regne de Ptolomée fils de Lagus, selon Eusebe; ou la premiére année de la* 122. *Olympiade, selon une vieille inscription,* 292. *ans avant notre Epoque vulgaire.*

1120 Nous avons déja vû une partie des Jugemens que les anciens Critiques faisoient des Poësies de Menandre, lors que nous en avons fait le paraléle avec celles d'Aristophane.

Il avoit composé cent-huit ou cent-neuf Comédies, quoique quelques-uns n'en ayent compté que cent-cinq dont la perte a été très-sensible à la République des Lettres. Les fragmens qui nous en sont restés nous font encore assés connoître qu'il n'étoit pas indigne de tant de glorieux témoignages que toute l'Antiquité a rendus à son mérite. [On les trouve dans le Recueil des cinquante Poëtes de

Menandre. Jacques Hertelius *in-*8°. à Basle 1561.]

Quintilien semble dire que ce que ce Poëte avoit composé pouvoit tenir lieu de presque tous les Ouvrages que les autres Poëtes avoient fait en ce genre (1), que la lecture seule de ses Comédies suffisoit pour former un esprit ; qu'on y voyoit une peinture fidéle de tout ce qui peut arriver à l'homme durant sa vie ; qu'il avoit l'imagination très-féconde, une facilité admirable de s'exprimer avec grace, avec force, & avec beaucoup d'éloquence ; & qu'il savoit parfaitement l'art de s'accommoder à toutes sortes de personnes, & d'imiter les mouvemens de toutes sortes de passions. Il ajoute que si Menandre étoit utile à tout le monde, il étoit particuliérement nécessaire à ceux qui vouloient s'éxercer dans la déclamation & dans les harangues, à cause de l'adresse & du succès merveilleux avec lequel il savoit representer toutes sortes de personnages & dans toutes sortes de postures ; & qu'il savoit parfaitement observer la bien-séance par tout ; & qu'ainsi on ne devoit point s'étonner qu'il eut effacé tous les autres Poëtes qui avoient couru la même carriére.

Le Jugement que Plutarque faisoit des Comédies de Menandre n'étoit pas moins avantageux pour sa réputation que celui de Quintilien. C'est ce qui paroît dans l'abregé de la comparaison qu'il a faite de ce Poëte avec Aristophane (2). Il dit que ceux qui voudront prendre la peine de confronter les premiéres Comédies de Menandre avec celles qu'il a faites dans la suite & ses derniéres pourront aisément juger de ce qu'il auroit fait de plus, s'il eut vécu plus long-tems. Entre les Poëtes Comiques, les uns tâchent de se rendre agréables à la multitude, les autres ne veulent plaire qu'à un petit nombre de personnes de bon goût ; mais il n'est pas aisé d'en trouver qui aient eu ces deux avantages tout à la fois. C'est du moins ce qu'on ne peut pas dire d'Aristophane qui n'a pu plaire ni à la multitude, ni au petit nombre d'esprits choisis. Mais, dit-il, Menandre s'est rendu très-agréable à tout le monde & dans toutes sortes de rencontres. Il a écrit avec tant de charmes & d'agrémens, qu'entre toutes les belles productions de la Gréce, il n'y en a peut-être pas qui méritent mieux d'être leuës, apprises & mises en pratique que ses Ouvrages. Il a fait voir jusqu'à quel point de perfection l'homme

---

1 Quintilian. Institution. Oratoriar. c. 1. libri 10. & ex eo Lilius Greg. Gyrald. Histor. de Poët. Item Borrichius Dissertat. de Poët. num. 84. pag. 36. Dissert. ultim. de Poët. Græc.

2 Plutarch. in compend. Compar. Arist. & Menandr. & ex eo Laur. Crass. de Poët. Græc. pag. 337. 338.

POETES GRECS.

est capable de pousser les choses par son industrie & par son esprit. Et il n'y a personne qui puisse se défendre de lui & qui puisse resister au plaisir qu'il y a de le lire ou d'entendre réciter ses piéces pourvu qu'il sache le Grec.

Plutarque ajoute que Menandre faisoit encore de son tems les délices de tout le monde après tant d'années, sur les Théâtres, dans les bonnes compagnies, & dans les festins : qu'on s'en faisoit toujours un plaisir nouveau : que les Philosophes les plus abstraits & les Magistrats les plus graves ne trouvoient rien de plus propre pour se délasser de leurs sérieuses méditations ou des éxercices pénibles de leurs Charges, que les Comédies de Menandre, dans lesquelles ils trouvoient souvent l'utile joint à l'agréable ; étant rempli de ce sel Attique qui ne s'étoit jamais trouvé plus heureusement employé que dans ces Comédies.

Les Critiques Modernes qui n'ont point eu le plaisir de voir ces Comédies n'ont pas laissé d'en juger aussi favorablement que les Anciens qui témoignent avoir eu cette satisfaction. C'est du moins ce qui a paru dans la conduite du Pere Rapin (1) qui dit que Menandre est plaisant d'une maniére plus honnête qu'Aristophane ; que son style est pur, net, élevé, naturel ; qu'il persuade en Orateur, & qu'il instruit en Philosophe. Et si l'on peut, dit-il, former un jugement juste sur les fragmens qui nous restent de cet Auteur, on trouvera qu'il fait des Portraits fort agréables de la vie civile ; qu'il fait parler les gens dans leur caractére ; qu'on le reconnoît dans les peintures qu'il fait des mœurs, parce qu'il s'attache à la nature ; & qu'il entre dans les sentimens des personnes qu'il fait parler.

Mais quelques éloges que Menandre ait mérités, il n'a point laissé de s'attirer des Censeurs qui ne l'ont pas cru excusable d'avoir fait un mauvais usage des talens qu'il avoit reçus de la nature & des belles connoissances qu'il avoit acquises.

Les uns ont trouvé à redire à sa Morale ou plutôt à ses mœurs, & ils ont jugé qu'il s'étoit fait beaucoup de tort aussi-bien qu'à ses Auditeurs & à ses Lecteurs d'avoir si souvent donné dans ses piéces des marques du déreglement de sa vie & de la corruption de son cœur (2).

---

1 Ren. Rapin Reflex. particul. sur la Poëtiq. seconde part. Refl. xxvi. pag. 157. edit. in-4.
2 Plinius, & Plutarch. apud Greg. Gyrald. Dialog. 7. pag. 857.
¶ Baillet sur la foi de Gyraldus qui a mal entendu Pline l. 36. de l'Histoire naturelle c. 6. accuse Menandre d'obscénité. Voici le passage *Versicolores quidem masculas, & in totum marmorum apparatum Menander, etiam diligentissimus luxuriæ interpres, primus, & raro attigit.* Cela ne signifie autre chose sinon que Menandre

Menandre. Les autres semblent avoir voulu attaquer sa bonne foi. Eusébe & Porphyre rapportés par le Gyraldi (1) l'ont accusé d'avoir pillé les anciens Poëtes qui avoient paru avant lui. On dit qu'un de ses amis nommé Aristophane qui étoit un célébre Grammairien de ce tems-là, l'avertissoit souvent du tort qu'il faisoit à sa propre réputation par des voies si peu honnêtes. Mais Cratinus (2) passa encore plus avant, & il écrivit un gros Traité composé de six livres pour découvrir les vols de Menandre. Clement Alexandrin qui s'est étudié particuliérement à faire voir que les Grecs n'ont été souvent que les Plagiaires des Hébreux & des Ecrivains des autres Nations Orientales & Méridionales qu'ils traitoient de Barbares, dit (3) que Menandre avoit pris beaucoup de choses des Prophétes & des autres Auteurs sacrés. Il met dans ce nombre cette belle pensée de Menandre qui nous apprend que ce n'est point *le sacrifice des Taureaux, ni l'effusion du sang des Animaux* que Dieu demande dans le culte qu'on doit lui rendre, mais la pureté du cœur, avec l'innocence & la justice dans nos actions.

Menandre, si diligent d'ailleurs à peindre le luxe, est néanmoins le premier qui ait parlé, quoique rarement, de l'usage du marbre jaspé, & en général de toutes sortes de marbres. Le bon Gyraldus a pris le luxe pour la luxure, persuadé que Pline, par *diligentissimus luxuriæ interpres*, donnoit de Menandre l'idée qu'il lui a paru que Plutarque en a donnée dans cet endroit de son Traité *comment on doit lire les Poëtes*, où il rapporte ces deux vers du même Menandre

Ἅπανθ' ὅσα ζῇ κ' τὸν ἥλιον βλέπει
τὸν κοινὸν ἡμῶν, δοῦλα ταυτ' ἐθ'
ἡδονῆς.

Livrons nous au plaisir: sur tout ce qui respire
Le plaisir en ce monde exerce son empire.

Gyraldus fait le procès à Menandre sur ces paroles, ne voyant pas que Plutarque en les rapportant, insinuë qu'il ne faut pas les prendre à la lettre, mais les rectifier en leur opposant d'autres paroles du même Poëte, qui contiennent son véritable sentiment.

1 Euseb. Cæsar. & Porphyrius apud eumdem loc. cit.
2 ¶ C'est *Latinus* qu'il faloit dire avec Porphyre dans Eusébe l. 10. de la Préparation Evangélique, c. 3. pag. 465. & non pas *Cratinus* avec Gyraldus.
3 Clem. Alexandr. lib. 5. Stromat. Item Euseb. & ex iis Gyrald.
4 Voyés le reste au nombre 1117. où nous avons parlé d'Aristophane.

PHILEMON

PHILEMON,

Poëte Comique de *Syracuse*, selon Suidas de *Soloë ou* (1) *Pompeiopolis en Cilicie*, selon Strabon, mort âgé de 97. ou 99. ans. Crevé de rire d'avoir vû son Ane manger des figues avec appetit. Sous le Regne d'Antigone.

1121 IL avoit composé quatre-vingt-dix Comédies (2), dont il nous reste fort peu de Vers. C'étoit un Poëte de la nouvelle Comédie, quoique quelques-uns l'ayent mis parmi ceux de la moyenne. Il avoit souvent remporté le prix sur Menandre, mais c'étoit par un jugement qui paroissoit plutôt l'effet du mauvais goût de ses Juges, & de la jalousie des envieux de Menandre, à qui notre Philemon n'étoit nullement comparable (3).

Néanmoins Quintilien ne laisse pas de dire, qu'il n'étoit pas indigne d'être lû, & qu'il méritoit le second rang d'après Menandre au jugement de plusieurs. [Voyés dans le Recueil de Hertelius *in-8°*.]

---

1 ¶ Cette Ville qu'il appelle ici *Soloë* & qu'il auroit mieux fait d'écrire avec Pomponius Mela, & Pline *Solæ* du Grec Σόλοι, est la même qu'à l'Article 1126. il appelle *Soli*, comme s'il y avoit deux Villes de Cilicie, l'une nommée *Solæ*, l'autre *Soli*. Le meilleur auroit donc été, ou de ne point varier, ou d'avertir que *Solæ* & *Soli* étoient synonymes. Une autre faute au même Article 1126. c'est d'avoir écrit *Soli* & *Soles* tous deux en Italique, quoique *Soles* étant la traduction Françoise du Latin *Soli*, eût dû être écrit en Romain.

2 ¶ 90. selon Suidas, mais 97. selon un Grec anonyme dans les Prolégoménes d'Aristophane.

3 De eo Vid. Apulejus, Suidas, Plutarch. de ira cohibenda. Lucian. Gregor. Gyrald. Dial. 7. Laur. Crass. de Poët. Græc. Voss. lib. 1. de Poët. Græc. pag. 58. & alii.

D I P H I L E de *Sinope au Pont*.

A P O L L O D O R E *de Gela* en Sicile.

P O S I D I P P E de *Caſſandre*, & divers autres Comiques dont nous avons quelques reſtes dans des Recueils différens qu'on en a faits.

1522   IL eſt inutile de nous arrêter davantage à voir les Jugemens qu'on a faits des Ouvrages de tant d'Auteurs dont il ne s'eſt preſque conſervé que la mémoire & le nom juſqu'à nous.

  1 Diphile qui étoit un des plus eſtimés, avoit fait cent Comédies. Il a été loué par la plupart des anciens Grammairiens, & par Clement Alexandrin. On dit que Plaute ſe l'étoit propoſé comme le modéle qu'il vouloit ſuivre, & c'eſt de ſon Grec qu'il a traduit la Comédie *des Mourans enſemble*, comme Terence nous l'apprend (1). Diphile avoit le caractére très-Comique & il étoit fort ſententieux au rapport de Clement Alexandrin & d'Euſebe de Ceſarée (2).

  2 Apollodore avoit compoſé un grand nombre de Comédies. Il étoit des plus conſidérés parmi les Poëtes de la nouvelle Comédie après Menandre : & quand on ſe ſouvient que Terence a pris de lui ſes Comédies du Phormion & de l'Hecyre, on ne peut pas ſans quelque mauvais goût mettre Apollodore au nombre des médiocres Poëtes (3). Il y avoit un autre Apollodore *d'Athénes* qui étoit auſſi Poëte Comique, & qui avoit compoſé quarante-ſept Comédies au rapport de Suidas. Je ne parle pas des autres Poëtes de ce nom, parce que je ne ſuis pas Hiſtorien, mais on peut voir le Gyraldi, Voſſius, & particuliérement Scipion Tetti dans ſon petit Traité des Apollodores.

  3 Posidippe avoit fait au moins trente Comédies, & il ſemble qu'Aulu - Gelle lui ait voulu donner le ſecond rang d'après Menandre parmi les Poëtes de la nouvelle Comédie (4).

  Les anciens Critiques nous ont appris peu de choſes du caractére

---

1 Terentius in Prolog. Adelphor.
2 Apud Lil. Greg. Gyrald. Dialog. 7. pag. 860. & Ol. Borrich. Diſſert. de Poët. Græc. num. 85. pag. 37.
3 Donat nom. Vit. Terent. & recentiores Criticos paſſim.
4 Aul. Gellius lib. 2. Noct. Atticar. & ex eo Lil. Gr. Gyrald. aliique. Vid. & Laur. Craſſ. de Poët. Græc. &c.

POETES GRECS.

des Ouvrages des autres Comiques dont nous avons encore quelques restes, comme d'*Alexis*, d'*Epicharme*, de *Crates*, de *Phrynichus*, de *Pherecrate*, d'*Amphis*, d'*Hermippe*, d'*Antiphane*, d'*Anaxandride*, d'*Eubulus*, de *Mnefimachus*, de *Sotades*, d'*Epicrate*, d'*Euphron*, de *Timocle*, de *Damoxene*, de *Machon* & de plusieurs autres dont Jacques Hertelius a recueilli les Sentences sous le titre de Bibliothéque de cinquante vieux Poëtes Comiques, imprimées à Verone in-8°. en 1616.

THEOCRITE,

De *Syracufe*, Poëte Bucolique, vivant du tems de Ptolomée Philadelphe qui succeda à son Pere, vers la fin de la quatriéme année de la 123. Olympiade 285. ans devant notre Epoque. Il vivoit à la Cour d'Egypte.

1123 Nous avons encore les Eglogues de ce Poëte, avec quelques autres Vers. Il n'est point l'inventeur de ce genre de Poësie, mais il n'a point laissé d'être consideré comme le Chef ou le Principal de ceux qui s'y sont exercés: de sorte que son nom ou celui de son Pays se donnoit quelquefois à cette espéce de Vers, comme il paroît par l'éxemple de Virgile (1).

Quintilien dit (2) que Theocrite est admirable en son genre, mais que sa Muse sera toujours une Muse Rustique, c'est-à-dire, propre pour des Bergers: qu'ainsi elle est trop timide pour vouloir mettre le pied dans les villes, loin d'oser paroître dans le Barreau. Il veut dire franchement que Théocrite n'est point propre pour ceux qui veulent se former dans l'Art Oratoire, ni peut être pour ceux qui ne goûtent pas les beautés simples & naturelles.

Aussi ne sauroit-on s'imaginer que Theocrite ait voulu écrire pour des Orateurs, & qu'il ait eu dessein de former des gens de robe & de sac (3), ou des gens qui vivent dans la politesse du grand monde & de la Cour.

Longin prétend (4) qu'il n'y a rien dans toutes les Eglogues de ce Poëte qui ne soit heureusement imaginé, hors quelques endroits

---

1 Virg. Eclog. *Sicelides Musae*, item, *Prima Syracufio dignus* &c.
2 Quintilian. Institution. Orator. lib. 10. cap. 1. & L. Crass. de Poët. Gr.
3 ¶ Il pouvoit supprimer & *de sac*.
4 Longin, Tr. du Sublime chap. 17. pag. 100. de la Trad. Françoise.

Théocrite. où il sort un peu du caractére de ce genre de Poësie.

Suidas a remarqué (1) que ses Eglogues sont écrites en langage Dorien. Et on prétend que c'est le Dialecte le plus conforme à ce genre d'écrire, & que c'est en Dorien que les Bergers chantérent les louanges de Diane en vers pour la premiére fois dans la Sicile.

Mr le Fevre de Saumur écrit (2) que ce Dorien dont Theocrite s'est servi est bien plus doux que le langage des premiers Doriens. Il dit que quand l'on veut éxaminer le caractére de ce Poëte, on y trouve une grande facilité : & que dans le rustique ou Bucolique, cet Auteur a autant d'avantage sur Virgile, que la Langue Grecque en a sur la Latine.

Le Pere Possevin juge que cette grande simplicité qui paroît dans les maniéres de Theocrite donne à son Lecteur un plaisir assés naturel, mais qui finit bien-tôt, parce qu'il n'est soutenu de rien. Il ajoute que c'est le Dialecte Dorique qui lui a donné cet avantage au-dessus de ceux qui auroient voulu faire la même chose en Latin parce qu'il semble qu'elle soit faite tout exprès pour des Bergers & les autres personnes de la campagne : & que ce plaisir qu'il appelle grotesque ou d'une naïveté rustique ne se trouve point dans la lecture des Eglogues de Virgile, parce que la Langue ne lui donnoit point la même commodité (3). Ce raisonnement de Possevin n'est bon que pour des Grecs, à qui la différence des Dialectes étoit plus sensible.

Enfin le P. Rapin témoigne (4) que Theocrite est plus doux, plus naïf, & plus délicat que Virgile par le caractére de la Langue Grecque ; qu'il a plus de toutes ces graces qui font la beauté ordinaire de la Poësie ; en un mot qu'il est original au lieu que Virgile n'est que copiste.

* *Theocritus, Moschus, Bion, Simmias* Gr. Lat. cum notis *Scaligeri, Isaac Casauboni, & Danielis Hensii* in-4°. apud Comme, 1603. 1604.

1 Suidas in Lexic. Item Lascaris apud Laur. Crass. de Poët. Græc. pag. 500.
2 Tan. le Fevre, Abregé des Vies des Poëtes Grecs, pag. 145.
3 Ant. Possevin lib. 17. Biblioth. Select. cap. 16. pag. 423.
4 Ren. Rapin Reflex. Particul. sur la Poëtiq. Refl. 27. edit. in-4. pag. 160.

CALLIMACHUS

De Cyrenne ou Cayroan en Afrique, du tems de Ptolomée Philadelphe & de Ptolomée Evergete.

1124. CE Poëte fut un des plus savans hommes de son siécle, au sentiment de Mr le Fevre & des autres Critiques : & peut-être qu'il seroit difficile de trouver un Auteur qui ait fait un plus grand nombre de Poëmes. Mais il ne faisoit ordinairement que des petites piéces, & l'aversion qu'il avoit pour les longs Ouvrages lui faisoit dire souvent qu'*un grand Livre est un grand mal*. Ce qui ne satisfaisoit pourtant pas la plupart des Critiques de son tems, qui prétendoient avec assés peu de raison que les faiseurs de Vers ne dévoient non plus sécher que la mer, & que l'abondance étoit la plus belle qualité d'un Ecrivain (1).

Il ne nous est resté d'un si grand nombre des Poësies de Callimachus que quelques Epigrammes & quelques Hymnes que Mademoiselle le Fevre a publiées avec de savantes remarques depuis quelques années. Elle dit (2) que dans tout ce que la Grece ancienne nous a produit, il ne s'est rien trouvé de plus élegant, ni rien de plus poli. C'avoit été aussi la pensée de Mr son Pere qui jugeoit (3) que la maniére de composer que Callimachus avoit embrassée est nette & forte ; que Catulle & Properce l'ont imité fort souvent, & l'ont même quelquefois traduit.

Il s'est trouvé néanmoins des Critiques, & particuliérement dans ces derniers siécles, qui ont prétendu que Callimachus n'avoit pas grand génie (4) pour la Poësie. Il y a beaucoup d'apparence qu'ils ont pris pour le fondement de ce jugement un distique d'Ovide qui dit

Battiades toto semper cantabitur orbe   C'est notre Cal-
Quamvis ingenio non valet, arte valet.   limaque.

De sorte que sur la foi d'Ovide ils ont jugé que ce Poëte avoit plus d'art & d'étude que d'esprit. Daniel Heinsius voulant expliquer la

---

1 Tanneg. le Fevre Abreg. des Vies des Poëtes Grecs pag. 155. 156.
Gerard. Joan. Vossius lib. de Poët. Græcis pag. 62.
2 Anne le Fevre ou *Madame Dacier* Præfat. in Callimach. Græc. & Lat.
3 Tann. le Fevre ut supra.
4 Vossius libr. singul. de Arte Poëtica pag. 27.
Item ibid. pag. 67.

pensée d'Ovide, dit que lorsque cet Auteur semble accuser Callimachus de peu de génie, ce n'est pas qu'il ait prétendu que celui-ci manquât d'invention, de subtilité, d'adresse ou d'esprit; mais que c'est parce qu'il n'est point assés naturel, qu'il est trop étudié, & qu'il a trop d'affectation, comme s'il avoit recherché la gloire d'un bon Grammairien plutôt que celle d'un vrai Poëte (1).

C'est sans doute ce qui a fait dire à Candidus Hesychius, Auteur moderne de nos jours, que Callimachus voyant qu'il n'avoit pas le vent favorable, n'a jamais osé s'exposer en pleine mer, mais qu'il a eu la prudence de ne jamais s'éloigner des bords pour mieux s'assurer du port, c'est-à-dire, que n'ayant pas ce génie Poëtique & cet enthousiasme qui emporte les Poëtes, il n'a point voulu entreprendre de piéces de longue haleine (2).

Au reste Callimachus passoit pour le Prince des Poëtes Elégiaques parmi les Grecs au jugement de Quintilien, & de quelques Modernes (3). Mais outre cela il étoit encore excellent Critique, & l'on ne sauroit assés regretter les Ouvrages qu'il avoit composés en cette qualité (4). Il étoit aussi fort bon Grammairien, & je ne sai si Scaliger a eu beaucoup de raison de dire (5) qu'il a choisi les mots les plus obscurs, les plus anciens, & les plus ineptes, pour faire ses Vers.

C'est ce Callimachus, qui fut Bibliothécaire du Roi Ptolomée dans Alexandrie (6), & qui avoit composé pour sa part huit cens Livres, comme nous l'avons remarqué ailleurs (7).

* *Callimachi Hymni & Epigrammata Gr. Lat. ex recens. Grævii, cum notis variorum. Ezech. Spanhemii fragmenta Callimachi, &c. in-8°. 2 vol. Ultrajecti* 1697.

1 Daniel Heinsius Præfat. in Hesiod. edition. ann. 1603.
2 Candid. Hesych. Pseudonym. in libell. cui titul. *Godellus utrum Poëta* cap. 2. p. 75.
3 Quintilian. Institution. Orator. lib. 10. cap. 1.
Item Philipp. Beroald. in Propertium, & ex eo Laur. Crass. de Poët. Gr.
Item Ger. Jo. Voss. de Institution. Poët. lib. 3. pag. 51.
4 Joan. Jonsius Holstat. de Histor. Philosoph. &c. Item Joann. Lomejer. de Bibl. libr. singul.
5 Joseph. Scalig. in Posteriorib. Scaliger. pag. 187.
6 ¶ J'ai remarqué sur le chap. 10. de la 2. part. du tom. 1. que cela n'étoit point vrai.
7 Au 1. tom. des Jugemens des Savans, chap. 10. de la 2. part. pag. 222. Préjugé de la multitude des Livres. Du Lexic. de Suidas, &c.

LYCOPHRON.

De *Chalcide Ville d'Eubée ou Negrepont*, Poëte Tragique, vivant fous Ptolomée Philadelphe, mort percé d'un coup de fléche, & fur le Théâtre même felon quelques-uns.

1125 IL étoit inconteftablement un de la célébre *Pléiade* de Poëtes qui parurent avec éclat fous (1) Ptolomée Philadelphe, & qui furent honorés de ce nom celefte, à caufe de leur nombre de fept.

Les fix autres étoient *Théocrite*, & *Callimachus* dont nous avons déja parlé, *Nicandre*, *Apollonius* de Rhode, *Aratus*, & *Homere* le jeune. C'eft le compte de Tzetzes dans fon Commentaire fur la Caffandre de notre Lycophron. Mais le Scholiafte de Théocrite y met *Æantide* & *Philicus* à la place de Nicandre & de Callimachus. Le Scholiafte d'Hephæftion en a fait une autre lifte, difant que cette Pléiade étoit compofée d'*Homere* le jeune, *Sofithée*, *Lycophron*, *Alexandre*, *Philicus*, *Dionyfiade*, *Æantide*. D'autres mettent *Sofiphane* au lieu de Dionyfiade (2).

Cette diverfité fait affés voir le peu de fonds qu'il y a à faire fur un nombre que quelques-uns ont voulu rendre myftérieux. Mais dans toute cette diverfité, on ne voit pas que perfonne ait douté que Lycophron y ait tenu fon rang. Et Mr le Fevre eft affés agréable de dire (3), que comme entre les étoiles de la Pléiade célefte, il y en a une qui paroit plus obfcure que les autres, Lycophron tient le rang de cette étoile dans la Pléiade Poëtique.

Nous avons de ce Poëte un affés grand Poëme qui eft une efpéce de Tragédie, & qui porte le nom d'*Alexandre* ou *Caffandre*.

Quant à l'ordonnance de cette piéce, le P. Rapin dit nettement, (4) qu'il n'y a point réuffi.

Pour ce qui eft du ftyle & de l'expreffion, il n'y a point de Cri-

---

1 Cela n'eftpas vrai fi Nicandre en eft.
2 Lil. Greg. Gyral. de Hift. Poëtar. tom. 1. Ger. Jo. Voff. de Poëtis Græcis. Tan. le Fevre, Laur. Craff. Ol. Borric. & alii paffim.
3 Tann. le Fevre Abregé des Vies des Poëtes Grecs pag. 135. 143. &c. Item pag. 138. 139. &c.
¶ Cette penfée de la Comparaifon de l'étoi-

le obfcure de la Pleiade avec Lycophron eft originairement d'Arnoldus Arlenius Peraxylus dans fa Préface fur l'édition qu'il donna de Lycophron *in-fol.* toute Grecque avec les Commentaires de Tzetzes à Bâle 1546.

4 Ren. Rapin Reflex. particul. fur la Poëtiq. feconde part. Refl. xxii.

Lycophron. tiques qui n'y reconnoissent une obscurité dont on n'a pas encore bien pu percer les ténebres (1). Ce sont des difficultés continuelles, & ce qui est moins tolérable, c'est qu'elles paroissent affectées. Quelques-uns se sont imaginés qu'il avoit voulu representer par tout le génie & le caractére de Cassandre ; & qu'en se rendant obscur, il n'a rien fait que ce que l'Art a voulu qu'il fît, puisque les Devins & les Prophétes ne parlent jamais sans quelque sorte d'obscurité. C'est le sentiment de Mr le Fevre, qui ajoute que c'est dans cette vuë qu'on peut excuser cette rhapsodie de tant de fables & de tant d'histoires qu'il a enfilées les unes après les autres, & dont il a rendu son Poëme tout herissé. Il semble aussi que ç'ait été pour mieux conserver cette obscurité & pour la rendre plus impénétrable que Lycophron a mêlé parmi son Grec un grand nombre de mots barbares, selon la remarque de Claude du Verdier (2).

On ne peut pourtant pas disconvenir qu'Isaac Tzetzes n'ait un peu contribué à nous le faire entendre par un Commentaire assés savant qu'il compila des remarques des anciens Scholiastes de Lycophron, & entre autres de Dection, d'Orus, & de Théon. Mais Vossius ajoute (3), qu'il y a mêlé ses propres visions & ses badineries. C'est ce que je ne rapporte en cet endroit, que parce que je ne l'ai pas remarqué au Recueil des Critiques Grammairiens, au rang desquels j'ai mis ce Tzetzes & son frere (4).

Mais il faut avouer aussi en même tems que si Tzetzes, ou plutôt ces autres Commentateurs ont un peu éclairci le texte de Lycophron, ç'a été contre l'intention de ce Poëte, à qui on avoit ouï dire de son vivant, qu'il se pendroit, s'il croyoit qu'il dût jamais se trouver quelqu'un qui eut assés d'esprit & de lecture pour entendre son Poëme (5).

Il semble que Joseph Scaliger soit mieux entré que les autres dans les desseins de Lycophron, lorsqu'il en a fait une version Latine en vers Iambes, & soit qu'il ait entendu son Auteur, soit qu'il ne l'ait pas entendu, il semble qu'il ne se soit étudié qu'à faire voir qu'on peut être aussi obscur en Latin que Lycophron l'a été en Grec. (6). C'est ce qui a été remarqué ailleurs (7).

1 Critici omnes passim, Gerbel. Scalig. Voss. Verder. Tan. Fab. &c.
2 Cension. omn. Auctor. per Claud. Verderium &c. pag. 45.
3 Ger. Joan. Voss. lib. singul. de Poët. Græc. pag. 64.
4 Voyés Article 294.
5 ¶ C'est une plaisanterie de la façon de Tannegui le Fèvre. ¶
V. le Rec. des Critiq. Grammair. Le Fevre pag. 152. Voss. ut supr.
6 V. le Rec. des Trad. Lat. Item Borrich. num. 75. pag. 32. &c.
7 Voyés Article 899.

Outre

POETES GRECS.

Outre le Poëme de la Caffandre, Lycophron avoit encore composé douze ou treize Tragédies, dont on peut voir les noms dans le Lexicon de Suidas (1).

* L'édition que Jean Potier a publiée & corrigée en 1697. imprimée à Oxfort, est celle qui passe pour la plus estimée, de même que la seconde édition *in-folio* à Oxfort 1702. *

1 ¶ Bayle dans son Dictionnaire au mot Lycophron reprend avec raison Tannegui le Fèvre d'avoir dit que Suidas nous a conservé les noms des douze ou trèze Tragédies de Lycophron. Suidas a rapporté les titres de vingt Tragédies de ce Poëte, qui même, s'il étoit sur de s'en fier à Isaac Tzetzés en avoit composé 64. ou 66. car il y a bien plus d'apparence de lire avec Jean Albert Fabrice fondé sur un manuscrit, ξδ, ἢ ξς, qu'avec les éditions ordinaires ξδ, ἢ μς. Baillet a copié la faute de Tannegui le Fèvre sans en avoir été repris par Bayle qui avoit coutume de l'épargner.

ARATUS

De Soli ou Soles en Cilicie, vivant du tems de Ptolomée Philadelphe Roi d'Egypte, & d'Antigone Gonatas Roi de Macedoine, au Mariage duquel il se trouva, & près de qui il demeura le reste de ses jours.

1126 CE qui nous reste de cet ancien Auteur, peut nous le faire considérer comme un Astronome & comme un Poëte. Ce sont des Phœnomenes qu'il a mis en vers Grecs (1), & que Cicéron a traduits en vers Latins, étant encore jeune.

Ce Traducteur dit dans ses Livres de l'Orateur (2), que les vers d'Aratus sont fort beaux & fort bons, mais que cet Auteur ne savoit pas l'Astrologie. Cependant Quintilien écrit (3), que la diction d'Aratus n'a ni fleurs ni ornemens, ni épisodes, ni variété Poëtique, ni aucune de ces qualités qui touchent le cœur de ceux qui lisent des vers : mais il ajoute qu'il étoit fort capable d'exécuter le dessein qu'il avoit entrepris. En quoi Quintilien ne paroît pas beaucoup conforme à Cicéron ni pour la matiére ou le fonds du sujet, ni pour la forme ou la structure des vers (4).

1 ¶ Phænomenes de φαινόμηνα quoiqu'en Francisant le mot il eût mieux valu écrire *Phénomènes*, comme du Grec φαίδρα nous écrivons *Phédre*.

2 Cicero lib. 1. de Oratore. Les défauts que les Critiques trouvent dans la version que Ciceron a faite d'Aratus, s'excusent sur le peu d'âge qu'il avoit quand il y travailla.

3. Quintilian. Institution. Orator. lib. 10. cap. 1.

4 ¶ Voici les termes de Quintilien : *Arati materia motu caret, ut in qua nulla varietas, nullus affectus, nulla persona cui usquam sit oratio.*

Aratus. La matiére d'elle-même ne pouvoit devenir entre ses mains le sujet d'une véritable Poësie, & je crois que c'est ce qui a porté Castelvetro à le faire passer pour un Versificateur, plutôt que pour un véritable Poëte (1).

Aratus a eu encore d'autres Traducteurs Latins que Ciceron, & il y en a une version qui court par le Monde sous le nom de Germanicus Cesar, & une autre de Festus Avienus.

La meilleure édition est celle que Grotius a donnée avec son Commentaire (2). Et l'on ne peut pas s'imaginer que l'Ouvrage d'Aratus ait été en petite considération dans l'Antiquité, lorsqu'on voit un si grand nombre de Scholiastes & de Commentateurs (3) qui ont travaillé sur lui, tels que sont entre les autres, Aristarque de Samos, les deux Aristylles tous deux Géométres, les deux Evænetes, les deux Cratès (4), Numenius Grammairien, Pyrrhus de Magnesie, un nommé Thalès, un nommé Zenon, &c. dont les Ouvrages se sont perdus (5).

* *Arateorum Syntama, Gr. & Lat. per Hugonem Grotium, cujus accedunt notæ. in-4°. apud Raphelengium 1600.*

sufficit tamen operi cui se parem credidit. Les mots par où finit Quintilien donnent à entendre qu'Aratus n'ayant pas voulu faire le Poëte dans la matière qu'il traitoit, s'étoit restraint à la versification ; ce que bien loin d'attaquer la structure des vers d'Aratus, confirme au contraire ce qu'en a dit Ciceron qui les appelle *ornatissimos atque optimos.* b

1 Ludov. Castelvetr. Commentar. in Poëtic. Aristotel.

2 Olaüs Borrichius Dissertat. de Poët. Græc. pag. 14.

3 ¶ Le Catalogue s'en trouve à la fin du Traité isagogique imprimé sous le faux nom ou d'Eratosthéne ou d'Hipparque sur les Phénomènes d'Aratus. Mais il ne faut pas croire que les Auteurs rapportés au nombre de 37. dans ce catalogue aient tous été des Commentateurs de ce Poëte, plusieurs d'entre eux n'ayant fait que de légéres remarques par occasion sur quelques endroits de son Poëme, & Callimaque nommé parmi ceux qui ont illustré Aratus n'ayant parlé de lui que comme d'un imitateur des Astronomiques d'Hésiode.

4 ¶ Le Catalogue ne cite qu'un seul Cratès.

5 Ger. Joan. Voss. lib. de Poët. Græc. pag. 63.

V. aussi Tann. le Fevre Abregé des Vies des Poëtes Grecs pag. 163.

Et Lorenzo Crasso dans son Recueil des Poëtes Grecs.

APOLLONIUS

De Rhode, né dans Alexandrie, Bibliothécaire des Rois d'Egypte après Eratosthene, disciple de Callimachus, dont nous avons parlé, entre la 130. & la 133. Olympiade, & assés avant même dans le Regne de Ptolomée Evergete, appellé Rhodien pour avoir enseigné la Rhétorique à Rhodes.

1127 Nous avons de cet Auteur un Poëme sur l'expédition des Argonautes en Colchide, ou Mingrelie comme on l'appelle presentement.

Quintilien dit (1), que cet Ouvrage est composé dans un genre qui tient le milieu entre les extremités de l'élevation & de la bassesse, & qu'il a gardé cette médiocrité dans un temperament juste & uniforme.

Il semble que ç'ait été la pensée de Longin, qui reconnoît qu'Apollonius ne tombe jamais dans son Poëme, & qu'à la verité il se soutient assés également ; mais qu'avec cette bonne qualité, il est encore infiniment au-dessous d'Homere, même accompagné de toutes ses fautes, parce que le sublime, quoique sujet à des inegalités, l'emporte toujours sur les autres genres (2).

Les Modernes ont été plus loin dans les Jugemens qu'ils ont faits de cet Ouvrage d'Appollonius, & ils ne sont pas toujours d'accord entre eux dans la manière de le faire. Le Giraldi témoigne (3), que c'est un Ouvrage fort diversifié, qui a couté beaucoup de veilles à son Auteur ; il dit néanmoins qu'il est dur dans le style & dans les maniéres, & qu'il est même assés peu agréable à lire, si ce n'est dans cette partie où il décrit la passion de Medée, qui est un endroit qu'il prétend avoir plû si fort à Virgile, qu'il n'a point fait difficulté de le prendre presque tout entier, pour en composer la meilleure partie du quatriéme Livre de l'Enéïde.

Mr le Fevre a cru la même chose que le Giraldi au sujet de Virgile, mais il ne veut pas souscrire au jugement de Longin, en ce qu'il a prétendu que chacun reconnoissoit qu'on n'avoit jamais rien trouvé

---

1 Quintilian. Institut. Orator. lib. 10. cap. 1. Item. Bor. L. Crass.
2 Longin Tr. du Sublime chap. 27. pag. 106. de la Trad. Fr.
3 Lil. Gregor. Giraldus de Hist. Poët. Dialog. 3. pag. 338. 380. 341.

Apollonius. à reprendre dans l'œconomie de cet Ouvrage (4). Il se mocque aussi de ces Critiques, qui ont jugé que la composition en est égale, douce & aisée, disant qu'il se feroit violence pour souscrire à ce qu'ils ont dit; que néanmoins il entendoit un peu le Grec, & qu'il croyoit avoir quelque sentiment de la différence des caractéres.

Le jeune du Verdier dit (2) que dans la pensée de plusieurs, le style d'Apollonius avoit toujours passé pour grossier, rude & mal poli, & que tous ceux de son tems l'avoient tourné en ridicule pour ce sujet. Il est vrai, dit le Sieur Borrichius (3), qu'il fut dabord mocqué & sifflé pour la rudesse de ses vers, parce qu'il les avoit faits dans sa première jeunesse; mais il les refit depuis, continuë cet Auteur, il les lima, & il les polit si bien, qu'il en reçut un applaudissement général (3). Ce même Critique est du nombre de ceux qui jugent que la diction d'Apollonius est pure, châtiée, unie, douce & agréable; il prétend aussi qu'il a bien gardé ses proportions, & qu'il a répandu par tout son Ouvrage des maximes de Politique qui sont salutaires. Mais le P. Rapin qui reconnoit que son style n'a point d'élévation, prétend aussi (4) que la Fable de ce Poëme est mal conçuë, que la liste des Argonautes n'a aucun trait de cette variété dont le sujet étoit si capable, & qu'elle languit dès le premier Livre. D'ailleurs Apollonius ne fait cette expédition que de quatre mois, en quoi il se trompe.

On a d'anciennes Scholies sur ce Poëme qui sont fort courtes, mais savantes & utiles qu'on croit être de Tarrhæus, de Théon, & de quelques autres.

L'édition nouvelle que Jerémie Holtzlin (5) en a donnée est fort estimée de quelques-uns, mais d'autres n'en font guéres plus de cas que de plusieurs de celles qu'on appelle *de Variorum.*

* *Apollonii Rhodii Argonautica Gr. Lat. per Jeremiam Hoelzlium* in-8°. *Lug.-Bat.* 1641. — *Cum Scholiis & Annotation. H. Stephan. Græcè* in-4°. *Typ. H. Steph.* 1574. *

1 Tanaq. le Fevre Abreg. des Poët. Grecs pag. 159
2 Claud. Verd. Cension. omn. auctor. pag. 46.
3 Olaüs Borrichius Dissert. de Poët Græc. n. 46.
4 Ren Rap. Reflex. particul. sur la Poët. 2. part. Reflex. xv.
5 ¶ Il écrivoit son nom Hoezlin. Sa diction est dure, mais il étoit savant. A la suite de son Commentaire sur Apollonius il y a trois feuillets de petites notes de Luc Holstein, desquelles Menage reproche l'omission à Baillet, comme si celui-ci s'étoit chargé de donner un catalogue de tous les ouvrages faits pour illustrer les Auteurs dont il parle.

MOSCHUS

De Syracuse en Sicile, Poëte Bucolique, que quelques-uns font Disciple du célébre Aristarque avec assés peu de vrai-semblance, vivant du tems de Ptolomée Philometor, depuis la 149. Olympiade jusqu'à la 159. selon l'opinion vulgaire. Mais Mr de Longepierre le fait contemporain à Theocrite sous Philadelphe.

2 BION *de Smyrne*, aussi Poëte Bucolique né à *Phlosse village du territoire de Smyrne*, que quelques-uns confondent avec un autre Bion de Syracuse. Il mourut avant Moschus & Theocrite selon Mr de Longepierre (1).

1128 IL nous est resté quelques-unes des Poësies de ces deux Auteurs, qui ont été imprimées ensemble, à cause du rapport de leur matiére & de leur caractére.

Mais il semble qu'il y ait peu de choses à dire sur le jugement qu'on peut faire de ces vers, parce que l'utilité qu'on en peut tirer ne paroit pas fort grande. Car on n'y trouve presque que de la galanterie champêtre, & des amourettes à la Grecque mises en vers épiques.

1 ¶ Ces mots, *selon Mr de Longepierre*, sont là par rapport à Théocrite que contre l'opinion de bien des gens de lettres Mr de Longepierre croit avoir survécu à Bion. S'il étoit sûr que les six vers qui dans l'Idyle de Moschus sur la mort de Bion précédent le vers qui commence Ἐν δὲ Συρακοσίοισι Θεύκριτος fussent véritablement de Moschus, il n'y auroit pas lieu de douter que Bion ne fut mort avant Théocrite, mais comme Mr de Longepierre qui auroit interêt que ces six vers fussent légitimes, incline à croire, malgré Joseph Scaliger, qu'ils ont été ajoutés par Musure, il faut prouver que suivant l'ordre des tems rien n'empêche que Théocrite Bion & Moschus n'aient été contemporains. Moschus étoit constamment le plus jeune, puisque selon Suidas il fut ami particulier d'Aristarque le Grammairien, ce qui n'est pas si peu vrai-semblable qu'on se l'est imaginé. Théocrite en effet agé de 30. ans sous le régne de Ptolomée Philadelphe, a pu parvenir jusqu'aux dix premiéres années du régne de Ptolomée Philopator sans avoir plus de 66. ans. Philopator en régna 17. Ptolomée Epiphane son successeur 23. & Ptolomée Philométor successeur d'Epiphane 35. Ces trois régnes font une durée de 75. ans. Supposé là-dessus que Bion soit mort environ la huitiéme année du régne de Philopator, un ou deux ans avant Théocrite, & que Moschus en eût alors 30. Il n'en restera plus que 67. jusqu'à la fin du régne de Philometor. De ces 67. Moschus qui en avoit déja 30. peut fort-bien en avoir encore vécu 37. & par conséquent avoir été en état de connoître Aristarque, qui étant mort à l'age de 72. ans, pouvoit en avoir 40. quand Moschus en avoit 55. Ce qui ne fait pas une disproportion capable d'empêcher deux personnes de contracter amitié : car Μόσχος Ἀρισταρχου γνώριμος, signifie dans Suidas, Moschus ami d'Aristarque, & non pas *Moschus disciple d'Aristarque*, comme Baillet, ou quelque autre pour lui, l'a interprété. *b*

Si néanmoins on a égard à leur style & à leurs maniéres, on peut reconnoître avec le Sieur Borrichius (1) que ce sont deux Poëtes fort agréables ; & le P. Rapin témoigne que l'un & l'autre ont aussi de grandes beautés, & même de grandes délicatesses dans leurs Idyles (2).

En effet les Critiques qui savent estimer ce que valoit ce genre de Poësie parmi les Grecs, témoignent que ces Idyles sont délicates, ingénieuses & en même tems naturelles. Ils jugent même qu'elles doivent être plus du goût de notre siécle que toutes celles de Theocrite, dont la simplicité est beaucoup plus champêtre & plus farouche, & par conséquent moins élegante que celle de Bion & de Moschus. Bion au sentiment de ces Messieurs a plus de douceur plus de finesse & plus de grace, que ni Theocrite ni Moschus même, & Moschus tient le milieu entre les deux autres.

Mais pour peu de patience que le Public veuille se donner encore quelques jours, il se trouvera suffisamment instruit & satisfait sur ce sujet dans le nouveau Livre qu'il doit bientôt recevoir de la part de Mr de Longepierre à la conversation duquel je suis redevable de ce que je viens de rapporter touchant le tems de ces deux Poëtes & leur pararelle avec Théocrite. [Voyés l'Article 1023.]

1 Olaüs Borrich. Dissert. de Poët. Græc. num. 35. pag. 15. 2 Renatus Rap. Reflex. 27. particul. sur la Poët. part. 2.

NICANDRE

De *Colophon*, ou plutôt *de Claros* (1), d'autres ont dit *d'Etolie*: vivant en la 160. Olympiade du tems d'Attalus Roi de Pergame, qui laissa ses Etats par testament au Peuple Romain la 4. année de la 161. Olympiade.

1129 SI Nicandre étoit un des sept Poëtes de la Pléïade Poëtique dont nous avons parlé au sujet de Lycophron, on ne peut pas dire que cette Pléïade n'ait paru que du tems de Ptolomée Phi-

1 ¶ On concilie les différentes opinions touchant la patrie de Nicandre en disant qu'il naquit à Claros petite ville d'Ionie dans le Domaine des Colophoniens & dans le voisinage de Colophon, ce qui a donné lieu de l'appeller Colophonien. Ayant passé en Etolie où il demeura long-tems, l'histoire qu'il en écrivit, la description qu'il fit de la situation du pays & ses autres recherches touchant l'Etolie furent cause qu'on le crut Etolien.

POETES GRECS.

ladelphe, puisque Nicandre lui étoit postérieur de plus de six vingt ans.

De divers Ouvrages sur la Médecine qu'il avoit composé en vers, il ne nous en reste que deux, dont le premier est celui des *Thériaques*, ou des bêtes venimeuses ; & le second est celui des *Aléxipharmaques*, ou des remedes contre les venins. Mr Borrichius témoigne (1) que ces deux Ouvrages font assés connoître combien Nicandre avoit de cette érudition qu'on pouvoit acquerir dans l'Antiquité. Mais quelque savant que fût Nicandre, on ne peut pas dire que ses Ouvrages doivent nous faire croire qu'il fût Poëte.

Plutarque ne l'a considéré que comme un simple versificateur (2). Car prétendant avec raison qu'il n'y a point de véritable Poësie sans imitation, sans fiction, & sans fable, il ajoute que les Ouvrages d'Empedocle & de Parmenide sur la Physique, les Thériaques de *Nicandre*, & les Sentences morales de *Théognis* ne sont pas véritablement de la Poësie, mais que ce sont des compositions mesurées & liées par des pieds de vers, pour éviter seulement la bassesse de la prose.

Mais au reste Nicandre est un Auteur éxact, soit pour le choix de ses mots, soit pour la mesure de ses vers, au jugement de Jules Scaliger (3) qui dit qu'il seroit difficile de trouver un Poëte plus poli parmi les Grecs. Il remarque qu'il a eu grand soin de ne rien dire qui fût mal-à-propos, autant pour les choses que pour les maniéres, qu'il a beaucoup de netteté & d'élégance dans la description qu'il fait des serpens, & qu'il a acquis autant de gloire, que Virgile en a eu pour ses Géorgiques.

Ciceron même lui trouvoit de la délicatesse (4) & un air Poëtique, quoique ce qu'il dit de lui regarde ce qu'il avoit composé sur la vie & les éxercices de la campagne, plutôt que les Ouvrages qui se sont conservés jusqu'à nous.

Cependant le P. Rapin n'a point laissé de dire que Nicandre est rude (5) & Joseph Scaliger l'accuse (6) d'avoir choisi les mots les plus obscurs, les plus vieux & les plus ineptes ; en quoi il n'est point

---

1 Olaus Borrichius Dissertat. Græc. num. 36. pag. 15.

2 Plutarch. de rat. legend. & audiend. Poëtar.
Item ex eo Ger. Joan. Voss. lib. sing. de Arte Poëtic. pag. 6.
Item Laur. Crass. de Poët. Græc. p. 507. ex eod. &c.

3 Jul. Cæs. Scalig. Poëtices lib 5. c. 15. pag. 717.

4 Cicero lib. 1. de Oratore, & ex eo Laur. Crass. loc. cit.

5 Ren. Rapin Reflex. 15. particul. sur la Poët. 2. part.

6 Posterior. Scaligeran. pag. 187.

Nicandre. d'accord avec son pere, qui avoit dit de Nicandre en Latin : *Magna ei cura est ne quid ineptum aut inepte dicat.* Aussi disoit-il que son pere n'entendoit pas beaucoup les Poëtes Grecs, & qu'il en jugeoit mal, comme nous l'avons remarqué ailleurs (1).

Mr le Fevre de Saumur (2) accuse Suidas de n'avoir pas lû Nicandre, pour avoir dit qu'il étoit de Colophone; parce, dit-il, que ce Poëte témoigne lui-même dans les deux derniers vers des *Thériaques* qu'il étoit de *Claros*. Ce Critique pouvoit aussi par la même raison accuser Ciceron de n'avoir pas lû Nicandre, parce que cet Auteur dit qu'il étoit de Colophone. Cependant nous aurions quelque peine de croire qu'un Auteur aussi grave que Ciceron eût voulu faire les éloges d'un Ecrivain qu'il estimoit, sur la foi d'autrui (3).

* *Nicandri Theriaca, Gr. & Lat. Interprete Joan.* Gorræo in-4°. *Paris.* 1557. — *Ejusdem Alexipharmaca Gr. & Lat. ab eodem ibidem* 1557.

1 Article 168.
2 ¶ Tannegui le Fèvre vie de Nicandre parmi celles des Poëtes Grecs, pag. 148.

3 ¶ Il faloit dire pour éviter l'équivoque : *eût voulu sur la foi d'autrui faire l'éloge d'un Ecrivain qu'il estimoit.* ¶

Fin des Poëtes Grecs qui ont paru avec réputation jusqu'à l'établissement entier de l'Empire Romain sur toute la Grece.

AVIS SUR LES LISTES SUIVANTES.

Nous avons crû faire plaisir au Public en plaçant ici ces Listes de Poëtes tant Grecs que Latins, parceque Baillet dans ce volume fait mention de plusieurs Poëtes Grecs qui ne se trouvent que dans le *Corpus Poëtarum Græcorum* ; & que dans le volume suivant il parle de plusieurs Poëtes Latins qui ne sont imprimés que dans les deux *Corpus Poëtarum Latinorum* de Genéve ou de Londres.

Poëtæ Græci veteres Carminis Heroïci Scriptores qui extant omnes, apposita è regione interpretatione Latinâ. Curâ & recensione Jac. Lectii, V. CL. in-folio Genevæ 1606. Scilicet :

Homerus.
Hesiodus.
Orpheus.
Callimachus.
Aratus.
Nicander.
Theocritus.
Moschus.
Bion.
Dionysius.
Coluthus.

Thryphiodorus.
Musæus.
Theognis.
Phocylides.
Pythagoræ Aurea Carmina, cum Fragmentis aliorum.
Apollonius Rhodius.
Oppianus.
Cointus Smyrnæus.
Nonni Dionysiaca.

On trouve ces mêmes Auteurs à l'exception des quatre derniers dans l'édition Grecque d'Henri Estienne in-fol. Paris. 1561.

Poëtæ Græci Veteres Tragici, Comici, Lyrici, Epigrammatarii Græcè & Latinè in unum redacti Corpus in-folio Genevæ 1614. Scilicet:

Tomo I°.

Sophocles.
Euripides.
Æschylus.

Aristophanes.
Ezekielis Eductio Hebræorum.

Tomo II.

Pindari Olympia.
— Pythia.
— Nemea.
— Isthmia.
Alcæus.
Sappho.
Stesichorus.
Ibycus.
Anacreon.
Bacchylides.
Simonides.
Alcman.
Archilochus.
Melanippides.
Telestes.
Pratinus.
Timocreontis Scolium adversus Plutum.
Hybriæ Cretensis Scolium.
Aristotelis Scolium.
Erinnæ Lesbiæ Odæ.
Alpheus Mitylenæus.
Julianus Ægyptius.

Theocriti Idyllium de mortuo Adonide.
Lycophron.
Synesii Hymni.
Gregorii Nazianzeni Odæ.
Jo. Damasceni Hymnus in Theogoniam.
Ejusdem Hymni varii.
Maximi Margunii Hymni.
Phile de Animalium proprietate.
Georgius Pisidas de Mundi opificio.
Jo. Tzetzæ variarum Historiarum Liber versibus politicis constans.
Florilegium Epigrammatum.
Jo. Geometræ Hymni.
Clementis Alexandrini in Christum Servatorem Hymnus.
Incerti in Pædagogum.
Simeonis Metaphrastæ Iambici trimetri.

POETÆ LATINI.

Corpus omnium veterum Poëtarum Latinorum secundùm seriem Temporum & V. Libris distinctum. à P. B. P. G. secunda editio in-4°. Genevæ 1611.

Lib. I.

Livius Andronicus.
Q. Ennius.
M. Accius Plautus.
Cn. Nævius.
M. Pacuvius.
St. Cœcilius.
L. Accius.
P. Terentius.
Caius Lucilius.
Sex. Turpilius.
Cn. Matius.
Lu. Afranius.
Q. Trabeas.
Cn. Licinius Imbrex.
Q. Novius.

Lib. II.

T. Lucretius.
L. Pomponius.
Decius Laberius.
Q. Catulus.
Q. Atta.
Pub. Syrus.
Porcius Licinius.
Valer. Ædituus.
C. Valerius Catullus.
Car. Licinius Calvus.
C. Helvius Cinna.
M. Furius Bibaculus.
Pub. Terentius Varro Atacinus

C. Ticida.
Furius Antias.
Laurea Tullius.

Lib. III.

Virgilius Maro.
Q. Horatius Flaccus.
Tit. Valgius.
Alb. Tibullus.
Cn. Cornelius Gallus.
Sex. Propertius.
Q. Varius.
P. Ovidius Naso.
Domitius Marsus.
C. Germanicus Augustus.
An. Casius Bassus.
Æmilius Macer.
L. Annæus Seneca.
Caius Asinius Gallus.
Aulus Persius.
Cornelius Severus.
Annæus Lucanus.
Cn. Getulicus.
C. Pedo.

Lib. IV.

Publius Statius Papinius.
Silvius Italicus.
Caius Valerius Flaccus.
Junius Juvenalis.
M. Valerius Martialis.

POETÆ LATINI.
Lib. V.

Aulus Serenus.
Rufus Festus Avienus.
Septimius Afer.
Titus Calphurnius.
Aurelius Olympius Nemesianus.
Cl. Claudianus.
Decius Ausonius.

Damasus Hispanus.
Juvencus Hispanus.
Aurelius Prudentius Clemens.
Pontius Paulinus.
Venantius Honorius Fortunatus.
C. Sollius Sidonius Apollinaris.
Maurus Terentianus.

Præfixa est unius-cujusque Poëtæ vita.

Opera & Fragmenta veterum Poëtarum Latinorum Profanorum & Ecclesiasticorum duobus voluminibus comprehensa in-folio, Londini 1713.

Volum. I.

M. Accius Plautus.
Pub. Terentius.
Tit. Lucretius.
Q. Val. Catullus.
Pub. Virgilius Maro.
Q. Horatius Flaccus.
Alb. Tibullus.
Sext. Aul. Propertius.
P. Ovidius Naso.
Gratius Faliscus.
M. Manilius.
Phædrus.
Jun. Moder. Columella.

Volum. II.

L. Ann. Seneca Trag.
Aul. Persius Flaccus.
M. Ann. Lucanus.
Silius Italicus.
P. Papinius Statius.
C. Valerius Flaccus.
D. Jun. Juvenalis.

Sulpitia.
M. Val. Martialis.
Maurus Terentianus.
Palladius Rutil. Taurus.
M. Aur. Olymp. Nemesianus.
Tit. Calphurnius.
Dec. Ausonius.
Ruf. Fest. Avienus.
Cl. Claudianus.
Rutilius Claud. Numatianus.
C. Soll. Sidonius Apollinaris.
Mart. Min. Fel. Capella.
A. Manl. Torq. Sev. Boëtius.

Authores, quorum Fragmenta & varia quædam Opuscula ex Rob. Stephani, Petr. Scriverii, Jos. Scaligeri, & P. Pithœi Collectaneis potissimum decerpta sunt.

Liv. Andronicus.
Quint. Ennius.
M. Acc. Plautus.
Cn. Nævius.

POETÆ LATINI.

M. Pacuvius.
St. Cæcilius.
Lu. Accius.
Cai. Lucilius.
Sex. Turpilius
Cn. Matius.
Lu. Afranius.
Quint. Trabeas.
C. Licinius Imbrex.
Quint. Novius.
Lu. Pomponius.
Dec. Laberius.
Quint. Catulus.
Quint. Atta.
Pub. Syrus.
Por. Licinius.
Val. Ædituus.
C. Licinius Calvus.
C. Helvius Cinna.
M. Furius Bibaculus.
P. Ter. Varro Atacinus.
C. Ticida.
Furius Antias.
Laur. Tullius.
T. Valgius.
Lu. Varius.
Dom. Marsus.
Cæf. Bassus.
Æm. Macer.
C. Rabirius.
C. Asin. Gallus.
Corn. Severus.
Pomponius Secundus.
Cn. Getulicus.
Sex. Hæna.
C. Pedo Albinovan
Volc. Sedigitus.
Sentius Augur.
Aul. Serenus.
Septimius Afer.

M. Ter. Varro.
Titinnius.
Suevius.
Albinus.
Alphius Avitus.
Ilius.
C. Granius.
Memor, *al.* Memmius.
[C.] Julius [Cæsar Strabo.]
Sempronius Gracchus.
Varius.
Cil. Mæcenas.
P. Pomponius Secundus.
Rutilius Geminus.
Incerti Tragici.
M. Tull. Cicero.
Germanicus Cæsar.
Seneca Philosophus.
Petronius Arbiter.
— Venusianus.
— Antigenides.
— Hilarus.
— Levita.
Alcimus.
Eugenius.
Evantius.
Q. Cicero.
Pentadius.
P. Virgilii Juvenilia, &c.
P. Ovidius.
Incerti Auctoris, Moretum.
Val. Cato.
Incerti Auctoris Copa.
M. Ann. Lucanus.
Q. Serenus Samonicus.
Incerti Auctoris Phœnix.
Marcellus.
Ruffinus.
Priscianus.
Cœl. Symposius.

Poëtæ Ecclesiastici.

Q. Sept. Flor. Tertullianus.
Cæc. Cyprianus.
Juvencus.
Hilarius.
Marius Victorinus.
Ambrosius.
Cl. Marius Victor.
Damasus.
Aur. Prudentius Clemens.

Pontius Paulinus.
Proba Falconia.
Sedulius.
Liberius.
Belisarius.
Honorius.
Alcimus Avitus.
Venantius Honorius Fortunatus.

Poëtæ omissi.

Cornel. Gallus.
Maximianus.

L. Apuleius.

Eorumdem Poëtarum Latinorum Index Alphabeticus.

A

L. Accius.
V. Ædituus.
L. Afranius.
Albinus.
Alcimus.
Ambrosius.
L. Andronicus.
Apuleius. *omiss.*
Q. Atta.
R. F. Avienus.
Alp. Avitus.
Alc. Avitus.
D. Ausonius.

B

C. Bassus.
Belisarius.
A. M. Boëtius.

C

S. Cæcilius.
T. Calphurnius.
M. F. Capella.
V. Cato.
C. V. Catullus.
Q. Catulus.
M. T. Cicero.
Q. Cicero.
C. H. Cinna.
C. Claudianus.
J. M. Columella.
C. Cyprianus.

D

Damasus.

E

Q. Ennius.
Evantius.
Eugenius.

POETÆ LATINI.

F
P. Falconia.
V. H. Fortunatus.
M. Furius Bibaculus.
Furius Antias.

G
C. Corn. Gallus.
C. Afin. Gallus.
C. Getulicus.
Germanicus Cæfar.
S. Gracchus.
C. Granius.
Gratius Falifcus.

H
S. Hæna.
Hilarius.
Honorius.
Q. Horatius.

I
Ilius.
D. J. Juvenalis.
Juvencus.

L
D. Laberius.
Liberius.
P. Licinius.
C. Licinius Calvus.
C. Licinius Imbrex.
M. A. Lucanus.
C. Lucilius.
T. Lucretius.

M
Æ. Macer.
C. Mæcenas.
M. Manilius.
Marcellus.
D. Marfus.
M. V. Martialis.
C. Matius.
Maximianus.

Memor, *al.* Memmius.

N
C. Nævius.
A. O. Nemefianus.
Q. Novius.

O
omiff. P. Ovidius.

P
M. Pacuvius.
Palladius Rutilius Taurus.
P. Paulinus.
C. Pedo Albinovanus.
Petronius Arbiter.
Petronius Venufianus.
Petronius Antigenides.
Petronius Hilarus.
Petronius Levita.
Pervadius.
A. Perfius.
Phædrus.
M. A. Plautus.
L. Pomponius.
Pomponius Secundus.
Prifcianus.
S. A. Propertius.
A. Prudentius Clemens.

R
C. Rabirius.
Ruffinus.
Rutilius Claudius Numatianus.
Rutilius Geminus.

S
L. A. Seneca Philof.
L. A. Seneca Tragœd.
V. Sedigitus.
C. Sedulius.
Sentii s Augur.
Septimius Afer.
A. Serenus.
omiff. Q. Serenus Samonicus.

C. Severus.
C. Sidonius Apollinaris.
Silius Italicus.
P. Statius.
C. Jul. Cæf. Strabo.
Suevius.
Sulpitia.
C. Sympofius.
P. Syrus.

T

P. Terentius.
M. Terentianus.
Q. S. F. Tertullianus.
A. Tibullus.
C. Ticida.
Titinnius.
Q. Trabeas.

L. Tullius.
S. Turpilius.

V

C. Valerius Flaccus.
T. Valgius.
Q. Varius.
L. Varius.
M. T. Varro.
P. T. Varro Atacinus.
C. M. Victor.
M. Victorinus.
P. Virgilius.
Incerti Auctoris Copa.
Incerti Auctoris Moretum.
Incerti Auctoris Phœnix.
Incerti Tragici Fragmenta.

Fin du III. Volume.

Corrections des fautes survenuës dans l'impression des Notes sur le Tome III.

Pag.	Lig.	Col.	Fautes	Corrections
23	6	B	mention il	mention. Il
25	2	A	eut	eût
28	1	B	quelques 20. années	quelque 20. années
29	1	--	positif	positif ,
35	3	A	Parbach	Purbach
60	6	--	Μέλισσα	Μέλιοσα
--	3	B	Μέλισσα	Μέλιοσα
67	5	A	cite ne donnent	cite, donnent
85	2	B	βασιλεὸς	βασιλεὺς
90	4	--	Andræas	Andreas
101	2	--	de l'art. 922 sur ces mots ,quarante Dissertations , *ajoutés en note*. Au lieu de 40. *Dissertations de Maxime de Tyr* , il faloit conformément à leur nombre dire *les* 41.	
110	4	B	Il vous &c. *Voyez la Lettre imprimée tout au long ci-dessous.*	
112	1	--	commencé	commencé
116	8	--	déterer	déterrer
127	2	--	Léonis	Léonins
128	3	--	Thoulier. *ajoutés*: Il est aujourd'hui nommé Mr l'Abbé d'Olivet. Sa Traduction présentement imprimée , avec les savantes Remarques de Mr le Président Bouhier , a eu tout le succès que j'en avois annoncé.	
351	5	A	Il en auroit trouvé de semblables dans tous les livres à l'ouverture à commencer	Il en auroit , à l'ouverture , trouvé de semblables dans tous les livres , à commencer
356	2	B	*ajoutés*. J'ai d'abord avoué de bonne foi ne pouvoir ici deviner ce que ces lettres M. Th. D. F. signifioient, d'autant plus qu'au mot *Marsilly* dans la Liste des Auteurs déguisés , il étoit dit que *Paul Antoine de Marsilly* designoit *Isaac le Maitre de Saci & Nicolas Fontaine* , ce qui ne revenoit nullement à l'idée que donnent ces lettres initiales M. Th. D. F. Depuis néanmoins ayant trouvé dans la Table générale des Auteurs à la lettre T. le nom *Thaumas du Fossé* renvoyé au nom *Marsilly* dans la même Table, j'ai compris que ces lettres M. Th. D. F. signifioient *Mr Thaumas*, ou comme Baillet l'écrit ailleurs *Thomas du Fossé*, qui même en trois endroits de la Liste des Auteurs déguisés , savoir aux mots *Beaulieu* , *de la Motte* , & *de Pontis* , est appelé *Pierre Thomas du Fossé*. Il mourut à Paris le 14. Novembre 1698. âgé de 63. ans.	
387	6	B	il ne l'ait	il l'aura
--	1	A	Genois	Genois
188	9	--	Allessandro	Alessandro
--	5. 6	B	Allessandro	Alessandro
190	8. 9	A	Calzuivolo	Calzavolo
248	5	B	Polymathus ,	Philomathus ,
--	8	--	*apres* Sienne. *ajoutés*: En Latin au lieu de Philomathus, il faloit , du Grec φιλομαθὴς , écrire *Philmathes*	
249	2	B	public composoit	public il composoit
277	7	--	Olympiadore	Olympiodore
339	4. 5	--	Ca-aubon,	Casaubon ,
353	10	A	φροντίσι	φροντίσι

Pag.	Lig.	Col.	Fautes	Corrections
	2	B	Φρονησί	Φροντισί
	5	--	n'ayent	n'aient
369	4	A	dans le fonds	dans le fond
374	12. 13	--	Λάκιον ἐπὶ Μεσσόας	Λύκων ἐπὶ Μεσσόας
	1	B	Μεσσόας il faloit lire Μεσσάνας	Μεσσήνης il faloit lire, Μεσσάνας
	2	--	Μεσσήνης	Μεσσήνης
376	4.	5	--	Synesius dit περὶ ἐνυπνίων	Synesius περὶ ἐνυπνίων, dit
386	7.	8	A	μηλακίᾳ, καὶ τῇ τροφῇ	μαλακίᾳ, καὶ τῇ τροφῇ
391	12	B	Boëder	Boecler
392	6	A	qu'Athénée l. 3.	qu'Athénée l. 13.
	9	--	Théoxéne	Théoxéne
395	11	B	Biches	biches
	7	B	Biche	biche
401	1	A	πυρηδόν	πυρηδόν
402	9.	10	--	& totis Helleniſtica ſupellectile & farragine.	& tota Helleniſtica ſupellectile, vel farragine.
435	1	--	1 Muſure	1 § Muſure
	8	B	de celle que	de l'Ariſtophane que
440	12	A	Ἀπανθ᾽ ὅσα ξῆ	Ἀπανθ᾽ ὅσα ξῆ
	13	--	ἡμῆν	ἡμῖν
449	1	--	Φαινόμενα	Φαινόμδρα,
450	5	--	ce que	ce qui
453	10	--	ne fût	ne fût
454	3	B	pays	payis

Il vous aura fans doute paru, Monſieur, que j'ai exclu un peu bien légérement Nicandre du nombre des Médecins. Pline, me dirés-vous, l'a cru tel, l'ayant compté parmi les Médecins dont il dit avoir fait des extraits pour le 20, le 28, le 29, & le 30. livres de ſon Hiſtoire naturelle. Vous ne manquerés pas non plus de m'alléguer les Epigrammes rapportées au 39. chap. du 1. liv. de l'Anthologie. Vous y joindrés le Dictionnaire de Suidas où Nicandre eſt qualifié ἅμα γραμματικός τε καὶ ποιητής, καὶ ἰατρός, & n'oublierés pas même la peinture qui dans le fameux manuſcrit du Dioſcoride de la Bibliothèque Impériale le repréſente oppoſant de la main droite l'antidote à un ſerpent, & tenant ſon livre de la gauche. C'eſt à peu près ſur ces raiſons, & ſur la matiére des deux ouvrages qui nous reſtent de Nicandre, que les Ecrivains modernes lui attribuent généralement la qualité de Médecin. Les anciens, ſans en excepter Pline, comme je le ferai voir, n'en ont pas eu cette idée. L'Auteur de la vie d'Arat imprimée pag. 268. l'Uranologe du P. Petau, réfutant l'opinion de ceux qui ont dit qu'Arat & Nicandre avoient, par ordre d'Antigonus, compoſé, l'un ſes Phénoménes, quoiqu'il ne fût point Aſtrologue; l'autre ſes Thériaques, & ſes Alexipharmaques, quoiqu'il ne fût point Médecin, n'a pas prétendu nier l'ignorance d'Arat en Aſtrologie, ni celle de Nicandre en Médecine, mais ſeulement qu'ils aient été contemporains. Cicéron au 1. de Oratore avoit dit auparavant : *Etenim ſi conſtat inter doctos hominem ignarum Aſtrologiæ, ornatiſſimis atque optimis verſibus Aratum de cælo, ſtellisque dixiſſe ; ſi de rebus ruſticis hominem ab agro remotiſſimum Nicandrum Colophonium, poëtica quadam facultate, non ruſtica, ſcripſiſſe præclare, quid eſt cur non Orator, &c.* Par où l'on voit qu'il ne regardoit ſimplement Arat & Nicandre que comme deux habiles Poëtes. Vous ſavés qu'on a traité Virgile de Médecin par rapport à ſes Géorgiques. On pouvoit par la même raiſon, quoique frivole, faire le même honneur à Nicandre. Telle n'a pas été la penſée de Cicéron, qui avec tous les doctes ne l'a cru que bel eſprit. Les Thériaques, & les Alexipharmaques de cet Auteur ne doivent pas nous obliger à en porter un autre jugement.

Suidas lui attribue un recueil de remédes ἰάσεων συναγωγὴν. Ce pouvoit être un ouvrage en vers, tel qu'en a laissé un Latin ce Serenus Samonicus, qu'il n'y a pas lieu de présumer Médecin, sur ce qu'on trouve de lui dans Spartien, dans Capitolin, & dans Macrobe. Le même Nicandre avoit mis en vers les Pronostics d'Hippocrate ; ouvrage dont tout homme, qui saura faire des vers Grecs, sera capable Une chose à remarquer, c'est qu'entre plusieurs Nicandres, il y en a eu un véritablement Médecin, distingué du Poëte par Pline l. 1. de son Histoire naturelle, à l'endroit où il cite les Auteurs dont il s'est servi pour la composition du 20. livre. Là vous trouverés *inter externos* Démocrite, Théophraste, Orphée, Ménandre qui a écrit τὰ βιόχρηστα, Pythagore, Nicandre ; & immédiatement après *inter Medicos* Nicandre, Hippocrate, Chrysippe &c. Nicandre le Médecin est employé au 28. au 29. & au 30. livre. Nicandre le Poëte est toujours nommé séparément *inter externos*, jusque-là même qu'il est intitulé tout au long *Poëta* l. 37. c. 2 en ces termes: *Fluvius Poëta dixere, primique, ut arbitror, Æschylus, Philoxenus, Nicander, Euripides, Satyrus.* Nul ancien citant Nicandre ne l'a qualifié Médecin. Lui même à la fin de ses Alexipharmaques prend l'épithète d'ὑμνοπόλοιο, préférablement à celle d'ἰητροῦ, qui seroit tout aussi bien entrée dans le vers. Il prend de même celle d'Ὁμηρείοιο, a la fin des Thériaques, soit par rapport à Colophone sa patrie, qui étoit aussi celle d'Homére, soit parce que, de même qu'Homére, il s'attachoit principalement aux vers Héroïques. Aussi Quintilien l. 10. c. 1. en parle-t-il non seulement comme d'un Poëte, mais comme d'un Poëte que Virgile a imité. Strabon l. 17. n'ajoute autre chose à Νίκανδρος, pour le faire connoitre qu'ὁ τὰ Θηριακὰ γράψας. Galien au 3. de ses Commentaires sur Hippocrate περὶ ἄρθρων ; le cite conjointement avec Archiloque, & Théocrite, & ce qui est digne d'attention l. v. 1. περὶ τῆς τῶν ἀπλῶν φαρμάκων δυνάμεως, le qualifie simplement Poëte, ὡς τε καὶ Νίκανδρος ὁ ποιητὴς λέγει. Athénée sur la fin du liv. 3. pag 126. & liv. 7. pag. 288. Νίκανδρος ὁ ποιητὴς Macrobe c. 22. du 5. liv. de ses Saturnales expliquant ces deux vers du 3. l. des Géorgiques de Virgile

Munere sic niveo lanæ, si credere dignum est,
Pan Deus Arcadiæ captam te, Luna, fefellit,

dit que cette fable est tirée de Nicandre Poëte, ajoute-t-il, que Didyme le plus savant des Grammairiens *fabulosum vocat*, ce que Virgile n'ignorant pas avoir par cette raison usé du correctif *si credere dignum est*. Saint Epiphane l. 1. contre les Héréfies alléguant Nicandre ne lui donne point d'autre qualité que celle de Poëte. Les Ecrivains postérieurs, Suidas entre autres, très sujet à confondre les homonymes, n'ont pas su faire cette distinction. Des trois Epigrammes rapportées par Planudès, la premiére auroit mieux convenu au titre εἰς ποιητὰς, qu'à celui d'εἰς ἰατρούς. Les deux autres ne sont, l'une, qu'une application flateuse à Nicandre de 3. vers du 4. l. de l'Odyssée, l'autre qu'un éloge hyperbolique, qui ne tire pas davantage à conséquence. La peinture du manuscrit de Dioscoride ne conclud autre chose, sinon que le Poëte Nicandre dans ses Thériaques a indiqué les remédes propres à guérir, ou à éviter les morsures des serpens. En voila, ce me semble, assés, Monsieur, pour vous disposer à croire que Nicandre n'étoit assurément pas Médecin de profession. C'étoit proprement un Humaniste, Poëte, Historien, Grammairien comme en fait ici le Catalogue de ses œuvres dressé par le docte & laborieux Jean Albert Fabrice pag. 621. du 2. vol. de sa Bibliothèque Grecque.

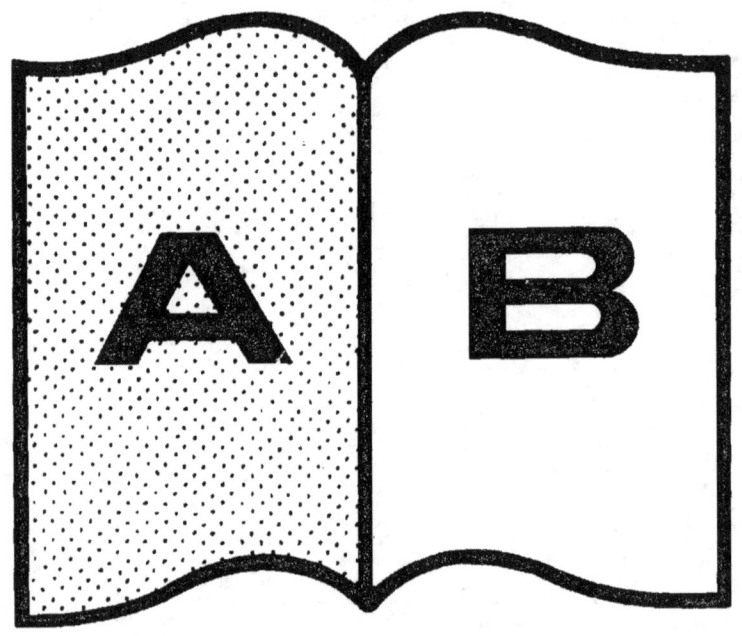

Contraste insuffisant

NF Z 43-120-14

www.ingramcontent.com/pod-product-compliance
Lightning Source LLC
Chambersburg PA
CBHW060514230426
43665CB00013B/1509